VICTORIA FORNER

STORIA PROSCRITTA
*Il ruolo degli agenti ebrei
nella storia contemporanea*

III

LA SECONDA GUERRA MONDIALE E IL
DOPOGUERRA

VICTORIA FORNER

STORIA PROSCRITTA
*Il ruolo degli agenti ebrei
nella storia contemporanea*
III
LA SECONDA GUERRA MONDIALE E IL DOPOGUERRA

Illustrazione di copertina:
"*Porta di Brandeburgo*" a Berlino.

HISTORIA PROSCRITA III
*La actuación de agentes judíos en la Hª Contemporánea
La segunda guerra mundial y la posguerra*
Pubblicato per la prima volta da Omnia Veritas nel 2017

Tradotto dallo spagnolo e pubblicato da
OMNIA VERITAS LTD
OMNIA VERITAS®
www.omnia-veritas.com

© Omnia Veritas Ltd - Victoria Forner – 2025

Tutti i diritti riservati. Nessuna parte di questa pubblicazione può essere riprodotta con qualsiasi mezzo senza la previa autorizzazione dell'editore. Il codice della proprietà intellettuale vieta le copie o le riproduzioni per uso collettivo. Qualsiasi rappresentazione o riproduzione totale o parziale con qualsiasi mezzo, senza il consenso dell'editore, dell'autore o dei loro successori, è illegale e costituisce una violazione punita dagli articoli del Codice della proprietà intellettuale.

CAPITOLO X ... 9

SULLA SECONDA GUERRA MONDIALE ... 9

Parte 1 Una guerra imposta alla Germania e al mondo ... 9

Il miracolo economico del nazionalsocialismo ... 10
Le tappe della politica estera di Hitler: la Saar e le relazioni con la Polonia ... 14
Danzica ... 18
La Cecoslovacchia o lo Stato impossibile ... 21
L'Anschluss ... 23
I sionisti e la Conferenza di Evian ... 27
La strada per Monaco ... 30
La narrativa cecoslovacca in evidenza ... 40
La politica erratica della Polonia contro la Germania nel 1938 ... 45
Un terrorista ebreo uccide Ernst von Rath: la "Kristallnacht" ... 49
Le conseguenze della Kristallnacht ... 56
La Germania cerca l'accordo e la pace con la Polonia ... 59
Edward Frederick Lindley Wood, Conte di Halifax ... 62
La Cecoslovacchia si disintegra ... 65
La farsa di Tilea ... 71
Il trattamento di Hitler nei confronti dei cechi ... 73
L'uso della Polonia contro la Germania: l'assegno in bianco britannico ... 75
Il deterioramento delle relazioni tedesco-polacche ... 80
L'insostenibile situazione dei tedeschi in Polonia ... 86
La situazione vista dall'Unione Sovietica ... 93
Guerra generale o guerra localizzata? ... 100
Il patto Ribbentrop-Molotov: alcune reazioni ... 106
La Germania sta ancora cercando di raggiungere un accordo con la Gran Bretagna ... 110
Farsa di Halifax e Kennard: i polacchi rifiutano di negoziare ... 114
Tentativi disperati di impedire l'invasione della Polonia ... 122
Da una guerra locale alla Seconda Guerra Mondiale ... 130
Pezzi e pedine del sionismo internazionale nel governo britannico ... 142

Parte 2 dei primi anni di guerra ... 145

L'uccisione indiscriminata della minoranza tedesca in Polonia ... 145
Dalla guerra contro la Germania alla carta bianca per l'URSS ... 153
Terrore rosso e terrore ebraico in Estonia e Lettonia ... 158
Beria e il massacro di Katyn ... 165
La situazione in Europa occidentale: la Norvegia e i neutrali ... 171
Il mistero di Dunkerque ... 176
Una tesi poco credibile e indimostrabile ... 180
L'armistizio e gli inglesi. Agenti ebrei circondano De Gaulle ... 183
Il piano per sterminare definitivamente la razza tedesca ... 188
Il volo di Rudolf Hess in Scozia ... 193

Parte 3 Pearl Harbour: Roosevelt immola i suoi marinai per entrare in guerra ... 195

Roosevelt provoca la Germania e si mette al servizio dell'URSS ... 196
La morsa economica del Giappone ... 201
La flotta statunitense a Pearl Harbour ... 202
Il Codice Viola ... 204
Le ore precedenti l'attacco ... 208

Parte 4 Terrore aereo e terrore atomico 212
    La Germania non si era preparata a questo tipo di guerra 213
    La "splendida ed eroica decisione". 216
    La progressiva distruzione della Germania 219
    Lindemann, l'ideologo ebreo di Churchill 222
    Dresda, l'olocausto dimenticato 224
    Terrore aereo in Giappone: terrorismo atomico 233
Parte 5 Il Piano Morgenthau. Mezza Europa per il comunismo 245
    Un inquietante documento segreto 246
    Il *Diario di Morgenthau*. Il Piano Morgenthau per la Germania 251
    La Conferenza di Yalta 263
Parte 6 Crimini e massacri immuni contro il popolo tedesco contro il popolo tedesco 277
    Il Preludio di Nemmersdorf 277
    Stragi di rifugiati in mare: tre naufragi dimenticati 280
    Königsberg 282
    Due milioni di donne violentate 284
    Prigionieri di guerra tedeschi I campi di sterminio di Eisenhower 286
    L'assassinio del generale Patton 295
    Terrorismo ebraico 300

CAPITOLO XI 307

GLI ANNI DECISIVI DEL DOPOGUERRA 307
Parte 1 Germania, una nazione sull'orlo dell'abisso 307
    L'espulsione dei tedeschi, un trasferimento di popolazione senza precedenti 308
    Criminali ebrei nei campi di concentramento 323
    Il disastroso allestimento di Norimberga 328
    Propaganda, denazificazione, punizioni e saccheggi 344
Parte 2 Fallimento del piano del Governo Mondiale basato sul monopolio della violenza atomica 349
    Bernard Baruch presenta il piano per la governance globale 351
    Gli ebrei comunisti consegnano i segreti della bomba atomica all'URSS 356
Parte 3 L'imposizione dello Stato sionista in Palestina 369
    Alcuni eventi storici prima del 1936 370
    La situazione tra il 1936 e il novembre 1947 377
    Dalla spartizione (29/11/1947) alla proclamazione di Israele (14/5/1948) 387
    Proclamazione unilaterale di indipendenza e guerra di conquista 395
    Uccisioni e pulizia etnica 403
    Il Golem nucleare sionista 407
Parte 4 Negli Stati Uniti, "streghe". In Cina e Corea, il comunismo 415
    Harry Dexter White a capo del Fondo Monetario Internazionale 416
    I casi di Harry Hopkins e Alger Hiss 421
    "Una cospirazione così immensa": la resa della Cina al comunismo 428
    E ancora lo stesso in Corea 447
    "Streghe" e "stregoni" complottano contro McCarthy 450
Parte 5 Il controllo del comunismo Beria e l'assassinio di Stalin 472
    Lavrenti Pavlovich Beria 473
    La lotta per il potere e il controllo dei partiti comunisti e dei paesi comunisti ... 486
    La crisi bulgara 495

Golpe fallito in Ungheria 503
L'"antisemitismo paranoico" di Stalin. 516
La lotta aperta tra Stalin e Beria 520
Stalin, assassinato. Il colpo di Stato di Beria 533
La Germania e la fine di Beria 548

ALTRI LIBRI **565**

CAPITOLO X

Sulla Seconda Guerra Mondiale

Parte 1
Una guerra imposta alla Germania e al mondo

Non è nostro scopo narrare passo per passo gli eventi della Seconda guerra mondiale, ma piuttosto delineare i fatti chiave, spesso distorti o falsificati dalla storiografia ufficiale, per aiutarci a capire perché è avvenuta, chi l'ha imposta e come ha agito durante il conflitto. Si è già visto nel capitolo otto che James Forrestal, che subì una campagna che pose fine alla sua vita il 21 maggio 1949, denunciò i poteri ombra che volevano la guerra. In *The Forrestal Diaries* il primo Segretario alla Difesa statunitense rivelò che Neville Chamberlain aveva confessato a Joe Kennedy, ambasciatore a Londra, che l'ebraismo mondiale e Roosevelt, il suo burattino, avevano costretto la Gran Bretagna alla guerra contro la Germania. Una guerra che era stata pubblicamente invocata dal rabbino Stephen Wise, che già nel maggio del 1933 aveva detto: "Sono per una guerra santa contro Hitler. Voglio la guerra!". Come il sionismo internazionale abbia mosso le sue pedine e usato le sofferenze del suo stesso popolo per raggiungere i suoi scopi lo vedremo nelle pagine che seguono.

Nel 1938 erano in corso i preparativi per la guerra e molti agenti lavoravano furtivamente nei vari Paesi per provocarne lo scoppio. Tra questi, per citarne solo alcuni, c'erano Lord Halifax, Lord Vansittart, Duff Cooper, Leo Amery, Paul Reynaud, Georges Mandel, William Bullitt e altri di cui si avrà occasione di scrivere in seguito. Per quanto riguarda gli organismi e le lobby a favore della guerra controllati dalle Potenze Ombra, i più importanti, ovviamente, erano il sionismo, l'attore principale, la massoneria internazionale, il solito strumento, e il "Brain Trust" ebraico del Presidente Roosevelt. In pratica, erano tutti gli stessi cani con collari diversi. Anche il Partito Laburista inglese, il Partito Comunista francese e la maggior parte dei socialisti francesi servivano interessi nascosti. Abbiamo visto come Negrin, Alvarez del Vayo e compagnia, ben collegati con il comunismo e la massoneria, abbiano basato la loro intera strategia di resistenza in Spagna sulla convinzione che la guerra in Europa fosse solo una questione di tempo.

Così, diverse forze lavorarono per la guerra all'interno dei Paesi europei e formarono un partito guerrafondaio transnazionale che serviva interessi estranei a quelli delle loro nazioni.

Il miracolo economico del nazionalsocialismo

Prima di esaminare gli eventi che hanno scatenato la più grande catastrofe mai subita dall'umanità, vale la pena di notare la notevole ripresa della Germania dopo l'ascesa al potere dei nazisti, perché aiuterà a capire perché il nazionalismo tedesco è diventato il peggior nemico dei banchieri internazionali e del liberalismo economico. Mentre tra il 1934 e il 1938 il dittatore rosso liquidava gli agenti ebrei della Rivoluzione d'Ottobre e consolidava il suo potere attraverso le purghe, Hitler, il dittatore tedesco, concepito e finanziato per fronteggiare Stalin e per provocare l'esodo degli ebrei europei verso la Palestina, consolidò la sua posizione attuando una serie di misure economiche, sociali e politiche che trasformarono il Paese in quattro anni.

Nel 1933 l'economia tedesca era ancora al collasso e la popolazione aveva sopportato tre decenni di fame, miseria e lotte sociali, orchestrate più e più volte, come abbiamo visto, dall'Internazionale Comunista, che vedeva nella Germania la chiave della rivoluzione mondiale. Le riparazioni di guerra avevano rovinato la popolazione e la nazione era in bancarotta. Quasi sette milioni di tedeschi erano senza lavoro a causa della Grande Depressione. Con l'arrivo dei nazisti tutto cambiò come per magia e la Germania, un Paese che era stato privato delle colonie, divenne in quattro anni l'economia più forte d'Europa. Non stupisce quindi che Hitler, l'uomo che ha incarnato questo miracolo, fosse straordinariamente ammirato dai tedeschi. Come si sia arrivati a una svolta così impressionante merita un breve riassunto.

Innanzitutto, l'abolizione della schiavitù degli interessi era uno dei punti centrali del programma del NSDAP. L'ideologo economico del partito, Gottfried Feder, aveva previsto la nazionalizzazione della Reichsbank e delle grandi banche che concedevano prestiti a interesse. Quando i nazisti salirono al potere il 30 gennaio 1933, Feder fu nominato Segretario di Stato per gli Affari Economici e si impegnò ad attuare la politica economica ufficiale del nazionalsocialismo. Hjalmar Schacht, nominato presidente della Reichsbank nel marzo 1933, non solo ostacolò qualsiasi iniziativa di nazionalizzazione, ma riuscì anche a rimuovere Gottfried Feder dal suo incarico e divenne capo del Ministero dell'Economia, carica che mantenne fino al 19 gennaio 1939. La sua opposizione alla concessione di una serie di prestiti richiesti dallo Stato portò al suo licenziamento. Il 15 giugno 1939 fu approvata una legge che rendeva la Reichsbank "incondizionatamente subordinata alla sovranità dello Stato". Detto questo, vediamo in breve alcuni dei risultati del cosiddetto "miracolo economico".

Il lavoro fu la base su cui il nazionalsocialismo costruì la nazione. Fu avviato un vasto programma di lavori pubblici: riparazione di edifici pubblici e privati, costruzione di ponti, canali, dighe, strade, strutture portuali, ecc. Una delle realizzazioni divenute famose in tutto il mondo fu la famosa "Autobahn", il primo sistema autostradale del mondo. In questo modo milioni di disoccupati furono messi al lavoro. La grande domanda che sorge spontanea è: come fecero i nazisti a pagare i lavoratori senza credito internazionale e con il Paese in bancarotta? Sostituirono il gold standard con il labour standard, basato sulla produttività dei lavoratori tedeschi. Il costo di tutti i progetti fu fissato a un miliardo di unità di una nuova valuta nazionale chiamata Certificati del Tesoro del Lavoro, che erano in realtà un miliardo di cambiali non inflazionistiche emesse dal governo per pagare i lavoratori. Questi Certificati del Tesoro venivano utilizzati dai lavoratori, che li spendevano in beni e servizi, creando così posti di lavoro per un maggior numero di persone. I certificati circolavano come denaro e divennero una moneta di fatto. Erano rinnovabili a tempo indeterminato e venivano emessi come obbligazioni, per le quali il governo pagava gli interessi ai titolari.

L'economista Henry C. K. Liu si riferisce a questa forma di finanziamento come "credito sovrano", senza dubbio alludendo al fatto che si evitò di prendere in prestito denaro da prestatori internazionali usurai, evitando così qualsiasi tipo di debito. Mentre negli Stati Uniti e in Europa milioni di persone erano ancora senza lavoro e in cassa integrazione, in Germania il problema della disoccupazione fu risolto nel giro di due anni grazie a questa moneta stabile e non inflazionistica. L'idea del "credito sovrano" non era nuova: nel capitolo V abbiamo visto che quando i Rothschild e altri banchieri internazionali offrivano prestiti al 24% e al 36% di interesse, Lincoln ordinò l'emissione di Treasury notes, i "greenbacks", una moneta senza interessi che aveva un uso legale negli Stati Uniti. Poi chiese la distruzione del governo che aveva attuato questa "malvagia politica finanziaria". Lincoln fu assassinato dal massone ebreo John Wilkes Booth.

Anche il commercio estero fu ripristinato attraverso il sistema del baratto. Il boicottaggio economico internazionale decretato dalle organizzazioni ebraiche di tutto il mondo prevedeva la restrizione dei crediti alla Germania; ma con lo scambio diretto di merci era possibile evitare di dover pagare i finanziamenti delle banche internazionali. Nell'ottobre 1938, Walter Funk, Ministro dell'Economia, si recò nei Balcani, in Turchia e in Bulgaria. Davanti a un comitato congiunto tedesco-jugoslavo che preparava un accordo commerciale, Funk dichiarò: "Possiamo assorbire in Germania tutto ciò che la Jugoslavia produce. Possiamo inviare alla Jugoslavia tutto ciò di cui ha bisogno. I prezzi che possiamo offrire non possono essere offerti da nessun altro Paese. Poiché siamo vicini, i costi di trasporto sono minimi. Poiché operiamo con un sistema di baratto, non abbiamo bisogno di finanziamenti da parte di banche straniere. Non abbiamo bisogno di prestiti.

Non abbiamo bisogno di nessuno. La Germania ha offerto i suoi prodotti a Jugoslavia, Bulgaria e Turchia, Paesi che hanno così coperto i due terzi del loro fabbisogno. Allo stesso tempo, riceveva le esportazioni di questi Stati. Si creò così una zona che si estendeva dal confine tedesco al Mar Nero. Tutto questo a scapito del principale cliente e fornitore di queste nazioni, la Gran Bretagna, che non poteva competere, essendo soggetta ai crediti e alle polizze assicurative delle banche della City.

Ma il baratto non funzionò solo in Europa: anche Brasile, Argentina e Messico lo misero in pratica. Il 19 gennaio 1939, il quotidiano americano *Daily Journal World* riferì che il Messico aveva venduto alla Germania petrolio per un valore di 17.000.000 di dollari attraverso il sistema del baratto. Il giornale scrisse: "Il sistema di baratto nazista è una delle meraviglie del nostro tempo. La Germania scambia i suoi prodotti con quelli di altri Paesi senza alcuno scambio di denaro. È semplice come l'accordo per cui uno scolaro scambia con un altro un rasoio con la lama rotta per uno scarabeo vivo in una bottiglia". È chiaro che questo tipo di operazione nelle transazioni internazionali era contraria agli interessi del sistema capitalistico dominante, basato sulla speculazione e sull'usura. La lotta tra capitale produttivo e capitale speculativo era già stata vinta dai banchieri internazionali, che non potevano assolutamente permettere una battuta d'arresto che avrebbe rappresentato una grave battuta d'arresto per i loro interessi.

Un altro aspetto importante del miracolo tedesco fu la protezione degli agricoltori, che divenne una delle priorità del governo. Una popolazione agricola sana e robusta era un prerequisito per la nazione, poiché i nazisti attribuivano grande importanza alla famiglia contadina tradizionale. Molti agricoltori erano tra i disoccupati, essendo stati rovinati negli anni precedenti dal calo dei prezzi dei prodotti agricoli, dai tassi di interesse eccessivi e dai pignoramenti effettuati da speculatori senza scrupoli, spesso ebrei. Il governo nazionalsocialista istituì l'Agenzia Nazionale per l'Alimentazione (Reichnährstand), una corporazione pubblica che comprendeva tutti coloro che erano legati alla produzione, alla lavorazione e alla distribuzione degli alimenti: mugnai, panettieri, conservieri, intermediari, negozianti locali.... Il suo ruolo era quello di regolare il mercato alimentare. Questa Agenzia Nazionale garantiva agli agricoltori un mercato per i loro prodotti a un prezzo sufficiente a coprire i costi di produzione e a preparare il nuovo raccolto, ma allo stesso tempo moderato, in modo che gli acquirenti potessero godere di prezzi ragionevoli. In questo modo si è creato un mercato stabile che ha garantito un approvvigionamento alimentare affidabile per tutte le parti. Le fluttuazioni irregolari dei prezzi, spesso dettate dagli speculatori di borsa, furono così eliminate. Queste misure salvarono i contadini tedeschi dal crollo catastrofico dei prezzi mondiali ed evitarono i fallimenti degli agricoltori: nel 1932 erano più di settemila, ma nel 1933 i fallimenti si erano ridotti a 1600. Nel 1932 la Germania aveva importato 4,5 miliardi di marchi di prodotti alimentari, mentre nel 1935 ne importò solo 0,9 miliardi. Come sappiamo, nel paradiso sovietico per il quale operai e contadini di tutto il mondo stavano lottando, nel 1933 milioni di contadini venivano fatti morire di fame in modo pianificato: "Holodomor".

Anche la protezione dei lavoratori da parte del nazionalsocialismo è degna di nota. Una delle prime misure del governo di Hitler fu quella di abbellire le fabbriche tedesche, che vennero dotate di parchi o aree paesaggistiche, piscine e altri servizi volti a umanizzare l'ambiente dei lavoratori. Il programma "Kraft durch Freude", KdF, traducibile come "Forza attraverso la gioia", si basava sull'idea che i lavoratori non dovessero solo ricevere un salario, ma che il loro lavoro dovesse essere riconosciuto mettendo a loro disposizione alcuni piaceri della vita. La KdF offriva ai lavoratori e alle loro famiglie l'accesso alla cultura, allo sport e alle arti. Il programma prevedeva undici sezioni. Una di queste, "Vacanze, viaggi e turismo", offriva viaggi in Germania e anche all'estero. In tre anni, undici milioni di lavoratori hanno effettuato viaggi ricreativi via terra o via mare. Inizialmente, in questa sezione erano disponibili sei grandi navi, che solo nel 1935 effettuarono più di 100 viaggi attraverso l'Atlantico. Nel 1936, duecentomila lavoratori si imbarcarono su queste navi turistiche. Nel 1935 l'architetto Clemens Klotz progettò le terme di Prora sull'isola di Rügen, una struttura monumentale per il divertimento dei lavoratori tedeschi. Le terme, affacciate sul Baltico, avevano una vasta spiaggia di sabbia bianca e fine e 350 ettari di boschi e prati. Questo progetto ricevette il gran premio per l'architettura all'Esposizione Internazionale del 1937.

La questione degli alloggi merita un elogio. Per aiutare le giovani coppie sposate, furono costruite case ordinate e robuste con giardino, che potevano essere acquistate senza interessi con piccoli pagamenti mensili. Per incoraggiare le nascite, un quarto del mutuo veniva pagato ad ogni nascita. Così, con il quarto figlio, una coppia otteneva la casa completamente gratis. Questa formula, ovviamente, non ha nulla a che vedere con il fatto di passare venti o trent'anni a pagare interessi a una banca per avere una casa decente. Per quanto riguarda i vecchi appartamenti e le case delle periferie o dei quartieri più degradati, i nazisti effettuarono ristrutturazioni e ammodernamenti per dare dignità sia ai bassifondi che alle case.

Il nazionalsocialismo istituì una sicurezza sociale universale e gratuita. Gli ospedali tedeschi, dotati di attrezzature mediche all'avanguardia, fornivano cure di qualità ai pazienti che avevano il diritto di scegliere il medico e l'ospedale. I pazienti potevano rimanere in ospedale fino a un anno e avevano diritto a un sussidio finanziario. Se il ricovero proseguiva dopo questo periodo, l'indennità veniva persa, ma i pazienti potevano rimanere nella clinica a tempo indeterminato. Per quanto riguarda l'istruzione, essa era gratuita per tutti i richiedenti idonei, indipendentemente dall'origine familiare o dalle circostanze. Queste furono alcune delle conquiste sociali che in pochi anni posero fine all'incubo del popolo tedesco martirizzato.

Le tappe della politica estera di Hitler: la Saar e le relazioni con la Polonia

Il "Diktat" di Versailles era la causa di tutti i mali, per cui i nazisti erano determinati ad annullarne le conseguenze per i tedeschi e lo avevano dichiarato nel loro programma. Le rivendicazioni territoriali a ovest furono risolte nel 1934. Le cose erano molto più difficili a est. Milioni di tedeschi erano stati lasciati all'interno dei confini della nuova Polonia contro la loro volontà. Inoltre, era stata creata la Cecoslovacchia, un nuovo Paese in cui, oltre ai cechi e agli slovacchi, vi erano popolazioni di origine tedesca, polacca, ungherese e rumena che non sentivano alcun legame con uno Stato che non era mai esistito prima.

Tra le persone colpite dal Trattato di Versailles c'erano i Saarlandesi, abitanti del Saarland, una parte della Germania consegnata alla Società delle Nazioni per quindici anni. Dopo questo periodo, si sarebbe dovuto tenere un referendum per stabilire se la popolazione voleva diventare un dipartimento francese o rientrare in Germania. Prima della guerra, quasi nessuno nella Saar parlava francese, ma Clemenceau aveva presentato una lista, secondo la quale 150.000 francesi vivevano lì. Nel novembre 1934, due mesi prima della consultazione, la Germania presentò una nota diplomatica all'ambasciatore François Poncet, proponendo una soluzione amichevole. L'offerta consisteva in un trattato economico che avrebbe permesso all'industria francese di continuare a beneficiare delle risorse della regione come aveva fatto dal 1919 al 1934. Il governo francese rifiutò stupidamente questa opportunità e inviò quattro divisioni al confine con il pretesto di prevenire possibili ammutinamenti, provocando una protesta formale da parte di Hitler.

Infine, una forza della Società delle Nazioni assicurò il plebiscito, tenutosi il 13 gennaio 1935. Nonostante quindici anni di propaganda francese, solo lo 0,4% degli elettori votò a favore dell'unione con la Francia. Il 90,8% della popolazione espresse il desiderio di ricongiungersi alla Germania. L'8,8% degli elettori, per lo più ebrei o comunisti, chiese di mantenere lo status quo. Il 1° maggio 1935 la Società delle Nazioni consegnò l'amministrazione della Saar alle autorità tedesche e Hitler dichiarò davanti al Reichstag: "La Germania rinuncia solennemente a tutte le rivendicazioni sull'Alsazia e la Lorena; dopo la reintegrazione della Saar, il confine franco-tedesco può essere considerato definitivamente tracciato". In altre parole, la Germania voleva la pace con la Francia e non aveva ulteriori aspirazioni territoriali: le rivendicazioni a ovest erano finite. Un giorno dopo questa dichiarazione, Francia e Unione Sovietica firmarono un trattato di mutua assistenza. Il 7 gennaio 1936 Hitler fece sapere al governo francese, tramite il suo ambasciatore, che il Reich "avrebbe considerato la ratifica del Patto franco-sovietico da parte del Parlamento francese come un gesto ostile nei confronti della Germania e incompatibile con gli obblighi del Patto di Locarno, di cui la Francia avrebbe violato il testo e lo spirito". Il Parlamento francese ratificò il Patto il 27 febbraio 1936. In risposta a questa ratifica, Hitler ordinò la rimilitarizzazione della Renania il 7 marzo 1936.

La questione della Saar fu risolta con un referendum, ma una delle dispute tedesche a est, Danzica, sarebbe diventata il "casus belli". È quindi necessario concentrarsi sulle relazioni polacco-tedesche per avere un quadro preciso di ciò che accadde. Un libro assolutamente indispensabile è *Der erzwungene Krieg. Die Ursachen und Urheber des 2. Weltkriegs* (*La guerra forzata. Cause e responsabili della Seconda Guerra Mondiale*), pubblicato in tedesco nel 1961 dallo storico revisionista americano David L. Hoggan. Hoggan, di cui l'Institute for Historical Review ha pubblicato un'edizione inglese nel 1989. Questo libro, la cui traduzione in inglese sarebbe di grande interesse, è una delle nostre fonti principali. Da esso deriva la seguente rassegna storica, necessaria per una migliore comprensione dei fatti. Il lavoro del dottor Hoggan ha come fonti essenziali i documenti diplomatici dei Paesi occidentali, il che ci permette di conoscere testi e atteggiamenti che gettano una nuova luce che la storiografia ufficiale non vede. In queste pagine faremo ripetutamente riferimento al lavoro del professor Hoggan.

Con l'unificazione della Germania nel 1871, i territori polacchi della Prussia entrarono a far parte del nuovo Reich tedesco. La Russia e l'Austria-Ungheria erano gli altri due imperi che detenevano il controllo sulla Polonia, anche se la maggior parte del territorio era sotto il controllo russo, ed emerse un nazionalismo polacco filo-tedesco. Wladyslaw Studnicki fu il principale teorico di questa tendenza. In contrasto, esisteva anche un nazionalismo filorusso, il cui ideologo più importante era Roman Dmowski, che prima della Rivoluzione bolscevica aveva attaccato tedeschi ed ebrei alla Duma. Pur deplorando il ruolo degli ebrei nella Russia comunista, Dmowski sostenne l'espansione della Polonia verso ovest a spese della Germania e con la collaborazione della Russia. Hoggan riproduce le parole di Dmowski, che nel 1931 dichiarò: "La questione ebraica è la grande questione della civiltà in tutto il mondo". Questo nazionalista polacco, come Hitler, era favorevole all'espulsione totale degli ebrei dal suo Paese, poiché riteneva impossibile la loro assimilazione. Meno importante era il nazionalismo polacco filo-asburgico, il cui rappresentante era Michal Bobrzynski. Il vero nazionalista polacco era Josef Pilsudski, che credeva nella Polonia come grande potenza. Pilsudski non condivideva il punto di vista dei tre precedenti e rifiutava i loro approcci. Tuttavia, la sua formazione era marxista e per un certo periodo aderì al socialismo rivoluzionario, finché non si rese conto che le sue implicazioni si scontravano con il suo nazionalismo.

Nell'agosto 1914 la Russia offrì vaghe promesse ai polacchi per assicurarsi il loro sostegno in guerra. Ma fu la Germania a proclamare il ripristino dell'indipendenza polacca il 5 novembre 1916. Il generale Hans von Beseler, governatore della Polonia occupata dai tedeschi, dopo aver annunciato l'accordo, ordinò a una banda dell'esercito tedesco di suonare l'inno *La Polonia non è ancora perduta*, che aveva origine nelle guerre napoleoniche. Il 6 dicembre 1916 fu istituito il Consiglio di Stato polacco. I Paesi alleati dell'Intesa reagirono contro la politica tedesca nei confronti della Polonia e nell'estate del 1917 osarono offrire tutta la Polonia all'Austria-Ungheria, alla quale proposero una pace separata se avesse rotto l'alleanza con la Germania. Pilsudski, che era a capo del dipartimento militare del neonato Consiglio di Stato polacco, chiese la formazione immediata di un esercito polacco. Lo slogan dei suoi seguaci era: "Mai uno Stato senza esercito, mai un esercito senza Pilsudski". Poiché la Germania e l'Austria-Ungheria non erano in grado di accogliere queste richieste, Pilsudski si dimise il 2 luglio 1917. Arrestato, fu trasferito a Magdeburgo, dove si insediò comodamente.

Con la sconfitta finale della Germania, Pilsudski divenne persona non grata a Versailles. Il Comitato nazionale polacco era dominato da Roman Dmowski. La questione ebraica fu immediatamente posta ai negoziatori polacchi, che dovettero affrontare le richieste dei gruppi ebraici americani, che infestavano la delegazione statunitense. Essi volevano la creazione di uno Stato ebraico indipendente all'interno della Polonia. Il presidente Wilson, in preda ai cospiratori ebrei che lo avevano messo al potere, espresse simpatia per queste richieste e sostenne ai suoi colleghi inglesi, francesi e italiani che "gli ebrei erano considerati con scarsa ospitalità in Polonia". Alla fine, il Trattato concesse ai polacchi la maggior parte della Prussia occidentale, con una popolazione a maggioranza tedesca a cui fu negato un referendum, e la regione dell'Alta Slesia, ricca di industrie, anche se i polacchi persero il plebiscito tenutosi in seguito. Fu creato un protettorato della Società delle Nazioni per la città tedesca di Danzica, che divenne un porto franco per la Polonia, grazie al cosiddetto Corridoio. Per quanto riguarda i confini della Polonia orientale, gli Alleati rimandarono le decisioni, permettendo a Pilsudski, favorevole all'espansione verso est, di perseguire il proprio piano.

Nel contesto della guerra civile russa, i bolscevichi, impegnati nella lotta contro i bianchi in Ucraina, non poterono impedire a Pilsudski, a cui Denikin aveva chiesto aiuto senza successo, di preparare le sue forze per lo scontro con l'Armata Rossa nel 1919, che sconfisse nella battaglia di Varsavia il 16 agosto 1920. I lituani, invece, videro i polacchi occupare Vilnius durante la guerra, ma reagirono impadronendosi della città tedesca di Memel, nella Prussia orientale, che era stata posta sotto la protezione della Società delle Nazioni. Memel divenne infine parte della Lituania tra il 1923 e il 1939. La guerra russo-polacca conferì uno straordinario prestigio a Pilsudski, che divenne il leader indiscusso dell'esercito e della nazione. A partire dal 1926, tuttavia, la leadership di Dmowski fu messa in discussione ed egli divenne un'alternativa. Il programma di Dmowski prevedeva un'intensificazione del nazionalismo, un miglioramento delle relazioni con la Russia, un programma di assimilazione delle varie minoranze entrate a far parte della Polonia e un piano di espulsione degli ebrei. Nel settembre 1930 Pilsudski reagì con una severa epurazione dei seguaci di Dmowski, che furono internati in campi di concentramento. Una coalizione formata attorno a lui vinse le elezioni del novembre 1930 per il Parlamento polacco (Sejm). Nel 1935 Josef Pilsudski morì all'età di 68 anni.

Tra il 1919 e il 1933 non ci fu alcuna possibilità di intesa tra la Polonia e la Repubblica di Weimar, i cui leader trovarono sempre una situazione inaccettabile. I Trattati di Locarno (16 ottobre 1925) garantirono i confini della Germania con la Francia e il Belgio e facilitarono un certo miglioramento delle relazioni con questi Paesi; ma i polacchi non ottennero alcuna garanzia riguardo ai loro confini con la Germania. Nel 1932 la Polonia, per assicurarsi che Stalin non avrebbe aiutato la Repubblica di Weimar in caso di conflitto, firmò un patto di non aggressione con l'Unione Sovietica. Tuttavia, poco prima della morte di Pilsudski e con i nazisti al potere, che hanno sempre considerato Pilsudski come uno statista, il 26 gennaio 1934 Berlino e Varsavia firmarono un altro patto decennale di non aggressione, che tuttavia non implicava alcun riconoscimento da parte della Germania dello status quo del 1919. Il negoziatore polacco fu Józef Beck, nominato ministro degli Esteri nel 1932, carica che ricoprì fino al 1939 e che sarà uno dei principali responsabili della politica erratica che portò il suo Paese al disastro. Con l'Unione Sovietica a est e la Germania a ovest, la posizione del nuovo Stato polacco era abbastanza complicata. Lo storico polacco Olgierd Gorka avvertì in una conferenza del 18 settembre 1935 che una politica antitedesca e antirussa equivaleva a un suicidio. Con una metafora molto grafica, Gorka equiparò la Polonia a un canarino intento a divorare due gatti. Era proprio questa l'assurdità della politica estera polacca.

Nel febbraio 1936 Józef Beck iniziò a valutare la posizione della Francia in caso di guerra con Hitler. Egli seguiva in qualche modo gli insegnamenti di Pilsudski, che aveva più volte contemplato la possibilità di scatenare una guerra preventiva contro la Germania. Beck riteneva che una vittoria sui nazisti avrebbe potuto conferire prestigio e grandi vantaggi al suo Paese. La sera del 7 marzo 1936, poche ore dopo l'annuncio di Hitler della rimilitarizzazione della Renania, il ministro polacco convocò l'ambasciatore francese Léon Noël e confessò senza mezzi termini il suo atteggiamento guerrafondaio, annunciando che la Polonia avrebbe attaccato la Germania da est se la Francia fosse stata pronta a invaderla da ovest. David L. Hoggan scrive che in risposta al rifiuto del ministro degli Esteri francese Pierre-Étienne Flandin di scatenare un'altra guerra in Europa, Beck lo definì sprezzantemente un debole e "il personaggio più triste". Hoggan aggiunge che il ministro degli Esteri polacco si precipitò a Londra nel tentativo di influenzare l'atteggiamento britannico, ma né il re Edoardo VIII, che incontrò, né i conservatori lo presero sul serio all'epoca. In contrasto con queste manovre deliranti di Józef Beck, Hitler cercò di promuovere la collaborazione tra i due Paesi, così nel febbraio 1937 Göring si recò in Polonia e presentò un piano per una più stretta collaborazione tedesco-polacca. Incontrò il maresciallo Smigly-Rydz, al quale chiese alcune licenze in cambio di concessioni da parte tedesca. Gli assicurò, ad esempio, che Berlino non avrebbe chiesto la restituzione del Corridoio. Tuttavia, l'incontro non produsse risultati immediati.

Danzica

Danzica, fondata nel XIV secolo a ovest della foce della Vistola, fu abitata fin dall'inizio da cittadini tedeschi. Quando si decise di staccarla dalla Germania, la città era la capitale della Prussia occidentale. All'epoca nessuno pensava che i polacchi l'avrebbero chiesta alla Conferenza di pace. Il presidente Wilson, pur sapendo che gli abitanti della città chiedevano alle autorità della Repubblica di Weimar di rifiutare la separazione di Danzica dalla Germania, spinse per la sua separazione. Il Trattato di Versailles conferì a Danzica lo status di Città Libera e un Alto Commissario della Società delle Nazioni divenne la prima istanza di appello in caso di conflitto con la Polonia. Le relazioni estere di Danzica furono delegate alla Polonia e la Città Libera fu posta sotto il controllo della dogana polacca. I polacchi poterono utilizzare senza restrizioni canali, porti, ferrovie e strade per scopi commerciali. Anche le comunicazioni telefoniche, telegrafiche e postali tra la Polonia e il porto di Danzica rimasero nelle loro mani. I residenti della città persero inizialmente la cittadinanza tedesca, ma fu stabilito che i maggiorenni potevano reclamarla dopo due anni. La doppia cittadinanza a Danzica e in Germania era vietata. La proprietà di tutte le strutture amministrative tedesche e prussiane nel territorio di Danzica passò alla Società delle Nazioni. La Costituzione di Danzica, che sostituì quella di Weimar, fu promulgata il 14 giugno 1922. A quella data, il territorio della Città Libera, diventato un protettorato della Società delle Nazioni, era abitato da 365.000 persone, di cui solo il 3% polacche. La Società delle Nazioni amministrava così Danzica, proprio come aveva fatto con Memel fino a quando la Lituania non fu autorizzata ad annetterla. L'annessione era anche l'obiettivo finale delle autorità polacche.

Pensare che un accordo duraturo tra Germania e Polonia sarebbe stato possibile senza risolvere la questione di Danzica era un'illusione, poiché la situazione della popolazione tedesca nella città era una fonte di attrito permanente. Pilsudski era stato favorevole all'annessione definitiva della città e dopo la sua morte le autorità polacche seguirono questa linea di pensiero. La Polonia rivendicava anche il territorio di Teschen, che era diventato parte della Cecoslovacchia. Hitler pensò di sostenere la Germania in questa rivendicazione per ottenere una contropartita a Danzica; tuttavia, invece di prendere provvedimenti per ammorbidire il suo atteggiamento nei confronti della città, i polacchi divennero sempre più duri. Nel 1936, ad esempio, vestirono i loro funzionari doganali in uniforme militare per abituare i cittadini all'occupazione. Il governo di Danzica protestò, ma, come al solito, le proteste furono respinte.

D'altra parte, i gruppi di pressione polacchi mantennero un clima di agitazione permanente, sostenuto da campagne di stampa. Tra la Città Libera e la Polonia persisteva quindi un'atmosfera pericolosa, che non migliorò nonostante gli sforzi di Berlino. Jósef Beck contribuì a mantenere la tensione nominando il colonnello Marjan Chodaki come Alto Commissario polacco a Danzica. Chodaki, amico personale di Beck e rappresentante diplomatico a Praga, fu convocato a Varsavia nel dicembre 1936 e ricevette istruzioni dirette dal Ministro degli Esteri di indurire la posizione polacca, ma di non rischiare di provocare un conflitto finché non avesse avuto il sostegno di Francia e Gran Bretagna. Chodaki adottò un atteggiamento provocatorio e bellicoso, come si vedrà in seguito.

Un'altra nomina, invece, contribuì ad aumentare le aspettative a Danzica. L'Alto Commissario della Società delle Nazioni, Sean Lester, di origine britannica, aveva più volte irritato i cittadini tedeschi della città, che avevano chiesto la sua sostituzione. Le loro lamentele furono finalmente ascoltate e Lester fu sostituito da Carl Jacob Burckhardt, un eminente storico svizzero esperto del cardinale Richelieu e della tradizione diplomatica europea. Il 18 febbraio 1937 Burckhardt fu nominato membro del Consiglio di Sicurezza della Società delle Nazioni. Una seconda nomina per la Germania fu quella di Neville Henderson come ambasciatore straordinario e plenipotenziario a Berlino. Henderson, braccio destro di Chamberlain, era un convinto sostenitore dell'appeasement con la Germania. In contrasto con i cospiratori che seguivano la linea di Lord Milner, l'agente della confederazione Morgan-Rothschild-Rhodes, massone di 33° grado e Gran Direttore della Gran Loggia Unita d'Inghilterra che aveva finanziato la rivoluzione in Russia e fondato la Tavola Rotonda, c'era una scuola di pensiero tra i conservatori che vedeva la Germania nazista come un cuscinetto contro il comunismo. Alla base dell'appeasement c'era il timore della diffusione del comunismo in Europa attraverso una guerra che avrebbe avvantaggiato solo l'Unione Sovietica, timore che fu confermato dagli eventi quando nel 1945 mezza Europa era nella morsa del totalitarismo comunista. Il 10 maggio 1937, poco prima di partire per la capitale tedesca, Henderson presentò un memorandum al Ministero degli Esteri in cui affermava quanto segue:

> "La questione dell'Europa orientale non è né definitivamente risolta né vitale per gli interessi britannici, certo, i tedeschi sono più civilizzati degli slavi e, in ultima analisi, se possono essere gestiti, sono anche potenzialmente meno pericolosi per gli interessi britannici - si potrebbe

persino dire che non è nemmeno giusto cercare di impedire alla Germania di portare avanti la sua unità o di prepararsi alla guerra contro gli slavi, a patto che l'Impero Britannico abbia la certezza che tali preparativi non siano simultaneamente diretti contro di esso".

Per coincidenza o meno, nella stessa data del 10 maggio 1937 *il Daily Telegraph* annunciò che Joseph Göbbels aveva espresso l'intenzione della Germania di annettere Danzica nel prossimo futuro. Le presunte dichiarazioni di Göbbels erano false, ma la notizia contribuì a creare allarme e nervosismo.

Nel settembre 1937 Józef Beck incaricò il suo ambasciatore a Berlino, Józef Lipski, di proporre alla Germania una dichiarazione tedesco-polacca su Danzica. L'intenzione era che i tedeschi riconoscessero per iscritto lo status di città libera di Danzica. Konstantin von Neurath, ministro degli Esteri tedesco dal 1932, più irremovibile di Hitler sulla Polonia, ordinò all'ambasciatore tedesco a Varsavia, Hans-Adolf von Moltke, di ripetere a Beck "che la Germania non avrebbe riconosciuto i trattati di pace del 1919". Von Neurath respinse la proposta di Beck senza nemmeno consultare il Führer, perché riteneva che non ci fosse altra risposta possibile.

Il 18 settembre Carl Jacob Burdhardt, l'Alto Commissario, disse a Hitler che si aspettava che il ruolo della Società delle Nazioni fosse temporaneo e che era fiducioso che il destino finale di Danzica sarebbe emerso da un accordo diretto tra Germania e Polonia. Hoggan chiarisce che Hitler ascoltò il punto di vista di Burckhardt senza offrire alcun piano o soluzione e aggiunge: "Burckhardt suppose che Hitler non osasse sollevare la questione di Danzica perché temeva che potesse influenzare le questioni del Corridoio, della Cecoslovacchia e dell'Austria". Lipski, che sapeva del desiderio di Hitler di raggiungere un'intesa, cercò di ammorbidire la posizione del ministro degli Esteri tedesco e in diverse occasioni parlò con lui. Il 18 ottobre 1937, Neurath gli disse direttamente: "Un giorno o l'altro si dovrà raggiungere un accordo sulla questione di Danzica tra la Polonia e noi, altrimenti ciò ostacolerebbe in modo permanente le relazioni tedesco-polacche". Von Neurath aggiunse che il ripristino dei collegamenti di Danzica con il Reich poteva essere fatto tenendo conto degli interessi economici polacchi.

Associato a Danzica era il problema dell'accesso via terra alla Prussia orientale, il cui collegamento era stato interrotto. Nel 1935, quando la Germania era impegnata nel progetto autostradale, Hans-Adolf von Moltke incontrò Beck a Varsavia e lo informò che la Germania era interessata a costruire un'autostrada attraverso il corridoio polacco per collegare la Prussia orientale al Reich. Beck gli disse che se ne sarebbe occupato, e questo fu il pretesto per una prolungata evasione. Dopo oltre due anni di attesa di una risposta, Moltke giunse alla conclusione che l'atteggiamento del governo polacco era negativo. Il piano, che prevedeva l'utilizzo di ferro polacco per le opere, avrebbe migliorato le prospettive di un accordo globale per tutti gli interessi reciproci. Von Moltke, che non voleva rinunciare all'idea, nell'ottobre 1937 propose al Ministero degli Esteri di avviare il progetto dalla Pomerania e dalla Prussia orientale fino ai confini del Corridoio, senza attendere l'autorizzazione a procedere al collegamento.

Danzica stava diventando uno dei centri dell'attenzione internazionale. Il 19 novembre 1937, Edward Frederick Lindley Wood, Lord Halifax, che sarebbe stato il principale promotore della guerra, visitò Hitler e la leadership nazista a Berchtesgaden per conto di Chamberlain. Secondo David L. Hoggan, la cui fonte è il verbale dell'incontro, conservato negli archivi del Ministero degli Esteri tedesco, Lord Halifax chiese a Hitler se avesse dei piani per Danzica, al che il Führer, comprensibilmente, rispose in modo evasivo. Tuttavia, scrive Hoggan, "Halifax non fece mistero del fatto che si aspettava un'azione tedesca per riprendere Danzica". Inoltre, Lord Halifax dichiarò a Berchtesgaden che la Gran Bretagna riconosceva che c'erano errori nei trattati di Parigi del 1919 che dovevano essere corretti.

Anche se non è escluso che Halifax abbia agito in modo nascosto: alcuni ricercatori ritengono che la politica di appeasement sia stata un'esca per ingannare Hitler, la dichiarazione di Berchtesgaden implicherebbe che nel 1937 Lord Halifax sostenesse le rivendicazioni tedesche e incoraggiasse i nazisti a prendere l'iniziativa a Danzica. In ogni caso, le sue vere intenzioni si rivelarono in seguito. Il 21 febbraio 1938 Chamberlain lo nominò Segretario di Stato agli Esteri in sostituzione di Anthony Eden, facendone il braccio destro del Primo Ministro. Charles Wood, erede di Lord Halifax, aveva sposato Ruth Alice Hannah Mary Primrose, una nipote di Lord Rothschild, il 25 aprile 1936, cosicché Lord Halifax, imparentato con la dinastia bancaria ebraica, divenne consigliere della banca e avvocato della famiglia. Lo storico Joaquín Bochaca ritiene, in *I crimini dei "buoni"*, che la sua alleanza con i Rothschild spieghi le insidiose manovre di questo personaggio che, dopo aver proposto offerte di pacificazione a Hitler, passò al clan dei guerrafondai. Le sue azioni saranno studiate in dettaglio in seguito e il lettore potrà giudicare quale responsabilità abbia avuto nello scoppio della guerra.

La Cecoslovacchia o lo Stato impossibile

Tre importanti massoni russofili e germanofobi, Masaryk, Benes e Stefanik, furono le forze trainanti della Cecoslovacchia, un cocktail esplosivo di popoli di origini diverse e storicamente antagoniste che avevano fatto parte dell'Impero austro-ungarico. Un altro massone, il ministro degli Esteri francese Stephen Pichon, sostenne le rivendicazioni dei suoi confratelli e alluse alle "aspirazioni del popolo cecoslovacco all'indipendenza all'interno dei suoi confini storici", un'assurdità colossale, dal momento che la Cecoslovacchia, per non parlare dei suoi confini storici, non era mai stata nominata prima del 1919. Nel 1921 nel nuovo Stato vivevano 6.727.038 cechi, 3.122.390 tedeschi, 2.010.295 slovacchi, 745.935 ungheresi, 459.346 ruteni, 75.656 polacchi, 180.332 ebrei e 238.727 residenti stranieri. Questo puzzle di minoranze sparse in un mosaico di territori rivendicati dai Paesi vicini costituiva la Cecoslovacchia. Considerando che i tedeschi erano il secondo gruppo etnico più numeroso nel nuovo Stato, il Paese avrebbe potuto chiamarsi Repubblica Cecoslovacca.

Dopo la firma del Patto tedesco-polacco nel 1934, in Polonia iniziò una campagna di stampa che, molto prima della Germania, chiedeva la dissoluzione della Cecoslovacchia. I leader di entrambi i Paesi erano d'accordo. Il conflitto principale tra cechi e polacchi riguardava la ricca regione industriale di Teschen, che era in mano alla comunità polacca quando l'Austria-Ungheria concluse l'armistizio con gli Alleati. Con il sostegno francese, Tomá" Masaryk, il presidente ceco filorusso, era riuscito a far rientrare il territorio nei confini della nuova Cecoslovacchia. Il 26 gennaio 1919, i cechi attaccarono a sorpresa i polacchi che vivevano nella zona di Teschen, nel tentativo di risolvere la questione con la forza. Dopo la fine dell'offensiva militare, gli Alleati occidentali intervennero il 1° febbraio, imponendo un cessate il fuoco e rimandando le parti alla soluzione adottata dalla Conferenza di pace. Fu proposto un plebiscito, ma i cechi, che sostenevano l'URSS nella guerra che i polacchi stavano conducendo contro i sovietici nel 1920, lo annullarono grazie anche al sostegno francese. Infine, il 28 luglio 1920, la regione fu assegnata alla Cecoslovacchia alla Conferenza di Spa. Da quel momento in poi, i polacchi fecero del recupero di Teschen, con le buone o con le cattive, uno dei loro obiettivi principali.

Alludendo al puzzle nazionale della Cecoslovacchia, Mussolini si era riferito al nuovo Stato come ceco-tedesco-polacco-magiano-romeno-slovacco. Quando nel 1937 il ministro degli Esteri svedese Rickard Sandler chiese a Józef Beck perché non fosse possibile raggiungere un accordo tra Varsavia e Praga, Beck rispose che per lui la Cecoslovacchia era una creazione artificiale che violava la libertà di nazioni come Slovacchia e Ungheria. Beck sottolineò che i cechi erano una minoranza nel loro stesso Stato e che nessuna delle altre nazionalità che componevano la Cecoslovacchia voleva essere governata dai cechi. Il ministro svedese ammise al suo collega che i cechi ovviamente non avevano la capacità di sviluppare buone relazioni con i loro vicini, dato che il Paese era stato creato con gli scarti territoriali di tutti loro.

Hitler aveva più ragioni di chiunque altro per mantenere un atteggiamento molto serio e pressante nei confronti dei cechi. Già prima della guerra mondiale, i tedeschi di Boemia avevano dovuto accettare che gli Asburgo concedessero privilegi ai cechi di Boemia per smorzare il loro nazionalismo e tenerli buoni all'interno della monarchia. Dopo la creazione della Cecoslovacchia, i tedeschi dovettero rassegnarsi a essere integrati in uno Stato con cui non si identificavano affatto. In Boemia, i tedeschi costituivano un terzo della popolazione, eppure i cechi non vedevano l'utilità di concedere loro alcuna autonomia, anzi. In Slovacchia, invece, c'erano più tedeschi che cechi. Dal punto di vista linguistico, i tedeschi dei Sudeti erano divisi in quattro gruppi dialettali: bavaresi, franconi, sassoni e slesiani. Ciò si spiega con il fatto che il nome Sudeti deriva da una catena montuosa che si estende dai Carpazi alle rive dell'Elba.

Nelle elezioni del 1935 in Cecoslovacchia, l'SdP (Partito Tedesco dei Sudeti), identificato con le politiche del nazionalsocialismo, ottenne la maggioranza dei voti della popolazione tedesca e divenne il primo partito del Paese. Mezzo milione degli 800.000 disoccupati in Cecoslovacchia erano tedeschi dei Sudeti, e naturalmente si aspettavano tutto da un partito che rivendicava le politiche che stavano ponendo fine alla disoccupazione in Germania. Alle elezioni del marzo 1938, l'SdP guidato da Konrad Heinlein divenne il gruppo parlamentare più numeroso, con 55 deputati e 37 senatori. Il Partito Agrario a maggioranza slovacca, che, come il Partito dei Sudeti, chiedeva l'autonomia interna delle varie nazionalità, ottenne 43 deputati e 33 senatori, diventando la seconda forza in parlamento. Il suo presidente era lo slovacco Milan Hodza.

Il fatto che la Polonia e la Germania avessero rivendicazioni territoriali in Cecoslovacchia poteva essere un punto di convergenza se una crisi internazionale fosse sorta intorno alla Cecoslovacchia, poiché vi erano molte interrelazioni nel complesso quadro emerso all'indomani della calamitosa Conferenza di pace. Irrevocabilmente connesso alla questione dei Sudeti era il problema austriaco all'inizio del 1933. "Il cuscinetto ceco" è la metafora usata da David L. Hoggan per indicare l'importanza del problema austriaco. Hoggan per indicare l'importanza dello status dell'Austria per la Cecoslovacchia. Durante l'inverno 1937-1938, scrive Hoggan, divenne chiaro che "l'esistenza di 3.500.000 miseri tedeschi dei Sudeti non poteva essere ignorata né dai cechi, né da Hitler, né dal mondo se i tedeschi d'Austria si fossero uniti alla Germania". Consapevole della situazione e dell'ostilità di tutti i suoi vicini, il ministro degli Esteri ceco Kamil Krofta preparò nel febbraio 1938 un memorandum in cui spiegava perché il suo Paese era pronto a intraprendere un'azione preventiva per impedire l'unione di Austria e Germania.

L'Anschluss

Nel 1938 una serie di successi in politica estera permise a Hitler di liberare dieci milioni di tedeschi a cui era stato negato il diritto all'autodeterminazione nel 1919. Alan John Percival Taylor, storico inglese e autore di *The Origins of the Second World War*, concorda con Hoggan sul fatto che la politica di revisione territoriale pacifica adottata da Hitler nel 1938 era possibile e che se non ebbe successo fu a causa del radicalismo dei suoi oppositori. Il primo di questi successi fu l'Anschluss (unione, collegamento) con l'Austria. I detrattori di questa unione omettono che già il 4 marzo 1919 l'Assemblea Costituente austriaca si era espressa a larghissima maggioranza a favore dell'Anschluss e che il terzo articolo della Costituzione riconosceva che "l'Austria era uno Stato tedesco".

Kurt Schuschnigg era cancelliere-dittatore dell'Austria dal 29 giugno 1934. La sua dittatura nazionalista impediva qualsiasi azione a favore dell'unione con la Germania. Non per nulla il 29 novembre 1936 aveva dichiarato: "Il fronte nazionale ha tre nemici: il comunismo, il disfattismo e il nazionalsocialismo. Di conseguenza, i nazisti austriaci devono essere considerati come i nemici giurati del governo e del popolo". All'inizio del 1938 la situazione era estremamente tesa e si profilava una guerra civile. Nel febbraio 1938 Franz von Papen, ambasciatore tedesco a Vienna, organizzò un incontro tra Hitler e Schuschnigg a Berchtesgaden. Su istruzioni del Führer, Papen informò il cancelliere austriaco che all'incontro avrebbe partecipato personale militare tedesco, così il 12 febbraio 1938 Schuschnigg si presentò accompagnato dal ministro degli Esteri Guido Schmidt e da ufficiali austriaci.

Durante il colloquio Schuschnigg si impegnò a smettere di perseguitare i nazionalsocialisti austriaci e a formare un governo filotedesco, di cui il nazista Arthur Seyss-Inquart sarebbe stato il ministro degli Interni. Accettò inoltre di permettere a Hitler di trasmettere un messaggio radiofonico agli austriaci in cambio dell'opportunità di rivolgersi personalmente ai tedeschi. Appena tornato in Austria, Schuschnigg si pentì del patto con Hitler e cominciò a cercare il modo di rinnegarlo. Infine, il 9 marzo annunciò a Innsbruck che entro quattro giorni, cioè il 13 marzo, avrebbe indetto un plebiscito per sapere se il popolo voleva l'indipendenza austriaca o l'Anschluss. Le irregolarità del referendum, a parte i pochi giorni che intercorsero tra la convocazione e lo svolgimento del referendum, furono evidenti: l'anonimato degli elettori non fu rispettato; le schede a favore dell'unione con la Germania non sarebbero state fornite dal governo, ma dovevano essere fornite dai cittadini stessi e potevano essere invalidate se non rispondevano a requisiti rigorosi; solo i membri del Fronte Patriottico di Schuschnigg sarebbero stati presenti ai seggi elettorali; lo spoglio, l'annullamento e la convalida dei voti non offrivano alcuna garanzia di imparzialità; la stampa governativa, per costringere ulteriormente la popolazione, avvertiva che un voto a favore dell'Anschluss sarebbe stato considerato tradimento.

Mussolini, che fino a quel momento aveva sostenuto Schuschnigg, avvertì il cancelliere austriaco dei rischi del piano. Hitler si rivolse alla Società delle Nazioni chiedendo di monitorare il referendum. Dopo vent'anni di interventi negli affari del mondo, la Società delle Nazioni rispose che non poteva interferire negli affari interni dell'Austria. Alle 10:00 dell'11 marzo Seyss-Inquart informò Schuschnigg che doveva immediatamente rinunciare al plebiscito fraudolento e indirne uno legale con voto segreto e liste elettorali aggiornate entro tre o quattro settimane. Il leader nazionalsocialista avvertì severamente il Cancelliere che l'esercito tedesco avrebbe occupato l'Austria se non avesse accolto la richiesta. In assenza di una risposta, fu lanciato un nuovo ultimatum: Schuschnigg doveva cedere il cancellierato a Seyss-Inquart. La crisi era al culmine. Il pericolo principale per la Germania era che l'Italia, l'unica grande potenza europea confinante con l'Austria, intervenisse. I diplomatici britannici a Vienna sostenevano Schuschnigg e Lord Halifax, nominato Ministro degli Esteri il 21 febbraio, fece tutto il possibile per lanciare l'Italia contro la Germania. Il 10 marzo, a Londra, Lord Halifax aveva avvertito Joachim von Ribbentrop, che dal 4 febbraio era il nuovo ministro degli Esteri tedesco, delle "possibili conseguenze" se Hitler avesse usato la forza in Europa centrale. L'evento decisivo si verificò però alle 10.25 dell'11 marzo: mentre si attendeva la risposta di Schuschnigg alla richiesta della Germania, Mussolini si mise in contatto con Hitler e annunciò di accettare l'Anschluss.

Convinto che dopo l'appoggio italiano non ci sarebbe stato alcun intervento straniero, Hitler diede l'ordine. Alle sei del mattino del 12 marzo, le truppe tedesche al comando del generale Fedor von Bock attraversarono il confine. Il popolo austriaco si commosse e salutò i soldati con dei fiori. Chi si era espresso contro l'unione rimase senza argomenti di fronte all'entusiasmo e alla gioia del popolo,. Hitler entrò in patria tra gli applausi della folla. Questo trionfo non sarebbe mai stato possibile senza la rinuncia di Mussolini alla sua precedente sfera di influenza. Il Führer lo riconobbe e il 13 marzo 1938 inviò un telegramma dall'Austria al Duce con queste parole: "Mussolini, non dimenticherò mai questo da te!". Da parte sua Halifax, che tre giorni prima aveva cercato di intimidire Ribbentrop, di fronte all'evidenza che la Francia rimaneva immobile con una crisi interna e che l'Italia aveva rinunciato a qualsiasi azione, optò per mantenere un atteggiamento amichevole, che fu accolto con giubilo dai leader nazisti, che dichiararono più volte il loro desiderio di intesa con la Gran Bretagna. Il doppio gioco di Halifax cominciava già a manifestarsi, ma i leader nazisti preferivano non vederlo. Ribbentrop osservò allora a Göring: "Chamberlain pensa seriamente a un'intesa". Quest'ultimo rispose: "Sono convinto che anche Halifax sia un uomo ragionevole".

Con un referendum simultaneo il 10 aprile 1938, austriaci e tedeschi furono consultati da Hitler per decidere se volevano o meno l'Anschluss. La Germania informò la Società delle Nazioni, la Francia, la Gran Bretagna e l'Italia dei plebisciti e invitò degli osservatori a monitorare la legittimità democratica del processo; ma l'offerta non fu accettata. Tuttavia, le più importanti agenzie internazionali inviarono i loro corrispondenti per riferire sugli eventi. Il risultato finale in Austria fu di 4.443.208 voti a favore dell'unione con la Germania e 11.807 contrari. In altre parole, il 99,73% della popolazione ha votato a favore dell'unione delle due nazioni.

L'affluenza alle urne è stata del 99,71%. In Germania i risultati sono stati molto simili: il 99,55% dei cittadini si è recato alle urne e il 99,02% si è espresso a favore dell'unione del Paese con l'Austria. In termini di affluenza alle urne e di consenso politico, queste cifre dimostrano che l'Anschluss di Germania e Austria è un evento senza eguali nella storia.

Le conseguenze dell'Anschluss sulla politica europea erano prevedibili e non tardarono ad arrivare. Curiosamente, il 10 aprile 1938 Edouard Daladier divenne Primo Ministro della Francia. La caduta di Léon Blum e del Fronte Popolare avvenne nonostante gli sforzi di Winston Churchill e Henry Morgenthau, che si opponevano alla politica di appeasement di Chamberlain. Entrambi volevano fare affidamento sulla Francia per cambiare la politica di Londra, ma con Daladier sarebbe stato più difficile, poiché il nuovo primo ministro era favorevole all'appeasement con la Germania. Il nuovo ministro degli Esteri, Georges Bonnet, che fino al 1937 era stato ambasciatore negli Stati Uniti, era uno dei principali sostenitori della tendenza moderata ed era quindi favorevole alla ricerca della pace attraverso una politica permanente di riappacificazione con Hitler. Bonnet, che aveva il sostegno di molti ministri del Gabinetto ed era incoraggiato da importanti gruppi economici francesi, aveva una grande influenza su Daladier.

Bonnet lasciò la Francia verso la fine della guerra e si stabilì a Ginevra. Il fatto che molti politici di spicco fossero stati arrestati e imprigionati in patria senza alcun motivo apparente consigliò a Bonnet di non tornare in Francia, dove i comunisti procedettero a una severa epurazione che liquidò 100.000 cittadini francesi. Nel 1946 fu istituita in Francia una commissione parlamentare per indagare sulle cause e sugli eventi della Seconda guerra mondiale. Bonnet non tornò finché non ricevette assicurazioni che non sarebbe stato arrestato. L'ex ministro degli Esteri testimoniò nel 1951 davanti alla Commissione e dovette difendersi dalle accuse di essere un fanatico sostenitore dei tedeschi. Prima di testimoniare davanti alla Commissione parlamentare, Bonnet scrisse un libro di memorie in cui esponeva molti punti interessanti. Tra le altre cose, espresse la convinzione che un accordo anglo-tedesco duraturo fosse possibile se gli inglesi fossero stati sinceri e lo avessero voluto veramente. Un'opinione condivisa da Hugh Wilson, ambasciatore statunitense a Berlino, che nel febbraio 1938 inviò a Washington un rapporto di un esperto dell'Ambasciata, che concludeva: "Un'intesa anglo-tedesca è il primo obiettivo della diplomazia di Hitler nel 1938, come lo era nel 1934, o nel 1924, quando scrisse il *Mein Kampf*".

Dopo l'Anschluss, naturalmente, scoppiarono tumulti e giubilo nei Sudeti, che salirono alla ribalta della scena politica. I cechi inviarono a Londra Jan Masaryk, che tornò a Praga il 16 marzo 1938. David L. Hoggan scrive che nel suo rapporto Masaryk affermò "che gli inglesi tendevano a considerare inevitabile una guerra anglo-tedesca, ma che era evidente che non contemplavano un tale conflitto nel 1938". Il 31 marzo la legazione tedesca a Praga informò Berlino che Konrad Heinlein, leader del Partito tedesco dei Sudeti (SdP), aveva chiesto di limitare la propaganda per incoraggiare i Sudeti perché erano già sufficientemente eccitati. In collaborazione con Ribbentrop ed Ernst Eisenlohr, ministro tedesco per la Cecoslovacchia, Heinlein contribuì alla stesura del famoso Decreto di Karlsbad, che stabiliva le richieste di autonomia dei Sudeti.

In un discorso di Heinlein del 24 aprile, le richieste del documento furono rese pubbliche. Il ministro degli Esteri ceco, Kamille Krofta, inviò nuovamente Jan Masaryk a Londra con la richiesta di assistenza militare per affrontare i tedeschi. Il 3 maggio 1938, Masaryk riferì nuovamente per iscritto che Lord Halifax non aveva garantito l'intervento britannico. Tuttavia, il 21 maggio il Ministro degli Esteri inviò istruzioni a Sir Neville Henderson, l'ambasciatore britannico a Berlino, di accennare ai tedeschi che i britannici "potrebbero" combattere se i tedeschi entrassero in Cecoslovacchia. Henderson fu incaricato di aggiungere che c'era la possibilità di un intervento francese e che "il governo di Sua Maestà non poteva garantire che non sarebbe stato costretto dalle circostanze a essere coinvolto anche lui". Henderson riferì giorni dopo che l'esercito britannico aveva ispezionato il confine tedesco-ceco e non aveva rilevato concentrazioni di truppe tedesche.

I sionisti e la Conferenza di Evian

Nel mezzo del tumulto europeo per l'unione di Austria e Germania e in seguito al successo elettorale del Partito dei Sudeti (SdP) in Cecoslovacchia, dal 6 al 15 luglio 1938 si tenne la Conferenza di Evian (Francia). Il suo promotore fu il presidente Roosevelt, preoccupato che gli ebrei che emigravano dalla loro patria potessero trasferire i loro beni nei Paesi ospitanti. L'idea era che l'Accordo di Haavara, firmato il 6 agosto 1933 tra nazisti e sionisti, potesse essere esteso ad altri Paesi. Alla conferenza parteciparono delegati di 31 Paesi. La Germania inviò un osservatore che confermò che la Germania voleva incoraggiare l'emigrazione degli ebrei tedeschi ed era disposta a trasferire i loro beni valutati globalmente. La Germania offrì 3 miliardi di marchi, che potevano essere dati alla Croce Rossa o alla Società delle Nazioni, che avrebbe diviso la somma tra i Paesi interessati a riceverli.

Si è visto sopra che mentre gli ebrei talmudisti di tutto il mondo avevano dichiarato guerra alla Germania nel 1933, i sionisti collaboravano strettamente con i nazisti. È comprensibile, quindi, che l'Organizzazione Sionista Mondiale si sia rifiutata di partecipare alla Conferenza, poiché non era affatto preoccupata delle possibili sofferenze degli ebrei europei, ma piuttosto del contrario: per i suoi scopi il pericolo era che essi venissero comodamente reinsediati in Europa o negli Stati Uniti e non emigrassero in

Palestina. Douglas Reed cita in *The Controversy of Zion* alcune frasi di Stephen Wise, che mostrano come il rabbino stesse nuotando tra due acque. Nel 1949 Wise riconobbe che prima della guerra temevano "che i loro fratelli ebrei in Germania potessero essere inclini ad accettare un accordo di pace che avrebbe mitigato o migliorato i loro mali..., che i nazisti potessero decidere di evitare alcune delle conseguenze nefaste del loro regime con misure palliative che avrebbero potuto disarmare l'indignazione mondiale". In altre parole, invece di accogliere politiche che risparmiassero le afflizioni dei loro correligionari, i leader talmudisti e sionisti volevano che la persecuzione continuasse. Nel 1934, nel contesto della Conferenza ebraica mondiale, il rabbino Wise disse: "Morire per mano dei nazisti è crudele; sopravvivere per loro grazia sarebbe dieci volte peggio. Sopravviveremo al nazismo a meno che non commettiamo l'inspiegabile peccato di fare patti con esso per salvare qualche vittima ebrea". Nel 1936 Wise insistette sulle stesse idee: "Senza pensarci due volte, respingemmo con disprezzo qualsiasi proposta che garantisse la sicurezza di pochi ebrei in cambio della vergogna di tutti gli ebrei".

In realtà, ciò che Wise, Baruch, Brandeis, Untermayer e compagnia rifiutavano era l'opposto, cioè la sicurezza della maggioranza degli ebrei in cambio della rinuncia agli interessi di pochi. In *La storia nascosta del sionismo*, l'autore ebreo antisionista Ralph Schönman denuncia il rabbino Wise che, in qualità di leader del Congresso ebraico americano, nel 1938 scrisse una lettera in cui si opponeva a qualsiasi modifica delle leggi sull'immigrazione negli Stati Uniti che avrebbe potuto favorire un rifugio per gli ebrei: "Forse vi interesserà sapere", si legge nel testo citato da Schönman, "che qualche settimana fa i rappresentanti delle principali organizzazioni ebraiche si sono riuniti in una conferenza..... È stato deciso che nessuna organizzazione ebraica avrebbe, in questo momento, sponsorizzato una legge che modificasse in qualche modo le leggi sull'immigrazione.

All'inizio del 1938, in barba a tutte le campagne che descrivevano la Germania come un inferno per gli ebrei a seguito delle Leggi di Norimberga, medici e dentisti di origine ebraica partecipavano a un programma di assicurazione sanitaria obbligatoria (Ortskranken-kassen), che garantiva loro un buon numero di pazienti. Hugh Wilson, ambasciatore americano a Berlino, informò il Segretario di Stato Cordell Hull che nel 1938 il dieci per cento degli avvocati in Germania erano ebrei, anche se solo l'uno per cento della popolazione lo era. Roosevelt, nel suo zelo di difendere gli interessi ebraici, si oppose a una legge tedesca del 30 marzo 1938 che privava la Chiesa ebraica del diritto di riscuotere le tasse pagate dai cittadini, prerogativa fino ad allora condivisa con le chiese protestanti e cattoliche. In pratica, la situazione creata dalla nuova legge tedesca era simile a quella della Gran Bretagna, dove le tasse andavano alla Chiesa anglicana e le sinagoghe ebraiche non ricevevano nulla. Il 10 maggio 1938, l'ambasciatore Wilson avvertì che le continue proteste e accuse del Dipartimento di Stato contro la Germania non erano servite a nulla.

Obiettivamente, è incomprensibile che il presidente di un Paese cristiano si opponga a una nazione sovrana che priva l'ebraismo della tassazione. Roosevelt, così esigente sul rispetto dei diritti degli ebrei in Germania, nel 1933 non aveva avuto problemi a riconoscere l'URSS, un Paese in cui i comunisti atei avevano massacrato i cristiani russi e fatto saltare in aria chiese e cattedrali. Mentre Roosevelt si preoccupava delle entrate delle sinagoghe tedesche, in Spagna la persecuzione religiosa andava avanti da anni: quasi 8.000 sacerdoti cattolici erano stati uccisi e migliaia di edifici ecclesiastici erano stati bruciati o distrutti senza che Roosevelt esprimesse la minima condanna.

Mentre una raffica di accuse pubbliche continuava a cadere sulla Germania, non si sentiva una parola sull'ostilità della Polonia verso i suoi ebrei, un Paese che nel dicembre 1937 aveva chiesto a Yvon Delbos, ministro degli Esteri francese, "se fosse d'accordo che tutti gli ebrei polacchi emigrassero in Madagascar". Il 14 marzo 1938 Summer Welles, sottosegretario di Stato americano, si lamentò privatamente con l'ambasciatore polacco negli Stati Uniti, Jerzy Potocki, del trattamento riservato agli ebrei in Polonia. Potocki sapeva che le politiche antiebraiche nel suo Paese erano più dure di quelle tedesche, ma rispose senza nascondersi che "la questione ebraica in Polonia era un problema reale". Nell'aprile del 1938, il colonnello Beck, ministro degli Esteri, decise di revocare la cittadinanza polacca e di non rinnovare i passaporti a tutti gli ebrei polacchi residenti all'estero. Molti di loro si trovavano in Germania e le autorità tedesche si affrettarono ad annunciare che non avrebbero tollerato la permanenza in Germania di ebrei senza passaporto valido. Il fatto è che, finché i loro documenti polacchi non erano scaduti, questi ebrei erano protetti dalle leggi razziali di Hitler, quindi potevano legalmente lasciare la Germania e andare in un Paese diverso dalla Polonia. In seguito alla decisione del colonnello Beck, una marea di ebrei polacchi entrò in Francia dalla Germania prima che i loro passaporti scadessero.

La Conferenza di Evian fu davvero uno spettacolo sconvolgente, perché non solo dimostrò ancora una volta che l'unica preoccupazione dei sionisti era quella di realizzare il loro Stato in Palestina, ma dimostrò anche l'ipocrisia di Paesi come la Gran Bretagna, che cercò di chiedere 1.000 sterline in contanti per ogni ebreo espulso dalla Germania. I 3 miliardi di marchi offerti dalla Germania per prendere gli ebrei equivalevano all'epoca a circa mille dollari a testa, una somma considerevole. Se la Germania avesse accettato la somma richiesta dagli inglesi, l'importo totale sarebbe stato di 17 miliardi di marchi. In assenza dell'Organizzazione Sionista Mondiale, i sionisti furono rappresentati alla Conferenza dall'Organizzazione Sionista Revisionista, che chiedeva come unica soluzione possibile l'ammissione di 200.000 ebrei in Palestina, cosa inaccettabile per il governo conservatore di

Chamberlain, che dalla Grande Rivolta Araba del 1936 aveva subito continue pressioni da parte dei palestinesi per protestare contro l'immigrazione illegale di ebrei. Dopo nove giorni di discussioni infruttuose emerse che, ad eccezione della Repubblica Dominicana, nessun Paese era disposto ad estendere le proprie quote di immigrazione per i rifugiati ebrei, il che, oltre a compiacere i sionisti, permise a Chaim Weizmann, il futuro primo presidente di Israele, di rilasciare una sofferta dichiarazione in cui dipingeva ancora una volta gli ebrei come povere vittime ed eterne vittime: "Il mondo sembra essere diviso in due parti", disse al giornalista del *Guardian*. Una dove gli ebrei non possono vivere e l'altra dove non possono entrare".

Prima della fine dell'anno, il 7 dicembre 1938, David Ben Gurion, primo ministro dello Stato sionista nel 1948, parlò molto più chiaramente e con meno ipocrisia ai leader sionisti del Mapai (Partito Laburista). Tutto il fanatismo del movimento sionista si riflette in questa frase: "Se sapessi che è possibile salvare tutti i bambini in Germania portandoli in Inghilterra e solo la metà trasportandoli in Israele, sceglierei la seconda soluzione". Queste parole non lasciano spazio a dubbi: un anno prima dello scoppio della guerra, il sionismo era pronto a sacrificare parte del proprio popolo per raggiungere l'obiettivo di uno Stato ebraico razzista in Palestina.

Come si vedrà in queste pagine, il promotore della Conferenza di Evian, Franklin D. Roosevelt, Gran Maestro Onorario dell'Ordine Internazionale di Molay, fu il catalizzatore della guerra voluta dal sionismo. Lui e Lord Halifax, anch'egli massone, furono i due motori essenziali utilizzati dal Potere Occulto per mettere in moto il disastro. Il 3 gennaio 1936 Roosevelt aveva già accusato Giappone, Germania e Italia di militarismo in un discorso al Congresso. Il 25 novembre dello stesso anno il Giappone rispose firmando il Patto Anti-Komintern con la Germania. Il 5 ottobre 1937, il Presidente degli Stati Uniti pronunciò il famoso "Discorso della quarantena", in cui minacciò le tre nazioni di rappresaglie economiche. L'obiettivo era mettere in quarantena i tre Paesi e "preservare la comunità umana dal contagio". Secondo Roosevelt, Germania, Giappone e Italia stavano "distruggendo l'intero ordine internazionale e tutta l'equità verso l'88% dei cittadini del mondo che amano la pace, la sicurezza e la libertà". L'Italia, che senza alcun motivo apparente era stata inclusa tra gli "Stati puzzolenti", aderì il 6 novembre 1937 al Patto Anti-Komintern, che diede vita all'"Asse" Berlino, Roma, Tokyo. Così, con la scusa di questa superiorità morale, Roosevelt chiamò a raccolta a Evian i Paesi che si supponevano favorevoli alla giustizia e alla pace nel mondo.

La strada per Monaco

Appena conclusa la Conferenza di Evian, durante la quale, come abbiamo visto, i sionisti si batterono a tutti i costi per garantire il diritto d'asilo agli ebrei, i Sudeti cecoslovacchi tornarono ad essere al centro dell'attenzione internazionale. Il 20 luglio 1938 Lord Halifax informò il governo francese che una missione guidata da Lord Runciman si sarebbe recata in Cecoslovacchia. L'annuncio fu ufficializzato il 26 luglio. Dopo la vittoria elettorale dei Sudeti nelle elezioni di marzo, Edvard Benes aveva mostrato una totale intransigenza nei confronti delle richieste di Konrad Heinlein per l'autonomia interna e la situazione si era rapidamente deteriorata. Di fronte alle minacce di Benes di arrestare il leader dei Sudeti, i continui disordini si trasformarono in una vera e propria rivolta all'indirizzo. Fu in questo contesto che il governo britannico impose, nolens volens, l'invio di una missione di accertamento dei fatti e, infine, di arbitrato, che non era affatto gradita a Benes.

Il 3 agosto Walter Runciman arrivò a Praga, ma la cattiva volontà del Presidente della Repubblica lo costrinse a interrompere il suo lavoro e a lasciare il Paese il 10 settembre. A quel punto, i tedeschi dei Sudeti erano già passati dalla richiesta di autonomia a quella di incorporazione nel Reich. Il 21 settembre, Lord Runciman consegnò a Downing Street il rapporto della sua missione. In *Les causes cachées de la 2éme Guerre Mondial*, un numero speciale di *Lectures Françaises* curato da Henry Coston, Jacques Bordiot riproduce in un ampio articolo alcuni passaggi del rapporto, in cui Runciman considerava giustificate le proteste dei Sudeti e denunciava l'assurdo atteggiamento del governo ceco che non aveva preso provvedimenti:

> "È diventato assolutamente chiaro per me che questi distretti di confine tra Cecoslovacchia e Germania, dove la popolazione sudista è in grande maggioranza, devono ottenere immediatamente il diritto all'autonomia. Se una concessione è inevitabile, e credo che questa lo sia, è meglio che avvenga rapidamente e senza ritardi. Il permanere di uno stato di incertezza comporta un pericolo reale, se non addirittura il rischio di una guerra civile. Di conseguenza, ci sono ragioni molto forti per una politica di azione immediata e decisa. Qualsiasi plebiscito o referendum sarebbe, a mio avviso, una mera formalità per quanto riguarda queste aree dominate dai tedeschi. Una grande maggioranza dei loro abitanti desidera fondersi con la Germania. Gli inevitabili ritardi che un plebiscito comporterebbe non farebbero che eccitare i sentimenti popolari, con conseguenze molto pericolose.
> Ritengo pertanto che questi distretti di frontiera debbano essere trasferiti immediatamente dalla Cecoslovacchia alla Germania e, inoltre, che le misure per un trasferimento pacifico, comprese le norme per la protezione della popolazione durante il periodo di trasferimento, debbano essere prese immediatamente di comune accordo tra i due governi...".

Quando Lord Runciman presentò questo rapporto, la crisi era già al culmine. Il 12 settembre Hitler, in risposta a un discorso di sfida pronunciato da Benes due giorni prima, denunciò a Norimberga la politica del governo ceco e promise ai Sudeti di essere pronto a prendere le armi per aiutarli. Per quanto riguarda la Francia, che a causa del suo impegno nei confronti della Cecoslovacchia avrebbe potuto essere tentata di intervenire, Hitler ricordò che per amore dell'amicizia franco-tedesca aveva rinunciato all'Alsazia e alla Lorena, compresa l'ex città tedesca di Strasburgo, in modo che non ci fossero dispute tra i due Paesi. Poche ore dopo il discorso del Führer, tutti i territori dei Sudeti erano in rivolta contro il governo di Praga. Il 13 si venne a sapere che nella notte si erano verificati violenti scontri tra cechi e tedeschi, che avevano provocato 25 morti e circa 100 feriti. Il 14 settembre il premier britannico chiese un colloquio con Hitler, che lo ricevette a Berchtesgaden il giorno successivo. Chamberlain propose quindi di indire un plebiscito. Questa posizione fu sostenuta da Mussolini il 17, in un discorso in cui disse: "Di fronte al problema che agita l'Europa in questo momento, la soluzione consiste in una sola parola: un plebiscito per tutte le nazionalità che lo chiedono, per le nazionalità che sono state costrette a entrare in quella che doveva essere la Grande Cecoslovacchia".

Né l'Ungheria né la Polonia potevano lasciarsi sfuggire l'occasione di rendere note le loro rivendicazioni territoriali in Cecoslovacchia. Non appena vennero a conoscenza dell'incontro tra Chamberlain e Hitler a Berchtesgaden, intuirono la possibile complicità britannica in una futura spartizione del Paese, ed entrambe si rivolsero agli inglesi il 16 settembre per chiedere il sostegno britannico alle loro aspirazioni. L'ambasciatore britannico a Varsavia, Sir Howard Kennard, informò Londra che il governo polacco stava preparando una nota che chiedeva l'autodeterminazione della minoranza polacca di Teschen in Cecoslovacchia. Chiaramente, l'accettazione di un plebiscito nella regione dei Sudeti avrebbe portato all'accettazione di altri: Benes temeva soprattutto che Slovacchi e Ruteni ne avrebbero approfittato per secedere, il che avrebbe significato la rottura definitiva dello Stato artificiale.

Il Congresso ebraico mondiale, appena saputo dell'incontro tra Hitler e Chamberlain a Berchtesgaden il 15, si affrettò a inviare al Primo Ministro britannico una risoluzione votata il 18, che fu pubblicata il 19 settembre 1938 nel London *Jewish Chronicle*. Il suo testo era il seguente:

> "È nostro dovere condividere con voi la crescente ansia vissuta da milioni di ebrei di fronte ai tentativi della Germania di acquisire nuovi territori abitati da ebrei. Gli ebrei di tutto il mondo non hanno dimenticato il trattamento disumano inflitto agli ebrei della Saar e dell'Austria. Il Consiglio esecutivo del Congresso ebraico mondiale vi prega pertanto di non accettare alcun accordo che non salvaguardi pienamente i diritti degli ebrei".

Lo stesso giorno, il 18 settembre, il capo del governo francese, Édouard Daladier, e Georges Bonnet, suo ministro degli Esteri, si recarono insieme a Londra e raggiunsero il seguente accordo con gli inglesi:

"Tutti i distretti dei Sudeti con una maggioranza tedesca superiore al 50% della popolazione saranno restituiti al Reich senza consultazione popolare. Una commissione internazionale, in cui sarà presente un rappresentante dello Stato cecoslovacco, verificherà tutti i confini e sarà responsabile dell'evacuazione e del trasferimento delle popolazioni. Il governo britannico accetterà, come la Francia, di dare la sua garanzia per i nuovi confini cecoslovacchi".

Sempre il 18 settembre Julius Lukasiewicz, l'ambasciatore polacco a Parigi, aveva presentato una nota a Bonnet "chiedendo categoricamente che se si fosse organizzato un plebiscito per la minoranza tedesca in Cecoslovacchia, si sarebbe dovuto concordare contemporaneamente un plebiscito per la minoranza polacca". Una volta conosciuto l'accordo franco-britannico, il 20 l'ambasciatore polacco chiese direttamente la restituzione del distretto di Teschen alla Polonia. Lo stesso giorno, l'Ungheria informò la Francia che appoggiava le azioni della Polonia e fece le stesse richieste per la Rutenia. In queste circostanze, il 21 settembre Praga diede il suo assenso all'accordo franco-britannico; ma alle 22.30 del 23, su consiglio di Georges Mandel[1], ministro francese delle Colonie, il cui vero nome era Jeroboam Rothschild e che era figlio naturale di un Rothschild, Benes decretò una mobilitazione generale in Cecoslovacchia.

Giovedì 22 Chamberlain si recò a Godesberg per presentare il piano franco-britannico ai tedeschi. L'idea di una commissione internazionale, così come era stata proposta a Londra da francesi e britannici, non piaceva a Hitler, che riteneva che avrebbe sostenuto i cechi nella definizione dei nuovi confini. Hitler propose l'occupazione immediata del territorio dei Sudeti e accettò un plebiscito solo nei distretti in cui vi erano dubbi sul sentimento della popolazione. Nel suo articolo "De l'Affaire des Sudetes aux Accords de Munich", pubblicato nel numero speciale di *Lectures Françaises* sopra citato, Jacques Bordiot scrive che Chamberlain protestò con forza e si ritirò in albergo, dove trascorse l'intera giornata del 23, rifiutandosi di incontrare nuovamente Hitler. Il 24, dopo un'appassionata discussione, Hitler presentò al premier britannico un Memorandum accompagnato da una lettera che

---

[1] Il vero nome di Georges Mandel era presumibilmente Jeroboam Rothschild, anche se alcune fonti riportano il nome di Louis George Rothschild. Mandel sarebbe stato nominato Ministro degli Interni da Paul Reynaud, che aveva sostituito Daladier come Primo Ministro il 21 marzo 1940. Entrambi lavorarono febbrilmente per far scoppiare la guerra. Quando Winston Churchill, che rappresentava il clan dei guerrafondai a Londra, venne a conoscenza del piano franco-britannico, si precipitò a Parigi per incontrare Mandel e Reynaud ed elaborare un piano alternativo. Sebbene non sia ufficialmente considerato un parente dei banchieri, Georges Mandel, soprannominato "l'ebreo spietato" dai suoi detrattori, lavorava per loro ed era nella loro orbita, vivendo nel lusso e nell'ostentazione più sfacciata.

specificava le regioni che i cechi dovevano abbandonare entro quarantotto ore e quelle che dovevano essere sottoposte a un plebiscito.

Mentre si incontravano, giunse a Godesberg un telegramma che annunciava che il governo ceco aveva decretato la mobilitazione generale. Sebbene entrambi fingessero stupore, la notizia non li sorprese, poiché Chamberlain ne era a conoscenza e aveva dato la sua approvazione il giorno prima, mentre Hitler ne era a conoscenza anche attraverso i suoi servizi di spionaggio e sapeva, inoltre, che il Consiglio dei Ministri francese aveva deciso di richiamare un milione di riservisti. In *Les responsables de la Seconde Guerre Mondiale*, Paul Rassinier trascrive le parole del Führer a Chamberlain: "Nonostante questa inaudita provocazione, mantengo la mia proposta di non intraprendere alcuna azione contro la Cecoslovacchia durante i negoziati, o almeno, signor Chamberlain, durante la sua permanenza in territorio tedesco". Chamberlain si impegnò a consegnare il memorandum a Benes e Hitler prorogò il termine per l'evacuazione al 1° ottobre.

Nel frattempo, la slealtà di Lord Halifax nei confronti del suo primo ministro cominciò a manifestarsi. Andrew Roberts, autore di *The Holy Fox. A Life of Lord Halifax*, una biografia che assomiglia a un panegirico, perché in essa la nefandezza diventa virtù e la doppiezza diventa astuzia, scrive che mentre Chamberlain cercava un accordo, Halifax, che era rimasto a Londra, ricevette una valanga di "lettere, telefonate e visite da vecchi amici di cui rispettava le opinioni, come George Lloyd, Leo Amery, Oliver Stanley". I nomi sono abbastanza significativi: Lloyd George era già stato usato dal sionismo durante la Prima guerra mondiale; Leo Amery era l'ebreo sionista segreto che aveva redatto la Dichiarazione Balfour; Oliver Stanley sarebbe stato nominato Segretario alla Guerra nel gennaio 1940. Tutti gli chiedevano di non fare ulteriori concessioni alla Germania. In altre parole, Halifax era diventato il politico su cui i guerrafondai riponevano le loro speranze.

Dopo aver ricevuto il Memorandum di Hitler, il Primo Ministro Chamberlain tornò a Londra il 24 settembre. Alla riunione di gabinetto del 25, Chamberlain si rese conto di persona che il suo ministro degli Esteri non solo non lo appoggiava, ma era apertamente a favore della guerra come mezzo per rovesciare Hitler. Nel giro di una notte Halifax aveva cambiato idea. Chamberlain gli inviò una nota scritta a penna che equivaleva quasi a una minaccia di dimissioni. La nota è riprodotta qui di seguito dal lavoro di Roberts:

> "Il suo completo cambiamento di punto di vista da quando l'ho vista ieri sera mi sconvolge terribilmente, ma naturalmente deve farsi una sua opinione.
> Resta da vedere cosa dicono i francesi.
> Se dicono "entreranno", non credo di potermi assumere la responsabilità della decisione.

Ma non voglio anticipare ciò che non è ancora emerso. N. C. (Neville Chamberlain)

Halifax rispose a queste parole con un'altra nota di risposta in cui scrisse: "Mi sento un bruto - ma sono stato sveglio tutta la notte, tormentandomi, e non sono riuscito a giungere a nessun'altra conclusione in questo momento sulla questione della coercizione della Cecoslovacchia". E. (Edward). Chamberlain ha replicato con un'altra nota negativa, non senza un po' di amarezza: "Le conclusioni notturne sono raramente raggiunte con la giusta prospettiva. N. C."

L'allusione alla posizione della Francia nella nota di Chamberlain era rilevante perché durante le deliberazioni del governo Halifax aveva detto che se la Francia avesse deciso di sostenere il governo Bene", la Gran Bretagna avrebbe dovuto appoggiarlo. Halifax mantenne questa posizione nonostante solo uno o due giorni prima avesse ricevuto un telegramma dal suo ambasciatore a Parigi, Eric Phipps, in cui Phipps esortava il ministro degli Esteri a non sostenere il "piccolo ma rumoroso e corrotto partito della guerra" in Francia. Nello stesso telegramma, citato anche da Andrew Roberts, l'ambasciatore affermava: "Il meglio della Francia è contro la guerra quasi ad ogni costo".

Il 26 settembre Chamberlain informò Hitler, con una lettera personale consegnata a Berlino da Sir Horace Wilson, che il governo ceco aveva respinto il Memorandum. Chamberlain lo invitò ad accettare di continuare i negoziati senza ricorrere alla forza e dichiarò: "Nel caso in cui la Francia fosse trascinata nelle ostilità con la Germania in esecuzione degli obblighi derivanti dai decreti, il Regno Unito si sentirebbe obbligato a venire in suo aiuto.

Contemporaneamente, i polacchi stavano giocando le carte del loro stesso gioco. Il 21 settembre la Polonia annunciò che avrebbe preso misure per garantire il benessere dei polacchi in Cecoslovacchia. Bonnet, il ministro degli Esteri francese, sospettava allora che Beck avesse fatto un accordo con Hitler e voleva fare chiarezza. Il 24 settembre l'ambasciatore francese in Polonia, Léon Noël, fu ricevuto a Varsavia dal maresciallo Edward Smigly-Rydz che, su istruzioni di Beck, gli assicurò che la Polonia non aveva alcun accordo con la Germania sulla Cecoslovacchia, confermò che le sue aspirazioni erano limitate alla zona di Teschen e annunciò che le sue truppe sarebbero entrate a Teschen se i cechi non avessero accettato le rivendicazioni polacche. Bonnet si affrettò a fare pressioni sul presidente Benes affinché facesse concessioni ai polacchi.

David L. Hoggan riporta una lettera di Benes a Beck, consegnata a Varsavia il 26 settembre 1938, in cui "accettava in linea di principio" di cedere Teschen alla Polonia se i polacchi avessero sostenuto la Cecoslovacchia in una guerra contro la Germania. Secondo Hoggan, il ministro degli Esteri polacco dichiarò indignato che l'"accordo di principio" di Benes non valeva la carta su cui era scritto; tuttavia, poiché la Polonia stava agendo in contatto con i francesi, decise di fare uno sforzo per raggiungere un accordo con i cechi secondo le linee proposte da Bonnet. Beck informò Benes che se avessero restituito Teschen alla Polonia senza indugio, avrebbero potuto contare sull'assistenza polacca contro la Germania, a condizione che la Francia mantenesse i suoi obblighi nei confronti dei cechi. Il Presidente Benes, insincero nella sua offerta alla Polonia, adduceva la scusa inconsistente che la rete ferroviaria nel territorio di Teschen era essenziale per i suoi piani operativi contro la Germania e insisteva che Teschen non poteva essere consegnata finché la Germania non fosse stata sconfitta in guerra. Beck interruppe immediatamente i negoziati.

Il capitolo 8 ha già presentato William C. Bullit, ambasciatore americano a Parigi, il cui nonno materno era l'ebreo Jonathan Horowitz. Si vedrà in seguito che Bullit, amico intimo di Roosevelt, con il quale conversava quotidianamente, era uno strumento di coloro che dietro le quinte spingevano per la guerra. È interessante ora notare un colloquio che ebbe il 25 settembre 1938 con l'ambasciatore polacco a Parigi. Lukasiewicz gli disse che il governo polacco aveva cambiato idea sulla crisi e che la guerra avrebbe avuto luogo. L'ambasciatore polacco rivelò a Bullit che se la Germania si fosse mossa contro i cechi, la Polonia, oltre a Teschen, avrebbe invaso la Slovacchia. La conversazione con Bullit dimostra quanto la leadership polacca si sia sbagliata nell'analisi e nella previsione degli eventi. Lukasiewicz poneva il conflitto come una guerra di religione tra fascismo e bolscevismo e indicava Benes come un agente di Mosca. Notò che il primo obiettivo sarebbe stato quello di stabilire un fronte comune con l'Ungheria amica. Scrive Hoggan: "Il diplomatico polacco riteneva che a questa mossa sarebbe seguito un attacco russo alla Polonia, ma assicurò che la Polonia non aveva paura. Predisse che entro tre mesi la Russia sarebbe stata sconfitta dalla Germania e dalla Polonia e insistette sul fatto che l'Unione Sovietica era un inferno di fazioni in guerra. Bullit accusò la Polonia di aver tradito la Francia, ma Lukasiewicz lo negò. Disse che la Polonia non avrebbe fatto guerra alla Francia, ma che se Francia, Gran Bretagna e Stati Uniti avessero appoggiato i cechi, le potenze occidentali sarebbero state strumenti del bolscevismo". Bisogna considerare che sia i leader polacchi che quelli tedeschi odiavano il sistema comunista e il suo significato. Se la Gran Bretagna non avesse silurato i tentativi tedeschi di stabilire con i polacchi un fronte comune contro i bolscevichi, si sarebbe potuta raggiungere una soluzione che prevedeva la pace tra le due nazioni e un'opposizione comune all'Unione Sovietica, come previsto da Lukasiewicz.

Gli sforzi di Bonnet per raggiungere un accordo tra cechi e polacchi fallirono. Benes, che il 21 settembre si era rassegnato a cedere il territorio alla Germania, non era disposto a consegnare Teschen ai polacchi. Il 28 settembre le previsioni più pessimistiche stavano per avverarsi. Alle 11.30 Chamberlain contattò Mussolini e gli chiese di provare a fare qualcosa.

Mentre François-Poncet, ambasciatore francese a Berlino, faceva un nuovo tentativo e aveva un colloquio con Hitler, il cancelliere tedesco interruppe la conversazione con il diplomatico francese per ricevere un comunicato urgente dall'ambasciatore italiano Attolico, che gli chiedeva a nome del Duce di rinviare la mobilitazione generale di 24 ore. Alle 15.15 l'ambasciatore britannico Neville Henderson telefonò a Londra per annunciare che Hitler intendeva invitare Chamberlain, Daladier e Mussolini a Monaco il giorno seguente per discutere una soluzione pacifica al problema ceco. Il Primo Ministro britannico ricevette la notizia alla Camera dei Comuni, dove aveva tenuto un discorso molto carico sull'imminente pericolo di guerra. Nell'annunciare l'invito di Hitler e la sua decisione di accettarlo, ricevette una delle più forti ovazioni nella storia del Parlamento britannico. Il mondo intero accolse la notizia con un senso di sollievo e di speranza. Nessuno, tranne i soliti noti, voleva la guerra. I cittadini di Monaco, entusiasti del desiderio di pace, accolsero con euforia i leader europei quando arrivarono per negoziare il 29 settembre.

I quattro protagonisti dell'incontro di Monaco cercarono di evitare la guerra e raggiunsero una pace temporanea. La conferenza iniziò alle 13.00 e terminò all'1.30. I rappresentanti cechi a Monaco furono informati dei lavori, ma non poterono prendere parte alle deliberazioni. I rappresentanti cechi a Monaco sono stati informati dell'andamento dei colloqui, ma non hanno potuto prendere parte alle deliberazioni. In Baviera non erano presenti né polacchi né ungheresi. Il ruolo moderatore di Mussolini fu fondamentale e alla fine si raggiunse un accordo sulla base di una bozza presentata dai delegati italiani. Su alcuni punti furono migliorate le condizioni richieste da Hitler a Godesberg. La data fissata per l'occupazione dei territori tedeschi dei Sudeti fu il 10 ottobre. In alcuni distretti (dove i tedeschi avrebbero ottenuto la maggioranza) si sarebbe dovuto tenere un plebiscito. Il nuovo confine doveva essere determinato da una commissione internazionale che comprendeva un rappresentante ceco e uno tedesco. Francia e Gran Bretagna si offrirono di garantire i nuovi confini contro qualsiasi aggressione non provocata. Le stesse potenze garantirono alla Cecoslovacchia una soluzione del problema delle minoranze polacca e ungherese. L'accordo prevedeva che se non si fosse trovata una soluzione per queste regioni entro tre mesi, si sarebbe tenuta una nuova riunione dei capi di governo.

Già il giorno successivo, il 30 settembre, si verificarono una serie di conseguenze politiche. Chamberlain propose un incontro privato con Hitler. L'incontro si svolse nell'appartamento del Cancelliere in Prinzregentenstrasse. Solo Paul Schmidt, interprete di Hitler, era con i due leader, che discussero della situazione generale in Europa. Nel suo libro *Temoin sur la scène diplomatique* (*Testimone sul palcoscenico diplomatico*) Schmidt riporta stralci di questo colloquio, alcuni dei quali sono commentati da David L. Hoggan. Chamberlain disse che sperava che non ci sarebbero stati attacchi aerei su donne e bambini se i cechi avessero opposto resistenza.

Hoggan non può fare a meno di commentare la preoccupazione di Chamberlain: "Questo era ironico se si considera che Chamberlain sapeva che l'aviazione britannica, in contrasto con la strategia tedesca di supporto aereo tattico alle forze di terra, stava basando la sua strategia in una futura guerra su attacchi aerei concentrati sui centri civili". Hitler affermò di essere completamente contrario a tali attacchi e che la Germania non li avrebbe mai utilizzati se non per rappresaglia. Al termine della conversazione, Chamberlain chiese a Hitler se volesse firmare una dichiarazione di amicizia anglo-tedesca, che gli fu presentata in inglese. Questo è il testo dell'accordo:

"Noi, il Führer e Cancelliere tedesco e il Primo Ministro britannico, abbiamo avuto un ulteriore incontro oggi e siamo d'accordo nel riconoscere che la questione delle relazioni anglo-tedesche è della massima importanza per entrambi i Paesi e per l'Europa.
Consideriamo l'accordo firmato ieri sera e l'accordo navale anglo-tedesco come un simbolo della volontà dei nostri due popoli di non entrare mai più in guerra l'uno contro l'altro.
Siamo determinati a far sì che il metodo della consultazione sia il metodo adottato per trattare le questioni che possono riguardare i nostri due popoli, e siamo determinati a continuare i nostri sforzi per risolvere le possibili cause di divergenza e contribuire così a garantire la pace in Europa".

Questo importante accordo, accettato da Hitler senza riserve, sarebbe dovuto diventare il pilastro per il mantenimento della pace in Europa e per la difesa del continente dal comunismo.

Un'altra conseguenza del Patto di Monaco, sempre il 30, fu l'ultimatum della Polonia alla Cecoslovacchia. La sera Józef Beck convocò l'ambasciatore tedesco a Varsavia, Hans-Adolf von Moltke, per dirgli che aveva appena inviato un ultimatum ai cechi. Voleva sapere se la Germania avrebbe mantenuto un atteggiamento benevolo in caso di guerra ceco-polacca. Aggiunse che voleva il sostegno tedesco nel caso in cui l'Unione Sovietica avesse attaccato la Polonia. Beck chiese che Praga consegnasse la città di Teschen e il suo distretto entro mezzogiorno di domenica 2 ottobre. Chiese anche la resa del resto del territorio rivendicato dalla Polonia entro dieci giorni. Beck avvertì che se la nota di accordo ceca non fosse stata ricevuta entro le ore 12 del 1° ottobre, "la Polonia non sarebbe stata responsabile delle conseguenze". I cechi, il cui presidente Beneš si sarebbe dimesso il 5 ottobre per andare in esilio a Londra, furono pronti a capitolare prima della scadenza. Il nuovo presidente della Repubblica, Emil Hácha, dichiarò semplicemente che le potenze firmatarie di Monaco non sarebbero intervenute nonostante la brutalità dell'approccio e che i polacchi non avrebbero cercato la sua copertura. Solo la Francia inviò una nota a Varsavia per protestare contro l'ultimatum polacco. La Germania, da parte sua, offrì alla Polonia la protezione che desiderava in caso di attacco sovietico.

L'impraticabilità della Cecoslovacchia stava diventando sempre più evidente ed era chiaro a tutti che sarebbe sopravvissuta solo finché gli slovacchi non avessero deciso di secedere dai cechi.

Il 30 settembre Daladier e Bonnet atterrarono all'aeroporto di Le Bourget, dove furono accolti da una folla entusiasta. La folla, spontaneamente addobbata e in sintonia con la maggioranza dei popoli europei che rifiutavano un'altra guerra, scese in strada lungo il percorso verso Parigi e dimostrò la propria gioia e gratitudine ai politici che avevano preservato la pace per la Francia. Nelle sue *Memorie* Winston Churchill descrive coloro che applaudirono Chamberlain e Daladier come "folle vocianti". Forse avrebbe preferito una reazione come quella dell'URSS, dove Chamberlain fu bruciato in effigie nella Piazza Rossa, un rituale alla presenza ufficiale del Commissario agli Esteri, l'ebreo Maksim Litvinov (Meyer Hennokh Moisevitch Wallack), nonostante il quale non ci furono note di protesta. Non è difficile immaginare il clamore internazionale che ne sarebbe derivato se Ribbentrop avesse sostenuto pubblicamente il rogo del Presidente Roosevelt in Germania.

Pochi giorni dopo, il 5 ottobre, la Camera dei Deputati francese ratificò l'Accordo di Monaco con 535 voti contro 75 (73 comunisti). Il tandem Mandel-Reynaud e la sua squadra, così come Léon Blum e i suoi sostenitori, sebbene scontenti, ritennero politicamente inopportuno confrontarsi con l'opinione pubblica. Tra coloro che si misero al fianco dei comunisti e rifiutarono gli accordi di Monaco c'erano due famosi pittori, l'ebreo Marc Chagall e Pablo Picasso. Quest'ultimo, che si dichiarava pacifista e comunista, era già da trent'anni nelle mani di mercanti ebrei come Daniel-Henry Kahnweiler e i fratelli Rosenberg[2]. Entrambi gli artisti restituirono le loro decorazioni allo Stato francese in segno di protesta. Non è senza deplorevole sarcasmo che Picasso, la cui Guernika passa per un appello contro la guerra, protestasse contro la pace in Europa a causa della sua servitù politica.

---

[2] Picasso fu scoperto nel 1905 dagli Stein, una ricca famiglia ebrea. Leo e Gertrude Stein erano incaricati di trovare opere d'arte e Michael Stein era il finanziatore. Nel 1907 Daniel-Henry Kahnweiler, membro di una famiglia di finanzieri ebrei, conosce i cubisti e il gruppo dei "Fauves". Nel 1909 Picasso si fidanza con Kahnweiler, al quale vende tutta la sua produzione. Un secondo contratto più formale fu firmato per tre anni il 18 dicembre 1912. Altri due fratelli ebrei, Léonce Rosenberg e Paul Rosenberg, compaiono durante la guerra e prendono il posto di Kahnweiler. Nel 1916 Léonce Rosenberg si accinse al lancio internazionale di Picasso. Insieme saremo invincibili", gli disse, "tu sarai il creatore e io l'azione". Paul Rosenberg subentrò al fratello nel 1919. Attraverso i Rosenberg, Picasso entrò nel circolo chiuso dei grandi mercanti d'arte, di solito membri di potenti famiglie ebraiche legate al mondo bancario, e le sue opere passarono ai musei e alle collezioni americane. Negli anni Venti l'accordo con i Rosenberg era solo verbale e Picasso lavorò anche con altri rappresentanti ebrei come Wildenstein, Loeb e ancora Kahnweiler.

Anche la Camera dei Comuni si riunì il 5 ottobre 1938. Paul Rassinier scrive in *Les responsables de la Seconde Guerre Mondiale* che durante il dibattito Chamberlain "commise un errore che avrebbe avuto ripercussioni sul comportamento successivo di Hitler". Che si tratti di una mossa maldestra o di una concessione forzata per convincere gli oppositori della sua politica, resta il fatto che il Primo Ministro collegò gli accordi di Monaco a un massiccio programma di armamenti per tutti e tre gli eserciti. Sottolineò l'investimento per l'aeronautica, che avrebbe dovuto costruire 3.000 aerei entro la fine dell'anno e altri 8.000 nel corso del 1939. Il programma fu accettato all'unanimità; ma mentre Chamberlain si preparava a spiegare la sua posizione a Monaco, Churchill prese la parola per denigrare la sua politica e gli accordi, che definì "un disastro di prima grandezza". Churchill indicò apertamente le aspirazioni delle potenze internazionali che volevano la guerra e parlò della necessità di porre fine al potere nazista attraverso un'alleanza che comprendesse Francia, Gran Bretagna, Unione Sovietica e Stati Uniti. Il fatto che per liquidare la Germania Churchill e Roosevelt volessero allearsi con una feroce dittatura comunista che aveva fatto morire di fame (Holodomor) sette milioni di ucraini e che dal 1917 aveva causato la morte di venti milioni di persone si spiega solo con le ragioni che abbiamo esposto in questo libro. Il discorso di Churchill fu applaudito da tutti i 137 deputati laburisti e dai principali sostenitori della guerra, tra cui Sir Vansittart, Hore Belisha, Anthony Eden e altri. L'Accordo di Monaco fu approvato con 369 voti favorevoli e 150 contrari, uno dei quali era il Primo Lord dell'Ammiragliato, Alfred Duff Cooper, un membro del governo che si dimise. Nel dimettersi, egli pronunciò la seguente scelta: "Guerra con onore o pace con disonore". Anche in questo caso era vero il contrario, soprattutto considerando che sessanta milioni di esseri umani sarebbero stati vittime di una guerra così onorevole.

Quanto era accaduto alla Camera dei Comuni aveva messo Hitler in guardia. Dopo la dichiarazione di amicizia firmata pochi giorni prima, ci si aspettava almeno una maggiore moderazione da parte dei leader britannici. Il 9 ottobre tenne un discorso a Saarbrücken in cui disse: "I capi di governo di fronte a noi affermano di volere la pace, e dobbiamo credergli. Ma governano Paesi la cui struttura rende possibile in qualsiasi momento sostituire chi la vuole con chi non la vuole. Basterebbe che un Duff Cooper, un Eden o un Churchill prendessero il posto di Chamberlain per scatenare subito una seconda guerra mondiale, perché questa è la loro intenzione. Non lo nascondono: lo proclamano apertamente". La stampa tedesca denunciò con indignazione che era imperdonabile che i membri del governo Chamberlain facessero propaganda a favore del riarmo sulla base del pericolo tedesco.

La narrativa cecoslovacca in evidenza

Dopo l'accordo di Monaco, l'ultimo ultimatum polacco, l'occupazione di Teschen e le dimissioni di Benes da presidente della Repubblica, in Cecoslovacchia si generò giorno dopo giorno il caos politico. La propaganda antitedesca ha dato la colpa di tutto a Hitler, generalmente dipinto come un insaziabile espansionista. I fatti, tuttavia, dimostrano che le proposte e le richieste della Polonia erano meno moderate e più aggressive, eppure il Cancelliere tedesco cercò fino all'ultimo di concordare con i polacchi una politica di cooperazione in tutte le controversie che si presentavano. Le aspirazioni della Polonia per la Cecoslovacchia non si limitavano a Teschen, ma avevano altri obiettivi, uno dei quali era la rottura tra cechi e slovacchi. Sebbene il movimento nazionalista slovacco fosse stato spietatamente represso dal presidente Thomas Masaryk fin dalla nascita della Cecoslovacchia, i polacchi non fecero mistero del loro impegno per uno Stato slovacco indipendente.

Nel 1938 monsignor Józef Tiso, sacerdote cattolico che divenne il primo presidente dello Stato slovacco nel 1939, e Karol Sidor, anch'egli politico cattolico e sostenitore dei polacchi, erano i due principali leader del nazionalismo slovacco. La maggior parte degli slovacchi si opponeva al dominio ceco ed era favorevole a porvi fine; tuttavia, erano politicamente divisi in diversi gruppi in conflitto tra loro. Il gruppo più influente voleva che la Slovacchia tornasse all'Ungheria, ma Budapest non era disposta a scendere a compromessi e non offriva alcun sostegno effettivo. Un altro gruppo era quello di Sidor, che favoriva una partnership con la Polonia e prevedeva addirittura un protettorato polacco per la Slovacchia. Va notato che i costumi, il temperamento e le relazioni culturali erano legami che avvicinavano naturalmente polacchi e slovacchi. Monsignor Tiso era il leader di spicco del terzo raggruppamento, che chiedeva la piena indipendenza degli slovacchi, anche se inizialmente dovevano affidarsi a uno dei loro potenti vicini per ottenerla. Infine, c'era un movimento filo-ceco. Con questi ingredienti, la maggior parte degli osservatori internazionali prevedeva che una crisi slovacca fosse imminente. Se l'Ungheria non osava sostenere i suoi sostenitori, Jozef Beck, ministro degli Esteri polacco, era pronto a promuovere l'indipendenza slovacca. Monsignor Tiso sosteneva una forte protezione per la Slovacchia e la Germania era l'unica alternativa se Ungheria e Polonia avessero rifiutato la responsabilità.

La Polonia aveva altri due obiettivi in Cecoslovacchia: uno era Zips-Orawy, una regione dei Carpazi confinante con la Slovacchia che Polonia e Ungheria si contendevano fin dal Medioevo. Beck era tentato di approfittare della debolezza ceca per impadronirsi di questo territorio conteso. Un altro obiettivo era l'eliminazione del controllo ceco sulla Rutenia, una regione nei Carpazi meridionali abitata da un milione di persone che era stata assegnata alla Cecoslovacchia nel 1919. In caso di scissione tra cechi e slovacchi, era impensabile che i primi potessero continuare a detenere questo territorio. La tesi dei leader polacchi era che la Rutenia appartenesse all'Ungheria da centinaia di anni e che dovesse essere restituita all'Ungheria, un Paese mutilato dalla Conferenza di Parigi, che aveva perso due terzi della sua popolazione e tre quarti del suo territorio. Uno dei timori dei polacchi era che un'ipotetica Rutenia indipendente potesse cadere nelle mani dei comunisti.

I cechi si affrettarono ad accusare i polacchi di cercare il caos in Cecoslovacchia. Il 3 ottobre, il ministro degli Esteri ceco Kamille Krofta informò i britannici che i cechi si stavano ritirando senza problemi dal territorio dei Sudeti, ma si lamentò fortemente dei polacchi, che accusò di complottare e organizzare la propaganda in Slovacchia. Krofta espresse ai britannici il timore che la debolezza ceca potesse essere sfruttata "per diffondere l'idea che la Slovacchia sarebbe stata migliore se fosse stata associata alla Polonia". In David L. Hoggan, Krofta nutriva tali timori perché era consapevole di "quanto profondo fosse l'odio per i cechi in Slovacchia, così profondo che gli slovacchi preferivano quasi ogni associazione a quella dei cechi". Krofta aggiunse che "desiderava soprattutto" l'aiuto francese e britannico contro i polacchi, ma che sperava anche che "Hitler potesse forse aiutare a resistere alle ambizioni polacche".

A Monaco era stato stabilito che alcune zone sarebbero state consegnate alla Germania entro dieci giorni e che altre sarebbero state occupate da una forza di polizia internazionale, in attesa di un plebiscito. L'ambasciatore britannico in Germania, Neville Henderson, convinto sostenitore della politica di appeasement, lavorò a stretto contatto con il ministro francese Bonnet per facilitare l'attuazione degli accordi ed evitare controversie. Henderson, secondo Hoggan, "era considerato il più promettente dei giovani diplomatici britannici quando fu inviato a Berlino nel 1937; ma a causa della sua dedizione a questi principi, sostenuta in modo poco convincente dai suoi capi a Londra, si trovò presto isolato e in una posizione poco invidiabile nel servizio diplomatico britannico". Henderson scoprì che i cechi stavano cercando inutilmente di ostacolare l'attuazione di quanto concordato a Monaco, dove era stato stabilito che le aree con più del 50% di popolazione tedesca sarebbero state consegnate alla Germania senza plebiscito. I cechi volevano aumentare la percentuale al 75%. Halifax sostenne la modifica dell'accordo a favore dei cechi fino all'ultimo minuto, ma dovette cedere ai francesi e agli italiani, che si opposero e insistettero sulla necessità di "rispettare lo spirito del protocollo". Halifax pensava che i cechi potessero essere aiutati nelle zone in cui si sarebbe tenuto un plebiscito, ma il presidente Beneš, convinto che non ci fosse più modo di opporsi alla Germania, si dimise indignato il 5 ottobre.

Il 22 settembre il Partito Comunista Ceco aveva costretto alle dimissioni il governo di Milan Hodza, al quale era succeduto un governo provvisorio guidato dal generale Jan Syrovy. Dopo le dimissioni di Benes, Syrovy servì come primo ministro ad interim e presidente della Repubblica fino a quando Emil Hácha fu nominato alla seconda carica. Il ministro degli

Esteri Krofta fu sostituito da František Chvalkovsky. L'entusiasmo delle potenze occidentali per il nuovo governo non era eccessivo e l'idea di inviare truppe per supervisionare il plebiscito cominciò a essere messa in discussione. Roger Makins, un esperto del Foreign Office che lavorava nella Commissione internazionale per la delimitazione del confine ceco, annunciò il 6 ottobre che condivideva l'opinione dei suoi colleghi italiani secondo cui i cechi non avrebbero ottenuto nulla da un referendum. I cechi stessi si resero conto che un voto non avrebbe favorito la loro causa e avrebbe potuto, al contrario, dimostrare la loro allarmante debolezza, così il 7 ottobre il delegato ceco alla Commissione informò i tedeschi che il suo governo avrebbe preferito dimenticare il plebiscito. La Germania, che aveva il diritto di chiedere il plebiscito in conformità con l'accordo di Monaco, rinviò la sua decisione di qualche giorno.

L'11 ottobre, Neville Henderson confidò ad Halifax che in Boemia-Moravia c'era una grande ondata filotedesca e che i cechi avrebbero potuto perdere Brno (Bruen), la capitale della Moravia, se si fosse tenuto il referendum. Si trattava di una prospettiva allarmante per i cechi, che sarebbero stati virtualmente tagliati fuori dalla Slovacchia. Da parte sua, l'ambasciatore britannico a Varsavia, Howard Kennard, spiegò ad Halifax che i polacchi erano favorevoli all'espulsione dei cechi dalla Slovacchia. Infine, il 13 ottobre, Hitler accettò di annullare il plebiscito e di mantenere le sue truppe nella zona occupata. Scrive Hoggan: "La discussione sul plebiscito iniziò con l'idea di Halifax che potesse essere usato come strumento contro i tedeschi. Si concluse con un segno di sollievo a Londra quando i tedeschi abbandonarono l'idea".

Contemporaneamente, ungheresi e cechi iniziarono a negoziare un accordo sulle rivendicazioni etniche degli ungheresi in Slovacchia. Il ministro degli Esteri polacco Józef Beck temeva che gli ungheresi non esercitassero abbastanza pressione e chiese di discutere la questione. Il 7 ottobre Budapest inviò a Varsavia il ministro degli Esteri Conte Istvan Csaky. La stampa polacca aveva lanciato una forte campagna per l'annessione della Rutenia all'Ungheria e Beck propose al ministro di rivendicare l'intera provincia; ma in Rutenia c'erano 14.000 rumeni e Csaky espresse il timore di un attacco da parte della Romania. L'ambasciatore tedesco in Polonia, Moltke, informò Ribbentrop l'8 che i timori ungheresi sulla Romania preoccupavano Beck. Per confondere ulteriormente le idee sul territorio, gli italiani non vedevano di buon occhio il ruolo di patrocinio che la Polonia intendeva svolgere. L'Italia capì che i polacchi intendevano creare un blocco di Paesi indipendenti tra l'Asse e l'Unione Sovietica e quindi sostenne l'indipendenza della Slovacchia. I negoziati tra Ungheria e Cecoslovacchia si interruppero senza un accordo il 13 ottobre.

Nel frattempo, la situazione in Slovacchia stava diventando sempre più confusa: i filocechi erano praticamente scomparsi dalla scena e gli altri gruppi chiedevano almeno l'autonomia. L'8 ottobre fu costituito un governo locale slovacco e il 22 ottobre un emendamento costituzionale permise l'approvazione della legge sull'autonomia slovacca. L'autonomia ebbe vita breve, perché da quel momento l'opinione pubblica cominciò a orientarsi inequivocabilmente verso l'indipendenza, accolta con favore dai polacchi, ancora decisi ad annettere la Rutenia all'Ungheria. L'11 novembre 1938, tutti i partiti riuscirono a riunirsi nel Partito di Unità Nazionale Slovacco.

La Rutenia subcarpatica o transcarpatica, sebbene amministrata dall'Ungheria per secoli, era una regione etnicamente diversa abitata da ucraini, ungheresi, rumeni, bulgari, russi e altre minoranze. Nel 1945 divenne parte della Repubblica Sovietica Ucraina. Beck temeva particolarmente la politica che la Germania avrebbe potuto adottare sulla questione rutena, per cui la avvertì attraverso l'ambasciatore polacco a Berlino, Józef Lipski, di non incoraggiare le ambizioni nazionaliste degli ucraini. Va ricordato che milioni di ucraini nella Polonia orientale erano passati sotto il controllo polacco. Il 18 ottobre Lipski espresse al Segretario di Stato tedesco Ernst von Weizsäcker il desiderio di una politica di cooperazione amichevole nella questione ungaro-slovacca. Weizsäcker informò Ribbentrop che una politica di concessioni in questa materia poteva essere utile per una politica di comprensione con la Polonia. Il 19 ottobre l'ambasciatore Moltke informò Berlino che i polacchi temevano che la Rutenia potesse mettere in pericolo il loro controllo sugli ucraini che vivevano nel loro territorio e che, incoraggiati dai processi di autodeterminazione in Cecoslovacchia, avevano provocato disordini a Lwow.

Dopo un viaggio a Bucarest per cercare di influenzare i rumeni sulla questione rutena, il 22 ottobre Józef Beck ordinò all'ambasciatore Lipski di informare i tedeschi che la Polonia voleva il loro sostegno per portare l'intera provincia della Rutenia sotto il controllo ungherese. Lipski chiese che il governo polacco fosse tenuto al corrente dei piani della Germania riguardo alla questione dei confini ungheresi. Hitler ritenne quindi che fosse il momento giusto per sollevare le rivendicazioni tedesche su Danzica e diede istruzioni al suo Ministro degli Esteri di far sapere ai polacchi che il sostegno tedesco sarebbe dipeso dal grado di cooperazione tra i due Paesi sulle questioni proposte di collegamento con la Prussia orientale attraverso Danzica.

Il 24 ottobre l'ambasciatore Lipski pranza con Ribbentrop a Berchtesgaden. Questa data segnò l'inizio dei tentativi tedeschi di raggiungere un accordo su Danzica attraverso negoziati bilaterali. Lipski ammise che gli sforzi di Beck in Romania erano falliti. Ribbentrop gli fece notare che i piani della Polonia per la Rutenia comportavano alcune difficoltà, poiché è improbabile che i ruteni votassero a favore dell'unione con l'Ungheria in un plebiscito. C'era anche l'atteggiamento della Romania, con cui la Germania voleva migliorare le relazioni commerciali attraverso il sistema del baratto. Ribbentrop, tuttavia, assicurò che non si trattava di un rifiuto e offrì alcune idee. Durante il pranzo Ribbentrop chiese a Lipski di trasmettere al ministro Beck un invito a visitare la Germania nel novembre 1938. Il piano di Hitler per Danzica venne subito fuori durante la conversazione. La Germania intendeva chiedere alla Polonia di consentire l'annessione della città e intendeva chiedere il permesso di costruire un'autostrada e una linea ferroviaria per collegarsi alla Prussia orientale attraverso la città. Ovviamente, ci sarebbe stata una "contropartita" e la Germania era disposta a fare molte concessioni: alla Polonia sarebbe stato garantito un porto franco permanente a Danzica e il diritto di costruire la propria autostrada e il collegamento ferroviario al porto, la cui area sarebbe stata un mercato libero permanente per le merci polacche. La Germania offrì anche il riconoscimento dei confini esistenti, compresi quelli del 1922 nell'Alta Slesia. Ribbentrop affermò che la Germania aveva più idee e più proposte e suggerì un nuovo trattato tra i due Paesi che avrebbe contenuto un accordo generale e un patto di non aggressione per non meno di 25 anni.

La notizia di questa conversazione si diffuse rapidamente in Europa. Già il giorno successivo, l'ambasciatore Kennard, che sosteneva di aver ottenuto l'informazione da varie fonti, disse ad Halifax che la Germania e la Polonia stavano negoziando un accordo generale in cambio del confine comune tra Ungheria e Polonia. Beck capì, tuttavia, che non avrebbe ricevuto il sostegno tedesco ai suoi piani per la Rutenia a meno che non avesse adottato un atteggiamento positivo nei confronti delle proposte tedesche di collaborazione. Sapeva che la Gran Bretagna voleva sostenere la Polonia contro la Germania, ma allo stesso tempo si rendeva conto che gli inglesi stavano giocando con il tempo. La sua convinzione che la Gran Bretagna si sarebbe opposta alla Germania", scrive Hoggan in Der Erzwungene Krieg, "gli impedì di considerare seriamente l'offerta tedesca. La sua consapevolezza che gli inglesi avevano bisogno di tempo per prepararsi alla guerra lo indusse ad adottare una tattica dilatoria nei negoziati con la Germania". Beck aveva già deciso che preferiva rischiare il futuro della Polonia all'esito di una guerra preventiva della Gran Bretagna contro la Germania, piuttosto che cercare un accordo con Hitler, quindi rinunciò a cercare la loro cooperazione in Rutenia. Il fascino di un'alleanza anglo-polacca impedì ai leader polacchi di vedere i vantaggi pratici di un'intesa con i tedeschi. Hoggan la mette così: "Un'alleanza con la Gran Bretagna renderebbe inevitabile l'ostilità dell'Unione Sovietica e della Germania, senza dare alla Polonia il minimo vantaggio militare. Un'alleanza con la Gran Bretagna equivarrebbe a una condanna a morte per il nuovo Stato polacco..... La Polonia non aveva alcuna possibilità di stabilire relazioni cordiali con l'Unione Sovietica. La sua unica speranza di raggiungere la sicurezza nazionale risiedeva in un patto con la Germania, e la Polonia era persa se non comprendeva la necessità di un tale compromesso".

La politica erratica della Polonia contro la Germania nel 1938

Convinti che la sconfitta della Germania in una nuova guerra servisse gli interessi della Polonia, i leader polacchi rifiutarono la pace che era ripetutamente a portata di mano. Nel marzo 1938 il Ministero degli Esteri polacco vide nel terrore scatenato in URSS dalle purghe di Stalin un segno di debolezza interna e di declino. I fatti dimostrarono ben presto che la stupidità del loro approccio significava che il loro Paese era la pedina usata dalle pedine del Potere Occulto che guidava la guerra. Nelle sue *Memorie*, lo stesso Winston Churchill dichiarò con il suo solito cinismo: "Non c'è mai stata una guerra più facile da evitare di quella che ha appena devastato ciò che restava del mondo dopo il conflitto precedente". Poiché l'ostinazione sulla questione di Danzica fu la causa scatenante del conflitto, prima di passare alla narrazione cronologica degli eventi è opportuno fare una breve rassegna degli attriti tedesco-polacchi del 1938.

Tra le politiche più scandalose e intollerabili per la Germania c'era la persecuzione della minoranza tedesca in Polonia. Sebbene le autorità tedesche cercassero di coordinarsi tra loro per risolvere i problemi delle minoranze, i polacchi consideravano inutile la cooperazione. *La Gazeta Polska* ha sostenuto in un editoriale di giugno che le questioni relative alle minoranze erano una questione interna di ciascun governo. Il fatto che la minoranza polacca in Germania fosse insignificante rispetto alla minoranza tedesca in Polonia portò i leader polacchi a non considerare i polacchi residenti nel Reich. L'8 luglio la Germania redasse un memorandum contenente le principali lamentele per il maltrattamento dei tedeschi in Polonia. Una legge di riforma agraria per il 1938 danneggiava gravemente gli interessi tedeschi: più di due terzi delle terre da confiscare nel Posen e nella Prussia occidentale dovevano essere consegnate da agricoltori tedeschi che possedevano proprietà in queste province. Il memorandum accusava le autorità polacche di tollerare e incoraggiare il boicottaggio delle imprese industriali che impiegavano tedeschi. L'80% dei lavoratori tedeschi dell'Alta Slesia orientale era disoccupato e ai giovani tedeschi veniva negato l'apprendistato che avrebbe potuto consentire loro di trovare un impiego. I polacchi avevano intensificato il loro programma di chiusura delle scuole di Elamanni. Il memorandum, che riassumeva la situazione generale, si concludeva con il suggerimento che le future concessioni ai polacchi in Germania sarebbero dipese dal miglioramento delle condizioni in Polonia.

In un rapporto del 2 settembre 1938, l'ambasciatore Moltke spiegò la situazione sempre più sfavorevole della minoranza tedesca. Moltke indicò il gruppo OZON (Gruppo di Unità Nazionale), fondato dal colonnello Adam Koc. Si trattava di un gruppo finanziato ufficialmente per favorire l'ascesa del sentimento antitedesco e garantire un'ampia base di sostegno popolare alle politiche del governo. In seguito ai successi tedeschi in Austria e Cecoslovacchia, i polacchi adottarono una politica di intimidazione. Moltke riferì che un numero crescente di tedeschi veniva condannato a pene detentive dai tribunali polacchi per aver pronunciato frasi come: "Il Führer dovrà mettere ordine qui" o "Presto sarà il turno della Polonia". L'ambasciatore Moltke era preoccupato per l'indifferenza con cui il governo polacco considerava il crescente numero di manifestazioni antitedesche e antitedesche. Senza l'intervento della polizia, i consolati tedeschi vennero molestati da gruppi di polacchi che cantavano una canzone popolare antitedesca in cui si diceva che Dio avrebbe ricompensato i polacchi che avessero impiccato i tedeschi.

Non appena Teschen fu occupata dalle truppe polacche nell'ottobre 1938, la persecuzione tedesca fu una costante. Sebbene Hitler avesse dato pieno sostegno alla Polonia nella sua rivendicazione di questo territorio dai cechi, i polacchi procedettero a trattare i tedeschi e i filotedeschi come nemici. Le misure iniziarono già con l'occupazione militare dell'area. Tutte le scuole tedesche furono immediatamente chiuse. Il passo successivo fu rivolto ai genitori dei bambini, che furono minacciati di disoccupazione se non avessero mandato i loro figli nelle scuole polacche. Gli insegnanti tedeschi furono licenziati e fu annunciato che il polacco era l'unica lingua ufficiale. Ad avvocati e medici fu detto che non avrebbero potuto esercitare se non avessero imparato il polacco entro tre mesi. I depositi bancari furono congelati per lungo tempo e le pensioni e le buste paga dei tedeschi furono ridotte. Durante il primo mese, il 20% della popolazione tedesca del distretto fuggì e fu necessario fornire alloggio a 5.000 rifugiati nei campi dell'Alta Slesia occidentale. Le note di protesta delle autorità tedesche furono inutili. Alla fine dell'anno Moltke incontrò Beck a Varsavia e si lamentò amaramente della situazione a Teschen. L'ambasciatore espresse al ministro la disperazione dei tedeschi del territorio, che erano arrivati a considerare i vent'anni sotto il dominio ceco come un paradiso rispetto all'oppressione polacca. Nella sua risposta Beck insistette sul fatto che si trattava di un fenomeno locale.

Nella Prussia occidentale furono adottate nuove misure di censura anche nelle scuole, dove l'elenco dei libri proibiti fu ampliato: furono censurati il poema eroico *Nibelungenlied*, i libri di poesie di Goethe, *Robinson Crusoe* di Defoe e altri. La principale organizzazione caritatevole della città di Graudenz fu chiusa e le sue proprietà confiscate. Nella cittadina di Neustadt fu vietata persino la consueta rappresentazione natalizia. L'Associazione dei Giovani Polacchi lanciò su una campagna di boicottaggio contro le aziende tedesche nella Pusia occidentale della Polonia e nel gennaio 1939 iniziò a picchettare senza alcun intervento da parte delle autorità polacche. Tuttavia, le fonti polacche si rifiutarono di riconoscere i fatti e insistettero sul fatto che la persecuzione dei tedeschi era del tutto "immaginaria".

Abbiamo già notato nella sezione dedicata alla Conferenza di Evian che il ministro degli Esteri polacco decise, nell'aprile del 1938, di revocare la cittadinanza agli ebrei polacchi residenti all'estero. Ciò provocò una crisi con la Germania, che ora spiegheremo in dettaglio. La Germania era presumibilmente il Paese malvagio che non voleva gli ebrei sul suo territorio, per cui le organizzazioni ebraiche di tutto il mondo avevano organizzato un boicottaggio internazionale contro di essa e chiedevano apertamente la guerra contro Hitler. Tuttavia, e gli storici ufficiali non ne parlano, tra il 1933 e il 1938 erano emigrati dalla Polonia molti più ebrei che dalla Germania. Un rapporto dell'Istituto di Storia Contemporanea di Monaco di Baviera, citato da Hoggan, mostra che in quegli anni una media di 100.000 ebrei emigrarono annualmente dalla Polonia, mentre solo 25.000-28.000 emigrarono dalla Germania. Inoltre, come sappiamo, la maggior parte di questi ebrei tedeschi partì volontariamente per la Palestina con i propri beni grazie all'Accordo di Haavara raggiunto con i sionisti. Al 9 novembre 1938, 170.000 ebrei tedeschi avevano lasciato il Paese; ma nello stesso periodo di tempo 575.000 ebrei polacchi erano emigrati dalla Polonia. Inoltre, migliaia di ebrei che avevano lasciato la Germania nel 1933 erano tornati nel 1934, mentre quasi nessun ebreo era tornato in Polonia. Jerzy Potocki, ambasciatore polacco negli Stati Uniti, nel marzo 1938 fece capire a Summer Welles, sottosegretario di Stato americano, che la Polonia voleva aumentare l'emigrazione degli ebrei polacchi e Welles si offrì di aiutarli a stabilirsi in Venezuela e in altri Paesi dell'America Latina. Una missione speciale polacca guidata da Michal Lepecki era stata inviata nel 1937 in Madagascar per studiare le possibilità di spedire gli ebrei polacchi in questa ricca e scarsamente popolata isola francese dell'Oceano Indiano.

Il 28 marzo 1938 l'ambasciatore americano a Varsavia, Angier Biddle, riferì che molti ebrei polacchi avrebbero accolto con favore una nuova guerra in Europa. Secondo Biddle, la distruzione del nuovo Stato polacco avrebbe potuto migliorare la condizione degli ebrei e molti di loro ritenevano che l'Unione Sovietica fosse un vero paradiso rispetto alla Polonia. L'ambasciatore aggiunse che la situazione degli ebrei in Polonia era sempre più sfavorevole, il che aumentava la slealtà degli ebrei verso la Polonia. Il 29 marzo Biddle annunciò che il Parlamento polacco (Sejm) stava approvando un gran numero di nuove leggi antiebraiche. Una legge approvata dal Sejm nel marzo 1938 metteva fuori legge il cibo "kosher" (adatto agli ebrei), anche se due milioni di ebrei polacchi mangiavano solo carne kosher. Un'altra legge approvata a marzo permetteva alle autorità polacche di ritirare la cittadinanza agli ebrei che erano stati fuori dal Paese per cinque anni e non avevano rinnovato il passaporto. Molti di questi ebrei si trovavano in Germania: circa 70.000 ebrei polacchi vivevano nel Reich dalla fine della guerra mondiale. Il 15 ottobre 1938 un nuovo decreto attuò la legge, per cui il conflitto con le autorità tedesche era inevitabile.

Il Ministero degli Esteri tedesco cercò invano di convincere le autorità di Varsavia della necessità di annullare il decreto, che aveva lo scopo di sbarazzarsi di tutti gli ebrei polacchi non residenti in Polonia. L'ambasciatore Moltke fece un ultimo tentativo il 26 ottobre, tre giorni prima dell'entrata in vigore automatica della norma che invalidava i passaporti ebraici. Infine, di fronte all'inutilità, Moltke avvertì Jan Szembek del Ministero degli Esteri polacco che la Germania avrebbe espulso tutti gli ebrei polacchi che avessero cercato di appoggiarli, a meno che non avesse ricevuto una risposta soddisfacente. All'annuncio di questa misura, Szembek espresse il suo stupore e Moltke spiegò che la questione poteva essere facilmente risolta se il governo polacco avesse accettato che il decreto non si sarebbe applicato al territorio del Reich. Moltke propose una seconda soluzione: i cittadini polacchi in Germania avrebbero dovuto essere autorizzati a tornare senza il timbro speciale che convalidava i passaporti. Józef Beck chiarì personalmente che non c'era nulla da negoziare sulla questione.

Dopo questo rifiuto, i tedeschi si misero al lavoro. Il 28 ottobre, due giorni prima della scadenza, tra i 15.000 e i 17.000 ebrei polacchi, soprattutto uomini, furono trasportati al confine. Anni dopo, il giornalista americano William Shirer scrisse una storia romanzata, secondo la quale il trasporto avvenne in vagoni bestiame e in condizioni disumane. In realtà, le autorità tedesche si preoccuparono di assicurare il buon trattamento dei viaggiatori, che ricevettero ampi spazi, buon cibo e assistenza medica, mentre il personale della Croce Rossa viaggiava sui treni. I primi convogli passarono il confine senza che i polacchi lo sapessero e potessero fermarli. Quando si resero conto di ciò che stava accadendo, la polizia cercò di impedire l'ingresso, anche se il decreto non poteva essere applicato fino al 30 ottobre. Ben presto migliaia di ebrei polacchi furono trattenuti in piccole città vicino al confine con l'Alta Slesia e iniziarono i problemi. La polizia tedesca decise allora di far passare di nascosto quanti più ebrei possibile attraverso le foreste e i sentieri non sorvegliati. I polacchi contrattaccarono ed espulsero in Germania alcuni ebrei dell'ovest del Paese che avevano mantenuto la cittadinanza tedesca dalla fine della Prima Guerra Mondiale. I polacchi furono costretti a lasciare il Paese. Lo stesso giorno, il 30 ottobre, le autorità di entrambi i Paesi si accordarono improvvisamente per fermare le deportazioni. Va notato che le autorità tedesche dissero chiaramente agli espulsi che non ci sarebbero state obiezioni al loro ritorno non appena avessero ottenuto nuovi passaporti validi. È interessante notare che, dopo l'Anschluss tra Germania e Austria, erano entrati in Germania più ebrei di quanti ne fossero usciti in cinque anni: solo a Berlino, secondo un rapporto dell'ambasciatore Hugh Wilson, nel maggio 1938 erano entrati 3.000 ebrei.

Un terrorista ebreo uccide Ernst von Rath: la "Kristallnacht".

È in questo contesto che il 7 novembre 1938 un ebreo diciassettenne, Herschel Grynszpan, uccise il terzo segretario dell'ambasciata tedesca a Parigi, Ernst von Rath. Ancora una volta, come al solito, un terrorista ebreo commise un crimine con ampie ripercussioni storiche. Alcuni hanno cercato di vedere in questo attacco lo stesso significato dell'assassinio di Sarajevo da parte del massone ebreo Gavrilo Princip. Joaquín Bochaca ricorda in *Los crímenes de los buenos* che von Rath fu un altro dei funzionari nazisti assassinati da terroristi ebrei. Citeremo solo il caso di Wilhelm Gustloff, fondatore del NSDAP in Svizzera e distributore del libro *I Protocolli degli Anziani di Sion*, che il 4 febbraio 1936 fu assassinato nella sua casa di Davos dall'ebreo David Frankfurter, che gli sparò a bruciapelo. Nel libro *Les vengeurs*, di Michel Bar-Zohar, il terrorista racconta in prima persona come uccise Gustloff: "Ho sparato... una, due, tre volte, quattro volte.... Tutti i proiettili hanno colpito, alla testa, al collo, al petto.... È crollato. Negli anni '60, Bar-Zohar intervistò Frankfurter in Israele, ritraendolo come un giustiziere. Lì lavorava come impiegato del Ministero della Difesa. Condannato il 12 dicembre 1936 a diciotto anni di prigione, questo criminale fu rilasciato nel 1945.

La famiglia di Grynszpan era una di quelle che erano state deportate, quindi il suo attacco criminale è stato spiegato come un atto di rabbiosa vendetta. Una delle versioni più diffuse è che l'intenzione di Grynszpan fosse quella di assassinare l'ambasciatore Welczeck, ma non potendolo identificare, sparò a von Rath. È stato anche scritto che il giovane voleva uccidersi davanti a un ritratto di Hitler per diventare un simbolo del popolo ebraico. Ingrid Weckert ha pubblicato in Germania nel 1981 il libro *Feuerzeichen*, la cui versione inglese è apparsa negli Stati Uniti nel 1991 con il titolo *Flashpoint: Kristallnacht 1938: Instigators, Victims and Beneficiaries*. Questo libro fornisce un'indagine dettagliata sulla Kristallnacht (la notte dei vetri rotti). Herschel Grynszpan, che aveva lasciato la famiglia ad Hannover all'età di 14 anni, fornisce alcuni fatti molto interessanti su suo padre, un ebreo polacco. Suo padre era un ebreo polacco che si era trasferito in Germania dopo la guerra mondiale. Il giovane Herschel, che non amava lavorare, visse con gli zii a Bruxelles e a Parigi, dove le autorità francesi si rifiutarono di rinnovargli il permesso di soggiorno perché il suo passaporto era scaduto. Lo zio parigino gli chiese di andarsene perché non voleva problemi legali. Pur non avendo né lavoro né soldi, Herschel si è trasferito in un hotel. Le informazioni fornite da Ingrid Weckert a partire da questo punto sono molto significative. L'albergo in cui Grynszpan si stabilì si trovava accanto alla sede di un'influente organizzazione ebraica francese, la Lega Internazionale contro l'Antisemitismo (LICA). Weckert si chiede: "Chi lo mantenne dal febbraio 1938 e chi pagò la sua sistemazione in albergo? Un'altra domanda che si potrebbe porre è: perché l'hotel ha permesso il suo soggiorno prolungato se i suoi documenti non erano in regola? Nonostante non avesse soldi e vivesse con un passaporto scaduto, la mattina del 7 novembre 1938 Grynszpan riuscì a comprare una pistola da 250 franchi, con la quale uccise von Rath un'ora dopo.

Arrestato sulla scena del crimine, l'assassino fu portato in una stazione di polizia. Sebbene sia prevalsa la tesi che Grynszpan fosse un oscuro ebreo polacco che agiva da solo e di sua iniziativa, poche ore dopo il suo arresto, uno dei più famosi penalisti francesi, Vincent de Moro-Giafferi, si presentò al commissariato e disse alla polizia di essere il suo avvocato. Weckert si chiede ancora: "Perché era così interessato a difendere un giovane straniero? Chi avrebbe pagato i suoi onorari?" Moro-Giafferi si occupò di Grynszpan per gli anni successivi. Prima che potesse essere processato, scoppiò la guerra. Le autorità francesi consegnarono il criminale ai tedeschi, che lo portarono in Germania e lo interrogarono, ma non lo processarono mai, poiché Moro-Giafferi rimase il suo avvocato dalla Svizzera, dove viveva durante l'occupazione tedesca della Francia.

Anni dopo la guerra, il fascicolo del caso divenne disponibile e tra le centinaia di pagine c'era una nota che spiegava che il processo non si sarebbe tenuto per "motivi non ufficiali". In altre parole, il regime che avrebbe dovuto commettere i più grandi crimini contro gli ebrei non era in grado di assicurare alla giustizia l'assassino di von Rath. Dopo la guerra, Grynszpan tornò a Parigi, dove ricevette un documento d'identità che gli conferiva un nuovo nome. Anche la famiglia Grynspan sopravvisse alla guerra. Dopo essere stati deportati in Polonia, riuscirono a emigrare in Palestina, dove il padre testimoniò a Gerusalemme al processo di Adolf Eichmann. Weckert ritiene che la risposta al mistero Grynszpan sia Moro-Giafferi, che fu consulente legale della LICA, fondata con finanziamenti Rothschild nel 1933 dall'ebreo e massone Bernard Lecache, un guerrafondaio che nel 1938 proclamò la necessità di una guerra spietata contro la Germania.

Si dà il caso che Moro-Giafferi fosse comparso anche nel febbraio 1936 a Davos (Svizzera) per difendere David Frankfurter, il criminale ebreo che, come detto, aveva assassinato Wilhelm Gustloff. Durante il processo, iniziato l'8 dicembre, fu dimostrato che Frankfurter era stato ingaggiato da un'organizzazione influente per compiere l'attentato. Tutti gli indizi portavano alla LICA, ma Moro-Giafferi non permise che il nome della Lega Internazionale contro l'Antisemitismo fosse pronunciato dal suo imputato. Lo schema o modello delle risposte di Frankfurter, che ha dichiarato alla corte di aver agito di propria iniziativa, era esattamente lo stesso utilizzato da Grynszpan.

Ernst von Rath non morì sul posto, ma il 9 novembre, giorno che si concluse con la "Notte dei vetri rotti", le cui immagini vengono regolarmente proiettate da ottant'anni per ricordare al mondo l'inferno in cui vivevano gli ebrei in Germania. Nella notte tra il 9 e il 10 novembre, nelle grandi città tedesche e in alcune più piccole si verificarono una serie di violenti disordini contro gli ebrei: le vetrine dei loro negozi vennero infrante, molte delle loro case vennero scassinate o distrutte e alcune sinagoghe vennero demolite e allagate. Molti ebrei furono aggrediti e si verificarono diversi omicidi. Delle 1.400 sinagoghe presenti in Germania, 180 furono rase al suolo o danneggiate. Non è quindi vero che "tutte le sinagoghe" furono attaccate, come è stato affermato. Né è vero che tutti i negozi furono attaccati: 7.500

dei 100.000 negozi di proprietà di ebrei ebbero le vetrine distrutte. Hermann Graml, dell'Istituto di Storia Contemporanea di Monaco, è un esempio di come la Notte dei Cristalli sia stata usata per la propaganda. Questo importante storico ha scritto: "Ogni ebreo fu picchiato, perseguitato, derubato, insultato e umiliato. Le SA strapparono gli ebrei dai loro letti, li picchiarono senza pietà nelle loro case e poi li inseguirono quasi fino alla morte..... Il sangue scorreva ovunque.

Lo stesso giorno, dopo la morte di von Rath, Goebbels tenne un discorso antiebraico a Monaco, che è stato considerato la causa scatenante della Notte dei cristalli. Tuttavia, è stato accertato che nessuno dei leader del NSDAP ordinò la violenza contro gli ebrei. In realtà, i disordini diffusi li sorpresero tutti quando si riunirono a Monaco per commemorare il putsch del 1923. Lì Goebbels fu informato telefonicamente delle gravi manifestazioni antiebraiche in corso nelle principali città tedesche. Dopo la cena, Hitler lasciò i locali intorno alle 20.00 e si ritirò nel suo appartamento. Poco dopo, verso le nove, Göbbels si alzò per parlare all'assemblea. Tra le altre cose, dichiarò che i giorni in cui gli ebrei potevano uccidere i tedeschi impunemente erano finiti e che d'ora in poi sarebbero state disponibili misure legali. Sottolineò, tuttavia, che la morte di von Rath non doveva essere usata come pretesto per azioni private contro gli ebrei. Ingrid Weckert ritiene impossibile che siano state le presunte parole incendiarie di Goebbels a incitare il pogrom, poiché l'azione contro gli ebrei era già iniziata e Göbbels le pronunciò quindi a posteriori.

Il fatto che le rivolte abbiano avuto luogo contemporaneamente in tutti i luoghi indica ovviamente che non si trattò di una reazione spontanea, ma ben preparata. Le società segrete avevano già dimostrato nella Rivoluzione francese, che scoppiò in molte città contemporaneamente, la loro maestria nell'esecuzione di questo tipo di azioni. Ricordiamo che gli agenti della Massoneria illuminata diffusero la "Grande Paura" in tutta la Francia dopo la presa della Bastiglia. Ingrid Weckert sostiene che qualcosa di simile sia accaduto durante la Notte dei Cristalli. Per stabilire la responsabilità di quanto accaduto, la NSDAP commissionò un'indagine alla Corte Suprema del Partito. Nel febbraio 1939 il giudice capo di questo tribunale interno, Walter Buch, inviò i risultati delle sue indagini a Hermann Göring. Sulla base del rapporto del giudice Buch, dell'esame dei documenti di alcuni processi postbellici a presunti criminali nazisti e delle testimonianze di migliaia di imputati e testimoni, Weckert sviluppò la sua tesi sull'accaduto.

Secondo queste fonti, l'8 novembre, il giorno prima del pogrom, in diverse città dell'Assia vicine al confine francese apparvero improvvisamente degli sconosciuti mai visti prima. Si rivolsero ai sindaci, ai capi dei partiti distrettuali (Kreisleiter) e ad altre persone di spicco di queste città. Chiesero quali azioni si stavano preparando contro gli ebrei. Sorpresi da queste domande, i funzionari risposero che non sapevano nulla di tali piani. I forestieri finsero di stupirsi quando ascoltarono le risposte e gridarono che c'era una qualche reazione contro gli ebrei. Lo stesso stratagemma fu usato nel 1789 in Francia: presunti emissari del monarca girarono per le città con un falso editto che chiedeva la distruzione dei castelli che non appartenevano al re. Alcune persone avvicinate da questi individui riferirono i fatti alla polizia o ne discussero con gli amici. In genere si pensava che fossero antisemiti disturbati. In un caso, due uomini vestiti con uniformi delle SS si presentarono a un colonnello delle SA e gli ordinarono di distruggere una sinagoga vicina. Weckert ritiene che questo evento assurdo e impensabile sia la prova che gli strani personaggi erano stranieri che non conoscevano il funzionamento di queste entità tedesche, poiché le SA e le SS erano organizzazioni completamente separate e una vera SS non avrebbe mai cercato di dare ordini a un'unità SA. Pertanto, il colonnello (Standartenführer) rifiutò l'ordine e riferì l'incidente ai suoi superiori.

Poiché le provocazioni con i funzionari locali non diedero i risultati sperati, si ricorse alla tattica di incitare la popolazione direttamente nelle strade. Due uomini apparvero in un mercato e cominciarono a pronunciare discorsi volti a incitare la popolazione contro gli ebrei. Quando alcune teste calde attaccarono la sinagoga, i provocatori scomparvero. Episodi simili si sono verificati in diverse città: persone sconosciute sono apparse all'improvviso, hanno pronunciato discorsi, hanno iniziato a lanciare pietre contro le vetrine dei negozi, hanno iniziato ad attaccare edifici ebraici: scuole, ospedali o sinagoghe, e sono scomparsi. Questi eventi si verificarono l'8 novembre, prima dell'annuncio della morte di von Rath, e furono solo l'inizio. Gli incidenti ben organizzati e diffusi iniziarono la sera del 9 novembre. Le manifestazioni antiebraiche furono particolarmente significative in Assia e nell'area di Magdeburgo, sebbene si verificassero anche in città grandi e piccole in tutta la Germania. Gruppi di cinque o sei giovani armati di bastoni e manganelli, senza mostrare la minima emozione o rabbia per l'assassinio del diplomatico tedesco, percorrevano le strade delle città, spaccando metodicamente le vetrine dei negozi. Tuttavia, poiché la violenza genera violenza, un certo numero di individui, irritati dalla distruzione, si unirono ai disordini: in questo modo, grandi gruppi di persone parteciparono ai disordini.

Durante i processi davanti alla Corte Suprema del Partito, è emerso che le telefonate svegliavano i leader locali o regionali della NSDAP nel cuore della notte. Qualcuno, fingendo di parlare dal quartier generale o dagli uffici regionali del partito, chiedeva cosa stesse succedendo in città. Se l'ufficiale rispondeva che tutto era tranquillo, gli veniva detto in un linguaggio gergale che avevano ricevuto l'ordine di dare agli ebrei la loro rivincita quella notte. Alcuni pensarono a uno scherzo e tornarono a letto; altri, mezzi addormentati, non capirono nemmeno cosa stesse succedendo; altri ancora cercarono conferma dell'ordine e contattarono l'ufficio da cui la voce aveva detto di chiamare. Il giudice che presiede il processo ha concluso che c'era stata confusione nella catena di comando.

Le autorità tedesche si resero conto che quanto stava accadendo non poteva che essere dannoso per la Germania, quindi cercarono immediatamente di ristabilire l'ordine. Non appena Goebbels ebbe terminato il suo "discorso incendiario" a Monaco, i capi dei distretti (Gauleiter) e il capo delle SA telefonarono ai loro subordinati e ordinarono di prendere misure per fermare la violenza e ripristinare la pace. In particolare, fu posto l'accento sul fatto che in nessun caso dovevano essere tollerate manifestazioni. Queste istruzioni telefoniche vennero trascritte dagli addetti al quartier generale del partito e inviate via telex ai vari uffici distrettuali, in modo che fossero archiviate e potessero essere esaminate. Il capo delle SA, Viktor Lutze, ordinò ai suoi subordinati (Gruppenführer) a Monaco di contattare le caserme e di avvertire che in nessun caso i membri delle SA dovevano partecipare a manifestazioni antiebraiche, ma che, al contrario, dovevano intervenire per fermare i disordini in corso. Anche la polizia e le SS ricevettero ordini dello stesso tenore. Negli archivi del Tribunale Militare Internazionale di Norimberga è ancora conservato il telex inviato da Himmler a Heydrich, in cui gli ordinava di proteggere gli ebrei e di impedire la distruzione delle loro proprietà.

All'una di notte circa Hitler apprese che a Monaco di Baviera si erano verificati violenti atti antiebraici, tra cui l'incendio di una sinagoga. Immediatamente chiamò con rabbia il capo della polizia di Monaco. Gli ordinò di spegnere immediatamente l'incendio e di assicurarsi che non ci fossero più disordini in città. Si mise poi in contatto con i capi della polizia e i funzionari di partito di tutta la Germania per accertare l'esatta portata dei disordini. Infine, fu redatto il seguente messaggio per tutti i Gauleiter: "Per ordine esplicito della massima autorità, gli incendi contro negozi o altre proprietà ebraiche non devono avvenire in nessun caso e in nessuna circostanza".

Ingrid Weckert si chiede: "Nonostante questi ordini categorici, come è possibile che tanti danni e distruzioni siano stati fatti con la partecipazione di membri delle SA? Secondo i documenti scritti, almeno tre gruppi SA non obbedirono agli ordini di Lutze e mandarono i loro uomini a distruggere sinagoghe e altri edifici. Nei processi che si svolsero tra il 1946 e il 1952, il rapporto di Karl Lucke, capo della 50a Brigata, fu letto alle 8:00 del 10 novembre. Lucke dichiarò che alle 3:00 ricevette l'ordine di bruciare tutte le sinagoghe del suo distretto. Nel suo ampio resoconto, presentato dall'accusa a Norimberga, ha incluso l'elenco delle sinagoghe distrutte dai membri della sua brigata. Il presunto ordine di bruciare le sinagoghe doveva provenire da Herbert Fust, il capo del gruppo SA di Mannheim, che si trovava a Monaco con gli altri capi SA e, come gli altri, trasmetteva correttamente gli ordini del suo capo, Viktor Lutze. Il telefonista di turno della caserma di Mannheim confermò di aver compreso il messaggio e riagganciò; tuttavia, invece di riferire l'ordine al capo del gruppo, che si trovava nella vicina città di Darmstadt, chiamò l'Oberführer Fritsch e gli mostrò un foglio con scritto che tutte le sinagoghe del distretto di Mannheim dovevano essere distrutte. Alle 3, quando i lavori erano già stati completati, l'uomo al telefono chiamò Karl Lucke e gli trasmise il falso ordine. Allo stesso tempo lo informò che l'azione era in corso da diverse ore. Lucke ordinò quindi al colonnello della sua brigata di procedere alla distruzione nel distretto di Darmstadt. Nessun giudice era interessato all'identità del telefonista di turno che, secondo Weckert, era un agente di coloro che stavano dietro l'intero complotto della Notte dei Cristalli.

La mattina presto del 10 novembre, il Ministro della Propaganda Joseph Göbbels annunciò alla radio che le azioni contro gli ebrei erano severamente vietate e avvertì che coloro che non avessero obbedito a questo ordine sarebbero stati severamente puniti. Spiegò inoltre che la questione ebraica sarebbe stata risolta solo attraverso misure legali. Tuttavia, Hermann Graml, lo storico sopra citato, accusa il Dr. Goebbels di aver diretto gli agenti provocatori senza presentare alcuna prova. In effetti, quando a Göbbels fu chiesto di spiegarsi, egli sostenne che il popolo tedesco era talmente arrabbiato per l'omicidio di Ernst von Rath da voler punire gli ebrei. Ingrid Weckert ritiene che egli non credesse a ciò che diceva e aggiunge che Göbbels espresse a diverse persone il sospetto che dietro a tutto ciò dovesse esserci un'organizzazione segreta, poiché non era possibile che una cosa così ben organizzata potesse essere un'esplosione popolare spontanea.

I leader del NSDAP inizialmente non riuscivano a spiegarsi cosa fosse successo. La prima cosa che fecero fu quella di cercare i responsabili all'interno della loro stessa organizzazione e iniziarono a puntare il dito contro i possibili colpevoli. Hitler stesso arrivò a credere che Göbbels fosse stato il mandante. I membri delle SA che presero parte al pogrom furono denunciati nelle corti di giustizia da vari testimoni ebrei e tedeschi. Alcuni di loro furono accusati di omicidio, altri di saccheggio, aggressione e altri atti criminali. Hitler, tuttavia, volle che il Partito conducesse le proprie indagini e rinviò i processi fino a quando gli accusati non fossero comparsi davanti alla Corte Suprema del Partito. Un buon numero di loro fu espulso, cosicché quando furono processati dai tribunali ordinari non erano più membri del NSDAP. In *Les responsables de la Seconde Guerre Mondiale* Paul Rassinier quantifica in 174 il numero di persone processate e condannate per la loro partecipazione agli eventi.

Il 12 Göring, su ordine di Hitler, convocò i principali ministri interessati per discutere dell'accaduto. Signori", disse loro il Führer, "basta con le manifestazioni che non danneggiano gli ebrei, ma me, la massima autorità per l'economia della Germania. Se oggi un negozio ebraico viene distrutto, se la sua merce viene gettata in strada, l'assicurazione pagherà i danni all'ebreo, in modo che non subisca alcun danno...". Poiché i beni distrutti erano pesantemente assicurati, per compensare le somme che le assicurazioni tedesche avrebbero dovuto pagare, si decise di imporre una multa molto pesante agli ebrei che avessero beni superiori a 5.000 marchi.

Questa misura è stata unanimemente criticata; ma i nazisti sostenevano, tra l'altro, che a causa del boicottaggio e della dichiarazione di guerra degli ebrei, il Reich era a corto di valuta estera, per cui ora gli ebrei che avevano istigato il boicottaggio potevano aiutare i loro correligionari a pagare. Alle aziende fu ordinato di pagare senza indugio le somme richieste per i danni, e poi una parte di questo denaro fu autorizzata a essere utilizzata per il pagamento della multa, che doveva essere pagata in quattro rate: 15 dicembre 1938, 15 febbraio, 15 maggio e 15 agosto 1939.

Tuttavia, c'era una seconda parte di questa vicenda. Nahum Goldmann, presidente del Congresso ebraico mondiale, appellandosi a quella che definiva la "verità storica" sulla Notte dei cristalli, nel 1952 chiese al cancelliere Konrad Adenauer di pagare 500 milioni di dollari come risarcimento per i danni causati quella notte. Adenauer pretese una giustificazione per una somma così elevata. Goldman stesso scrive in *The Jewish Paradox* che la sua risposta fu: "Cercate voi stessi la giustificazione. Quello che voglio non è la giustificazione, ma il denaro". Naturalmente Goldmann ricevette il denaro richiesto.

Le conseguenze della Kristallnacht

È ragionevole supporre che la LICA e coloro che prepararono nell'ombra l'assassinio di Ernst von Rath abbiano avuto molto a che fare con la Notte dei Cristalli. Anche prima della Rivoluzione bolscevica, i pogrom erano stati organizzati in Russia da gruppi ebraici che cercavano di trarne profitto. Un fatto da notare è che nel 1938 il numero di ebrei che entravano in Palestina era sceso al livello più basso da quando la migrazione dei sionisti da tutto il mondo verso la Terra Santa era iniziata all'inizio del secolo. Era imperativo un risveglio, e la Notte dei Cristalli lo fu. Si è già detto che, nonostante le leggi di Norimberga, gli ebrei europei che dovevano lasciare la Polonia o altri Paesi preferivano la Germania come luogo in cui vivere e lavorare. Ciò che accadde la notte del 9 novembre fu qualcosa di eccezionale e non aveva nulla a che fare con i comportamenti quotidiani. Il pogrom antiebraico fu respinto dall'opinione pubblica tedesca, in gran parte inorridita da eventi che andavano contro il suo senso del pudore e dell'ordine.

Inevitabilmente, una campagna di stampa internazionale si fece carico di descrivere la situazione degli ebrei in Germania come un inferno quotidiano. Negli Stati Uniti fu sfruttata l'occasione per proclamare ai quattro venti che in nessuna parte d'Europa le condizioni degli ebrei erano peggiori che in Germania. Il 14 novembre Cordell Hull ordinò all'ambasciatore Wilson di lasciare il Paese e gli proibì di partire su una nave tedesca. Il 15 novembre fu l'ambasciatore tedesco a Washington, Dieckhoff, a scrivere al Segretario di Stato tedesco per informarlo di quanto l'ostilità verso la Germania si fosse accesa nell'opinione pubblica americana. Ancora più preoccupante fu l'astio dello stesso presidente Roosevelt, che invitò i suoi connazionali a boicottare tutti i prodotti tedeschi. Roosevelt annunciò che avrebbe studiato l'immediata attuazione di un progetto per la costruzione di 10.000 aerei e, inoltre, fece pressione sulla Gran Bretagna affinché rinunciasse alla sua politica di conciliazione con la Germania. Paul Rassinier cita un testo dell'ambasciatore polacco a Washington, inviato a Beck il 12 gennaio 1939, in cui Potocki spiega in che misura la Notte dei cristalli sia servita agli Stati Uniti come pretesto per attaccare la Germania:

> "Gli eccessi antisemiti che si sono verificati di recente in Germania hanno scatenato qui una campagna antitedesca di rara violenza. Diversi intellettuali e finanzieri ebrei, Bernard Baruch, il giudice della Corte Suprema Frankfurter, il Segretario di Stato al Tesoro Morgenthau e altri che godono dell'amicizia personale di Roosevelt, vi hanno preso parte. Questo gruppo di persone che occupa le posizioni più alte del governo americano è indissolubilmente legato all'Internazionale ebraica".

Sebbene né il governo tedesco né l'NSDAP abbiano istigato le rivolte, le cose non sarebbero state più le stesse in Germania. L'idea di allontanare gli ebrei dal Paese si accentuò notevolmente in seguito a quanto accaduto. Hitler ordinò la creazione di un'agenzia centrale per organizzare l'emigrazione degli ebrei dalla Germania nel più breve tempo possibile. Göring creò quindi l'Ufficio centrale del Reich per l'emigrazione ebraica (Reichszentrale für die Jüdische Auswanderung), il cui direttore era Reinhard Heydrich. Nonostante le condizioni dell'Accordo di Haavara fossero molto favorevoli, il numero di ebrei emigrati in Palestina fu inferiore a quello desiderato dai nazisti e dai sionisti. Nell'estate del 1938 era stato fondato un Comitato intergovernativo per i rifugiati, guidato dall'avvocato americano George Rublee. Questo Comitato e il governo tedesco firmarono un accordo nel gennaio 1939 in base al quale tutti gli ebrei tedeschi potevano emigrare nel Paese di loro scelta. Grazie a questo "accordo sensazionale", come lo definì lo stesso Rublee, i diversi governi istituirono campi di accoglienza per fornire una formazione professionale agli ebrei emigrati, al fine di facilitare il lavoro nei loro nuovi Paesi. Gli ebrei tedeschi di età superiore ai 45 anni potevano quindi emigrare o rimanere in Germania. Coloro che sceglievano di rimanere nel Reich potevano vivere ovunque volessero con la garanzia della sicurezza sociale, come tutti gli altri cittadini. Le clausole o disposizioni del piano Rublee servirono come base per l'Ufficio centrale del Reich. Inoltre, fu istituita un'organizzazione ebraica parallela, l'Unione del Reich degli Ebrei in Germania (Reichsvereinigung der Juden in Deutschland), per fornire consulenza agli ebrei. Entrambe le agenzie lavorarono insieme per facilitare l'emigrazione. D'altra parte, le SS e altre organizzazioni nazionalsocialiste collaborarono con i gruppi sionisti per incoraggiare il maggior numero possibile di ebrei a lasciare la Germania. Con l'aiuto del Piano Rublee e dell'Accordo Haavara, centinaia di migliaia di ebrei emigrarono dall'Europa alla Palestina. Nel settembre 1940 "Palcor", l'agenzia di stampa ebraica in Palestina, riferì che mezzo milione di emigranti ebrei erano arrivati dal Reich tedesco e dalla Polonia occupata.

La Germania cerca l'accordo e la pace con la Polonia

L'incapacità della Polonia di adottare un atteggiamento positivo nei confronti della Germania portò a un aumento degli attriti alla fine del 1938. La progettata autostrada di settantacinque chilometri da Buetow (Pomerania) a Elbing (Prussia orientale) passando per Danzica doveva attraversare solo quaranta chilometri di territorio polacco. La Germania, che aveva offerto alla Polonia compensazioni e rinunce territoriali di grande interesse in cambio della restituzione di Danzica, attendeva una risposta dal 24 ottobre, data dell'incontro tra Lipski e Ribbentrop. I tedeschi continuavano a sperare che un accordo fosse possibile. Tuttavia, la mancanza di una risposta da parte di Beck era un brutto segno, così Ribbentrop decise di convocare l'ambasciatore il 19 novembre 1938 al solo scopo di chiedergli se avesse ricevuto istruzioni da Beck sull'offerta tedesca. Lipski rispose affermativamente e assicurò a malincuore che un accordo per un'autostrada e una linea ferroviaria attraverso il Corridoio era possibile. Tuttavia, ricordò che il mantenimento della Città Libera era vitale per gli interessi della Polonia e annunciò che Beck lo aveva incaricato di fare una controfferta, il cui punto principale era un trattato che riconoscesse l'indipendenza permanente di Danzica. Ribbentrop non nascose il suo disappunto, anche se assicurò che si sarebbe consultato con Hitler. Tre giorni dopo, il 22 novembre, l'ambasciatore Lipski tornò a Varsavia per discutere la questione di Danzica. A quel punto divenne chiaro che l'accenno a un possibile accordo sull'autostrada e sulla linea ferroviaria era stato solo uno stratagemma per placare i tedeschi. I leader polacchi concordarono che non avrebbero fatto alcuna concessione né su Danzica né sulle linee di transito del Corridoio.

Una spiegazione di questa posizione intransigente è offerta ancora una volta da David L. Hoggan, che riporta un eloquente rapporto telegrafato il giorno precedente, 21 novembre, dal conte Jerzy Potocki, ambasciatore polacco negli Stati Uniti. Dato l'interesse di questo documento rivelatore, ne riproduciamo il testo:

> "L'ambasciatore polacco fu informato da William C. Bullitt, ambasciatore americano in Francia in visita negli Stati Uniti, che il presidente Roosevelt era determinato a coinvolgere l'America nella prossima guerra europea. Bullitt spiegò a Potocki che godeva della particolare fiducia del Presidente Roosevelt. Bullitt prevedeva che presto sarebbe scoppiata una lunga guerra in Europa. Della Germania e del suo cancelliere, Adolf Hitler, parlò con estrema veemenza e odio risentito. Suggerì che la guerra sarebbe potuta durare sei anni e sostenne che avrebbe dovuto essere combattuta a tal punto che la Germania non avrebbe mai potuto riprendersi".

Potocki, continua Hoggan, non condivideva l'entusiasmo di Bullitt e Roosevelt per la guerra e la distruzione:

> "Chiese come si sarebbe potuta scatenare questa guerra, dato che sembrava estremamente improbabile che la Germania attaccasse la Gran Bretagna o la Francia. Bullitt suggerì che sarebbe scoppiata una guerra tra la Germania e qualche altra potenza e che le potenze occidentali sarebbero intervenute. Bullitt considerava inevitabile una guerra tra l'Unione Sovietica e la Germania e prevedeva che la Germania, dopo una guerra snervante in Russia, avrebbe capitolato alle potenze occidentali. Assicurò a Potocki che gli Stati Uniti avrebbero partecipato a questa guerra se Gran Bretagna e Francia avessero fatto la prima mossa. Bullitt si informò sulla politica polacca e Potocki rispose che la Polonia avrebbe combattuto piuttosto che permettere alla Germania di alterare la frontiera occidentale. Bullitt, che era un forte sostenitore della Polonia, era convinto che ci si potesse fidare del fatto che la Polonia sarebbe rimasta ferma contro la Germania".

È sorprendente notare che Bullitt, ambasciatore itinerante del partito della guerra e agente della cospirazione internazionale, sapeva perfettamente come si sarebbero svolti gli eventi, perché le cose sono andate come aveva annunciato all'ambasciatore polacco.

La fonte dello storico revisionista americano sono i *Documenti polacchi sulle cause della guerra*. In una lunga nota, Hoggan spiega che sia Bullitt che il Dipartimento di Stato americano hanno inizialmente negato la legittimità di questi documenti. Tuttavia, la loro autenticità è stata confermata dal diplomatico e professor Waclaw Jedrzejewicz dell'Istituto Józef Pilsudski di New York, autore di *Poland in the British Parliament, 1939-1945*. La controversia sull'autenticità dei cosiddetti "Polish Secret Papers" merita ulteriori chiarimenti, che offriamo di seguito da Mark Weber dell'Institute for Historical Review.

Questi documenti furono catturati dai tedeschi quando presero Varsavia nel settembre 1939. Una brigata di SS comandata dal barone von Künsberg attaccò di sorpresa il Ministero degli Esteri mentre stava per incenerire i documenti incriminati. Venerdì 29 marzo 1940, sedici documenti furono pubblicati dai nazisti con il titolo *Polnische Dokumente zur Vorgeschichte des Krieges* (*Documenti polacchi sullo sfondo della guerra*). A Berlino, giornalisti di tutto il mondo, dopo aver avuto accesso agli originali, che poterono esaminare, ricevettero copie in facsimile dei documenti e traduzioni in tedesco. L'edizione del Ministero degli Esteri fu intitolata *Libro bianco tedesco n. 3*. Il libro apparve in diverse lingue a Berlino e in altre capitali. Un'edizione fu pubblicata a New York da Howell, Soskin and Company con il titolo *The German White Paper*. Naturalmente gli ambasciatori coinvolti, in particolare Bullitt e Potocki, negarono l'autenticità dei documenti. Tuttavia, Edward Raczynski, ambasciatore polacco a Londra, confermò nel 1963 nel suo diario, apparso su con il *titolo In Allied London*, che i documenti erano autentici. Nella sua annotazione del 20 giugno 1940 scrisse: "I tedeschi hanno pubblicato in aprile un Libro Bianco contenente documenti provenienti dagli archivi del nostro Ministero degli Esteri, che contenevano rapporti di Potocki a Washington, di Lukasiewicz a Parigi e miei. Non so dove siano stati ottenuti, poiché ci è stato detto che gli archivi erano stati distrutti. I documenti sono certamente autentici, e i facsimili dimostrano che i tedeschi avevano gli originali e non semplici copie".

L'ambasciatore Jerzy Potocki era convinto che l'atteggiamento bellicoso di Roosevelt fosse una conseguenza dell'ambiente ebraico che lo circondava. Potocki informò ripetutamente il suo governo che l'opinione pubblica americana era semplicemente il prodotto di macchinazioni ebraiche. Secondo Potocki, l'influenza ebraica sulla cultura e sull'opinione pubblica americana era assolutamente preponderante. Il 9 febbraio 1938 Potocki riferì al Ministero degli Esteri polacco che le pressioni ebraiche sul Presidente Roosevelt stavano crescendo: "Gli ebrei sono ora i leader nella creazione di una psicosi di guerra che farebbe precipitare il mondo intero nella guerra e porterebbe a una catastrofe generale. Questo sentimento sta diventando sempre più evidente.

Tra tutti i *documenti polacchi sullo sfondo della guerra*, uno dei più rivelatori è il rapporto segreto di Potocki del 12 gennaio 1939, che descrive la situazione negli Stati Uniti e la campagna contro la Germania. La propaganda", scrive Potocki, "è per la maggior parte nelle mani degli ebrei, che controllano il cento per cento della radio, del cinema e della stampa quotidiana e periodica". Molto rivelatore è anche un passaggio sul trattamento dell'URSS: "È interessante notare che in questa campagna estremamente ben pianificata e diretta soprattutto contro il nazionalsocialismo l'Unione Sovietica è completamente esclusa. Se viene citata, è sempre in modo amichevole, e le cose vengono presentate come se la Russia sovietica lavorasse nel blocco dei Paesi democratici. Tutto ciò conferma per l'ennesima volta che i governi di Franklin Delano Roosevelt erano controllati da agenti ebrei. Lo stesso Roosevelt, come sappiamo, era ebreo, poiché sua madre Sara Delano proveniva da una famiglia sefardita di settima generazione. Inoltre, F.D.R. era sposato con sua cugina Eleanor, un'altra ebrea seriamente impegnata nel sionismo.

L'altra figura che, come Bullitt, era determinata a impedire qualsiasi accordo tra Germania e Polonia era l'ineffabile Lord Halifax, Segretario del Foreign Office, il cui ambasciatore a Varsavia, Kennard, si incontrò nel novembre 1938 con Jacob Burckhardt, il diplomatico svizzero che fungeva da Alto Commissario della Società delle Nazioni a Danzica. L'Alto Commissario espresse la convinzione che i polacchi sarebbero stati disposti a cedere Danzica alla Germania. Discutendo della situazione con Burckhardt, Kennard non nascose il suo odio per la Germania.

L'atteggiamento altezzoso dell'ambasciatore dispiacque all'Alto Commissario, che ritenne opportuno informare i tedeschi del malumore del diplomatico britannico. Da quel momento Hitler e Ribbentrop seppero che l'uomo che godeva della fiducia di Halifax a Varsavia era un nemico della politica di pacificazione. Venuto a conoscenza del contenuto della conversazione tra Kennard e Burckhardt, Lord Halifax temeva che i polacchi potessero nascondere le loro vere intenzioni e contemplava la possibilità che l'Alto Commissario si identificasse con la posizione della Germania. Halifax avvertì Kennard che Burckhardt possedeva "eccezionali capacità diplomatiche e politiche" e non poteva essere preso alla leggera.

Temendo che polacchi e tedeschi potessero agire alle sue spalle, il 4 dicembre Halifax incontrò a Londra l'ambasciatore polacco, Edward Raczynski, per chiarire le reali intenzioni della Polonia. Il ministro degli Esteri gli chiese senza mezzi termini se Hitler avesse recentemente sollevato la questione delle rivendicazioni tedesche su Danzica. L'ambasciatore rispose in modo evasivo, affermando che il problema principale della Polonia al momento era ottenere l'aiuto internazionale per liberarsi della popolazione ebraica. Raczynski assicurò ad Halifax che gli ebrei erano "un problema enorme" in Polonia. Halifax, infastidito, capì che Beck non aveva autorizzato l'ambasciatore a fornire ulteriori informazioni sui negoziati tedesco-polacchi, così ordinò a Kennard di usare ogni mezzo per scoprire le reali intenzioni di Beck.

Edward Frederick Lindley Wood, Conte di Halifax

A questo punto, prima di proseguire, è opportuno dedicare qualche riga al conte di Halifax, Lord Halifax, un uomo Rothschild le cui azioni sfacciate portarono allo scoppio della guerra. Edward Frederick Lindley Wood nacque senza la mano sinistra e con il braccio sinistro atrofizzato il 16 aprile 1881 e morì il 23 dicembre 1959. Entrò alla Camera dei Comuni come deputato conservatore nel 1910. Nel suo discorso inaugurale negò con forza che tutti gli uomini siano creati uguali e invitò il popolo inglese a rimanere fedele alla propria vocazione di "razza padrona" all'interno dell'Impero britannico. Viceré e Governatore generale dell'India tra il 1926 e il 1931 e Segretario di Stato alla Guerra per cinque mesi nel 1935, il 1° Conte di Halifax fu Segretario di Stato agli Esteri tra il 21 febbraio 1938 e il 22 dicembre 1940. Quando lasciò l'incarico, fu per andare come ambasciatore negli Stati Uniti, dove rimase fino al 1946.

Come capo della diplomazia britannica fece un doppio gioco che invita a considerarlo un uomo disonesto e ipocrita. Non appena fu nominato ministro degli Esteri, la figura di Chamberlain cominciò a essere sminuita dalla personalità del suo ministro, che Hoggan descrive come un "diplomatico egoista, spietato, furbo, presuntuoso, bigotto, bigotto". La sua perfidia politica gli valse il soprannome di "Volpe Santa", appellativo attribuitogli da Winston Churchill. Il suo biografo Andrew Roberts ha scelto questo epiteto come titolo del suo libro, *The Holy Fox. A Life of Lord Halifax* (1991). Come abbiamo già accennato, si tratta di una biografia acritica in cui Hitler è presentato come il solito cattivo che vuole espandere il Reich e dominare il mondo, mentre la figura di Halifax è aureolata da un nimbo di superiorità morale e intellettuale, che si suppone anteponga l' 'onore" della Gran Bretagna a qualsiasi altra considerazione.

Politico di scarso peso all'interno del Partito Conservatore, Halifax fu incaricato da Chamberlain di visitare il Führer. Fece la sua prima apparizione davanti ai leader tedeschi il 19 novembre 1937, quando visitò Hitler a Berchtesgaden prima di essere nominato ministro. A quel tempo suo figlio Charles aveva già sposato la nipote di Lord Rothschild. Come biglietto da visita, Halifax disse sfacciatamente ai leader nazisti che "si aspettava un'azione tedesca per riconquistare Danzica". Tre mesi dopo, Lord Halifax, Edward Wood, sostituì Anthony Eden come Ministro degli Esteri, e nel giro di pochi mesi le sue opinioni sulla questione di Danzica avevano subito una svolta di 180 gradi.

Il 21 maggio 1938, tuttavia, Burckhardt, Alto Commissario per Danzica, informò ancora i tedeschi della disponibilità del Segretario del Ministero degli Esteri, espressa in un colloquio di qualche giorno prima. Lord Halifax", ha dichiarato Burckhardt, "ha descritto Danzica e il Corridoio come un'assurdità". Durante la conversazione il capo della diplomazia britannica ha riconosciuto all'Alto Commissario che questa era probabilmente la più grande stupidità degli accordi di Versailles e ha espresso la speranza che un cambiamento dello "status quo" potesse essere raggiunto attraverso negoziati bilaterali tra Polonia e Germania. Per finire, Lord Halifax suggerì al diplomatico svizzero che la Gran Bretagna sarebbe stata disposta a mediare tra Germania e Polonia in caso di "impasse" nei negoziati bilaterali. Naturalmente, questa notizia fu accolta con il massimo interesse in Germania.

Anche nel luglio 1938 Halifax era ancora apparentemente favorevole alla politica di pacificazione. Alle dieci del mattino del 18 ricevette Fritz Wiedemann, inviato personale di Hitler a Londra, nella sua residenza di Eaton Square. Alexander Cadogan era presente al colloquio e fece da traduttore. Wiedemann, autore di un'opera su Hitler, *Der Mann der Feldherr werden wollte* (1964), ricevette dal Segretario del Ministero degli Esteri il seguente messaggio: "Dica al suo Führer che spero di vedere, prima della mia morte, la realizzazione dell'obiettivo di tutti i miei sforzi: vedere Hitler ricevuto da il Re d'Inghilterra e acclamato dalla folla londinese sul balcone di Buckingham Palace". È comprensibile che, alla luce di queste parole, alcuni autori ritengano che Halifax stesse semplicemente cercando di ingannare Hitler per indurlo ad abboccare all'esca dell'appeasement.

Dopo la Conferenza di Monaco, tutti capirono che le relazioni anglo-tedesche erano la base su cui costruire la pace e la sicurezza in Europa. La dichiarazione di amicizia anglo-tedesca firmata il 30 settembre 1938 nell'appartamento di Monaco di Hitler era un documento di speranza. Tuttavia, come abbiamo visto, il 5 ottobre Churchill e Duff Cooper ridimensionarono immediatamente le aspettative alla Camera dei Comuni. Tuttavia, pochi giorni dopo, il 12 ottobre, Lord Halifax prese un tè con l'ambasciatore americano Kennedy e gli presentò un quadro soddisfacente della politica europea. Secondo i documenti di *US Foreign Relations*, 1938, citati da Hoggan, il segretario del Foreign Office ammise all'ambasciatore che chiunque avesse una qualche influenza sapeva che Hitler non voleva la guerra con la Gran Bretagna, e aggiunse che il fatto che la Gran Bretagna stesse aumentando la sua potenza aerea non significava necessariamente che avesse intenzione di interferire sul continente. Halifax disse a Kennedy che si aspettava che Hitler avrebbe fatto una proposta per l'annessione di Danzica e Memel e suggerì che la Gran Bretagna non sarebbe intervenuta.

Quando Kennedy e Halifax si incontrarono nuovamente due settimane dopo, il 28 ottobre, qualcosa era già cambiato. Lord Halifax disse all'ambasciatore che, come aveva previsto, Hitler aveva chiesto di ottenere Danzica. In questa seconda conversazione, Halifax fornì un resoconto cupo dell'atteggiamento del Cancelliere tedesco nei confronti della Gran Bretagna e offrì a Kennedy una grande quantità di informazioni inaffidabili sul presunto atteggiamento di Hitler nei confronti degli affari correnti sul Continente. Poche settimane dopo, egli assicurò a Kennedy che Hitler era consumato da un odio ribollente per la Gran Bretagna e che stava pianificando di fare a pezzi l'Unione Sovietica nella primavera del 1939. Secondo Hoggan, il motivo di queste tattiche fallaci era quello di prepararsi a un eventuale attacco britannico. Si può dire che da questo momento in poi le redini della politica britannica passarono progressivamente nelle mani di Lord Halifax e il Primo Ministro Chamberlain sarebbe diventato un burattino del suo Ministro degli Esteri.

Una questione che preoccupava Halifax all'indomani della Conferenza di Monaco era il miglioramento delle relazioni tra Germania e Francia. Con la prospettiva che la Francia potesse liberarsi dai legami con la Gran Bretagna e raggiungere un'intesa indipendente con i tedeschi, Halifax diede istruzioni specifiche per l'azione al suo ambasciatore a Parigi, Sir Eric Phipps. Il 1° novembre 1938 lo avvertì che "il governo francese potrebbe essere tentato di sconfessare il governo di Sua Maestà a causa degli intrighi tedeschi ". Il 7 novembre, informato dei negoziati in corso per un patto di amicizia franco-tedesco, simile a quello che Hitler e Chamberlain avevano firmato a Monaco, Halifax diede ulteriori istruzioni a Phipps. Il Foreign Office temeva che questo riavvicinamento potesse distruggere il sistema britannico del "divide et impera" su cui si basava la sua teoria dell'equilibrio di potenza. I leader britannici", ha osservato Hoggan, "pensavano che la loro posizione nel mondo dipendesse dalla resistenza delle rivalità e delle divisioni sul continente".

Il 21 novembre, due giorni prima dell'approvazione dell'accordo franco-tedesco, l'ambasciatore Robert Coulondre sostituì a Berlino François-Poncet, che era stato tenuto in grande considerazione da Hitler. Il testo finale della dichiarazione fu ratificato dal Consiglio dei Ministri francese il 23 novembre, il giorno in cui Chamberlain e Halifax si recarono a Parigi per i colloqui con l'idea di ricevere garanzie che avrebbero ridotto l'importanza del trattato. Una manifestazione anti-britannica accolse i politici britannici con scherno. Infine, il 6 dicembre, una folta delegazione tedesca guidata da Ribbentrop si recò nella capitale francese per firmare il Patto di amicizia franco-tedesco, che conteneva una dichiarazione di non aggressione e riconosceva come definitivi i confini stabiliti dal Trattato di Versailles. Lord Halifax ricevette assicurazioni dal suo collega Bonnet che non c'erano accordi segreti nel trattato, che fu rifiutato sia da Roosevelt che da Stalin.

La Cecoslovacchia si disintegra

Una dopo l'altra le minoranze tedesche, polacche e ungheresi si liberarono dal controllo ceco. Il 9 ottobre 1938, il Regno d'Ungheria avviò trattative con lo Stato ceco-slovacco per le regioni abitate da ungheresi nella Slovacchia meridionale, che portarono a scontri armati tra paramilitari ungheresi e truppe cecoslovacche. Alla fine i due Paesi chiesero all'Italia e alla Germania di arbitrare, con la tacita approvazione di Francia e Gran Bretagna. Lord Halifax informò confidenzialmente Budapest che l'arbitrato poteva essere facilmente proposto senza la Gran Bretagna e la Francia, che così si disimpegnarono dalla disputa territoriale.

Approfittando della discordia ceco-magiara e della debolezza di Praga, il governo polacco presentò nuove rivendicazioni territoriali. I polacchi chiesero sei distretti nei Carpazi al confine con la Slovacchia. Il 31 ottobre inviarono un nuovo ultimatum minacciando i cechi di attaccare se non avessero ricevuto una risposta affermativa lo stesso giorno. Dopo aver capito che gli inglesi non avrebbero fatto nulla contro la Polonia, capitolarono alle 17.00 a nome della Slovacchia, nonostante la monumentale rabbia di monsignor Tiso, leader della coalizione nazionalista slovacca, che per la prima volta chiese protezione alla Germania, ritenendo che le rivendicazioni polacche non avessero basi etniche. L'intero episodio servì a riaffermare la tesi di Tiso secondo cui la Slovacchia aveva bisogno della protezione di un potente vicino per ottenere l'indipendenza da Praga. Gli eventi contribuirono anche a minare la stima della Polonia tra gli slovacchi.

Il 2 novembre 1938, il primo arbitrato di Vienna trasferì all'Ungheria un territorio di 10.000 kmq della Slovacchia meridionale, la cui popolazione di un milione di persone era quasi esclusivamente magiara. Rimanevano così tre grandi gruppi etnici all'interno dello Stato cecoslovacco: i cechi, che erano circa sei milioni e mezzo; gli slovacchi, circa due milioni; e i ruteni, che erano quasi mezzo milione. Le richieste polacche che anche la Rutenia passasse all'Ungheria furono accolte con favore da Halifax, che riteneva che un confine comune tra Ungheria e Polonia avrebbe aumentato l'opposizione di entrambi i Paesi alla Germania. Sebbene a Monaco la Gran Bretagna si fosse impegnata a essere garante degli accordi, la politica del Foreign Office trascurò sempre più gli interessi dei cechi e Halifax si disinteressò quindi dell'arbitrato, anche se in seguito fu sorpreso dal successo di Italia e Germania.

Józef Beck, da parte sua, era deluso dal fatto che la questione rutena non fosse stata risolta nell'arbitrato di Vienna tra Ribbentrop e Ciano. Il 22 novembre 1938 Moltke, ambasciatore tedesco a Varsavia, fu incaricato da Ribbentrop di comunicare a Beck che la Germania non avrebbe appoggiato una revisione dell'accordo ruteno se non fosse stato raggiunto un patto tedesco-polacco. Moltke fece sapere a Beck che Ribbentrop aveva chiesto agli ungheresi di non opporsi per il momento a quanto concesso a Vienna. Moltke, invece, si lasciò sfuggire che Ribbentrop gli aveva detto che la Germania non prevedeva che la questione ucraina potesse offuscare le relazioni tedesco-polacche e che non c'era alcuna intenzione di fomentare il nazionalismo ucraino. Sembra chiaro che questa fosse un'insinuazione che Beck senza dubbio comprese.

Oltre alla Gran Bretagna, anche l'Unione Sovietica aveva perso interesse per la Cecoslovacchia, non vedendo alcuna possibilità che potesse fungere da barriera contro la Germania. Sir Basil Newton, ambasciatore britannico a Praga, molto critico nei confronti della politica polacca nei confronti della Cecoslovacchia, espresse ad Halifax l'opinione che lo Stato cecoslovacco non sarebbe durato a lungo. Newton riteneva che, con Karol Sidor come sostenitore dell'associazione con la Polonia, Beck avesse sprecato la possibilità di svolgere un ruolo influente in Slovacchia. Inoltre, Newton condannò i polacchi per "la politica assolutamente spietata nei confronti della popolazione ceca" nelle regioni che avevano conquistato. L'ambasciatore denunciò che "i cechi non furono le uniche vittime, poiché anche i tedeschi furono spesso maltrattati". I polacchi, invece, avevano nell'ambasciatore Kennard il loro più strenuo difensore e, ovviamente, più in sintonia con il Segretario del Foreign Office.

Vedendo che la disintegrazione dello Stato stava diventando sempre più probabile, l'11 dicembre 1938 i cechi manifestarono all'ambasciatore Newton la loro irritazione e il loro sconcerto per l'impasse sulla questione della garanzia di Monaco. Il ministro degli Esteri Chvalkovsky ammise all'ambasciatore britannico che la situazione interna era molto delicata e che avrebbero accolto con favore qualsiasi tipo di garanzia. Chvalkovsky si rese conto che Gran Bretagna e Francia erano riluttanti a prendere l'iniziativa. Hoggan rivela perché nemmeno la Francia intervenne per impedire il crollo della Cecoslovacchia. Secondo questo storico, quando Chamberlain e Halifax si recarono a Parigi il 24 novembre prima della firma del Patto di amicizia franco-tedesco, discussero con i leader francesi la garanzia data a Monaco riguardo ai nuovi confini e alle minoranze etniche. Daladier e Bonnet non videro alcun motivo per non avviare il processo di garanzia se la Germania e l'Italia non si fossero opposte. I francesi furono sorpresi di scoprire che i britannici non condividevano il loro punto di vista. Halifax propose che la garanzia non sarebbe stata operativa in caso di violazione tedesca, a meno che Mussolini non fosse stato disposto a sostenere Francia e Gran Bretagna contro la Germania. Bonnet pensò che si trattasse di uno scherzo, così i francesi obiettarono che una simile garanzia sarebbe stata sterile e inutile, perché era irragionevole pensare che Mussolini si sarebbe opposto a Hitler a nome dei cechi. Se le quattro potenze non avessero accettato questa formula, rispose imperterrito Halifax, non ci sarebbe stata alcuna garanzia. I leader francesi non seppero mai perché Halifax non si impegnasse, per cui conclusero che gli inglesi volevano evitare qualsiasi garanzia ai cechi. Newton si informò da Praga sulla questione e Halifax rispose che i francesi avevano rifiutato la proposta britannica.

Il 22 dicembre 1938 Henderson e Coulondre, ambasciatori britannico e francese a Berlino, annunciarono che Londra e Parigi avrebbero approvato una garanzia tedesca separata per i cechi. Logicamente, i tedeschi non vedevano perché avrebbero dovuto prendere l'iniziativa di garantire uno Stato che aveva ripetutamente agito contro di loro se la Francia, alleata dei cechi, non era disposta a farlo. Inizialmente si pensava che i britannici e i francesi avrebbero preso l'iniziativa e proposto una soluzione sulla falsariga dell'accordo di Monaco, ma non fu così. Il 21 gennaio 1939 Chvalkovsky si recò a Berlino per un colloquio con Ribbentrop, che sollevò la sua obiezione all'alleanza ceco-sovietica e alle dimensioni eccessive dell'esercito ceco. Chvalkovsky chiese che la Germania prendesse l'iniziativa di una garanzia territoriale del territorio ceco prima di cercare di ridurre il suo esercito. Mentre si svolgevano questi colloqui, il 24 gennaio 1939 Lord Halifax inviò un messaggio al Presidente Roosevelt denunciando le preoccupanti intenzioni di Hitler. Halifax disse che Hitler aveva intuito che "la Gran Bretagna era ora il principale ostacolo all'esecuzione delle sue nuove ambizioni". Infine, il comunicato tedesco-ceco del 28 gennaio 1939 chiarì a che i negoziati di Berlino non avevano dato frutti. La Germania non accettava che le venisse richiesta un'azione unilaterale sulla questione delle garanzie.

Mentre il disaccordo franco-britannico persisteva sulla questione della garanzia, l'8 febbraio 1939 l'ambasciatore Coulondre fece sapere ai tedeschi che la Francia era pronta ad ascoltare qualsiasi proposta tedesca. Ribbentrop discusse la questione con gli ambasciatori occidentali e chiese tempo per studiare la questione prima di fare una proposta. Sia lui che Hitler conclusero che Francia e Gran Bretagna si stavano disimpegnando perché non erano realmente interessati al problema. A febbraio si diffuse la notizia che la Slovacchia voleva porre fine alla sua sottomissione ai cechi e Ribbentrop ricevette la conferma che gli slovacchi volevano l'indipendenza.

Il 12 febbraio si svolse un incontro tra Hitler e Adalbert Tuka, un leader veterano del movimento indipendentista, che disse al Führer che l'unione di cechi e slovacchi era già impossibile per ragioni economiche e morali. Tuka confermò a Hitler che il resto dei leader del Paese era determinato a raggiungere l'indipendenza. La situazione dei cechi non poteva essere più insicura, poiché non ricevevano alcun sostegno da nessuno e non erano in grado di controllare da soli la situazione interna. La risposta di Hitler fu logica: decise che non era disposto a sostenere lo Stato cecoslovacco e che avrebbe aiutato gli slovacchi. Il 22 febbraio i cechi presentarono alle quattro potenze a Monaco un "aide-memoire", una sorta di memorandum, ma più breve, contenente una richiesta di garanzie territoriali. I cechi avrebbero rinunciato alle loro alleanze e si sarebbero dichiarati neutrali in cambio di queste garanzie. Il 26, i diplomatici britannici riferirono da Bratislava al loro governo che l'insoddisfazione degli slovacchi nei confronti dei cechi era ai massimi storici e che l'influenza tedesca in Slovacchia stava aumentando. Il giorno successivo, il 27 febbraio, Halifax si affrettò a informare l'ambasciatore britannico a Washington, Sir Ronald Lindsay, di aver ricevuto informazioni "che indicano la possibilità di un'occupazione militare della Cecoslovacchia". Il 28 febbraio la Germania inviò delle note ai governi britannico e francese per annunciare la sua posizione contraria alla garanzia.

Questa era la situazione quando, il 1° marzo 1939, Hitler ricevette il corpo diplomatico accreditato a Berlino in occasione del pranzo annuale. Il Cancelliere tedesco incontrò Henderson, l'ambasciatore britannico, alla presenza di altri diplomatici. Gli espresse pubblicamente la sua "ammirazione per l'Impero britannico" e sottolineò che non c'erano grandi punti di conflitto nelle relazioni tra i due Paesi. Henderson non ebbe istruzioni di sollevare la questione ceca e l'argomento non fu discusso, segno che Halifax stava continuando la sua tattica di disinteresse. Tuttavia, non sfuggiva a nessuno che la situazione sul campo era molto tesa. Durante la prima settimana di marzo, i cechi e gli slovacchi tennero importanti negoziati sulla questione economica e raggiunsero un'impasse. Il 6 marzo, le autorità ceche rafforzarono la loro presenza militare in Rutenia e sciolsero l'autogoverno. Newton informò immediatamente Halifax e gli assicurò che la crisi era finita. Un altro ambasciatore britannico, Kennard, riferì da Varsavia il 7 che era previsto l'arrivo imminente di una delegazione slovacca per accertare quale sarebbe stata la posizione polacca in caso di dichiarazione di indipendenza. Kennard espresse l'opinione che la posizione favorevole della Polonia all'indipendenza slovacca fosse dovuta al suo interesse a risolvere la questione rutena.

Il 9 marzo si verificò l'evento che scatenò definitivamente la crisi tra cechi e slovacchi. Il governo di Praga licenziò i quattro ministri anziani del governo locale di Bratislava. Il direttore *del Times* di Londra, Geoffery Dawson, che era stato l'uomo di Lord Milner in Sudafrica ed era in sintonia con Lord Halifax, nonostante il 12 avesse annotato nel suo diario privato che cechi e slovacchi stavano combattendo nelle strade di Bratislava, seguì una linea di informazione che presentava una situazione di calma in Europa. L'ambasciatore Henderson, invece, ha riferito da Berlino l'11 marzo che la controversia ceco-slovacca era oggetto di attenzione da parte della stampa. I giornali tedeschi riportarono che il vescovo Tiso aveva chiesto aiuto al governo tedesco. La Polonia, che stava concentrando tutta la sua attenzione sulla Rutenia con l'obiettivo di annetterla all'Ungheria, il 13 marzo apprese che Hitler non si sarebbe opposto all'invasione della Rutenia da parte delle truppe ungheresi. Lo stesso giorno Miklós Horthy, il reggente ungherese, inviò un messaggio di ringraziamento al cancelliere tedesco. Sempre il 13, Monsignor Tiso arrivò a Berlino e ottenne l'impegno tedesco a sostenere l'indipendenza slovacca. Gli eventi si susseguirono rapidamente e il 14 marzo la Dieta slovacca approvò la secessione e proclamò l'indipendenza, protetta dal Reich. Lo stesso giorno, l'Ungheria presentò un ultimatum di 12 ore ai cechi, che si sottomisero. Lo stesso giorno l'esercito ungherese iniziò l'occupazione della Rutenia.

Senza istruzioni del Foreign Office, di propria iniziativa, gli ambasciatori britannici a Berlino e a Praga intrapresero importanti iniziative lo stesso giorno. Neville Henderson contattò i cechi e suggerì al Ministro degli Esteri Chvalkovsky di recarsi in Germania per discutere la situazione con Hitler. I cechi risposero favorevolmente al suggerimento di Henderson. Newton, in stretta collaborazione con il suo collega, riferì poco dopo da Praga che il presidente Hacha e Chvalkovsky erano attesi a Berlino. I leader cechi partirono in treno alle 16.00 del 14 marzo 1939. Accolto all'arrivo con gli onori militari, trattandosi della visita di un capo di Stato, Hitler offrì alla figlia di Hacha, che viaggiava sul treno, fiori e cioccolatini. L'incontro iniziò all'1.15 del 15 marzo e terminò un'ora dopo. Hitler era accompagnato da Ribbentrop, Göring e dal generale Keitel. Il presidente Hacha chiese il mantenimento di uno Stato ceco indipendente e si offrì di ridurre l esercito; Hitler rifiutò la richiesta e annunciò che le truppe tedesche sarebbero entrate in Boemia-Moravia lo stesso giorno e che erano pronte a schiacciare qualsiasi resistenza. Hacha, che soffriva di problemi cardiaci, ebbe un lieve attacco di cuore durante la seduta, dal quale si riprese rapidamente dopo essere stato curato dai medici tedeschi. Tutti tirarono un sospiro di sollievo, pensando con timore a cosa avrebbe detto la stampa internazionale se Hacha fosse morto a Berlino. I cechi accettarono di telefonare a Praga per ordinare di evitare qualsiasi resistenza.

I tedeschi e i cechi che vivevano nel centro industriale di Morava-Ostrava temevano fin dall'ottobre 1938 che i polacchi potessero occupare questa vitale enclave morava. Per prevenire questa eventualità, Hitler aveva ordinato alle unità tedesche di entrare nell'area la sera del 14. La popolazione ceca comprese la mossa e non ci furono violenze. La popolazione ceca comprese la mossa e non ci furono violenze. Si trattò di una misura eccezionale, poiché l'avanzata tedesca avvenne solo dopo la conclusione della negoziazione dei dettagli dell'accordo, che durò fino al 16. Invece di assumersi i propri impegni, la politica britannica sulla questione ceca era stata così oscura ed equivoca da Monaco in poi che difficilmente si sarebbero potute fare rimostranze o lamentele alla Germania per la soluzione di Hitler del problema ceco. Halifax si era sottratto alle sue responsabilità sia nella crisi ceco-slovacca che nella questione ceco-magia. Infatti, disinteressandosi del destino della Cecoslovacchia e inibendosi durante le frenetiche settimane finali, Halifax aveva incoraggiato la Germania a cercare una soluzione unilaterale. L'ambasciatore Henderson, che sapeva delle intenzioni tedesche, aveva informato Londra prima dell'arrivo dei politici cechi a Berlino. Halifax aveva lasciato intendere in modo ambiguo che la Gran Bretagna non aveva intenzione di interferire in questioni in cui altri Paesi erano più direttamente interessati. Henderson pensava quindi che la reazione del suo governo sarebbe stata blanda, ma non fu così: l'ingresso di Hitler a Praga doveva essere il segnale per gli inglesi di abbandonare definitivamente la politica di appeasement, come chiedevano i guerrafondai.

Un altro episodio, nel marzo 1939, rese evidente che la condotta di Halifax era finalizzata a scatenare una campagna pubblica volta alla distruzione della Germania. Nonostante non vi fosse alcuna sfida agli interessi britannici e Hitler fosse assolutamente favorevole alla Gran Bretagna, gli inglesi intrapresero una serie di azioni volte a rendere inevitabile la guerra. Halifax e i suoi colleghi, inoltre, avevano pianificato una cospirazione per scaricare tutta la colpa sulla Germania.

La farsa di Tilea

Il 15 marzo Halifax dichiarò alla Camera dei Lord di aver compiuto sforzi infruttuosi presso le potenze di Monaco per sostenere i britannici nel garantire lo Stato ceco. Ammise che gli eventi di Praga avevano incontrato l'approvazione del governo ceco, ma si rammaricò che lo spirito di Monaco fosse stato violato. Tra il 15 e il 20 marzo 1939 i britannici compirono tre passi spregiudicati che trasformarono la politica di appeasement in una politica di guerra: chiesero all'URSS di firmare un'alleanza contro la Germania, un passo minaccioso e pericoloso che poteva significare l'egemonia del bolscevismo in Europa; offrirono alla Polonia protezione militare se avesse rifiutato l'accordo con la Germania; e perpetrarono una palese menzogna sulle intenzioni della Germania di occupare la Romania. Tutto questo fu accompagnato da una campagna di disinformazione per convincere l'opinione pubblica britannica che Hitler era un fanatico intenzionato a dominare il mondo. Alan Campbell Johnson, un convinto ammiratore di Lord Halifax, si riferisce a questi passi come alla "rivoluzione diplomatica di Halifax".

Il 17 marzo 1939 Chamberlain, nonostante la sua diffidenza nei confronti del gioco di Stalin in Europa, tenne uno storico discorso a Birmingham, preparato dal suo ministro degli Esteri. Il Primo Ministro si presentò come una persona ingenua e innocente, vittima della doppiezza tedesca. Dichiarò che non avrebbe mai più creduto in Hitler. Ammise che la Gran Bretagna avrebbe dovuto assumersi i propri obblighi riguardo alle garanzie fornite alla Cecoslovacchia, ma che ciò era stato impossibile a causa del crollo dello Stato. Avvertì poi che la Germania stava cercando di conquistare il mondo ed espresse fiducia nella potenza militare della Gran Bretagna e nella capacità dei suoi leader di manovrare nell'arena diplomatica. Chamberlain annunciò che non avrebbe aspettato la prossima mossa di Hitler, ma che il suo governo avrebbe immediatamente attuato una serie di misure contro di lui.

Tra coloro che celebrarono il cambiamento della politica britannica come una vittoria vi furono Sir Robert Vansittart, sottosegretario permanente al Ministero degli Esteri, e Sir Alexander Cadogan, che gli succedette nel 1938. Entrambi odiavano la Germania. Anche il sionista Leopold Amery, autore della Dichiarazione Balfour, era ancora al Ministero. Un'altra figura che accolse con entusiasmo l'inversione di marcia di Halifax fu William C. Bullitt, ambasciatore di Roosevelt. Il 17 marzo Bullitt inviò al Presidente americano un rapporto in cui annunciava che non c'era più alcuna possibilità di un accordo diplomatico in Europa. Halifax chiese al Presidente Roosevelt di unirsi alla Gran Bretagna per dimostrare "fino a che punto gli attuali governanti tedeschi hanno offeso il senso morale della civiltà". Ad Halifax fu promesso che il Segretario di Stato al Tesoro, l'ebreo sionista Henry

Morgenthau, avrebbe approfondito la sua politica economica di discriminazione nei confronti della Germania.

Con tutto questo sostegno, Halifax mise in moto la sua politica di guerra con uno degli intrighi più sfacciati della diplomazia moderna: la farsa di Tilea. I tedeschi stavano negoziando un trattato commerciale con la Romania che minacciava gli interessi della City nel petrolio rumeno e in altre industrie, quando Halifax li accusò di voler prendere il controllo dell'intera economia rumena. Nonostante la Germania non abbia confini comuni con la Romania, il Foreign Office inventò un'inesistente minaccia militare tedesca alla Romania. Lo strumento era l'inviato plenipotenziario della Romania a Londra, Viorel Tilea. Robert Vansittart fu incaricato di istruirlo. Prima che Hitler marciasse su Praga, gli fu fatto credere che la Gran Bretagna si sarebbe opposta alla Germania. Nel novembre 1938 il re Carol di Romania si era recato a Londra per negoziare un prestito per l'acquisto di armi, ma aveva fallito. Halifax, in cambio della collaborazione al suo piano antitedesco, offrì a Tilea il prestito e l'elevazione della legazione rumena a Londra al rango di ambasciata. Il 17 marzo 1939, Tilea rese pubblico un rapporto opportunamente preparato secondo cui la Germania aveva presentato alla Romania un ultimatum. Vansittart pubblicò questa "grande notizia" sul *Times* e sul *Daily Telegraph* prima che Chamberlain tenesse il suo discorso a Bimingham. Milioni di lettori rimasero scioccati nel vedere che la rapacità di Hitler non conosceva limiti e l'ostilità verso la Germania salì alle stelle.

Lord Halifax fu così sfacciato da ignorare le ripercussioni che la vicenda avrebbe potuto avere a Bucarest. Il 18 marzo Reginald Hoare, inviato straordinario e ministro plenipotenziario in Romania, pregò Halifax di non diffondere più le irresponsabili dichiarazioni di Tilea e di non farvi più riferimento nelle comunicazioni ufficiali. Questa richiesta urgente non ebbe alcun effetto a Londra, così Hoare, temendo che l'intera vicenda potesse danneggiare seriamente il prestigio britannico, si mise in contatto con il Ministro degli Esteri rumeno, Grigore Gafencu, affinché spiegasse dettagliatamente al Foreign Office l'assurdità delle affermazioni di Tilea. Gafencu gli fece sapere che da ogni parte arrivavano domande sull'ultimatum tedesco, riportato dal *Times* e dal *Daily Telegraph*, ed espresse il suo sconcerto per il fatto che i negoziati con la Germania si stessero svolgendo "entro i parametri di assoluta normalità tra pari".

David L. Hoogan la mette così: "Hoare pensava che il suo rapporto avrebbe indotto Halifax a ripudiare l'inganno di Tilea. Non accadde nulla del genere. Hoare, che era rimasto sorpreso quando Halifax aveva accettato la storia di Tilea senza consultare la delegazione britannica a Bucarest, rimase stupito quando Halifax continuò ad esprimere la sua fede nell'autenticità della storia dopo che ne era stata dimostrata la falsità". Da parte sua, il ministro degli Esteri francese, Georges Bonnet, , convocò l'ambasciatore rumeno a Parigi, M. Tataresco, per chiedere chiarimenti. Nel suo libro *La Défense de la Paix*, Bonnet riproduce quanto Tataresco gli disse: "I colloqui tedesco-rumeni sono sfociati in un accordo commerciale la cui firma è imminente". Tataresco assicurò a Bonnet che il presunto ultimatum non era mai esistito.

Naturalmente, anche i tedeschi erano perplessi per la cospirazione ordita a Londra e volevano assicurarsi che le autorità rumene disapprovassero le calunnie di Tilea. Gafencu assicurò loro che le accuse del loro funzionario riguardo alle pretese tedesche sulla Romania erano totalmente infondate e disapprovate dal governo. Il ministro degli Esteri ha dovuto dare spiegazioni anche ai diplomatici americani in Romania, ai quali ha assicurato che i negoziati con la Germania procedevano normalmente. Gafencu si è lamentato del fatto che il falso rapporto di Tilea "è stato sfruttato dai media occidentali controllati dagli ebrei". Nonostante l'indignazione di Tilea, il ministro degli Esteri non osò ritirarlo da Londra per paura di offendere Halifax.

Il ministro degli Esteri britannico non aveva dimenticato né i polacchi, che facevano parte di tutte le ipotesi di precipitare la guerra in Europa, né i sovietici. Halifax contattò l'ambasciatore Kennard a Varsavia il 17 marzo. Voleva conoscere al più presto la posizione di Beck sul suo piano di trasformare l'alleanza antisovietica rumeno-polacca in un'alleanza antitedesca. Gli chiese di dire a Beck che stava discutendo questa possibilità con Tilea. Józef Beck si incontrò con Kennard il 18 e aveva già i suoi rapporti, ricevuti da Londra e Bucarest. Re Carol in persona aveva assicurato ai diplomatici polacchi che non vi era alcuna minaccia da parte della Germania. Sebbene la storia fosse stata diffusa dal Ministero degli Esteri, Beck stentava a credere che Tilea avesse fatto le dichiarazioni a lui attribuite. Egli disse a Kennard che rifiutava l'idea di una minaccia tedesca alla Romania e non mostrava alcun interesse per il piano Halifax.

Sebbene la Romania non l'avesse mai chiesto, Lord Halifax, senza la minima consultazione con i rumeni, informò l'Unione Sovietica che i tedeschi stavano cercando di ottenere il controllo della Romania e chiese loro di difenderla in caso di aggressione tedesca. Ad Halifax importava poco dello scetticismo di Mosca, poiché alla fine avrebbe potuto sempre sostenere di essere stato male informato dal plenipotenziario rumeno a Londra. Alla fine, la sua richiesta all'URSS di protezione per la Romania era una questione secondaria, poiché ciò che desiderava era un'alleanza anglo-sovietica. La storia fraudolenta di Tilea gli servì da pretesto per avvicinarsi all'Unione Sovietica.

Il trattamento di Hitler nei confronti dei cechi

Il 15 marzo il presidente ceco Hacha e il suo ministro degli Esteri Chvalkovsky firmarono un documento in cui mettevano "nelle mani del Führer della Germania il destino della nazione e del popolo ceco". Hitler si impegnava a "prendere il popolo ceco sotto la protezione del Reich e a garantire uno sviluppo autonomo inerente alle sue peculiarità nazionali". Il 16 marzo 1939 fu proclamato il Protettorato di Boemia-Moravia. Il barone Konstantin von Neurath, ex ministro degli Esteri tedesco, fu nominato "Reichsprotektor". L'ovvio pericolo di una guerra tra cechi e slovacchi e il conseguente spargimento di sangue erano stati scongiurati da questa soluzione. In *The Gathering Storm* (1948) di Winston Churchill, l'ex premier britannico confessa che il 15 marzo Halifax incontrò Herbert von Dirksen, l'ambasciatore tedesco a Londra. Attingendo a questa fonte, Hoggan scrive che Halifax disse a Dirksen "che poteva capire il gusto di Hitler per le vittorie senza spargimento di sangue, ma promise al diplomatico tedesco che Hitler sarebbe stato costretto a versare sangue la prossima volta".

Il 15 marzo Ribbentrop indirizzò una lettera al ministro degli Esteri francese Bonnet, giustificando la politica tedesca a Praga come un passo necessario per preservare l'ordine ed evitare spargimenti di sangue. Il 16 Bonnet cercò di prendere l'iniziativa proponendo una blanda protesta anglo-francese per evitare una violenta reazione britannica. Infine, il 18, gli ambasciatori francese e britannico a Berlino consegnarono la loro protesta formale al Segretario di Stato Ernst von Weizsäcker, che evitò qualsiasi segno di turbamento per le parole di Lord Halifax all'ambasciatore Dirksen e si limitò a difendere con compostezza e convinzione la politica della Germania sulla crisi dello Stato cecoslovacco. A Berlino si venne a sapere che Halifax intendeva richiamare l'ambasciatore a tempo indeterminato. Il 17 Weizsäcker si era incontrato con Henderson e il britannico aveva chiesto al Segretario di Stato tedesco di fornirgli tutti gli argomenti e le informazioni possibili, in modo da poterli utilizzare a Londra contro i nemici della politica di pacificazione. Weizsäcker sapeva che in privato Henderson aveva condiviso l'analisi della situazione. Il Segretario di Stato tedesco informò Henderson e Coulondre che rifiutava di accettare le loro note di protesta perché il governo tedesco riteneva che l'accordo di Monaco fosse stato superato dagli eventi. Il 19 marzo entrambi gli ambasciatori furono richiamati per consultazioni e lasciarono Berlino.

Tuttavia, la Germania era pronta a gestire la nuova situazione adottando una serie di misure per facilitare le cose. Pochi giorni dopo, il 24 marzo, la Boemia-Moravia fu istituita come area con propri costumi. Il 27 marzo fu annunciato che il ceco sarebbe rimasto la lingua ufficiale della Boemia-Moravia. Il 16 aprile, dopo un mese di dominio tedesco, fu deciso di ammainare la bandiera tedesca che sventolava dal Castello di Hradschin a Praga. Il generale Walther von Brauchitsch ordinò alle guarnigioni tedesche di concentrarsi nelle aree popolate dalla minoranza tedesca, per evitare attriti tra i soldati e i civili cechi. Il presidente Hacha formò un nuovo governo ceco il 27 aprile 1939. La nuova amministrazione ceca mantenne i ministri dei Trasporti, della Giustizia, degli Interni, dell'Istruzione, dell'Agricoltura, dell'Economia nazionale, dei Lavori pubblici e dei Servizi sociali. I ministri degli Esteri e della Difesa furono sciolti. Già in aprile Hitler volle far sapere ai britannici che gli articoli che avevano istituito il Protettorato non erano necessariamente validi e che la Germania era pronta a negoziare la questione ceca e il futuro dei cechi attraverso i canali della diplomazia convenzionale.

Il 1° giugno 1939 il Reichsprotektor von Neurath redige un rapporto sulle condizioni favorevoli in Boemia-Moravia e il 7 giugno Hitler concede l'amnistia per tutti i cechi imprigionati per motivi politici, sia nei Sudeti che nel Protettorato. Nello stesso mese, il governo ceco di Praga negoziò una serie di accordi commerciali con delegazioni di Paesi stranieri. Il 23 giugno fu firmato un accordo commerciale ceco-norvegese e il giorno successivo fu raggiunto un altro accordo con i Paesi Bassi. L'atteggiamento cooperativo dei leader e della popolazione ceca predispose Hitler a fare ulteriori concessioni, e a luglio concesse al governo ceco una forza militare di 7.000 soldati e circa 300 ufficiali dell'ex esercito ceco. Fu concordato che solo i cittadini cechi potessero servire in questa forza.

L'uso della Polonia contro la Germania: l'assegno in bianco britannico

L'ambasciatore polacco a Parigi, Julius Lukasiewicz, fu oggetto di particolare attenzione da parte di William C. Bullitt. I documenti dell'ambasciatore Lukasiewicz citati da Hoggan rivelano che il 19 marzo 1939 i due diplomatici assicurarono al ministro degli Esteri polacco, Józef Beck, che il presidente Roosevelt era pronto a fare tutto il possibile per promuovere una guerra tra la Germania e il fronte anglo-francese. Bullitt ammise di rimanere sospettoso della politica di Chamberlain e di temere ancora che il governo britannico potesse cercare di appianare le proprie divergenze con Hitler. Bullitt promise a Lukasiewicz che Roosevelt si sarebbe opposto energicamente a qualsiasi mossa britannica in questa direzione.

Poiché Chamberlain aveva ceduto a Lord Halifax, c'era poco o nulla da temere sulle intenzioni politiche della Gran Bretagna. Il 20 marzo Halifax informò Parigi, Mosca e Varsavia di volere un patto corazzato tra Gran Bretagna, Francia, Russia e Polonia contro la Germania. Questa offerta di alleanza fu il culmine di cinque giorni di attività frenetica che trasformò la politica di appeasement in una politica di guerra. Da quel momento i polacchi decisero di sfidare la Germania, la cui politica estera continuò a dare frutti senza spargimento di sangue: in quel vertiginoso marzo del 1939, la Lituania accettò la restituzione del territorio tedesco di Memel, che divenne parte della Prussia orientale senza l'opposizione polacca.

La Polonia era pronta ad affrontare la Germania, ma non voleva avere nulla a che fare con le alleanze con i sovietici. Il 21 marzo Kennard, l'ambasciatore britannico, fu informato che Varsavia si rifiutava di partecipare a qualsiasi alleanza che includesse l'URSS, con grande disappunto del Ministro degli Esteri. Lord Halifax discusse la sua proposta di alleanza con l'ambasciatore Kennedy il 22 marzo e si lamentò amaramente dell'atteggiamento dei polacchi nei confronti della sua prevista alleanza. In ogni caso, fece sapere a Kennedy che era determinato a continuare la sua politica antitedesca e che le ostilità in Europa sarebbero potute scoppiare presto. Halifax gli chiese di consigliare a Roosevelt di concentrare la flotta statunitense a Pearl Harbour come misura per proteggere l'Australia e Singapore da un eventuale attacco giapponese.

Tuttavia, l'ambasciatore polacco a Berlino, Józef Lipski, capì che una politica di cooperazione con la Germania era nell'interesse del suo Paese. Infatti, Ribbentrop riuscì a convincerlo con le sue proposte. Il 21 marzo i due diplomatici si incontrarono a Berlino. Il ministro tedesco era a conoscenza dell'offerta che Halifax aveva fatto alla Polonia il giorno prima e avvertì l'ambasciatore polacco dei pericoli di una simile alleanza. Lipski mostrò a Ribbentrop l'interesse del suo Paese per la Slovacchia e confessò di sperare che gli accordi con gli slovacchi non portassero a un'occupazione militare del Paese. Il ministro degli Esteri tedesco fece notare all'ambasciatore polacco che gli slovacchi avevano chiesto la protezione di entrambi i Paesi e che i negoziati tedesco-slovacchi non erano diretti contro la Polonia. Ribbentrop assicurò a Lipski che la Germania era pronta a discutere su come la Polonia potesse avere in Slovacchia la stessa influenza della Germania, il che richiedeva un clima di fiducia e cooperazione tra i due Paesi. Ancora una volta Joachim von Ribbentrop ha sottolineato la necessità di un accordo tra Germania e Polonia e ha deplorato il trattamento riservato alle minoranze tedesche. Il Ministro degli Esteri tedesco presentò nuovamente un piano accuratamente preparato con argomenti convincenti, tra cui la rinuncia ai possedimenti tedeschi nel Corridoio. Ribbentrop ricordò a Lipski i termini dell'accordo presentato il 24 ottobre 1938, in cui si chiedeva solo l'unione dei nazionalsocialisti di Danzica con quelli tedeschi e il collegamento con la Prussia orientale. Ribbentrop aveva la sensazione di aver convinto Lipski dei vantaggi della collaborazione e dell'accordo. Da parte sua promise di recarsi a Varsavia per cercare di convincere il suo ministro.

Il 22 marzo l'ambasciatore polacco era già a Varsavia e partecipò alle riunioni del Ministero degli Esteri per riconsiderare la posizione polacca. Lipski presentò una relazione personale sull'offerta tedesca, che fu accolta con ostilità da Beck. La Germania fu accusata di avvolgere la Polonia e Lipski accettò che la proposta di Ribbentrop potesse essere intesa come un ultimatum. Si decise di trattenere l'ambasciatore in Polonia fino a quando non fosse stata preparata una risposta dettagliata ai tedeschi. A causa della sua posizione a favore di un patto con Hitler, l'affidabilità di Lipski come negoziatore con i tedeschi fu messa in dubbio. Jean Szembek, Segretario di Stato polacco per gli Affari Esteri, scrive nel suo *Journal, 1933-1939* che Beck decise di non permettere a Lipski di incontrarsi nuovamente con Ribbentrop per discutere un accordo. Il conte Michal Lubienski arrivò ad accusare Ribbentrop di essere riuscito a demoralizzare Lipski. L'ambasciatore polacco, sapendo che il suo appello per un accordo era stato respinto e che non godeva più della fiducia di Beck, espresse il desiderio di dimettersi dal suo incarico.

Nelle deliberazioni del Ministero degli Esteri, la proposta di Halifax di un patto con l'URSS fu respinta in toto, ma Beck era fiducioso di poter optare per un'alleanza anglo-polacca. I leader polacchi erano talmente convinti che la proposta tedesca fosse un ultimatum che il 23 marzo, in accordo con i capi militari, la Polonia decise per una mobilitazione parziale. La forza dell'esercito polacco fu raddoppiata con il richiamo di 334.000 riservisti. Insieme a questa misura, fu distribuito ai principali comandanti il piano di guerra contro la Germania. Dopo aver appreso della sorprendente mobilitazione parziale dei polacchi, Hitler consultò il Comandante in capo dell'esercito, il generale Walther von Brauchitsch, al quale spiegò che erano in corso importanti negoziati con la Polonia e che non desiderava vedere la Germania coinvolta in un conflitto.

Molto più allarmato era l'ambasciatore tedesco a Varsavia. Sempre più scettico sulle intenzioni polacche, Moltke attribuì particolare importanza all'arresto di Stanislav Mackiewicz, un importante giornalista polacco e direttore di *Slowo* (*La Parola*), da tempo favorevole a un accordo tedesco-polacco. Infine, Moltke riferì che Lipski sarebbe tornato a Berlino il 26 marzo, quindi sia Hitler che Ribbentrop speravano che ci fosse ancora una possibilità. Prima che Lipski chiudesse la porta dell'accordo tedesco-polacco a Berlino, Lukasiewicz informò Bullitt il 24 che il suo Paese avrebbe formalmente rifiutato un'alleanza con l'Unione Sovietica quello stesso giorno. L'ambasciatore polacco annunciò al suo collega che la Polonia preferiva un'alleanza unilaterale con la Gran Bretagna. L'ambasciatore americano era convinto che i britannici avrebbero accettato la proposta.

Quando l'ambasciatore polacco a Londra, Edward Raczynski, si recò da Halifax per rifiutare la quadruplice alleanza, gli disse che il governo polacco riteneva che un patto con l'URSS avrebbe potuto "provocare una catastrofe". Raczynski sviluppò la tesi di Beck secondo cui un'alleanza con l'Unione Sovietica avrebbe minacciato indebitamente la pace. L'ambasciatore aggiunse che era autorizzato a proporre un'alleanza anglo-polacca. Halifax ammise immediatamente il suo interesse per la proposta. "Con sconfinata ipocrisia", scrive il professor Hoggan, "dichiarò che non si sarebbe opposto se la Polonia e la Germania avessero potuto negoziare in modo soddisfacente sulla questione di Danzica". Secondo Hoggan, "il fatto che Halifax abbia ritenuto necessario fare questa precisazione dimostra la sua abilità tattica come diplomatico. Non voleva dare ai polacchi l'impressione di spingerli alla guerra". Il giorno successivo, 25 marzo, Bullitt informò Lukasiewicz di aver chiesto all'ambasciatore Kennedy di far sapere a Chamberlain che gli Stati Uniti vedevano di buon occhio la posizione della Polonia in relazione all'alleanza. Il 26 Bullitt contattò nuovamente Kennedy:

voleva che dicesse a Chamberlain che gli Stati Uniti si aspettavano che la Gran Bretagna entrasse in guerra con la Germania se la questione di Danzica avesse portato a un'esplosione tra polacchi e tedeschi. Bullitt incontrò nuovamente l'ambasciatore polacco ed espresse la convinzione che la risposta britannica alla proposta polacca sarebbe stata affermativa. Da parte sua, Lukasiewicz confidò che Lipski avrebbe rifiutato la proposta tedesca il giorno stesso.

Quando l'ambasciatore polacco annunciò il rifiuto categorico del suo Paese alle proposte negoziali, i tedeschi rimasero scioccati. Le controproposte polacche ignoravano la richiesta tedesca di restituire Danzica e il collegamento con la Prussia orientale. Anche l'offerta tedesca di rendere sicuri i confini fu ignorata. L'ambasciatore Lipski presentò un memorandum scritto a Ribbentrop, che il ministro tedesco lesse con stupore. Non cercò di nascondere la sua sorpresa e si rammaricò del fatto che il rifiuto della Polonia di permettere l'annessione di Danzica avrebbe rovinato ogni possibilità di accordo tra Germania e Polonia. Lipski rispose che "era per lui un obbligo doloroso richiamare l'attenzione sul fatto che qualsiasi tentativo della Germania di attuare questi piani, specialmente per quanto riguarda la restituzione di Danzica al Reich , significava la guerra con la Polonia". Ribbentrop, incapace di mantenere la sua abituale compostezza in questa occasione storica, non riuscì a contenere un sentimento di disperazione. Cercò inutilmente di annullare le conseguenze del comunicato polacco e disse a Lipski che la Germania non aveva fretta di risolvere il problema di Danzica e che forse la Polonia avrebbe potuto riconsiderare l'intera questione quando la situazione generale fosse stata più calma. L'ambasciatore polacco fece riferimento alla nota scritta del suo governo e chiese se la Germania non avrebbe potuto rinunciare alle sue aspirazioni di Danzica dopo tutto.. Lipski assicurò a Ribbentrop che Beck si sarebbe recato di nuovo a Berlino volentieri in risposta a questa concessione tedesca. Il Ministro degli Esteri tedesco avrebbe abbandonato gli sforzi con i polacchi se non fosse stato per Hitler, che era ostinatamente convinto che un accordo tedesco-polacco valesse ogni sforzo.

Lord Halifax incontrò i suoi diplomatici il 27 marzo e li informò della sua decisione di dare priorità all'alleanza con la Polonia. Lo stesso giorno inviò un telegramma a Kennard, annunciando la decisione ed esprimendo la fiducia che una nuova proposta di alleanza potesse essere presentata all'Unione Sovietica nel corso della giornata. Il 30 marzo informò Kennard che la garanzia data dal governo di Sua Maestà alla Polonia sarebbe stata presentata al Parlamento il giorno successivo. Halifax informò ironicamente l'ambasciatore britannico a Varsavia che l'ambasciata americana lo aveva bombardato di affermazioni secondo cui Ribbentrop stava facendo pressioni su Hitler affinché invadesse la Polonia prima che i britannici prendessero un impegno. Halifax fece sapere a Kennard che aveva deciso che l'impegno non si sarebbe limitato ai casi di aggressione non provocata. Hoogan, che possiede una grande quantità di documenti diplomatici sulla questione, scrive: "Disse a Kennard che aveva deciso di ignorare la questione dell'aggressore. Non voleva rimanere neutrale nel caso in cui i polacchi avessero costretto la Germania alla guerra". Gli inglesi telefonarono al presidente polacco, Ignacy Moscicki, e al maresciallo Smigly-Rydz per annunciare la loro decisione, che fu accettata.

Conservatori, liberali e laburisti accettarono prontamente la garanzia unilaterale alla Polonia quando fu presentata al Parlamento il 31 marzo. Nel suo discorso alla Camera dei Comuni, Chamberlain spiegò l'impegno con queste parole: "... in caso di qualsiasi azione che minacciasse chiaramente l'indipendenza polacca e che, di conseguenza, il governo polacco ritenesse vitale resistere con le proprie forze nazionali, il governo di Sua Maestà si riterrebbe immediatamente obbligato a fornire al governo polacco la massima assistenza possibile. Un'assicurazione in tal senso è stata data al governo polacco". Il discorso di Chamberlain fu trasmesso via radio sul continente alle quattro del pomeriggio del 31 marzo. Quando il visconte Jacques Davignon, ambasciatore del Belgio a Berlino, venne a conoscenza del testo, esclamò allarmato che l'impegno britannico equivaleva a un "assegno in bianco". È quindi lui l'autore della metafora.

Il 2 aprile 1939 Józef Beck lasciò Varsavia in treno per Londra. Lo accompagnavano Józef Lipski e il colonnello Szymánski, addetto militare a Berlino, la cui moglie, Halina Szymánska, era una spia polacca che durante la guerra fungeva da contatto per Wilhelm Canaris ed era uno dei più efficienti agenti dell'MI6 britannico. Un capo del protocollo del Ministero degli Esteri tedesco la accolse alla stazione di Berlino la mattina del 3,. Nonostante gli eventi degli ultimi giorni, Beck si aspettava Ribbentrop; ma il Ministro degli Esteri tedesco non si presentò, il che dimostrava chiaramente che l'atteggiamento della Germania nei confronti della Polonia stava cambiando.

La delegazione polacca giunse a Londra a tarda notte, per cui i colloqui formali si svolsero la mattina del 4. Beck promise ad Halifax che in caso di conflitto diretto tra Gran Bretagna e Germania, la Polonia avrebbe combattuto i tedeschi. Ciò equivaleva a un'offerta di garanzia reciproca. Halifax accettò l'offerta, ma aggiunse che era insufficiente per le sue esigenze, poiché voleva maggiori impegni da parte della Polonia. Beck rimase sorpreso e chiese al Segretario del Ministero degli Esteri cosa avesse in mente. Halifax rispose con calma che voleva che la Polonia accettasse di entrare in guerra se la Germania avesse attaccato Olanda, Belgio, Svizzera o Danimarca. Sorpreso dalla natura di vasta portata della richiesta, Beck rispose che avrebbe avuto bisogno di un po' di tempo per riflettere. La seconda questione importante dell'incontro fu il rifiuto polacco di aderire alla quadruplice alleanza. Lord Halifax chiese di spiegare le ragioni del rifiuto. Ancora una volta, il ministro degli Esteri polacco sostenne che tale alleanza poteva essere pericolosa e persino fatale per la Polonia. Le ragioni di Beck non soddisfarono Halifax, che chiarì di essere estremamente deluso dalla posizione polacca sul suo piano di alleanza. Il futuro della Polonia", scrive Hoggan, "gli era indifferente. Il nuovo Stato polacco era solo una pedina del suo gioco". Eppure, con grande stupore dell'opinione pubblica britannica ed europea, consegnando un "assegno in bianco" alla Polonia, la Gran Bretagna, per la prima volta nella sua storia, lasciava a un'altra potenza la decisione di andare a combattere fuori dal proprio Paese.

L'ambasciatore di Roosevelt, William C. Bullitt, si affrettò a incontrare Beck, con il quale era in rapporti di amicizia. Lo aspettava a Lilla. Il ministro degli Esteri polacco confermò di essere soddisfatto dell'atmosfera di Londra e confidò a Bullitt che Halifax aveva cercato di obbligare la Polonia nel caso in cui la Germania avesse attaccato altri Paesi vicini. L'interesse principale di Beck, tuttavia, era la reazione della Germania, per cui ipotizzò con l'ambasciatore americano le possibili reazioni di Hitler in risposta al suo viaggio a Londra e alle assicurazioni ottenute dagli inglesi. Beck pensava che la Germania avrebbe potuto interrompere le relazioni diplomatiche con la Polonia.

Alle undici del mattino del 7 aprile, appena congedatosi da Beck, Bullit inviò un messaggio al Presidente Roosevelt, confermando che Beck era tornato molto soddisfatto dell'intesa e del grado di compromesso raggiunto in Inghilterra. Il rapporto includeva allusioni del ministro polacco a Hitler e Ribbentrop, che Beck descriveva come un "pericoloso imbecille". Come ipotizzato da Beck e Bullitt, la delusione dei leader tedeschi per l'impossibilità di raggiungere un accordo con i polacchi era fin troppo evidente. La conferma che la Gran Bretagna aveva offerto a un sostegno militare illimitato alla Polonia fu accolta in Germania con grande preoccupazione e provocò la reazione di Hitler, che procedette all'elaborazione di piani per un eventuale conflitto con la Polonia. La "Fall Weiss" (Operazione Bianco), il nome in codice militare per i preparativi di una possibile guerra tedesco-polacca, cominciò a prendere forma.

Il deterioramento delle relazioni tedesco-polacche

Nonostante il patto di non aggressione tedesco-polacco fosse in vigore dal 26 gennaio 1934, Józef Beck, che sapeva benissimo che i piani di Halifax prevedevano la distruzione della Germania, accettò di porre il suo Paese al centro della politica guerrafondaia britannica e americana, il che equivaleva a rompere il patto. Per quanto Halifax avesse detto che non si sarebbe opposto a un accordo su Danzica, Beck sapeva che sarebbe stata la più grande delusione del Segretario di Stato agli Esteri. Gli inglesi avevano bisogno della Francia e contavano su di essa nei loro piani di guerra contro Hitler. Anche i polacchi sapevano quanto fosse importante avere i francesi dalla loro parte, così al suo ritorno da Londra Beck cercò di migliorare le relazioni con Parigi. La Polonia si aspettava che la Francia appoggiasse incondizionatamente l'assegno in bianco, ma Bonnet, interessato anche all'alleanza a quattro proposta da Halifax, inizialmente rimandò un colloquio diretto con il collega polacco. Nel frattempo, Bullitt continuava il suo lavoro a favore della guerra a Parigi: il tenace ambasciatore americano rimase in costante contatto con il polacco Lukasiewicz e il 5 aprile 1939 gli disse che si aspettava che la Francia attaccasse la Germania dal Belgio in caso di conflitto.

Il 7 aprile 1939 gli italiani occuparono l'Albania e la diplomazia europea si concentrò temporaneamente sulla situazione nei Balcani. Il Presidente Roosevelt approfittò delle circostanze per inviare lettere a Hitler e Mussolini, che furono rese pubbliche il 14 aprile e ricevute dai destinatari il 15 aprile. Roosevelt, al servizio della lobby ebraica che lo aveva innalzato alla presidenza, era uno di quelli che più si adoperava per la guerra; eppure appariva all'opinione pubblica internazionale come un pacifista generoso e disinteressato che si adoperava con tutte le sue energie per la pace. In questi messaggi riteneva l'Italia e la Germania le uniche responsabili di tutte le minacce alla pace in Europa. Chiese a Hitler e Mussolini di dichiarare che si sarebbero astenuti dalla guerra in ogni circostanza per venticinque anni. "Siete disposti", chiese Roosevelt, "a garantire che le vostre forze armate non attaccheranno o invaderanno il territorio o le posizioni dei seguenti Paesi indipendenti?". L'elenco proseguiva con ventinove Paesi, tra cui la Russia. È interessante notare che chiedeva all'Italia e alla Germania di firmare patti di non aggressione con la Siria e la Palestina, che non erano indipendenti ed erano sotto il mandato di Francia e Gran Bretagna. I riferimenti alla Palestina dovevano essere una richiesta dei sionisti che componevano il Brain Trust.

In queste circostanze, il ministro degli Esteri rumeno Gafencu arrivò a Berlino il 18 aprile dopo aver fermato il suo treno al confine polacco per incontrare Beck. Il 19 aprile incontrò Hitler e iniziò la conversazione con un lungo riassunto del suo recente incontro con il ministro degli Esteri polacco. Il Cancelliere tedesco criticò Beck per aver accettato la garanzia britannica e si lamentò di non riuscire a capire il cambiamento di atteggiamento della Polonia. Confidò a Gafencu che aveva intenzione di denunciare la politica polacca nei confronti della Gran Bretagna come un'intollerabile violazione del Patto del 1934, che considerava infranto. Hitler lamentò a Gafencu che i leader polacchi non apprezzavano le sue intenzioni di rispettare la Polonia di Pilsudski, con i suoi confini e gli assurdi accordi di Versailles. "Ho impedito alla stampa", gli disse Hitler, "di parlare contro lo scandaloso trattamento della minoranza tedesca". Egli contrappose questo atteggiamento ai continui attacchi alla Germania da parte della stampa polacca. Sulla possibilità di una guerra con il Regno Unito, Hitler predisse: "Alla fine finiremmo tutti, vincitori e vinti, sotto le stesse rovine; e l'unica a guadagnarci sarebbe Mosca". Il Führer ammise al ministro Gafencu di essere stato accusato in Germania di essere un ammiratore impenitente dell'Impero britannico e gli confessò che ciò era vero. Gli assicurò che solo un destino disumano lo avrebbe costretto a concepire un conflitto con gli inglesi e aggiunse che "era stato un grande anglofilo fin dalla prima giovinezza".

Pochi giorni dopo il diplomatico rumeno, che per tutto il mese di aprile aveva girato l'Europa per cercare la conciliazione ed evitare la guerra, arrivò a Londra. Era stato informato in anticipo che la questione di Tilea non sarebbe stata accettata come argomento di discussione. Il primo incontro con i diplomatici britannici ebbe luogo il 24 aprile. Il Segretario del Foreign Office fu sorpreso nel constatare che Gafencu evitò di discutere la questione dell'URSS e prese invece l'iniziativa con un proprio piano per risolvere le divergenze europee. Convinto che i principali ostacoli alla soluzione dei problemi risiedessero in Gran Bretagna e Polonia, Gafencu aveva ricevuto il sostegno tedesco per il suo piano di pace ed era deciso a presentarlo ad Halifax con il massimo vigore. Il diplomatico rumeno spiegò il suo colloquio con Hitler, che descrisse come "una forza della natura". Gafencu ha detto ai britannici che il Cancelliere tedesco gli aveva evidentemente parlato pensando al suo viaggio a Londra. Dopo aver ammesso che, in seguito ai colloqui con Beck e Hitler, era convinto che la situazione tedesco-polacca fosse senza speranza, il ministro degli Esteri rumeno annunciò con entusiasmo di avere un piano che i leader tedeschi accettarono pienamente.

Questo piano prevedeva un nuovo accordo per la Boemia-Moravia, che poteva essere concepito in modo tale da ridurre la tensione sulle altre questioni e portare a un accordo generale. Naturalmente il piano non piacque affatto agli inglesi, che avevano fatto degli eventi di Praga il principale pretesto per agire contro la Germania. Halifax chiese subito se i tedeschi avrebbero ripristinato lo Stato ceco e Gafencu rispose che lo avrebbero fatto, poiché la Germania aveva approvato il piano. Sir Alexander Cadogan replicò allora che "la restaurazione di Praga non sarebbe certo una compensazione per la Polonia". Gafencu lo ammise, ma negò categoricamente che Hitler volesse la guerra e aggiunse che il mondo era in attesa di un'alternativa, che sarebbe potuta nascere se alla Germania fosse stata offerta qualche proposta su cui negoziare. Al termine dei colloqui, il ministro rumeno ebbe l'impressione di non essere riuscito a convincere i suoi ospiti.

Mentre Gafencu si trovava a Londra per cercare di trovare una via di pace, era già stato deciso con quattro mesi di anticipo che la guerra avrebbe avuto luogo. In un ampio articolo intitolato "President Roosevelt's Campaign to Incite War in Europe: The Secret Polish Papers", Mark Weber, direttore dell'Institute for Historical Review, spiega che il 25 aprile 1939 l'ambasciatore Bullitt chiamò il giornalista Karl von Wiegand, capo corrispondente europeo dell'International News Service, che si presentò all'ambasciata. Le parole che gli rivolse furono riprese dal *Chicago Herald American* l'8 ottobre 1944 in un articolo intitolato "Von Wiegand says". Esse sono: "La decisione sulla guerra in Europa è stata presa. La Polonia ha il sostegno garantito di Gran Bretagna e Francia e non cederà a nessuna delle richieste della Germania. L'America entrerà in guerra subito dopo l'ingresso di Gran Bretagna e Francia". Ci si può solo chiedere: chi ha preso la decisione?

Sir Neville Henderson, dopo essere stato trattenuto a Londra per quaranta giorni, fu autorizzato a tornare a Berlino. Il 20 aprile Halifax annunciò alla Camera dei Lord che l'ambasciatore sarebbe tornato a breve in Germania, cosa che avvenne il 26 aprile. Il 27 aprile Henderson visitò il Ministero degli Esteri e incontrò il Segretario di Stato, Ernst von Weizsäcker, al quale confessò di aver subito una grande perdita di faccia al Ministero degli Esteri. Henderson, che sapeva che la disponibilità di Hitler a negoziare sullo status di Praga era stata respinta, fu informato che il Führer si stava preparando a tenere un discorso al Reichstag in risposta alle accuse di Roosevelt. Lo stesso giorno, il Ministero degli Esteri emise due note che annunciavano l'abrogazione del patto di non aggressione con la Polonia del 1934 e del patto navale anglo-tedesco del 1935. L'atmosfera a Berlino si stava scaldando e si susseguivano incontri e colloqui tra diplomatici. Coulondre discusse la situazione con il polacco Lipski. L'ambasciatore francese si rammaricava che la scena europea fosse così confusa e ammetteva che ciò era in gran parte dovuto al fatto che la diplomazia britannica si muoveva bruscamente da un estremo all'altro. Lipski spiegò in dettaglio il contenuto dell'offerta tedesca, che era stata rifiutata dal suo Paese. Entrambi gli ambasciatori convennero che la proposta era notevolmente generosa.

Il Reichstag tedesco si riunì la mattina del 28 aprile per ascoltare il Führer, che cercò accuratamente di lasciare aperta la porta ai negoziati con la Polonia e la Gran Bretagna. Nel suo discorso ha ripercorso la politica tedesca dalla sua ascesa al potere nel 1933 fino all'occupazione di Praga nel marzo 1939. Ricordò che i cechi e gli ungheresi si erano rivolti solo alla Germania e all'Italia per mediare nella disputa, sebbene a Monaco fosse stato deciso che la mediazione fosse un obbligo per tutte e quattro le potenze. Nella seconda parte del discorso fece riferimento alla politica del Presidente Roosevelt. Egli ridicolizzò la richiesta di Roosevelt di patti di non aggressione con Paesi di altri continenti e con Paesi che non godevano nemmeno dell'indipendenza. Ha fatto riferimento ai continui tentativi di Roosevelt di provocarlo. Riferendosi alle sue accuse di presunti interventi tedeschi all'estero, concluse che "da un punto di vista militare potevano essere generati solo dall'immaginazione di un pazzo"[3]. Nel suo discorso, il Cancelliere tedesco ha reso, come di consueto, un tributo di ammirazione all'Impero britannico e ha insistito sul desiderio di un'amicizia anglo-tedesca permanente. Riguardo alla Polonia, disse di rispettare i suoi interessi

---

[3] Hitler era in qualche modo abituato alle provocazioni e agli insulti più gravi provenienti dagli Stati Uniti. Fiorello La Guardia, un ebreo sionista che fu sindaco di New York dal 1934 al 1945, era solito insultare il Führer tedesco: "selvaggio assassino", "depravato", "ubriacone", "sodomita", "pazzo", "guidatore di un gregge di pecore" furono alcuni degli aggettivi scelti da La Guardia nel suo discorso pubblico in un comizio del 1937.

marittimi, lodò il maresciallo Pilsudski per il suo desiderio di migliorare le relazioni tedesco-polacche e descrisse in dettaglio i punti dell'offerta che aveva fatto alla Polonia. Deplorò l'accettazione della garanzia britannica e annunciò che la Germania non era più disposta a mantenere la proposta fatta nell'ottobre 1938 come base per un accordo con la Polonia, che rappresentava un chiaro passo indietro. Alzando i toni, spiegò che aveva abrogato il patto con Varsavia del 1934, che aveva precedentemente offerto di estendere a venticinque anni, perché i polacchi lo avevano violato chiedendo la garanzia britannica, il che, disse, non significava che la Germania non fosse disposta ad assumere nuovi obblighi contrattuali nei confronti della Polonia.

Il discorso del Cancelliere tedesco è stato seguito con attesa in tutta Europa. In Polonia, naturalmente, ci fu una reazione ostile da parte del governo e della stampa. Göbbels si sentì in dovere di rispondere sulla stampa tedesca, chiedendo in un articolo su *Der Angriff* (*L'offensiva*): "Sanno quello che fanno? In Francia, tuttavia, il tono moderato del discorso rassicurò i leader francesi e anche a Londra fu apprezzato il tono conciliante delle parole di Hitler. Anche in Ungheria furono accolte con favore le intenzioni pacifiche espresse nel discorso del Führer. D'altra parte, l'ambasciatore italiano a Berlino, Bernardo Attolico, informò il giorno dopo i diplomatici tedeschi che il suo Paese era pronto a esercitare pressioni sulla Polonia affinché accettasse un accordo ragionevole per risolvere le divergenze tra i due Paesi. Weizsäcker accolse l'offerta con gratitudine, ma espresse il timore che qualsiasi iniziativa sarebbe stata inutile. Diversa fu la reazione negli Stati Uniti, dove il Presidente Roosevelt si infuriò dopo aver letto la traduzione inglese del discorso, in cui Hitler ridicolizzava la sua politica. Da questo momento in poi, Roosevelt odiò personalmente Hitler: "Questo fattore personale", scrive Hoggan, "si aggiunse agli altri motivi che diedero a Roosevelt il desiderio di distruggere la Germania".

In Polonia, Lipski si dimise formalmente il 1° maggio 1939. L'ambasciatore polacco informò Beck che era impossibile per lui rimanere a Berlino nelle attuali circostanze. Tuttavia, il ministro degli Esteri non accettò le sue dimissioni e gli ordinò di tornare in Germania. Anche Moltke, l'ambasciatore tedesco, tornò a Varsavia il 4 maggio dopo aver trascorso alcuni giorni a Berlino. In questo viavai di diplomatici, ci fu un cambiamento significativo alla guida del Commissariato degli Esteri dell'URSS: il 3 maggio 1939 Maksim Litvinov fu licenziato da commissario. Il fatto che questo ebreo polacco sia stato sostituito da Vyacheslav Molotov non dispiacque al Ministero degli Esteri polacco. A Varsavia si sapeva che Molotov era molto vicino a Stalin e che entrambi erano sposati con donne ebree.

In risposta al discorso di Hitler, Józef Beck si presentò davanti al Sejm il 5 maggio 1939. Prima del suo discorso, le ambasciate erano state incaricate di criticare il discorso di Hitler. L'obiettivo di Beck era quello di convincere l'opinione pubblica di essere in grado e di voler sfidare Hitler. Beck preparò il suo discorso sapendo che Londra avrebbe appoggiato senza riserve le sue parole, il che gli permise di spingersi fino a dove desiderava. Dopo aver esordito riconoscendo che si trattava di un momento decisivo, analizzò i suoi passi in politica estera. Menzionando l'accordo con la Gran Bretagna, confermò che quest'ultima aveva accettato di combattere per la Polonia e che, in cambio, la Polonia si era impegnata a sostenere gli inglesi in qualsiasi conflitto. Pur sapendo di agire come complice della Gran Bretagna, che cercava un pretesto per la guerra, Beck sostenne che gli interessi anglo-polacchi si basavano su una totale assenza di intenzioni aggressive e accusò Hitler di aver sfruttato ingiustificatamente la garanzia britannica alla Polonia per far saltare il patto del 1934. Sorprendentemente, sebbene Sir Alexander Cadogan avesse confessato a Joseph Kennedy che la garanzia alla Polonia non aveva precedenti nella storia della politica estera britannica, Beck dichiarò che non c'era nulla di straordinario nella garanzia britannica, che descrisse come un normale passo nel perseguimento di relazioni amichevoli con un Paese vicino. Disprezzando qualsiasi rigore storico, dato che la Prussia occidentale era stata colonizzata dai tedeschi e prima della guerra quasi il 70% degli abitanti era tedesco, descrisse il termine "Corridoio" come "un'invenzione artificiale, dato che si trattava di un ex territorio polacco con un numero trascurabile di coloni tedeschi". Queste parole equivalevano, ancora una volta, a denigrare la generosità di Hitler, che era disposto ad accettare il dominio permanente della Polonia su questo ex territorio tedesco. Sebbene Lipski avesse riconosciuto che solo Hitler avrebbe potuto fare un'offerta così generosa, Beck sostenne che la Germania non aveva offerto alcuna concessione e stava solo facendo richieste. Il discorso del ministro polacco, che bollò Hitler come bugiardo, fu costellato di insolenti bugie dall'inizio alla fine. Arrivò ad ammettere che il Cancelliere tedesco si era offerto di riconoscere l'attuale confine con la Polonia; ma, e qui citiamo il professor Hoggan, "adottò una posizione senza precedenti negli annali della diplomazia europea, sostenendo che tale promessa era del tutto priva di valore". Vergognosamente, Beck insistette sul fatto che Hitler aveva attentato all'onore della Polonia con le sue offerte e respinse coloro che preferivano la pace all'onore nazionale. Al culmine del discorso, una voce arrabbiata gridò: "Non abbiamo bisogno di pace". All'uscita dal palco, Beck ricevette una fragorosa ovazione.

L'intervento parlamentare del ministro degli Esteri polacco inferse un duro colpo alle speranze di pace in Europa e fu ampiamente riconosciuto come tale. Naturalmente, le parole intransigenti di Beck furono sostenute da Halifax e il re Carol di Romania concluse che il discorso di Beck rendeva la guerra inevitabile. Weizsäcker, Segretario di Stato al Ministero degli Esteri, cercò di evitare un atteggiamento allarmistico con una lettera circolare alle ambasciate tedesche, in cui liquidò il discorso di Beck come "un meschino dettame di un governo debole". In Francia, invece, il ministro degli Esteri

Georges Bonnet non accolse il discorso di Beck con l'entusiasmo auspicato dai guerrafondai, che esultarono. Bullitt e gli ambasciatori polacchi in Francia e in Gran Bretagna, Lukasiewicz e Raczynski, concordarono sul fatto che Bonnet fosse il leader della lotta per la pace in Francia. Bullitt promise di fare tutto il possibile per screditarlo presso Daladier.

Il 6 maggio l'ambasciatore americano a Parigi fu lieto di informare l'amico Roosevelt che il Primo Ministro Daladier aveva sempre meno fiducia in Bonnet. Bullitt puntava su Champetier de Ribes, sostenitore della guerra, come sostituto di Bonnet. La madre di William C. Bullitt era figlia di Jonathan Horowitz, un ebreo tedesco emigrato negli Stati Uniti. L'ambasciatore americano apparteneva a una famiglia di importanti banchieri di Filadelfia. Bullitt, che aveva assistito il Presidente Wilson alla Conferenza di pace di Versailles e aveva sollecitato fin dall'inizio il riconoscimento del regime comunista in Russia, era la voce del Presidente Roosevelt in Europa, per cui si recava negli Stati Uniti più volte all'anno per partecipare ai Consigli della Casa Bianca.

L'insostenibile situazione dei tedeschi in Polonia

Seguendo le istruzioni di Lord Halifax, il 15 maggio 1939 l'ambasciatore Henderson consegnò a Berlino un'imbarazzante minaccia alla Germania. Il Foreign Office, in seguito al discorso di Beck, avvertì ufficialmente che l'Impero britannico avrebbe combattuto con l'obiettivo di distruggere il Terzo Reich qualora Hitler avesse tentato di riconquistare Danzica. Nel frattempo, la situazione dei tedeschi che vivevano in Polonia continuava a peggiorare. Dalla fine di marzo, non solo ricevettero minacce, ma divennero anche vittime della persecuzione e del terrore scatenato da presunti patrioti polacchi. Le stesse autorità polacche hanno agito contro la minoranza tedesca, molti dei cui membri sono stati arrestati senza apparente motivo. Le lamentele dei leader tedeschi per il loro trattamento furono inutili.

Già prima dell'emissione dell'assegno in bianco, in varie regioni erano scoppiate violenze contro la minoranza tedesca, senza che le autorità polacche dessero ascolto alle proteste dei consoli. Gli incidenti del 30 marzo a Bromberg, nella regione della Pomerania, hanno spinto lo stesso ambasciatore Moltke a protestare con il viceministro polacco Szembeck. Lo stesso giorno, un cittadino tedesco proprietario di un ristorante a Jablonowo è stato picchiato e la sua attività è stata distrutta. La polizia era stata allertata, ma non si è presentata. A Posen (Poznan) i locali tedeschi venivano regolarmente presi a sassate e le compagnie di assicurazione si rifiutavano di pagare i risarcimenti, così il console Walther inviò una nota diplomatica a Ribbentrop denunciando gli assalti ai cittadini tedeschi in una dozzina di città e villaggi. Il 4 aprile Moltke inviò a Ribbentrop un comunicato in cui denunciava che dieci associazioni paramilitari avevano lanciato un appello pubblico per il boicottaggio del commercio e dell'artigianato tedesco. Il comunicato chiedeva inoltre di vietare i film in lingua tedesca e di limitare il numero di scuole e la pubblicazione di giornali e libri. Il 18 aprile l'incaricato d'affari tedesco a Varsavia, Krümmer, ha denunciato ufficialmente che i tedeschi erano stati privati del diritto di cittadinanza durante le elezioni municipali, gli era stato impedito di presentarsi come candidati e negato il diritto di voto. Per tutto il mese di aprile, aggressioni ed eccessi di ogni tipo continuarono senza alcun intervento da parte della polizia polacca. A maggio, mentre continuavano le lapidazioni di negozi e case private, le autorità polacche iniziarono a prendere provvedimenti contro le scuole tedesche e a sequestrare giornali e pubblicazioni.

Un'ondata di discrdini iniziò il 13 maggio nella regione di Lodz. Tomaszow Mazowiecki, una città di 40.000 abitanti di cui circa 3.000 tedeschi, fu l'epicentro degli atti di vandalismo. Molti tedeschi sono stati feriti e una donna è morta. Durante i due giorni di rivolta, la maggior parte delle proprietà tedesche nella zona fu danneggiata o distrutta. I proprietari di fabbriche polacche furono costretti a licenziare i dipendenti tedeschi. Altri episodi di violenza si verificarono nella provincia di Poznan e nell'Alta Slesia orientale. Il 15 maggio il Ministero degli Esteri tedesco discusse la possibilità di rappresaglie contro la minoranza polacca in Germania, ma fu deciso di respingere questa idea in quanto dannosa, inutile e insensata. Le autorità polacche vietarono alla stampa in lingua tedesca di riferire sugli incidenti contro la minoranza tedesca e, quando i giornali tedeschi cominciarono a riportare quanto stava accadendo, ai giornalisti tedeschi fu impedito di entrare in Polonia. Le autorità tedesche conclusero che la migliore fonte di informazioni sugli incidenti antitedeschi erano le loro rappresentanze consolari, così nei mesi successivi molti consoli iniziarono ad essere arrestati. A Berlino, Weizsäcker si appellò invano a Henderson e Coulondre affinché i loro governi esercitassero pressioni sul governo polacco per evitare il ripetersi di questi oltraggi.

Il 21 maggio si è verificato un grave incidente a Kalthof, nel territorio della Città Libera di Danzica, vicino al confine con la Prussia orientale. Il 20 maggio, gli abitanti tedeschi della zona hanno manifestato per mostrare la loro indignazione per l'atteggiamento arrogante degli ispettori doganali polacchi a Kalthof. L'Alto Commissario polacco Chodacki si trovava a Gdynia quando le autorità doganali lo chiamarono per comunicare che temevano un assalto alle strutture polacche. Il consigliere Perkovski, responsabile dell'Ufficio dell'Alto Commissario in assenza di Chodacki, ordinò alla polizia di Danzica di intervenire. Ore dopo, Perkovski, un assistente e il suo autista, un ex soldato di nome Zygmunt Morawski, si avvicinarono a Kalthof e scoprirono che era tranquillo e che i doganieri erano andati a casa. Perkovski ordinò a Morawski di rimanere in macchina, parcheggiata a un centinaio di metri dall'edificio della dogana. Erano le 12:50 del mattino, ma Morawski lasciò gli abbaglianti accesi. Ben presto si avvicinò un'auto dalla direzione opposta, di ritorno a Danzica dalla Prussia orientale. Il suo conducente, Grübnau, si fermò per chiedere al polacco di spegnere i fari. Morawski rispose con un colpo di pistola che mise fine alla vita di Grübnau. Dopo aver commesso l'omicidio, Morawski abbandonò il veicolo e, per lasciare il territorio della Città Libera, si diresse a piedi verso il confine polacco.

L'Alto Commissario stava tornando a Danzica quando Perkovski gli comunicò telefonicamente l'accaduto. Appena arrivato, Chodacki ordinò a tutti i polacchi di recarsi a Dirschau (Tscew), in territorio polacco. Perkovski, che era il presidente della compagnia ferroviaria polacca a Danzica, si recò con il suo assistente alla stazione, che era vicina alla dogana, e tornò in treno in Polonia. Lo stesso giorno, il 21, Chodacki presentò una nota al presidente del Senato di Danzica, Greiser, in cui protestava contro la manifestazione di Kalthof e faceva riferimento all'omicidio di Grübnau senza scusarsi. Greiser ricordò a Chodacki che il potere sovrano a Danzica era la Società delle Nazioni, non la Polonia, e chiese che Perkovski, il suo assistente e l'autista polacco fossero riportati a Danzica per essere processati. Chodacki respinse con arroganza la richiesta e, a dimostrazione del fatto che i polacchi di Danzica si consideravano al di sopra della legge e disprezzavano la giurisdizione delle autorità della Città Libera, Józef Beck stesso difese l'atteggiamento altezzoso di Chodaki.

Il fatto che un cittadino tedesco innocente fosse stato assassinato sul territorio di Danzica senza alcuna scusa da parte delle autorità polacche fece infuriare Hitler, che inviò una corona funebre personale al funerale di Grübnau. Göring avvertì l'ambasciatore Henderson che la Germania sarebbe intervenuta a Danzica nonostante l'opposizione polacca e britannica. Henderson rispose cupamente che i polacchi avrebbero considerato qualsiasi intervento a Danzica come una minaccia alla loro sovranità e che la Gran Bretagna sarebbe immediatamente accorsa in aiuto della Polonia con l'intera forza delle sue forze armate. Burckhardt, Alto Commissario della Società delle Nazioni, informò i tedeschi che lo stesso giorno, il 21 maggio, Halifax aveva detto a Ginevra che i britannici avrebbero combattuto per la Polonia contro la Germania senza considerare le origini del conflitto. Il 24 maggio il Parlamento britannico discusse dell'incidente di Kalthof, ma Chamberlain si limitò a commentare che un cittadino di Danzica era stato ucciso e che era in corso un'indagine.

Dopo l'incidente di Kalthof, la tensione a Danzica stava crescendo, aggravata dalla risposta sprezzante e inammissibile delle autorità polacche. Il presidente del Senato della Città Libera, Arthur Greiser, presentò due note di protesta il 3 giugno: la prima era un rifiuto di permettere all'assassino di Grübnau di essere processato, la seconda era una protesta contro il costante aumento degli ispettori doganali polacchi sul territorio di Danzica. L'Alto Commissario polacco, il colonnello Marjan Chodacki, ignorò entrambe le proteste. Il 6 giugno Burckhardt, Alto Commissario della Società delle Nazioni, incontrò Greiser e gli riferì di un recente colloquio con Ribbentrop, il quale gli aveva detto che la Germania era ancora impegnata a trovare un accordo con la Polonia, ma che avrebbe accettato il rischio di una guerra per liberare Danzica se i polacchi avessero rifiutato. Burckhardt confessò a Greiser la sua convinzione che i sovietici fossero entusiasti della prospettiva di un conflitto interno suicida in Europa occidentale. L'11 giugno le autorità polacche, sempre con toni intransigenti, annunciarono che non avrebbero più accettato lamentele sui loro ispettori doganali e avvisarono che avevano intenzione di aumentare il numero dei funzionari.

A Berlino, Weizsäcker incontrò l'ambasciatore britannico il 13 giugno per discutere della crisi di Danzica. Henderson confermò che la linea ufficiale di Halifax, che sosteneva la necessità di accerchiare la Germania, rimaneva invariata. Neville Henderson espresse in via confidenziale il suo personale disaccordo con la politica di Halifax. Riteneva che l'assegno in bianco alla Polonia fosse altamente dannoso ed espresse anche la sua opposizione a un'alleanza militare tra Gran Bretagna e URSS. "Henderson sapeva", scrive Hoggan, "di aver oltrepassato la sua autorità nel fare queste osservazioni al Segretario di Stato tedesco, ma non poteva tollerare che i tedeschi pensassero che egli fosse d'accordo con la politica di guerra di Halifax. Era chiaro che non era l'uomo giusto per rappresentare Halifax a Berlino". Come se la situazione non fosse già abbastanza tesa, il 17 giugno Joseph Göbbels si presentò a Danzica con il pretesto di partecipare all'Esposizione culturale di Danzica, che commemorava il ruolo storico del porto baltico. In un teatro della città tenne un discorso provocatorio in cui annunciò che Danzica sarebbe tornata al Reich. Giorni dopo, il 20 giugno, la *Poiska* gazette ribatté provocatoriamente che la Polonia non si sarebbe mai piegata alle pressioni tedesche.

Il principale responsabile della sicurezza della minoranza tedesca era il capo del Dipartimento degli Interni, Waclav Zyborski, che il 23 giugno 1939 accettò di discutere la situazione con Walter Kohnert, uno dei leader della minoranza tedesca di Bromberg. Zyborski ammise che i tedeschi in Polonia si trovavano in una situazione poco invidiabile, ma raccomandò loro di lamentarsi con Hitler della loro situazione. Sostenne che i tedeschi erano sleali e aggiunse che anche i polacchi in Germania venivano maltrattati. Zyborski accusò Kohnert e i suoi amici di essere sotto l'influenza del nazionalsocialismo e avvertì che era giunto il momento della lotta che si stava preparando da tempo. Concludeva dicendo al suo interlocutore con franchezza che la sua politica prevedeva un duro trattamento della minoranza tedesca e gli faceva capire che non c'era alcuna possibilità che i tedeschi in Polonia potessero alleviare il loro duro destino. In effetti, le autorità stavano chiudendo le aziende e le imprese tedesche e confiscando gli edifici appartenenti alla comunità tedesca.

Il 6 luglio Rudolf Wiesner, leader di uno dei partiti tedeschi a Danzica, si rivolse al primo ministro polacco Slawoj-Skladkowski, citando violenti attacchi contro i tedeschi in varie città. Si riferiva in particolare all'ondata di attacchi tra il 13 e il 15 maggio a Tomaszow, vicino a Lodz, a un altro pogrom antitedesco perpetrato il 21 e 22 maggio da folle incontrollate nella regione di Lodz, precisamente a Konstantynow, e a una terza ondata di violenza a Pabianice tra il 22 e il 23 giugno, dove erano stati attaccati l'Istituto, un sindacato di cristiani tedeschi, librerie e altri edifici. I consoli hanno riferito che alcuni tedeschi, spaventati dalle minacce di morte, dall'avvelenamento dei cani, dall'abbattimento degli alberi da frutto, dal furto di legname, dagli incendi dolosi e da altri atti intimidatori, hanno lasciato le loro case e hanno cercato di attraversare il confine tedesco. Molti di loro sono stati arrestati e imprigionati con l'accusa di migrazione illegale per aver tentato di attraversare la Germania senza permesso. La protesta di Wiesner non ha prodotto alcun risultato, così i leader dei gruppi tedeschi hanno dovuto riconoscere di non avere alcuna possibilità di influenzare le autorità polacche per ottenere protezione.

Per coincidenza, lo stesso giorno, il 6 luglio, Józef Beck ebbe un incontro al Ministero degli Esteri con Jerzy Potocki, ambasciatore polacco negli Stati Uniti, che si trovava a Varsavia. I due discussero della situazione critica e Potocki gli disse che era tornato in Polonia per proporre un cambiamento nella politica polacca. Denunciò al suo superiore che sia gli Stati Uniti che la Gran Bretagna avevano una psicosi da guerra. Insistette nel denunciare il ruolo svolto dai banchieri e dai capitalisti ebrei e avvertì che le fabbriche di armamenti occidentali erano unite in un solido fronte di guerra. L'ambasciatore cercò di far capire a Beck che erano felici di aver trovato il loro pretesto nella questione di Danzica e nell'atteggiamento di sfida della Polonia. Potocki accusò senza mezzi termini che per gli usurai e gli speculatori occidentali i polacchi erano solo schiavi neri che dovevano lavorare per niente. Avvertì inoltre Beck che era un'illusione aspettarsi che gli americani intervenissero in Europa per difendere la Polonia.

Queste argomentazioni, la cui rilevanza era evidente, non ebbero alcun effetto. Tuttavia, Potocki non era l'unico diplomatico a disapprovare la linea di Józef Beck: l'ambasciatore polacco ad Ankara, Sokolnicki, amico intimo di Jan Szembek, segretario di Stato per gli Affari esteri, sostenne gli sforzi di Potocki. Entrambi erano certi che Szembek avrebbe accettato la sua posizione se fosse stato a capo del Ministero. Il 14 luglio Sokolnicki incontrò ad Ankara Franz von Papen, ambasciatore tedesco in Turchia. Come scrive Hoggan, sempre citando gli archivi diplomatici, "Sokolnicki gli confessò che avrebbe voluto una soluzione negoziata tra Germania e Polonia prima che gli ebrei e i massoni avessero convinto il mondo che un conflitto catastrofico era inevitabile". Potocki tornò negli Stati Uniti dopo il fallimento della sua richiesta a Beck. L'8 agosto il *New York Times* riportò il commento del diplomatico: "La Polonia preferisce Danzica alla pace".

Tra questi massoni c'era Bullitt, che continuava ad avvertire il fratello massone alla Casa Bianca che il ministro degli Esteri francese stava lavorando per la pace. Bullitt non riuscì a convincere Bonnet a dare un assegno in bianco anche alla Polonia. Questa mancanza di convinzione da parte del ministro degli Esteri francese nel sostenere la guerra fu una battuta d'arresto. A luglio, nel bel mezzo dell'escalation di tensione tra Polonia e Germania, Bonnet ricevette a Parigi Neville Henderson, ambasciatore britannico in Germania. Entrambi concordarono nel condannare la politica bellica di Halifax. Bonnet riteneva che una guerra anglo-francese contro la Germania non fosse assolutamente necessaria e disse a Daladier che avrebbe preferito dimettersi piuttosto che avere la responsabilità di un conflitto così disastroso. Daladier gli disse che comprendeva il suo atteggiamento e lo pregò di rimanere al suo posto e di continuare a lottare per la pace.

Un nuovo incidente a Danzica ha quasi anticipato lo scoppio della guerra. Il 25 luglio un soldato polacco, Budziewicz, fu ucciso in strane circostanze nel territorio di Danzica. L'assassino, un funzionario doganale di nome Stein, giurò di aver agito per legittima difesa, il che non impedì il suo arresto e l'accusa di omicidio colposo. Le autorità di Danzica si scusarono con Chodacki e promisero di pagare un risarcimento. Il contrasto tra questo atteggiamento e quello dei polacchi nel caso dell'omicidio di Grübnau è evidente, ma la stampa polacca nascose questi fatti al pubblico e propagandò che il personale polacco a Danzica veniva attaccato indiscriminatamente e che Budziewicz era stato ucciso senza motivo in territorio polacco.

Quattro giorni dopo, il 29 luglio, il Governo della Città Libera ha presentato due note di protesta riguardanti attività illegali e misure economiche ostili da parte degli ispettori doganali e dei funzionari di frontiera polacchi. La protesta minacciava misure di ritorsione. Il governo polacco rimase sordo e il 1° agosto abolì l'esportazione in Polonia di aringhe e margarina, due prodotti esenti da dazi che costituivano il 10% del commercio di Danzica. Il giornale *Danziger Vorposten* (*La sentinella di Danzica*) riferì che in dieci anni il numero di ispettori polacchi era stato aumentato del 400%, nonostante il livello del commercio a Danzica nel 1939 fosse addirittura diminuito rispetto al 1929. Il costo di questo aumento del personale era a carico della comunità impoverita di Danzica, per cui il giornale proponeva nel suo articolo editoriale una rappresaglia contro gli ispettori doganali polacchi. Questo suggerimento fu usato da Chodacki per umiliare la Città Libera: con il permesso di Beck, il 4 agosto presentò un ultimatum oltraggioso a Greiser, il presidente del Senato, che ricevette un avviso ufficiale secondo cui nelle prime ore del 5 agosto le frontiere di Danzica sarebbero state chiuse all'importazione di tutte le merci straniere, a meno che il governo della Città Libera non avesse promesso, entro le 18.00, di non interferire più con le attività degli ispettori doganali polacchi. Si trattava di una minaccia concreta, poiché Danzica produceva a malapena cibo e il suo sostentamento sarebbe stato strangolato. L'Alto Commissario della Società delle Nazioni, Jacob Burckhardt, non fu nemmeno consultato e solo il 6 ricevette una notifica ufficiale dalle autorità polacche, un affronto alla sua autorità.

Il 7 agosto un articolo scioccante apparve sull'*Illustrowany Kurjer* di Krakov. I censori polacchi permisero la pubblicazione di un articolo straordinariamente avventato, che ammetteva che le unità polacche attraversavano costantemente il confine tedesco per distruggere le installazioni militari tedesche e confiscare le attrezzature militari tedesche. Il governo polacco non riuscì a impedire che il giornale più diffuso in Polonia, , annunciasse al mondo che la Germania stava violando il confine con la Polonia. I leader polacchi stavano marciando alla cieca in un conflitto forzato e del tutto inutile che avrebbe significato la loro rovina e non erano in grado di comprendere che erano stati usati da Halifax e da coloro che lavoravano per scatenare una guerra contro la Germania.

A Berlino Hitler e Ribbentrop giunsero alla conclusione che la Polonia stava cercando di far precipitare il conflitto, quindi consigliarono a Greiser di accettare subito i termini dell'ultimatum: la mattina del 5 agosto Greiser telefonò a Chodacki per annunciare che stavano capitolando alle sue richieste. Il 9 agosto Weizsäcker lesse una nota verbale all'incaricato d'affari polacco, il principe Lubomirski, che conteneva l'avvertimento che la Germania rifiutava ogni responsabilità per le conseguenze di ulteriori azioni contro gli abitanti di Danzica. Lubomirski chiese una copia scritta della nota. Weizsäcker spiegò che non era autorizzato a presentare una nota scritta, anche se gli diede il permesso di fare una propria copia del testo originale. Jozef Beck, che il 4 aveva informato l'ambasciatore Kennard che il governo polacco era pronto a intraprendere un'azione militare contro Danzica se i termini dell'ultimatum non fossero stati accettati, considerò la nota verbale un insulto alla Polonia, per cui il 10 rispose con un'altra nota verbale in cui avvertiva che il governo polacco rifiutava di assumersi qualsiasi responsabilità per le conseguenze se la Germania avesse continuato a proteggere Danzica. Aggiungeva che qualsiasi intervento contro gli interessi polacchi nella Città Libera sarebbe stato considerato un atto di aggressione.

I preparativi della Germania per una possibile guerra con la Polonia, iniziati dopo aver saputo dell'assegno in bianco della Gran Bretagna, erano praticamente completi. La preoccupazione principale di Berlino era quella di impedire l'intervento delle potenze occidentali attraverso la diplomazia. Economicamente e militarmente, la Polonia era un Paese povero e debole che non poteva sostenere le politiche arroganti e prepotenti adottate dai suoi governanti. Il 40% della popolazione non era polacca. La numerosa minoranza ebraica era trattata peggio che in Germania; ma l'ebraismo internazionale era disposto a ignorarlo e a "difendere" il Paese che più li respingeva. D'altra parte, oltre alla minoranza tedesca, c'erano gli ucraini, la cui disponibilità a sollevarsi contro i polacchi in caso di guerra era molto apprezzata da Hitler. Il Paese scelto come "casus belli" era infatti odiato da quasi tutti, e soprattutto dal suo vicino orientale, l'Unione Sovietica, la cui alleanza era ricercata da Gran Bretagna e Francia.

La situazione vista dall'Unione Sovietica

Come si è visto nello studio delle purghe staliniane, tra il 1934 e il 1938 Stalin era convinto che i potenti amici di Trotsky e alcune potenze occidentali stessero cercando di usare la Germania per scatenare una guerra contro l'URSS, che doveva servire a sostituire il comunismo nazionale con il comunismo internazionalista propugnato dai trotskisti. In realtà, Hitler era stato finanziato a questo scopo dai banchieri di Wall Street. Se l'obiettivo fosse stato quello di spezzare via sia il comunismo che il fascismo, una guerra tra i due avrebbe avuto un senso. Tuttavia, l'obiettivo non era il comunismo, ma Stalin. Ciononostante, i fatti dimostrarono che, potendo scegliere tra Stalin e Hitler, i complottisti della guerra preferirono Stalin. Non per niente il comunismo era stato instaurato e sostenuto con il sostegno del capitale ebraico internazionale. Il Potere nascosto era sicuro che dopo la guerra Stalin avrebbe potuto essere sostituito da uno dei suoi agenti, l'ebreo georgiano Lavrenti Beria, uno dei grandi criminali della storia, un insabbiatore che era rimasto nell'ombra fino a quando non aveva sostituito Yezhov come capo del Commissariato del Popolo per gli Affari Interni (NKVD) il 25 novembre 1938.

In questo lavoro sono state fornite prove sufficienti per capire che il comunismo è stato uno strumento progettato per accaparrarsi rapidamente le risorse della Russia e degli altri Paesi che sono caduti sotto il suo dominio. Senza il massiccio aiuto dei banchieri capitalisti ebrei che lo impiantarono in Russia, non sarebbe mai potuto sopravvivere. Il fatto che, svincolato dal gold standard e attraverso l'implementazione del "baratto", l'orientamento verso est della politica tedesca, "Drang nach Osten" (spinta verso est), stesse diventando una realtà era motivo di allarme. Paesi come l'Ungheria, la Jugoslavia, la Bulgaria, la Romania e la Turchia potevano formare un asse politico ed economico che, oltre a costituire una barriera per l'URSS, sfidava gli interessi della City, di cui la Gran Bretagna difendeva gli interessi. Se la Polonia fosse stata in grado di comprendere adeguatamente i vantaggi dell'adesione a questo gruppo di nazioni, la pressione sull'Unione Sovietica sarebbe stata totale. Per tutti questi motivi, Francia, Stati Uniti e Gran Bretagna, la cui politica tradizionale si basava sull'equilibrio di potere sul continente, dovevano essere utilizzati come strumenti di opposizione a una Germania che sfidava l'ordine economico dei banchieri internazionali imposto attraverso il liberalismo.

I leader sovietici si rallegrarono della determinazione di Halifax a fomentare una guerra contro la Germania con o senza la partecipazione dell'URSS, poiché era il più grande contributo concepibile alla loro possibile futura espansione verso ovest. Nell'aprile del 1939 l'Unione Sovietica non aveva alcun obbligo di partecipare a un conflitto anglo-francese contro la Germania a beneficio della Polonia, come sapeva Bonnet, il principale diplomatico francese. L'Unione Sovietica aveva un accordo con la Francia che la obbligava ad aiutare la Francia in caso di aggressione tedesca, ma poteva farsi da parte se la Francia avesse attaccato la Germania in un conflitto tra la Germania e qualsiasi altro Paese. Questa situazione portò a un duro confronto tra Bonnet e Halifax. I francesi disapprovavano la prospettiva di uno Stalin che guardava alla guerra in Europa a braccia conserte e non condividevano l'idea dei britannici di entrare in guerra in queste circostanze. I sovietici sapevano che la Gran Bretagna aveva indebolito la sua posizione militare e politica offrendo la garanzia alla Polonia.

Un altro fatto che dimostra la doppiezza con cui le cosiddette democrazie agivano in Europa è l'indifferenza con cui consideravano le pretese espansionistiche dell'URSS, che aspirava ad annettere importanti territori europei. Mentre ogni pretesa tedesca era considerata inaccettabile, per quanto giustificata, la diplomazia britannica cercava con impazienza l'alleanza con i sovietici, nonostante il fatto che Paesi come la Romania, la Finlandia, gli Stati baltici e la stessa Polonia temessero che un'alleanza dell'Unione Sovietica con i Paesi occidentali contro la Germania avrebbe permesso all'Armata Rossa di penetrare nel cuore dell'Europa, come poi avvenne durante la guerra mondiale. Già nell'aprile del 1938, i diplomatici sovietici avevano iniziato a discutere con i finlandesi delle loro aspirazioni territoriali nella Terra dei Mille Laghi. La Finlandia rifiutò la cooperazione militare richiesta dall'URSS, scatenando una campagna contro di essa sulla stampa sovietica. Il 5 marzo 1939, i finlandesi rifiutarono nuovamente la richiesta di Litvinov, il commissario agli Esteri ebreo, di installare basi sovietiche in Finlandia. I leader finlandesi erano ben consapevoli che l'Unione Sovietica era determinata a ristabilire il dominio russo sul loro Paese; ma nessuno offriva loro protezione, tanto meno assegni in bianco.

Il 10 marzo 1939 si aprì a Mosca il 18° Congresso del Partito Comunista. Nel suo discorso di apertura Stalin predisse lo scoppio di una nuova guerra imperialista tra il fascismo e un'alleanza anglo-franco-americana. Fedele all'approccio utilizzato nei processi di Mosca, Stalin sostenne che Francia e Gran Bretagna stavano cercando di mettere l'Unione Sovietica e la Germania l'una contro l'altra in una guerra e accusò la stampa occidentale di aver cercato di avvelenare le relazioni tedesco-sovietiche dopo la conferenza di Monaco. Stalin ha dichiarato: "Non permetteremo che il nostro Paese sia trascinato in conflitti da guerrafondai che sono abituati a usare gli altri per togliersi le castagne dal fuoco". Joseph E. Davies, un sionista amico di Roosevelt che aveva sostituito Bullitt come ambasciatore a Mosca, incarico che ricoprì fino al giugno 1938, scrisse nel suo diario l'11 marzo 1939: "Conoscendo la Russia come la conosco, ritengo che questo sia scoraggiante e davvero minaccioso per i negoziati in corso tra il Ministero degli Esteri britannico e l'Unione Sovietica in relazione alle garanzie per la Polonia". Anche Friedrich Werner Conte von der Schulenburg, che rappresentava la Germania a Mosca dal 1934, capì, come il suo collega americano, che il discorso di Stalin segnava una nuova direzione nella politica estera sovietica, e così informò Berlino il 13 marzo. L'ambasciatore tedesco annunciò che l'astio di Stalin era ora diretto contro la Gran Bretagna e sottolineò che per la prima volta aveva ridicolizzato l'accusa che il Reich tedesco avesse aspirazioni nell'Ucraina sovietica. Le implicazioni del discorso di Stalin non passarono inosservate nemmeno a Ribbentrop.

Una volta iniziati i negoziati con la Francia e la Gran Bretagna, Litvinov fu sostituito come commissario agli Esteri. Maksim Litvinov (Meyer Hennokh Moisevitch Wallach-Finkelstein) era stato ambasciatore non ufficiale dei bolscevichi a Londra nel 1917 e, come si ricorderà, era stato arrestato e scambiato con Bruce Lockhart, uomo di Alfred Milner, dopo il tentato assassinio di Lenin. L'ebreo Litvinov aveva cercato di accerchiare la Germania con una coalizione schiacciante. Stalin deve aver ritenuto che condividesse troppe affinità con gli inglesi e il 3 maggio fu sostituito da Vyacheslav Molotov, al quale Stalin ordinò di epurare gli ebrei dal Commissariato degli Esteri, dove erano in maggioranza nelle posizioni di comando e tra gli ambasciatori. Il licenziamento di Litvinov, che tra il 1941 e il 1943 aveva ricoperto l'importante incarico di ambasciatore negli Stati Uniti, suscitò grande scalpore nel corpo diplomatico, poiché nessuno pensava che sarebbe stato licenziato nel bel mezzo dei colloqui. Si interpretò che Stalin avesse deciso definitivamente di migliorare le relazioni con la Germania. In *Missione a Mosca* Davies riassume le varie opinioni di due esperti diplomatici non nominati sulla Russia. Secondo queste interpretazioni, Stalin non si fidava né della Francia né della Gran Bretagna e sospettava che volessero coinvolgerlo in una guerra europea per piantarlo in asso. Questa interpretazione confermerebbe ancora una volta che Stalin aveva ancora in mente il piano per togliersi di mezzo attraverso una guerra con la Germania, come stabilito nei processi di Mosca.

Il 16 maggio Moltke riferì a Berlino da Varsavia che Beck si opponeva fermamente a un accordo con l'Unione Sovietica, il che significava che un accordo anglo-francese con l'URSS sulla Polonia era altamente improbabile; tuttavia, si temeva che potesse essere forgiato un accordo anglo-sovietico. Ribbentrop incaricò l'ambasciatore von Schulenburg di discutere la situazione con Molotov a Mosca, ma tutti i suoi tentativi di riavvicinamento non ebbero successo, il che fu interpretato a Berlino come una mancanza di fiducia dei diplomatici sovietici nei confronti dell'aristocratico tedesco. L'uomo scelto da Molotov per trasmettere l'atteggiamento dell'URSS fu il rappresentante bulgaro a Berlino, Parvan Draganov, che il 15 giugno informò Ribbentrop che i russi erano indecisi, ma aggiunse che preferivano relazioni pacifiche con la Germania a un'alleanza con la Gran Bretagna. Draganov fece intendere che l'Unione Sovietica aveva bisogno di alcune garanzie per chiarire la sua posizione. I leader tedeschi capirono quindi che sarebbe stato necessario raggiungere un accordo specifico con Stalin per garantire la neutralità dell'Unione Sovietica in caso di guerra con la Polonia.

Hitler rimuginò sulla questione per diverse settimane prima di incaricare Joachim von Ribbentrop di compiere i passi necessari per raggiungere un'intesa. Naturalmente sapeva che un patto con Stalin avrebbe permesso l'espansione dell'URSS, cosa che al Führer ripugnava; ma nel luglio 1939 concluse che un tale accordo sarebbe stato decisivo per evitare lo scoppio di una guerra europea su vasta scala. Il governo tedesco non aveva dubbi che l'Unione Sovietica avrebbe regolato i conti con la Polonia in caso di guerra germano-polacca. A differenza di Hitler, che si era offerto di rispettare i confini della Polonia, Stalin non aveva mai mostrato alcuna inclinazione ad accettare i confini esistenti tra Russia e Polonia. Inoltre, i tedeschi non sapevano che Mosca aveva altre ambizioni territoriali, tra cui la Finlandia. I diplomatici finlandesi scoprirono con orrore che entrambi cercavano un accordo con i sovietici a spese dei Paesi vicini.

Contemporaneamente, mentre Draganov confermava al Ministero degli Esteri tedesco l'interesse dell'URSS per un accordo con la Germania, Lord Halifax decise di perseguire con determinazione il patto con Stalin e inviò a Mosca William Strang, capo della Divisione Centrale del Foreign Office, che arrivò nella capitale sovietica il 14 giugno. Strang scoprì che anche l'ambasciatore francese, Paul-Emile Naggiar, stava cercando attivamente un accordo di principio con i comunisti. Entrambi i diplomatici giunsero alla conclusione che l'accettazione dei termini presentati dai sovietici li impegnava a sostenere l'intervento sovietico in Romania, negli Stati baltici o nella stessa Polonia che cercavano di proteggere.

David L. Hoggan spiega in *Der Erzwungene Krieg* (La *guerra forzata*) come Molotov condusse i negoziati con i rappresentanti britannici e francesi: "Era seduto a una scrivania posta su una predella; i negoziatori occidentali erano disposti in un semicerchio senza tavoli a un livello inferiore. Il nuovo atteggiamento russo di sprezzante arroganza fu l'inevitabile conseguenza della garanzia britannica alla Polonia. Molotov sapeva che l'Unione Sovietica aveva ora una posizione negoziale molto più forte del governo britannico". Sebbene Halifax avesse dato istruzioni a Strang di avvicinarsi alle posizioni sovietiche sulle questioni decisive, la posizione dell'URSS rimase invariata per le settimane successive. Il 20 luglio 1939 Strang si lamentò con Halifax dei "negoziati umilianti". Alla fine le parti accettarono il suggerimento di Molotov e il 23 luglio decisero che, sebbene vi fosse un accordo politico virtuale, era necessario attendere l'esito dei colloqui militari prima di procedere alla firma.

Il Presidente Roosevelt intervenne nei negoziati tra l'Unione Sovietica e le potenze occidentali attraverso il nuovo ambasciatore a Mosca, Lawrence Steinhardt, ebreo sionista fino al midollo, nipote del miliardario Samuel Untermayer, il fautore della distruzione della Germania che nel 1933 aveva invitato gli ebrei di tutto il mondo a dichiarare guerra santa ai tedeschi. Steinhardt, che aveva sostituito Davies, ricevette il 15 agosto una lettera confidenziale a Molotov datata 4 agosto 1939. La lettera era stata inviata tramite Bullitt e quindi era arrivata a Mosca con undici giorni di ritardo. Ricordava che gli interessi degli Stati Uniti e dell'Unione Sovietica erano identici nel promuovere la sconfitta della Germania e dell'Italia in una guerra europea. Roosevelt, ansioso di scatenare la guerra, esortava l'URSS a stringere un'alleanza con la Gran Bretagna e la Francia e lasciava intendere che gli Stati Uniti si sarebbero uniti a questa coalizione. Steinhardt presentò la lettera di Roosevelt a Molotov il 16 agosto, durante la riunione delle delegazioni militari dei tre Paesi.

Quasi due settimane prima, quando la tensione tra Berlino e Varsavia stava raggiungendo il culmine a causa del trattamento della minoranza tedesca e dell'atteggiamento fazioso dei polacchi a Danzica, i tedeschi avevano preso la decisione di tollerare le aspirazioni sovietiche nell'area baltica in cambio della neutralità in un'eventuale guerra con la Polonia. Il 3 agosto 1939 Ribbentrop informò Schulenburg di aver comunicato al rappresentante russo a Berlino, Astakhov, che la Germania desiderava raggiungere un accordo con la Russia su tutte le questioni di interesse e gli chiese di ribadire personalmente l'offerta a Molotov. Così, quando il 10 agosto le missioni militari britanniche e francesi arrivarono a Mosca per studiare gli aspetti militari dell'accordo con l'URSS, furono accolte con scarso entusiasmo, il che non impedì ai tedeschi di chiedere chiarimenti sul significato di queste delegazioni. Fu assicurato loro che i contatti con la Germania avevano cambiato l'atteggiamento russo nei confronti della Gran Bretagna e della Francia, ma che si era deciso di continuare i negoziati perché non potevano essere interrotti senza ragionevoli spiegazioni.

La delegazione militare sovietica guidata dal maresciallo Voroshilov tenne il primo incontro con le squadre militari francesi e britanniche il 12 agosto. I sovietici erano indignati dal fatto che i britannici intendessero far ricadere su Russia e Francia il peso della guerra che Halifax cercava di scatenare contro la Germania. Voroshilov insistette per ottenere promesse specifiche di sostegno in caso di eventuali operazioni sovietiche in Estonia, Lettonia e Lituania. Il 14 agosto i comunisti introdussero la questione fondamentale delle operazioni militari in Polonia e Romania. Voroshilov sostenne che entrambi i Paesi sarebbero stati sconfitti dalla Germania in breve tempo se non avessero accettato la collaborazione militare sovietica. Per quanto riguarda la Romania, questa affermazione era assurda, poiché non esisteva la minima possibilità di conflitto tra Germania e Romania. Per quanto riguarda la Polonia, Gran Bretagna e Francia erano disposte ad accettare la sua occupazione da parte delle truppe russe, ma il problema era ottenere il consenso polacco. Voroshilov sosteneva che, nel caso in cui la Germania avesse attaccato la Francia, l'URSS non avrebbe potuto contrattaccare se non fosse stata concordata l'offensiva sovietica attraverso il territorio polacco e rumeno.

Sir William Seeds, ambasciatore britannico a Mosca, avvertì Halifax il 15 agosto che i colloqui sarebbero falliti se Gran Bretagna e Francia non avessero ottenuto il consenso della Polonia. Seeds era fiducioso che Beck e l'esercito polacco potessero essere persuasi ad accettare un patto segreto e si spinse fino a presentare la sua tesi alla delegazione militare francese. Daladier e Bonnet furono informati dell'impasse che era stata raggiunta. Voroshilov pretese una risposta definitiva a questa domanda fondamentale il prima possibile. Bonnet decise di contattare Lukasiewicz, che si presentò al Quai d'Orsay la sera del 15. Gli espose senza mezzi termini la questione. Gli espose senza mezzi termini le due alternative: se i russi non avessero ricevuto il permesso di operare sul territorio dei loro vicini attraverso il patto militare con Gran Bretagna e Francia, avrebbero firmato un accordo con la Germania. L'ambasciatore polacco rispose che Beck non avrebbe mai permesso alle forze russe di entrare in territorio polacco. Bonnet osò ricordargli che Hitler aveva annunciato che avrebbe sconfitto la Polonia in tre settimane e arrivò ad aggiungere che condivideva questa opinione. Lukasiewicz si indignò e dichiarò con rabbia: "Al contrario, sarà l'esercito polacco a invadere la Germania fin dal primo giorno". Il ministro francese si rese conto che la fatuità dei polacchi era contumace e rinunciò a cercare di emendare le illusioni dell'ambasciatore con argomenti di natura militare.

La Francia era ovviamente più a rischio della Gran Bretagna in caso di guerra con la Germania senza l'appoggio dell'URSS. Il 16 agosto il ministro degli Esteri francese informò il collega britannico dell'incontro con l'ambasciatore polacco e chiese la sua collaborazione per far capire ai polacchi che il diritto di intervento in Polonia e Romania era la condizione "sine qua non" per la partecipazione della Russia a qualsiasi guerra che potesse scoppiare dopo lo scoppio di un conflitto tedesco-polacco. Lo stesso giorno, il 16, Molotov ricevette la lettera di Roosevelt dall'ambasciatore Steinhardt e i due uomini procedettero a studiarne il contenuto. Il diplomatico americano dovette apprendere dal commissario agli Esteri sovietico che le missioni militari britanniche e francesi erano venute in Russia per discutere di collaborazione militare in termini che Molotov definì "vaghe generalità". Si rammaricava poi che queste delegazioni non fossero in grado di rispondere ai punti specifici sollevati dalla Russia.

Il 17 agosto Halifax incaricò Kennard di rimproverare i polacchi per il loro rifiuto di cooperare con l'Unione Sovietica e di spiegare loro che le considerazioni militari rendevano inevitabile l'uso del territorio polacco da parte delle forze sovietiche. Halifax si rifiutò di accettare che l'URSS fosse una minaccia maggiore per la Polonia rispetto alla Germania. Secondo Hoggan, i leader britannici erano incapaci di capire che il loro politico "piuttosto che l'imperialismo britannico stava promuovendo la diffusione del comunismo". Anche se forse lo capirono e non se ne curarono, dal momento che agirono palesemente come agenti delle forze occulte che avevano impiantato il comunismo in Russia e desideravano una seconda guerra in Europa per completare il loro disegno di dominio globale.

Nei documenti delle Relazioni estere degli Stati Uniti del 1939 si legge che il primo ministro Daladier incontrò Bullitt il 18 agosto e ripeté per tre volte, indignato dalla posizione di Varsavia, che non avrebbe inviato un solo contadino francese a dare la vita per la Polonia se i polacchi avessero rifiutato l'aiuto sovietico. Bullitt fu molto allarmato da questa violenta reazione, che considerava anti-polacca, in quanto indicava che la Francia non avrebbe appoggiato una guerra contro la Germania se i negoziati di Mosca fossero falliti[4]. Roosevelt fu informato dell'atteggiamento di Daladier e temeva che Halifax fosse pronto ad abbandonare il suo piano di guerra contro la Germania se non avesse ottenuto il sostegno dell'Unione Sovietica o della Francia. Il Ministero degli Esteri, tuttavia, aveva un certo vantaggio, poiché sapeva in anticipo che il patto tedesco-sovietico sarebbe stato firmato grazie a due traditori, i fratelli Theo ed Eric Kordt. Theo era incaricato d'affari presso l'ambasciata tedesca a Londra; Eric era il braccio destro di Weizsäcker al Ministero degli Esteri di Berlino. Alla fine di giugno Eric Kordt aveva avvertito Robert Vansittart dei contatti tra Germania e URSS. Halifax aveva previsto da queste spie che i negoziati anglo-francesi con Molotov sarebbero falliti perché i russi preferivano un accordo con Hitler. Questo gli permise di preparare la sua strategia per trascinare la Francia in guerra. Il professor Friedrich Lenz, nel suo articolo "Worm in the Apple", cita le parole di Vansittart a Theo Kordt il 31 agosto, il giorno prima dell'invasione della Polonia: "L'Inghilterra combatterà questa guerra fino alla fine, e come Sansone nella Bibbia abbatterà le colonne del tempio e seppellirà tutto sotto le macerie".

L'ultimo incontro tra le delegazioni militari a Mosca ebbe luogo la sera del 21 agosto. Voroshilov annunciò di essere responsabile delle manovre militari autunnali dell'Armata Rossa, , e quindi avrebbe chiesto una sospensione degli incontri per dedicarsi a questo compito. Ancora una volta, il Maresciallo sovietico espresse il suo stupore alle delegazioni occidentali

---

[4] Il capo dell'intelligence militare francese, il colonnello Maurice Gauché, aveva ripetutamente espresso a Daladier e Bonnet la sua irritazione per la posizione polacca. Riteneva che i polacchi si vantassero molto delle capacità del loro esercito e aveva detto al primo ministro che se i negoziati a Mosca fossero falliti, la Francia avrebbe dovuto lasciare che Hitler regolasse i conti con la Polonia. Gauché riteneva che non dovessero sentirsi obbligati nei confronti di Varsavia, poiché i polacchi avevano firmato il patto con la Germania nel 1934 senza consultare la Francia. Riteneva inoltre che l'ultimatum polacco alla Cecoslovacchia dell'ottobre 1938 avesse ignorato gli interessi francesi. Denunciò anche il fatto che nel marzo 1939 i polacchi avevano riconosciuto il protettorato tedesco sulla Boemia-Moravia senza consultare il governo francese. Anche il colonnello Gauché fu molto critico nei confronti della politica di Halifax. Avvertì i suoi superiori che, sebbene non volesse la guerra, Hitler non stava bluffando e avrebbe rischiato la guerra prima di capitolare alle stravaganze dei polacchi. Al capo del controspionaggio francese sembrava ovvio che il suo Paese avrebbe dovuto abbandonare i piani di guerra nel caso in cui i russi avessero rifiutato di unirsi al fronte anglo-francese. Queste opinioni erano condivise da Bonnet, che propose di agire di conseguenza.

che cercavano di negoziare un accordo senza un chiaro impegno sull'importante questione del diritto di manovra in territorio polacco e rumeno. Non appena la sessione si concluse, i militari britannici e francesi appresero dalla stampa che era prevista la firma di un patto di non aggressione tra l'URSS e la Germania. Il fatto che il pubblico fosse a conoscenza della notizia prima che le delegazioni franco-britanniche ne fossero informate fu un affronto deliberato che non passò inosservato negli ambienti diplomatici. L'ambasciatore Henderson espresse il suo sdegno in un cablogramma inviato ad Halifax il 22 agosto: "L'infido cinismo di Stalin e compagnia nei confronti delle nostre missioni militari che negoziano a Mosca è incredibile". Henderson, che si era sempre opposto a un'alleanza con l'Unione Sovietica, si rese subito conto che Stalin aveva giocato sulle circostanze per infliggere il massimo danno al prestigio britannico.

Tuttavia, Henderson immaginava fino a che punto i britannici e i francesi fossero disposti a spingersi nei negoziati e quanto poco importasse loro della Polonia. La mattina presto del 22, il generale Doumenc informò il maresciallo Voroshilov di aver ricevuto l'autorizzazione a sostenere le operazioni militari sovietiche in Polonia. Doumenc gli assicurò di avere pieni poteri da Daladier per firmare senza riserve un patto che includesse altri interessi e desideri russi. In altre parole, i britannici e i francesi erano disposti a promuovere l'espansione a ovest dei comunisti a patto che questi ultimi aderissero alla guerra contro la Germania. Voroshilov rispose che la Polonia era un Paese sovrano e che i piani per le operazioni militari sovietiche sul suo territorio non potevano essere decisi senza il suo consenso. Nel pomeriggio dello stesso giorno, l'ambasciatore britannico a Mosca, William Seeds, accusò Molotov di "malafede" durante i negoziati. Il commissario sovietico gli rispose freddamente che l'"insincerità" dei leader britannici li privava di qualsiasi base valida per tale accusa. Il 23 Seeds inviò un telegramma a Halifax per mantenere la missione a Mosca in caso di fallimento dei negoziati con Ribbentrop. Anche dopo la firma del patto, Halifax diede istruzioni a Seeds di assicurare ai sovietici che condivideva pienamente l'indispensabilità delle loro operazioni militari in Polonia e che era pronto a sostenerle pienamente, il che equivaleva a garantire il sostegno britannico all'invasione comunista della Polonia, insistendo nel dichiarare guerra alla Germania per Danzica, che non apparteneva nemmeno alla Polonia.

Guerra generale o guerra localizzata?

Hitler contemplava la possibilità che la battuta d'arresto in Russia potesse cambiare la politica guerrafondaia anglo-francese e cercò di contribuirvi attraverso misure diplomatiche e nuove proposte. Nonostante la sua anglofilia, capì che erano i francesi a mostrare un atteggiamento più ragionevole, in contrasto con l'esagerato desiderio di guerra della Gran

Bretagna. Se si considera che la leadership francese non poteva concepire di affrontare il vicino tedesco senza che si aprisse un fronte orientale, bisogna ammettere che la firma da parte dell'URSS di un patto di neutralità con la Germania rendeva il conflitto in Europa più improbabile che se i sovietici avessero contratto un'alleanza con le potenze occidentali. In effetti, se l'Europa doveva essere risparmiata dalla catastrofe, era sufficiente fare pressione sulla leadership polacca per negoziare, piuttosto che sostenerla nel non farlo.

L'11 agosto Hitler incontrò Jacob Burckhardt, al quale confessò di non poter avere più pazienza con i polacchi e chiese all'Alto Commissario di spiegare la situazione a francesi e britannici e di ricordare loro che la Germania non voleva in nessun caso un conflitto con le potenze occidentali. Burckhardt promise di adeguarsi. Beck disse a Szembek di essere indignato con Burckhardt per aver accettato di incontrare Hitler nelle circostanze attuali. Questo uomo politico fatale per il suo Paese e per l'Europa temeva che il diplomatico svizzero potesse fare uno sforzo disperato per raggiungere un accordo. A Basilea, l'Alto Commissario informò i rappresentanti di Francia e Inghilterra delle umiliazioni e degli abusi subiti dalla minoranza tedesca e chiese loro di adoperarsi per un accordo negoziato; ma Halifax si limitò a incaricare Kennard di dire ai polacchi che dovevano migliorare la loro tattica se volevano evitare l'impressione di essere colpevoli di aver provocato la guerra. Halifax consigliò inoltre ai polacchi di cessare le loro provocazioni a Danzica e di limitare la stampa.

Chi voleva la pace in Europa erano anche gli italiani. Il loro ministro degli Esteri, il conte Galeazzo Ciano, arrivò a Salisburgo l'11 agosto per incontrare Hitler e Ribbentrop nella residenza del Führer sulle Alpi bavaresi il giorno successivo. La mattina del 12 Ciano ebbe un colloquio preliminare con Ribbentrop che, in uno stato d'animo estremamente serio, lo aggiornò sulle recenti atrocità contro la minoranza tedesca e gli fece intendere che la guerra tra Polonia e Germania era inevitabile, pur esprimendo la convinzione che fosse possibile contenere il conflitto attraverso l'azione diplomatica. Ciano fu sorpreso di scoprire che Ribbentrop era sicuro della neutralità russa in caso di conflitto tedesco-polacco. Il ministro degli Esteri tedesco disse al collega italiano che sperava che la neutralità russa sarebbe stata decisiva per dissuadere Gran Bretagna e Francia. Mussolini aveva incaricato Ciano di cercare di convincere i tedeschi che una guerra generale in Europa doveva essere evitata, perché sarebbe stata catastrofica per l'Italia e la Germania. Il Ministro degli Esteri italiano non era d'accordo con l'analisi di Ribbentrop, affermando che lui e il Duce erano convinti che gli inglesi e i francesi avrebbero usato qualsiasi pretesto per lanciare operazioni militari contro la Germania, motivo per cui il conflitto con la Polonia doveva essere evitato ad ogni costo. Ciano disse a Ribbentrop che se la Germania fosse stata attaccata da Francia e Gran Bretagna, l'Italia non sarebbe entrata in guerra.

Nel pomeriggio arrivò Hitler e si incontrarono con lui per un'intensa conferenza che durò più di tre ore. Ciano ribadì al Führer che la guerra con la Polonia doveva essere evitata e suggerì che i Paesi dell'Asse avrebbero dovuto convocare una conferenza internazionale. Il Cancelliere tedesco esaminò attentamente le argomentazioni e le opinioni del diplomatico italiano, ma non le condivise. Si decise quindi di tenere una nuova riunione il giorno successivo. Il 13 Ciano espresse il timore che la Gran Bretagna e la Francia attaccassero la Germania anche se si fosse raggiunto un accordo russo-tedesco e osservò che entrambi i Paesi erano a buon punto nei loro preparativi militari, per cui una guerra nelle attuali circostanze sarebbe stata a loro vantaggio. Prevedeva che una guerra nel 1939 avrebbe incrinato le relazioni tedesche e italiane con gli Stati Uniti e avrebbe permesso a Roosevelt di ottenere un terzo mandato presidenziale. Ciano insistette sul fatto che l'Italia non era preparata alla guerra. Nonostante la sua posizione iniziale, tuttavia, Ciano si rese conto che l'approccio di Hitler era molto sensato e quando tornò in Italia lo spiegò a Mussolini, pensando che il Duce avrebbe potuto condividerlo.

In breve, ciò che il cancelliere tedesco gli aveva detto era il seguente: 1. I russi sembravano disposti a cooperare con la Germania perché erano sicuri che una guerra tedesco-polacca avrebbe permesso loro di ottenere la Polonia orientale. 2. Stalin non avrebbe appoggiato la Germania nella conferenza internazionale su Danzica proposta dall'Italia, poiché sarebbe stata utile solo alla Germania, non si adattava alle sue intenzioni espansionistiche e avrebbe potuto portare solo a un accordo anglo-tedesco duraturo, che era anatema per i sovietici. 3. La Germania e l'Italia potrebbero cercare di convincere la Francia e la Gran Bretagna ad ammettere la Spagna alle discussioni per ottenere un maggiore sostegno, ma sarebbero comunque in minoranza rispetto alla maggioranza anglo-franco-russo-polacca. 4. In una conferenza del genere non si sarebbe ottenuto nulla proprio a causa dell'influenza sovietica. 5. Il Führer chiese al Duce di riconsiderare la sua posizione di non sostegno alla Germania, poiché la defezione dell'Italia aumentava notevolmente il pericolo di guerra. 6. Hitler era convinto che un forte fronte italo-tedesco, unito a un patto russo-tedesco, avrebbe spezzato l'unità di pensiero di Francia e Gran Bretagna.

Sembra che Ciano si sia convinto della logica delle argomentazioni del Führer e si sia addirittura impegnato a mantenere la solidarietà italo-tedesca. Nel libro *Professor Mercedes Vilanona: a contracorriente*, opera di diversi autori pubblicata dall'Università di Barcellona, si sottolinea che, nonostante l'ambasciatore Attolico e lo stesso Ciano avessero chiesto a Hitler di non pubblicare nulla fino a quando il Duce non fosse stato informato, i tedeschi vollero approfittare dell'occasione per rafforzare la propria posizione, tanto che il 13 stesso, due ore dopo la partenza del diplomatico italiano da Salisburgo, La D.N.B. (Deutsches Nachrichtenbüro) annunciava: "I colloqui italo-tedeschi hanno riguardato tutti i problemi attuali, in particolare la questione di Danzica. Il risultato è stato una completa identità di vedute tra la politica estera tedesca e quella italiana. Non un solo problema è stato lasciato in sospeso". Questo comunicato non piacque ad Attolico, che chiese il permesso di recarsi a Roma, dove arrivò il 15 agosto. Espresse a Mussolini la sua opinione che l'Italia non avrebbe dovuto sostenere la Germania in caso di scoppio della guerra in Europa. Sebbene l'incaricato d'affari dell'ambasciata a Berlino, il conte Massimo Magistrato, contattasse Roma il 15 per riferire che i tedeschi gli avevano comunicato che la conferma di un patto con l'URSS era molto vicina, Attolico convinse sia Ciano che Mussolini che era sconsigliabile sostenere la Germania in caso di guerra generale. Weizsäcker venne a sapere che Attolico si era recato a Roma con l'esplicito scopo di convincere il Duce della necessità di non impegnarsi a favore della Germania e la leadership tedesca ne fu estremamente preoccupata.

Il 18 Ciano parlò due volte con l'ambasciatore britannico in Italia, Sir Percy Loraine, con il quale si accordò per discutere dell'incontro con i leader nazisti. La prima volta, Ciano disse a Loraine di avere informazioni verificate sulle sconsiderate violazioni polacche del confine tedesco, che naturalmente avevano provocato grande indignazione a Berlino. L'ambasciatore concluse che l'Italia sarebbe stata al fianco della Germania. Al secondo incontro, tuttavia, il Ministro degli Esteri italiano confessò all'ambasciatore britannico che l'Italia non aveva accettato di sostenere la Germania in caso di guerra e aggiunse che non aveva intenzione di farlo. L'indiscrezione di Ciano ebbe un effetto molto dannoso sulla Germania, indebolendo l'impatto che Hitler voleva ottenere annunciando il patto con la Russia. Hoggan scrive: "I capi militari francesi affermarono in seguito che non avrebbero mai rischiato una guerra franco-tedesca se non fosse stato per la promessa di neutralità dell'Italia". Questa confessione dei militari gallici avvalora la rilevanza della presentazione di Hitler a Ciano il 13 agosto: una ferma presa di posizione italiana nei confronti della Germania avrebbe giovato alla pace in Europa e agli interessi dell'Italia più dell'indecisione e della debolezza mostrate da Ciano a Percy Loraine.

Lo stesso giorno, il 18 agosto, Attolico incontrò Ribbentrop a Salisburgo per conto di Mussolini e chiarì che l'Italia sapeva che la guerra con la Polonia non sarebbe stata localizzata perché Francia e Gran Bretagna sarebbero intervenute.. L'ambasciatore insistette sul fatto che il suo Paese non poteva accettare una guerra prima della fine del 1940. Alla luce delle notizie provenienti da Roma, Halifax non tardò ad approfittare della situazione per intimidire gli italiani: il 20 agosto inviò un messaggio all'ambasciatore Loraine da consegnare a Ciano. Il messaggio avvertiva l'Italia che la Gran Bretagna l'avrebbe attaccata immediatamente se si fosse unita alla Germania come alleato in una futura guerra. Questa minaccia ebbe un enorme impatto sul Duce, che ribadì i suoi piani per una conferenza internazionale. I tedeschi non furono informati dell'ultimatum britannico.

La decisione di cercare il patto con l'URSS fu presa nei giorni in cui il terrore contro la minoranza tedesca era dilagato e Beck aveva presentato un ultimatum oltraggioso alla Città Libera di Danzica. Invece di diminuire, le misure antitedesche aumentarono di giorno in giorno. Il 14 agosto le autorità dell'Alta Slesia orientale lanciarono una campagna di arresti di massa contro i tedeschi, accompagnata dalla confisca o dalla chiusura delle strutture sociali e delle imprese rimaste aperte. Durante la prima fase degli arresti, un giovane tedesco sparò e ferì un agente di polizia, Viktor Szwagiel, il che servì solo a far infuriare ulteriormente i polacchi. I tedeschi arrestati non furono internati nella zona, ma furono costretti a marciare in Polonia in colonne di prigionieri. Migliaia di tedeschi cercarono di evitare l'arresto attraversando il confine con la Germania. I trafficanti di esseri umani approfittarono della situazione e, in cambio di denaro, aiutarono i fuggitivi a scappare attraverso passaggi lontani dal controllo della polizia. L'agitazione e la paura dei tedeschi in quei giorni li portò a credere che in caso di guerra i polacchi li avrebbero uccisi in massa. Il 16 agosto fu arrestato anche il senatore Rudolf Wiesner, uno dei più importanti politici della minoranza tedesca e leader del "Jungdeutsche Partei" (Partito dei Giovani Tedeschi). Lo stesso giorno, Chodacki si era incontrato con il Presidente del Senato Greiser e aveva annunciato che il boicottaggio delle merci tedesche sarebbe continuato fino a quando Danzica non avesse riconosciuto il diritto illimitato degli ispettori polacchi di svolgere le loro funzioni sul territorio della Città Libera. Poco dopo Chodacki tornò a Varsavia per discutere la situazione con Beck e ricevere istruzioni.

La situazione della minoranza tedesca in Polonia continuò a deteriorarsi. Il 17 agosto i consoli tedeschi di Teschen e Kattowice (Alta Slesia) hanno informato il Ministero degli Esteri che centinaia di cittadini tedeschi erano stati arrestati. Il console di Teschen affermò che l'ondata di arresti era finalizzata alla presa di ostaggi. Il 18 agosto fu lo stesso incaricato d'affari tedesco a Varsavia, Wühlisch, ad avvertire il Ministero degli Esteri che i polacchi avevano lanciato una massiccia campagna di arresti contro la minoranza tedesca nelle aree di Posen, Prussia occidentale, Polonia centrale e Alta Slesia orientale. Il Dipartimento politico del Ministero degli Esteri tedesco pubblicò il 20 agosto un elenco di 38 tedeschi feriti, maltrattati o uccisi. L'elenco comprendeva anche alcune donne che erano state violentate.

Il 21 agosto si verificò un evento sorprendente: Rudolf Wiesner, arrestato cinque giorni prima, si presentò a Danzica dopo essere riuscito a fuggire dalla Polonia. Il 22 si incontrò a Danzica con i rappresentanti del Reich e fece loro un resoconto degli eventi. Wiesner sostenne che era impossibile stabilire relazioni leali con i polacchi perché erano incompatibili con il fatto che fossero etnicamente consapevoli. Wiesner sostenne che dalla primavera del 1939 la minoranza tedesca aveva vissuto un disastro di "inconcepibile portata". Denunciò che i tedeschi erano stati licenziati dai loro posti di lavoro senza giustificazione e privati dei sussidi di disoccupazione, per cui soffrivano fame e privazioni di ogni genere. Istituzioni assistenziali, cooperative e associazioni di categoria sono state distrutte. Nelle ultime settimane, arresti di massa, deportazioni, mutilazioni, pestaggi e altre violenze avevano raggiunto livelli senza precedenti. Ciononostante, Wiesner ha insistito sul fatto che i leader della minoranza tedesca continuavano a sperare in una soluzione pacifica tra Polonia e Germania che avrebbe ristabilito la pace, allontanato lo spettro della guerra e preservato il diritto di vivere e lavorare in pace. I diplomatici tedeschi e le autorità di Danzica discussero sull'opportunità di pubblicare la mostra di Wiesner, ma Albert Foster, il leader locale del Partito Nazionalsocialista, li convinse che non sarebbe servito a nulla e sostenne una politica di fermezza nei confronti degli ispettori e dei funzionari doganali polacchi, le cui azioni avrebbero dovuto limitarsi alle aree stabilite dai trattati. Questa era la situazione in Polonia e a Danzica quando si seppe che la firma di un patto russo-tedesco era imminente.

Il 19 agosto 1939, durante una riunione segreta del Politburo, Stalin annunciò che l'Unione Sovietica avrebbe firmato un patto di non aggressione con la Germania. Lo stesso giorno, il 19 agosto, i tedeschi e i sovietici avevano firmato un accordo commerciale che stavano negoziando dal 1938. Il giorno successivo, un articolo della *Pravda* avvertiva di grandi divergenze nei negoziati con le missioni militari occidentali. Naturalmente, Stalin non prevedeva la possibilità che l'accordo con la Germania potesse essere utilizzato da Hitler per raggiungere una soluzione negoziata e pacifica con i polacchi: senza un'invasione tedesca, Stalin non avrebbe potuto entrare a sua volta in Polonia. Uno dei vantaggi del patto era che avrebbe facilitato notevolmente l'espansione sovietica con il consenso di Berlino, mentre il patto con le potenze occidentali avrebbe comportato una lotta disperata con la Germania. A differenza dei nazisti, i comunisti non si aspettavano che il patto con Hitler e il rifiuto dell'alleanza con Gran Bretagna e Francia comportassero una guerra localizzata. Stalin si aspettava che Halifax e compagnia non si sarebbero tirati indietro dalla Germania, poiché per espandersi a spese dei suoi sei vicini occidentali sarebbe dovuta scoppiare una guerra generale.

Il 20 agosto Schulenburg ricevette un telegramma di Hitler a Stalin, che il 21 presentò a Molotov. In esso il Führer informava il leader sovietico che la Germania accettava lo schema russo per un patto di non aggressione e spiegava: "La tensione tra Germania e Polonia è diventata intollerabile. Il comportamento polacco nei confronti di una grande potenza è tale che una crisi potrebbe verificarsi in qualsiasi momento. Di fronte a questa audacia, la Germania è determinata d'ora in poi a curare gli interessi del Reich con tutti i mezzi a sua disposizione ". Il Cancelliere tedesco propose che Ribbentrop volasse a Mosca il 22, anche se aggiunse che anche il 23 sarebbe stata una data accettabile, e informò Stalin che la situazione di tensione avrebbe impedito a Ribbentrop di rimanere in Russia per più di un giorno o due. Il testo si concludeva con queste parole: "Sarei lieto di ricevere una Sua pronta risposta.

Il 21 Stalin rispose cordialmente e propose a Ribbentrop di recarsi a Mosca il 23, chiedendo che il 22 fosse emesso un comunicato speciale che annunciasse il patto. Il dado era tratto: la Germania non era più un cuscinetto per gli Stati confinanti con l'URSS, che erano quindi alla mercé dell'espansionismo sovietico. Era ovvio che Francia e Gran Bretagna non avrebbero fatto nulla per proteggere l'Europa orientale dal comunismo, e i fatti lo dimostrarono. La Polonia stessa aveva il suo miglior scudo contro i bolscevichi in Germania, ma la cecità di Beck arrivò al punto che il 22 disse all'ambasciatore Kennard che il patto non faceva alcuna differenza per la Polonia perché, a differenza di Gran Bretagna e Francia, non aveva mai contato sull'aiuto sovietico. Aggiunse che la comprensibile delusione di Parigi e Londra era il prezzo da pagare per aver riposto false speranze nell'URSS. Appare chiaro che il ministro degli Esteri polacco era un tetro incompetente privo di un minimo di senno.

Kennedy, invece, si rese subito conto della delicata situazione in cui si trovava la Polonia e ne discusse con Chamberlain, che si dimostrò fatalista e incapace di chiedere ad Halifax una moderazione. Il primo ministro britannico ammise all'ambasciatore americano che i polacchi non sarebbero stati incoraggiati a fare concessioni alla Germania. Kennedy personalmente credeva che, nel nuovo scenario, la Polonia avrebbe alla fine accettato di riprendere i negoziati con i tedeschi e fu deluso nello scoprire che né Chamberlain né Halifax erano disposti a sollecitare la Polonia a cambiare rotta. Ecco il suo suggerimento al Dipartimento di Stato, contenuto nei documenti sulle Relazioni estere degli Stati Uniti del 1939 gestiti da Hoggan: "Se il Presidente Roosevelt intende intraprendere un'azione di pace, mi sembra che il luogo in cui operare sia Beck in Polonia, e per essere efficace deve avvenire rapidamente. Non vedo altre possibilità.

Il patto Ribbentrop-Molotov: alcune reazioni

Joachim von Ribbentropp volò a Mosca il 23 con un aereo da trasporto Condor accompagnato da trentadue esperti. L'accoglienza è stata estremamente ospitale. I colloqui iniziarono lo stesso giorno nel pomeriggio. I sovietici chiesero immediatamente ai tedeschi di tollerare i loro progetti di stabilire basi militari in Estonia e Lettonia. Per quanto riguarda la Finlandia, insistettero sul fatto che volevano avere mano libera. Chiesero inoltre la neutralità della Germania nel conflitto che intendevano avviare con la Romania per riconquistare la Bessarabia per l'URSS. Nonostante il Führer gli avesse dato pieni poteri, alle 20.05 Ribbentrop telefonò a Berlino per assicurarsi che Hitler accettasse i piani aggressivi di Stalin per questi Paesi, che sarebbero stati le sfortunate vittime della disastrosa politica guerrafondaia orchestrata da Halifax con l'appoggio di Roosevelt. Alle 23:00

il Cancelliere tedesco diede una risposta affermativa. Il Reich non si sarebbe opposto all'avanzata del comunismo verso ovest. Scrive Hoggan: "Per essere precisi, la Germania non stava consegnando delle nazioni alla Russia, poiché non aveva alcun obbligo contrattuale nei confronti di questi Paesi, se non la promessa che non li avrebbe attaccati.... L'accordo russo-tedesco del 23/24 agosto 1939 riguardava la delimitazione degli interessi piuttosto che la collaborazione attiva tra i due Paesi. Questi fatti sono stati ignorati dagli irresponsabili propagandisti occidentali, che senza la minima base hanno insistito sul fatto che fosse stata conclusa un'alleanza tra Germania e Unione Sovietica".

Il patto conteneva un protocollo segreto che riconosceva una sfera d'interesse sovietica nell'Europa orientale, ma questo riconoscimento era subordinato allo scoppio di una guerra tra Polonia e Germania. Ribbentrop informò i sovietici il 23 che la decisione di rispondere alle provocazioni polacche con una campagna militare non era irrevocabile. Hitler e Ribbentrop chiarirono che la Germania non sarebbe stata costretta a riconoscere queste aspirazioni se fosse stato possibile raggiungere una soluzione della controversia tedesco-polacca. Da parte loro, i sovietici annunciarono l'intenzione di intervenire in Polonia in caso di guerra. Fu tracciata la linea formata dal fiume Vistola e dai suoi affluenti Narew e San, che doveva delimitare le zone di occupazione militare da entrambe le parti.

Questo patto innaturale stupì milioni di persone in tutto il mondo, da entrambe le parti. Hitler, finanziato da Wall Street per sfidare Stalin al fine di rimettere Trotsky al comando dell'URSS, aveva appena distrutto l'intera linea d'azione con un patto disperato che egli stesso avrebbe poi definito "un crimine efferato". Il Führer, il campione dell'anticomunismo, stava così facendo saltare il patto anti-Komintern del 1936 in un momento in cui il Giappone aveva il suo esercito in Manciuria. Era una scommessa ad alto rischio che avrebbe potuto evitare la guerra in Europa. Se l'Italia avesse giocato le sue carte come sperava Hitler, è molto probabile che la Francia si sarebbe tirata indietro invece di fare il gioco della Gran Bretagna. Anche Stalin aveva calcolato le sue aspettative. Sopravvalutando il potenziale militare della Francia, pensava che si sarebbe potuta ripetere la situazione della Prima Guerra Mondiale. La sua idea era di intervenire militarmente contro la Germania quando tutti i combattenti fossero stati esauriti, il che gli avrebbe permesso di completare la sua espansione verso ovest.

Durante la fase cruciale dei negoziati tra URSS e Germania, l'ambasciatore britannico a Berlino, sempre più allarmato dalla prevedibile catastrofe che incombeva sull'Europa, si prodigava per la pace. Pienamente consapevole del ruolo della stampa, la denunciò come strumento nelle mani delle forze che chiedevano la guerra e assicurò a Lord Halifax che Hitler desiderava sinceramente un accordo anglo-tedesco. Neville Henderson deplorava l'atteggiamento di Kennard, l'ambasciatore a Varsavia, che si rifiutava deliberatamente di riconoscere la disperata situazione della minoranza tedesca in Polonia. Henderson arrivò a chiedere a Halifax di riconsiderare il piano che Gafencu, il ministro degli Esteri rumeno, aveva presentato a Londra. Poiché le sue richieste a Lord Halifax di cercare una riconciliazione con Hitler prima che fosse troppo tardi non erano servite a nulla, Henderson si rivolse di sua iniziativa agli ambasciatori polacco e italiano, Lipski e Attolico. Henderson sperava che gli italiani avrebbero avanzato proposte per cercare un accordo diplomatico.

Un altro diplomatico consapevole del cambiamento della situazione europea dopo il patto Ribbentrop-Mólotov fu Bonnet. Il ministro degli Esteri francese non vedeva perché la Francia non potesse raggiungere un accordo separato con la Germania se l'URSS, il suo principale alleato a est, lo aveva fatto. Fin dal 23 Bonnet iniziò a cercare il modo di liberare la politica estera francese dalla tutela britannica. Ma se Henderson denunciò l'uso della stampa da parte dei guerrafondai, Bonnet avrebbe potuto fare lo stesso con i media francesi, dove fu orchestrata una vergognosa campagna a favore della guerra. Nel terzo volume de *Il volto nascosto della storia moderna*, Jean Lombard fornisce dati precisi sulla proprietà e il finanziamento delle principali agenzie e pubblicazioni in Francia, la maggior parte delle quali erano controllate da agenti ebrei. Nei *Protocolli degli Anziani di Sion*, l'importanza del controllo della stampa e della letteratura era stata analizzata in dettaglio. Il Protocollo XII recita:

> "La nostra stampa rappresenterà le tendenze aristocratiche, repubblicane, rivoluzionarie, conservatrici e persino anarchiche. Come il dio indù Vishnu, anche noi avremo cento mani, ognuna delle quali prenderà il polso dell'opinione pubblica nella direzione a noi più congeniale, perché una persona eccitata perde facilmente il giudizio e diventa soggetta a ogni sorta di influenza. Questi sciocchi, che pensano di avere l'opinione del loro giornale, in realtà avranno solo la nostra opinione o quella che ci fa comodo. Crederanno di seguire la loro pubblicazione di parte, mentre in realtà seguiranno solo la bandiera che sventoleremo davanti a loro. Per guidare il nostro esercito di giornalisti in questa direzione, dovremo organizzarci con molta cura. Sotto il nome di Associazione Centrale della Stampa riuniremo le associazioni degli scrittori, nelle quali i nostri rappresentanti emetteranno inavvertitamente lo slogan e il grido di battaglia".

In Francia, lo spettro andava dal giornale comunista *L'Humanité*, che era pieno di redattori ebrei, era fedele al Partito Comunista e difendeva il patto russo-tedesco (motivo per cui fu bandito da Daladier), alle agenzie di stampa. Nel gennaio 1939, per citare solo un esempio, il giornalista ebreo Emmanuel Berl accusò Robert Bollack, anch'egli ebreo, direttore dell'Agenzia Fournier, di aver corrotto i giornalisti francesi per incitarli alla guerra contro la Germania. Nell'aprile 1939 Charles Maurras confermò che gli ebrei americani avevano inviato tre milioni di dollari a Bollack per finanziare la campagna guerrafondaia.

Con o senza il sostegno della stampa, Bonnet era convinto che la Francia e l'Europa dovessero essere risparmiate dalla guerra, così chiese a Daladier di convocare una riunione d'emergenza del Consiglio di Difesa, composto dai capi militari e dai ministri più anziani del governo. Il suo piano prevedeva che i militari confermassero che le speranze francesi di una guerra contro i tedeschi erano dubbie senza il sostegno dell'Unione Sovietica. Il capo della diplomazia francese sapeva che gli inglesi non avrebbero mantenuto la loro opposizione a Hitler senza il sostegno francese. La riunione iniziò alle 18:00 nell'ufficio di Daladier e i partecipanti si sedettero in semicerchio intorno alla scrivania del primo ministro. Divenne subito chiaro che l'indiscrezione del conte Ciano sulla neutralità italiana aveva un ruolo nella conferenza. Sia il generale Gamelin, comandante in capo dell'esercito, sia l'ammiraglio Darlan, che assicurava che la Marina era pronta, sottolinearono che l'Italia sarebbe stata quasi certamente neutrale in caso di guerra generale in Europa. Gamelin spiegò che la neutralità italiana avrebbe alleggerito il lavoro dell'esercito sulle Alpi. Guy La Chambre dichiarò che l'aviazione era in piena attività. Bonnet era infastidito dall'eccessiva importanza che questi capi militari attribuivano all'atteggiamento dell'Italia. Impaziente, chiese al generale Gamelin per quanto tempo pensava che i polacchi avrebbero resistito ai tedeschi. Gamelin assicurò solennemente che i tedeschi non sarebbero stati in grado di sconfiggere i polacchi prima dell'arrivo della stagione delle piogge e predisse che entro la primavera del 1940 i combattimenti in Polonia sarebbero stati in pieno svolgimento. Sulla base di questi calcoli, il capo dell'esercito dichiarò che sarebbe stato il momento per l'esercito francese, rinforzato da truppe britanniche e forse da una trentina di divisioni belghe e olandesi, di sfondare la Linea Sigfrido. È interessante notare che un anno prima Gamelin aveva affermato che questa linea difensiva avrebbe resistito all'assalto francese per due anni. Bonnet rimase sbalordito quando seppe che i preparativi francesi per una guerra contro la Germania erano già adeguati. Il principale argomento di Bonnet per suggerire un cambiamento di politica nei confronti della Polonia, la pericolosa situazione militare della Francia, fu così minato dai militari francesi.

Da parte loro, i polacchi reagirono all'annuncio del Patto russo-tedesco intensificando la campagna di propaganda contro la Germania e incoraggiando abusi e maltrattamenti nei confronti della minoranza tedesca con il falso pretesto che nel Reich si verificavano quotidianamente centinaia di atti contro la minoranza polacca. Il 24 agosto la *Gazeta Polska*, un giornale ufficiale, affermò che il patto era un bluff fallito perché non aveva prodotto alcun effetto sui nervi di polacchi, francesi e inglesi. Per il conservatore *Czas*, si trattava di un imbroglio perpetrato dalla "nuova commedia di Berlino". *Il Kurier Warszawski* annunciò trionfalmente che il nuovo patto era la prova della debolezza di entrambi i partner. Un giornalista polacco disse *al New York Times* che il patto non aveva alcun valore militare per la Germania. Come se non bastasse, nel chiaro intento di provocare una guerra, il 24 agosto le batterie polacche aprirono il fuoco contro gli aerei di linea tedeschi che sorvolavano il Baltico, un'aggressione che fu formalmente protestata dalla Germania il 25. I polacchi ammisero di aver sparato solo il giorno successivo. I polacchi ammisero di aver sparato solo su un aereo tedesco avvistato sul territorio polacco. Nel frattempo, circa 80.000 rifugiati tedeschi erano riusciti ad attraversare il confine.

La Germania sta ancora cercando di raggiungere un accordo con la Gran Bretagna

Dopo il fallimento di Halifax nel costruire la Grande Alleanza contro la Germania e la firma del Patto tedesco-sovietico, Hitler cercò di riprendere l'iniziativa diplomatica da una posizione più vantaggiosa. Il Cancelliere tedesco era ancora fiducioso che Londra e Parigi avrebbero ritirato il loro sostegno alla Polonia. L'opportunità di cercare un accordo con gli inglesi si presentò già il 23 agosto, quando Henderson si recò al Berghof di Hitler sull'Obersazlberg per consegnargli una lettera scritta dal Primo Ministro Chamberlain, in cui si avvertiva che il Regno Unito sarebbe intervenuto in caso di guerra nonostante il patto con l'URSS. Il Führer non si lasciò sfuggire l'occasione e scrisse una lettera di risposta il 23, in cui poneva particolare enfasi sulle sofferenze della popolazione tedesca. Ricordò che negli ultimi anni personalità britanniche di spicco avevano riconosciuto il problema di Danzica e che i polacchi avevano chiuso la porta ai negoziati a causa dell'assegno in bianco britannico. La giornata si concluse con una conferenza serale al Berghof con i principali leader nazisti. Sebbene il 18 Herbert von Dirksen, ambasciatore a Londra, fosse volato a Berlino per avvertire che i britannici avrebbero appoggiato i polacchi anche se avessero iniziato le ostilità senza provocazioni da parte della Germania, Hitler espresse alla conferenza la sua fiducia in una politica razionale da parte della Gran Bretagna, che "non aveva bisogno di dichiarare guerra e di conseguenza non l'avrebbe dichiarata".

Göring, tuttavia, non condivideva il punto di vista di Hitler, per cui, con il permesso del Führer, si era rivolto all'ingegnere Birger Dahlerus, un importante uomo d'affari svedese con buoni contatti in Inghilterra e in Germania, che già da luglio fungeva da negoziatore non ufficiale. Il 23 agosto Dahlerus si trovava a Parigi e la sera ricevette una telefonata da Göring, che gli chiese di tornare immediatamente a Berlino. La mattina del 24 lo svedese arrivò nella capitale tedesca, dove assicurò a Göring di essere pronto a dedicarsi con tutto il cuore al compito di raggiungere un accordo anglo-tedesco che preservasse la pace. Dahlerus fu incaricato di recarsi a Londra il prima possibile per trasmettere alla leadership britannica un'importante promessa personale di Hitler. Dall'ambasciata britannica a Berlino, furono presi contatti con il Foreign Office e Dahlerus ottenne il permesso di presentarsi a Londra, dove arrivò la mattina del 25. Lì iniziò le trattative che sarebbero proseguite. Lì iniziò le trattative che sarebbero proseguite per una settimana, fino a quando i suoi servizi furono bruscamente rifiutati dagli inglesi. Durante quei sette giorni ci furono andirivieni, colpi di scena da Londra a Berlino e da Berlino a Londra. Halifax ammise al tribunale di Norimberga che condannò a morte Göring che il negoziatore svedese aveva fatto tutto il possibile per mantenere la pace durante la crisi finale che precedette lo scoppio della Seconda Guerra Mondiale.

Il 24 agosto, le reazioni sui vari palcoscenici furono molto diverse. In Francia, ad esempio, personalità di spicco esortarono il governo di Daladier a fare pressione sui polacchi nell'interesse della pace. Bonnet, desideroso di cogliere la prima occasione per liberare la Francia dai suoi obblighi militari nei confronti della Polonia, riferì che Beck aveva accettato di far intervenire il suo ambasciatore a Berlino presso i vertici tedeschi. Göring pregò Lipski di chiedere al suo superiore di cercare di allentare la tensione. Tuttavia, lo stesso giorno e alla stessa ora, la tensione a Danzica continuò a salire. Chodacki minacciò le autorità di Danzica di rappresaglie immediate se Albert Forster, il leader nazionalsocialista, fosse stato nominato capo dello Stato della Città Libera, una decisione presa all'unanimità dal Senato che Greiser aveva comunicato a Burckhardt. Il diplomatico svizzero, sempre più preoccupato, avvertì che la nomina avrebbe potuto solo infiammare gli animi. Forster aveva optato per la linea dura con i polacchi dopo la rottura dei negoziati con gli ispettori doganali. La sua intenzione era quella di confiscare le armi dei polacchi a Danzica e di arrestarli, misure che Hitler rifiutò perché potevano essere un pretesto per far precipitare il conflitto.

Alle 15:00 del 24 Chamberlain parlò in una seduta speciale della Camera dei Comuni. Constatando che la situazione stava progressivamente peggiorando, avvertì i parlamentari che esisteva il pericolo di una guerra imminente con la Germania. Chamberlain ammise di non essere in grado di giudicare correttamente le accuse di aggressione ai tedeschi in Polonia. "A Berlino", disse, "l'annuncio del patto è stato salutato con straordinario cinismo come una grande vittoria diplomatica che elimina ogni pericolo di guerra, poiché noi e la Francia probabilmente non saremo più in grado di adempiere ai nostri obblighi verso la Polonia. Riteniamo che il nostro primo dovere sia quello di respingere questa pericolosa illusione". Poi aggiunse sfacciatamente: "Nulla di ciò che abbiamo fatto o proposto di fare minaccia i legittimi interessi della Germania. Non è un atto di minaccia prepararsi ad aiutare gli amici a difendersi dalla forza". Naturalmente, Chamberlain sapeva che solo un giorno prima il suo governo aveva offerto all'Unione Sovietica di entrare in Polonia senza il consenso del governo polacco e che non era affatto pronto a difendere i suoi "amici" dall'invasione comunista. Naturalmente, Chamberlain non avrebbe mai potuto ammettere che Danzica e la Polonia erano solo un pretesto per distruggere la Germania. A coronamento di tutte queste chiacchiere, il Primo Ministro dichiarò che l'obiettivo principale della politica estera britannica era quello di evitare inutili spargimenti di sangue nei Paesi stranieri.

Lo stesso giorno Ribbentrop, appena arrivato da Mosca, fu incaricato da Hitler di cercare di rafforzare la posizione della Germania ottenendo una dichiarazione di sostegno da parte dell'Italia. A tal fine, il ministro degli Esteri tedesco telefonò a Ciano in serata e gli chiese una dichiarazione decisiva e conclusiva sulla posizione italiana. Il conte Ciano non volle dire che la risposta italiana sarebbe stata negativa e promise che la Germania avrebbe ricevuto una risposta il giorno successivo. Tuttavia, Percy Loraine, ambasciatore britannico a Roma, apprese che dopo la seduta del Parlamento Halifax stava subendo pressioni per modificare la posizione assunta a Danzica. È documentato che il Segretario del Foreign Office confidò a Loraine che la cessione di Danzica alla Germania avrebbe potuto essere considerata come parte di un accordo internazionale. L'ambasciatore, che lo stesso giorno aveva ricevuto un'altra telefonata dal Duce per un accordo diplomatico, rimase perplesso da questa informazione e si chiese se Halifax stesse cercando di incoraggiare Mussolini a prendere l'iniziativa di una conferenza internazionale per consentire alla Gran Bretagna di risolvere le sue difficoltà. Anche Henderson decise di contattare Halifax il 24, al quale avvertì francamente che le lamentele tedesche sugli abusi contro la minoranza in Polonia erano pienamente confermate. Lo stesso giorno Halifax trasmise la denuncia a Kennard e gli chiese di sollecitare la prudenza dei polacchi, ma l'ambasciatore britannico, che sosteneva pienamente l'intransigenza polacca, respinse le accuse di Henderson.

Infine, il 25 Hitler convocò Henderson per offrire un'alleanza alla Gran Bretagna. Il cancelliere tedesco disse all'ambasciatore britannico che la questione di Danzica sarebbe stata risolta e che il patto con l'URSS escludeva il pericolo di una guerra tedesco-sovietica. In presenza di Ribbentrop, ricordò a Henderson che la Germania non aveva aspirazioni in Europa occidentale e che voleva che l'Impero britannico rimanesse prospero e forte. Per quanto riguarda il problema delle colonie perse vent'anni prima, propose di relegarlo a un futuro lontano e sostenne che era sciocco discutere di tali questioni prima che Gran Bretagna e Germania avessero raggiunto un accordo sulla riduzione degli armamenti. Il Führer informò immediatamente il diplomatico britannico che gli avrebbe fatto un'offerta formale di accordo anglo-tedesco. La Germania desiderava integrare il patto con l'Unione Sovietica firmando un trattato di amicizia con la Gran Bretagna. Hitler assicurò a Henderson di essere pronto a compiere i passi necessari per evitare la catastrofe della guerra. Il desiderio di pace con la Gran Bretagna portò Hitler a prendere un impegno senza precedenti, mai offerto prima da un leader politico: la Germania, su richiesta del governo britannico, era pronta a mettere l'intera potenza del Reich al servizio della difesa dell'Impero britannico ovunque e in qualsiasi momento. La Germania, come aveva già offerto, garantiva i nuovi confini della Polonia a ovest. Tutto questo solo in cambio del fatto che Londra convincesse Varsavia a restituire la Città Libera al Reich dopo un plebiscito, e della costruzione di un'autostrada e di una linea ferroviaria attraverso il Corridoio. Naturalmente, doveva essere garantito il rispetto delle minoranze tedesche in Polonia. L'incontro con Hitler e Ribbentrop commosse Neville Henderson, che desiderava fortemente l'accordo anglo-tedesco. L'ambasciatore britannico si preparò a recarsi in Inghilterra il giorno successivo per trasmettere l'offerta ai suoi superiori.

Il piano di invasione della Polonia era pronto per il 26 agosto e tutto dipendeva dall'esito di questi ultimi sforzi diplomatici. Poco prima delle 15, le comunicazioni telefoniche polacche attraverso la Germania vennero interrotte per ordine delle autorità militari, allarmando il ministro degli Esteri Beck che, invece di pensare a un attacco, concluse che si trattava di una guerra di nervi. A metà pomeriggio, la radio britannica annunciò la firma di un'alleanza formale anglo-polacca. Il trattato di alleanza conteneva un protocollo segreto che stabiliva che sarebbe stato applicato esclusivamente contro la Germania, vale a dire che gli inglesi si disimpegnavano dalla difesa della Polonia contro l'URSS.

Questo fatto venne alla luce per la prima volta quasi due mesi dopo, il 19 ottobre, quando il deputato Rab Butler lo rese pubblico alla Camera dei Comuni. I britannici si erano impegnati solo a consultarsi con i polacchi in caso di aggressione sovietica in Polonia. Il trattato prevedeva che la Gran Bretagna non avrebbe riconosciuto l'annessione del territorio polacco da parte di una terza potenza senza ottenere il consenso della leadership polacca. Questa clausola portò, durante la Seconda Guerra Mondiale, a enormi pressioni da parte della Gran Bretagna sulla leadership polacca affinché accettasse l'annessione della Polonia orientale da parte dell'Unione Sovietica. Poco dopo questa notizia, arrivò la risposta di Mussolini a Ribentropp, promessa il giorno prima: l'Italia non era pronta per la guerra e lo sarebbe stata solo nel 1943. L'Italia sarebbe rimasta neutrale, in quanto priva di armi e materie prime. In una lettera, Hitler chiese agli italiani un elenco delle necessità più urgenti.

Prima della firma del trattato con la Polonia, Halifax ricevette due telefonate urgenti da Henderson. Nel primo contatto, l'ambasciatore era assolutamente favorevole ad accettare l'offerta di accordo di Hitler e sollecitava il Segretario del Ministero degli Esteri a prenderla in seria considerazione. Il secondo contatto riguardava la segnalazione di ulteriori atrocità perpetrate contro i tedeschi in Polonia. Henderson, sostenendo che la sua fonte era assolutamente affidabile, riferì che a Bielitz, nell'Alta Slesia orientale, i polacchi stavano deportando i tedeschi dalla zona e li costringevano a marciare verso l'interno del Paese. Otto tedeschi erano stati uccisi e molti altri feriti durante queste azioni il 25 agosto 1939. Henderson, che deplorava la passività del suo governo, temeva che Bielitz sarebbe stata l'ultima goccia e che Hitler avrebbe ordinato l'invasione. Sarebbe stato più preoccupato se avesse saputo che i polacchi avevano commesso un altro massacro a Lodz, dove 24 tedeschi erano stati fucilati quello stesso giorno. Tuttavia, alle 18:30 il Führer ordinò al generale Keitel di sospendere i preparativi contro la Polonia, in attesa di una risposta all'offerta dell'ambasciatore Henderson.

Farsa di Halifax e Kennard: i polacchi rifiutano di negoziare

Il 25 agosto 1939, il Presidente Roosevelt ricevette un comunicato dal Presidente della Polonia, Ignacy Moscicki, che inoltrò a Hitler. Roosevelt assicurò al Cancelliere tedesco che Moscicki aveva promesso di avviare negoziati diretti con la Germania. Con ipocrita teatralità, Roosevelt aggiunse: "Tutti pregano che anche la Germania lo accetti". I leader nazisti, abituati ai gesti di Roosevelt verso il pubblico, sapevano che si trattava solo di propaganda per accusare la Germania di rifiutare la pace al fine di screditarla, quindi continuarono a riporre le loro speranze nella risposta britannica. La prova della disonestà del presidente americano è offerta da Eric Phipps, ambasciatore britannico a Parigi, che riferì a Londra che Bullitt aveva ricevuto istruzioni da Roosevelt di cercare un maggiore coordinamento contro la Germania. Egli propose di intensificare la propaganda contro il regime nazionalsocialista per dipingere Hitler come unico responsabile della guerra. Prima della mezzanotte di quel venerdì 25 agosto, il colonnello Beck assicurò all'ambasciatore americano a Varsavia, Biddle, che la guerra era inevitabile e che il suo Paese aveva una base legale per dichiarare guerra alla Germania se questa non avesse preso l'iniziativa contro la Polonia nei giorni successivi. Per quanto possa sembrare incredibile, Beck era ansioso che la guerra iniziasse. I rapporti di Noël, l'ambasciatore francese a Varsavia, confermano che Beck era molto malato in quei giorni a causa della stanchezza dovuta alla tubercolosi e alla sua dipendenza da stimolanti. Noël, che detestava Beck, non si tratteneva dall'esprimere la sua opinione che Beck fosse moralmente e fisicamente decadente. Nel 1944 Beck morì di tubercolosi in Romania, dopo che le autorità britanniche gli avevano negato il permesso di entrare in Gran Bretagna.

Alle 19.40 del 25 Hitler, profondamente deluso dalla posizione dell'Italia, telefonò personalmente a Hans Georg von Mackensen, ambasciatore tedesco a Roma, chiedendogli di informarlo sulle specifiche richieste di armamenti e altri materiali. Quattro ore dopo, alle 23.30, Mackensen riferì che l'indomani Mussolini avrebbe inviato al Führer un elenco preciso, che fu effettivamente ricevuto a Berlino alle 12.10 del 26. Tra le richieste italiane c'erano: sei milioni di dollari per il trasporto di armi. Tra le richieste italiane c'erano: sei milioni di tonnellate di carbone, due milioni di tonnellate di ferro, sette milioni di tonnellate di petrolio, un milione di tonnellate di legno e molte tonnellate di rame, nitrato di sodio, sali di potassio, gomma, trementina, piombo, nichel, tungsteno, zirconio e titanio. Gli italiani chiesero anche 150 batterie antiaeree e munizioni. Hitler rispose poche ore dopo che la Germania poteva fornire all'Italia carbone e ferro, ma non poteva fornirle petrolio, rame e altri materiali di cui era carente. Né poteva consegnare immediatamente tutte le batterie antiaeree richieste. Alle 18:42 Mussolini insistette con Hitler sul fatto che una soluzione pacifica era essenziale per i popoli italiano e tedesco.

Prima di volare in Inghilterra, Henderson scrisse una lettera personale a Ribbentrop alle 7.30 di sabato 26 agosto. Gli disse che stava per partire per Londra per spiegare la "grande proposta" di un accordo anglo-tedesco che Hitler gli aveva fatto il giorno prima. Espresse ancora una volta la convinzione che l'accordo fosse necessario per una soluzione pacifica della questione polacca. Sottolineò a Ribbentrop che "per quattro mesi Herr Hitler aveva dato prova di grande pazienza" e si augurò che sarebbe stato in grado di mantenerla a causa dell'enorme rischio che comportava. Gli chiedeva inoltre di informare Hitler che sarebbe stata un'indegnità da parte dell'ambasciatore se non fosse tornato a Berlino il giorno stesso o quello successivo, e lo pregava di confidare nella sua buona fede. La lettera si concludeva con l'affermazione che una nuova guerra anglo-tedesca sarebbe stata la più grande catastrofe che potesse colpire il mondo. Halifax non autorizzò il ritorno dell'ambasciatore fino al pomeriggio del 28.

Mentre Henderson tornava a casa di buon umore, Halifax contattò in mattinata l'ambasciatore a Varsavia, Kennard, che respinse la possibilità di riaprire i negoziati tra tedeschi e polacchi. Il ministro degli Esteri suggerì che i leader polacchi avrebbero dovuto chiedere al governo tedesco di approvare l'espulsione dell'intera minoranza tedesca dalla Polonia. Halifax pensava che questo avrebbe privato Hitler delle continue lamentele sui maltrattamenti dei polacchi nei confronti dei tedeschi. Ci si potrebbe chiedere se Halifax stesse proponendo di espellere anche la popolazione di Danzica, che non apparteneva alla Polonia ed era abitata quasi interamente da cittadini tedeschi. Tuttavia, i polacchi non erano disposti in linea di principio a prendere in considerazione questa soluzione, temendo che il governo tedesco potesse intraprendere azioni simili contro la minoranza polacca. *Il Times* di Londra riportò nella sua edizione del 26 gli sforzi di pace di Henderson e riferì del colloquio dell'ambasciatore con Hitler del giorno precedente. Di fronte all'interesse suscitato, Kennard e i polacchi guardarono con allarme ai contatti tra Londra e Berlino.

L'ambasciatore britannico arrivò all'aerodromo di Croydon e partì immediatamente per Londra. Il testo dell'offerta di pace nella sua valigetta era stato telegrafato la sera prima, in modo che il Gabinetto avesse avuto il tempo di esaminarlo. Chamberlain e Halifax lo aspettavano al 10 di Downing Street. Henderson cercò per tre ore di convincerli dell'importanza del momento per la Gran Bretagna e per l'Europa. Quando l'ambasciatore lasciò la riunione per andare a Buckingham Palace, Chamberlain e Halifax rimasero insieme per un'altra ora. Re Giorgio VI parlò a lungo con l'ambasciatore e, al termine del colloquio, fu convocato un Consiglio di Governo a cui partecipò Henderson. Il Gabinetto britannico rimase in seduta fino a dopo mezzanotte, quando la riunione fu aggiornata dopo che i ministri decisero di riunirsi nuovamente il giorno successivo. Nella Cancelleria tedesca, l'attesa di notizie da Henderson era al massimo. Finalmente arrivò la notizia che il governo Chamberlain aveva sospeso le sue deliberazioni fino al giorno successivo. Si chiedeva più pazienza, anche se durante la giornata c'era stata un'altra grave provocazione: una nave da guerra polacca aveva sparato contro un aereo da trasporto civile tedesco che trasportava Wilhelm Stuckart, Segretario di Stato del Ministero degli Interni del Reich, giunto nella Città Libera per discutere i problemi legali legati alla proposta di ritorno di Danzica al Reich, da Danzica a Berlino.

Allo stesso tempo, Birger Dahlerus stava ancora lavorando per far sì che gli inglesi fossero ragionevoli e costringessero i polacchi a negoziare. Dopo l'arrivo di Henderson a Londra, l'ingegnere svedese fu ricevuto da Halifax alle 11:00 del 26 mattina. Il segretario del Foreign Office gli consegnò una lettera personale per il maresciallo Göring, in cui si raccomandava un negoziato diretto tra Polonia e Germania. Dahlerus decise di volare immediatamente a Berlino, dove arrivò alle 17.30 per consegnare la lettera. Nella notte del 26, l'uomo d'affari svedese ebbe il suo primo incontro con il Führer prima di avere una lunga conversazione con Göring. Il 27 Dahlerus tornò a Londra, dove i leader britannici gli assicurarono che una risposta alla proposta di Hitler presentata dall'ambasciatore Henderson sarebbe arrivata in giornata; ma ciò non avvenne e la risposta formale fu rimandata al pomeriggio del 28 agosto. Tuttavia, grazie ai colloqui con Chamberlain e con alti funzionari del Foreign Office, il negoziatore svedese giunse alla conclusione che la Gran Bretagna avrebbe favorito qualsiasi ulteriore tentativo della Germania di risolvere le divergenze con la Polonia attraverso i negoziati. Una volta superato questo ostacolo, la strada sarebbe stata libera per l'accordo anglo-tedesco. Con queste informazioni, Dahlerus decise di tornare in Germania.

Hitler fu lieto di ascoltare il messaggio, ma subito si pose la questione cruciale: gli inglesi dovevano convincere i polacchi a negoziare, perché senza negoziati non si sarebbe potuto ottenere nulla, la guerra sarebbe stata inevitabile e si sarebbe persa un'occasione d'oro per un'intesa tra Gran Bretagna e Germania. Dahlerus contattò i diplomatici britannici all'ambasciata di Berlino, il cui rappresentante principale in assenza dell'ambasciatore era l'incaricato d'affari Sir George Ogilvie-Forbes, e lo informò che Hitler era pronto a rifiutare l'aiuto contro la Gran Bretagna a qualsiasi potenza, comprese Italia, Giappone e Russia. Il cancelliere tedesco riteneva di avere il diritto di fare questa offerta perché il suo unico alleato, l'Italia, si era rifiutato di sostenere la Germania contro la Gran Bretagna e la Francia. Tuttavia, nonostante il disappunto che la sua posizione aveva suscitato in Hitler, il 27 il conte Ciano chiamò personalmente Halifax per cercare di influenzare la sua decisione. Il ministro degli Esteri italiano, sulla base delle relazioni amichevoli tra il Regno Unito e l'Italia, pregò il governo britannico di dare la massima considerazione all'offerta di Hitler di un accordo anglo-tedesco. Ciano chiese ad Halifax di incoraggiare i polacchi a negoziare con la Germania.

Dopo tanti sforzi, tutto dipendeva ancora dall'accettazione da parte della Polonia di un processo negoziale ragionevole, che a sua volta dipendeva ancora dalla richiesta seria del Regno Unito. Ma mentre l'ambasciatore Henderson non condivideva la linea guerrafondaia di Halifax e cercava una soluzione pacifica, il suo collega a Varsavia, Kennard, lavorava per la guerra in perfetta sintonia con il Segretario del Foreign Office. L'ambasciatore britannico a Varsavia disponeva di rapporti dettagliati sull'insopportabile condizione dei tedeschi in Polonia e sapeva che venivano maltrattati, ma preferì ignorare la cosa e mentire cinicamente: "Per quanto posso giudicare, le accuse tedesche di massicci maltrattamenti alla minoranza tedesca sono grossolane esagerazioni, se non addirittura delle vere e proprie invenzioni".

Infine, prima che Henderson tornasse a Berlino con la risposta ufficiale del suo governo all'offerta di Hitler, il Segretario del Ministero degli Esteri, sollecitato da Dahlerus, che era tornato a Londra, e dallo stesso Henderson, contattò Kennard via cavo alle 14:00 del 28 agosto. Halifax alludeva al recente comunicato del presidente polacco Moscicki a Roosevelt, che indicava la disponibilità dei polacchi a negoziare direttamente con la Germania. Halifax disse a Kennard che la Gran Bretagna si aspettava naturalmente che i polacchi agissero di conseguenza. L'ambasciatore britannico, che si opponeva a ulteriori colloqui, decise di non esercitare pressioni sulla Polonia e la sera stessa rispose con indifferenza e nonchalance che Beck era pronto ad avviare subito negoziati diretti con i tedeschi. L'assenza di dettagli o di proposte specifiche indicava chiaramente a Halifax che a Varsavia non era stata avanzata alcuna seria iniziativa britannica. Halifax non fece il minimo sforzo per chiedere al suo ambasciatore di intraprendere una vera e propria démarche (iniziativa diretta) a favore dei negoziati. Tuttavia, il Segretario del Foreign Office informò le ambasciate britanniche del suo dialogo con Kennard e si creò uno stato di confusione, poiché si diffuse la bufala che Londra stesse esercitando pressioni sui polacchi. A dimostrazione della mancanza di rigore e serietà nelle azioni di Halifax e Kennard, il Foreign Office non incaricò nemmeno Sir Eric Phipps di informare Bonnet sulla "demarche" britannica a Varsavia. Se lo avesse fatto, il ministro degli Esteri francese avrebbe senza dubbio colto l'occasione per chiedere ad Halifax di fare pressione sui polacchi.

Al contrario, il negoziatore svedese Dahlerus, a riprova di quanto i tedeschi prendessero sul serio la possibilità di negoziare finalmente un accordo con i polacchi, la sera del 28 informò i britannici sulle linee fondamentali dell'offerta che avrebbero fatto alla Polonia (sarebbe passata alla storia come le proposte "Marienwerder"). Göring pensava che il fatto che gli inglesi sapessero che la Germania manteneva una posizione moderata avrebbe aiutato i negoziati. Göring aveva persino individuato il luogo dei negoziati. Aveva chiesto a Dahlerus di dire agli inglesi che, per evitare che i polacchi avessero obiezioni a recarsi in Germania, aveva progettato di tenere questa importante conferenza nel Mar Baltico, a una certa distanza dalla costa polacca, sul lussuoso yacht dell'industriale svedese Wenner-Gren, presidente della società Electrolux, che lo aveva offerto per l'occasione. Göring era fiducioso che questa informazione su un luogo neutrale per i colloqui sarebbe stata trasmessa ai polacchi; ma Halifax non la considerò di interesse, e tutto ciò che trasmise a Kennard fu che il SIS (Servizio di Intelligence) aveva riferito sui preparativi militari dell'esercito tedesco. Dell'atteggiamento di Halifax, Hoggan scrive: "Halifax sapeva che l'enfasi sui preparativi militari, per non parlare del desiderio della Germania di negoziare con la Polonia, sarebbe stato il più forte incoraggiamento possibile per ulteriori misure drastiche per aumentare il pericolo di guerra e ridurre le possibilità di un accordo negoziato.

Alle 17:00 del 28 Henderson volò finalmente a Berlino con la risposta ufficiale britannica all'offerta di Hitler. Prima di partire, inviò un cablogramma con la richiesta di un colloquio con il Cancelliere tedesco il prima possibile. Prevedendo che Hitler lo avrebbe convocato senza indugio, avvertì che avrebbe avuto bisogno di tempo per tradurre il testo in tedesco presso l'ambasciata britannica. Nella nota ufficiale si legge che il governo britannico aveva notato che l'offerta di Hitler era subordinata a una soluzione della controversia tedesco-polacca. I britannici insistettero sul fatto che qualsiasi accordo avrebbe dovuto essere soggetto alla garanzia internazionale di un certo numero di potenze, tra cui Germania e Polonia. Halifax comunicò a Hitler che il governo polacco si era dichiarato pronto a negoziare direttamente con il governo tedesco. Il documento ricordava a Hitler che un conflitto anglo-tedesco derivante dal mancato raggiungimento di un accordo "potrebbe far precipitare il mondo intero in guerra. Un tale esito sarebbe una calamità senza precedenti nella storia". In altre parole, gli inglesi ammettevano che avrebbero cercato di coinvolgere il resto del mondo nel conflitto, pur riconoscendo che sarebbe stato il più grande disastro della storia. È assolutamente sconcertante constatare che Halifax avrebbe potuto scongiurare l'apocalisse annunciata esercitando un'efficace pressione sul governo polacco.

Alle 22.30 Henderson chiamò Hitler per annunciargli che aveva il testo tradotto. L'incontro ebbe luogo nella notte tra il 28 e il 29 agosto e l'atmosfera tra i due era molto amichevole. Il Cancelliere tedesco, sperando che gli inglesi non desiderassero la tragedia che essi stessi prevedevano, illustrò all'ambasciatore le nuove proposte che avrebbe presentato ai polacchi, sulle quali i leader britannici erano stati esaurientemente informati da Dahlerus. Hitler annunciò che il documento negoziale sarebbe stato redatto il 29 e che avrebbe risposto alla nota ufficiale britannica lo stesso giorno. Henderson, temendo di aver dato l'impressione di aspettarsi una risposta immediata, disse al Cancelliere che non c'era bisogno di affrettarsi: "Ci prendiamo due giorni", disse, "per redigere la nota. Non ho fretta". Poi Hitler rispose con estrema serietà: "Ma io sì". Dopo la ricezione della nota britannica e la conversazione con Henderson seguì un interludio di ottimismo e speranza, che sembrava pienamente giustificato dal fatto che i britannici annunciarono di aver indotto i polacchi ad accettare nuovi negoziati diretti, cosa che, come si è visto, non era vera. Si può sostenere", scrive Hoggan, al quale ci rivolgiamo ancora una volta, "che Hitler e il suo entourage furono estremamente ingenui nel credere alle promesse provenienti da Londra. Questo è indubbiamente vero, ma Hitler semplicemente non vedeva chiaramente che gli inglesi avevano qualcosa da guadagnare dando un'immagine falsa della posizione polacca. Hitler, nel suo entusiasmo per l'Impero britannico, era incline a dare ai leader britannici più credito per intelligenza e integrità di quanto in realtà meritassero".

In effetti, la giornata del 29 agosto 1939 permise un intervallo di ottimismo in tutti i Paesi. Ribbentrop contattò Attolico e gli disse che dopo l'incontro tra Hitler e Henderson riteneva possibile un accordo. Anche il Ministro degli Esteri Bonnet, sebbene la Francia, come la Polonia, avesse praticamente completato la sua mobilitazione, era incoraggiato dalle notizie provenienti da Berlino, che facevano sperare nel mantenimento della pace. Dopo una conversazione telefonica tra Ciano e Halifax, la speranza arrivò anche a Roma. Mussolini inviò un messaggio a Hitler alle 16.40 in cui considerava la nota britannica del giorno precedente come una base adeguata per un accordo soddisfacente. Anche Henderson era ottimista quando, poco dopo mezzogiorno, trasmise ad Halifax ulteriori informazioni sulle nuove proposte ai polacchi e annunciò che la risposta ufficiale tedesca sarebbe arrivata in giornata. Henderson aggiunse che Göring attendeva con ansia qualche indicazione sull'atteggiamento della Polonia nei confronti dei nuovi negoziati e avvertì Londra che Göring diffidava della testardaggine di Varsavia.

Con il passare del giorno, l'ottimismo cominciò a scemare, poiché le notizie che tutti aspettavano non arrivavano. Il primo a sospettare che ci fosse qualcosa di strano fu proprio Henderson, che durante la giornata aveva sperato in qualche indicazione da parte del suo governo che i polacchi fossero stati spinti a negoziare. L'ambasciatore britannico sapeva che se Halifax non avesse agito a Varsavia la delusione sarebbe stata grande. Già nel pomeriggio del 29 decise di contattare Londra per supplicare i polacchi di insistere nel negoziare con la Germania. Sottolineò ancora una volta al

Segretario di Stato del Ministero degli Esteri che Hitler preferiva una soluzione negoziata a qualsiasi guerra, anche locale. Henderson fece una seconda telefonata pochi minuti dopo per sottolineare che bisognava chiedere ai francesi di unirsi alla Gran Bretagna nell'applicare una forte pressione sulla Polonia. Henderson sospettava giustamente che Halifax non avesse fatto il minimo sforzo per ottenere l'appoggio francese, che sarebbe stato pronto a offrire.

Poco dopo la seconda telefonata di Henderson, le cui richieste furono ovviamente ignorate da Halifax, arrivò a Londra un telegramma di Kennard. L'ambasciatore desiderava informare Halifax che il governo polacco aveva deciso una mobilitazione generale che, secondo i piani militari, doveva essere ordinata solo in caso di guerra. Evidentemente, l'artefice di questa decisione polacca che rendeva praticamente inevitabile la guerra era Halifax, il quale, invece di comunicare gli auspici di Hitler per il negoziato e la pace, aveva informato i polacchi che le forze tedesche sarebbero state in posizione per le operazioni contro la Polonia nella notte tra il 30 e il 31 agosto. Halifax, invece di fare pressione su Varsavia affinché accettasse il negoziato, aveva lasciato intendere che avrebbe dovuto prepararsi all'invasione. Sempre Kennard fece una seconda telefonata a Londra, che eclissò un po' la prospettiva della mobilitazione: le voci che alla Polonia sarebbe stato chiesto di negoziare con la Germania erano giunte a Beck, che aveva deciso di annunciare in anticipo il suo rifiuto. Beck dichiarò apertamente a Kennard di non essere disposto a fare alcuna concessione e di non vedere alcun motivo per negoziare. Spiegò a Kennard che non avrebbe accettato nessuna delle proposte che aveva già rifiutato nel marzo 1939. Halifax accolse questo comunicato con soddisfazione e, invece di svolgere il ruolo che ci si aspettava da lui, rinunciò a qualsiasi ulteriore rapporto con Varsavia per un periodo prolungato. Il ministro degli Esteri sapeva che Kennard avrebbe sostenuto con determinazione l'intransigenza di Beck. Questi fatti furono ignorati nelle capitali europee, dove permaneva un cauto ottimismo. Halifax, pur sapendo che i polacchi erano condannati in anticipo in caso di guerra, ignorò un terzo tentativo di Henderson sotto forma di telegramma, in cui insisteva sulla necessità che la Polonia accettasse senza indugio l'invito della Germania a negoziare.

Da parte sua, Hitler aveva già dato gli ultimi ritocchi al testo della sua risposta alla Gran Bretagna. Nella tarda serata di martedì 29 agosto, Henderson fu ricevuto da Hitler, che alle 19.15 gli consegnò la nota ufficiale. In essa la Germania ammetteva che la disputa con la Polonia era diventata cruciale per le relazioni anglo-tedesche e confermava il suo desiderio di una soluzione pacifica e la sua disponibilità a negoziare. Hitler chiese al governo britannico di avvisare la Polonia di inviare un emissario il giorno successivo, mercoledì 30 agosto. L'urgenza fu sottolineata dalla pressione degli eventi e fu riferito che la Germania si aspettava che il rappresentante polacco arrivasse entro la mezzanotte del 30 agosto.

Pochi minuti dopo la consegna della nota a Henderson, Dahlerus telefonò al Ministero degli Esteri da Berlino per ribadire che Hitler e Göring erano favorevoli all'atteggiamento britannico verso la Germania emerso dalla nota del 28 agosto. Poco dopo questo contatto, Kennard inviò a Londra un altro comunicato: sebbene Bonnet avesse incaricato il suo ambasciatore Noël di protestare con forza contro la mobilitazione generale, i polacchi intendevano annunciarlo pubblicamente il giorno successivo, poiché questi eventi non potevano essere tenuti segreti. Kennard disse senza mezzi termini ad Halifax che non poteva certo chiedere ai polacchi un po' di moderazione ora che era stato lui stesso a far prendere la decisione della mobilitazione fornendo informazioni sui piani della Germania. Beck, ora nel suo ruolo di gallo da combattimento, informò Halifax tramite Kennard che solo una dichiarazione esplicita di Hitler che annunciasse che la Germania stava abbandonando Danzica una volta per tutte e che non avrebbe mai più insistito per migliorare le sue comunicazioni con la Prussia orientale attraverso il Corridoio avrebbe potuto impedire la mobilitazione generale, prevista per le 8:00 del giorno successivo. Tuttavia, Beck era disposto a ricevere e studiare il testo completo della risposta di Hitler alla Gran Bretagna, , nonostante il suo annuncio di non voler negoziare con la Germania.

Dopo il colloquio con Hitler, burrascoso perché il Cancelliere era indignato per la notizia delle ultime atrocità di massa contro la minoranza tedesca, Henderson si mise immediatamente in contatto con Londra e chiese nuovamente ad Halifax di non risparmiare sforzi per convincere i polacchi ad accettare il negoziato alle condizioni presentate dalla Germania. Alle 21:15 del 29 agosto, il Foreign Office ricevette il testo di risposta di Hitler. C'era quindi tempo per il governo britannico di contattare Varsavia e per i polacchi di inviare un plenipotenziario a Berlino. Henderson non tentò di negare che la nota tedesca avesse il sapore di un ultimatum, ma riferì che Hitler aveva espresso la volontà di consultare Stalin sulla possibilità di una garanzia internazionale per la Polonia. A riprova di queste intenzioni, Ribbentrop contattò l'incaricato d'affari sovietico Ivanov prima della mezzanotte del 29, informandolo che la Germania avrebbe favorito la partecipazione dell'URSS a un accordo internazionale sulla Polonia.

Henderson si mise all'opera per fare tutto il possibile per evitare il terribile esito che tanto temeva. Per prima cosa si affrettò a contattare il suo collega francese a Berlino, Coulondre, che convinse rapidamente che valeva la pena sostenere il piano di Hitler. Coulondre contattò i suoi superiori a Parigi e sollecitò la massima pressione sulla Polonia affinché inviasse in tempo un emissario a Berlino. Dopo la mezzanotte del 29 agosto, sempre da solo, senza attendere istruzioni da Londra, l'ambasciatore britannico si incontrò con il suo collega polacco a Berlino, Lipski, al quale espresse la convinzione che la Polonia potesse e dovesse inviare un plenipotenziario in Germania. L'ambasciatore polacco si affrettò a informare Beck dell'iniziativa di Henderson, e il ministro degli Esteri polacco a sua volta chiamò immediatamente Kennard. Inoltre, poco dopo la mezzanotte del 29 Halifax inoltrò al suo ambasciatore a Varsavia il testo completo della risposta di Hitler e si limitò a commentare che "non sembrava chiudere tutte le porte", per cui Kennard disse a Beck di non aver ricevuto ulteriori istruzioni da Londra e propose di lasciar passare la notte in attesa di ulteriori contatti da parte di Halifax il giorno seguente.

Nelle prime ore del 30 agosto, Neville Henderson trasmise a Lord Halifax informazioni preziose, che si pensava potessero essere utilizzate per convincere i polacchi della necessità di negoziare. L'ambasciatore insistette sul fatto che Birger Dahlerus era pronto a volare a Londra in qualsiasi momento. Il mediatore svedese fu incaricato di dire agli inglesi che la mezzanotte del 30 agosto non era una scadenza per l'arrivo del plenipotenziario polacco e che Berlino non era necessariamente il luogo dell'incontro. Henderson ricordò ad Halifax che rimaneva aperta la possibilità di tenere la conferenza sullo yacht dell'industriale svedese al largo della costa di Polonia. Nelle prime ore del 30, quindi, la pace era ancora possibile, poiché i tedeschi pensavano che la Gran Bretagna stesse facendo pressione sulla Polonia. Tuttavia, i leader nazisti non sapevano che Halifax non aveva mai chiesto seriamente ai polacchi di negoziare, per cui i polacchi rimasero fermi nel loro rifiuto di accettare. Non sapevano nemmeno che il Ministro degli Esteri aveva appoggiato la mobilitazione generale in Polonia e che l'ambasciatore britannico a Varsavia aveva consigliato ai polacchi di non negoziare con la Germania. Per diversi giorni il governo britannico aveva dato la falsa impressione di essere favorevole a negoziati diretti tra Polonia e Germania, mentre in realtà stava applicando lo stratagemma preferito della sua tradizione diplomatica: la palese doppiezza.

Tentativi disperati di impedire l'invasione della Polonia

Per l'ambasciatore Henderson il fatidico 30 era iniziato alle quattro del mattino, quando aveva ricevuto un telegramma da Halifax inviato alle 22.25 del giorno precedente. Gli comunicava che la nota tedesca era stata presa in considerazione, ma che non si poteva pretendere che il governo britannico riuscisse a far arrivare a Berlino un plenipotenziario polacco entro ventiquattro ore. Gli fu chiesto di avvertire le autorità del Reich. Un'ora dopo, alle 5 del mattino, Dahlerus lasciò l'aeroporto di Tempelhof per Londra, dove arrivò alle 8.30, poco dopo che Halifax aveva ricevuto la conferma che i polacchi stavano procedendo con la mobilitazione generale. L'inviato svedese spiegò meticolosamente a Chamberlain e Halifax le proposte di Hitler che, a differenza di quelle avanzate il 24 ottobre 1938, non si limitavano più a cedere il Corridoio alla Polonia, ma prevedevano un plebiscito. Alle 12.30 Dahlerus telefonò a Göring per dirgli che gli inglesi ritenevano che Hitler stesse facendo troppa pressione sui polacchi con il suo piano. Dahlerus chiese a Göring se non fosse possibile che Lipski ricevesse la proposta e la portasse a Varsavia. Göring non osò appoggiare questa idea senza il permesso del Führer, quindi chiese un po' di tempo per discuterne con il Cancelliere tedesco. Alle 13.15 il maresciallo Göring ricontattò Dahlerus e lo informò che Hitler rifiutava il piano di consegnare le proposte a Lipski per presentarle a Varsavia, poiché ciò non equivaleva a un'indicazione che la Polonia accettasse il negoziato. Non si trattava di esigere un'accettazione incondizionata delle proposte, ma di utilizzarle come base per il negoziato. Hitler era disposto ad accettare che un inviato speciale andasse a cercare le proposte, purché ciò implicasse l'accettazione delle proposte come punto di partenza per i negoziati. Alle 15:00 Dahlerus telefonò di nuovo per dire che i britannici non gradivano il nuovo piano di Hitler e insistevano affinché l'ambasciatore polacco potesse recarsi a Varsavia con le proposte. L'idea chiave secondo cui i polacchi avrebbero dovuto mostrare almeno una certa disponibilità a negoziare fu così ignorata. Göring, infuriato, rifiutò di ripetere la consultazione con Hitler e insistette sulla proposta fatta dal Führer.

Già nel pomeriggio Halifax disse vagamente a Kennard che i polacchi dovevano essere incoraggiati ad avviare negoziati, ma lo informò esplicitamente che la Gran Bretagna non avrebbe mai richiesto a Beck di presentare proposte formali per un accordo con la Germania. Hoggan nota il fatto seguente: "Dieci giorni prima gli inglesi avevano fatto pressione sulla Polonia perché accettasse la penetrazione delle truppe sovietiche nel suo territorio; ma si rifiutarono di fare pressione sui polacchi perché riprendessero i negoziati diretti con la Germania. Ciò appare particolarmente grottesco se si ricorda che i polacchi consideravano l'Unione Sovietica come il loro principale nemico e che Halifax aveva assicurato alla Germania che la Polonia era pronta a riprendere i negoziati". La preoccupazione principale di Halifax era quella di incolpare la Germania per l'eventuale conflitto con la Polonia, quindi chiese a Kennard di dire a Beck che avrebbe dovuto acconsentire in linea di principio a negoziati diretti con i tedeschi perché "non si doveva dare loro la possibilità di addossare la colpa del conflitto alla Polonia". Queste istruzioni chiariscono che Halifax non ha mai preso seriamente in considerazione una soluzione pacifica della crisi.

Alle 17.30 del 30 agosto Henderson informò Ribbentrop di aver ricevuto un messaggio di Chamberlain a Hitler. Il Primo Ministro britannico desiderava far sapere al Cancelliere tedesco che la risposta ufficiale alla nota tedesca del 29 sarebbe arrivata a Berlino prima di mezzanotte. L'ambasciatore Kennedy, in un rapporto a Roosevelt pubblicato lo stesso giorno, il 30 agosto, scrisse che Chamberlain rifiutava ostinatamente di ammettere che la Gran Bretagna avrebbe potuto consigliare ai polacchi di fare qualche concessione alla Germania. Chamberlain ammise a Kennedy che erano i polacchi e non i tedeschi a essere irragionevoli. Le parole esatte di Kennedy furono: "Chamberlain è francamente più preoccupato di rendere ragionevoli i polacchi che di rendere ragionevoli i tedeschi". Hoggan trova patetica la dimostrazione di impotenza di Chamberlain.

D'altra parte, la posizione dell'URSS in queste ore di massima tensione era di incertezza, perché i comunisti temevano che gli sforzi diplomatici della Germania avrebbero avuto successo, impedendo una guerra tedesco-polacca e rendendo impossibili i loro piani di espansione verso ovest. L'agenzia di stampa Tass, la stampa e le stazioni radio sovietiche annunciarono la sera del 30 agosto che l'Unione Sovietica stava ammassando le sue forze armate lungo il confine polacco. Questo annuncio, fatto prima che la mobilitazione generale in Polonia venisse resa nota a Mosca, aveva apparentemente lo scopo di incoraggiare i tedeschi ad adottare una linea più dura con i polacchi.

Il fatto che il Primo Ministro britannico ammettesse privatamente che erano i polacchi a essere intransigenti, giustificava Henderson, l'ambasciatore di nominato da Chamberlain per sostenere la politica di appeasement, a continuare i suoi sforzi per la pace. Henderson apprese da Halifax che la sera del 30 Dahlerus sarebbe partito da Londra per Berlino. L'ambasciatore colse l'occasione per denunciare ancora una volta al suo superiore che le atrocità contro i tedeschi in Polonia si stavano moltiplicando e che questo era un enorme fattore di rischio nella precaria situazione. Henderson accennò al fatto che Pio XII sarebbe stato disposto a impiegare nunzi speciali nel tentativo di intercedere a favore della minoranza tedesca; ma Halifax respinse il suggerimento dell'ambasciatore, che deplorava profondamente l'atteggiamento della Gran Bretagna di fronte alle barbarie dei polacchi contro i tedeschi. Alle 18.50 dello stesso giorno, il 30 agosto, Halifax inviò a Henderson delle istruzioni molto severe. In esse era contenuta la risposta alla nota tedesca del giorno precedente: i leader britannici rifiutavano categoricamente la proposta di Hitler di consigliare ai polacchi di inviare un plenipotenziario a Berlino per negoziati diretti. Halifax definì la proposta tedesca "totalmente inaccettabile". L'ambasciatore Henderson doveva quindi comunicare alle autorità tedesche che la Gran Bretagna non avrebbe consigliato al governo polacco di assecondare il piano di Hitler.

Poco prima della mezzanotte del 30 agosto Ribbentrop ricevette Henderson, che gli consegnò la risposta britannica, che iniziava con queste parole: "Il governo di Sua Maestà ripete che i desideri del governo tedesco per un miglioramento delle relazioni sono reciproci, ma bisogna riconoscere che non possono sacrificare gli interessi di altri amici per ottenere questo miglioramento". La nota non mostrava alcun interesse a convincere i polacchi a negoziare. Dopo aver letto attentamente il testo, il ministro degli Esteri tedesco informò Henderson con sgomento che aveva preparato delle proposte di accordo diplomatico che intendeva presentare al plenipotenziario polacco in attesa. Sempre più teso, Ribbentrop procedette a leggere lentamente i sedici punti delle proposte di Marienwerder e a spiegare ciascuno di essi nei dettagli. Il documento chiedeva la restituzione di Danzica al Reich sulla base dell'autodeterminazione e prevedeva, dopo un periodo temporaneo di dodici mesi dall'accordo, lo svolgimento di un plebiscito nella regione settentrionale del Corridoio, da ovest di Marienwerder in Prussia orientale a Schönlanke in Pomerania. Ribbentrop, che parlava inglese, lesse in tedesco, poiché Henderson aveva chiesto al ministro di usare la sua lingua nelle discussioni.

L'interprete Paul Schmidt, presente per chiarire ogni possibile malinteso, rimase sorpreso quando Henderson chiese una copia delle proposte e Ribbentrop rispose con un debole sorriso: "No, non posso darle queste proposte". Hitler aveva dato istruzioni al ministro di dare le proposte all'ambasciatore solo se gli inglesi avessero dato qualche indicazione sulla volontà dei polacchi di negoziare. Henderson, stupito, pensò di aver frainteso e ripeté la richiesta: "In ogni caso", rispose Ribbentrop con rabbia, "tutto questo è alle nostre spalle, dato che è ormai passata la mezzanotte e nessun negoziatore polacco si è fatto avanti". Indignato, Henderson osservò: "Questo è quindi un ultimatum". La conversazione si concluse così e l'ambasciatore britannico si ritirò in silenzio, convinto che l'ultima possibilità di pace fosse svanita.

Göring apprese della brusca fine dell'incontro Ribbentrop-Henderson in compagnia di Dahlerus, appena tornato da Londra. Allarmato, si recò immediatamente da Hitler e gli chiese di consegnare il testo delle proposte a Henderson. Il Führer acconsentì. All'una del mattino del 31 Dahlerus si recò all'Ambasciata britannica e lesse le proposte a Ogilvie-Forbes per telefono, ma quando l'Incaricato d'Affari cercò l'Ambasciatore per consegnargli il testo, scoprì che Henderson se n'era andato senza dire nulla. Ogilvie-Forbes poté solo lasciare la nota sul tavolo del suo ufficio. L'ambasciatore Henderson, nonostante il burrascoso incontro con il ministro degli Esteri tedesco, si era recato a casa dell'ambasciatore polacco e gli aveva chiesto di proporre al suo governo un incontro tra Göring e Ridz-Smigly, il maresciallo che fungeva da capo del governo. Avendo sperimentato lo stato d'animo di Ribbentrop, Henderson si permise di aggiungere che qualsiasi negoziato sotto l'egida del Ministro degli Esteri tedesco aveva poche possibilità di successo. Henderson chiese a Lipski di reclamare le proposte del governo tedesco e di consegnarle a Varsavia; ma l'ambasciatore gli fece sapere che la sua iniziativa non era favorevole a Varsavia e che non poteva compiere questo passo senza istruzioni di Beck.

Alle 9.15 del mattino del 31 agosto, Henderson comunicò ad Halifax che se non fosse successo nulla nelle ore successive, la Germania avrebbe dichiarato guerra alla Polonia. In seguito a questo disperato avvertimento, al Ministero degli Esteri giunse un telegramma di Kennard, che esprimeva la sua soddisfazione per il fatto che la Gran Bretagna si fosse rifiutata di fare pressione sulla Polonia affinché negoziasse con la Germania. Beck aveva fatto sapere all'ambasciatore britannico che stava tenendo una riunione di consultazione con il governo polacco e che una qualche dichiarazione sarebbe stata inviata a Londra entro mezzogiorno. Kennard assicurò al Ministro degli Esteri che Beck non avrebbe fatto nulla per raggiungere un accordo con i tedeschi.

Dahlerus, Henderson e Ogilvie-Forbes si presentarono alle 10:00 all'ambasciata polacca di Berlino. L'emissario svedese, che Henderson aveva chiamato dopo aver trovato la nota nel suo ufficio, aveva con sé una copia delle proposte e le lesse a Lipski in tedesco. Dahlerus ebbe l'impressione che l'ambasciatore polacco non si rendesse conto della loro importanza. Nel frattempo, Henderson telefonò al Ministero degli Esteri tedesco e fece sapere a Weizsäcker che stava consigliando all'ambasciatore Lipski di negoziare con la Germania. L'ambasciatore Henderson cercò ancora una volta di far capire al suo collega che le proposte offrivano una buona base per iniziare un negoziato che avrebbe permesso un accordo tra Polonia e Germania. Henderson gli disse che sarebbe stato ancora possibile rimettere le cose in carreggiata se avesse accettato di riceverle. Lipski non era fiducioso, poiché aveva perso la sua influenza a Varsavia dal marzo 1939, quando Ribbentrop lo aveva convinto della necessità di negoziare sulla base delle proposte dell'ottobre 1938. Infine, Lipski, molto agitato, disse all'ambasciatore britannico che non aveva motivo di negoziare con il governo tedesco, perché se fosse scoppiata la guerra, sapeva che in Germania sarebbe scoppiata una rivoluzione e che avrebbero marciato su Berlino. Henderson, rattristato, si rese conto che non aveva senso discutere ulteriormente con l'ambasciatore polacco.

Anche gli italiani, che non erano stati informati degli eventi sopra descritti, cercarono di intervenire presso il governo britannico. Attolico chiamò Weizsäcker alle 11.30 del 31 per informare i leader tedeschi che Mussolini aveva consigliato a Londra di fare pressione sulla Polonia affinché accettasse il ritorno di Dänzig in Germania. Dopo il contatto con Londra, il Duce aveva avuto l'impressione che i polacchi avessero accettato di negoziare. Ben presto apprese dall'ambasciatore tedesco Mackensen che la situazione non era quella che aveva pensato. Dopo aver appreso delle proposte di Marienwerder, inviate all'ambasciata tedesca a Roma, Mussolini incaricò Attolico, che nel pomeriggio si era recato da Ribbentrop, di consigliare ai vertici tedeschi di ricevere Lipski come ultimo mezzo per raggiungere un contatto.

Per quanto riguarda i francesi, un giocatore chiave per Halifax, Bonnet stava ancora cercando di evitare che la Francia fosse trascinata in una guerra imposta che considerava assolutamente non necessaria. Il ministro degli Esteri francese trovava ingiustificabili e inspiegabili le tattiche dilatorie della Polonia. Bonnet fece pressione su Halifax affinché Francia e Gran Bretagna facessero capire ai polacchi che dovevano fare qualcosa per evitare una guerra europea. Il ministro degli Esteri aveva poco interesse a preservare la pace in Europa, ma non poteva rimanere sordo alle richieste del ministro francese. Di conseguenza, decise di fare un gesto per salvare la faccia.

Informato in anticipo da Kennard che Beck aveva formalmente espresso la sua gratitudine per la decisione britannica di non rispondere in alcun modo alle proposte della Germania, Halifax decise di incaricare l'ambasciatore britannico, accompagnato dal suo collega francese, l'ambasciatore Noël, di chiedere a Beck di comunicare ai tedeschi la sua disponibilità ad accettare negoziati diretti. Nel pomeriggio del 31, entrambi gli ambasciatori chiamarono il ministro degli Esteri polacco e gli chiesero di autorizzare Lipski a ricevere le proposte tedesche e a portarle a Varsavia.

Beck aveva precedentemente inviato precise istruzioni all'ambasciatore Lipski di non accettare proposte e di non avviare trattative con il governo tedesco. Il telegramma fu intercettato e decodificato dai servizi di decrittazione dei telegrammi e di sorveglianza delle comunicazioni del Reich. Il testo, citato da Dahlerus nella sua dichiarazione al Tribunale di Norimberga, è il seguente: "Non lasciatevi coinvolgere, in nessun caso, in discussioni tecniche. Se il governo del Reich le fa proposte orali o scritte, lei dichiarerà che non ha assolutamente il potere di ricevere o discutere queste proposte, che ha solo la facoltà di trasmetterle al suo governo e di chiedere ulteriori istruzioni". Davanti al tribunale di Norimberga Dahlerus ha raccontato che, dopo aver ricevuto il testo del telegramma, Göring si rese conto che non c'erano più speranze se non si fosse riusciti a ottenere un cambiamento di atteggiamento da parte dei polacchi. Dahlerus ha dichiarato che, ignorando il fatto che la Germania conosceva il codice diplomatico polacco, il maresciallo Göring gli mostrò il telegramma e pensò addirittura di mostrarlo agli inglesi.

L'iniziativa anglo-francese non turbò Beck che sapeva che gli inglesi avevano accettato di fare il passo con la Francia come una mera formalità. Più difficile per lui fu l'approccio del nunzio pontificio, Filippo Cortesi, che a nome di Pio XII esortò Beck ad accettare i negoziati con la Germania sulla base delle proposte di Marienwerder, già note in Vaticano. Lo stesso Beck ammise in seguito che nessun evento della fase finale della crisi lo irritò quanto l'insistenza del Papa nei suoi tentativi di convincerlo a negoziare. La scena tra Cortesi e Beck raggiunge livelli di estrema tensione. Il ministro degli Esteri polacco arrivò ad accusare il nunzio di lavorare per i tedeschi e lo avvertì che Pio XII voleva che si arrendesse alla Germania. Cortesi fece ciò che la Gran Bretagna avrebbe dovuto fare se davvero intendeva esercitare pressioni sul governo polacco per evitare la guerra; tuttavia, il fatto che la Polonia fosse fortemente cattolica, il che garantiva al Paese una considerazione speciale da parte del Vaticano, non aiutò la missione di Cortesi ad avere successo.

L'obiettivo di Pio XII era quello di salvare la Polonia dalla catastrofe verso cui si stava dirigendo a causa delle decisioni erratiche dei suoi leader. Giovani Pacelli era stato eletto Papa dal Collegio cardinalizio nel marzo 1939. La sua grande esperienza diplomatica era stata decisiva per la sua elezione. Come si ricorderà, Pacelli si trovava a Monaco di Baviera nel 1919, dove fu condotto sotto la minaccia delle armi dall'ebreo Max Levien, che governava la città. Lì sperimentò la dittatura comunista nella Repubblica Sovietica di Baviera, imposta da rivoluzionari ebrei vicini a Trotsky e Lenin. Pio XII aveva iniziato i suoi sforzi di pace nel maggio 1939, quando si rese conto che gli inglesi intendevano sacrificare la Polonia come pedina nella guerra contro la Germania. Già allora, il Papa propose a una conferenza internazionale, che Beck rifiutò. Il 24 agosto Pio XII aveva lanciato un appello al mondo affinché non scoppiasse una guerra per Danzica. Il 31 agosto, disperato, convocò in udienza i rappresentanti di Gran Bretagna, Francia, Italia, Polonia e Germania. Il dottor Kazimierz Papee, diplomatico polacco in Vaticano, non riuscì ad assicurare al Papa che la Polonia avrebbe negoziato con la Germania. Nel fondato timore che Beck si rifiutasse di negoziare, Pio XII decise di incaricare il nunzio Cortesi di recarsi dal ministro degli Esteri polacco.

Tra gli ultimi sforzi per preservare la pace ci fu anche la mediazione dell'Italia, appoggiata da Bonnet. Alle 11 del mattino del 31, il conte Ciano, allarmato dalla gravità della situazione, telefonò ad Halifax per chiedergli di convincere i polacchi della necessità di negoziare e promise che Mussolini avrebbe usato la sua influenza su Hitler per farlo pazientare. François-Poncet, ambasciatore francese in Italia, contattò il ministro Bonnet a mezzogiorno per informarlo che Mussolini riteneva che se i polacchi avessero accettato di restituire Danzica alla Germania, tutte le altre questioni avrebbero potuto essere risolte senza pressioni successive. Il ministro degli Esteri francese fu incoraggiato dalle parole del suo ambasciatore a Roma e decise di giocare la sua ultima carta per la pace sostenendo gli sforzi italiani, che chiedevano una conferenza diplomatica.

L'ambasciatore italiano a Parigi, Raffaele Guariglia, che era in ottimi rapporti con Bonnet, informò Ciano che la Francia dava pieno appoggio alla mediazione italiana. Guariglia, prestigioso diplomatico di carriera, la cui nomina ad ambasciatore nel novembre 1938 era stata accolta calorosamente a Parigi, era un astuto osservatore che deplorava le attività guerrafondaie dell'ambasciatore americano Bullitt. Il diplomatico italiano era convinto che la campagna di Roosevelt e Bullitt per scatenare una guerra in Europa fosse nell'interesse dell'Unione Sovietica. L'ambasciatore riteneva che Halifax fosse cieco e che, nel suo intento di distruggere la Germania, non tenesse conto dei reali interessi della Gran Bretagna. Guariglia sapeva che gli inglesi non potevano offrire un aiuto immediato alla Polonia e deplorava il fatto che le illusioni sulla loro futura grandezza impedissero ai polacchi di comprendere la gravità del Patto Ribbentrop-Molotov del 23 agosto 1939. L'ambasciatore Guariglia capì che la Francia aveva difficoltà a sfuggire all'accerchiamento britannico e sperava che Ciano potesse convincere i leader francesi della necessità di adottare una politica estera indipendente dalla Gran Bretagna.

In definitiva, quindi, l'Italia, la Francia, il Vaticano e la Germania cercavano di far capire ai polacchi una volta per tutte che Danzica, una città abitata dai tedeschi che non apparteneva nemmeno alla Polonia, non meritava una guerra europea. Purtroppo, il Ministero degli Esteri ignorò tutti gli appelli alla Gran Bretagna affinché si unisse al grido di pace. Al contrario, Halifax e le pedine britanniche che lavoravano nell'interesse del potere nascosto di che guidava la guerra erano sempre più indignati dalla tenacia con cui i politici europei lottavano per evitare il conflitto. Il desiderio di Halifax di evitare i negoziati era tale che arrivò a rimproverare severamente l'ambasciatore Henderson per aver dato a Dahlerus il telefono dell'ambasciata a Berlino per fare pressioni su Londra, e sconfessò la sua iniziativa all'ambasciatore Lipski. Halifax disse chiaramente a Henderson che rifiutava le proposte tedesche come base per i negoziati e lo avvertì che lui e Dahlerus mantenevano "un atteggiamento ostruzionistico nei confronti del governo polacco".

Nell'ansia di affrettare l'invasione della Polonia, Halifax arrivò a rimpiangere di aver ordinato a Kennard di unirsi a Noël per chiedere a Beck di autorizzare Lipski a ricevere le proposte, un gesto minore che non implicava alcuna negoziazione. Secondo David L. Hoggan, Kennard arrivò a rassicurare privatamente il ministro degli Esteri polacco che la Gran Bretagna non voleva che Lipski ricevesse le proposte tedesche e che la demarche anglo-francese era stata dettata dalla necessità di offrire un gesto di riappacificazione alla Francia. In realtà Kennard, la cui più grande preoccupazione era che una demarche dell'ultimo minuto potesse rovinare l'intero sforzo bellico, non era stato informato che Beck aveva ricevuto le proposte di Marienweder ore prima.

Hitler, che da giorni sopportava con rabbia le continue provocazioni dei tedeschi in Polonia, aveva già ordinato l'attacco per il 1° settembre alle 12.40; ma c'era ancora la possibilità di annullare l'operazione a patto che l'ordine fosse dato prima delle 21.30 del 31, poiché l'invasione era prevista all'alba. Il testo dell'ordine era preceduto da queste parole: "Ora che sono state esaurite tutte le possibilità di porre fine pacificamente alla situazione sulla frontiera orientale, che è intollerabile per la Germania, ho deciso a favore di una soluzione di forza". Nonostante l'evidente pericolo che Gran Bretagna e Francia dichiarassero guerra alla Germania dopo mesi di aggressioni e persecuzioni selvagge contro i tedeschi, Hitler, che da giorni aveva detto ai suoi generali che avrebbe continuato ad aspettare un gesto favorevole da parte delle autorità polacche, decise di intervenire in Polonia.

La sera del 31 agosto, il Ministero degli Esteri tedesco ricevette da Göring una copia delle istruzioni di Beck al suo ambasciatore a Berlino di non negoziare nulla. Nonostante ciò, Ribbentrop ricevette Lipski alle 18.30 del 31 agosto. Quindici minuti prima, alle 18.15, Kennard aveva informato Halifax che Lipski avrebbe incontrato Ribbentrop, anche se all'ambasciatore era stato vietato di intavolare trattative e, soprattutto, di ricevere proposte.

Lipski lesse al ministro tedesco il contenuto di una nota di Beck, in cui riferiva che la Polonia aveva appena appreso dei recenti colloqui tra Gran Bretagna e Germania, iniziati il 23 agosto. La nota affermava che la disposizione del governo polacco riguardo a possibili negoziati tra la Polonia e la Germania non era ancora stata decisa, sebbene fosse favorevole in linea di principio. Infine, il governo tedesco fu informato che il governo polacco avrebbe presto comunicato al governo britannico la sua posizione su tali negoziati. Beck non era in grado di dire se la Polonia fosse effettivamente pronta a riprendere i colloqui con la Germania. Ribbentrop si rattristò per il doppio senso e la calcolata ambiguità della nota polacca. Ribbentrop disse allora a Lipski che aveva sperato fino all'ultimo che sarebbe arrivato con pieni poteri per negoziare. L'ambasciatore rispose che era stato solo incaricato di contattare il Ministero degli Esteri e di presentare la nota. Non era autorizzato a dare garanzie o a fare dichiarazioni. In queste circostanze, il colloquio si concluse immediatamente. Tuttavia, nel congedare Lipski, Ribbentrop gli chiese se personalmente credeva che il suo governo avrebbe potuto riconsiderare la decisione e permettergli di negoziare. Il diplomatico polacco eluse la domanda e ribadì di non aver ricevuto pieni poteri.

Alle 21:00 del 31, la radio tedesca trasmise la notizia che la Polonia aveva rifiutato di prendere in considerazione le proposte di Marienwerder. Tra le 21 e le 22, Weizsäcker convocò i rappresentanti diplomatici di Francia, Gran Bretagna, Giappone, Stati Uniti e URSS per comunicare loro i termini delle proposte, accompagnate da una nota diplomatica che spiegava l'ultima politica tedesca e sottolineava il fatto che Hitler aveva atteso invano per due giorni un qualche segnale che la Polonia avrebbe negoziato con la Germania. Due ore dopo la radio polacca diede una versione distorta dell'offerta tedesca, concludendo: "Le parole non possono più nascondere i piani aggressivi dei nuovi Unni. La Germania cerca di dominare l'Europa e scavalca i diritti delle nazioni con un cinismo senza precedenti. Questa proposta insolente dimostra chiaramente quanto fossero necessari gli ordini militari emessi dal governo polacco". L'epiteto "Unni" (asiatici di origine etnica incerta) per i nazisti fu coniato dall'ebreo Léon Blum, che aveva alluso a Hitler come a un "Attila meccanizzato". Più tardi, in un messaggio radiofonico trasmesso il 7 giugno 1940, dopo che Hitler aveva incomprensibilmente permesso l'evacuazione del corpo di spedizione britannico a Dunkerque, Churchill usò lo stesso epiteto e fece riferimento alla necessità di "distruggere l'Attila meccanizzato".

Da una guerra locale alla Seconda Guerra Mondiale

L'Operazione Bianco fu lanciata: le truppe tedesche iniziarono l'invasione poco prima delle cinque del mattino di venerdì 1° settembre. Cinquantatré divisioni delle 120 di Hitler attaccarono con una spinta inarrestabile e tre ore dopo il fronte polacco stava crollando ovunque.

L'aviazione cominciò a bombardare depositi di munizioni, campi d'aviazione, stazioni, nodi ferroviari e di comunicazione e altri obiettivi di interesse militare, compresi gli aerei polacchi, che sarebbero stati quasi completamente distrutti nelle prime trentasei ore. Alle 8 del mattino, tra l'indescrivibile entusiasmo della città, il Senato di Danzica proclamò la reincorporazione di Danzica nel Reich. Alle 10.10 Hitler tenne un discorso davanti al Reichstag, in cui ricordò ai deputati che Danzica "era ed è tedesca". Lo stesso fece per il Corridoio, che, in nome della pace e della cooperazione, era disposto a cedere a favore della Polonia, così come aveva ceduto l'Alsazia-Lorena e l'Alto Adige.

Ma è l'attività politica e diplomatica che ci interessa, perché dimostra che, ad eccezione della Gran Bretagna, i Paesi europei non volevano la guerra. Il ministro degli Esteri, Lord Halifax, aveva ancora una volta nelle sue mani la possibilità di fermare quasi immediatamente quella che, in linea di principio, era una guerra localizzata; ma, com'era prevedibile, tutta la sua attività era volta a provocare l'escalation che avrebbe scatenato la Seconda guerra mondiale. Quando Neville Henderson sentì alla radio tedesca che le proposte di Marienwerder erano state rifiutate, contattò Halifax per esprimere la sua convinzione che Beck avesse commesso un errore, poiché esse costituivano una buona base per i negoziati. Lo stesso Halifax aveva ammesso a Kennard la sua preoccupazione per il rifiuto della Polonia di ricevere le proposte, anche se il motivo del suo sconcerto era ben diverso: temeva che potesse essere "mal interpretato dall'opinione pubblica mondiale". Henderson osservò sarcasticamente che per Varsavia le proposte erano praticamente identiche a quelle dell'ottobre 1938, dal momento che i polacchi avevano affermato con fermezza che "il 90% del Corridoio era polacco fin dall'inizio del mondo", per cui si erano assicurati la vittoria nel plebiscito.

Il 1° settembre Henderson respingeva i propagandisti che, sulla base dell'immoralità del regime nazionalsocialista, giustificavano l'intervento britannico in guerra: considerava ridicola una crociata ideologica contro la Germania in un mondo minacciato dal comunismo. Come risulta dai suoi scritti in numerosi dispacci, Henderson contestò anche l'argomento dell'equilibrio di potenza in Europa come alibi per una guerra che considerava "completamente ingiustificabile". Ovviamente, Henderson non poteva ignorare che nel marzo 1933 la Giudea aveva apertamente dichiarato "guerra santa" alla Germania. Ricordiamo che il giornale ebraico *Natscha Retsch*, citato nel capitolo ottavo, nel 1933 aveva annunciato gli obiettivi dell'ebraismo internazionale con queste parole: "... la guerra contro la Germania promuoverà e ravviverà ideologicamente i nostri interessi, che richiedono la completa distruzione della Germania".

Il Ministro degli Esteri francese non poteva accettare le istruzioni che Beck aveva dato a Lipski prima di essere ricevuto da Ribbentrop. Bonnet chiese all'ambasciatore Lukasiewicz di informare Beck che la Francia insisteva sulla necessità di negoziati diretti. Bonnet, vista l'ambiguità dell'approccio britannico, riteneva tuttavia che una conferenza generale, come proposto dall'Italia, potesse essere più fruttuosa. L'ambasciatore francese a Londra, Charles Corbin, lo avvertì poche ore prima dello scoppio della guerra germano-polacca che i britannici erano pronti a rovinare qualsiasi tentativo di conferenza chiedendo la smobilitazione tedesca in anticipo. Nonostante queste informazioni, Bonnet raccomandò a Daladier che la Francia sostenesse una conferenza in cui, senza escludere negoziati diretti tra Polonia e Germania, si potessero affrontare tutti i problemi europei. Daladier sostenne che la conferenza poteva sempre essere annullata se Hitler avesse preteso troppo. Il governo francese era quindi pronto a sostenere la conferenza e Bonnet telefonò a Londra per incaricare Corbin di informare il Ministero degli Esteri dell'ultima decisione della Francia.

Non appena a Londra si seppe che la Germania aveva attaccato la Polonia, i britannici chiesero un ultimatum anglo-francese; ma Bonnet, convinto che la Francia non dovesse assecondare la politica guerrafondaia di Halifax, rispose che non poteva intraprendere tale azione senza consultare il Parlamento. Tuttavia, Daladier convocò il Consiglio dei Ministri, che si riunì alle 10:30 del 1° settembre e ordinò una mobilitazione generale. Alle 11.50 Bonnet informò François-Poncet che il governo lo aveva autorizzato a sostenere l'iniziativa italiana di convocare una conferenza internazionale e incaricò l'ambasciatore di informare Mussolini della posizione della Francia. Halifax si rese immediatamente conto che, dopo il rifiuto di Bonnet di appoggiare l'ultimatum, doveva concentrare i suoi sforzi nel disturbare lo sforzo di mediazione italiano, che con l'appoggio francese costituiva la più grande minaccia ai suoi piani di guerra. Il Ministro degli Esteri incaricò Sir Percy Loraine, dopo aver ringraziato gli sforzi di mediazione di Mussolini a favore della Gran Bretagna, di insistere con il massimo vigore sul fatto che lo scoppio della guerra in Polonia rendeva inevitabile l'intervento militare della Gran Bretagna contro la Germania.

Alle 14:00 Kennard comunicò ad Halifax che Beck si aspettava la protezione aerea britannica nel pomeriggio. Alle 17 del 1° settembre, mentre il Parlamento britannico era in seduta, Halifax telefonò a Bonnet per avvisarlo che gli ambasciatori dei rispettivi Paesi avrebbero dovuto chiedere immediatamente la consegna dei passaporti. Halifax disse che sarebbe stato più efficace per la Gran Bretagna e la Francia dichiarare guerra alla Germania quel giorno stesso. Il ministro degli Esteri francese rifiutò categoricamente di entrare in guerra con la Germania con tanta fretta, ma Halifax ribadì la sua richiesta di una risposta urgente. Dopo un'ardua discussione, Bonnet, dimostrando la sua agilità diplomatica, impose al suo interlocutore una soluzione che assomigliava a un ultimatum, ma non lo era, poiché non c'era alcun limite. Halifax non ebbe altra scelta che accettare che a Berlino venisse presentato un "ultimatum" congiunto anglo-francese senza data di scadenza. Era sempre meglio di niente. Alle 17:45 si affrettò a dare istruzioni a Henderson di presentare la "démarche" anglo-francese: entrambi gli ambasciatori dovevano avvisare la Germania che gli impegni verso la Polonia sarebbero stati attuati a meno che non avessero ricevuto assicurazioni soddisfacenti sulla sospensione di "ogni azione aggressiva contro la Polonia". Bonnet aveva accuratamente formulato il testo in questi termini per omettere il requisito del ritiro dei tedeschi dalla Polonia. L'assenza di una scadenza ha lasciato alla Francia il tempo di negoziare.

Gli sforzi di mediazione dell'Italia dovevano quindi essere decisivi. Nelle capacità del ministro degli Esteri italiano, Galeazzo Ciano, risiedeva l'ultima possibilità di evitare una guerra generale in Europa. Alle 13 del 1° settembre, l'ambasciatore a Parigi, Guariglia, informò Ciano che Parigi intendeva appoggiare una soluzione diplomatica. Due ore dopo, l'ambasciatore italiano inviò a Mussolini una richiesta di Daladier affinché l'Italia organizzasse una conferenza. Sia Paul Rassinier sia David L. Hoggan ritengono ovvia la sincerità degli sforzi dei leader francesi per evitare la guerra. Entrambi ritengono ovvio che gli atteggiamenti francesi e britannici nei confronti della crisi fossero diversi. Hoggan ritiene che Ciano abbia fallito nei suoi sforzi perché non è stato in grado di sfruttare adeguatamente queste differenze per fare pressione sugli inglesi e costringerli ad accettare un compromesso.

La mattina di sabato 2 settembre, la situazione dei polacchi era disperata e la pressione sulla Francia stava aumentando. Alle 8 del mattino, l'agenzia Havas pubblica il seguente comunicato: "Il governo francese, come molti altri governi, è stato informato ieri di una proposta italiana volta a risolvere le difficoltà europee. Dopo averla discussa, ha dato una risposta positiva". Al Quai d'Orsay il Ministro degli Esteri era quindi in attesa di ulteriori indicazioni da parte di Ciano sull'organizzazione della conferenza. Ciano e Mussolini avevano deciso che, prima di riavvicinarsi agli inglesi e ai francesi, era indispensabile assicurarsi che la Germania fosse pronta a sostenere la conferenza. Alle 8.30 il conte Ciano telefonò al suo ambasciatore a Parigi per sapere se la nota presentata la sera prima a Ribbentrop avesse o meno il carattere di un ultimatum. Alle 9 l'ambasciatore Lukasiewicz chiamò Bonnet e gli chiese direttamente che la Francia entrasse in guerra a favore della Polonia. Il ministro francese, che in seguito si lamentò del fatto che l'ambasciatore polacco fosse stato eccessivamente "impaziente" durante la conversazione, riuscì a evitare qualsiasi tipo di impegno.

Tramite l'ambasciatore Attolico, alle 10.00 Ciano inviò un messaggio a Hitler per informarlo che i dirigenti francesi avevano chiesto la mediazione italiana a favore di una conferenza diplomatica. In *Les responsables de la Seconde Guerre Mondiale* Paul Rassinier riproduce il testo, tratto da Documents on German Foreign Policy:

"A titolo informativo e lasciando la decisione al Führer. L'Italia fa sapere che avrebbe ancora la possibilità di far accettare a Francia, Inghilterra e Polonia una conferenza sulla base delle seguenti proposte:
1. Un armistizio che lasci gli eserciti nelle posizioni che occupano attualmente.
2. La convocazione di una conferenza da tenersi entro due o tre giorni.
3. Una soluzione al conflitto tedesco-polacco che sarebbe necessariamente favorevole alla Germania, data la situazione attuale.
La Francia si è dimostrata particolarmente favorevole all'idea del Duce. Danzica è ora tornata alla Germania e il Reich ha ora garanzie sufficienti per assicurare la realizzazione della maggior parte delle sue richieste. Inoltre, ha già ottenuto una soddisfazione morale. Se il Führer accettasse il progetto di conferenza, raggiungerebbe tutti i suoi obiettivi ed eviterebbe una guerra lunga e diffusa.
Senza voler esercitare la minima pressione, il Duce ritiene della massima importanza che il presente comunicato venga immediatamente sottoposto a Herr von Ribbentrop e al Führer".

Immediatamente informato, Hitler accolse con entusiasmo l'iniziativa e ordinò al Ministero degli Esteri di sondare l'ambasciatore britannico. Henderson ammise a malincuore che i leader britannici probabilmente non avrebbero accettato la soluzione senza il preventivo ritiro delle truppe tedesche al confine, cosa che scoraggiò i leader nazisti. Attolico si presentò alle 12.30 in Wilhelmstrasse, dove Ribbentrop spiegò all'ambasciatore italiano che si stava preparando a rispondere negativamente alle note degli ambasciatori francese e britannico ricevute il giorno precedente. Ribbentrop ammise ad Attolico di voler rimandare la risposta, ma che per farlo doveva assicurarsi che non si trattasse di "ultimata". Attolico informò Ciano alle 15.15 che Hitler aveva deciso che non era possibile procedere con i piani per una conferenza finché i francesi e gli inglesi non avessero chiarito l'ambiguità delle loro note.

Bonnet, ancora in attesa di notizie, si rallegrò quando ricevette una telefonata da Ciano, che gli annunciò l'inizio della mediazione. Il ministro degli Esteri italiano disse a Bonnet che i tedeschi dovevano essere rassicurati sul fatto che gli appunti del giorno prima non erano "ultimati". Bonnet, l'autore dei due testi, diede a Ciano garanzie assolute che non lo erano. Sapendo che gli inglesi sarebbero stati obbligati ad accettare il suo parere, il ministro francese aggiunse che avrebbe preso la precauzione di consultare Daladier e Halifax. Da parte sua, l'ambasciatore Loraine riconobbe a Ciano a Roma che il governo britannico non aveva ancora presentato alla Germania un ultimatum. Chiarita questa importante questione, Hitler accolse con favore il piano di mediazione dell'Italia e accettò di sospendere le operazioni militari in Polonia. Alle 16 del 2 settembre Attolico inviò un cablogramma a Ciano per informarlo che la Germania era favorevole alla proposta italiana. Ribbentropp chiese all'ambasciatore Attolico di annunciare ai leader italiani che la Germania era pronta ad annunciare il piano per porre fine alla guerra in Polonia entro il mezzogiorno di domenica 3 settembre.

Con l'accettazione del piano italiano da parte della Germania, tutto dipendeva dalla capacità del ministro Ciano di gestire adeguatamente i disaccordi tra Francia e Gran Bretagna. Poco dopo le 16:00 Bonnet e Halifax ebbero una conversazione che chiarì che il Segretario del Ministero degli Esteri era pronto ad annullare il piano della conferenza prima che fosse presentato ai polacchi. Halifax insistette sul fatto che i tedeschi dovevano completare il loro ritiro completo dalla Polonia e da Danzica prima che Gran Bretagna e Francia accettassero di prendere in considerazione la conferenza proposta dall'Italia. Bonnet sapeva che nessuna potenza avrebbe potuto accettare un simile accordo e rispose a Halifax che la sua proposta era inaccettabile e irrealistica. Il ministro francese riteneva adeguata la concessione tedesca di arrestare l'avanzata sul posto, ma Halifax respinse questa opinione. Nonostante l'atteggiamento ostruzionistico del ministro britannico, Bonnet decise di continuare a impegnarsi per la pace. Un'ora dopo, alle 17:00, le pressioni britanniche continuarono con una telefonata di Sir Alexander Cadogan, sottosegretario permanente al Ministero degli Esteri, che con sorprendente faccia tosta riconobbe che la richiesta britannica di ritiro delle truppe limitava le possibilità di una conferenza diplomatica e insistette sul fatto che era giunto il momento di entrare in guerra. Cadogan annunciò che Halifax chiedeva un ultimatum congiunto anglo-francese con scadenza alla mezzanotte del 2 settembre. Bonnet insistette che il ritiro completo della Germania dalla Polonia non poteva essere una conditio sine qua non per una conferenza e rispose che intendeva aspettare che l'Italia specificasse il suo piano per una conferenza internazionale.

Poco dopo questa conversazione tra Cadogan e Bonnet, Ciano telefonò ad Halifax. Il Ministro degli Esteri italiano ascoltò stupito le parole intransigenti del Ministro degli Esteri, che ripeteva ciò che aveva detto al collega francese: il governo britannico non avrebbe preso in considerazione il piano italiano per una conferenza finché la Germania non avesse evacuato completamente il territorio polacco. Ciano si stupì nel constatare che Halifax non era a conoscenza della volontà di Hitler di sospendere le ostilità. Il ministro italiano fece notare che la Germania era disposta a fermare la guerra il 3 e a presentarsi alla conferenza il giorno successivo. Come aveva fatto Bonnet, il conte Ciano insistette sul fatto che chiedere il ritiro completo delle truppe tedesche era del tutto inaccettabile e avrebbe distrutto tutte le possibilità di una soluzione pacifica. Anche Percy Loraine riferì da Roma ad Halifax che Hitler aveva accettato un armistizio e una conferenza internazionale. Il Cancelliere tedesco aveva dichiarato che sarebbe stato in grado di fermare le operazioni in tutti i settori entro il mezzogiorno di domenica 3 settembre. Loraine confermò ad Halifax che, secondo Ciano, la Francia era soddisfatta della possibilità di fermare la guerra in meno di ventiquattro ore.

Nel frattempo, il ministro degli Esteri francese cercò unilateralmente di convincere i polacchi ad accettare una conferenza e inviò istruzioni al suo ambasciatore a Varsavia. Kennard informò indignato Halifax che Noël aveva ricevuto l'ordine di non rivelare il contenuto delle ultime direttive di Bonnet. L'ambasciatore britannico decise di ottenere l'informazione da Beck stesso, il quale confermò che la Francia gli aveva chiesto di accettare una conferenza a cinque potenze, che avrebbe incluso Gran Bretagna, Germania, Francia, Italia e Polonia. Hitler non temeva di rimanere in minoranza con il solo sostegno di Mussolini, poiché confidava nell'appoggio francese per un accordo. Kennard consigliò al Ministro degli Esteri polacco di rifiutare la proposta francese; tuttavia, ammise ad Halifax che Beck si era rifiutato di rivelare il suo atteggiamento nei confronti del piano della conferenza, ma Kennard era sicuro che la risposta polacca sarebbe stata negativa. Il Sejm polacco convocò una sessione speciale il 2 settembre e i rappresentanti ucraini si dichiararono terrorizzati dalla prospettiva di un'invasione sovietica da est in seguito al patto Ribbentrop-Molotov.

Anche la Camera dei Deputati e il Senato francesi si riunirono a partire dalle 15.00 del 2 settembre. Il governo intendeva dare carta bianca alle Camere per prendere la decisione che avrebbe potuto portare alla guerra o alla pace. Tuttavia, sia il Primo Ministro Daladier in Parlamento che il Vicepresidente Chautemps al Senato hanno pronunciato discorsi moderati a favore di una soluzione pacifica della crisi. Pierre Laval parlò al Senato e avvertì che sarebbe stato incostituzionale entrare nel conflitto senza richiedere una dichiarazione di guerra al Parlamento. Laval condivideva l'opinione di Bonnet secondo cui la Polonia aveva violato i suoi obblighi nei confronti della Francia e continuava ad avvertire Daladier che una dichiarazione di guerra ingiustificata contro la Germania sarebbe stata un suicidio per la Francia.

Ogni ora del pomeriggio del 2 settembre poteva essere decisiva per il futuro dell'Europa e ne era ben consapevole il ministro degli Esteri, sempre più allarmato dalla posizione del governo francese, che suscitava seri dubbi a Londra. Halifax inviò un telegramma a Phipps, l'ambasciatore britannico a Parigi, affinché facesse uno sforzo supplementare: "Le saremo grati", disse, "per tutto ciò che potrà fare per dare coraggio e determinazione al signor Bonnet". L'ambasciatore Phipps informò il Foreign Office che i francesi erano pronti a prendere in considerazione una nota congiunta se gli sforzi di mediazione dell'Italia fossero falliti, nel qual caso erano favorevoli a offrire quarantotto ore prima della scadenza dell'eventuale ultimatum. Da Varsavia, Kennard chiese ripetutamente che Gran Bretagna e Francia attaccassero immediatamente la Germania. Per assurdo, l'ambasciatore britannico arrivò a sondare i diplomatici sovietici per sapere se l'URSS sarebbe stata disposta a offrire forniture militari ai polacchi.

Nel tardo pomeriggio del 2 settembre il governo francese, sotto la crescente pressione degli inglesi, stava tenendo una riunione decisiva.

L'ambasciatore Phipps, in costante contatto con il Ministero degli Esteri, confermò ad Halifax che il sentimento prevalente era quello di cercare un accordo per evitare la guerra e che si sperava che tra le 20 e le 21 il Consiglio dei Ministri avrebbe potuto raggiungere una decisione. Il ministro degli Esteri, che temeva che il ministro degli Esteri Bonnet potesse imporre le sue opinioni, decise di telefonare a Ciano per minare il suo ruolo di mediatore. La telefonata arrivò esattamente alle 18:38, l'ora in cui il governo francese stava deliberando. Halifax, secondo Hoggan, ingannò Ciano non solo dicendogli che non ci sarebbe stata alcuna conferenza senza il ritiro delle truppe tedesche dalla Polonia, ma aggiungendo che Francia e Gran Bretagna avevano raggiunto un pieno accordo su questa importante questione. Ciò fece credere a Ciano che Bonnet avesse accettato l'imposizione britannica, anche se il Consiglio dei ministri era ancora riunito a Parigi.

Alle 19:30 Chamberlain presentò al Parlamento una versione distorta degli sforzi di pace in corso. Il Primo Ministro britannico, seguendo la linea di menzogne ideata dal Ministro degli Esteri, dichiarò che la Gran Bretagna non poteva accettare di negoziare in una conferenza mentre le città polacche venivano bombardate e le campagne invase. Chamberlain, che sapeva benissimo che Hitler aveva accettato di sospendere le ostilità sul posto per tenere la conferenza, seguì le istruzioni di Halifax, il cui obiettivo primario era porre fine all'ultima possibilità di evitare la guerra che avrebbe devastato l'Europa. Da parte sua, Halifax si rivolse alla Camera dei Lord, dove ribadì che "le città venivano bombardate".

Purtroppo, la strategia di Halifax nei confronti di Ciano diede i suoi frutti e Mussolini concluse che la causa della pace era persa. Hoggan ritiene che gli italiani abbiano commesso un errore imperdonabile, poiché la Gran Bretagna non sarebbe mai entrata in guerra da sola contro la Germania. Ecco le sue parole:

> "Non c'era alcuna giustificazione, nonostante il suo approccio confuso all'argomento, per credere alle dichiarazioni di Halifax senza prima verificarne l'accuratezza con altre fonti. Sia Ciano che Mussolini sapevano che la storia della diplomazia britannica era costellata di inganni e bugie. I leader italiani credevano ingenuamente che nessun leader europeo, compreso Halifax, potesse essere così spietato da provocare una guerra mondiale dopo gli amari orrori della prima guerra mondiale. Il loro giudizio era anche offuscato dalla vanità. Per diversi anni Halifax aveva abilmente combinato lusinghe e minacce nei suoi rapporti con i leader italiani. Fu particolarmente tragico che Mussolini, che era un leader accorto e competente, non fosse allora più critico nel valutare Ciano. Si rese conto più tardi che Ciano non era sufficientemente qualificato per una carica così importante, ma ormai era troppo tardi".

Alle 20:00 Kennard comunicò per l'ennesima volta che Beck chiedeva alla Gran Bretagna di inviare immediatamente il supporto aereo. I leader polacchi non avevano ancora capito che Londra non li avrebbe aiutati. Kennard, che avrebbe potuto interpretarlo, inviò comunque queste parole ad Halifax: "Confido che riceveremo al più presto la conferma della nostra dichiarazione di guerra e che le nostre forze aeree faranno ogni sforzo per mostrarsi attive sul fronte occidentale al fine di alleviare la pressione in loco". Kennard sembrava quindi ignaro del fatto che il suo Paese non fosse in grado di fare nulla per aiutare i polacchi a ovest.

    Le catastrofiche istruzioni di Ciano ad Attolico giunsero a Berlino alle 20.20 del 2 settembre. Egli annunciò al suo ambasciatore che Mussolini aveva ritirato la sua offerta di mediazione. Ciano aggiunse che era inutile proseguire gli sforzi di pace quando sia la Gran Bretagna che la Francia insistevano sul ritiro delle truppe tedesche come condizione per l'accettazione della conferenza. A Hitler fu consigliato di abbandonare il suo piano di armistizio, dato che il progetto di una conferenza era stato abbandonato. Tuttavia, alle 20.20 il governo francese aveva momentaneamente interrotto la riunione senza aver preso una decisione sulle condizioni di accettazione della conferenza. Bonnet, che sperava ancora di convincere i suoi colleghi, rimase stupito nell'apprendere che gli italiani avevano abbandonato i loro sforzi. Alle 20.30 telefonò a Ciano e chiarì che la Francia non aveva ancora accettato la condizione impossibile richiesta dagli inglesi. Il ministro italiano ascoltò ammutolito le parole del capo della diplomazia francese e confessò di non vedere come l'Italia avrebbe potuto correggere l'errore commesso. Anatole de Monzie, ministro dei Lavori Pubblici, un pacifista convinto della necessità di un'alleanza tra Francia e Italia per evitare la guerra, appena saputo dell'accaduto implorò Bonnet di riprendere gli sforzi per la conferenza a condizione che la Germania fermasse l'avanzata, ma il ministro degli Esteri gli disse che non lo riteneva più fattibile.

    Finalmente alle 21.30 l'ambasciatore britannico a Roma contattò il Ministero degli Esteri con un cablogramma, il cui testo recitava: "Gli italiani non ritengono possibile fare pressione sul governo tedesco affinché continui ad accettare le raccomandazioni del signor Mussolini". Halifax si rallegrò di questa notizia ed era deciso a lanciare la sua offensiva contro il governo francese. Alle 21.50 Chamberlain telefonò a Daladier e, travisando ancora una volta i fatti, si lamentò di aver subito una "scena vessatoria" in Parlamento annunciando che stava ancora consultando la Francia sulla presentazione di un ultimatum. In realtà, non c'era stata scena più vessatoria di quella dell'ebreo sionista Leopold Amery, il redattore della Dichiarazione Balfour, che si era lamentato del fatto che Chamberlain non fosse stato sufficientemente bellicoso nel suo discorso. In *The Holy Fox. A Life of Lord Halifax* Andrew Roberts riproduce questo momento della seduta dei Comuni: ".... Quando il leader del Partito Laburista, Arthur Greenwood, si alzò per parlare, Leo Amery gridò: "Parla per l'Inghilterra!" Greenwood disse all'Assemblea: "Ogni minuto di ritardo ora significa... mettere in pericolo il nostro onore nazionale"".

Chamberlain disse a Daladier che desiderava informare l'opinione pubblica britannica prima della mezzanotte che alle 8:00 del mattino del 3 settembre la Francia e la Gran Bretagna avrebbero presentato un ultimatum alla Germania, la cui scadenza sarebbe stata a mezzogiorno. In altre parole, Chamberlain stava sfacciatamente dando a Daladier due ore di tempo per soddisfare le sue richieste Il capo del governo francese, stupito dall'isteria del premier britannico ma convinto che Londra avesse vinto la partita, rifiutò la richiesta sostenendo che Ciano avrebbe potuto riprendere la mediazione. Daladier sconsigliò qualsiasi azione diplomatica prima di mezzogiorno del giorno successivo. A Londra, la risposta di Daladier a Chamberlain non piacque, così Halifax, consapevole che senza la mediazione italiana la Francia era già molto indebolita, decise di telefonare a Bonnet alle 22.30 per fare una scommessa molto rischiosa.

Il Segretario del Ministero degli Esteri annunciò al Ministro degli Esteri francese che, indipendentemente dall'atteggiamento della Francia, il Regno Unito avrebbe presentato il suo ultimatum alle 8 del giorno successivo. Halifax prese l'iniziativa durante la conversazione telefonica e alla fine impose le sue richieste a Bonnet. Successivamente redasse un memorandum sul dialogo con il collega francese, in cui scrisse che Bonnet, dopo qualche esitazione, "alla fine ha accettato". Alle 23.50 Halifax, pur sapendo che avrebbe presentato l'ultimatum solo il giorno successivo, incaricò Henderson di avvertire Ribbentrop che avrebbe potuto chiedere di vederlo in qualsiasi momento, il che equivale a una palese mancanza di rispetto. Poco dopo, verso mezzanotte, Bonnet ebbe una lunga conversazione con l'ambasciatore italiano Guariglia, in cui ammise la sua capitolazione. Entrambi concordarono che la mancanza di cooperazione della Gran Bretagna aveva reso impossibile la conferenza.

Andrew Roberts scrive in *The Holy Fox* che, una volta che il governo aveva preso la decisione di rifiutare la conferenza e aveva inviato il giorno successivo un ultimatum che sarebbe scaduto in sole due ore, Halifax tornò al Foreign Office dopo la mezzanotte in compagnia di Sir Ivone Kirkpatrick, che era stato Primo Segretario dell'Ambasciata britannica a Berlino fino al 1938. Kirkpatrick, le cui parole sono riprodotte da Roberts, ricorda che, una volta inviati tutti i telegrammi, Halifax "sembrava sollevato dal fatto che avessimo preso la nostra decisione.... Ordinò che gli venisse portata della birra, che fu servita da un impiegato residente assonnato e in pigiama. Ridemmo e scherzammo, e quando dissi ad Halifax che era arrivata la notizia che Göbbels aveva proibito di ascoltare le trasmissioni radiofoniche, rispose: 'Dovrebbe pagarmi per ascoltare questo'". La scena non potrebbe essere più rassicurante: mentre il ministro Bonnet e gli ambasciatori Henderson e Guariglia si sforzano di evitare la guerra, consapevoli della bomba che sarebbe per decine di milioni di persone, Lord Halifax, sollevato per aver raggiunto il suo obiettivo, beve birra e si diverte con un collega come un volgare spaccone. Nella biografia che abbiamo consultato, la petulanza di Halifax viene mostrata in vari modi. Roberts, citando come fonte l'ambasciatore polacco Raczyinski, racconta, ad esempio, che quando Hitler offrì la disponibilità della Germania a garantire l'Impero britannico, la notizia fu considerata un insulto da Halifax, "sul cui volto sogghignò".

Henderson consegnò lo sfortunato ultimatum al dottor Paul Schmidt, l'interprete tedesco, alle 9:00 del 3 settembre. Ribbentrop, probabilmente infastidito dalla scortesia di Halifax la sera precedente, aveva evitato l'ambasciatore britannico sostenendo che quel giorno non era dell'umore adatto per un "ultimatum". Schmidt presentò il documento all'ufficio del Führer nella Cancelleria. Quando l'interprete entrò, nella stanza regnava il silenzio. Hitler era seduto alla sua scrivania e Ribbentrop era in piedi alla finestra. Dopo aver letto con calma la nota, ci fu un attimo di pausa, poi il Cancelliere tedesco si chiese pensieroso: "E adesso?" Ci fu un'altra pausa e Ribbentrop disse a bassa voce: "Suppongo che la Francia consegnerà un ultimatum simile nelle prossime ore". Schmidt uscì dall'ufficio del Führer e osservò un gruppo composto da importanti leader: "Entro due ore Germania e Gran Bretagna saranno in guerra". Nella sua ansia di rendere la guerra inevitabile, Halifax, che giorni prima aveva ritenuto ventiquattro ore insufficienti per inviare un plenipotenziario a Berlino, diede alla Germania solo un termine di due ore per capitolare. Göring disse solennemente ai presenti: "Il cielo abbia pietà di noi se perdiamo questa guerra".

Alle 11.20 del 3 settembre, poco dopo la scadenza dell'ultimatum, Ribbentrop ricevette l'ambasciatore Henderson e gli consegnò la risposta a Chamberlain e Halifax, che iniziava così: "Il governo tedesco e il popolo tedesco rifiutano di ricevere, di accettare, e ancor meno di rispettare, le richieste sotto forma di ultimatum avanzate dal governo britannico". La nota alludeva alle condizioni inaccettabili subite dalla minoranza tedesca e si concludeva con queste parole: "Il popolo tedesco e il suo governo non pretendono, come la Gran Bretagna, di governare il mondo, ma sono determinati a difendere la propria libertà, la propria indipendenza e soprattutto la propria vita". Prima di ritirarsi, Henderson si limitò a dire che la storia avrebbe giudicato da che parte stavano le vere responsabilità, al che Ribbentrop rispose che la storia avrebbe giudicato perché nessuno aveva lavorato più duramente di Hitler per l'instaurazione di buone relazioni tra Germania e Gran Bretagna.

A Londra, alla stessa ora, alle 11:12 era chiaro che non c'era alcuna risposta ufficiale da Berlino, così Chamberlain e Halifax redassero la comunicazione che avrebbero presentato al Parlamento a mezzogiorno. Halifax annunciò personalmente la dichiarazione di guerra alla Camera dei Lord. Nei Comuni, Winston Churchill si riferì all'imminente guerra con una frase che si suppone sia passata alla storia: "Le nostre mani possono essere occupate, ma le nostre coscienze sono in pace". È difficile capire come sia possibile mantenere la propria coscienza in pace quando è stata presa una decisione indecente che scatenerà la più grande carneficina della storia umana. Andrew Roberts commenta la frase di Churchill: "La coscienza pulita della Gran Bretagna fu un valore fondamentale per la guerra, ottenuta grazie agli sforzi incessanti del suo ministro degli Esteri per assicurare la pace, anche dopo che le sue speranze personali erano state ridotte a nulla". Queste parole costituiscono un esempio culminante di falsificazione della realtà e fanno vergognare l'autore.

L'ambasciatore francese si recò nella Wilhelmstrasse alle 12:30, dove fu accolto da Weizsäcker. L'ultimatum di Coulondre scadeva alle 17:00 dello stesso giorno. Ribbentrop, che stava ricevendo il nuovo ambasciatore dell'URSS, aveva chiesto a Weizsäcker di non lasciare andare Coulondre, perché intendeva parlargli. Il ministro degli Esteri tedesco arrivò tempestivamente ed ebbe un breve e serio colloquio con l'ambasciatore, al quale ricordò che il 6 dicembre 1938 la Francia aveva firmato una dichiarazione di amicizia con la Germania. Coulondre si limitò a dire che aveva sempre temuto che la sua missione diplomatica a Berlino sarebbe finita in questo modo.

Il destino dei popoli europei, condannati alla peggiore tragedia della loro storia, era segnato. Assurdamente, nonostante gli sforzi di molti leader in cerca di pace, la politica di guerra di Halifax, sostenuta dal Presidente Roosevelt, alla fine trionfò. Da qualsiasi punto di vista la si guardi, non c'era alcuna giustificazione per le dichiarazioni di guerra britanniche e francesi quando Hitler aveva accettato l'armistizio subito dopo l'inizio dell'invasione. Come sottolinea Paul Rassinier, "nella storia della guerra non esiste alcun esempio in cui la potenza a cui viene chiesto un armistizio abbia ritirato le proprie truppe alle frontiere prima dell'inizio dei negoziati. La cessazione delle ostilità avviene con le truppe immobilizzate sul posto e ritirate solo dopo la firma dell'armistizio, secondo i piani".

L'assegno in bianco dato alla Polonia da Halifax, che consigliò spudoratamente ai leader polacchi di rifiutare i negoziati, fu la causa determinante della sfida polacca alla Germania e costituì un impulso decisivo verso la guerra.. Per quanto riguarda la cecità e l'incompetenza dei leader di Varsavia, basti dire che non riuscirono nemmeno a capire cosa significasse il rifiuto britannico di garantire la sicurezza della Polonia in caso di aggressione da parte dell'URSS. Non c'è il minimo dubbio sul fatto che i polacchi siano stati usati senza tanti complimenti come strumento della politica guerrafondaia britannica, sostenuta con fervore dagli Stati Uniti. Entrambi i Paesi erano gli strumenti indispensabili del sionismo e delle banche ebraiche internazionali fin dal 1917, quando erano serviti a garantire la creazione dello Stato di Israele.

Pezzi e pedine del sionismo internazionale nel governo britannico

Oltre a Lord Halifax, che, come già detto, era imparentato con i Rothschild grazie al matrimonio di suo figlio con una nipote di Lord Rothschild, altri agenti del sionismo occuparono importanti posizioni di potere nel governo britannico che dichiarò guerra alla Germania. Tra questi spicca Winston Churchill, nominato Primo Lord dell'Ammiragliato il 1° settembre 1939 e destinato a diventare Primo Ministro il 10 maggio 1940. Martin Gilbert, biografo ufficiale di Churchill, ha pubblicato nel 2007 il libro *Churchill and the Jews. Un'amicizia lunga una vita*, in cui espone con la massima naturalezza che il premier britannico era un sionista.

Sappiamo già che l'antenato paterno di Churchill, John Churchill, 1° Duca di Marlborough, quando era a capo dell'esercito nel 1688, fu corrotto con 350.000 sterline da Medina e Machado, due banchieri ebrei sefarditi di Amsterdam. Il Duca di Marlborough tradì il suo sovrano Giacomo II e si unì alle forze di Guglielmo d'Orange. In segno di gratitudine per i servizi resi, Solomon Medina lo ricompensò con un assegno annuale di 6.000 sterline. È stato anche notato che, come primo Lord dell'Ammiragliato nel 1915, Winston Churchill, in combutta con il colonnello Mandell House, cercò di far precipitare l'ingresso dell'America nella Prima Guerra Mondiale facilitando l'affondamento *del Lusitania*. Aggiungeremo ora alcune informazioni tratte dall'opera sopra citata per mostrare fino a che punto Churchill fosse impegnato nel sionismo internazionale.

"Per più di mezzo secolo", scrive Gilbert, "la vita di Churchill fu intrecciata con gli affari ebraici". Il rapporto iniziò nell'adolescenza, perché già allora il padre, Lord Randolph Churchill, lo mise in contatto con i Rothschild. Quando nel 1937 la Commissione Peel propose la divisione della Palestina in due Stati, Churchill, con categorico disprezzo per i diritti del popolo palestinese, dichiarò di non essere favorevole alla divisione e che lo Stato sionista avrebbe dovuto ottenere tutta la Palestina. Il 1938 fu un anno sanguinoso nella "terra promessa", dove furono uccisi quasi 1.500 arabi. Il 19 maggio 1939 il governo Chamberlain, ignaro del fatto che uno degli obiettivi fondamentali della guerra era quello di provocare un esodo di massa degli ebrei in Palestina, pubblicò il cosiddetto Libro Bianco di MacDonald, che i sionisti chiamarono Libro Nero. Questo documento chiedeva una Palestina governata congiuntamente da arabi ed ebrei e limitava l'immigrazione a un massimo di 75.000 ebrei nei cinque anni successivi, garantendo così una maggioranza araba nel futuro Stato. Prima del dibattito alla Camera dei Comuni, Churchill invitò a pranzo Chaim Weizmann e altri leader sionisti e lesse loro il discorso che stava per pronunciare. Tale fu il loro servilismo che lo stesso Weizmann riconosce nelle sue memorie che Churchill si offrì di modificarlo a suo piacimento. Il 23 maggio 1939, durante il dibattito, Churchill accusò il governo di aver tradito la *Dichiarazione*

Balfour: "Ora c'è una violazione", disse, "una violazione della promessa, c'è un abbandono della Dichiarazione Balfour, c'è la fine della visione, della speranza, del sogno". Il lavoro di Martin Gilbert, in breve, dimostra con chiarezza cristallina che il premier britannico durante la Seconda guerra mondiale fu un attore chiave del sionismo internazionale.

Il grande dibattito si concluse con una vittoria per Chamberlain e il suo Libro Bianco con una maggioranza di 268 a 179; ma ci furono 110 astensioni. Tra l'altro, il dibattito dimostrò che l'opposizione laburista sosteneva i sionisti e fu il primo avvertimento al Primo Ministro che il suo stesso partito avrebbe potuto sostituirlo. Da questo momento in poi, la figura di Winston Churchill, un politico il cui declino era costante da dieci anni e che, secondo i suoi biografi, soffriva di depressioni perché si riteneva politicamente "finito", emerse come per magia grazie al sostegno del sionismo internazionale, il cui leader Chaim Weizmann si presentò nell'ufficio del neo nominato Primo Lord dell'Ammiragliato non appena scoppiò la guerra.[5]

Un altro esempio è Isaac Leslie Hore-Belisha, figlio di Jacob Isaac Belisha, un ebreo che non era nato in Inghilterra. Membro dei liberali, Hore Belisha riuscì a convincere Chamberlain a nominarlo Segretario di Stato alla Guerra tra il 1937 e il 1940. I deputati conservatori rimproverarono il loro leader per aver affidato un incarico così importante a un guerrafondaio, che soprannominarono Horeb-Elisha, un gioco di parole che alludeva alla sua origine ebraica (il Monte Sinai è in ebraico il Monte Horeb). Molti conservatori lo accusarono di essere più preoccupato per gli ebrei che per gli inglesi e di voler precipitare la guerra contro la Germania. Per controllare le forze armate, il nuovo ministro procedette al licenziamento di tre importanti membri dello Stato Maggiore. Uno di loro, il Feldmaresciallo John Vereker Gort, Lord Gort, non poteva sopportare di stare in una stanza con Hore Belisha. Hore Belisha portò presto molti correligionari ebrei nel Ministero, ad esempio tre nomi: Sir Isidore Salmon, che fece diventare consigliere aggiunto; Humbert Wolfe, un intellettuale che stilò per il Ministro una lista di scrittori che potevano servire come propagandisti; Lord Stanhope, Primo Lord dell'Ammiragliato. Ben presto il sentimento di indignazione scese nei ranghi inferiori dell'esercito e nell'opinione pubblica. I soldati britannici

---

[5] C'è stata una controversia sull'origine della madre di Churchill, Jenny Jerome, il cui vero nome sarebbe Jenny Jacobson/Jerome, da quando Moshe Kohn ha osservato in un articolo pubblicato sul *Jerusalem Post* il 18 gennaio 1993 che era un'ebrea di New York. Se così fosse, lo stesso Winston Churchill sarebbe ebreo. Anche lo storico David Irving ha alluso, in *Churchill's War*, all'ascendenza ebraica di Churchill, anche se sembra che la sua fonte fosse il già citato Moshe Kohn. Altri autori, tuttavia, negano che Jenny Jerome fosse ebrea. In ogni caso, ciò che conta non è se Churchill fosse o meno ebreo, ma se fosse un sionista al servizio della causa. Su questo non ci sono dubbi, come è stato spiegato.

cantarono nei primi mesi di guerra una canzone del XIX secolo intitolata *Onward, Christian Soldiers*, che si traduce:

> "Avanti esercito forzato,/ Non avete nulla da temere,/ Isaac Hore-Belisha/ vi guiderà dalle retrovie,/ Vestiti da Monty Burton (Montague Maurice Burton, in realtà Moshe Osinsky, un ebreo lituano che possedeva la più grande catena di negozi di abbigliamento),/ Nutriti dalle torte di Lione (una catena di ristoranti di proprietà ebraica);/ Combattete per le conquiste yiddish,/ Mentre gli inglesi muoiono./ Combattere e morire per l'ebraismo, come abbiamo fatto prima (allusione alla Dichiarazione Balfour).

Il Cancelliere dello Scacchiere, l'uomo che negoziò con i banchieri i prestiti di guerra multimilionari, era Sir John Simon, amico e protetto di Sir Philip Sassoon, finanziere ebreo e leader sionista legato ai Rothschild, morto prematuramente il 3 giugno 1939. I Sassoon, ebrei di origine irachena arricchitisi con la produzione e l'esportazione dell'oppio, sono predominanti nel settore bancario in Cina e in India. Il padre di Philip Sassoon, Sir Edward Albert Sassoon, sposò una Rothschild. Il 15 febbraio 1939, il Cancelliere dello Scacchiere, Sir John Simon, dichiarò alla Camera dei Comuni che il Tesoro intendeva raddoppiare i prestiti pubblici per l'acquisto di armamenti, portandoli da 400 a 800 milioni di sterline. Simon fu per un certo periodo considerato un ebreo in Germania, ma sembra che le stesse autorità naziste abbiano in seguito sconfessato questa tesi.

Numerose segreterie, sottosegretari, assessorati e persino alcuni ministeri del Gabinetto che dichiarò guerra alla Germania erano nelle mani di ebrei, massoni e gentili sposati con donne ebree. Il matrimonio di donne ebree con gentili ricchi o influenti divenne una pratica comune a partire dal XIX secolo. "Non sposateli. Non dare tua figlia al loro figlio e non prendere la loro figlia per tuo figlio". Questa proibizione, che proviene dal *Deuteronomio*, non viene spesso applicata per motivi di interesse. Poiché è la madre a determinare l'ebraicità (si è ebrei di diritto quando si nasce da una madre ebrea), molte donne iniziarono a sposare aristocratici, scienziati, intellettuali, uomini ricchi o politici influenti. Lenin, Stalin e Molotov, come sappiamo, sposarono donne ebree.

PARTE 2
DEI PRIMI ANNI DI GUERRA

Dedicheremo questa seconda sezione sulla Seconda Guerra Mondiale agli eventi poco raccontati della Seconda Guerra Mondiale. Alcuni sono ignorati o nascosti, mentre altri che sono noti non ricevono l'attenzione che meritano e vengono deliberatamente dimenticati. Il primo di questi, di cui si parlerà più avanti, è il massacro di civili della minoranza tedesca in Polonia, il cui episodio più noto è la cosiddetta "domenica di sangue" di Bromberg. Già il 19 settembre 1939, Hitler denunciò alcuni degli eventi in un discorso a Danzica. Il cancelliere tedesco, dopo aver espresso il suo apprezzamento per i soldati polacchi che avevano combattuto coraggiosamente sul campo di battaglia e aver criticato i comandanti dell'esercito polacco per la loro incompetenza, riferì che 300.000 polacchi erano stati fatti prigionieri, 2.000 dei quali erano ufficiali. Poi continuò a denunciare che migliaia di persone, molte delle quali donne, ragazze, bambini e anziani, erano state brutalmente assassinate in modo efferato. Ha descritto gli eventi come i più turpi visti da secoli e ha affermato che, come soldato sul fronte occidentale durante la Prima Guerra Mondiale, non aveva mai visto nulla di simile. Dopo aver denunciato il silenzio dei cosiddetti Paesi democratici, così spesso deplorato in precedenza dall'ambasciatore Henderson, affermò di aver comunque ordinato alla Luftwaffe di agire solo contro le unità militari. Hitler definì i criminali "bestie sadiche che si erano lasciate andare e avevano permesso ai loro istinti perversi di scatenarsi mentre il mondo democratico bigotto guardava senza fiatare".

L'uccisione indiscriminata della minoranza tedesca in Polonia

Nel 1940 fu pubblicato a Berlino il testo *Dokumente Polnischer Grausamkeit*, che può essere letto in inglese su Internet Archive con il titolo *The polish atrocities against the german minority in Poland*. Si tratta di un libro compilato a partire dai casellari giudiziari dei tribunali speciali istituiti a Bromberg e Posen, dai rapporti delle commissioni d'inchiesta della polizia, dalle testimonianze degli esperti medici del Dipartimento di Ispezione Sanitaria dell'Alto Comando Militare e dai documenti originali della Commissione Militare dell'Alto Comando, istituita per indagare sulle violazioni del diritto internazionale. Le corti di giustizia istituite a Bromberg e Posen erano tribunali ordinari, che amministravano la giustizia sulla base del Codice Penale della Germania e della giurisprudenza della Corte Suprema del Reich. Il rapporto, curato e pubblicato per ordine del Ministero degli Esteri tedesco, contiene quindi una grande quantità di prove documentali raccolte da varie agenzie. Una seconda opera sul gigantesco pogrom contro i tedeschi in Polonia fu pubblicata nel 1940 da Edwin Erich Dwinger con il titolo *Der Tod in Polen. Die Volksdeutsche Passion* (*La morte in Polonia. La passione della minoranza tedesca*).

Al 1° febbraio 1940, le autorità avevano identificato 12.857 corpi, ma non era stata trovata alcuna traccia dei 45.000 membri della minoranza tedesca ancora dispersi e presunti morti, che furono quindi aggiunti al numero totale delle vittime, che si aggirava intorno alle 58.000 unità. Si è già visto nelle pagine precedenti che le espulsioni, le deportazioni di massa e gli omicidi della minoranza etnica tedesca erano iniziati in Polonia molto prima dell'invasione. Nonostante ciò, e nonostante le ripetute affermazioni che in caso di guerra con la Germania tutti i tedeschi sarebbero stati uccisi e le fattorie bruciate, la maggior parte di loro, radicata nelle proprie case e proprietà, che in molti casi erano state acquistate dai loro antenati centinaia di anni prima ed ereditate di generazione in generazione, decise di rimanere nelle proprie case, non potendo credere che le minacce di omicidio sarebbero state messe in atto.

Appena iniziata la guerra, il 1° settembre, fu data ufficialmente una parola d'ordine via radio, che era l'ordine di iniziare una campagna criminale contro i civili tedeschi, pianificata in anticipo dalle autorità. Questa trasmissione radiofonica è una prova evidente che si trattava di un genocidio organizzato. Secondo le testimonianze della signora Weise, moglie di un prestigioso medico che lavorava all'ospedale protestante di Posen, e del dottor Reimann, il messaggio iniziava con queste parole. "Salve! Salve! Tedeschi, cechi e boemi! Eseguite l'ordine numero... subito". Nessuno dei due testimoni era sicuro del numero esatto dato; ma un altro testimone, Konrad Kopiera, direttore del Centro Schicht di Varsavia, ha ricordato che il numero dell'ordine era 59. Un'altra vicina di Posen (Poznan), la signora Klusseck, ha riferito di un secondo ordine che ha sentito alla radio la sera del 1° settembre. Come il precedente, doveva essere eseguito immediatamente ed era indirizzato a tutti i tribunali, ai procuratori e alle altre autorità. Si concludeva con un codice contenente più di sette cifre numeriche, alcune lettere e altri segni, che non poteva essere decifrato dalle autorità tedesche, che stavano ancora indagando quando il libro fu pubblicato.

Il periodo dal 31 agosto al 6 settembre fu l'apice delle violenze contro i civili tedeschi, che raggiunsero il culmine il 3 settembre a Bromberg, una città sul fiume Brahe che dopo la guerra fu ribattezzata Bydgoszez. Lì, come mostrano le fotografie allegate alla *Dokumente Polnischer Graumsamkeit* , uomini, donne e bambini furono massacrati con orribile crudeltà e sadismo. Tra le vittime vi erano sacerdoti protestanti, ragazze adolescenti, spesso violentate, bambini piccoli, anziani e persino donne incinte. Un esempio di queste donne incinte è Helene Sonnenberg, uccisa a Rudak insieme a Martha Bunkowski e altre. Helene era la moglie del sacrestano protestante della parrocchia di Rudak, Albert Sonnenberg. Il 1° settembre, il pastore è stato prelevato dalla sua casa a colpi di baionetta. Helene, che era fuori casa con il figlio Heinrich di tre anni, decise di non tornare. Nessuno volle proteggerli e trascorsero sei giorni nascosti in fienili e fornaci. Il 6 settembre incontrò Martha Bunkowski, una donna sola che, come lei, si stava nascondendo dalla folla. Il 7 Martha andò a prendere dei vestiti per il piccolo Heinrich. Quando tornò, fu accompagnata dai soldati. L'8 settembre, entrambe le donne furono trovate morte nel porcile della casa del sagrestano. Il rapporto medico-legale del dottor Panning affermava quanto segue: "Il fatto che i resti del feto siano stati trovati non nel corpo della madre, ma tra le cosce, è dovuto a un processo noto chiamato 'parto in culla'. In questi casi, cioè, l'espulsione del corpo del bambino dal grembo materno avviene a causa della putrefazione..."

Le testimoni polacche Maria Szczepaniak e Luzia Spirka, entrambe vicine di casa di Bromberg che si erano nascoste in una cantina, hanno raccontato che i cittadini tedeschi venivano uccisi indiscriminatamente, senza distinzione di età, credo religioso o sesso. Nessuna classe sociale o rango, confermano questi testimoni, fu risparmiata dal massacro: contadini, agricoltori, insegnanti, sacerdoti, medici, commercianti, operai o uomini d'affari furono uccisi, torturati a morte, picchiati e accoltellati senza motivo. Paul Zembol, un testimone di Pless (Pszczyna), una città della Polonia meridionale vicina ai confini cechi e slovacchi, ha dichiarato: "Mai prima d'ora avevo visto volti così distorti dalla furia o da espressioni bestiali. Avevano certamente smesso di essere esseri umani".

I corpi uccisi da colpi di arma da fuoco o da percosse sono stati trovati senza sepoltura sparsi ovunque: sulle porte di casa, nei cortili e nei giardini, lungo i bordi delle strade, a volte coperti da foglie e rami, nei fossati dei campi, sulle rive di fiumi e laghi, nelle vicinanze delle foreste. Nella quasi totalità dei casi avevano subito mutilazioni raccapriccianti: occhi cavati dalle orbite, denti spaccati, cervelli che trasudavano dai crani, lingue tagliate, addomi squarciati, intestini fuori, gambe e braccia spezzate, dita di mani e piedi amputate, castrazioni, donne con i seni recisi.... A volte i corpi giacevano a terra legati a due, a tre o in fila con le mani legate dietro la schiena.

La "domenica di sangue" di Bromberg ebbe luogo prima che le truppe tedesche potessero fare rapporto alla città, nella quale entrarono martedì 5 settembre. Gli autori delle uccisioni furono poliziotti, soldati polacchi in ritirata in massa e la popolazione brutalizzata. Per illustrare la dinamica dei crimini, racconteremo il caso della famiglia Schmiede, per il quale disponiamo di due fonti: la testimonianza della signora Irma Ristau, una donna protestante di 25 anni che abitava al numero 10 di via Kartuzka a Bromberg, che ha rilasciato una dichiarazione giurata davanti a un giudice militare, e la versione dei fatti contenuta nel secondo capitolo della già citata opera di Edwin Erich Dwinger. La fusione dei due testi ci permetterà di ottenere un quadro più completo dei fatti.

In tribunale, la signora Ristau, il cui nome da nubile era Bloch, ha dichiarato che il marito lavorava a Bromberg per un maestro giardiniere, il signor Schmiede, e che sabato 2 settembre aveva chiamato gli Schmiede per sapere se doveva recarsi al lavoro come al solito. La signora Ristau accompagnò il marito perché il giorno prima era stata minacciata e picchiata con una spranga di ferro sul posto di lavoro e aveva paura di essere lasciata sola. Inoltre, un vicino di casa di nome Pinczewski, che abitava in via Kartuzka 8, li aveva accusati il giorno prima di essere "due hitleriani" e aveva minacciato di farli a pezzi non appena fosse iniziata la guerra. La famiglia Schmiede aveva sei bambini piccoli e Irma Ristau da qualche tempo aiutava nell'asilo della famiglia. I coniugi Ristau passarono la notte a casa dell'insegnante Schmiede, i cui giardini si trovavano alla periferia della città.

Il giorno dopo, a pranzo, racconta E. E. Dwinger, un apprendista entrò nella stanza dove la coppia e i loro sei figli stavano mangiando. Il maestro giardiniere gli chiese quali fossero le novità: "La solita telefonata", rispose. È da un'ora che va avanti! Non capisco cosa voglia dire". Con un'occhiata il signor Schmiede impose il silenzio; ma la signora Schmiede se ne accorse e chiese: "È sicuro che non stiano tramando qualche marachella?". Il signor Schmiede cercò di rassicurarla. "Cosa potrebbero farci? Siamo civili! Abbiamo sempre adempiuto ai nostri obblighi e pagato le tasse più velocemente dei polacchi stessi, abbiamo servito come soldati nel loro esercito.... Forse ci cacceranno dalla città se Bromberg dovrà essere consegnato ai tedeschi, questo è prevedibile, naturalmente". La signora Schmiede, sempre più spaventata, suggerì se non fosse meglio fuggire. A questo punto Irma Ristau, che era presente, raccontò le minacce ricevute dal suo vicino Pinczewski. "Calmatevi", le interruppe il maestro Schmiede, "Inoltre, è già troppo tardi, le truppe si stanno ritirando, e mettersi in mezzo ora è più pericoloso che restare in casa".

Poco dopo, migliaia di polacchi in ritirata si riversarono nelle strade della città e avanzarono verso il centro. Come un flusso ardente di lava fusa", scrive Dwinger, "riempirono strade e vicoli e si precipitarono febbrilmente in ogni casa abitata da tedeschi. Il nucleo di queste masse era costituito da soldati, accompagnati da gentaglia e studenti che indicavano loro la strada per raggiungere i loro obiettivi. Un gruppo di soldati entrò nella casa di Schmiede con le baionette sguainate. Il giardiniere, spaventato, non riuscì a esprimersi in polacco. Non sai il polacco, figlio di puttana", gridò un soldato, "ma hai una pistola". L'invito a perquisire la casa non servì a nulla, il soldato gli ordinò di fare tre passi indietro e gli sparò. La signora Schmiede cadde a terra accanto al marito ferito a morte. Miracolosamente, nessuno dei tre colpi sparati contro di lei colpì il bersaglio (i criminali erano probabilmente ubriachi). La donna balzò in piedi e, urlando follemente, riuscì a uscire con i bambini prima che i soldati avessero il tempo di sparare di nuovo. Fuori, corsero in una cantina che fungeva da rifugio antiaereo, dove la signora

Schmiede si rinchiuse con i figli e altri dipendenti, tra cui Irma Ristau e suo marito.

I polacchi circondarono la casa e le diedero fuoco. In cantina si scatenò il panico e, temendo di bruciare o morire soffocati, alcuni cercarono di uscire, ma l'ingresso era in fiamme e l'unica via d'uscita era la finestra. Il primo a provarci fu un apprendista, ma gli spararono in testa non appena mise piede fuori. I primi a rischiare, poco dopo, furono i Ristau. Irma Ristau ha testimoniato quanto segue:

> "Io e mio marito ci siamo arrampicati e siamo riusciti a raggiungere la strada. Abbiamo alzato le mani in aria e detto ai polacchi che ci stavamo arrendendo e di non sparare, ma i civili hanno gridato: 'Dovete ucciderli, sono hitleriani e spie'. Poi un soldato polacco ha sparato e mio marito è crollato con una pallottola in testa. Io sono caduta a terra in mezzo al rumore e ho perso i sensi per il terrore. Quando ho ripreso i sensi, accanto a me c'era un soldato con una baionetta, che ha preso la fede nuziale di mio marito, il suo orologio e 45 zloty. Le scarpe di mio marito, che aveva indossato solo al nostro matrimonio e per pochi giorni, le consegnò ai civili. Mi afferrò per i capelli e mi sollevò, ma io ricaddi a terra accanto a mio marito. Quando ho chiesto al soldato di lasciarmi almeno l'anello come ricordo, mi ha colpito con il calcio del fucile sul collo e sulla schiena con una tale violenza che ancora oggi faccio fatica a muovermi."

Irma Ristau, dolorante e impregnata del sangue del marito, finì in una caserma, dove implorò di essere uccisa, poiché non voleva più vivere. "È un peccato sprecare una pallottola per te", disse uno dei soldati, "vai all'inferno". Così la signora Ristau tornò dove era stato lasciato il corpo del marito, dove vide come i soldati e i civili lo stavano smembrando. Aggiungiamo solo come E. E. Dwinger conclude il racconto della signora Schmiede, di cui Imma Ristau non fornisce ulteriori informazioni nella sua dichiarazione. Secondo questa autrice, ella salvò la vita dei suoi figli mettendo loro in bocca degli asciugamani imbevuti di aceto e proteggendoli con il proprio corpo dagli spari che entravano in cantina dalla finestra. La sera la casa bruciata crollò e la folla si disperse. Il giorno dopo osarono uscire dalla cantina e, sebbene fossero stati arrestati, fortunatamente ebbero salva la vita.

A Bromberg furono attaccate praticamente tutte le case in cui vivevano dei tedeschi e intere famiglie furono uccise. Nessuno dei quartieri della città fu risparmiato dal pogrom. Potremmo presentare centinaia di casi elencati nel *Dokumente*, poiché si tratta di un rapporto esaustivo di oltre 400 pagine, ma ciò non farebbe altro che aggiungere qualcosa a quanto già detto. Tuttavia, può essere interessante riprodurre alla lettera almeno una dichiarazione completa. Abbiamo scelto quella di Paul Sikorski per due motivi: è breve e ci permette di apprezzare l'estrema crudeltà dei criminali.

Si deduce che Sikorski, un uomo di trentacinque anni, fu preso per un polacco perché parlava perfettamente il polacco; tuttavia, dichiarò sotto giuramento di essere cattolico e di appartenere alla minoranza tedesca:

> "Domenica 3 settembre 1939, verso le sei del mattino, mi recai al mulino per spegnere la luce e la turbina. Durante il tragitto ho sentito improvvisamente delle forti grida provenire dalla stazione. A circa novanta metri di distanza vidi vicino ai binari un gruppo di ferrovieri, civili e militari, che picchiavano sette persone tra i venti e i sessant'anni con calci di fucile, baionette e bastoni. Avevano circondato le vittime. Mi avvicinai e li sentii gridare in polacco: "Uccidiamo i tedeschi". Anche da lontano ho visto il sangue che sgorgava. Mi sono girato quando ho capito che l'orda voleva venire verso di me. Sono tornato alle nove e ho esaminato i corpi. A due di loro erano stati cavati gli occhi con le baionette. Le orbite erano vuote e c'era solo una massa sanguinolenta. Altri tre corpi avevano il cranio spaccato e il cervello era a un metro di distanza. Gli altri corpi erano stati fatti a pezzi. Uno di essi era completamente aperto. Conoscevo due delle vittime: Leichnitz, un macellaio di Jagershof, e il signor Schlicht.
> Nel pomeriggio, tra le tre e le quattro, un gruppo di soldati e ferrovieri è venuto al mio mulino e ha portato con sé diciotto tedeschi, legati a coppie. Li ho visti perfettamente dal mio giardino. I diciotto sono stati fucilati a due a due e quando erano a terra sono stati picchiati. Tra i morti c'erano un ragazzo di quattordici anni e una donna. In questa occasione si dovette fare tutto in fretta, perché se ne andarono subito. Ho poi ispezionato i corpi; sono rimasti lì per tre giorni.
> Il lunedì mattina, quando si dice che i soldati polacchi abbiano evacuato la città, due soldati hanno portato una coppia di anziani. Davanti a me li misero accanto a un muro del mulino. Mi sono precipitato dai soldati, mi sono inginocchiato davanti a loro e li ho pregati in polacco di liberare gli anziani, che avevano circa sessantacinque anni. Tuttavia, sono stato spinto via con il calcio del fucile da uno dei soldati, che ha detto: "Lasciate morire questi dannati tedeschi". Prima che potessi alzarmi, furono entrambi abbattuti e i loro corpi caddero in un fosso...".

Prima dell'invasione, le colonne di arresti di minoranze tedesche erano sempre più frequenti in Polonia. Numerose persone hanno testimoniato in tribunale la loro esperienza di queste marce, che si sono diffuse non appena è iniziata la guerra. Il 15 settembre Gotthold Starke, caporedattore della *Deutsche Rundschau* di Bromberg, fornì un resoconto dettagliato davanti a un tribunale militare. Ha raccontato la sua esperienza a partire dal 1° settembre, quando è stato arrestato a casa sua e collocato in un orfanotrofio insieme ad altre persone di minoranza tedesca e di nazionalità tedesca, come il console Wenger, la sua segretaria e altri funzionari del Consolato Generale a Thorn. Secondo questo testimone, le liste delle persone da arrestare erano già state stilate alla fine di aprile e all'inizio di maggio.

C'erano tre tipi di detenuti, che venivano classificati in tre gruppi per mezzo di biglietti colorati: rosso, rosa e giallo.

Un breve riassunto del resoconto darà un'idea delle difficoltà di queste marce. Starke riferisce che il 2 settembre arrivarono all'orfanotrofio altri prigionieri. Alle cinque del pomeriggio furono radunati nel cortile e separati in due file. Poi iniziò la marcia per le strade di Bromberg tra gli insulti e gli sputi della popolazione polacca. I detenuti, tra cui bambini, donne e anziani, dovevano essere portati a Thorn, a trentasei chilometri di distanza. Il 4 settembre furono portati da Thorn a Ciechocinek, dove furono sistemati in campi per giovani e separati per sesso. Coloro che non si erano procurati qualcosa da mangiare, che erano la maggioranza, erano già rimasti per giorni senza cibo. Il 5 settembre lasciarono Ciechocinek per Wloclawek e a mezzogiorno, sotto un sole cocente, si accamparono in una discarica di rifiuti a Nieszawa. Lì furono raggiunti da un folto gruppo di prigionieri di Pomerelia, tra cui vecchi e donne in condizioni terribili. All'arrivo a Wloclavek furono tutti rinchiusi in una palestra, dove non fu data loro nemmeno l'acqua. Il giorno successivo, 6 settembre, partirono per Chodsen, dove furono raggiunti da nuove colonne di prigionieri provenienti da Pomerelia. Secondo Starke, i prigionieri erano ormai circa 4.000, di cui tra i 600 e gli 800 provenienti da Bromberg. Tra loro c'erano circa un migliaio di polacchi: socialdemocratici, detenuti e altri individui dall'aspetto losco. In breve, la marcia continuò per giorni successivi finché il 9 settembre raggiunsero Lowitsch sotto il fuoco dell'artiglieria tedesca, dove le guardie polacche li abbandonarono. Dei 4.000 detenuti ne rimasero solo 2.000. I 1.000 polacchi erano spariti. I prigionieri cominciarono quindi a disperdersi, molti dei quali raggiunsero le posizioni tedesche a. Da quando avevano lasciato Bromberg, avevano percorso circa 150 miglia a piedi.

Vediamo ora da vicino una di queste marce attraverso il racconto di Herbert Mathes, proprietario di una fabbrica di mobili a Brombreg, che, sotto giuramento, ha raccontato al tribunale cosa accadde a 150 tedeschi che marciarono verso Piecki, vicino a Brzoza. Suo figlio Heinz Mathes ha confermato la dichiarazione. Herbert Mathes e i suoi due figli, di tredici e quindici anni, furono arrestati a Bromberg il 3 settembre da quattro uomini armati di asce, che li consegnarono ai soldati. Con le mani legate, vennero impacchettati in un gruppo di un centinaio di noti cittadini della città e portati alla caserma della stazione. Durante il tragitto sono stati picchiati, sputati e minacciati con coltelli e asce. Altri detenuti, tra cui altri genitori con i loro figli, si sono radunati alla stazione. In totale c'erano circa quattrocento persone, di cui i più fortunati sono stati messi da parte per caricare le munizioni e si sono salvati la vita. Il resto ha marciato verso Brzoza. I vecchi che non potevano proseguire", ha dichiarato Mathes, "furono feriti con le baionette e alcuni morirono". Poco dopo, al di là della città, fu imposto l'alt e fummo bersagliati dal fronte e dalle retrovie. Molti furono uccisi in questo modo bestiale". Fu quindi organizzato un convoglio di circa centocinquanta persone. "Ho protetto i miei figli", continua il testimone, "e sono stato ferito con una baionetta nella coscia". Durante la marcia, chi non poteva continuare e si sedeva "veniva colpito con il calcio del fucile perché dopo circa due ore il tenente aveva vietato di sparare". Alle cinque del mattino solo quarantaquattro persone erano ancora vive quando fu permesso loro di riposare in una stalla. Heinz Mathes, che capiva il polacco, informò suo padre che erano andati a cercare benzina per bruciarli lì, anche se ai bambini doveva essere permesso di tornare a casa. Non trovando benzina, alle sette e mezza del mattino i soldati ordinarono ai prigionieri di allinearsi in tre. I primi tre vennero fucilati, e la storia è andata avanti così:

> "Questo fu ripetuto fino a sei volte. Heinz implorò coraggiosamente che né lui né suo fratello Horst fossero uccisi; ricevette una ferita da baionetta alla spalla destra. 'Altri tre'. Heinz mi disse che il caporale aveva detto che era uno spreco di cartucce buone e che i rimanenti dovevano essere accoltellati. Oh mio Dio!" Riusciva a sentire solo se stesso. Coloro che non erano in silenzio ricevettero i colpi mortali e attutiti dei mozziconi. Noi tre fummo i prossimi, dietro c'erano altri cinque. Uscimmo mano nella mano, ma fummo spinti a sinistra. Due soldati, caporali, ci afferrarono e ci spinsero qualche passo avanti. Erano i rapinatori a cui Heinz aveva accortamente detto durante il giorno che possedevamo oggetti di valore e denaro. Abbiamo quindi dato loro tutto quello che avevamo e hanno iniziato a litigare per la distribuzione. A quel punto ne approfittammo per scappare.... Vagammo tutta la notte; era lunedì sera. Heinz era fasciato con un pezzo della mia camicia. Eravamo in camicia, le scarpe ci erano state tolte a Bromberg. Mercoledì sera la nostra situazione era disastrosa, abbiamo visto molti soldati nelle vicinanze e abbiamo dovuto evitare il pericolo. Non è meglio morire?" chiese Horst. Le nostre lingue erano gonfie e piuttosto bianche, le labbra spesse e incrostate. Arrivò il soccorso: una forte rugiada si posò sulle foglie degli alberi, la leccammo avidamente e mangiammo una rana "più buona del vino", disse Heinz. Horst, che ci aveva salutato, tornò in vita...".

Giovedì 7 settembre, Herbert, Heinz e Horst Mathes hanno incontrato i soldati tedeschi. Una volta tornati a Bromberg, poterono abbracciare la signora Mathes, madre e moglie, che non riusciva a credere che fosse avvenuto un tale miracolo.

Molti degli omicidi di massa sono stati confermati dalla scoperta di numerose fosse comuni in cui sono stati sepolti i corpi delle vittime: nel sobborgo di Jagershof, vicino a Bromberg, sono state fucilate sessantatré persone. A Slonsk, nel sud-est di Thorn, una città abitata per secoli da tedeschi, è stata trovata una fossa con 58 corpi di membri della minoranza tedesca. La fossa comune più grande fu localizzata il 14 ottobre 1939 vicino a Tarnowa, a nord di Turek, dove furono trovati i corpi di centoquattro persone di etnia tedesca, molti dei quali erano stati crudelmente mutilati. Nel dicembre 1939 furono trovate fosse comuni a Klodawa e Krosniewice.

Esistono due dichiarazioni sui 63 cadaveri trovati nella fossa comune di Jagershof: una racconta che diciotto persone furono fucilate; la seconda testimonia l'uccisione di altre venti vittime che finirono nella stessa fossa. Concluderemo questa sezione sui massacri della minoranza tedesca in Polonia con un breve resoconto della prima di queste due dichiarazioni. Tra le diciotto persone fucilate c'era il pastore protestante Kutzer, padre di quattro figli di età compresa tra i tre e i quattordici anni. Nella sua casa, questo pastore stava ospitando altri rifugiati tedeschi provenienti da altre parrocchie. Alle 15 del 3 settembre, il pastore e il padre settantatreenne Otto Kutzer, due giovani, Herbet Schollenberg, di 14 anni, e Hans Nilbitz, di 17, e altri tre rifugiati furono arrestati. Furono tutti portati su un terrapieno vicino alla parrocchia, dove raggiunsero altri dodici detenuti, tra cui una donna, la signora Kobke. Disposti in fila, dodici soldati li hanno fucilati uno a uno da una distanza di sette metri. Dopo aver assistito alla prima esecuzione, la signora Kobke è svenuta. Al termine delle esecuzioni, slegarono le mani della donna e, dopo averle fatto guardare i cadaveri stesi a terra uno per uno, la lasciarono andare. Allo "spettacolo" assistettero circa duecento persone.

Dalla guerra contro la Germania alla carta bianca per l'URSS

I polacchi non riuscirono a stabilire un fronte in nessuna delle aree attraverso le quali le truppe tedesche entrarono in Polonia, quindi il 6 settembre era chiaro che avevano perso la guerra. In *Hitler's War* David Irwing conferma quanto segue: "I piani territoriali di Hitler per la Polonia erano ancora indeterminati. Sperava di essere costretto ad accettare la mediazione italiana e un eventuale armistizio, e per migliorare la sua posizione al tavolo delle trattative aveva catturato il maggior numero possibile di territori nei primi giorni". Dopo il fallimento di Ciano, Hitler sperava che l'invasione dell'Unione Sovietica avrebbe costretto la Gran Bretagna a dichiarare guerra anche a Mosca. Tuttavia, come sappiamo, una clausola segreta del trattato firmato in agosto da Beck e Halifax stabiliva che Londra si impegnava a difendere la Polonia solo da una singola "potenza europea", cosa sconosciuta ai leader nazisti.

Stalin, che non aveva ancora spostato il suo esercito e che era ancora in attesa, il 9 settembre informò Berlino della sua intenzione di occupare la parte della Polonia che doveva essere restituita all'URSS secondo i termini del patto firmato il 23 agosto. Con il pretesto di "venire in aiuto dei suoi fratelli di sangue ucraini e bielorussi", che considerava minacciati dalla "disintegrazione dello Stato polacco", l'Armata Rossa entrò in Polonia il 17 settembre 1939. A quel punto Beck si era dimesso e Sikorski, il capo del governo polacco, con un gesto patetico chiese agli inglesi e ai francesi di dichiarare guerra all'URSS. Naturalmente i polacchi capirono finalmente di essere stati venduti, visto che nessuno aveva mosso un dito per aiutarli. Il maresciallo Rydz-Smigly, capo di stato maggiore, ordinò alle sue unità di non combattere i sovietici, che, a parte la resistenza occasionale di alcuni polacchi infuriati, non incontrarono quasi nessuna opposizione. Roosevelt ebbe il coraggio di giustificare l'invasione sovietica della Polonia come "un'azione per evitare che l'intero Paese fosse occupato dai tedeschi". Dopo l'invasione comunista, 230.000 soldati, di cui 15.000 ufficiali, caddero prigionieri dei sovietici. La disfatta era stata consumata. In breve tempo, la Polonia non era più sulla mappa dell'Europa.

Il 28 settembre Ribbentrop si recò a Mosca e raggiunse un accordo con Stalin e Molotov per spingere il confine tedesco inizialmente previsto oltre la Vistola fino a Bug. In cambio, la Germania permise alla Lituania di cadere nella sfera d'interesse sovietica. L'Unione Sovietica annesse 180.000 chilometri quadrati popolati da dodici milioni di ucraini, bielorussi e polacchi, territori che furono integrati nelle repubbliche sovietiche di Ucraina e Bielorussia. Naturalmente, nessuno in Europa si oppose minimamente. La Gran Bretagna e la Francia, pur sapendo che in Polonia la minoranza tedesca era sottoposta a ogni sorta di ingiustizia e atrocità, dichiararono guerra alla Germania perché non acconsentivano alla reintegrazione di Danzica, una città a popolazione tedesca, nel Reich; eppure accettarono senza problemi che Stalin venisse "in aiuto dei suoi fratelli di sangue ucraini e bielorussi" e annettesse metà del Paese.

Gli storici ufficiali non vogliono o non possono spiegare adeguatamente perché le famose democrazie abbiano dato all'URSS carta bianca per agire a suo piacimento. Solo la linea di interpretazione dei fatti storici che abbiamo sostenuto in questo lavoro può chiarire adeguatamente ciò che è accaduto e ciò che doveva accadere. Nel desiderio di distruggere completamente la Germania, la Gran Bretagna e gli Stati Uniti, le presunte democrazie sottomesse ai poteri ombra che avevano imposto la guerra, avrebbero permesso, come è noto, al comunismo di occupare mezza Europa e di arrivare fino a Berlino. Vale la pena ricordare ancora una volta che l'Unione Sovietica era una spietata dittatura comunista che negava i tradizionali valori occidentali. Dal 1917, milioni di oppositori erano stati assassinati e i giudeo-bolscevichi avevano compiuto il più grande saccheggio della storia per i loro padroni. Il comunismo, come abbiamo visto, si era consolidato con l'approvazione degli Stati Uniti e della Gran Bretagna attraverso il terrore sanguinario. I suoi crimini, commessi nell'arco di 22 anni, nel 1939 avevano battuto ogni record.

Dopo aver "soccorso i suoi fratelli di sangue" e aver avviato i piani di annessione del territorio polacco, Stalin rivolse lo sguardo alle repubbliche baltiche, i cui ministri degli Esteri furono convocati a turno. Una dopo l'altra si presentarono a Mosca e nel giro di due settimane, dal 26 settembre al 10 ottobre, furono costrette a concedere basi militari all'Unione Sovietica attraverso l'imposizione di trattati di mutua assistenza. Nell'ottobre 1939,

25.000 truppe sovietiche erano stanziate in Estonia, 30.000 in Lettonia e 20.000 in Lituania. Queste truppe superavano in numero gli eserciti di ciascun Paese, per cui il dispiegamento militare pose di fatto fine all'indipendenza di questi Paesi. L'11 ottobre Beria, il nuovo uomo forte dell'NKVD dopo la caduta di Yezhov, ordinò l'"estirpazione di tutti gli elementi antisovietici e antisociali" in queste repubbliche: ufficiali, funzionari, intellettuali avversi e altri elementi ostili furono arrestati.

Il passo successivo doveva essere la Finlandia. Il 5 ottobre 1939, Molotov chiese all'ambasciatore finlandese a Mosca di inviare un plenipotenziario a Helsinki per discutere "questioni politiche concrete". I finlandesi, che erano già a conoscenza delle richieste avanzate dalle repubbliche baltiche, guardarono alla convocazione con sospetto. Per non farsi cogliere di sorpresa, il governo prese la precauzione di richiamare i riservisti per manovre straordinarie e per aumentare la preparazione difensiva. Iniziò così il percorso che avrebbe portato all'oltraggiosa aggressione dell'Unione Sovietica, che intendeva annettere la Finlandia. Poiché il caso finlandese è molto significativo e ha messo in luce i doppi standard e l'ipocrisia delle democrazie occidentali, soffermiamoci un attimo su di esso e dedichiamogli un po' più di attenzione.

Tutto ebbe inizio nell'aprile del 1938, quando il ministro degli Esteri finlandese, Rudolf Holsti, ricevette l'insolita visita di Boris Yartsev, un ebreo di origine ucraina il cui vero nome era Boruch Aronovich Rivkin. Questo personaggio, che aveva lavorato dal 1922 nella polizia segreta (OGPU) e nel 1945 era stato un agente alla Conferenza di Yalta, era un inviato personale di Stalin collocato nell'ambasciata di Helsinki come secondo segretario. Yartsev voleva che la Finlandia accettasse un patto militare, poiché, a suo dire, la Germania intendeva attaccare l'URSS usando la Finlandia come trampolino di lancio. Holsti gli assicurò che non avevano intenzione di dissociarsi dalla neutralità nordica, né tantomeno di cedere il loro territorio per l'aggressione contro Mosca. Nonostante le insistenze dell'inviato di Stalin, che durante l'estate si incontrò due volte con il primo ministro Aimo Cajander, il governo finlandese rimase fermo. Alla fine di agosto del 1938, a Yartsev fu detto che le sue affermazioni costituivano un attacco alla sovranità finlandese e andavano contro la linea nordica di neutralità. Il nuovo ministro degli Esteri, Eljas Erkko, non cambiò di una virgola la posizione del governo finlandese quando un secondo emissario di origine ebraica, Boris Yefimovich Shtein, cercò di convincerlo a persuadere la Finlandia ad affittare le isole a est del Golfo di Finlandia all'URSS.

Quando il 5 ottobre 1939 ricevette la richiesta di Molotov, i finlandesi decisero di non inviare il ministro degli Esteri a Mosca, ma di nominare Paasikivi, un eccellente specialista della Russia, per la missione. Juho Kusti Paasikivi si prese qualche giorno per prepararsi alla missione e il 9 ottobre la delegazione finlandese, accolta alla stazione con manifestazioni di ardore patriottico, partì in treno per Mosca. Al Cremlino, Stalin e Molotov proposero ai finlandesi un trattato di mutua assistenza simile a quelli che avevano appena imposto a Estonia, Lettonia e Lituania, ma Paasikivi rifiutò di stare al gioco. Poi, citando la sicurezza di Leningrado, i sovietici proposero un affitto a lungo termine della penisola di Hanko, la porta del Golfo di Finlandia, per stabilire una base navale nel porto di Lappohja. Chiesero inoltre la concessione di parte dell'istmo careliano e di alcune isole. La delegazione finlandese rimase ferma, sostenendo che il suo governo le aveva vietato di fare concessioni territoriali.

Con l'aggravarsi della crisi, i capi di Stato e i ministri degli Esteri dei Paesi nordici si riunirono a Stoccolma il 18 e 19 ottobre. Il re Gustavo V di Svezia informò il presidente finlandese Kyösti Kallio che la Svezia non avrebbe fornito assistenza militare alla Finlandia in caso di conflitto. Così, quando il 23 ottobre Paasikivi tornò a Mosca per riprendere i negoziati, sapeva che il suo Paese era da solo e non poteva contare sull'assistenza dei Paesi nordici. Anche se i negoziatori finlandesi fecero alcune concessioni, un nuovo round di colloqui tra il 2 e il 4 novembre 1939 dimostrò che le rinunce annunciate dai finlandesi non soddisfacevano le richieste dell'URSS. La delegazione di Paasikivi tornò a Helsinki il 13 novembre senza che fosse stata fissata una nuova data per la ripresa dei negoziati.

Durante l'autunno l'Unione Sovietica aveva ammassato truppe lungo il confine. Improvvisamente, il 26 novembre, Molotov accusò l'esercito finlandese di aver sparato con l'artiglieria sulla città di Mainila, dove i proiettili avrebbero causato vittime tra i soldati di stanza. Per evitare incidenti, alla Finlandia fu chiesto di ritirare le proprie truppe a 30 chilometri dalla linea di confine. L'accusa era falsa, ma il governo finlandese era disposto a esaminare l'incidente e a discutere un ritiro reciproco delle truppe nella zona di confine. Mosca accusò allora pubblicamente Helsinki di minacciare la sicurezza di Leningrado e denunciò il patto di non aggressione in vigore fino al 1945. Le relazioni diplomatiche furono interrotte e il 30 novembre circa mezzo milione di truppe dell'Armata Rossa iniziarono l'invasione del territorio finlandese da vari punti lungo un fronte di 1.000 chilometri. Contemporaneamente l'aviazione bombardava i principali centri urbani, soprattutto Helsinki. L'obiettivo dichiarato era quello di conquistare rapidamente il Paese, possibilmente in due settimane, e di porre fine alla sua indipendenza.

Stalin e Molotov camuffarono la loro aggressione con una scusa grossolana: dopo aver istituito un governo fantoccio a Terijoki (Istmo Careliano) guidato dal comunista Otto Kuusinen e composto da comunisti finlandesi esiliati in URSS, affermarono che le truppe erano entrate in Finlandia in risposta a un appello di questo governo, che riconoscevano come legittimo. Il 2 dicembre i sovietici conclusero un trattato di assistenza con il "governo popolare di Terijoki". La propaganda comunista annunciò che la capitale finlandese sarebbe stata presto conquistata, che il popolo finlandese sarebbe stato liberato dal terrore bianco e che in Finlandia sarebbe stata creata una repubblica popolare. Questo per spiegare alle potenze straniere che l'Armata Rossa non stava attaccando il popolo finlandese, ma lo stava liberando su richiesta del governo popolare. Il fatto è che il popolo finlandese aveva superato la guerra civile del 1918 ed era perfettamente unito. L. A. Puntila in *Histoire politique de la Finlande de 1809 à 1955* scrive: "le grandi riforme interne accelerate dallo sviluppo economico dal 1935 avevano migliorato la condizione degli operai e dei contadini, l'istruzione era stata intensificata e il lavoro delle società culturali aveva dato i suoi frutti. Il sentimento nazionale si era consolidato e la gente aveva imparato ad apprezzare l'indipendenza".

Le forze armate finlandesi, che erano in manovra dai primi di ottobre, non furono sorprese dall'attacco. L'intero Paese fu sopraffatto da un sentimento di profonda emozione e nelle prime ore di guerra il maresciallo Mannerheim fu nominato comandante in capo degli eserciti. I sovietici misero in campo 1.000 aerei, ma la Finlandia riuscì a contrastarli solo con 150 velivoli. Rispetto ai 2.000 carri armati schierati dai comunisti, i finlandesi avevano a disposizione solo 50 carri armati. Le speranze del Paese poggiavano su 330.000 uomini relativamente ben addestrati e con un sentimento patriottico più decisivo di qualsiasi armamento, il famoso spirito della Guerra d'Inverno, che sottolineava l'incrollabile volontà dei finlandesi di difendere il proprio Paese dall'invasore. Nel poema *I soldati stanchi*, Yrjö Yylha descrive in modo commovente lo spirito quasi religioso che animava i combattenti finlandesi. In poche righe del poema, allo stremo delle forze, i soldati chiedono di essere promossi alle legioni celesti. Dio risponde loro: "Il mio esercito è sulla terra, / chi depone le armi non lo conosco".

I russi concentrarono la loro offensiva sull'istmo careliano e nel dicembre 1939 lanciarono un'offensiva dopo l'altra per sfondare le linee finlandesi. Il primo attacco massiccio fu condotto all'inizio del mese e il secondo a metà dicembre, entrambi si scontrarono con i difensori. Gli attaccanti cercarono poi di aprirsi un varco a nord del lago Ladoga, ma i finlandesi vinsero diverse battaglie a Tolvajärvi che sollevarono il morale della popolazione e impressionarono l'estero. A Natale i rossi tentarono nuovamente di sfondare il fronte dell'istmo careliano, ma il risultato fu un'altra vittoria difensiva. Più a nord, anche le posizioni di Ilomantsi, Lieksa e Kuhmo resistettero all'assalto delle truppe sovietiche. Anche il tentativo di dividere il Paese in due attorno a Oulu fallì e i comunisti subirono un'umiliante sconfitta a Suomussalmi, dove i finlandesi ricorsero a tattiche di accerchiamento e ottennero un significativo bottino di guerra.

Dopo un mese di ostilità, tutti gli attacchi dell'Armata Rossa erano stati respinti. Naturalmente, le risorse umane della Finlandia erano limitate e la situazione dell'esercito finlandese era delicata, ma non disperata. L'Unione Sovietica, pur inviando centinaia di migliaia di nuovi combattenti sul campo di battaglia, decise finalmente a gennaio di aprire i negoziati con il legittimo governo finlandese, il che significava la fine del governo

Terijoki. Le richieste di Mosca erano inaccettabili per Helsinki, così nel febbraio 1940 l'Armata Rossa lanciò una nuova offensiva sull'Istmo Careliano, dove l'11 febbraio riuscì finalmente a sfondare Summa. Alla fine di febbraio le truppe finlandesi furono costrette a ritirarsi sulla seconda linea difensiva a ovest dell'istmo. A Viipuri infuriarono nuovamente i combattimenti. Costretto dalle circostanze, il 7 marzo il Primo Ministro Risto Ryti si recò a Mosca a capo di una delegazione per cercare una pace il più indolore possibile che, nonostante le dure condizioni, fu firmata il 12 marzo 1940. Dopo 125 giorni, la guerra d'inverno era finita.

I termini della pace di Mosca prevedevano importanti cessioni territoriali, tra cui il Corridoio di Petsamo, che dava alla Finlandia uno sbocco sull'Artico. L'opinione pubblica fu scioccata e le bandiere finlandesi sventolarono a mezz'asta in tutto il Paese. La maggior parte della Carelia finlandese fu consegnata all'URSS e più di 400.000 persone fuggirono o furono espulse. Questo è stato uno dei trasferimenti di popolazione meno conosciuti della Seconda Guerra Mondiale. I careliani lasciarono le loro case nel 1940, vi tornarono nel 1941 quando la Finlandia si unì alla Germania nell'invasione della Russia, e le lasciarono definitivamente nel 1945. Alla fine della guerra ci fu l'incredibile trasferimento di sedici milioni di tedeschi, anch'essi espulsi dalle loro case, ma questo è un argomento per un altro capitolo.

In breve, i finlandesi furono abbandonati a se stessi. Solo undicimila volontari stranieri vennero a combattere al loro fianco contro i comunisti. Settemila di loro erano svedesi, che si dimostrarono solidali con i loro vicini nonostante la posizione ufficiale del loro governo. I restanti 4.000 volontari erano danesi, norvegesi, ungheresi e americani. Sebbene la Finlandia godesse della simpatia dell'opinione pubblica internazionale, l'Unione Sovietica agì impunemente, poiché la sua espulsione dalla moribonda Società delle Nazioni non era altro che uno scherzo. Il mondo intero rimase indifferente, pronto ad accettare che la Finlandia, un Paese di enorme importanza strategica, entrasse nell'orbita d'influenza comunista. Tuttavia, pochi mesi prima, Danzica, una città abitata da circa mezzo milione di tedeschi che volevano tornare nel Reich, era stata un casus belli.

Terrore rosso e terrore ebraico in Estonia e Lettonia

Le azioni criminali di Stalin non finirono in Finlandia. Prima dell'occupazione di Estonia, Lettonia e Lituania, tra il 15 aprile e il 10 giugno 1940, Stalin iniziò a concentrare milioni di soldati lungo il confine rumeno. Il 26 giugno, poco dopo la resa della Francia (22 giugno), Molotov presentò un ultimatum all'ambasciatore rumeno a Mosca, Davidescu, chiedendo l'immediata "restituzione" all'URSS della Bessarabia, una regione della Romania orientale che era appartenuta all'Impero zarista. Inoltre, chiedeva anche la consegna della Bucovina settentrionale. Il 28 giugno, su consiglio di Germania e Italia, il governo rumeno capitolò ed evacuò l'esercito e l'amministrazione da queste due regioni. I sovietici occuparono anche la regione di Hertza senza dare spiegazioni. La Bucovina e parte della Bessarabia vennero incorporate nell'Ucraina, mentre il resto della Bessarabia divenne la Repubblica di Moldavia, dalla quale vennero deportati più di 30.000 elementi antisovietici, ai quali vanno aggiunti altri 12.000 provenienti dalla Bessarabia incorporata nell'Ucraina. Così, mentre la Germania era in guerra con la Gran Bretagna e la Francia, l'URSS continuò a espandersi senza problemi.

La strategia per l'incorporazione definitiva degli Stati baltici nell'URSS fu lanciata nel giugno 1940. Con il pretesto di "atti provocatori contro le guarnigioni sovietiche", centinaia di migliaia di soldati occuparono l'Estonia, la Lettonia e la Lituania in applicazione del Trattato di assistenza. Le istituzioni dei tre Paesi baltici furono sciolte e i loro rappresentanti arrestati. Nel *Libro nero del comunismo*, Nicolas Werth sostiene che furono arrestate tra le 15.000 e le 20.000 persone e fornisce la cifra di 1.500 oppositori giustiziati nella sola Lettonia. Il 14 e 15 luglio 1940 furono indette le elezioni nelle repubbliche baltiche, alle quali parteciparono solo i candidati dei partiti comunisti. Seguì un periodo di arresti, deportazioni ed esecuzioni in tutti e tre i Paesi: circa 60.000 estoni furono deportati o giustiziati; in Lettonia, circa 35.000; in Lituania, più di 30.000. Lo scrittore estone Jüri Lina fornisce un resoconto dettagliato di ciò che accadde nel suo Paese natale. In *Under the Sign of the Scorpion*, Lina dedica una ventina di pagine alla denuncia del ruolo criminale svolto dagli ebrei marxisti in Estonia durante la presa di potere comunista. Pertanto, attingiamo principalmente a questa fonte.

L'occupazione dell'Estonia iniziò il 17 giugno 1940. Il Presidente della Repubblica, il massone Konstantin Päts, e il Comandante in capo dell'esercito, Johan Laidoner, anch'egli massone, decisero di non opporre resistenza. Due organizzazioni ebraiche, presumibilmente culturali, giocarono un ruolo chiave nell'imposizione del comunismo in Estonia. Una di esse, "Licht" (luce), fondata nel 1926, aveva sede a Tallinn e collaborava con il Soccorso Rosso Internazionale e il Partito Comunista Estone. La seconda, "Schalom Aleichem" (la pace sia su di te), operava a Tartu e fu anch'essa determinante per l'introduzione del comunismo bolscevico in Estonia. La maggior parte dei membri di Licht, il cui presidente era Moses Sachs, erano sionisti o comunisti. Tre comunisti ebrei legati a Licht, Leo Aisenstadt, direttore di banca, Ksenia Aisenstadt e Sosia Schmotkin, stampavano il giornale *komunista* nella casa del primo. Un altro membro della famiglia Aisenstadt, Hirsh, era un funzionario dell'Agenzia ebraica in Estonia e con il nome di Grigori Aisenstadt era un agente dell'NKVD a capo di uno dei cosiddetti "battaglioni di sterminio". Un gran numero di membri di Licht partecipò a quella che fu ufficialmente chiamata la "rivoluzione socialista del 1940". Due di loro, Viktor Feigin e Herman Gutkin, figlio del ricco commerciante ebreo Heinrich Gutkin, abbassarono la bandiera estone e alzarono la bandiera rossa sulla torre Tall Hermann il 17 giugno. Un altro autore estone citato da Jüri Lina, Olaf Kuuli, osserva in *The Revolution in Estonia 1940* che Viktor Feigin fu nominato direttore della prigione principale di Tallinn e guidò una terribile organizzazione, la RO (Rahva Omakaitse), traducibile come Guardia del Popolo, a capo della quale seminò il terrore a Tallinn. Arnold Brenner, un altro membro di Licht, ex comandante dell'NKVD, e Viktor Feigin furono coinvolti, secondo Kuuli, nella guerra civile spagnola.

Jüri Lina cita un articolo pubblicato il 24 giugno 1940 dal *Chicago Tribune*, il cui corrispondente Donald Day riportò gli eventi. Il giornalista riferì che estremisti ebrei guidati da Herman Gutkin avevano marciato attraverso Tallinn fino all'ambasciata sovietica, dove gli ebrei avevano strappato la bandiera estone. Nelle sue memorie, Donald Day osserva che l'editore del giornale cancellò le parole "gli ebrei", che non comparivano nel testo stampato. La presa di Tartu, seconda città dell'Estonia, fu organizzata da Schalom Aleichem in coordinamento con il Partito Comunista. Una militante di Schalom Aleichem, Selda Pats (Zelda Paatz), e suo fratello Jaakov Pesah coordinarono le attività. Il 22 giugno la stessa Selda fondò con Moisei Sverdlov il Comitato della Gioventù Rivoluzionaria.

Il terrore contro i "nemici di classe" fu orchestrato da ebrei estoni e russi che lavoravano in coordinamento con gli occupanti sovietici. Lina individua in Hans Grabbe (Hasa Hoff), membro di spicco dell'organizzazione culturale Licht, il più grande criminale della storia estone moderna. Grabbe divenne uno dei capi dell'NKVD e fu uno dei principali responsabili delle deportazioni e delle atrocità dei comunisti. Secondo Lina, Grabbe ordinò "l'esecuzione di massa di ufficiali estoni". Un rapporto dei servizi segreti svedesi citato dall'autrice estone afferma che quasi tutti gli ebrei erano in un modo o nell'altro al servizio dell'NKVD. Lo stesso documento afferma che durante l'occupazione sovietica il sistema giudiziario fu riorganizzato e molti ebrei e altri individui dal passato oscuro furono nominati giudici.

Le lingue ugro-finniche, a cui l'estone appartiene, non fanno parte delle lingue indoeuropee. Sono lingue agglutinanti che non interessano quasi a nessuno perché, oltre al fatto che sono parlate da poche persone, sono molto difficili da imparare. Il fatto che Jüri Lina abbia accesso a fonti scritte in lingua estone è molto interessante, perché pochi studiosi vi hanno accesso. Egli fa riferimento alla sua ricerca presso l'Archivio Nazionale di Tallinn nel 1993, dove ha avuto tra le mani documenti che provano che molti membri del Licht facevano parte della milizia sovietica. Diplomatici stranieri e osservatori militari notarono nei loro rapporti che gli ebrei estoni erano improvvisamente diventati commissari politici e boia per l'NKVD. Tra i più importanti criminali ebrei che tradirono il loro Paese e torturarono crudelmente gli estoni, Lina cita il dottor A. Tuch e il dottor B. Glückmann, entrambi legati all'NKVD. Glückmann, entrambi imparentati con Licht; il dentista Budas, che nella città di Kuresaare, sull'isola di Saarema, usava scottare i piedi e le mani delle sue vittime in acqua bollente; il procuratore Stella Schliefstein, un gobbo noto come "il ragno", esperto nello strappare in mille pezzi i muscoli di gambe e mani. Altri ebrei denunciati dall'autore estone sono Manne Epstein, Hirsch Kitt, Gershom Zimbalov. Una fonte ebraica, il professor Dov Levin, conferma che Leo Aisenstadt e Sosia Schmotkin divennero importanti funzionari sovietici. Secondo questa fonte, Leo Aisenstadt e un altro ebreo, il dottor Gens, entrarono a far parte del governo fantoccio di Mosca.

Prima dell'occupazione sovietica, durante il periodo dell'indipendenza estone, gli ebrei estoni avevano goduto di una libertà illimitata: quasi la metà dei negozi di Tallinn erano gestiti da ebrei, avevano le loro organizzazioni, le loro scuole dove si insegnava il *Talmud*, i loro giornali e persino una cattedra di studi ebraici all'Università di Tartu. Secondo l'ampio saggio *Eesti Juudi Kogukond* (*La comunità ebraica estone*), scritto da Eugenia Gurin-Loov e Gennadi Gramberg e pubblicato a Tallinn nel 2001, oltre a varie associazioni culturali, in Estonia esistevano organizzazioni politiche sioniste, In Estonia esistevano organizzazioni politiche sioniste, come la WIZO (Women's International Zionist Organisation), il "Beitar", un movimento giovanile sionista fondato da Vladimir Jabotinsky, e l'"Hashomer Hazair" (La Guardia Giovanile), un altro movimento giovanile sionista di tendenza socialista. Nel 1924 Päts, presidente massone, presiedette alla cerimonia di apertura di una scuola secondaria ebraica a Tallinn. Il 12 febbraio 1925 fu approvata la legge sull'autonomia culturale della Repubblica estone e nel giugno 1926 fu promulgata l'autonomia culturale ebraica, con l'elezione da parte della comunità ebraica del Consiglio di autonomia culturale. Secondo gli autori dell'articolo, "il governo culturale stesso fu di grande importanza per gli ebrei estoni e costituì un fenomeno unico nella storia dell'ebraismo europeo". Inoltre, il movimento sionista era così forte in questa Repubblica baltica che David Ben Gurion visitò Tallinn negli anni Trenta.

Tra il luglio e l'agosto 1940, Licht fu responsabile della compilazione di liste di ebrei non disposti a collaborare con i comunisti e le nuove autorità sovietiche. Il 7 settembre 1940, questa organizzazione iniziò a pubblicare per gli ebrei estoni il settimanale *Na Leben* (*La nuova vita*), il cui caporedattore era Simon Perlman. Licht, sotto la guida di Moisei Scheer e Leo Epstein, scelse di chiudere tutte le organizzazioni ebraiche a loro avverse e ne sequestrò fondi e risorse. Poco dopo, i rivoluzionari marxisti di Licht abolirono la loro stessa organizzazione e le autorità sovietiche posero fine all'autonomia culturale che l'Estonia aveva concesso agli ebrei. In seguito, nonostante ciò, propagandisti come lo scrittore Max Isaac Dimont, ebreo di origine finlandese e autore del libro *Jews, God and History*, diffusero la falsa notizia che nell'Estonia indipendente tra le due guerre non ci fosse democrazia e che nel Paese prevalesse l'antisemitismo. Secondo Dimont, gli ebrei erano perseguitati in Estonia e la legislazione antisemita era in aumento. Erano quindi grati per il trattamento molto speciale che avevano ricevuto dal popolo estone.

Dopo l'inizio dell'attacco tedesco all'URSS il 22 giugno 1941, in seguito a un decreto di Beria emanato il 24 giugno, il generale Konstatin Rakutin, che comandava le truppe di frontiera dell'NKVD nel Baltico, ordinò il 26 giugno la formazione di speciali battaglioni di sterminio, ognuno dei quali era composto da trecentoventi membri. Secondo Jüri Lina, l'ebreo lituano Michael Pasternak, a cui è stata intitolata una strada a Tallinn, esercitava il comando supremo su questi battaglioni. Josef Goldman, membro del Licht, comandò uno dei battaglioni di sterminio più brutali nel luglio 1941.

Nel 1993 Mart Laar, mentre era Primo Ministro dell'Estonia, pubblicò il libro *Metsavennad (La Fratellanza della Foresta)*, un titolo che allude a un movimento partigiano di opposizione all'invasione e all'occupazione sovietica sorto nelle tre repubbliche. In quest'opera, Mart Laar rivela che uno dei battaglioni di sterminio era composto esclusivamente da ebrei. Jüri Lina, da parte sua, ha stabilito che molti membri di Licht facevano parte di questi battaglioni, che sono un ricordo infamante per tanti estoni. Lina cita il seguente elenco dei criminali più attivi: Zemach Delski, Jakob Vigderhaus, i fratelli Moisei e Gerschom Zimbalov, Refoel Goldmann, Isaak Halupovitsch, Schimon (Semjon) Hoff, Simon Strassman, Abram Vseviov, Isaak Bulkin, Meier e Issak Minsker, Moisei Schimschelevitsch, Leo Epstein e Boruch Schor. Alcuni membri dello Schalom Aleichem di Tartu si unirono volontariamente ai battaglioni di sterminio, tra cui Josef Mjasnikov, fondatore del movimento sionista estone "Netzach", e i già citati Selda Pats e Jaakov Pesah.

Secondo un rapporto del *quotidiano Eesti Ekspress* del 7 giugno 1991, c'erano almeno cinquecentoquaranta ebrei in queste unità spietate. I battaglioni di sterminio", scrive l'autore estone, "erano noti per la loro indescrivibile brutalità e crudeltà, soprattutto nei confronti di donne e bambini. Le vittime venivano gettate vive nel fuoco, parti del loro corpo venivano amputate, venivano inchiodate alle pareti...". Migliaia di oppositori furono imprigionati o eliminati durante i due mesi di Terrore Rosso, che terminò solo il 28 agosto 1941 con l'ingresso dei tedeschi a Tallinn. Jüri Lina localizza i criminali nelle aree da loro terrorizzate. Così, colloca Boris Friedam nella città di Voru; Jakob Jolanski a Pärnu; Shustov a Kuresaare. Le azioni degli assassini sono ben documentate. C'è, ad esempio, il caso di venti estoni arrestati alla stazione ferroviaria che, dopo l'interrogatorio a Tallinn, furono giustiziati nella foresta di Liiva su ordine di L. Rubinov, il comandante del battaglione ebraico. Ecco un breve resoconto di un altro caso scritto da Lina:

"Josef Goldman, che comandava uno dei battaglioni di sterminio, ordinò che tutte le donne e le ragazze trovate sulle strade, nelle fattorie o nei campi dovessero essere prima violentate, poi dovevano essere tagliati loro i seni e infine dovevano essere bruciate vive. Anche gli uomini venivano trattati in modo simile: prima perdevano i genitali, poi gli occhi, quindi veniva loro aperto lo stomaco e morivano il più lentamente possibile".

Lina cita nel suo lavoro i nomi e i cognomi di alcune vittime e il modo in cui sono state torturate e uccise, ad esempio Anna Kivimäe e le sue figlie. Alla madre fu spaccata la testa e alle figlie furono violentate e poi cavati gli occhi. Il giardiniere Albert Palu fu bruciato vivo a Helme il 5 luglio 1941. La stessa cosa accadde ad Albert Simm e a sua moglie a Pühajoe. Lo stesso giorno un adolescente di quattordici anni, Tiit Kartes, fu arrestato ad Aseri: dopo averlo torturato e avergli tagliato i genitali, fu assassinato e il suo cadavere fu abbandonato in un bosco. A volte gli sterminatori scuoiavano le loro vittime vive. Mart Laar, il già citato primo ministro estone, ha descritto alcuni dei crimini dei battaglioni di sterminio in un articolo intitolato "Il tempo degli orrori". Laar racconta la disumanizzante distruzione di tre villaggi estoni e di tutti i loro abitanti: i bambini furono inchiodati agli alberi e le donne incinte furono picchiate a morte. Nel villaggio di Ehavere, i bambini venivano soffocati contro il seno delle madri con le baionette; alle donne venivano amputati la lingua e il seno. Jüri Lina aggiunge di essere stato personalmente in grado di trovare informazioni che dimostrano che i maiali venivano talvolta nutriti con i corpi dei guerriglieri della Fratellanza della Foresta estone e attribuisce la responsabilità ultima di questi crimini agli ebrei Hans Grabe (Hasa Hoff) e Michael Pasternak.

Il ricercatore estone si basa costantemente su fonti ebraiche per sostenere le sue affermazioni. Così, ad esempio, Irina Stelmach ha ammesso nell'edizione del 17 dicembre 1993 del giornale *Hommikuleht* che c'erano molti suoi compagni ebrei nei battaglioni di sterminio. Augustina Gerber, redattrice del giornale ebraico *Hasahar*, affermò che l'Estonia sovietica era diventata la "terra promessa degli ebrei". Jüri Lina conferma che era così, dal momento che "gli ebrei divennero capi di alto livello all'interno dell'apparato sovietico nell'Estonia occupata". L'ebreo lettone Idel Jakobson era il numero due del Dipartimento di ricerca dell'NKVD. Nell'aprile del 1942, Jakobson firmò un ordine di esecuzione per seicentoventuno estoni detenuti nel campo Vostok-Uralsky nella città siberiana di Sosva, il che non impedì a Jakobson di morire a Tallinn all'età di 93 anni senza essere mai stato processato per i suoi crimini, riferisce Lina.

Nelle mani degli ebrei c'era il controllo dei media, dell'industria discografica, dello sviluppo scientifico e di tutto ciò che aveva a che fare con la propaganda. I principali commentatori radiofonici erano gli ebrei Herbert Vainu, Gabriel Hazak e Simon Joffe. Lina cita anche il nome del marxista ebreo incaricato di falsificare la storia, Herber-Armin Lebbin, che diffondeva continuamente bugie sulla volontà dell'Estonia di aderire all'Unione Sovietica. Come sempre, molti ebrei ricoprivano posizioni importanti nella polizia politica. Tra questi, l'autore estone cita gli uomini d'affari Epstein, Mirvitz, Bakszt, Kofkin, Himmelhoch; gli avvocati Markovitch e Kroppman; il fotografo Schuras. A capo del Dipartimento carcerario cita l'ebreo Feodotov; l'ebreo russo Lobonovich era vicepresidente del Commissariato degli Affari Interni.

In Lettonia, dove l'occupazione fu celebrata da molti comunisti ebrei che parteciparono alle rivolte quando i carri armati sovietici entrarono a Riga, gli attivisti ebrei svolsero un ruolo di primo piano nel terrore contro i "nemici del popolo". Tra i capi ebrei dell'NKVD in Lettonia spiccano Simon (Semion) Shustin, Alfons Noviks e Moses Citron, una troika a cui si aggiunse Isaac Bucinskis, capo della milizia lettone. I primi due organizzarono la deportazione dei lettoni il 13 e 14 giugno 1941. Nelle stazioni, gli uomini furono raggruppati da una parte e le donne e i bambini dall'altra. Solo in questi due giorni furono deportate circa 16.000 persone, molte delle quali morirono prima di raggiungere i campi e altre durante il primo inverno.

Simon Shustin giunse in Lettonia da Mosca, dove per decreto di Lavrenti Beria era stato nominato Commissario per gli Affari Interni in Lettonia. Molti dei suoi scagnozzi nell'NKVD erano ebrei locali. Dopo il ritiro sovietico, sono stati ritrovati documenti che dimostrano che l'esecuzione dei patrioti lettoni è iniziata non appena è iniziata l'occupazione. Prima di fuggire a Mosca, il 26 giugno 1941 Shustin firmò l'ordine n. 412 che ordinava l'esecuzione di settantotto persone, sei delle quali donne. Con inchiostro rosso scrisse: "Considerando che costituiscono un pericolo pubblico, devono essere tutti fucilati". Secondo Jüri Lina, Shustin, che era conosciuto come il "boia della Lettonia", alla fine emigrò in Israele negli anni '70; ma questo fatto non ha potuto essere verificato. Secondo altre fonti, l'8 febbraio 1996 la Procura lettone ha denunciato Shustin per crimini contro l'umanità e si è appreso che aveva vissuto a Kolpino (distretto di San Pietroburgo) tra il 1960 e il 1972. Durante le indagini, il Procuratore generale lettone ha trovato una lettera indirizzata ad Alfons Noviks datata 12 luglio 1968. L'indagine ha infine scoperto che era morto il 3 agosto 1978 e il caso è stato chiuso il 30 giugno 1997.

Alfons Noviks, capo dell'NKVD a Daugavpils, la seconda città della Lettonia, fu arrestato e portato a processo, dove insieme al suo collega Moses Citron seminò il terrore. La sua carriera criminale in Lettonia ebbe due fasi: con l'arrivo delle truppe tedesche fuggì a Mosca nel luglio 1941; ma tornò nel 1945 e fu nominato Commissario degli Affari Interni e capo della Sicurezza di Stato. Secondo la sentenza del tribunale di Riga del 13 dicembre 1995, che lo ha condannato all'ergastolo per genocidio e crimini contro l'umanità, tra il 1940 e il 1953 ha partecipato alla deportazione di quasi 100.000 lettoni in Siberia. Il tribunale di Riga lo ha anche riconosciuto colpevole della tortura e dell'esecuzione di numerosi prigionieri politici (secondo diversi testimoni che hanno deposto contro di lui, Noviks torturava e picchiava con estrema crudeltà durante gli interrogatori). Solo nel 1949 ordinò personalmente la deportazione di 41.544 persone, per la quale fu insignito della medaglia della Bandiera Rossa. Il tribunale ha stabilito che circa 150.000 lettoni e lituani dovettero andare in esilio a causa delle sue politiche. Alfons Noviks viveva tranquillamente a Riga quando fu arrestato nel marzo 1994. La sua detenzione durò poco, poiché morì il 12 marzo 1996.

Beria e il massacro di Katyn

L'ingresso dell'Armata Rossa in Polonia fu seguito da unità dell'NKVD incaricate di eliminare la leadership polacca e di deportare nei campi di lavoro centinaia di migliaia di civili che vivevano nei territori appena occupati. L'occupazione sovietica spinse elementi delle minoranze etniche che odiavano i polacchi a regolare i conti con loro. Vennero formate unità di Guardie del Lavoro nelle città e di Guardie Contadine nelle campagne, composte per lo più da entusiasti collaboratori ebrei che fornivano all'NKVD informazioni sulla resistenza polacca e denunciavano membri dell'esercito, della polizia e altri "nemici" nascosti. Furono determinanti nella stesura degli elenchi di persone da arrestare. Il generale dell'NKVD Ivan Serov nominò il colonnello ebreo Semion Moiseyevich Krivoshaynin per svolgere il compito di liquidare coloro che si opponevano all'autorità sovietica. Krivoshéin è già apparso in questo lavoro: era il capo dei carristi che caricavano le riserve d'oro del Banco de España sulle navi che le trasportavano da Cartagena a Odessa. Nella battaglia di Madrid Semion Krivoshéin comandava i carri armati dell'esercito repubblicano ed era conosciuto dagli spagnoli come "Melé".

Non sono disponibili dati affidabili sugli arresti e le deportazioni di civili effettuati dai sovietici in Polonia tra il settembre 1939 e il gennaio 1940, ma sono disponibili cifre su quattro successive grandi deportazioni: le prime tre furono effettuate nella prima metà del 1940 e la quarta nell'estate del 1941. Secondo gli storici polacchi, il numero totale di deportati supera il milione, ma altre fonti lo indicano come mezzo milione. In ogni caso, bisogna contare separatamente i prigionieri di guerra che, come già detto, erano 230.000, di cui solo 82.000 sopravvissuti nell'estate del 1941. Tra questi prigionieri c'erano 25.700 ufficiali polacchi e civili che Beria propose di fucilare, come riportato in una lettera a Stalin del 5 marzo 1940. Una volta commesso il crimine, passato alla storia come Massacro della Foresta di Katyn, i sovietici lo attribuirono ai tedeschi con la complicità degli inglesi che, pur conoscendo la verità, la nascosero e contribuirono a diffondere la falsa rivendicazione della responsabilità del massacro.

L'11 ottobre 1951, una commissione del Congresso degli Stati Uniti tenne a Washington la prima udienza pubblica sul crimine di guerra di Katyn. L'indagine è proseguita nel 1952 con ulteriori audizioni a Washington (4, 5,

6 e 7 febbraio), a Chicago (13 e 14 marzo), a Londra (16, 17, 18 e 19 aprile), a Francoforte (21, 22, 23, 24, 25 e 26 aprile) e in seguito. In queste udienze, circa 100 testimoni hanno deposto davanti al Comitato. All'unanimità si ritenne provato che il massacro degli ufficiali dell'esercito polacco fosse responsabilità dell'NKVD, cioè del Commissariato del Popolo per gli Affari Interni, il cui commissario era l'ebreo Lavrenti Beria. Il Comitato ha concluso che già nell'autunno del 1939, poco dopo l'invasione, i sovietici avevano pianificato lo sterminio della leadership polacca. Secondo le conclusioni del Comitato Investigativo, non c'è dubbio che il massacro fosse un complotto pianificato per eliminare tutti i leader nazionali che si sarebbero poi opposti ai piani sovietici di instaurare il comunismo in Polonia. Esattamente la stessa cosa era stata fatta in Russia, come il lettore ricorderà, dove i giudeo-bolscevichi eliminarono l'"intellighenzia" del Paese con lo stesso intento.

Dal settembre 1939 al marzo 1940 l'NKVD eseguì un piano perfettamente organizzato per separare gli ufficiali e i leader intellettuali polacchi dal resto dei prigionieri. I selezionati: capi e ufficiali dell'esercito, avvocati, medici, sacerdoti, tecnici, funzionari pubblici e intellettuali furono internati a Kozelsk, Starobelsk e Ostashkof, tre campi sul territorio dell'Unione Sovietica. Secondo le audizioni della Commissione d'inchiesta, 5.000 prigionieri furono internati a Kozelsk vicino a Smolensk; 4.000 ufficiali polacchi furono internati a Starobelsk vicino a Kharkov; 6.000 prigionieri furono internati a Ostashkov vicino a Kalinin. *I Venona Secrets*, su cui torneremo nel prossimo capitolo, riportano che il 31 ottobre 1939 Vassiliy Zarubin arrivò al campo di Kozelsk. Zarubin, un agente segreto che negli Stati Uniti utilizzò in seguito il nome di Vassiliy Zubilin, si comportò come se fosse il comandante del campo. Fu lui a selezionare i prigionieri da inviare alla Lubyanka di Mosca per un interrogatorio approfondito. Zarubin stabilì quali ufficiali polacchi dovevano essere severamente puniti per le loro passate attività antisovietiche e quali potevano essere reclutati per diventare agenti sovietici.

Attraverso la testimonianza di 26 persone che sono state in questi tre campi, si è appreso che i sovietici hanno diviso i polacchi in gruppi: i militari di alto livello sono stati internati a Kozelsk insieme ai medici che erano riservisti dell'esercito; i sottufficiali, i leader politici e gli insegnanti sono stati raggruppati a Starobelsk; infine, le guardie di frontiera, i poliziotti e altri funzionari sono stati internati a Ostashkov. I leader religiosi sono stati divisi tra i tre campi. Il numero totale di detenuti nelle tre strutture era di quindicimilaquattrocento, e la loro custodia era affidata a personale selezionato dell'NKVD. Durante l'internamento, ognuno di loro veniva osservato e interrogato per verificare se ci fosse la possibilità di convertirli al comunismo: solo sei accettarono di unirsi alle forze sovietiche. Nel marzo 1940 gli interrogatori terminarono e fu annunciata la chiusura dei campi. Tra i prigionieri cominciò a diffondersi la voce, incoraggiata dalle autorità del campo, che sarebbero stati rimandati a casa. Durante l'evacuazione, che durò fino a metà maggio 1940, gruppi di due o trecento persone partirono ogni giorno o ogni due giorni per essere uccisi. Solo quattrocento prigionieri sopravvissero. Questi furono portati a Pavlishev-Bor, un altro campo dove l'NKVD continuò a interrogarli per cercare di convertirli al comunismo. I polacchi massacrati nella foresta di Katyn provenivano dal campo di Kozelsk.

Il testo "segretissimo" della lettera inviata da Beria al compagno Stalin il 5 marzo 1940 appare integralmente ne *Il libro nero del comunismo*. Beria riferisce che nei campi di prigionia c'erano 14.736 tra ufficiali, funzionari, proprietari terrieri, poliziotti, gendarmi, funzionari delle carceri, coloni delle regioni di confine e agenti dei servizi segreti. Segue la parte finale della lettera:

"... Sono inclusi:
- Generali, colonnelli e tenenti colonnelli: 295.
- Comandanti e capitani: 2.080.
- Tenenti, sottotenenti e apprendisti: 6.049.
- Ufficiali e sottufficiali di polizia, dogana e gendarmeria: 1.030.
- Agenti di polizia, gendarmi, agenti penitenziari e agenti dell'intelligence: 5.138.
- Funzionari, proprietari di immobili, sacerdoti e coloni: 144.

Inoltre, 18.632 uomini sono detenuti nelle carceri delle regioni occidentali dell'Ucraina e della Bielorussia (di cui 10.685 polacchi).
Sono inclusi:
- Ex ufficiali: 1.027.
- Ex agenti dei servizi segreti, della polizia e della gendarmeria: 5.141.
- Spie e sabotatori: 347.
- Ex proprietari di immobili, proprietari di fabbriche e dipendenti pubblici: 465.
- Membri di organizzazioni di resistenza controrivoluzionaria e altri elementi: 5.345.
- Disertori: 6.

Poiché tutti questi individui sono acerrimi e irriducibili nemici del potere sovietico, l'NKVD dell'URSS lo ritiene necessario:
1. Ordinare all'NKVD dell'URSS di processare davanti a tribunali speciali:
(a) 14.700 ex funzionari, dipendenti pubblici, proprietari di immobili, agenti di polizia, agenti dei servizi segreti, gendarmi, coloni delle regioni di confine e funzionari carcerari detenuti nei campi di prigionia.
b) oltre a 11.000 membri delle organizzazioni controrivoluzionarie di spie e sabotatori, ex proprietari di immobili, proprietari di fabbriche, ex ufficiali dell'esercito polacco, funzionari pubblici e disertori, arrestati e rinchiusi nelle carceri delle regioni occidentali dell'Ucraina e della Bielorussia per essere sottoposti alla pena estrema - la pena di morte per fucilazione.

2. L'esame dei singoli fascicoli si svolge senza la comparsa dei detenuti e senza un atto di accusa. Le conclusioni dell'accusa e la sentenza finale sono presentate come segue:
(a) Sotto forma di certificati rilasciati alle persone detenute nei campi di prigionia dall'amministrazione NKVD dell'URSS per gli affari dei prigionieri di guerra.
(b) Sotto forma di certificati rilasciati alle altre persone detenute dall'NKVD dell'SSR ucraina e dall'NKVD dell'SSR bielorussa.
3. I fascicoli saranno esaminati e le sentenze saranno emesse da un tribunale composto da tre persone, i compagni Merkulov, Kobulov e Bashtakov.

Commissario del popolo per gli affari interni dell'URSS L. Beria".

Le esecuzioni iniziarono il 5 aprile 1940. Da quel giorno fino al 14 maggio, 6.311 prigionieri di guerra e poliziotti furono sistematicamente fucilati alla nuca nelle cantine della prigione dell'NKVD di Kalinin. Il massacro fu diretto personalmente da tre capi dell'NKVD, Vasily Blokhin, Mikhail Kriwienko e Nikolai Siniegubow. Il primo è passato alla storia come uno dei boia più prolifici della storia, accreditato di aver giustiziato personalmente decine di migliaia di persone nel corso della sua sanguinaria carriera. Per quanto riguarda i prigionieri polacchi, si dice che ne abbia uccisi 300 in una sola notte, uno ogni tre minuti. I cadaveri venivano poi caricati su camion e gettati in fosse comuni a circa trenta chilometri dalla città di Mednoye. All'indirizzo , un altro centro dell'NKVD a Kharkov, vennero giustiziati altri 3.820 prigionieri di guerra e trasportati nelle foreste vicine per essere gettati in fosse.

Per l'uccisione di massa dei prigionieri veniva utilizzato anche un metodo che è già stato discusso due volte in questo lavoro: l'affondamento di chiatte piene di prigionieri. Come si ricorderà, il primo a utilizzare questo metodo durante la Rivoluzione francese fu un criminale chiamato Carrier, che affondò grandi zattere cariche di persone nella Loira. Questo metodo fu ripreso nel 1919 ad Astrakhan dai bolscevichi cecoslovacchi. Migliaia di detenuti furono poi gettati nel Volga dalle barche con una pietra al collo. Su quanto accadde nell'aprile/maggio 1940, Adam Moszynski, prigioniero a Starobelsk e autore della lista più completa dei nomi dei prigionieri internati nei tre campi, ha dichiarato quanto segue davanti alla Commissione d'inchiesta: "Per quanto ne so, sulla base di ricerche sostanziali in materia, i prigionieri di Oshtakov furono messi su due grandi chiatte molto vecchie e, dopo essere state rimorchiate in mare aperto, furono distrutte dal fuoco dell'artiglieria". Si presume che questi prigionieri siano stati portati a lavorare nelle miniere di carbone su una delle isole artiche.

Il massacro della foresta di Katyn fu l'unico massacro conosciuto durante la guerra. Lì furono sepolti in fosse comuni 4.421 prigionieri di guerra polacchi, ricercati senza successo dalle autorità polacche dall'estate del 1941. Una cronologia degli eventi aiuterà a comprendere la dinamica dei fatti. Dopo l'attacco tedesco all'URSS del 22 giugno 1941, il 30 luglio 1941 la Polonia e l'Unione Sovietica firmarono un accordo che permise loro di riprendere le relazioni diplomatiche. In seguito a questo accordo, tutti i polacchi ancora detenuti nei campi furono rilasciati dai sovietici. Il 14 agosto 1941 i polacchi e i sovietici firmarono un patto militare e il 16 agosto il generale Wladyslaw Anders iniziò l'inutile ricerca dei suoi compagni uccisi.

Il 13 aprile 1943 i tedeschi annunciarono la scoperta delle tombe di Katyn nei pressi di Smolensk, dove erano stati sepolti capi e ufficiali dell'esercito polacco, membri dell'intellighenzia, funzionari governativi e sacerdoti. Il 15 aprile 1943 il governo polacco a Londra chiese alla Croce Rossa Internazionale di inviare una delegazione sul posto per indagare sulla verità dell'accaduto. Il 26 aprile l'URSS ruppe nuovamente le relazioni diplomatiche con la Polonia per aver richiesto un'indagine neutrale da parte della Croce Rossa. Il 30 aprile 1943 una commissione medica guidata dal dottor François Naville, professore di medicina legale all'Università di Ginevra, e composta da importanti giuristi, medici e criminologi provenienti da dodici università europee e da Paesi neutrali, produsse un rapporto approvato all'unanimità in cui si affermava che i polacchi sepolti nelle fosse erano stati massacrati nella primavera del 1940. Il 24 gennaio 1944 una commissione speciale sovietica pubblicò un proprio rapporto su quanto accaduto a Katyn, secondo il quale i tedeschi avevano commesso l'atrocità nell'agosto 1941. Solo nel 1992 l'URSS ha riconosciuto la propria responsabilità nell'eliminazione dell'élite polacca nel 1940.

Sul corpo del maggiore Adam Solski, una delle vittime sepolte nelle tombe di Katyn, è stato trovato un diario le cui annotazioni hanno permesso alla Commissione d'inchiesta del Congresso di conoscere le date dei massacri. Le ultime parole furono scritte l'8 e il 9 aprile 1940. L'8 scrisse: "Da mezzogiorno siamo in un vicolo cieco a Smolensk". Il 9 scrisse due volte. Nella prima annotazione dice: "Pochi minuti prima delle cinque del mattino sveglia dei carri e preparativi per la partenza'. Il diario si concludeva con la seconda annotazione del 9. Ecco cosa è stato scritto: "Già all'alba la giornata è iniziata in modo strano. Siamo partiti in furgoni con piccole celle per i prigionieri (terribili). Siamo stati portati da qualche parte nel bosco, in un campo estivo. Qui, una perquisizione approfondita. Hanno preso l'orologio, che segnava le 6:30 del mattino, mi hanno chiesto la fede nuziale, che hanno tenuto, rubli, la mia cintura e un coltello da tasca". Questo diario è stato portato dal generale Bor-Komorowski alle sedute della Commissione d'inchiesta tenutesi a Londra nell'aprile 1952.

Prima che i tedeschi scoprissero le tombe nell'aprile 1943, il generale Anders aveva incontrato personalmente Stalin. Nel dicembre 1941 Anders, accompagnato dal generale Sikorski, capo del governo polacco in esilio, chiese a Stalin dove si trovassero gli ufficiali scomparsi. La risposta fu che non erano e non erano stati detenuti. Il generale Anders testimoniò a Londra davanti al Comitato e riprodusse il dialogo con il leader sovietico: "Chiedemmo: "Beh, dove possono essere andati?" Al che Stalin rispose: "Sono fuggiti". Cercammo di capire: "Dove potevano essere fuggiti?" Stalin rispose: "In Manciuria". Io dissi che era impossibile. Il 18 marzo 1942 Anders ebbe un secondo incontro con Stalin al Cremlino e gli presentò un elenco dei nomi degli ufficiali scomparsi. Insistette sul fatto che nessuno di loro aveva ancora stabilito un contatto con l'esercito polacco. Stalin rispose: "Ebbene, a cosa ci servirebbero? Perché dovremmo volerli tenere?" Durante questo secondo colloquio Stalin si lasciò sfuggire che forse erano fuggiti separatamente quando i tedeschi invasero la Russia.

Il 13 aprile 1943 ci fu una trasmissione radiofonica a Berlino che, oltre a scuotere l'opinione pubblica internazionale, servì a impedire ai polacchi di cercare i loro militari scomparsi:

> "Da Smolensk arrivano notizie che la popolazione autoctona ha rivelato alle autorità tedesche. Lì sono state eseguite esecuzioni di massa. I bolscevichi hanno ucciso diecimila ufficiali polacchi. Le autorità tedesche di hanno fatto una scoperta orribile. Hanno trovato una fossa lunga ventotto metri, larga sedici e profonda dodici, in cui giacevano i corpi di tremila ufficiali polacchi. In uniforme, a volte in catene, avevano tutti ferite da arma da fuoco alla nuca. La ricerca e la scoperta di altre fosse continua".

L'annuncio fu seguito da un'intensa campagna di propaganda per cercare di sfruttare politicamente la scoperta. I nazisti fecero sforzi disperati per far condurre al Comitato internazionale della Croce Rossa un'indagine imparziale. Hitler incaricò personalmente il Ministero degli Esteri tedesco di fare ogni sforzo per ottenere tale indagine. La Croce Rossa polacca fu informata dal Comitato Internazionale che un'indagine avrebbe potuto avere luogo solo se avessero partecipato tutte e tre le nazioni coinvolte. Quando i polacchi richiesero l'indagine, i sovietici accusarono i polacchi di "collaborare con i nazisti" e ruppero bruscamente le relazioni diplomatiche.

A Londra, Sikorski incontrò Churchill il 15 aprile 1943 e gli disse che le prove che aveva trovato indicavano in modo inconfutabile che gli alleati sovietici erano responsabili degli omicidi di massa. Come scrisse Lord Cadogan nel suo Diario, Churchill disse a Sikorski: "Le rivelazioni dei tedeschi sono probabilmente vere. I bolscevichi possono essere molto crudeli". Nonostante questa ammissione, finì per consigliargli che la questione era meglio dimenticarla, poiché nulla avrebbe riportato in vita gli ufficiali uccisi. Anthony Eden, il Segretario di Stato al Ministero degli Esteri che aveva sostituito Lord Halifax, si presentò alla Camera dei Comuni il 4 maggio 1943 e riferì che il governo britannico avrebbe attribuito la colpa di quanto accaduto al nemico comune. Eden aggiunse "che deplorava il cinismo con cui il governo tedesco accusava l'Unione Sovietica, con il velato scopo di rompere l'unità tra gli Alleati". Naturalmente, anche F. D. Roosevelt conosceva la verità su quanto era accaduto e la nascose al pubblico. Documenti recentemente declassificati dagli Archivi Nazionali degli Stati Uniti rivelano che nel 1943 Roosevelt sapeva che la polizia segreta sovietica aveva sparato alla nuca a 22.000 polacchi, l'élite militare e intellettuale del Paese. Lo stesso Winston Churchill gli aveva inviato un rapporto dettagliato scritto da Owen O'Malley, ambasciatore britannico presso il governo polacco in esilio a Londra.

La situazione in Europa occidentale: la Norvegia e i neutrali

Risolta la questione dei Sudeti, Hitler aveva dichiarato attivamente e passivamente di non avere altre rivendicazioni territoriali in Europa occidentale e che la Francia poteva stare tranquilla riguardo all'Alsazia e alla Lorena. Tuttavia, dopo che Gran Bretagna e Francia dichiararono guerra alla Germania, pochi Paesi poterono evitare di essere coinvolti nel conflitto, che alla fine si estese inesorabilmente a tutto il continente. La propaganda alleata, diffusa attraverso la stampa mondiale, impose un'idea che ha prevalso: la Germania attaccava i Paesi neutrali perché voleva dominare il mondo, e loro, invece, agivano come salvatori disinteressati dei popoli attaccati. La realtà, come abbiamo visto, era ben diversa, perché né il Regno Unito, né la Francia, né gli Stati Uniti mossero un dito per difendere i Paesi dell'Europa orientale attaccati senza motivo dall'URSS, la cui espansione verso ovest non sembrava essere minimamente preoccupata.

A novembre il re del Belgio e la regina d'Olanda offrirono i loro buoni uffici per ristabilire la pace. Chiesero al Presidente Roosevelt di assumere la guida di una Lega dei Neutrali e gli proposero di sostenere una protesta contro le violazioni commesse dall'URSS nell'invadere la Polonia, nel sottomettere i Paesi baltici e nell'attaccare la Finlandia. Naturalmente Roosevelt, nonostante i suoi discorsi ipocriti a favore della pace, rifiutò di associarsi agli sforzi dei due monarchi. Lord Halifax, da parte sua, in un discorso pubblico che Ribbentrop definì "sfacciato", si assunse la responsabilità di escludere qualsiasi possibilità di negoziato. David Irving chiarisce in *Hitler's War* che il rifiuto della pace fu dovuto al fatto che "Londra era soggetta a una folle minoranza controllata dagli ebrei contro la quale Chamberlain era un uomo impotente e senza spina dorsale". L'Olanda e, soprattutto, il Belgio si trovavano in una posizione impossibile se fosse scoppiata una guerra tra Francia e Germania. Tuttavia, quando il 19 ottobre 1939 Hitler diede la prima direttiva per preparare il massiccio attacco alla Francia, l'"Operazione Caso Giallo" (Fall Gelb), ritenne che sarebbe stato possibile evitare le ostilità con i Paesi Bassi, a condizione che gli inglesi rispettassero la loro neutralità e non sbarcassero nel Paese. I generali tedeschi presentarono al Führer i loro scrupoli a violare il territorio belga e questo portò a ripetuti ritardi nell'esecuzione della "Fall Gelb", che avrebbe dovuto iniziare a novembre.

Il fatto che, ad eccezione della minoranza fiamminga, la popolazione olandese simpatizzasse per gli Alleati fece sì che le forze armate di entrambi i Paesi fossero concentrate quasi interamente sul confine tedesco. La leadership nazista temeva in particolare che gli inglesi e i francesi potessero da un giorno all'altro unirsi ai belgi nell'attaccare il "tallone d'Achille" della Germania, ossia l'area industriale della Ruhr, il che avrebbe rappresentato un duro colpo. D'altra parte, i britannici violavano costantemente la neutralità dei Paesi Bassi sorvolando gli aerei della RAF, per cui a novembre era chiaro che quando l'operazione, che era stata rinviata al 3 dicembre, sarebbe iniziata, i Paesi Bassi avrebbero dovuto essere invasi.

Nel dicembre 1939 l'ammiraglio Erich Räder avvertì Hitler della terribile posizione strategica in cui si sarebbe trovata la Germania se gli inglesi avessero occupato la Norvegia. La prova che i timori di Räder erano giustificati venne dal contatto di Rosenberg in Norvegia, il maggiore Vidkun Quisling, che era stato ministro della Difesa fino al 1933. Quisling, un convinto anticomunista che aveva fondato il "Nasjonal Samling" (Unità Nazionale), un partito antiebraico affine al nazionalsocialismo, aveva prove inconfutabili che Londra progettava di controllare il Paese con l'appoggio di Carl Hambro, il presidente ebreo del Parlamento norvegese, il quale, secondo Quisling, aveva permesso ai servizi segreti britannici di infiltrarsi nei servizi segreti norvegesi da cima a fondo. Anche la stampa era nelle mani degli amici di Hambro, una figura estremamente influente, rampollo di una potente famiglia di banchieri ebrei.

Hitler voleva farsi un'idea personale di Quisling, che il 14 dicembre si presentò al Cancelliere tedesco in compagnia di Viljam Hagelin, un uomo d'affari. Durante la conversazione, il Führer sottolineò con forza che la sua preferenza politica era che la Norvegia e l'intera Scandinavia rimanessero neutrali e che non aveva intenzione di espandere il teatro di guerra coinvolgendo altri Paesi nel conflitto, a meno che non fosse costretto a farlo. Quisling, tuttavia, informò Hitler di avere duecentomila seguaci, alcuni dei quali molto ben piazzati, pronti a prendere il potere quando il governo Hambro, che aveva prolungato il suo mandato, sarebbe stato mantenuto illegalmente al potere dal 10 gennaio. Quisling suggerì di rovesciarlo e di chiedere alla Germania di inviare truppe a Oslo.

Nel gennaio 1940 i servizi segreti tedeschi confermarono che il Belgio, nonostante le crescenti concentrazioni di truppe anglo-francesi al confine con la Francia, stava solo fortificando il confine con la Germania. Inoltre, le autorità stavano incoraggiando la fraternizzazione dei belgi con i francesi e gli inglesi. Inoltre, la Gendarmeria belga aveva ricevuto l'ordine di agevolare l'invasione della Francia, e a ovest erano stati persino eretti cartelli di segnalazione in tal senso. Le prove che gli Alleati stavano preparando la loro offensiva attraverso il Belgio erano chiare. Ad eccezione di una divisione, tutte le forze meccanizzate di fanteria, corazzate e di cavalleria erano schierate al confine con la Germania.

Il 17 febbraio 1940, la *Altmark*, una nave da rifornimento di 15.000 tonnellate, navigò disarmata nelle acque norvegesi sotto la bandiera della marina mercantile tedesca. A bordo c'erano circa 300 marinai britannici, che erano stati salvati dall'incrociatore *Graf Spee* dopo che le navi britanniche a cui appartenevano erano affondate. La *Altmark* riforniva il famoso incrociatore nelle acque dell'Atlantico meridionale e aveva ricevuto questi prigionieri prima che il capitano della *Graf Spee*, Langsdorff, ordinasse di affondarli nell'estuario del Río de la Plata per evitare la cattura. Due torpediniere da ricognizione norvegesi interrogarono il capitano dell'*Altmark*, che non rivelò di avere prigionieri a bordo, anche se se li avesse avuti, la sua posizione legale non sarebbe stata diversa, e procedettero a scortarlo. L'incrociatore britannico *Cossack* e sei cacciatorpediniere si trovavano nelle vicinanze e ricevettero l'ordine di sequestrare la nave tedesca, anche se ciò significava violare le acque territoriali norvegesi. Avvistate le navi britanniche, il capitano dell'*Altmark* cercò rifugio nel fiordo di Jössing. Le torpediniere norvegesi lo autorizzarono e tennero a bada gli inglesi fino a notte fonda. Alla fine, le navi britanniche riuscirono ad entrare nel fiordo e ad abbordare la nave tedesca. Il rapporto *dell'Altmark* descrive come il gruppo di abbordaggio si impadronì della timoneria "e iniziò a sparare come fanatici ciechi contro l'equipaggio tedesco, che, ovviamente, non aveva un'arma". Sei uomini furono uccisi e molti altri furono feriti. Alcuni membri dell'equipaggio cercarono di fuggire sul ghiaccio che circondava la nave e altri si gettarono in mare. I norvegesi testimoniarono in seguito che gli inglesi avevano sparato anche agli uomini inermi in acqua. I prigionieri furono rilasciati e la nave e l'equipaggio furono saccheggiati. I tedeschi non spararono un solo colpo.

Naturalmente la reazione norvegese fu di sdegno. L'atto di guerra all'interno del fiordo era una flagrante violazione della neutralità della Norvegia che non poteva essere tollerata, e il governo di Oslo presentò una forte protesta diplomatica. Da parte sua, Hitler apprese dai segnali di comunicazione decodificati a Berlino che il capitano del *Cossak* aveva persino ricevuto l'ordine di aprire il fuoco sulle torpediniere norvegesi se avessero resistito all'azione contro l'*Altmark*. In Germania, i media riportarono l'incidente e ci fu un'indignazione pubblica. Da questo momento in poi, sebbene né nelle sue direttive alla Wehrmacht né nei suoi discorsi ai generali Hitler avesse previsto l'occupazione della Scandinavia, si cominciò a pensare all'occupazione della Norvegia. Il 1° marzo il cancelliere tedesco firmò le prime istruzioni per la prevista occupazione di Norvegia e Danimarca. A quella data, gli aerei della RAF avevano già violato lo spazio aereo di Danimarca e Norvegia, oltre che del Belgio e dei Paesi Bassi, in innumerevoli occasioni per eludere le difese antiaeree tedesche.

Da quando Winston Churchill pubblicò *"The Gathering Storm"* nel 1948, è noto che i piani delle autorità navali britanniche per attaccare la Norvegia avevano iniziato a delinearsi nel settembre 1939. Il 16 dicembre

1939, quando non era ancora primo ministro, Churchill aveva già presentato al governo un memorandum che indicava la necessità di agire in Norvegia. Le piccole nazioni non devono legarci le mani", disse. Il 6 febbraio 1940 il Consiglio di guerra britannico approvò il piano, che prevedeva la presa di Narvick e l'occupazione con la forza della Norvegia settentrionale e della Svezia. In quest'ultimo Paese, era previsto il sequestro del porto di Lulea sul Mar Baltico. Il nome segreto di questi piani era "Operazione Stradford". Nel marzo 1940, quindi, sia il Regno Unito che la Germania si stavano preparando a sbarcare in Norvegia, ma i piani britannici erano molto più avanzati.

All'inizio di marzo, il diplomatico Walter Hewel inviò numerosi telegrammi al Führer da Helsinki, Trondheim e Oslo, denunciando l'intenzione degli inglesi di intervenire in Scandinavia con il pretesto di aiutare la Finlandia. Ribbentrop ricevette anche informazioni da Quisling che dimostravano che i piani di invasione britannici e francesi erano già in fase avanzata. Quando il 12 marzo si seppe che Mosca e Helsinki stavano negoziando un armistizio, gli Alleati capirono che dovevano intervenire immediatamente se volevano usare l'alibi della guerra russo-finlandese per legittimare il loro sbarco. Londra", scrive David Irving, "fece sforzi disperati per prolungare la guerra di qualche altro giorno. Winston Churchill era evidentemente volato a Parigi l'11 marzo per informare il governo francese che il 15 marzo il suo corpo di spedizione sarebbe salpato per Narvik". Questo storico revisionista britannico nota che il "Forschungsamt", il servizio di intelligence tedesco specializzato nella decodifica delle comunicazioni, il 12 marzo aveva decodificato una telefonata urgente dell'ambasciatore finlandese a Parigi al suo ministro degli Esteri, annunciando che Churchill e Daladier avevano promesso aiuto se la Finlandia lo avesse richiesto senza indugio. In altre parole, dopo più di tre mesi di guerra di aggressione contro la Finlandia, avevano improvvisamente fretta.

L'operazione "Caso giallo", nel frattempo, continuava a essere rimandata. L'importanza strategica della Norvegia e della Danimarca per salvaguardare le spalle della Germania era evidente, per cui la messa in sicurezza di questi Paesi stava diventando una priorità. Il fatto che i porti fossero congelati a marzo rendeva consigliabile aspettare fino ad aprile. Il 28 marzo 1940, il Consiglio supremo di guerra alleato decise di lanciare un'operazione in due fasi all'inizio di aprile. Il piano prevedeva di minare dapprima le acque neutrali per provocare la Germania a occupare la Norvegia meridionale, il che avrebbe giustificato uno sbarco su larga scala a Narvik, nel nord, per prendere il controllo delle linee ferroviarie che trasportavano il minerale di ferro dalle miniere svedesi, di vitale importanza per la Germania, a questo porto. L'imminenza dell'operazione britannica fu nuovamente confermata da Quisling, che avvertì dell'arrivo di agenti britannici e francesi che, travestiti da funzionari consolari, si stavano insediando in località chiave della Norvegia. L'ammiraglio Räder pregò Hitler di lanciare l'invasione il prima possibile e propose la data del 7 aprile.

Il piano britannico fu messo in atto il 5 aprile. I tedeschi rilevarono l'inizio di una manovra importante grazie al "Forschungsamt", che decodificò una comunicazione che ordinava a circa 20 U-Boot di iniziare le operazioni. Si pensò allora alla possibilità che i britannici avessero scoperto il piano d'invasione tedesco e si stessero schierando per interromperlo; ma gli esperti navali tedeschi dedussero correttamente che il nemico intendeva disporre uno sbarramento di mine come preliminare a un intervento in Norvegia. L'8 aprile fu confermato che le navi da guerra britanniche stavano posando una cortina di mine nelle acque norvegesi, una violazione indiscutibile della neutralità del Paese scandinavo. Nella notte tra il 6 e il 7 aprile, la flotta tedesca iniziò l'operazione che era stata pianificata fin dall'inizio di marzo. Corazzate, incrociatori e cacciatorpediniere fecero rotta verso i porti norvegesi di Narvik, Trondheim, Bergen e Oslo. Hitler poteva presentare la presa della Norvegia come una risposta all'azione alleata. Il 9 aprile, 24 ore dopo che gli inglesi avevano minato le acque territoriali, le forze tedesche sbarcarono in Norvegia e occuparono la Danimarca, il cui governo si era arreso senza opporre resistenza.

Non è più necessario descrivere le operazioni in Norvegia. Ci limiteremo a dire che la marina tedesca subì perdite significative: molte navi furono affondate e le perdite umane furono considerevoli. Le batterie costiere norvegesi e l'azione dei sommergibili britannici e di altre navi operanti nella zona inflissero danni molto significativi alle forze da sbarco. Gli inglesi sbarcarono a Namsos, a sud di Narvik, e ad Aandalsnes, a sud di Trondheim. Circa 12.000 inglesi, francesi e polacchi sbarcarono anche a Narvik, cercando di riconquistare questo porto dove il ferro svedese veniva spedito in Germania. Duemila soldati tedeschi e austriaci si erano insediati a Narvik senza opporsi, grazie alla collaborazione di un comandante vicino a Quisling. Questa enclave strategica divenne il teatro principale di una lotta che durò diverse settimane. All'inizio di maggio del 1940, i britannici avevano evacuato le loro forze da Namsos e Aandalsnes, e solo le truppe che combattevano per riconquistare Narvik stavano ancora combattendo.

Importanti documenti militari britannici sono stati sequestrati in Norvegia. Una brigata di fanteria che combatteva a sud di Aandalsnes fu costretta a fuggire davanti all'avanzata dei tedeschi, che catturarono documenti significativi, la cui importanza fu presto compresa. Il comandante della brigata aveva ricevuto istruzioni per l'occupazione di Stavanger. Gli ordini erano datati 2, 6 e 7 aprile, cioè giorni prima dell'invasione tedesca. Altri documenti mostrano che erano state pianificate operazioni di sbarco a Bergen, Trondheim e Narvik. Oltre a questi documenti, presso i consolati francese e britannico di Oslo sono stati rinvenuti documenti che dimostrano senza ombra di dubbio che il piano alleato di invadere la Norvegia era stato programmato a gennaio e che alcuni leader norvegesi stavano collaborando e lavorando per garantire che non avrebbe opposto resistenza. A mezzogiorno del 27 aprile Ribbentrop distribuì questi documenti incriminanti ai diplomatici stranieri convocati al Ministero degli Esteri. Nel pomeriggio, una trasmissione radiofonica che poté essere ascoltata in tutto il mondo denunciò l'umorismo e le chiacchiere della Gran Bretagna sui piccoli Paesi neutrali. Ribbentrop pubblicò un Libro Bianco sui documenti norvegesi che sconvolse l'opinione pubblica internazionale. In conclusione, l'ammiraglio Räder fu condannato all'ergastolo a Norimberga per aver pianificato e diretto una guerra di aggressione contro la Norvegia.

Il mistero di Dunkerque

Il 10 maggio 1940 arrivò la tanto attesa "Operazione Giallo", ovvero l'attacco generale della Wehrmacht lungo il fronte francese e l'invasione di Olanda, Belgio e Lussemburgo. Le linee difensive francesi non riuscirono a fermare l'offensiva a rotta di collo e nel giro di dieci giorni fu chiaro che la Germania aveva sconfitto la Francia. Il 20 maggio, i generali tedeschi scoprirono che almeno venti divisioni nemiche erano intrappolate a nord della Somme. In serata, il generale Brauchitsch telefonò a Hitler per comunicargli che i suoi carri armati avevano raggiunto Abbeville, una città a dieci chilometri dalla foce della Somme sulla Manica. I tedeschi potevano iniziare la seconda fase della Campagna, denominata in codice "Rossa", che consisteva in un'incursione a sud verso il confine svizzero. Prima, però, era necessario catturare le circa 340.000 truppe britanniche e francesi che erano state ammassate a nord della Somme. Ciò non avvenne a causa di "Halt Befehl", l'ordine di Hitler di fermare l'avanzata verso Dunkerque, una decisione epocale che permise alla Gran Bretagna di riprendersi e portò alla successiva sconfitta della Germania.

Uno dei geni militari dietro questa spettacolare vittoria fu il generale Heinz Guderian, che nel 1937 aveva pubblicato *Achtung Panzer!*, un'opera che gettava le basi della "guerra lampo", applicata per la prima volta il 1° settembre 1939 in Polonia. La teoria di Guderian di una tattica militare con un'avanzata così rapida e devastante da poter conquistare un Paese in poche settimane fu confermata. Chi attribuiva il successo della guerra lampo alla mancanza di sostanza dell'esercito polacco, il 10 maggio 1940 scoprì che l'alto comando alleato, ancorato alle teorie della guerra di logoramento sperimentate nella Prima Guerra Mondiale, non aveva alcuna risposta a una guerra di movimenti a tappeto, basata su grandi unità di carri armati autosufficienti concentrate nello "Schwerpunkt", il punto essenziale della battaglia. Con le difese rase al suolo, i centri logistici e di comando del nemico erano alla mercé delle unità corazzate, che si muovevano liberamente nelle retrovie in attesa dell'arrivo della fanteria per concludere la vittoria. Per comprendere le conseguenze dell'"Halt Befehl" (ordine di arresto), è necessario considerare che la mobilità era una delle chiavi della Blitzkrieg di

Guderian. L'assalto era diretto verso le prime linee nemiche e non doveva fermarsi finché, a causa del disordine generato, le capacità di risposta operativa non fossero state annullate. Il supporto aereo fu quindi fornito per proteggere i Panzer e impedire qualsiasi possibilità di riorganizzazione.

La vittoria era così chiara che il 21 maggio l'ammiraglio Räder, di fronte all'evidenza che il grosso dell'esercito britannico era in trappola, rivelò privatamente al Führer di aver studiato i problemi di un'invasione via mare delle isole britanniche a partire da novembre. Hitler si rifiutò in un primo momento di prendere in considerazione il piano senza fornire spiegazioni, e giorni dopo respinse nuovamente l'idea quando Jodl insistette sull'opportunità di preparare l'invasione. Il 22 maggio, dopo due giorni di riflessione, Churchill, nominato Primo Ministro del Regno Unito il 10 maggio, decise di ritirare la British Expeditionary Force (BEF) dalla Francia. Per questo motivo, il 22 maggio, Lord Gort, capo del BEF, ordinò il ritiro da Arras verso la costa senza informare il comando francese, al quale era subordinato.

Vedendo un insolito numero di trasporti di truppe che si dirigevano verso il mare, i tedeschi interpretarono questo fatto come l'intenzione degli inglesi di evacuare la loro Forza di Spedizione. I generali Brauchitsch e Halder, senza informare il Führer, ordinarono al generale Fedor von Bock di avanzare da sud per completare l'accerchiamento. Il 23 maggio, le tre divisioni del Panzerkorps di Guderian presero Boulogne e Calais, due dei tre porti per una possibile evacuazione britannica, e si prepararono a marciare su Dunkerque, l'ultimo punto attraverso il quale le forze alleate, che stavano combattendo contro il gruppo di armate del generale von Bock e si stavano ritirando, potevano fuggire. A questo punto Guderian era più vicino a Dunkerque dell'intero esercito britannico e nulla ostacolava la sua avanzata. Se Guderian avesse raggiunto Dunkerque, le armate anglo-francesi sarebbero state completamente circondate e avrebbero avuto solo due opzioni: arrendersi o essere annientate.

Nelle prime ore del 24 maggio Hitler, accompagnato dai generali Jodl e Schmundt, si recò al quartier generale di Charleville dove, sostenuto dal feldmaresciallo Gerd von Rundstedt, il generale più conservatore della Wehrmacht, annullò l'ordine ricevuto da Bock. Hitler apparentemente si affidò a Rundstedt per far rispettare la sua decisione di fermare l'avanzata verso Dunkerque. Mostrando uno stato di nervosismo ingiustificato, che forse era anche teatrale, chiese a Rundstedt di valutare la minaccia rappresentata dall'esercito francese dal fianco meridionale. Rundstedt, comprendendo che il Führer stava suggerendo prudenza, propose di fermare le operazioni e di permettere ai Panzer di godere di qualche giorno di riposo. Hitler fu pienamente d'accordo. La possibilità che i britannici potessero fuggire in Inghilterra non fu nemmeno discussa. La sera del 24 Guderian ricevette un telegramma dal Quartier Generale di Rundstedt che recitava: "Le divisioni corazzate devono rimanere a medio raggio di artiglieria da

Dunkerque. Il permesso è concesso solo per la ricognizione e i movimenti di protezione". Guderian, che sapeva che nella guerra lampo era essenziale non perdere "slancio", rimase sbalordito da questo ordine. Poiché non riusciva a capirlo e non gli venivano forniti argomenti per giustificarlo, scelse di ignorarlo e continuò la marcia verso Dunkerque, che distava solo diciotto chilometri. Poi arrivò un secondo ordine, sostenuto dall'autorità del Führer, che ripeteva che l'avanzata non doveva continuare e che doveva ritirarsi sulle linee precedenti.

In *The Other Side of the Hill*, il capitano B. H. Liddell Hart, noto critico militare, studia l'invasione tedesca della Francia e analizza gli eventi di Dunkerque in un capitolo intitolato "Come Hitler sconfisse la Francia e salvò la Gran Bretagna". Lo storico britannico riproduce le parole di Gunter Blumentritt, uno dei generali di stato maggiore di Rundstedt che incontrò Hitler il 24 maggio:

> "Ci ha poi lasciati a bocca aperta parlando con ammirazione dell'Impero britannico, della necessità della sua esistenza e della civiltà che la Gran Bretagna ha portato nel mondo. Ha paragonato l'Impero britannico alla Chiesa cattolica, dicendo che entrambi erano elementi essenziali per la stabilità del mondo. Disse che tutto ciò che voleva dalla Gran Bretagna era che riconoscesse la posizione della Germania sul continente. La restituzione delle colonie tedesche perdute sarebbe auspicabile, ma non essenziale. Disse che si sarebbe persino offerto di sostenere le truppe britanniche nel caso si fossero trovate in difficoltà da qualche parte. Concludeva dicendo che il suo obiettivo era quello di fare la pace con la Gran Bretagna su basi che considerava compatibili con il suo onore".

Alcuni storici cercano di giustificare l'"Halt Befehl" dal punto di vista della logica militare. Sostengono che era necessario preservare i carri armati per l'offensiva a sud, che il fango delle paludi delle Fiandre era un pericolo per i veicoli corazzati, che la decisione di Rundstedt era la più prudente.... Tutte queste ragioni sono estremamente deboli. Altri storici sottolineano che il BEF riuscì a fuggire grazie all'incapacità di Göring e della Luftwaffe. Hitler avrebbe appoggiato l'affermazione di Göring, che si vantava che la forza aerea fosse sufficiente a impedire l'evacuazione. Se così fosse, si tratterebbe di un incredibile errore di valutazione, dal momento che la maggior parte degli aerei tedeschi era basata in campi d'aviazione in Germania, mentre la RAF operava dall'altra parte della Manica. Lo stesso Guderian scrisse nelle sue memorie che i timori di Hitler e Rundstedt che i Panzer sarebbero rimasti bloccati nel fango erano infondati. Bevin Alexander, autore di più di una dozzina di libri di storia militare, specialista della strategia militare di e considerato uno dei più importanti storici militari del mondo, scrive in *How Hitler Could Have Won World War II* che a Dunkerque fu persa una grande opportunità di sconfiggere la Gran Bretagna.

La propaganda britannica, invece di ammettere il gesto donchisciottesco di Hitler, creò il mito del "Miracolo di Dunkerque" o dello "Spirito di Dunkerque". In realtà l'unico prodigio era stata una decisione incomprensibile che senza dubbio ebbe effetti miracolosi per le truppe britanniche intrappolate a Dunkerque. Contrariamente all'opinione della maggior parte dei suoi generali, che erano quasi unanimemente a favore della chiusura della tenaglia, Hitler impedì ai carri armati di completare l'accerchiamento e di circondare il BEF e le migliori unità dell'esercito francese. Il 26 maggio il generale Halder annotò con disappunto nel suo diario che i carri armati erano rimasti "radicati sul posto". La Luftwaffe poteva vedere dall'aria che le spiagge stavano diventando sempre più affollate di soldati. David Irving fa riferimento alla marea umana che affluiva al porto e nota che "le strade erano intasate da colonne di camion lunghe quindici miglia".

Solo la sera del 26 Rundstedt autorizzò il proseguimento dell'avanzata, ma lo slancio era già stato perso. Il 27 maggio i tedeschi si resero conto che nei quasi tre giorni di stallo i britannici avevano avuto il tempo di organizzare un forte cordone difensivo che servì a fermare la penetrazione e a consentire l'"Operazione Dynamo", il nome in codice dell'evacuazione, iniziata il 27 maggio e sospesa alle 0230 del mattino del 4 giugno 1940, giorno in cui i Panzer di Guderian arrivarono nel porto. In questi otto giorni circa 226.000 soldati britannici e 112.500 francesi poterono lasciare la Francia. Altri 40.000 rimasero a terra e si arresero. Settecento carri armati, 2.400 cannoni e 50.000 veicoli furono abbandonati.

Stando ai fatti, è inevitabile constatare che la malsana anglofilia di Hitler fu la causa di gravi danni per la Germania. Non è comprensibile, a nostro avviso, che Hitler abbia continuato a perseguire verso la Gran Bretagna una strategia che i fatti avevano ripetutamente sconfessato. Non si capisce perché, avendo in mano il grosso dell'esercito nemico, abbia rifiutato di prendere in considerazione i suggerimenti di Räder e Jodl per la sconfitta finale della Gran Bretagna. Se la British Expeditionary Force fosse stata distrutta in Francia, l'Italia e la Germania sarebbero state in grado di prendere Gibilterra e di controllare il Nord Africa e il Mare Nostrum. La minaccia di invasione avrebbe impedito ai britannici di mantenere il Mediterraneo. Non è nemmeno comprensibile che Hitler abbia agito come se non sapesse che i Rothschild e altri banchieri ebrei controllavano l'Inghilterra e gli Stati Uniti, i cui governi erano nelle mani dei loro agenti. Il mistero di Dunkerque, tuttavia, è solo uno dei tanti che circondano l'enigmatica figura di Hitler.

Il capitolo 8 ha già trattato le numerose contraddizioni e incongruenze che costellano la vita e l'attività politica di Adolf Hitler. L'enigma inizia con la nonna paterna, Maria Anna Schicklgruber, il cui figlio Alois (padre di Hitler) era un bastardo, presumibilmente concepito a seguito di relazioni illegittime con il ricco ebreo Frankenberger. Fritz Thyssen, uno dei finanziatori di Hitler, rivela in *I Paid Hitler* che la nonna Schicklgruber rimase incinta mentre prestava servizio come cameriera nella casa di Salomon Rothschild a Vienna, per cui alcuni autori vedono Frankenberger come un prestanome del banchiere. 2. Nel 1909 Hitler strinse amicizia con il fondatore della rivista *Ostara* e dell'ONT (Ordine dei Nuovi Templari), un cabalista gnostico di nome Adolf Josef Lanz, che nascondeva la sua origine ebraica ed era in realtà un sionista che rivendicava la Palestina per gli ebrei. Pur predicando la purezza razziale, Lanz sposò l'ebrea Liebenfels e divenne così noto come Georg Lanz von Liebenfels. 3. Nel 1920 due amici ebrei di Hitler, il doppiogiochista britannico Moses Pinkeles, alias Trebisch-Lincoln, ed Ernst Hanfstängl, "Putzi", che divenne consigliere di guerra di Roosevelt, fornirono la maggior parte del denaro che permise al NSDAP di acquistare il giornale *Völkischer Beobachter*. 4. Tra il 1929 e il 1933 Hitler si incontrò tre volte con James Paul Warburg, figlio di Paul Warburg e rappresentante degli stessi banchieri ebrei che avevano creato il cartello della Federal Reserve e finanziato la Rivoluzione bolscevica. In seguito a questi incontri, i nazisti ricevettero finanziamenti da Wall Street. Hitler evidentemente sapeva di ricevere denaro dai più potenti banchieri ebrei internazionali e si lasciò usare. 5. Ricordiamo anche che la collaborazione di Hitler con i sionisti fu determinante per gettare le basi del futuro Stato ebraico. Mentre la Giudea dichiarava guerra alla Germania, proclama che apparve in un titolo a sette colonne sulla prima pagina del *Daily Express* il 24 marzo 1933, i nazisti e i sionisti firmarono l'Accordo di Haavara, che permise a circa sessantamila ebrei tedeschi di emigrare in Palestina con più di 100 milioni di dollari, una fortuna di allora. Lo scrittore sionista Edwin Black ammette che questo accordo fu "indispensabile" per la creazione di Israele. 6. Concludiamo questa ricapitolazione ricordando che la potentissima loggia B'nai B'rith poté svolgere la sua opera cospiratoria in Germania fino al 1939.

Una tesi poco credibile e indimostrabile

Nel 2005 Greg Hallett ha pubblicato il libro *Hitler Was a British Agent*, un'opera che insiste sul fatto che Hitler era un burattino nelle mani dei cospiratori che hanno provocato la Seconda Guerra Mondiale, che lo hanno usato come capro espiatorio. Senza fornire alcuna prova definitiva, Hallett sostiene che Hitler fosse un agente britannico, così come Wilhelm Canaris, capo del servizio segreto militare (Abwehr). Di Canaris, Bernard Fay, che lavorò agli ordini di Petain tra il 1940 e il 1944 con documenti massonici in Francia, dice in *La guerre des trois fous* (*La guerra dei tre pazzi*) che "combatté il nazismo come un crociato intento a distruggere un mostro infettivo", e aggiunge che "pochi giorni prima dell'offensiva del maggio 1940 aveva avvertito lo Stato Maggiore britannico". Greg Hallett, che avverte che normalmente non possiamo accettare la verità perché non passa i filtri posti dall'educazione, si basa su testimonianze di agenti dei servizi segreti in pensione; ma anche su testi e dichiarazioni che possono essere verificati. Secondo Hallett, gli storici e persino il biografo di Hitler John Toland hanno ignorato il soggiorno di Hitler in Inghilterra.

La cognata di Hitler, Bridget Hitler, nata Bridget Dowling, ha pubblicato *le Memorie di Bridget Hitler* nel 1979. Il libro non è di alcun interesse, ma in esso Bridget certifica che suo cognato Adolf Hitler ha vissuto nella sua casa di Liverpool. Abbiamo una copia del libro e possiamo vedere come questa donna, che fu sedotta da Alois Hitler, un fratellastro di Hitler che incontrò a Dublino nel 1909, racconta le sue esperienze personali con il futuro Führer. Per cominciare, va notato che Hitler nascose il suo soggiorno in Inghilterra nel *Mein Kampf*. Nel suo racconto autobiografico afferma di aver lasciato Vienna nel maggio 1912 per Monaco, ma il lavoro di Bridget Hitler dimostra che questo non è vero: solo nel maggio 1913, un anno dopo, arrivò a Monaco dall'Inghilterra, non da Vienna.

Ecco un breve resoconto del soggiorno di Hitler in Inghilterra, dove arrivò all'età di ventitré anni. Nel novembre 1912 Alois e Bridget si recarono alla stazione di Lime Street di Liverpool per incontrare Angela Hitler e suo marito Leo Raubal, funzionario della dogana di Vienna. Entrambi erano stati invitati a trascorrere qualche giorno con loro. Al posto di Leo e Angela Raubal", scrive Bridget, "si avvicinò un giovane dall'aspetto povero che strinse la mano ad Alois. Era il fratello minore di mio marito, Adolf, che era venuto al suo posto". La reazione indignata di Alois fece trasalire la moglie: "Era furioso, noncurante del posto, parlava così duramente e ad alta voce che tutta la gente ci guardava stupita". All'inizio il nuovo arrivato sopportò il rimprovero senza lamentarsi, ma ben presto cominciò a ribattere con ancora più veemenza. Al culmine della discussione, continua Bridget, "Adolf si avvicinò e afferrò il cappotto di Alois per il bavero. Per un attimo la tensione fu così alta che pensai di andarmene; avevano dimenticato che ero lì. Li ho lasciati". Così Bridget racconta nel suo libro il primo incontro con il futuro cancelliere della Germania.

I due fratelli si presentarono solo la sera al 102 di Upper Stanhope Street, Princes Road, un appartamento con tre camere da letto, dove l'ospite fu sistemato nella stanza preparata per i Raubal. La rabbia tra i due era sparita e il loro umore era amichevole. "Adolf, tuttavia, senza , era completamente esausto. Il suo pallore e la sua spossatezza erano così marcati", scrive il narratore, "che temevo fosse malato. Subito dopo cena si ritirò". Bridget spiega di aver colto l'occasione per rimproverare il marito per la scena alla stazione e spiega che quando Alois ha risposto lo ha fatto con sarcasmo dicendo: "Tu non capisci. Se tu sapessi tutto ti sentiresti come me.... Avevo invitato Angela e suo marito. Non avevo invitato quell'inutile Adolf. È una vergogna per tutti noi. Non voglio avere nulla a che fare con lui". Vediamo ora un estratto selezionato da Greg Hallet:

> "Mio cognato è stato con noi dal novembre 1912 all'aprile 1913, e non riesco a immaginare un ospite meno interessante e sgradevole. All'inizio

rimase nella sua stanza, dormendo o sdraiandosi sul divano che usava quasi sempre come letto. Avevo l'impressione che fosse malato, tanto era brutto il suo colorito e strano il suo aspetto. Mi dispiaceva per lui, nonostante quello che mi aveva detto Alois. Quando ho lavato la sua camicia - non aveva portato con sé alcun bagaglio - il colletto era così logoro che non valeva nemmeno la pena di rivoltarlo. Ho convinto Alois a dargli alcune cose e non gli è dispiaciuto farlo. Anzi, credo che sarebbe stato più disposto ad aiutare Adolf se Adolf non fosse stato così ingrato e complicato. Adolf ha sottovalutato tutto quello che abbiamo fatto".

Hallett attribuisce il brutto colore e lo sguardo particolare dei suoi occhi al lavaggio del cervello a cui è stato sottoposto dall'MI6 durante i mesi di indottrinamento, ma questa è ovviamente solo un'interpretazione personale.

Bridget racconta che Adolf andava in cucina, la accompagnava mentre preparava il cibo e giocava con il suo bambino, William Patrick. Lì le espresse la grande delusione che provava per non essere riuscito a entrare all'Accademia d'Arte di Vienna. Alois lo portò più volte a Londra; "ma presto cominciò a muoversi da solo e non tornò", annota Bridget, "fino a tarda notte". Sebbene sia stato detto che Hitler abbia imparato l'inglese durante il suo soggiorno in Inghilterra, la cognata lo nega. Secondo lei, egli conosceva solo poche parole. Un'altra informazione interessante contenuta nelle memorie di Bridget Hitler riguarda l'astrologia. L'autrice sostiene che fu a Liverpool che si risvegliò l'interesse di Adolf. Un'astrologa, la signora Prentice, "gli fece l'oroscopo più e più volte".

Stanco della presenza del fratello, Alois gli propose di andare in America e si offrì persino di pagare il viaggio. All'inizio", racconta Bridget, "Adolf era entusiasta, ma nel giro di poche settimane il suo interesse svanì. Sosteneva che prima avrebbe dovuto imparare l'inglese". Man mano che il soggiorno nella casa di Liverpool si trascinava, i rapporti tra i due fratelli divennero tesi e i padroni di casa cominciarono a pensare a come sbarazzarsi di quell'ospite imbarazzante che stava sconvolgendo la vita familiare con la sua presenza. Quando gli fu accennato che avrebbe dovuto andarsene, le sue parole furono: "Non potete pretendere che me ne vada finché non sarò in grado di stare in piedi da solo". Sicuramente questo non è chiedere troppo a un fratello". Alla fine Alois, dopo una discussione furibonda, convinse il fratello a recarsi a Monaco e a sostenere le spese del viaggio. "Quando penso alla sua partenza", scrive Bridget, "rivedo il viso pallido e magro di mio cognato e i suoi occhi affaticati mentre baciava frettolosamente me e Alois prima di salire sul treno. Sporgendosi dal finestrino mentre il treno lasciava la stazione, gridò qualcosa che terminava con 'Zukunft wirst du erstatten von mir erhallten'". La traduzione sarebbe: "In futuro ti ripagherò per ciò che ho ricevuto". Parole sgradite ad Alois, perché, disse alla moglie, avevano un doppio significato. Quando Adolf Hitler arrivò a Monaco nel maggio 1913, aveva appena compiuto ventiquattro anni.

Un'altra affermazione sorprendente nell'opera di Hallet riguarda la morte di Adolf Hitler che, secondo l'autore, non si sarebbe suicidato nel bunker di Berlino. Anche in questo caso, ci sono testimonianze molto interessanti che permettono, quanto meno, di prendere in considerazione questa eventualità. Uno dei testi che mette in dubbio la versione ufficiale è stato scritto dal Segretario di Stato americano James Francis Byrnes, considerato uno degli uomini di Bernard Baruch a Washington,. Nel suo libro *Speaking Frankly*, pubblicato nel 1947, racconta una conversazione avuta con Stalin il 17 luglio 1945 a Potsdam. Eccone un estratto:

"... Il Presidente (Truman) chiese in modo informale a Stalin, Molotov e Pavlov, l'interprete sovietico qualificato, di rimanere a pranzo con lui. Essi accettarono. La conversazione fu di carattere generale e molto cordiale. Il Presidente è rimasto favorevolmente impressionato da Stalin, come lo ero stato io a Yalta. Parlando della nostra visita a Berlino, chiesi al Generalissimo (Stalin) la sua opinione sulla morte di Hitler. Con mia sorpresa mi disse che credeva che Hitler fosse vivo e che era possibile che si trovasse in Spagna o in Argentina. Circa dieci giorni dopo gli chiesi se avesse cambiato idea e mi rispose di no".

Cioè, la persona che avrebbe dovuto confermare che Hitler era morto, dato che erano stati i soldati dell'Armata Rossa ad arrivare al bunker dove si era presumibilmente suicidato, invece di dare la notizia del ritrovamento del corpo, disse per due volte al Segretario di Stato James F. Byrnes che credeva che Hitler fosse vivo. Per confutare le insinuazioni sovietiche secondo cui Hitler non era morto ed era stato protetto dagli Alleati, Hugh Trevor-Roper, che lavorava per i servizi segreti militari britannici durante la guerra, fu incaricato dal governo di indagare sulla morte di Adolf Hitler. Nel 1947 pubblicò il libro *Hitler's Last Days*. Trevor-Roper era amico e collega della famosa spia sovietica Kim Philby, che dopo la guerra accusò di aver impedito all'ammiraglio Wilhelm Canaris di rovesciare il regime di Hitler per negoziare con il governo britannico.

Naturalmente non possiamo accettare senza esitazioni le teorie di Greg Hallett, che ritiene che gli agenti britannici abbiano fatto uscire Hitler da Berlino all'ultimo momento; tuttavia, poiché l'"Halt Befehl" era un ordine che rasentava il tradimento, abbiamo voluto fornirle affinché il lettore possa giudicare da solo se meritano o meno credibilità.

L'armistizio e gli inglesi. Agenti ebrei circondano De Gaulle

Dopo Dunkerque, Ribbentrop chiese al Führer se dovesse redigere un piano di pace con la Gran Bretagna. David Irving cita la risposta di Hitler: "No, lo farò io stesso. Si tratterà solo di alcuni punti. Il primo è che non si deve fare nulla che possa in qualche modo ferire il prestigio della Gran

Bretagna; secondo, la Gran Bretagna deve restituirci una o due delle nostre ex colonie; terzo, dobbiamo raggiungere un modus vivendi stabile con la Gran Bretagna". Pochi giorni dopo, il 10 giugno 1940, l'Italia dichiarò ufficialmente guerra a Francia e Gran Bretagna. Un giorno prima, il fronte si era completamente rotto e i tedeschi si erano lanciati all'inseguimento delle truppe francesi, che fuggivano disordinatamente in mezzo a una marea di milioni di profughi.

L'11 giugno Churchill atterrò in Francia a bordo del suo aereo Flamingo, scortato da undici caccia Hurricane. Con lui c'erano Anthony Eden, nominato Segretario di Stato alla Guerra, e i generali Dill, Ismay e Spears. Quest'ultimo, descritto dal diplomatico francese Paul Cambon come "un ebreo intrigante che si infilava dappertutto", era figlio di Isaac Spiers e Hannah Moses e aveva cambiato cognome nel 1918 per nascondere la sua origine ebraica. Questa delegazione ebbe un incontro decisivo con i membri del governo di Paul Reynaud, tra cui il maresciallo Petain, che il 17 maggio aveva lasciato l'ambasciata a Madrid per assumere il portafoglio della Difesa, Jeroboam Rothschild, alias Georges Mandel, il brigadiere Charles De Gaulle e Maxime Weygand, un generale di origine belga che il 17 maggio aveva sostituito Gamelin. Il generale Weygand era considerato il figlio naturale del re Leopoldo II del Belgio ed era stato allevato da un ricco ebreo sefardita con vaste conoscenze commerciali e internazionali, David de Leon Cohen, consigliere del monarca. L'incontro si svolse al castello di Muguet, quartier generale di Weygand. Nel corso dei colloqui Churchill fece del suo meglio per mantenere la Francia in lotta e propose una resistenza ad oltranza, ma non offrì alcun aiuto effettivo.

Il 12 giugno, il Consiglio dei Ministri francese si riunì nel pomeriggio al Castello di Cangé, residenza di Albert Lebrun, Presidente della Repubblica. Petain insistette sulla necessità di chiedere un armistizio, così il Consiglio decise di convocare i britannici per il giorno successivo, 13 giugno. Churchill era accompagnato da Lord Halifax, Lord Beaverbrook, un magnate ebreo dei giornali che Churchill aveva appena nominato Ministro per la produzione di aerei, Alexander Cadogan e i generali Ismay e Spears. Il Presidente Lebrun li ricevette, accompagnato dal nuovo Ministro degli Esteri Paul Baudoin, e chiese ai britannici di permettere alla Francia di svincolarsi dai suoi impegni. Churchill fece notare che il Presidente Roosevelt doveva essere prima informato e attese la sua risposta; ma alla fine disse di aver compreso la posizione francese e lasciò rassegnatamente il castello con la sua delegazione. Weygand e Petain, che si rifiutarono di lasciare la Francia per andare in Africa, come proposto dal Primo Ministro, chiesero a Reynaud di chiedere un armistizio, cosa che egli fece il 15 giugno, con la capitale francese già occupata dalle truppe tedesche.

Il Consiglio dei Ministri, riunitosi nel pomeriggio del 15 giugno 1940 su richiesta di Petain, prese la decisione di non muoversi in Africa a meno che le condizioni dell'armistizio non fossero veramente inaccettabili.

L'ammiraglio Darlan sollevò la questione della marina, la cui possibile resa ai tedeschi preoccupò a tal punto i britannici che alle 13.30 del 16 chiesero che la flotta salpasse per i porti britannici prima di poter iniziare i negoziati con la Germania. Lo stesso Reynaud considerò ragionevole la richiesta di Londra, poiché, sottolineò, la flotta proteggeva essenzialmente il Mediterraneo. Alle 15:45, gli inglesi avanzarono una nuova richiesta: che la forza aerea decollasse per l'Inghilterra o per il Nord Africa. Di fronte a queste richieste, il maresciallo Petain minacciò di dimettersi.

Jean Lombard Coeurderoy spiega ne *Il volto nascosto della storia moderna* che Londra decise allora di offrire una soluzione sorprendente: niente di meno che l'unione dei due Imperi con un Parlamento comune. Il testo della proposta, approvato dal governo britannico, fu redatto da tre personalità che avrebbero ricoperto importanti incarichi nel dopoguerra: il finanziere Emmanuel Monick, René Plevén e Jean Monnet, gli ultimi due dei quali avevano la fiducia dei Lazard, banchieri ebrei con sede a Parigi, Londra e New York che nel 1913 fecero parte del cartello fondatore della Federal Reserve. Allo scoppio della Seconda guerra mondiale, Monnet era stato nominato capo del Comitato di coordinamento economico franco-britannico. Il vicepresidente del governo francese, Camille Chautemps, rifiutò categoricamente di accettare che il suo Paese diventasse un "Dominion" britannico. Quando la proposta fu messa ai voti, il Consiglio dei ministri francese appoggiò il vicepresidente e respinse la proposta britannica con 14 voti a favore e 10 contrari. Alle 19:30 dello stesso giorno, il 16 giugno, il Presidente Reynaud rassegnò le dimissioni.

Il 17 giugno il maresciallo Petain formò un governo di undici membri e, con la mediazione dell'ambasciatore spagnolo a Parigi, José Félix de Lequerica, e del nunzio vaticano, chiese alla Germania la fine delle ostilità e le condizioni dell'armistizio. Lo stesso giorno, il generale Spears lasciò la Francia, portando con sé nel suo aereo il brigadiere Charles De Gaulle, che la sera prima gli aveva chiesto surrettiziamente un posto nel suo aereo. De Gaulle, oltre a voluminosi documenti, portò con sé a Londra 100.000 franchi di fondi segreti. Il 18 e il 19 tenne vibranti discorsi radiofonici ai microfoni della BBC, rivolgendosi al popolo francese con queste parole: "Io, generale de Gaulle, sono consapevole di parlare a nome della Francia".

I tedeschi si erano impadroniti di un documento datato 9 novembre 1939 in cui si parlava delle riparazioni che la Francia avrebbe imposto alla Germania dopo la sconfitta di Hitler. Nonostante i termini duri dell'armistizio contenuti in questo documento, le condizioni offerte da Hitler erano estremamente flessibili. Il 20 giugno, l'ammiraglio Räder chiese a Hitler se la Germania avrebbe chiesto la resa della flotta francese, che era la terza più grande del mondo. Il Führer rispose che la Marina tedesca non aveva il diritto di esigere le navi francesi, poiché non erano state battute. Inoltre, la flotta era fuori dalla loro portata e i francesi avrebbero dovuto conservarla per preservare i loro interessi coloniali. Il 21 il Cancelliere tedesco si recò nella foresta di Compiègne per firmare l'armistizio nella stessa carrozza da pranzo in legno che era stata usata dai francesi nel 1918. Il generale Keitel lesse un preambolo redatto dallo stesso Hitler, da cui è tratto il seguente estratto: "Dopo un'eroica resistenza, la Francia è stata sconfitta. Pertanto la Germania non ha alcuna intenzione di conferire ai termini dell'armistizio o dei negoziati un carattere abusivo nei confronti di un nemico così valoroso. L'unico scopo delle richieste tedesche è quello di prevenire qualsiasi ripresa della guerra, di fornire alla Germania la salvaguardia necessaria per la sua continuazione della lotta contro la Gran Bretagna e di rendere possibile l'alba di una nuova pace, il cui elemento principale sarà la rettifica delle brutali ingiustizie imposte al Reich tedesco".

La sera del 22 giugno 1940 fu firmato l'armistizio che prevedeva che i tedeschi occupassero la parte settentrionale della Francia, compresa Parigi, e l'intera costa atlantica fino al confine con la Spagna. Il governo francese avrebbe collaborato con le forze tedesche e avrebbe avuto la responsabilità amministrativa dell'intero Paese. Il governo francese avrebbe dovuto pagare per il supporto delle truppe di occupazione. Tutte le truppe francesi avrebbero dovuto essere smobilitate, ma l'Impero francese sarebbe rimasto intatto. La Germania non reclamò nemmeno il Camerun e il Togo, colonie che la Francia le aveva sottratto a Versailles. Henry Coston, autore del *Dictionaire de la politique française* in cinque volumi, cita le parole del maresciallo Petain al generale Alphonse Joseph Georges sui generosi termini dell'armistizio: "Nel concederci questo armistizio i tedeschi hanno commesso un grande errore. Non avevamo nulla per difenderci e se avessero richiesto la flotta avremmo dovuto dargliela". Quattro anni dopo, su 1944, Churchill confessò a Marrakech a questo stesso generale che "Hitler aveva commesso un errore nel concedere l'armistizio alla Francia". Come disse Churchill al generale Georges, "avrebbe dovuto marciare verso il Nord Africa, conquistarlo e proseguire verso l'Egitto".

Dopo le dimissioni di Reynaud, il Presidente della Repubblica ritenne che il Maresciallo Philippe Petain fosse la persona più adatta a guidare il governo e fu votato dall'Assemblea Nazionale. Il governo di Vichy, ad eccezione della Gran Bretagna, fu così riconosciuto da tutti i Paesi del mondo, compresi gli Stati Uniti e l'URSS. L'armistizio non prevedeva che la Francia interrompesse le relazioni con Londra, per cui va chiarito che erano gli inglesi a non riconoscere il loro ex alleato. Il 27 giugno Churchill ordinò l'"Operazione Catapulta". Il 2 luglio 1940, dieci giorni dopo la firma dell'armistizio, una flotta della Royal Navy partì da Gibilterra alla volta del porto algerino di Mers-el-Kebir, nel Golfo di Orano, dove era stanziata parte della flotta francese, tra cui quattro corazzate, quattro incrociatori, una super divisione di cacciatorpediniere e una flottiglia di cacciatorpediniere. L'ammiraglio britannico Sommerville pretese che l'ammiraglio Gensoul consegnasse tutte le navi, ossia la resa della flotta. Al suo rifiuto, alle 16:53 del 3 luglio, gli inglesi aprirono il fuoco sulle navi francesi, la maggior parte delle quali aveva i cannoni puntati verso terra e i motori spenti, tanto che solo alcune riuscirono a prendere il largo. Per impedire loro di lasciare la baia, gli aerei britannici illuminarono il porto con mine magnetiche. 1.300 marinai francesi furono uccisi e diverse centinaia feriti. Gli inglesi persero solo quattro aerei e due torpediniere. Necessariamente, la Francia ruppe le relazioni diplomatiche con il Regno Unito. Si può dire che Mers-el-Kebir fu la Pearl Harbour francese.

L'opinione pubblica francese vide così che il suo ex alleato, contrariamente a quanto aveva fatto la Germania, chiedeva la resa della flotta. Il fatto che l'attacco fosse stato condotto a tradimento e senza alcuna giustificazione provocò un crescente senso di anglofobia tra la popolazione. Di fronte allo sconcerto dei francesi, l'8 luglio de Gaulle giustificò l'azione e dichiarò che il governo francese aveva acconsentito a consegnare le navi al nemico, che le avrebbe usate contro l'Inghilterra o l'Impero francese. De Gaulle dichiarò senza mezzi termini: "Ebbene, lo dico senza mezzi termini, è meglio che siano state distrutte". Va detto che il 23 giugno 1940, come punizione per i suoi discorsi da Londra, il Presidente della Repubblica aveva firmato il licenziamento di Charles de Gaulle dall'esercito e il giorno successivo, 24 giugno, il Ministro degli Esteri Baudoin inviò il seguente messaggio al Ministero degli Esteri: "Il Governo francese considera un atto di inimicizia permettere a un generale francese di lanciare alla radio britannica un appello alla rivolta contro le sue decisioni".

Si formò così a Londra il Comitato Nazionale Francese, che inizialmente serviva a proclamare che il governo di Vichy non rappresentava la Francia e a giustificare azioni come quella di Mers-el Quebir. In seguito divenne il Comitato di Liberazione Nazionale Francese. Già nel 1944 questo organismo divenne il governo provvisorio. De Gaulle fu presto circondato da una schiera di politici e agenti di origine ebraica. Fin dall'inizio, due pesi massimi lo affiancarono: Maurice Schumann e René Samuel Casin. Il primo divenne il capo della Propaganda dal luglio 1940 e parlò in più di mille occasioni a Radio Londra. Schumann, indispensabile per de Gaulle, approfittò della sua conversione al cattolicesimo per fare da tramite tra i sionisti francesi e il Vaticano. Quest'ultimo era un membro sionista dell'Alleanza Israelitica Universale che raggiunse fama internazionale come giurista. Casin andò in esilio a Londra con de Gaulle nel 1940 e fu uno dei suoi portavoce. Lì gettò le basi della Costituzione della Quarta Repubblica. Nel 1943 rappresentò il Comitato di Liberazione nella Commissione per i crimini di guerra istituita dagli Alleati e nel 1944 lavorò al Ministero della Giustizia per consentire alla giustizia militare francese di processare i nazisti.

Tra gli ebrei più importanti inseriti nell'entourage del generale de Gaulle vi erano i seguenti: Hervé Alphand, un esperto commerciale che si occupava di questioni economiche e finanziarie. René Mayer, figlio del Gran Rabbino di Parigi Michel Mayer e agente degli interessi bancari Rothschild, era responsabile delle comunicazioni e fu membro del Comitato di

Liberazione fino al 1944, quando De Gaulle lo nominò Ministro dei Trasporti e dei Lavori Pubblici. In seguito fu vicepresidente dell'Alleanza israelita universale. Daniel Mayer, che fondò il Comitato d'Azione Socialista nel gennaio 1941 e ricevette dal Generale l'ordine di riunire i gruppi operanti in Francia in un'unica organizzazione: il CNR (Conseil National de la Résistance). Marie-Pierre Koenig, un generale che fu al fianco di de Gaulle fin dall'inizio e che in seguito divenne Ministro della Difesa. L'ammiraglio Louis-Lazare Kahn, che per conto del governo del generale de Gaulle partecipò con gli Alleati alla lotta antisommergibile nell'Atlantico. Georges Boris, un ufficiale di collegamento britannico evacuato da Dunkerque, fu nominato da de Gaulle responsabile dei contatti della Francia libera con la BBC. Alcuni lo considerano il Bernard Baruch di Francia, essendo stato consigliere di diversi primi ministri francesi. Pierre Mendès France, sefardita di origine portoghese, arrivò a Londra nel 1941 e nel 1943 de Gaulle lo nominò commissario finanziario del Comitato francese di liberazione nazionale. Nel 1944 firmò gli accordi di Bretton Woods, che avrebbero caratterizzato la politica economica mondiale del dopoguerra, e nel 1953 divenne primo ministro. André Diethelm, che divenne vicepresidente dell'Assemblea Nazionale nel dopoguerra, ricoprì diversi incarichi fino al 1944, quando fu nominato Commissario per la produzione del Comitato di Liberazione e divenne Ministro della Guerra nello stesso anno. Jean Pierre-Bloch, massone della loggia "Liberté" e presidente del B'nai B'rith France dopo la liberazione, arrivò a Londra nel 1942 e divenne capo del controspionaggio. Marc Bloch, presidente del Comitato di Liberazione, il cui nome di battaglia era "Narbonne", era incaricato di preparare lo sbarco alleato in Francia. Alla fine fu scoperto dalla Gestapo e fucilato. Carole Fink, autrice di *Marc Bloch. Una vita per la storia*, rivela i nomi di una serie di ebrei che guidarono la Resistenza. Tra questi Raymond Aubrac, Maurice Krigel-Varlimont, Max Heilbronn, Jean Pierre Lévy, Georges Altman, André Kaan, Georgette Lévy, Léo Hammon, Jean Maurice Hermann, André Weil-Curiel, Jacques Brunschwig-Bordier, Robert Hirsh, che nel 1951 fu nominato da De Gaulle Direttore Generale della Sicurezza Nazionale.

Il piano per sterminare definitivamente la razza tedesca

Invece di diffonderli adeguatamente, gli storici ufficiali hanno preferito seppellire nell'oblio testi come *Germany must perish* di Theodore N. Kaufman, *Diario di* Morgenthau di Henry Morgenthau Jr. o *Les Vengeurs* di Michel Bar Zohar. Li presenteremo a tempo debito in questo libro. È ora il momento di rivolgere la nostra attenzione al libro di Kaufman, poiché cronologicamente è il primo a comparire. Prima di commentarlo, è utile collocarlo nel periodo in cui fu scritto e pubblicato, delineando in pochi paragrafi la situazione bellica e i piani illusori di Hitler.

Dopo il gesto donchisciottesco di Dunkerque e la firma del sorprendente armistizio con la Francia, Hitler si accinse a tornare a Berlino per presentare al Reichstag una pubblica offerta di pace alla Gran Bretagna. L'ammiraglio Räder insisteva sulla necessità di attaccare subito le principali basi navali e di prepararsi all'invasione; ma il Führer non voleva scatenare la Luftwaffe e aveva persino proibito qualsiasi attacco con minacce di corte marziale, che secondo lui avrebbero potuto provocare un odio irreparabile. Incoerentemente, credeva ancora che dopo la sconfitta della Francia gli inglesi avrebbero ascoltato la ragione. Nei suoi piani di pace, Hitler aveva pensato a una soluzione per il problema ebraico. Il suo piano prevedeva di chiedere alla Francia l'isola di Madagascar per ospitare gli ebrei europei. Durante l'estate del 1940, gli esperti del Foreign Office lavorarono intensamente alla deportazione. Il Reichsführer SS Heinrich Himmler diramò le relative istruzioni ai generali di polizia dell'Europa orientale e Hans Frank, il Governatore Generale, ricevette con sollievo l'ordine di fermare il trasferimento degli ebrei al Governo Generale della Polonia. Tutti gli ebrei, compresi quelli già presenti sul territorio polacco, dovevano essere deportati in Madagascar.

Va sottolineato ancora una volta che questi piani sono stati elaborati partendo dal presupposto che Londra li avrebbe accettati. Ciò che sorprende è quanto fossero irrealistiche le premesse su cui si basava questa speranza. I documenti catturati in Francia dagli occupanti tedeschi dimostrarono inequivocabilmente il tipo di guerra che gli inglesi stavano preparando. Un documento segreto del 1939 affermava chiaramente che la Germania doveva essere sconfitta e smembrata. David Irving riferisce che tra i documenti scritti del Consiglio Supremo di Guerra ne trovò uno datato novembre 1939, in cui si affermava che Chamberlain aveva svelato il piano per la distruzione della Ruhr con bombardieri a lungo raggio. Erano state scattate fotografie aeree e costruiti modelli dell'intera regione industriale. Lo stesso Primo Ministro britannico aveva ammesso lo scempio che i bombardamenti avrebbero provocato sulla popolazione civile. In effetti, l'ordine di attuare questo piano fu dato l'11 maggio 1940, due settimane prima di Dunkerque. Il primo segretario del Ministero dell'Aviazione britannico J. M. Spaight, definì l'ordine una "splendida decisione", come riportato da Frederick John Partington Veale, autore di *Advance to barbarism*, un'opera straordinaria sul terrore aereo e altri crimini dei vincitori, su cui torneremo quando studieremo l'Olocausto di Dresda.

Hitler tornò a Berlino il 6 luglio. Il 14 luglio rilasciò una dichiarazione alla stampa statunitense in cui si dichiarava pronto ad accettare qualsiasi mediazione che portasse a un accordo con il Regno Unito Il 16 accettò a malincuore uno schema del generale Jodl che ordinava alla Wehrmacht di prepararsi all'invasione della Gran Bretagna "qualora fosse necessario". Il 19 luglio 1940 ebbe finalmente luogo il tanto atteso discorso davanti al Reichstag, in cui il Cancelliere tedesco, nonostante il fatto che da maggio i britannici avessero iniziato un'offensiva aerea notturna che aveva causato grandi disordini nelle città tedesche, si appellò al "buon senso britannico" e offrì la pace e il ritorno ai confini del 1939 a ovest e un accordo con la Polonia. Mentre in Europa la Germania era ancora alla ricerca di modi per evitare l'estensione della guerra, negli Stati Uniti Roosevelt aveva iniziato a preparare il suo futuro intervento. Il 16 maggio 1940, in un messaggio al Congresso, fissò un obiettivo di 50.000 aerei all'anno. Il 31 maggio il Consiglio Supremo del Rito Scozzese, riunito a Washington, si impegnò a promuovere l'intervento.

Il 3 agosto 1940 Churchill rifiutò i buoni uffici del Re di Svezia, ultimo tentativo di mediazione prima dell'inizio della Battaglia d'Inghilterra. Dall'8 agosto al 5 settembre, la Luftwaffe attaccò porti, campi d'aviazione, fabbriche di aerei e altri obiettivi militari. Il 27 agosto, tuttavia, gli aerei della RAF bombardarono Berlino e nelle notti successive gli attacchi divennero sempre più virulenti. Le città tedesche della Ruhr erano sotto bombardamento da tre mesi e mezzo. Con le bombe che cadevano sulla capitale del Reich , Hitler aprì finalmente gli occhi e ordinò i raid aerei notturni su Londra. Se proclamano di voler lanciare attacchi su larga scala contro le nostre città", disse con rabbia, "noi spazzeremo via le loro città". Tuttavia, non permise il bombardamento a tappeto delle aree residenziali della capitale inglese, come aveva richiesto Jeschonnek, capo di stato maggiore di Göring. Gli obiettivi principali dovevano essere le stazioni ferroviarie, le industrie, i serbatoi di gas e acqua, "non la popolazione per il momento". Dal 7 settembre al 2 novembre 1940, Londra fu bombardata ogni notte, il più letale dei quali fu il centro industriale di Coventry.

Il 28 ottobre 1940 l'Italia attaccò la Grecia dall'Albania, con una dichiarazione di guerra. Questa azione avrebbe provocato l'estensione del conflitto europeo ai Balcani nei primi mesi del 1941. È in questo contesto di guerra che la *Germania deve perire* che viene pubblicata l'opera di Theodore N. Kaufmann, di cui ci occupiamo ora. Kaufman, un ebreo nato a Manhattan e presidente della "Federazione americana per la pace", proponeva nella sua opera la sterilizzazione sistematica dell'intera popolazione tedesca per sterminarla per sempre. Il testo fu stampato alla fine del 1940 o all'inizio del 1941. Una seconda edizione fu pubblicata nel marzo 1941 dalla Argyle Press di Newark, New Jersey. Solo nel luglio 1941, tuttavia, i nazisti scoprirono il libro e, oltre a rimanere scioccati, decisero di utilizzare l'opuscolo per la propaganda. Il 23 luglio, sulla prima pagina del giornale *Der Angriff* apparve un articolo con il titolo "Piano diabolico per lo sterminio del popolo tedesco", che definiva l'opera un esempio di "odio da Vecchio Testamento". Il 24 luglio anche il *Völkischer Beobachter, un* giornale del NSDAP, pubblicò in prima pagina un articolo intitolato "Il prodotto del sadismo criminale ebraico". Il giornale affermava che Kaufman era un collaboratore di Samuel Irving Rosenman, il noto ideologo del Brain Trust e consigliere di Roosevelt alla Casa Bianca. Estratti del libro apparvero il 3 agosto sul settimanale *Das*

Reich, pubblicato a livello nazionale. Joseph Göbbels ordinò la traduzione del libro e ne stampò circa un milione di copie con la foto di Roosevelt in copertina. Questa traduzione fu distribuita ai soldati tedeschi per renderli consapevoli del terribile destino che gli ebrei avevano previsto per loro se avessero perso la guerra.

Anche se è stato detto che il libro ha avuto un grande impatto in Germania e molto poco negli Stati Uniti, i principali giornali di proprietà ebraica come *il New York Times* e il *Washington Post* gli hanno dedicato commenti che non sono da meno. Il primo lo ha definito "un progetto di pace permanente tra le nazioni civilizzate". Il secondo ha definito la proposta di Kaufman "una teoria provocatoria presentata in modo interessante". Secondo il *Times Magazine*, il progetto era "un'idea sensazionale!". Il *Philadelphia Record*, il principale quotidiano della città, riteneva che il lavoro di Kaufman, che era un membro dell'American Jewish Congress, "presentasse con totale sincerità la terribile corrente sotterranea dell'anima nazista". Va notato che *Germany must perish* apparve quasi un anno prima dell'entrata in guerra degli Stati Uniti e che il campo di prigionia di Auschwitz non era ancora stato aperto.

Il piano di sterilizzazione era presentato nel libro come il modo più pratico per sterminare la razza tedesca, poiché un massacro "era impraticabile quando doveva essere effettuato su una popolazione di settanta milioni di persone". Kaufman considerava la sua proposta un "metodo moderno" che la scienza chiamava "sterilizzazione eugenetica", il modo migliore per "liberare l'umanità dai suoi disadattati: degenerati, pazzi e criminali ereditari". Avvertiva che la sterilizzazione non doveva essere confusa con la castrazione, in quanto si trattava di un'operazione molto più semplice e rapida, della durata di non più di dieci minuti, anche se riconosceva che nel caso delle donne era un po' più complicata. La sterilizzazione del popolo tedesco, secondo Kaufman, era una misura sanitaria che doveva essere "promossa dall'umanità per immunizzarsi contro il virus del germanesimo". Per attuare il suo piano propose la seguente metodologia:

> "La popolazione della Germania, esclusi i territori annessi e conquistati, è di circa 70 milioni, quasi equamente divisa tra maschi e femmine. Per raggiungere lo scopo dell'estinzione dei tedeschi sarebbe necessario sterilizzarne solo 48 milioni - una cifra che esclude, a causa della loro limitata capacità di procreare, i maschi sopra i sessant'anni e le femmine sopra i quarantacinque. Per quanto riguarda i maschi soggetti a sterilizzazione, i corpi d'armata, in quanto unità organizzate, sarebbero il modo più semplice e rapido di operare. Prendendo 20.000 chirurghi come cifra arbitraria, e supponendo che ognuno di loro eseguisse un minimo di venticinque operazioni al giorno, non ci sarebbe voluto più di un mese al massimo per completare la sterilizzazione. Naturalmente, più medici sono disponibili, e potrebbero essere molti di più di 20.000 considerando

tutte le nazioni che potrebbero essere chiamate in causa, meno tempo sarebbe necessario..... Se si considera che la sterilizzazione delle donne richiede un po' più di tempo, si deve calcolare che le donne della Germania potrebbero essere sterilizzate in un periodo di tre anni o meno.... Naturalmente, dopo la sterilizzazione completa, non ci sarebbe più un tasso di natalità in Germania. Con un tasso di mortalità del 2% all'anno, la vita in Germania diminuirebbe di un milione e mezzo di persone all'anno....".

Più volte autori ebrei come i già citati Kaufman, Morgenthau, Bar Zohar sottolinearono inequivocabilmente che la guerra non era contro i nazisti, ma contro il popolo tedesco. Prima delle leggi di Norimberga e quasi due anni prima della guerra, il leader sionista Vladimir Jabotinsky lo aveva chiaramente annunciato nel gennaio 1934 in un articolo pubblicato su *Mascha Rjetsch*:

"La lotta contro la Germania infuria ormai da mesi in ogni comunità ebraica, in ogni conferenza, in ogni sindacato dei lavoratori e da parte di ogni ebreo in tutto il mondo. Ci sono tutte le ragioni per accettare che la nostra partecipazione a questa lotta sia di importanza generale. Inizieremo una guerra spirituale e materiale di tutto il mondo contro la Germania. La Germania sta cercando di tornare ad essere una grande nazione e di riconquistare i territori perduti e le colonie. Ma i nostri interessi ebraici richiedono la completa distruzione della Germania".

Theodore N. Kaufman insiste ripetutamente su questa idea nel libro che abbiamo appena recensito: "Questa guerra è combattuta contro i tedeschi. Sono loro i responsabili. Sono loro che devono pagare per la guerra. Altrimenti ci sarà sempre una guerra tedesca contro il mondo. E con questa spada che pende permanentemente sulle nazioni civilizzate, per quanto grandi siano le loro speranze e per quanto ardui i loro sforzi, esse non raggiungeranno mai una pace permanente". Nonostante siano state le organizzazioni ebraiche internazionali a dichiarare guerra alla Germania nel 1933, Kaufman attribuisce ai tedeschi tutta la colpa di aver portato il mondo alla guerra. In realtà, questo è sempre stato insegnato nelle scuole superiori e nelle università di tutto il mondo, soprattutto in Germania, grazie al ruolo svolto dalla storiografia ufficiale. Kaufman era particolarmente furioso con l'anima tedesca, che paragonava a quella di bestie selvagge che possono vivere solo nella giungla:

"Non provo per queste persone un odio personale maggiore di quello che potrei provare per una mandria o per degli animali selvatici o per un gruppo di rettili velenosi. Non si odiano coloro le cui anime non possono emanare alcun calore spirituale; si prova solo pietà. Se il popolo tedesco vuole vivere da solo, nell'oscurità, è un affare suo. Ma se tenta continuamente di avvolgere l'anima di altri popoli nei fetidi involucri che ricoprono la sua, arriva il momento in cui deve essere espulso dal regno dell'umanità civilizzata, tra cui non può avere posto né diritto di esistere".

Alla fine di settembre del 1941 Wolfgang Diewerge scrisse un opuscolo di una trentina di pagine intitolato *Das Kriegsziel der Weltplutocratie* (*Lo scopo bellico della plutocrazia mondiale*), pubblicato a Berlino dalla casa editrice NSDAP. In esso si sottolineava l'idea che Theodore N. Kaufman non fosse un fanatico talmudico che agiva da solo, ma che si muovesse negli ambienti dei consiglieri ebrei del Presidente Roosevelt, presentandosi quindi come un patriota pacifista, filosofo e antropologo che cercava il bene dell'umanità.. Nel 1944, per stimolare la resistenza all'inevitabile sconfitta, i nazisti pubblicarono un opuscolo di quattro pagine intitolato *Mai!* che ricordava il piano genocida di Kaufman e altre terribili minacce fatte dagli Alleati alla Germania.

Il volo di Rudolf Hess in Scozia

Quasi in coincidenza con la comparsa negli Stati Uniti del piano per lo sterminio mediante sterilizzazione dei tedeschi, Rudolf Hess compì il suo famoso volo in Scozia. I piani per l'invasione della Russia erano stati presi in considerazione fin dai primi mesi del 1941 e Hitler desiderava ancora la pace con la Gran Bretagna per poter concentrare tutta la potenza della Wehrmacht nell'attacco all'Unione Sovietica. Fu in questo contesto che ebbe luogo l'ultimo tentativo di fermare la guerra con gli inglesi. Alle 17:40 del 10 maggio 1941 Rudolf Hess volò da Ausburg alla Scozia per offrire al governo di Churchill un piano di pace presumibilmente elaborato nell'ottobre 1940.

In *Hitler's War* David Irving sembra dare credito all'idea che Hess si sia recato a suo rischio e pericolo a Glasgow per incontrare il Duca di Hamilton, un vero amico della Germania che aveva conosciuto nel 1936. Irving racconta la scena dello stupore di Hitler davanti al generale Karl Bodenschatz, rappresentante di Göring, quando un aiutante di Hess irruppe nella grande sala del Berghof e consegnò al Führer una busta sottile. Il generale la aprì e porse le due pagine che conteneva a Hitler, che si mise gli occhiali e iniziò a leggere svogliatamente. Improvvisamente si alzò in piedi ed esclamò con voce così alta da essere udita in tutta la casa: "Oh mio Dio, mio Dio, è volato in Gran Bretagna!" Numerosi spettatori si affollarono nella stanza e Hitler chiese con rabbia all'aiutante di Hess perché non avesse riferito prima. La sua risposta fu che non l'aveva fatto per lealtà verso il suo capo. Il Führer si rivolse allora alla Bodenschaft: "Perché, generale, la Luftwaffe ha permesso a Hess di volare anche se io l'avevo proibito? Che Göring si faccia avanti." Ci sembra chiaro che Hitler stesse esagerando per nascondere ai suoi generali scettici che stava cercando per l'ennesima volta un patto con la Gran Bretagna. Non riteniamo credibile che Rudolf Hess abbia preso una decisione così importante senza il permesso del Führer. Logicamente, il Cancelliere tedesco sapeva che annunciare che Rudolf Hess si era recato ufficialmente con un piano di pace separato tra Germania e Regno Unito equivaleva a rompere l'Asse e a lasciare i suoi alleati nei guai.

Comunque sia, il 12 la BBC annunciò finalmente che Rudolf Hess si era paracadutato in Scozia e poco altro. È merito e coraggio di Hess se, dopo aver evitato il fuoco della contraerea e l'inseguimento degli Spitfire, si è paracadutato pur non essendosi mai lanciato prima, slogandosi una caviglia. Naturalmente, la sua missione non ebbe successo. Con la mediazione del Duca di Hamilton, Hess progettò di incontrare Re Giorgio VI e Churchill per convincerli che il Führer non voleva continuare la "guerra insensata" e che "il vero nemico era la Russia". Come è noto, Rudolf Hess non parlò né con il re né con Churchill che, ignaro che Hess fosse venuto a proporre la pace, non gli permise di tornare in Germania e lo fece imprigionare. Churchill scrisse in seguito di non essere stato "direttamente responsabile del modo in cui Hess fu trattato". Il famigerato prigioniero di Spandau morirà in carcere nel 1987 all'età di 93 anni, vittima della "giustizia" dei vincitori. Il governo britannico ha sequestrato i documenti che Hess portava con sé e ha deciso che non sarebbero stati resi pubblici fino al 2017, il che suggerisce che il loro contenuto potrebbe rivelare alcune informazioni interessanti.

PARTE 3
PEARL HARBOUR: ROOSEVELT IMMOLA I SUOI MARINAI PER ENTRARE IN GUERRA

Sebbene i sondaggi rivelassero che gli americani erano ostinatamente ostili all'entrata in guerra del loro Paese, le manovre antitedesche di Roosevelt aumentarono con il progredire della conflagrazione. Nel giugno 1940 solo il 14% della popolazione era favorevole all'intervento. Un anno dopo la percentuale era salita al 21% e nel settembre 1941, nonostante un'intensa campagna di stampa, i favorevoli all'abbandono della neutralità erano solo il 26%. Nel settembre 1940 Henry Ford, Charles Lindbergh, il generale Robert Wood e Douglas Stuart Jr. avevano fondato il comitato contro la guerra America First, sostenuto dal *Chicago Daily Tribune*. Quasi un milione di persone erano attive in questo Comitato, che si opponeva apertamente al Comitato "Fight for Freedom". Quest'ultimo era stato lanciato il 19 aprile 1941 dalle lobby interventiste e si era formato sulla base del "Century Group", una creazione del "Council on Foreign Relations" che, come è noto, è una potentissima struttura di potere della "Tavola rotonda" che modella la politica estera degli Stati Uniti. Il Comitato guerrafondaio comprendeva personaggi come Paul Warburg, l'alma mater della Federal Reserve; Lewis Douglas, un altro luminare di Wall Street legato alla Tavola Rotonda; Dean Acheson, membro del CFR; e pubblicisti come Joseph Alsop, editorialista dell'*Herald Tribune*; Henry Luce, magnate dei think tank, membro della società segreta Skull & Bones ed editore di diverse pubblicazioni; Henry Luce, membro della società segreta Skull & Bones ed editore di diverse pubblicazioni; e i media americani. La società segreta Skull & Bones e l'editore di diverse pubblicazioni; Elmer Davis, che cinque volte alla settimana indottrinava gli americani a favore della guerra sulla CBS e fu nominato da Roosevelt direttore dell'Ufficio per l'Informazione di Guerra degli Stati Uniti; e altre pedine alla guida dei principali media.

Già nel settembre 1940, il presidente degli Stati Uniti violò la legge sulla neutralità, che vietava l'esportazione di materiale bellico ai Paesi in guerra, e convinse il Congresso a permettergli di trasferire cinquanta cacciatorpediniere al Regno Unito in cambio dell'uso di otto basi nell'emisfero occidentale. Ciò permise alla flotta britannica di recuperare le perdite subite negli scontri con la marina tedesca. Dopo aver vinto la terza rielezione nel novembre 1940 grazie alla promessa di tenere gli Stati Uniti fuori dalla guerra, Roosevelt chiese i pieni poteri, il che allarmò gran parte del Paese. Clyton Morrison, editore di *The Christian Century*, intuì le intenzioni della richiesta del presidente e scrisse: "Non sarà una guerra della nazione, ma una guerra del presidente. La storia un giorno giudicherà severamente l'atteggiamento di Roosevelt in questo momento critico del mondo". Il 10 gennaio 1941 Roosevelt sostituì la formula "Cash and Carry", che autorizzava la vendita ai belligeranti di beni senza interessi militari, purché pagati in contanti e trasportati su navi dei Paesi acquirenti, con il Lend Lease Act, che consentiva la vendita a credito alla Gran Bretagna. Inoltre, in palese violazione della neutralità, le merci venivano trasportate su navi americane sotto bandiera britannica.

Il 29 marzo 1941, Franklin D. Roosevelt ordinò il sequestro delle navi tedesche e italiane nei porti americani, misura che fu appoggiata dal Messico e da Cuba. Questa azione, un vero e proprio atto di pirateria non consono a un Paese neutrale, dimostrò definitivamente che gli Stati Uniti si stavano preparando a intervenire in guerra a favore della Gran Bretagna. Pochi giorni dopo, il 9 aprile, l'ambasciatore danese a Washington, Henrik Kaufmann, soprannominato il "Re della Groenlandia", firmò un accordo con gli Stati Uniti che consentiva l'occupazione della Groenlandia senza l'autorizzazione di Copenhagen. Il governo danese respinse Kauffmann, lo licenziò e lo perseguì per tradimento, ma Roosevelt ignorò le proteste danesi e occupò la Groenlandia, dalle cui coste poteva controllare il traffico navale nell'Atlantico.

Roosevelt provoca la Germania e si mette al servizio dell'URSS

Le provocazioni di Roosevelt alla marina tedesca nell'Atlantico, alla ricerca di una reazione che giustificasse l'entrata in guerra degli Stati Uniti, si intensificarono non appena ebbe inizio l'"Operazione Barbarossa". Il 22 giugno 1941, dopo aver escluso definitivamente l'invasione del Regno Unito, Hitler ordinò l'azione che tutti, tranne Stalin, stavano aspettando: l'invasione dell'Unione Sovietica. Era ciò che i banchieri ebrei che avevano portato i nazisti al potere avevano originariamente previsto. Studiando i processi di Mosca, si è visto che un attacco tedesco a Stalin avrebbe dovuto scatenare una guerra che avrebbe permesso a Trotsky di essere reintegrato al potere. Nel 1941 Trotsky era già stato assassinato, quindi i comunisti ebrei che proliferavano nel "Brain Trust" di Roosevelt erano fiduciosi che dopo la guerra Stalin potesse essere sostituito da agenti più fidati che avrebbero permesso loro di riprendere il controllo assoluto delle vaste risorse dell'Asia e del comunismo, i cui tentacoli, come Trotsky aveva previsto nel 1918, dovevano arrivare fino a Berlino. Il secondo grande obiettivo del finanziamento di Hitler fu quello di scatenare la persecuzione degli ebrei, che avrebbe permesso al sionismo di creare una volta per tutte lo Stato di Israele dopo la guerra.

Coinvolto in una guerra che comprendeva quasi tutta l'Europa e si era già estesa al Nord Africa e al Medio Oriente, Hitler iniziò il 22 giugno una fuga in avanti che avrebbe avuto conseguenze catastrofiche per il popolo tedesco. Una settimana dopo l'invasione dell'URSS, Roosevelt cercò di affrettare l'immediata entrata in guerra degli Stati Uniti e ordinò il dispiegamento di pattuglie navali nell'Atlantico settentrionale, che dovevano individuare sottomarini e navi tedesche. Alla fine di luglio 1941, i pattugliamenti furono intensificati e fu dato l'ordine di proteggere le navi in navigazione nell'area, indipendentemente dalla loro bandiera. In altre parole, la squadra di un Paese neutrale doveva sorvegliare, informare e persino attaccare le navi da guerra tedesche che potevano intercettare i convogli che trasportavano armi e rifornimenti all'Unione Sovietica e al Regno Unito.

Dopo l'inizio dell'attacco alla Russia, Roosevelt aveva inviato a Londra e a Mosca il suo braccio destro Harry Hopkins, che paradossalmente era un agente sovietico, precisamente l'agente "19", come dimostrato nel 1995 dai documenti "Venona", di cui si dirà più avanti. A metà luglio Hopkins si incontrò con Churchill a Londra, dove c'erano numerose missioni americane del Lend-Lease Act che organizzavano la consegna di ogni sorta di materiale, come le fortezze volanti B-17, che avrebbero ucciso centinaia di migliaia di civili tedeschi nel terrore aereo che sarebbe stato praticato su vasta scala negli anni successivi. Hopkins e Churchill firmarono un accordo di azione congiunta che prevedeva assistenza e sostegno multipli nella guerra contro la Germania e, sebbene gli Stati Uniti non fossero ancora in guerra, si impegnarono a non negoziare alcun armistizio o trattato di pace separato. Robert E. Sherwood racconta in *Roosevelt and Hopkins. An Intimate History* che Hopkins mostrò a Churchill una mappa sulla quale Roosevelt stesso aveva segnato a matita una linea nell'Oceano Atlantico, a ovest della quale la marina e l'aviazione statunitensi avrebbero pattugliato, "lasciando così le navi di scorta britanniche libere di servire altrove, in particolare la rotta di Murmansk".

Dalla Scozia Hopkins volò ad Arcangelo e da lì a Mosca, dove trascorse tre giorni. Il 30 luglio ebbe il suo primo incontro con Stalin, al quale trasmise un messaggio cablato dal Segretario di Stato ad interim Benjamin Sumner Welles, un sionista impegnato nella creazione dello Stato di Israele la cui famiglia era imparentata con i Roosevelt. Il testo, riprodotto nell'opera di Sherwood, dimostra fino a che punto il presidente americano, cinque mesi prima di far entrare il suo Paese in guerra, fosse pronto a difendere il totalitarismo comunista in Russia:

> "Il Presidente desidera che lei, quando vedrà per la prima volta Stalin, gli trasmetta il seguente messaggio a nome del Presidente stesso:
> Il signor Hopkins è a Mosca su mia richiesta per discutere con Lei personalmente, e con altri funzionari da Lei designati, la questione di vitale importanza del modo in cui possiamo fornire efficacemente e rapidamente l'aiuto che gli Stati Uniti daranno al Suo Paese nella sua magnifica resistenza alla perfida aggressione della Germania hitleriana. Ho già informato il signor Umansky, vostro ambasciatore, che il governo degli Stati Uniti fornirà tutta l'assistenza possibile per quanto riguarda la spedizione di munizioni, armamenti e altri rifornimenti necessari per

soddisfare le vostre esigenze più urgenti e che potranno essere utilizzati nel vostro Paese nei prossimi due mesi. Discuteremo i dettagli di queste questioni con la missione che, guidata dal Generale Golikov, si trova ora a Washington. So che la visita del signor Hopkins a Mosca sarà preziosa, poiché indicherà agli Stati Uniti quali sono i vostri bisogni più urgenti, in modo da poter prendere le decisioni più pratiche per semplificare e accelerare la consegna di quanto richiesto.
Entro il prossimo inverno saremo in grado di completare tutto il materiale che il vostro governo desidera ottenere da questo Paese. Pertanto, credo che l'interesse principale di entrambi i governi debba concentrarsi sul materiale che può arrivare in Russia entro i prossimi tre mesi.
Vi chiedo di trattare il signor Hopkins con la stessa fiducia che provereste se vi rivolgeste direttamente a me. Egli mi comunicherà, anche direttamente, le opinioni che gli sottoporrete e mi dirà quali sono i problemi più urgenti in cui possiamo esservi utili.
Permettetemi di esprimere, in conclusione, la grande ammirazione che noi tutti proviamo negli Stati Uniti per il coraggio dimostrato dal popolo russo in difesa della propria libertà e nella lotta per l'indipendenza della Russia. Il successo del popolo russo e degli altri popoli nell'opporsi all'aggressione di Hitler e ai suoi piani di conquista del mondo ha incoraggiato molto il popolo americano".

Notiamo che l'ambasciatore negli Stati Uniti, Konstantin Umansky, era ancora una volta un ebreo, così come il suo successore, l'onnipresente e instancabile Maksim Litvinov, che, dopo aver ceduto il Commissariato per gli Affari Esteri a Molotov nel 1939, fu inviato a Washington nel novembre 1941 per sostituire Umansky. Sappiamo già che anche l'ambasciatore sovietico a Londra durante la guerra, Ivan Maisky, era ebreo e sionista. Maisky, come già detto, divenne un amico intimo di Negrin e fu l'uomo che Beria aveva in mente per il posto di Commissario agli Esteri dopo l'assassinio di Stalin nel 1953. Anche l'ambasciatore statunitense a Mosca, Laurence A. Steinhardt, era ebreo. Anche Steinhardt era un ebreo sionista. Si è già detto nell'ottavo capitolo che Steinhardt era il nipote di Samuel Untermayer ed era attivo nella Federazione dei sionisti americani.

Steinhardt era con Hopkins all'incontro al Cremlino con Molotov e riassunse il colloquio per il Dipartimento di Stato. Dalle sue parole si sa che Hopkins assicurò a Molotov che Washington non avrebbe tollerato alcuna avventura giapponese in Siberia. Il rapporto di Hopkins stesso conferma la testimonianza di Steinhardt, perché in esso conferma che Molotov gli disse che se il Presidente (Roosevelt) avesse trovato "mezzi adeguati per indirizzare un avvertimento al Giappone" gli sarebbe stato impedito di tentare qualsiasi mossa aggressiva. Hopkins scrive: "Sebbene Molotov non si sia espresso in questi termini, il significato implicito delle sue parole era che l'avvertimento doveva includere un avvertimento che gli Stati Uniti sarebbero venuti in aiuto dell'Unione Sovietica se fosse stata attaccata dal Giappone.

Se nel 1938 e nel 1939 Stalin aveva sospettato delle intenzioni di Gran Bretagna e Francia, quando il 22 giugno 1941 iniziò l'invasione, forse pensò che il complotto contro cui aveva combattuto nei processi di Mosca stesse tornando. Probabilmente temeva che questo fosse il primo passo di un piano con l'Occidente per sbarazzarsi di lui, motivo per cui abbandonò il suo posto per paura e lasciò il Paese e l'esercito senza la sua guida suprema. Solo così si può comprendere il suo atteggiamento e la paura che lo attanagliava. Fu Beria a reagire e ad andare a cercarlo. Krusciov racconta che quando Beria gli chiese di riprendere il comando, Stalin rispose: "Tutto è perduto. Mi arrendo". La visita di Hopkins gli confermò senza ombra di dubbio che le cose erano ben diverse: poteva contare sugli Stati Uniti, visto che il loro aiuto incondizionato arrivava quando il suo Paese veniva invaso. Due mesi dopo, il 28 settembre, William Averell Harriman, socio della Kuhn, Loeb & Co, membro del CFR e di "Skulls & Bones", arrivò a Mosca per istituire un nuovo programma di forniture.

Roosevelt era ansioso di iniziare la guerra contro la Germania il più presto possibile, così le incitazioni si susseguirono presto nell'Atlantico: le pattuglie navali statunitensi provocavano gli U-Boat tedeschi lanciando bombe di profondità, ma gli U-Boat erano riluttanti a rispondere agli attacchi. Hitler aveva detto all'ammiraglio Räder che in nessun caso voleva "provocare un incidente che avrebbe portato a una dichiarazione di guerra da parte degli Stati Uniti". Il 4 settembre si verificò un contrattempo che Roosevelt cercò di sfruttare. Gli aerei britannici segnalarono al cacciatorpediniere statunitense *Greer* la posizione del sottomarino tedesco U-652, che operava nella zona di blocco marittimo. Il *Greer* attaccò con bombe di profondità e l'U-Boot rispose lanciando due siluri che mancarono la nave. Non appena la notizia dello scontro raggiunse gli Stati Uniti, la Germania fu accusata di pirateria e di aver tentato di affondare un cacciatorpediniere durante i suoi "innocui pattugliamenti". L'ammiraglio Harold Stark, capo delle operazioni navali, pubblicò un rapporto dettagliato in cui si affermava che sia gli aerei britannici che il *Greer* avevano molestato il sottomarino per ore e che entrambi lo avevano attaccato con bombe di profondità. L'11 settembre, il presidente Roosevelt diede l'ordine di "sparare a vista". Hitler dichiarò, e cito: "Il presidente Roosevelt ha ordinato alla sua Marina di sparare a vista non appena scoprono le nostre navi. Io proibisco ai miei comandanti di fare lo stesso, ma ordino loro di difendersi se vengono attaccati. Ogni ufficiale che violerà quest'ordine dovrà affrontare la corte marziale".

Il paradosso del 16 settembre era che i convogli battenti bandiera britannica navigavano sotto la protezione di navi da guerra di un Paese neutrale. Il senatore Wheeler riconobbe quindi che la Germania aveva tutte le ragioni per attaccare il suo Paese. Hopkins la mise in un altro modo: "Se

Hitler fosse propenso a dichiararci guerra, ha già tutte le scuse possibili". Finalmente, il 17 ottobre 1941, accadde ciò che Roosevelt aveva desiderato: il cacciatorpediniere *Kearny*, di scorta a un convoglio, attaccò il sottomarino tedesco U-568, che a sua volta aveva attaccato navi mercantili britanniche. L'U-Boot rispose con un siluro che colpì la nave americana, uccidendo undici membri dell'equipaggio e ferendone altri ventidue. Sebbene in questa occasione ci fossero state delle vittime, Roosevelt non riuscì ancora una volta a far autorizzare la dichiarazione di guerra dalla Camera dei Rappresentanti. Per quanto riguarda l'opinione pubblica, Hopkins si rammaricava che l'incidente fosse stato "preso come un fatto scontato dal popolo degli Stati Uniti". Senza dubbio era così perché gli americani sapevano che era il loro Presidente a mettere a repentaglio le navi americane e la vita dei marinai. *Il Washington Times-Herald* si spinse fino a riferire che le famiglie delle vittime ricevevano messaggi dolorosi che le torturavano: "Il vostro caro figlio", si leggeva, "è stato mandato a morire dall'imbecille criminale a capo del nostro governo".

Pochi giorni dopo l'attacco al *Kearny*, il generale Robert E. Wood, membro dell'America First Committee, chiese pubblicamente al Presidente di presentarsi al Congresso per chiedere un voto definitivo sull'entrata in guerra degli Stati Uniti. Robert E. Sherwood scrive quanto segue in *Roosevelt and Hopkins. An Intimate History*:

> "Si trattava esattamente della stessa richiesta di un'azione rapida e coraggiosa che era stata consigliata a Roosevelt da molte persone, come Stimson e altri, sia all'interno che all'esterno del governo, negli ultimi sei mesi. Ma il fatto stesso che una simile proposta venisse ora da un così convinto campione dell'isolazionismo, confermava sufficientemente Roosevelt nella sua convinzione che, se avesse fatto come gli era stato detto, sarebbe andato incontro a una disastrosa e sicura sconfitta".

Robert Sherwood e Samuel Rosenman, un giudice della Corte Suprema ebreo vicino all'arcimissionario Louis D. Brandeis e consigliere di Roosevelt, scrissero i discorsi del Presidente. Le parole citate, quindi, provengono da una fonte molto autorevole. Nonostante l'incessante campagna di stampa a favore dell'intervento, Roosevelt sapeva con certezza che l'opinione pubblica era contraria alla guerra. Ci voleva quindi un evento come l'attacco giapponese a Pearl Harbour per cambiare il sentimento del popolo americano. Rosenman e Sherwood furono gli autori del famoso discorso del 28 ottobre 1940, in cui Roosevelt disse quanto segue durante la campagna per la sua terza rielezione: "L'ho già detto prima, ma lo ripeterò ancora, e ancora, e ancora, e ancora: i vostri ragazzi non saranno mandati in nessuna guerra straniera.

Pochi giorni dopo l'incidente di *Kearny*, il 31 ottobre, il cacciatorpediniere *Reuben James* fu affondato quando un altro sottomarino tedesco, l'U-552, respinse l'attacco. Un siluro colpì la prua del cacciatorpediniere e il caricatore esplose. La nave affondò e perirono centoquindici membri dell'equipaggio, compresi tutti gli ufficiali. Anche questa volta Roosevelt non ottenne l'autorizzazione a dichiarare guerra. Contrariamente alle aspettative, la reazione dell'opinione pubblica fu sempre più negativa. Sherwood scrisse all'epoca: "C'era una sorta di tacita intesa tra gli americani che nessuno di loro avrebbe dovuto indignarsi anche se i tedeschi avessero affondato le nostre navi con i loro sommergibili, perché tale indignazione avrebbe potuto riportarci in guerra.

La morsa economica del Giappone

Quando divenne chiaro che era impossibile condurre il Paese in guerra a causa degli incidenti con i tedeschi nell'Atlantico, Roosevelt intensificò le misure per strangolare economicamente il Giappone, che dal 1937 conduceva una costosa guerra in Cina. In questo contesto, gli Stati Uniti avevano già deciso nel 1940 di tagliare le forniture di petrolio a Tokyo, che doveva trovare altri fornitori se voleva continuare a combattere contro i cinesi. Inizialmente, i giapponesi poterono acquistare greggio dal Messico e dal Venezuela. Avevano anche l'alternativa di rifornirsi dalle colonie anglo-olandesi della Birmania e dell'Insulindia, che di solito fornivano ai giapponesi petrolio, gomma e altre materie prime senza problemi. Roosevelt e il suo clan di consiglieri ebrei decisero quindi di fare pressione sulla Gran Bretagna e sull'Olanda affinché accettassero l'embargo petrolifero nei confronti del Giappone. Da parte sua, la Standard Oil, un trust di proprietà di Rockefeller e Jacob Schiff,[6], che possedeva il petrolio del Venezuela, annunciò che avrebbe sospeso le spedizioni. Il Messico, sotto pressione, seguì l'esempio.

All'epoca dell'attacco tedesco alla Russia, il Giappone pensava di sfruttare l'opportunità offerta dall'invasione dell'Occidente per attaccare l'URSS e sbarcare truppe in Siberia per impadronirsi dei giacimenti petroliferi, cosa che sarebbe stata catastrofica per Stalin e utile a Hitler. Ribbentrop spingeva in questa direzione, ma i sovietici lo sapevano e mantenevano in loco consistenti guarnigioni di truppe. Quando Roosevelt ricevette i rapporti che avvertivano delle intenzioni giapponesi in Siberia,

---

[6] La Standard Oil era stata uno dei grandi beneficiari della rivoluzione degli ebrei-bolscevichi, che, pur avendo nazionalizzato il petrolio, le avevano venduto una catena di pozzi nel Caucaso. La Standard Oil costruì una raffineria in Russia e vendette il petrolio russo ai Paesi europei. Nel 1927 la società bancaria Kuhn Loeb & Co, di proprietà di Jacob Schiff, il banchiere ebreo che aveva finanziato la rivoluzione, concesse ai bolscevichi un nuovo prestito di 65 milioni di dollari. Nel 1928 la Chase National Bank di Rockefeller vendeva titoli di Stato comunisti negli Stati Uniti. Tra il 1917 e il 1930 il fondo Rockefeller costruì diciannove grandi raffinerie in URSS, le cui attrezzature e macchinari industriali provenivano dagli Stati Uniti. In cambio, i comunisti concessero alle società americane i diritti di estrazione dell'oro in Russia.

non tardò a lanciare un messaggio di avvertimento e a chiedere a Tokyo assicurazioni che l'attacco non avrebbe avuto luogo. Poco dopo, come si è visto, giunse l'arrivo di Harry Hopkins a Mosca, dove Molotov chiese espressamente che gli Stati Uniti facessero sapere al Giappone che sarebbero intervenuti in aiuto dell'Unione Sovietica in caso di attacco. Come se non bastasse, il 26 luglio 1941 Roosevelt ordinò il congelamento dei fondi giapponesi negli Stati Uniti, paralizzando le operazioni finanziarie di importazione ed esportazione del Giappone, la maggior parte delle quali operava con istituzioni finanziarie americane. I governi britannico e olandese, quest'ultimo in esilio a Londra, seguirono le orme di Roosevelt. In questo modo, con il congelamento dei beni, l'economia giapponese fu strangolata.

La crisi era inevitabile. Di conseguenza, i giapponesi offrirono di ritirarsi dalle loro basi in Indocina in cambio della revoca dell'embargo e della restituzione dei beni sequestrati, ma Roosevelt e Churchill respinsero la proposta di Tokyo. Non accettarono nemmeno l'offerta del Giappone di ritirare le proprie truppe dalla Cina che, priva di petrolio, ferro e gomma, non poteva davvero continuare la guerra. Nel novembre 1941, il Giappone aveva sopportato il blocco di Roosevelt per quattro mesi ed era quindi costretto a entrare in guerra per sopravvivere. L'ambasciatore britannico a Tokyo riteneva che l'obiettivo più probabile per un futuro attacco giapponese fossero le Indie Orientali Olandesi, dove i giacimenti di petrolio potevano essere conquistati. Un rapporto segreto della Marina statunitense suggeriva che il Giappone avrebbe potuto attaccare la Russia o le colonie anglo-olandesi. L'attacco a Pearl Harbour era un'opzione che non sembrava essere contemplata. Persino il Primo Ministro britannico, che tra il 9 e il 12 agosto aveva tenuto la Conferenza atlantica a Terranova con il Presidente americano e aveva ricevuto rassicurazioni sull'entrata in guerra degli Stati Uniti, non era stato informato che l'attacco sarebbe avvenuto in quella zona.

La flotta statunitense a Pearl Harbour

Con lo pseudonimo di Mauricio Karl, Mauricio Carlavilla ha pubblicato a Madrid nel 1954 *Pearl Harbour, il tradimento di Roosevelt*, un libro che contiene informazioni estremamente rivelatrici sull'attacco giapponese a Pearl Harbour di domenica 7 dicembre 1941. Esistono numerosi libri e articoli scritti da autori revisionisti sull'atteggiamento di Roosevelt. Il primo a scatenare la polemica fu John T. Flynn, che già nel 1944 pubblicò *La verità su Pearl Harbour*, in cui accusava Roosevelt e i suoi compari di aver provocato l'attacco. Oggi non ci sono più dubbi sul fatto che a Pearl Harbour non ci fu una sorpresa, ma un atto criminale, un'infamia di Roosevelt, che non si fece scrupolo di sacrificare circa 2.500 americani per coinvolgere il suo Paese nella Seconda guerra mondiale. Il merito del libro di Carlavilla sta nel fatto che è stato uno dei primi scrittori, forse il primo in lingua spagnola, a denunciare l'accaduto. Per questo motivo nelle pagine che seguono verranno utilizzati i suoi lavori e alcuni articoli pubblicati su *The Journal of Historical Review*.

La presenza dello squadrone a Pearl Harbour fu messa in dubbio già nell'aprile 1940 dall'ammiraglio James O. Richardson. Richardson, che nel 1958 aveva completato le sue Memorie. Il libro, intitolato *On the Treadmill to Pearl Harbour: The Memoirs of Admiral James O. Richardson (USN Retierd)*, fu pubblicato dalla United States Navy. *Richardson (USN in pensione), As Told to Vice Admiral George C. Dyer (USN in pensione)*, dovette attendere fino al 1973 per vedere la luce Ciò fu apparentemente dovuto alle critiche rivolte all'ammiraglio Harold Stark, capo delle operazioni navali, che morì solo nel 1972. Durante questi quindici anni gli storici ufficiali hanno avuto tempo a sufficienza per distorcere e oscurare la verità su quanto accaduto a Pearl Harbour.

Su suggerimento dell'ammiraglio Richardson, la flotta di Pearl Harbour doveva tornare sulla costa occidentale degli Stati Uniti nel maggio 1940; ma i piani cambiarono e a Richardson fu ordinato di rimanere nelle acque al largo delle Hawaii. Nelle sue Memorie scrive: ".... La decisione di mantenere la flotta a Pearl Harbour nel maggio 1940 fu presa, a mio parere, su una premessa completamente falsa. La premessa che la flotta posizionata lì avrebbe esercitato un'influenza coercitiva sulle azioni del Giappone.... Nel 1940 i responsabili della politica estera del governo - il Presidente e il Segretario di Stato - pensavano che posizionando la flotta alle Hawaii avrebbero costretto i giapponesi. Non chiesero ai loro consiglieri militari se questo obiettivo sarebbe stato effettivamente raggiunto. Hanno imposto loro la loro decisione.

L'ammiraglio Richardson mise a rischio la sua carriera recandosi due volte a Washington per opporsi personalmente alla decisione del Presidente di mantenere la flotta a Pearl Harbour. Durante la sua seconda visita, disse a Roosevelt testualmente: "Signor Presidente, sento di doverle dire che noi del comando superiore della Marina non abbiamo quella fiducia nella leadership civile di questo Paese che è essenziale per il successo di una guerra nel Pacifico". Tra le altre cose, Richardson ha insistito sul fatto che le navi non erano ben equipaggiate per andare in guerra e che la flotta era troppo esposta su quelle isole, in quanto gli elementi difensivi erano insufficienti a proteggerla da un potenziale attacco. L'ammiraglio chiese al presidente se gli Stati Uniti avrebbero dichiarato guerra al Giappone se questo avesse invaso le colonie anglo-olandesi. Roosevelt rispose in modo evasivo, osservando che non era sicuro che gli americani sarebbero stati disposti a combattere per un simile motivo. La carica di CINCUS (Comandante in Capo della Flotta degli Stati Uniti) era normalmente ricoperta da chi la ricopriva per un periodo compreso tra i diciotto e i ventiquattro mesi; ma Richardson fu rimosso il 31 gennaio 1941, appena dodici mesi dopo aver assunto l'incarico. A sostituirlo fu l'ammiraglio Husband E. Kimmel.

Invece di dare ascolto alle lamentele di Richardson sull'indifendibilità della flotta a Pearl Harbour, nel marzo 1941 fu dato l'ordine di ritirare dalla base una portaerei, tre corazzate, quattro incrociatori leggeri e diciotto cacciatorpediniere, lasciandola in grave svantaggio rispetto alla flotta giapponese. Questo squilibrio impedì all'Ammiraglio Kimmel di effettuare movimenti preventivi di esplorazione lontano dalla base. Le unità evacuate da Pearl Harbour furono inviate nell'Atlantico, dove la squadra britannica godeva già di una superiorità sempre più netta.

Il Codice Viola

Nell'opera citata, Mauricio Carlavilla (Mauricio Karl) dedica un capitolo a spiegare che lo spionaggio americano era riuscito a decifrare un codice giapponese altamente sicuro noto come "Codice Viola", criptato da una macchina molto sofisticata che permetteva un numero enorme di variazioni nei dispacci. Gli americani "riuscirono a decifrare il Codice Viola giapponese", scrive Carlavilla, "e riuscirono persino a costruire un modello di macchina che decifrava i dispacci con la stessa facilità dell'apparecchio installato nell'ambasciata giapponese a Washington". La macchina viola stabiliva la chiave di ogni cifratura per mezzo di un meccanismo proprio. Senza una macchina gemella, sarebbe stato impossibile decifrare qualsiasi messaggio giapponese....". Gli americani diedero il nome di "Magic" al loro sistema. Furono costruite cinque macchine di questo tipo, nessuna delle quali fu installata a Pearl Harbour. Così la base poteva sapere solo ciò che Roosevelt e i suoi tirapiedi volevano comunicarle. Dopo l'attacco, fu istituita una Commissione d'inchiesta per indagare sull'accaduto. I rappresentanti del governo testimoniarono davanti alla Commissione che la base navale era stata privata della "Magia" per evitare che fosse identificata dai giapponesi.

Anche se ciò fosse vero, nulla impediva ai comandanti di Pearl Harbour di essere informati di tutte le informazioni raccolte a Washington, o almeno dei dati rilevanti per la sicurezza della flotta di stanza lì. In effetti, l'ammiraglio Kimmel aveva chiesto due volte, il 18 febbraio e il 26 maggio 1941, di essere tenuto al corrente. La sua richiesta era la seguente: "Vorrei suggerire che dovrebbe essere un principio essenziale che il Capo della Flotta del Pacifico sia informato con la massima urgenza di tutti gli sviluppi importanti non appena si verificano e con i mezzi più rapidi disponibili". In giugno Kimmel incontrò personalmente l'ammiraglio Stark, che gli assicurò che gli sarebbero state fornite le informazioni richieste.

Per due o tre mesi la promessa fu mantenuta; ma all'improvviso, nei tre mesi precedenti l'attacco a Pearl Harbour, Kimmel smise di ricevere rapporti di interesse che gli avrebbero permesso di dedurre cosa ci fosse in ballo. Tra coloro che ricevevano regolarmente i messaggi decriptati di Magic c'erano il Presidente Roosevelt, il Capo di Stato Maggiore George Marshall, il Segretario della Marina Frank Knox, l'Ammiraglio Harold Stark, soprannominato "Betty", il Segretario di Stato Cordell Hull, che come il suo omologo Molotov era sposato con una donna ebrea, Rosalie Frances Witz, figlia del banchiere Isaac Witz.

L'ambasciatore americano a Tokyo, Joseph Grew, inviò un telegramma al Dipartimento di Stato il 3 novembre 1941, avvertendo che "il Giappone rischierebbe un harakiri nazionale piuttosto che cedere alle pressioni straniere"."Grew, un diplomatico onesto, senza dubbio non era a conoscenza dei desideri di Roosevelt, poiché concluse il suo telegramma con queste parole: "Il mio scopo è solo quello di assicurare che il mio Paese non entri in guerra con il Giappone a causa di un'errata convinzione della capacità del Giappone di gettarsi a capofitto in un conflitto suicida con gli Stati Uniti". Anche se l'ambasciatore non lo sospettava, quelle erano esattamente le parole che il presidente americano voleva sentire, cioè la conferma che il Giappone avrebbe attaccato.

Dall'aprile 1941 il Giappone cercava disperatamente di raggiungere un accordo con gli Stati Uniti che salvasse le relazioni tra i due Paesi. Il 5 novembre fu decodificato un messaggio da Tokyo all'ambasciata giapponese a Washington, in cui si esortava l'ambasciatore a compiere "il massimo sforzo" e ad agire con "la massima determinazione" per raggiungere un accordo. Il 12 novembre il Dipartimento di Stato decodificò un messaggio ricevuto dall'Ambasciata il giorno precedente in cui si affermava che la data era "assolutamente inamovibile". Di fronte allo stallo dei negoziati, il governo giapponese inviò a Washington un inviato speciale, Saburo Kurusu, che arrivò nella capitale statunitense il 15 novembre. Il 17 novembre Magic trascrive il primo messaggio ricevuto da Kurusu, in risposta a un messaggio precedentemente inviato da Washington dall'inviato speciale. Il testo si concludeva così: "Vedi che il tempo è poco. Per questo motivo non permettete agli Stati Uniti di fare di tutto per ritardare ulteriormente i negoziati. Impegnatevi per una soluzione sulla base delle nostre proposte e fate tutto il possibile per arrivarci". Vediamo ora un testo più lungo, trascritto da Mauricio Carlavilla, inviato da Tokyo all'Ambasciata il 22 novembre e decifrato lo stesso giorno:

> "È terribilmente difficile per noi variare la data che ho fissato nel mio 736, lo sapete. So che state lavorando duramente. Attenetevi alla politica che abbiamo stabilito e fate tutto il possibile. Non risparmiate sforzi e cercate di raggiungere la soluzione che vogliamo. La vostra esperienza vi permette di capire perché dobbiamo ristabilire le relazioni americano-giapponesi prima del 25; ma se entro i prossimi tre o quattro giorni riuscirete a terminare i colloqui con gli americani; se la firma potrà essere raggiunta entro il 29, che vi ripeto - ventinove; se si potranno scambiare le note pertinenti; se riusciremo a raggiungere l'intelligenza con la Gran Bretagna e i Paesi Bassi; e, in breve, se tutte le cose potranno essere completate, abbiamo deciso di aspettare fino a questa data, e diciamo che questa volta la dead line non può essere cambiata. Dopo di essa le cose

accadranno automaticamente. Vi preghiamo di prestare la massima attenzione e di lavorare ancora più intensamente di quanto abbiate fatto finora. Per il momento questo è solo per informazione di voi due ambasciatori".

Quattro giorni dopo, il 26 novembre, dall'ambasciata di Washington fu trasmesso un nuovo messaggio a Tokyo, che fu decifrato due giorni dopo. Parlava di "completo fallimento e umiliazione". L'ambasciatore Nomura e Kurusu si erano incontrati con il Segretario di Stato Cordell Hull, che il 20 novembre aveva respinto le ultime proposte degli ambasciatori, presentando loro una proposta in nove punti assolutamente oltraggiosa e inaccettabile. La risposta di Tokyo fu inviata il 28 novembre e decodificata lo stesso giorno al Dipartimento di Stato:

> "Ebbene, voi due ambasciatori avete compiuto sforzi sovrumani, ma nonostante ciò gli Stati Uniti sono andati avanti e hanno avanzato la loro umiliante proposta, del tutto inaspettata ed estremamente deplorevole. Il governo imperiale non può in alcun modo prenderla come base per i negoziati. Per questo motivo, e con un rapporto sulle opinioni del Governo Imperiale, che vi invierò, i negoziati saranno interrotti de facto; questo è inevitabile. Tuttavia, non voglio che lei dia l'impressione che i negoziati siano interrotti. Dica loro solo che è in attesa di istruzioni e che, anche se il punto di vista del suo governo non le è chiaro, a suo modo di vedere, il governo imperiale ha sempre avanzato giuste rivendicazioni e ha fatto grandi sacrifici per la causa della pace nel Pacifico.....".

Con l'evidente scopo di cogliere gli americani completamente alla sprovvista, gli ambasciatori non dovevano interrompere il negoziato su e ritardare il più possibile le trattative. Infine, faremo riferimento ad altri due messaggi inviati il 30 novembre e decodificati da Magic il 1° dicembre. Il primo fu inviato da Tokyo all'ambasciata giapponese a Berlino. Si trattava di istruzioni all'ambasciatore di informare Hitler "molto segretamente" che i colloqui con Washington erano stati interrotti e che la guerra tra le nazioni anglosassoni e il Giappone sarebbe potuta scoppiare "all'improvviso con un colpo di forza che potrebbe arrivare più rapidamente di quanto si possa immaginare". La seconda era indirizzata all'Ambasciata di Washington. La seconda era indirizzata all'Ambasciata di Washington, in cui si faceva notare che, ben oltre la scadenza, la situazione stava diventando sempre più critica e quindi, per evitare che gli americani si insospettissero, era stato detto alla stampa e ad altre fonti che, nonostante le grandi divergenze, i negoziati stavano continuando.

I messaggi criptati con il Purple Code relativi alla base di Pearl Harbour, sempre più numerosi man mano che si avvicinava la data dell'attacco, venivano intercettati e decriptati da Magic. Il loro contenuto riguardava inizialmente la divisione delle acque tra le isole in zone e sottozone, il numero di navi, la loro posizione: se erano ancorate o ormeggiate, i movimenti delle unità e così via. Tutte queste indagini preliminari indicavano chiaramente che l'attacco che si stava preparando era diretto alla base navale statunitense delle Hawaii. L'ordine di distruggere i codici, sintomo evidente dell'imminenza della guerra, fu impartito tra la fine di novembre e l'inizio di dicembre.

Il 25 novembre 1941 Roosevelt incontrò il Segretario di Stato Cordell Hull, il Segretario alla Marina Frank Knox, l'Ammiraglio Stark e il Segretario alla Guerra Henry Lewis Stimson, membro della società segreta "Skulls & Bones", la Confraternita della Morte dell'Università di Yale fondata da William H. Russell e incorporata nella Russell Trust Association come appendice degli Illuminati. Stimson, anni dopo, sarebbe stato un esplicito sostenitore del lancio di bombe atomiche. Il Presidente li informò che i giapponesi avrebbero potuto attaccare entro una settimana. Il 27 novembre il Dipartimento della Marina inviò un dispaccio all'ammiraglio Kimmel, che doveva essere "considerato come un avvertimento di guerra". Lo informava che i negoziati erano terminati e che si prevedeva un attacco giapponese, che avrebbe potuto essere contro le Filippine, la Thailandia o il Borneo. A Kimmel fu ordinato di schierarsi sulla difensiva, anche se i potenziali obiettivi erano a migliaia di chilometri di distanza.

Nel dicembre 1941, poco dopo l'attacco a Pearl Harbour, fu costituita la Commissione Roberts, nominata dal Presidente Roosevelt. L'ammiraglio Kimmel testimoniò davanti a questa Commissione che durante il luglio 1941 ricevette sette dispacci giapponesi intercettati e codificati da Washington, ma che durante il mese di agosto non ricevette più alcuna informazione sulla tensione tra Stati Uniti e Giappone in seguito al blocco economico decretato da Roosevelt il 26 luglio. In relazione al dispaccio del 27 novembre, egli ha dichiarato alla Commissione quanto segue:

> "Il rapporto inviatomi dal Dipartimento della Marina, che mi diceva che i negoziati erano cessati il 27 novembre, era un pallido riflesso della situazione reale e tanto parziale quanto se fosse stato scritto per fuorviare. I diplomatici non solo avevano smesso di parlare, ma erano con le spade puntate al petto. Per quanto riguarda il Giappone, i colloqui che sono seguiti dopo il 26 novembre - come è emerso - sono stati una pura commedia. Erano uno stratagemma per nascondere il colpo di Stato che il Giappone stava preparando. Questo stratagemma non ingannò il Dipartimento della Marina. La Marina era ben consapevole del piano. Lo squadrone fu esposto di fronte alla manovra giapponese perché il Dipartimento della Marina non mi comunicò i rapporti in suo possesso su ciò che i giapponesi stavano facendo".

La Commissione Roberts, come riferisce l'ammiraglio Richardson nelle sue Memorie, fu creata su suggerimento di Felix Frankfurter, un sionista di spicco inserito da Roosevelt nella Corte Suprema, che aveva introdotto nell'Amministrazione e nella magistratura una legione di giudici e avvocati ebrei che agivano sotto i suoi ordini. Richardson spiega che la Commissione Roberts fu plasmata da principi attentamente studiati: era una commissione congiunta composta da membri delle forze armate e da un consiglio di civili, con a capo un membro della Corte Suprema. Non era governata dalle regole sulle prove che prevalgono nei tribunali d'inchiesta civili o militari. Secondo Richardson, il rapporto della Commissione Roberts "era il documento più parziale, ingiusto e disonesto mai stampato". Richardson ha scoperto che i membri militari della Commissione "furono in seguito ricompensati per i loro servizi con incarichi e promozioni vantaggiose". Il fatto che l'amministrazione Roosevelt, dopo aver tradito l'ammiraglio Husband E. Kimmel e il tenente generale Walter C. Short, i comandanti della base, cercasse di farne un capro espiatorio e di incolparli per la disfatta di Pearl Harbour, indignò l'ammiraglio Richardson, che scrisse nelle sue Memorie che il Paese non aveva mai assistito a uno spettacolo più ignominioso di quello rappresentato dai funzionari governativi che si rifiutarono di accettare la responsabilità di Pearl Harbour.

Nel 1995, il capitano Edward L. Beach, un marinaio di spicco, pubblicò *Scapegoats: A Defense of Kimmel and Short at Pearl Harbour,* una *difesa* di Kimmel e *Short*, che furono licenziati e mandati in pensione anticipata con perdita del grado. Fino alla sua morte, avvenuta nel 1968, Kimmel lavorò instancabilmente per cancellare il suo nome dalla storia. Poco prima della sua morte, Kimmel dichiarò in un'intervista: "Mi hanno fatto diventare un capro espiatorio. Volevano far entrare l'America in guerra.... Franklin D. Roosevelt era l'architetto dell'intero piano. Diede ordine - anche se non posso provarlo categoricamente - che solo Marshall potesse inviare rapporti a Pearl Harbour sui movimenti della flotta giapponese, e poi disse a Marshall di non inviare nulla". Kimmel ha quindi accusato direttamente il Presidente Roosevelt, George C. Marshall e "altri nell'Alto Comando" di aver provocato quella che Roosevelt stesso ha definito "una data che rimarrà nell'infamia". Il capitano Beach presenta nel suo libro prove sufficienti per dimostrare che Kimmel e Short sono stati accusati ingiustamente dei crimini di Roosevelt e compagnia.

Le ore precedenti l'attacco

Nelle prime ore di sabato 6 dicembre, il cosiddetto "messaggio pilota" giapponese, inviato all'ambasciata di Washington, fu catturato. Alle 18 era stato decodificato e poco dopo ne furono distribuite copie ai destinatari abituali di Magic. Si trattava di un lungo comunicato in quattordici parti, da consegnare il giorno successivo al Segretario di Stato Cordell Hull. Esso forniva una giustificazione storica per l'attacco che la guerra avrebbe portato. La seconda parte accusava gli Stati Uniti e la Gran Bretagna di aver "fatto ricorso a ogni possibile misura per impedire l'instaurazione di una pace generale tra Giappone e Cina". La nona parte alludeva al desiderio di Roosevelt di attaccare la Germania: "Si può dire che il governo americano, ossessionato dai propri punti di vista e dalle proprie opinioni, stia pianificando l'estensione della guerra. Mentre da un lato cerca di assicurarsi le retrovie stabilizzando l'area del Pacifico, dall'altro è impegnato ad aiutare la Gran Bretagna e si prepara, in nome dell'autodifesa, ad attaccare la Germania e l'Italia, due Paesi che stanno lottando per stabilizzare un nuovo ordine in Europa...". L'ultima parte del messaggio affermava che era "chiara l'intenzione del governo americano di cospirare con l'Inghilterra e altri Paesi per ostacolare gli sforzi del Giappone per il consolidamento della pace". Il testo si concludeva con queste parole: "Il governo giapponese si rammarica di dover informare il governo americano che, visto il suo atteggiamento, non possiamo che ritenere impossibile raggiungere un accordo con ulteriori negoziati". Questo messaggio non doveva essere consegnato fino a quando non fosse stato ricevuto un nuovo dispaccio che lo ordinava, una chiara allusione all'attesa dell'inizio dell'aggressione a Pearl Harbour. Questo ordine, anch'esso decifrato da Magic, arrivò lo stesso giorno, il 7 dicembre, e l'ora coincise con quella dell'attacco.

Il generale George Marshall, che avrebbe dovuto chiamare immediatamente il generale Short, fu protagonista di una sparizione leggendaria che è passata alla storia del suo Paese. Come testimoniò sotto giuramento davanti alla Commissione Roberts il 10 dicembre, non riusciva a ricordare dove avesse trascorso il pomeriggio/sera del 6 dicembre, appena quattro giorni prima. Sua moglie Katharine Tupper Marshall lo aiutò a rinfrescare la memoria e dichiarò che era stato con lei. In realtà, non è stata prodotta alcuna prova che dimostri dove il generale Marshall fosse stato tra le 18.00 della sera del 6 dicembre e le 9.00 o 10.00 del mattino del 7 dicembre. Tra le tante spiegazioni, la più sorprendente è quella diffusa oralmente negli ambienti dell'intelligence militare in pensione, secondo la quale Marshall era un dipsomane segreto e la notte del 6 dicembre 1941 era in cura al Walter Hospital Reed, dopo aver fornito un nome falso alla reception. La signora Marshall scrisse nel suo libro *Together* che domenica 7 dicembre fece colazione a letto con lei. Un'altra versione spiega che il generale Marshall fece colazione solo un'ora più tardi del solito. Entrambi i resoconti concordano sul fatto che dopo la colazione, mentre tutti cercavano di contattarlo, il Generale andò a fare la sua solita passeggiata domenicale a cavallo nel Rock Creek Park. Alle 11:20 Marshall si presentò finalmente nel suo ufficio.

Per quanto riguarda l'ammiraglio Stark, si sa che arrivò a casa dal Dipartimento della Marina verso le sette della sera del 6 e andò tranquillamente a teatro con la moglie e alcuni amici. Quando tornò, un domestico lo informò che era stato convocato dalla Casa Bianca, così salì nel suo ufficio e parlò con il Presidente quella sera stessa. Poiché sia lui che Roosevelt avevano ricevuto l'ultimo rapporto decriptato da Magic, Stark avrebbe potuto avvertire l'ammiraglio Kimmel dell'imminente attacco proprio in quel momento; ma, probabilmente su istruzioni del presidente Roosevelt, non lo fece. Alle 9:25 del mattino del 7 Stark arrivò nel suo ufficio. Erano le cinque del mattino alle Hawaii. Mancavano ancora più di due ore all'alba su Pearl Harbour. Stark aveva sulla sua scrivania tutte le informazioni necessarie per sapere con certezza quasi assoluta che l'attacco sarebbe avvenuto non appena il sole fosse sorto. Una telefonata avrebbe potuto salvare la vita a molti dei suoi subordinati; ma invece di mantenere la lealtà che doveva loro, scelse di diventare complice di uno dei peggiori crimini della storia americana.

Il capitano Wilkinson suggerì all'ammiraglio Stark di inviare un dispaccio di avvertimento allo squadrone di Pearl Harbour; ma solo a mezzogiorno il messaggio redatto dal generale Marshall fu pronto per la figura. Alle Hawaii erano le 7:30 e le prime ondate di aerei giapponesi si stavano già avvicinando alla base. Marshall dispose che il messaggio cifrato fosse inviato con i mezzi ordinari, così fu trasmesso da Washington a San Francisco sulla linea Western Union e da lì a Honolulu, dove si trovava il generale Short, che lo ricevette sei ore dopo l'attacco, mentre l'ammiraglio Kimmel lo ricevette otto ore dopo il disastro militare. Il generale Marshall aveva il telefono transpacifico. Se lo avesse usato, Short e Kimmel avrebbero avuto almeno mezz'ora o tre quarti d'ora per prendere misure difensive. Non ci sono precedenti storici in cui uno Stato con così tante informazioni su un attacco nemico rimanga inattivo e si lasci sorprendere.

Quasi 2.500 morti e 1.200 feriti fu il prezzo che Roosevelt pagò per il suo "giorno dell'infamia" per porre fine alla resistenza americana al coinvolgimento nel conflitto globale. Negli anni successivi, l'umanità fu sottoposta a guerre sempre più brutali, che arrivarono a estremi di barbarie senza precedenti. La guerra localizzata che avrebbe potuto essere fermata in due giorni se Lord Halifax avesse accettato l'armistizio proposto dall'Italia e accettato da Germania e Francia divenne definitivamente globale. L'intero Estremo Oriente e il Pacifico divennero teatro di un'apocalittica guerra planetaria che si concluse con un bilancio di 60 milioni di morti dopo lo sganciamento delle bombe genocide su Hiroshima e Nagasaki nell'agosto 1945. L'entrata in guerra degli Stati Uniti permise a Stalin di ritirare definitivamente dalla Siberia le truppe indispensabili sul fronte occidentale, dove i tedeschi avevano raggiunto la periferia di Mosca.

In relazione a questo ritiro delle truppe sovietiche dalla Siberia e al loro invio sul fronte occidentale, obiettivo prioritario di Roosevelt, va aggiunto che una delle più famose spie sovietiche, Richard Sorge, che lavorava presso l'ambasciata tedesca a Tokyo e il cui nome in codice era "Ramsey", aveva inviato a Mosca il 15 ottobre 1941 un messaggio di straordinaria importanza: "L'esercito di Kouantoung non attaccherà la Siberia. Il Giappone ha deciso di attaccare solo gli Stati Uniti e l'Inghilterra. Ripeto: la neutralità del Giappone è assicurata. Non attaccherà la Russia".

Cinque mesi prima, il 20 maggio 1941, Sorge e il suo operatore Max-Gottfried Klausen avevano inviato il seguente messaggio: "Hitler sta concentrando da centosettanta a centonovanta divisioni. L'attacco sarà il 20 giugno e il suo obiettivo immediato sarà Mosca". In quell'occasione Stalin respinse l'informazione e due giorni dopo la data annunciata l'invasione ebbe luogo. L'errore commesso allora non si sarebbe ripetuto, perché un mese dopo il messaggio di Sorge, l'esercito del maresciallo Eremenko, schierato in Estremo Oriente, fu inviato a rinforzare Mosca, evitando così la caduta della capitale russa. Tre giorni dopo aver trasmesso le informazioni all'URSS, la rete di spionaggio di Richard Sorge fu scoperta.[7]

---

[7] Richard Sorge è stato considerato una delle più grandi spie della storia. Incomprensibilmente, i comunisti ricompensarono i suoi servizi permettendo l'esecuzione dell'uomo che li aveva avvertiti dell'attacco tedesco e che il Giappone non avrebbe attaccato l'URSS. Arrestato nel 1941, Sorge fu giustiziato il 7 novembre 1944. In ben tre occasioni i giapponesi proposero all'ambasciata sovietica a Tokyo di scambiarlo con un prigioniero giapponese. Tutte e tre le volte la risposta fu la stessa: "Non conosciamo nessun uomo di nome Richard Sorge". Nato a Baku da padre tedesco, ingegnere minerario, e madre russa, Richard Sorge era nipote di Adolphus Sorge, che era stato segretario di Karl Marx. Aveva una straordinaria capacità linguistica: oltre al tedesco, all'inglese, al francese, al giapponese e al cinese, parlava il russo, ma pochi dei tedeschi e dei giapponesi che entrarono in contatto con lui lo seppero mai. Nel gennaio 1929 Sorge incontrò in Cina Agnes Smedley, la famosa giornalista americana, anch'essa agente sovietico. Con lei costruì a Shanghai una rete di spionaggio che si diffuse in tutto l'Estremo Oriente e finì per concentrarsi in Giappone, poiché nel 1932 Sorge ricevette da Mosca l'ordine di stabilirsi nella capitale giapponese. Nel maggio 1933 si recò a Berlino per rafforzare la sua copertura. Lì riuscì a iscriversi al partito nazista e ottenne un lavoro come corrispondente del *Frankfurter Zeitung*, che aveva Agnes Smedley come corrispondente dalla Cina. Sorge si recò in Giappone passando per il Canada e gli Stati Uniti, dove entrò in contatto con altri agenti sovietici. Atterrò a Yokohama il 6 settembre 1933. All'ambasciata tedesca incontrò il colonnello Ott, un addetto militare che fu presto promosso a generale e poi divenne ambasciatore. Ott, che al suo arrivo non sapeva nulla dell'Estremo Oriente, trovò in Sorge un assistente che divenne gradualmente un consigliere indispensabile. La spia sovietica ebbe così accesso alle fonti ufficiali di informazione.

PARTE 4
TERRORE AEREO E TERRORE ATOMICO

Tra i crimini meno denunciati e pubblicizzati della Seconda Guerra Mondiale c'è il terrore aereo sulla Germania, terrore che fu messo in pratica anche in Giappone, dove raggiunse la sua apoteosi finale con lo sgancio delle bombe atomiche su Hiroshima e Nagasaki. Nemmeno questo crimine indicibile, perpetrato per ordine di Harry Solomon Truman, il presidente ebreo, sionista e massone di 33° grado che ordinò questo olocausto quando il Giappone fu totalmente sconfitto, è stato considerato sufficiente per collocare questo leader politico tra i peggiori criminali di tutti i tempi. Al contrario, è stato affermato che Truman è passato alla storia come un presidente democratico che ha preso la decisione di salvare un'invasione che sarebbe costata la vita a un milione di americani. Ci sarà tempo più avanti per raccontare la storia del terrore nucleare, per ora è il momento di denunciare altri due massoni sionisti, Roosevelt e Churchill, che furono i responsabili finali del terrore aereo sulla Germania, culminato nell'olocausto di Dresda.

Al grande pubblico è stata inculcata l'idea che siano stati i tedeschi a bombardare senza pietà il Regno Unito. La famosa Battaglia d'Inghilterra è passata agli annali della storia come l'esempio massimo della sofferenza del popolo inglese. Tuttavia, la realtà è ben diversa e le cifre lo dimostrano. In due mesi, tra il 7 settembre e il 2 novembre 1940, i bombardamenti tedeschi su Londra provocarono circa 14.000 morti e 20.000 feriti. Il totale delle vittime dei bombardamenti tedeschi sulle città del Regno Unito raggiunse 41.650 morti e 48.073 feriti nel maggio 1941, quando gli attacchi della Luftwaffe terminarono. Queste cifre, abbastanza dolorose, furono moltiplicate per tre o quattro in una sola notte a Dresda, dove, secondo le stime più prudenti, morirono 135.000 persone tra il 13 e il 14 febbraio 1945. Venticinque città tedesche con più di mezzo milione di abitanti furono rase al suolo dalla RAF. Ad Amburgo, per citare un altro esempio, più di 700 bombardieri britannici effettuarono per diverse notti l'"Operazione Gomorra", dal nome di una delle città abitate da peccatori e criminali che Geova, il Dio degli Ebrei, sterminò con una pioggia di fuoco e zolfo. Ad Amburgo, durante tre o quattro notti tra la fine di luglio e l'inizio di agosto del 1943, i bombardamenti provocarono una tempesta di fuoco che uccise circa cinquantamila persone e ne ferì più di centoventimila. Quasi un milione di tedeschi che vivevano in città furono sfollati in altre parti del Paese e persino in Polonia.

Questo modo di fare la guerra contro obiettivi civili non è nato da un giorno all'altro, ma è stato concepito in anticipo. Prima che i soldati inizino a sparare il primo colpo, le guerre sono state lanciate negli uffici molto prima. Già nel 1933, le organizzazioni ebraiche internazionali avevano invocato una "guerra santa" contro la Germania. F. J. P. Veale afferma in *Advance to Barbarism* che nel 1936, nel corso di una riunione del Ministero dell'Aeronautica, gli inglesi decisero che in caso di una futura guerra avrebbero dovuto bombardare obiettivi non militari. La Gran Bretagna rimase così fedele alla sua tattica di provocare vittime civili, perché non va dimenticato che durante la Prima Guerra Mondiale la principale causa di morte tra la popolazione tedesca fu il blocco britannico, che continuò per quasi un anno dopo la firma dell'armistizio e portò alla morte per fame di quasi un milione di civili non combattenti.

La Germania non si era preparata a questo tipo di guerra.

Winston Churchill e altri guerrafondai diffusero molte sciocchezze sul programma di armamenti della Germania, che furono sfruttate dai leader britannici per giustificare il proprio programma di armamenti. Le intenzioni perverse di Churchill sono state smascherate in diverse opere di Francis Neilson, personaggio e autore poliedrico che nel 1915 si dimise dal suo seggio al Parlamento britannico. Nel 1950 Neilson pubblicò *The Makers of War*, un libro che denunciava le menzogne di Churchill e presentava diversi studi e rapporti sulla spesa per gli armamenti dei Paesi belligeranti. È generalmente riconosciuto che, dopo la conquista del potere, i nazisti concentrarono i loro sforzi sul miglioramento della situazione interna. I risultati sociali ed economici dei primi quattro anni di nazionalsocialismo in Germania sono già stati ricordati. Tuttavia, a fronte di queste politiche di crescita economica, i Paesi vicini, come la Francia e la Cecoslovacchia, stavano adottando misure che non potevano che suscitare sospetto e sfiducia in Germania. Di seguito si riporta una breve panoramica degli eventi legati agli armamenti e alla politica di difesa.

Il 2 maggio 1935 Francia e URSS firmarono un Trattato di mutua assistenza politica e militare. Il 15 giugno dello stesso anno l'Unione Sovietica e la Cecoslovacchia conclusero un accordo simile. Nel febbraio 1936 il Parlamento francese ratificò il Patto con l'URSS e la Germania lo denunciò come un gesto ostile incompatibile con il Trattato di Locarno. Prima della ratifica, Hitler riteneva che i titubanti parlamentari francesi potessero impedirla, così cercò di dissuadere la Francia rivolgendosi direttamente all'opinione pubblica francese attraverso un'intervista concordata con Bertrand de Jouvenel di *Paris-Midi*. Ecco la risposta di Hitler a una domanda di Bertrand de Jouvenel: "Voi volete il riavvicinamento franco-tedesco, il patto franco-sovietico non lo comprometterà?".

"I miei sforzi personali per un tale riavvicinamento rimarranno sempre. Tuttavia, nella pratica, un tale patto creerebbe naturalmente una nuova situazione. Non vi rendete conto di ciò che state facendo? Vi state lasciando trascinare nel gioco diplomatico di una potenza che non vuole altro che mettere le grandi nazioni europee in un pasticcio da cui trarrà vantaggio. Non dobbiamo perdere di vista il fatto che la Russia sovietica è un elemento politico che ha a disposizione un'idea rivoluzionaria esplosiva e argomenti giganteschi. Come tedesco, è mio dovere considerare questa situazione. Il bolscevismo non ha alcuna possibilità di successo tra noi, ma ci sono altre grandi nazioni meno caute di noi nei confronti del virus del bolscevismo. Fareste bene a riflettere seriamente sulle mie offerte di accordo. Mai un leader tedesco vi ha fatto così ripetutamente proposte del genere. E da chi provengono queste proposte? Da un ciarlatano pacifista che si è fatto un'idea delle relazioni internazionali? No, ma dal più grande nazionalista che la Germania abbia mai avuto alla guida? Diventiamo amici!".

Sembra che a causa delle pressioni governative, riportate da alcuni autori, questa intervista non sia apparsa su *Paris Midi* fino al giorno successivo al voto del Parlamento francese, che ebbe luogo il 27 febbraio 1936. Il Trattato di mutua assistenza tra Francia e Unione Sovietica fu adottato con 353 voti favorevoli e 164 contrari. In risposta, il 7 marzo la Germania rimilitarizzò la riva sinistra del Reno, ripristinando la sovranità tedesca sull'intero territorio del Reich, ma in violazione dei Trattati di Versailles e Locarno, che erano stati precedentemente violati dalla Francia.

Inoltre, pochi mesi prima, il 18 giugno 1935, la Germania aveva firmato l'Accordo navale anglo-tedesco con la Gran Bretagna, che regolava le dimensioni della Kriegsmarine (Marina) rispetto alla Royal Navy. La Germania si impegnò a far sì che le dimensioni della sua flotta da guerra fossero permanentemente pari al 35% della stazza della flotta britannica. Si trattava di un accordo senza contropartita, poiché la Gran Bretagna non si impegnava in alcun modo. Il 28 aprile 1939, dopo la concessione dell'assegno in bianco alla Polonia, la Germania denunciò l'accordo.

Il 19 marzo 1936 Ribbentrop, invitato a comparire davanti alla Società delle Nazioni, ricordò dal palco tutte le proposte di pace avanzate dal Cancelliere tedesco che erano state respinte. Tra queste, citò: il disarmo generale; l'armamento paritario basato su eserciti di 200.000 o 300.000 soldati; un patto aereo; la proposta di adottare un insieme di misure per garantire la pace in Europa, offerta fatta nel maggio 1935. In questo discorso Ribbentrop negò che la Germania avesse violato unilateralmente il Trattato di Locarno. Mesi dopo, il 31 marzo 1936, la Germania presentò un memorandum che suggeriva la creazione di un tribunale arbitrale per risolvere eventuali conflitti tra le nazioni. Insistette sulle proposte di un patto di non aggressione. Tra le proposte che riguardavano direttamente il terrore aereo e la guerra in generale c'erano le seguenti: divieto di sganciare bombe a gas velenoso e bombe incendiarie; divieto di bombardare città aperte o villaggi al di là del raggio medio dell'artiglieria pesante o dei fronti di battaglia; divieto di bombardare con cannoni a lunga gittata città distanti più di venti chilometri dal campo di battaglia; abolizione e divieto di costruire carri armati del tipo più pesante; abolizione e divieto dell'artiglieria del calibro più pesante. La Germania si dichiarò pronta ad attuare questo regolamento se avesse avuto il sostegno internazionale. I Paesi Bassi accolsero con favore le proposte e chiesero alla Francia di fare pressione sulla Gran Bretagna affinché accettasse almeno in parte il memorandum. Qualche tempo dopo, il 14 febbraio 1938, Chamberlain dichiarò in Parlamento che "il governo di Sua Maestà non era disposto a limitare l'attività delle sue forze aeree".

David L. Hoggan conferma che i leader britannici non erano semplicemente interessati a una forza aerea in grado di difendersi da un'eventuale offensiva aerea tedesca. Secondo Hoggan, la strategia britannica dal 1936 in poi si basava sulla dottrina degli attacchi massicci su obiettivi lontani dalla linea del fronte. La loro strategia", scrive Hoggan, "contrasta con quella dei tedeschi, che si aspettavano che i bombardamenti aerei, in caso di guerra, sarebbero stati limitati alle azioni sul fronte militare". La differenza di strategia si rifletteva nei tipi di aerei prodotti dai due Paesi. La Germania costruì molti bombardieri leggeri e medi per le operazioni tattiche a sostegno delle truppe a terra; i britannici, invece, puntarono sulla produzione di bombardieri pesanti per attaccare obiettivi civili lontani dal fronte. Già nel febbraio 1934, il Comitato britannico per i requisiti di difesa decise che il più grande nemico potenziale in caso di guerra sarebbe stato la Germania". Nella primavera del 1938, i britannici avevano pianificato di produrre 8.000 aerei da guerra all'anno a partire dall'aprile 1939, un obiettivo che fu addirittura superato. Inoltre, durante la guerra, attraverso il Lend-Lease Act, Roosevelt fornì a Churchill bombardieri pesanti a lungo raggio, le fortezze volanti B-17. [8]

Durante le prime trentasei ore di operazioni militari in Polonia, i tedeschi distrussero quasi l'intera forza aerea polacca. Il Presidente Roosevelt, esempio di ipocrisia, il 1° settembre 1939 lanciò un appello alla Germania e alla Polonia contro i bombardamenti sui civili. Lord Lothian, ambasciatore britannico a Washington, spiegò che Roosevelt stava facendo l'appello a nome dei polacchi e che il Presidente aveva dichiarato che il bombardamento di civili nelle ultime guerre "aveva nauseato i cuori di tutti gli uomini e le donne civilizzati". Lo stesso giorno Hitler rispose a Roosevelt che il suo messaggio coincideva con le sue idee e propose quindi una dichiarazione pubblica da parte dei governi belligeranti in qualsiasi guerra che condannasse i raid aerei sui civili. Anche l'Alto Comando delle Forze Armate tedesche emise un comunicato sulla questione nel pomeriggio/sera del 1° settembre. Le autorità hanno negato con indignazione le notizie diffuse dalla servile stampa occidentale secondo cui la Germania avrebbe

---

[8] Questo potente bombardiere armato era un quadrimotore ad alta quota e a lungo raggio, in grado di rimanere in volo da sei a dieci ore con un pesante carico di bombe. Il suo prezzo era esorbitante: all'epoca costava circa 240.000 dollari. Nonostante ciò, durante la guerra ne furono prodotti più di 13.000 esemplari.

bombardato città aperte. Le forze armate tedesche insistettero sul fatto che i raid aerei erano stati effettuati esclusivamente contro obiettivi militari; ma questa dichiarazione ricevette scarsa attenzione dai giornali, che invece pubblicarono immagini di membri della minoranza tedesca uccisi, presentati come innocenti vittime polacche della guerra aerea.

Il negoziatore svedese Birger Dahlerus, nonostante stesse per ritirarsi dalla scena diplomatica, fece un'ultima telefonata al Foreign Office nel pomeriggio del 1° settembre per offrire a Lord Halifax la sua disponibilità a continuare la mediazione. Dahlerus utilizzò quest'ultimo contatto per trasmettere la promessa di Göring che la Germania non avrebbe mai bombardato città aperte se gli inglesi avessero accettato di astenersi da questa pratica. Halifax deve aver ascoltato con disprezzo la proposta, perché sapeva che il bombardamento di città aperte sarebbe stata una formula di base per la vittoria nella guerra che intendevano dichiarare contro la Germania.

La "splendida ed eroica decisione".

Nell'aprile del 1944, quando la Luftwaffe era praticamente paralizzata per mancanza di carburante e l'esito della guerra era già chiaro, fu autorizzata la pubblicazione in Gran Bretagna di *Bombing Vindicated*, un'opera di James Molony Spaight, che fino al 1937 era stato il principale sottosegretario del Ministero dell'Aria. Nel libro Spaight spiega che l'11 maggio 1940, all'indomani dell'inizio dell'offensiva tedesca in Francia, il Ministero dell'Aeronautica prese la "splendida ed eroica decisione" di lanciare l'offensiva di bombardamento strategico sulle popolazioni civili in Germania, che distrusse o danneggiò gravemente sette milioni di case e uccise, secondo le stime più basse, seicentomila persone, anche se alcuni autori, tra cui F. J. P. Veale, hanno fissato la cifra a due milioni, un dato che è sostenuto da molti ricercatori. Lo storico inglese David Irving la valuta in due milioni e mezzo. A questi vanno aggiunti milioni di feriti, mutilati e malati cronici a causa dell'avvelenamento da ossido di carbonio, la maggior parte dei quali erano anziani, donne e bambini.

Il primo capitolo di *Bombing Vindicated*, "Il bombardiere salva la civiltà", cerca di giustificare il massacro di centinaia di migliaia di civili innocenti con il pretesto che "la civiltà sarebbe stata distrutta se non ci fossero stati i bombardamenti in guerra". È stato il bombardiere", scrive pateticamente Spaight, "che, più di ogni altro strumento di guerra, ha impedito alle forze del male di prevalere". J. M. Spaight, con una faccia tosta da far sanguinare, oltre ad ammettere che la responsabilità dei bombardamenti sulle popolazioni civili è del governo Churchill, insiste sul fatto che tutto il merito di aver concepito e portato avanti questa pratica deve andare alla Gran Bretagna. Spaight conferma con veemenza che la "splendida decisione" non è stata presa in modo sconsiderato o spontaneo, ma può essere ricondotta a una "brillante idea" che gli esperti britannici ebbero nel 1936, quando fu organizzato il Bomber Command. Spaight afferma che "l'intera ragion d'essere del Bomber Command era quella di bombardare la Germania se fosse diventata nostra nemica". Prosegue affermando che era ovvio che Hitler si rendesse conto delle intenzioni dei britannici in caso di guerra ed era di conseguenza ansioso di raggiungere un accordo con la Gran Bretagna "che limitasse l'azione degli aerei alle zone di battaglia".

In *Advance to Barbarism*, un'opera fondamentale di revisionismo storico pubblicata in Inghilterra già nel 1948 sotto lo pseudonimo di "un giurista", lo storico inglese F. J. P. Veale parafrasa ampiamente *Bombing Vindicated*. Veale commenta nella sua magnifica opera un articolo che il Maresciallo dell'Aria Arthur Harris, Comandante in Capo del Bomber Command, noto alla stampa come "Bomber" Harris e nella RAF come "Butcher" Harris, pubblicò su *The Star* il 12 dicembre 1946. Harris concorda con Spaight nel denigrare la miopia dei soldati professionisti di tutto il mondo e in particolare della Germania per non aver capito nel 1939 che i bombardieri pesanti sarebbero stati un'arma molto più efficace contro i civili che contro le forze combattenti. Leggiamo le parole di F. J. P. Veale:

> "Egli (Harris) afferma che la Germania perse la guerra perché, quando nel settembre 1940 fu costretta a condurre una guerra lampo, scoprì che i generali che controllavano la Luftwaffe e consideravano il bombardiere semplicemente come un'artiglieria a lungo raggio da usare in battaglia, avevano trascurato di dotare la Luftwaffe di bombardieri pesanti pesantemente armati e progettati per la guerra lampo. I tedeschi, scrive il maresciallo dell'aria Harris, avevano permesso ai loro soldati di prescrivere l'intera politica della Luftwaffe, che era stata espressamente concepita per sostenere l'esercito in rapide offensive.... Troppo tardi si accorsero del vantaggio di una forza di bombardieri strategici.... Il risultato fu che l'esercito tedesco fu privato della copertura aerea e del supporto aereo su tutti i fronti per fornire qualsiasi tipo di difesa alla Germania contro un'azione strategica indipendente nell'aria".

In altre parole, Harris, che ha pubblicato anche il libro *Bomber Offensive*, critica i tedeschi per la mancanza di bombardieri pesanti pesantemente armati che avrebbero permesso loro di attaccare la popolazione civile del nemico e di proteggersi dagli attacchi aerei. Se i tedeschi fossero stati in grado di persistere nei loro attacchi", scrive Harris, "Londra avrebbe subito irrimediabilmente il terribile destino che Amburgo affrontò due anni dopo". Ma nel settembre 1940, i tedeschi si ritrovarono con bombardieri quasi disarmati.... Così nella Battaglia d'Inghilterra la distruzione delle squadriglie di bombardieri fu qualcosa di simile a sparare alle mucche in un campo".

Il capitano Liddell Hart, in *The Revolution in Warfare* (1946), individua sobriamente in Winston Churchill il principale responsabile dei bombardamenti sui civili. Quando il signor Churchill salì al potere", scrive Liddell Hart, "una delle prime decisioni del suo governo fu quella di estendere i bombardamenti ad aree non di combattimento". In un discorso del 21 settembre 1943 a una compiacente Camera dei Comuni, Churchill disse: "Nell'estirpare la tirannia nazista non ci sono limiti di violenza a cui non ci spingeremo". Il 6 luglio 1944 Churchill indirizzò un memorandum segreto di quattro pagine al suo Capo di Stato Maggiore, il generale Hastings Ismay, che nel 1985 fu riprodotto dalla rivista *American Heritage* e anche da Mark Weber nel *Journal of Historical Review*. La grande icona mondiale della democrazia propose il seguente progetto:

> "Voglio che riflettiate molto seriamente sulla questione dei gas asfissianti. È assurdo prendere in considerazione la morale in questa materia, quando il mondo intero li ha messi in pratica durante l'ultima guerra senza alcuna protesta da parte dei moralisti o della Chiesa. D'altra parte, all'epoca il bombardamento di città aperte era vietato, mentre oggi tutti lo praticano come un fatto normale. È semplicemente una moda, paragonabile all'evoluzione della lunghezza delle gonne delle donne. Mi piacerebbe dare un'occhiata fredda a quanto costerebbe l'uso dei gas asfissianti. Non dobbiamo farci legare le mani da stupidi principi. Potremmo inondare le città della Ruhr e altre città della Germania in modo tale che la maggior parte della popolazione avrebbe bisogno di cure mediche costanti. Bisognerà aspettare forse qualche settimana o addirittura qualche mese prima che la Germania possa essere inondata di gas asfissianti. Vorrei che la questione fosse esaminata con calma da persone sensate e non da un gruppo di salmodianti in uniforme, guastafeste che si incontrano ovunque".

Forse Churchill aveva letto *Last and First Men*, un romanzo pubblicato nel 1930 in cui Olaf Stapledon prevede l'avvento dell'ingegneria genetica e descrive una guerra devastante in cui squadroni di bombardieri sganciano enormi carichi di gas velenosi sulle città europee. Anche H.G. Wells, membro della Fabian Society già presentato nei capitoli precedenti, scrisse una sceneggiatura per il film *Cose che verranno* (1936), tratto da uno dei suoi romanzi, che anticipa ciò che sarebbe accaduto. L'azione è ambientata esattamente nel 1940. La guerra sorprende la gente comune che vive una vita spensierata. Gli aerei distruggono le città e uccidono i civili con gas velenosi.

Oltre ai romanzi di fantascienza che predicevano ciò che sarebbe accaduto, Edwin Baldwin, tre volte Primo Ministro del Regno Unito tra le due guerre, nel 1932 tenne un discorso al Parlamento britannico intitolato "A Fear for the Future" (Una paura per il futuro), in cui espresse chiaramente la sua visione di ciò che sarebbe accaduto. Il 18 febbraio 1932, un anno prima che Hitler salisse al potere, la Germania aveva presentato alla Conferenza sul disarmo di Ginevra una proposta che chiedeva l'eliminazione dell'aviazione da combattimento. Il delegato britannico alla Conferenza aveva assicurato che la proposta sarebbe stata presa in considerazione. Il 9 novembre 1932, Baldwin riconobbe in Parlamento che i grandi armamenti portavano inevitabilmente alla guerra e disse quanto segue:

> "... Penso che sia bene che anche l'uomo della strada si renda conto che non c'è nessun potere al mondo che possa proteggerlo dall'essere bombardato. Nonostante quello che la gente può dirgli, l'attentatore riuscirà sempre a passare. L'unica difesa è l'offensiva, che significa uccidere più donne e bambini del nemico, e più rapidamente se vogliamo salvarci.... Se la coscienza dei giovani dovesse arrivare a sentire, in relazione a questo strumento (il bombardamento), che è malvagio e dovrebbe essere abbandonato, lo si farà; ma se non la pensano in questo modo..... beh, come ho detto, il futuro è nelle loro mani. Ma quando arriverà la prossima guerra e la civiltà europea sarà annientata, come lo sarà, e da nessun'altra forza se non quella, allora non lasciate che incolpino i loro anziani. Ricordate loro che sono soprattutto, o solo, loro i responsabili dei terrori che si sono abbattuti sulla terra".

È chiaramente inaccettabile e oltraggioso che Baldwin cerchi di scaricare la responsabilità del possibile uso del terrore dei bombardamenti aerei sulla generazione più giovane per non essersi opposta. La proposta della Germania era stata avanzata e spettava ai leader politici che nel 1932 avevano il potere di accettarla.

La progressiva distruzione della Germania

La "splendida decisione" di bombardare le città tedesche fu presa l'11 maggio 1940. Lo stesso giorno, la RAF sganciò le prime bombe su Friburgo, una città lontana dal fronte. Priva di industrie belliche e di obiettivi di interesse militare, Friburgo fu la prima città ad essere attaccata da bombardieri che volavano ad alta quota. Secondo un rapporto della Croce Rossa pubblicato dal *New York Times* il 13 maggio, cinquantatré persone, di cui venticinque bambini che giocavano in un parco pubblico, furono uccise. Altri centocinquantuno civili furono feriti[9]. La Luftwaffe avrebbe potuto rispondere con un attacco simile, ma non ricevette istruzioni in tal senso. Passarono quasi quattro mesi, durante i quali gli attacchi alle città tedesche continuarono, prima che Hitler ordinasse bombardamenti di rappresaglia sull'Inghilterra. Iniziò così la distruzione della Germania dall'aria: circa sessanta città con più di 100.000 abitanti erano obiettivi prioritari per

---

[9] In merito ai bombardamenti di Friburgo, David Irving sostiene la teoria secondo cui furono i tedeschi stessi a bombardare la città per errore. Secondo lui, gli Heinkel 111 decollati da Lecheld, vicino a Monaco, per attaccare una base aerea francese a Digione si confusero e sganciarono le bombe su Friburgo.

l'attacco. Alcuni di questi grandi centri urbani, come Colonia, furono ripetutamente attaccati dal 1940 al 1945.

Il caso di Colonia illustra la sistematica strategia di morte e distruzione messa in atto da Churchill e dai suoi consiglieri, alla quale dedicheremo l'attenzione che merita di seguito. Bombardata per la prima volta nel maggio e giugno del 1940, Colonia, in quanto centro di comunicazioni sul Reno, era facilmente identificabile dai piloti, che durante i viaggi di ritorno alle loro basi la bombardavano gratuitamente, cosicché fino all'aprile del 1942 non fu bombardata in massa in numerose occasioni. Di conseguenza, i suoi circa 800.000 abitanti non erano spesso allarmati. Tutto cambiò nella notte tra il 30 e il 31 maggio 1942, quando, con il nome in codice "Millennium", più di 1.000 bombardieri di tutti i tipi sganciarono sulla città 1.500 tonnellate di bombe, due terzi delle quali incendiarie. Un anno dopo, tra il 16 giugno e il 9 luglio 1943, Colonia subì quattro massicci bombardamenti. Solo uno di questi, effettuato nella notte del 28 giugno da circa 600 bombardieri quadrimotore, uccise quasi 4.500 persone e ne lasciò 230.000 senza tetto. Nel 1944 Colonia fu bombardata ventotto volte durante il mese di ottobre. Dal 28 ottobre al 1° novembre, novemila tonnellate di bombe caddero sul distretto del Reno. Il 2 marzo 1945 la città fu bombardata per l'ultima volta da circa 900 bombardieri Lancaster e Halifax. I morti furono lasciati senza sepoltura nelle strade perché la popolazione aveva già lasciato la città. Quando gli americani entrarono a Colonia il 6 marzo, il centro storico era stato quasi completamente distrutto, ma erano rimaste 10.000 persone.

Il primo dei bombardamenti su larga scala fu effettuato su Essen e iniziò l'8 marzo 1942. Tra marzo e aprile la città fu attaccata sei volte da oltre 1.500 bombardieri. Nello stesso mese di marzo, domenica 29, fu bombardata Lubecca, una delle città anseatiche del Baltico priva di interesse militare o industriale, nonostante il suo porto fosse una porta d'accesso per i rifornimenti dalla Norvegia. Più di 3.000 edifici furono gravemente danneggiati o completamente distrutti. L'intero centro storico della città, nota come la "Regina dell'Hansa", fu praticamente ridotto in macerie. Dal 1942 in poi, i cosiddetti bombardamenti "strategici", un eufemismo per dire "strategici", aumentarono gradualmente di numero e di intensità. La terribile distruzione di Amburgo merita una menzione speciale.

Con il progredire della campagna, i bombardamenti divennero sempre più letali, poiché l'esperienza e il miglioramento delle tecniche ne accrescevano il potere distruttivo. Hans Erich Nossack, autore di *L'affondamento. Amburgo, 1943*, è testimone del più grande bombardamento urbano mai effettuato, un raid aereo devastante e senza precedenti. Nossack assistette alla distruzione di Amburgo come spettatore da un cottage a quindici chilometri a sud-est della città. "Tutto sembrava immerso nella luce opalescente dell'inferno", scrive. Il terrore iniziò il 24 luglio, quando le forze aeree britanniche e statunitensi lanciarono l'"Operazione Gomorra", coinvolgendo bombardieri Lancaster, Halifax, Stirling e Wellington, circa 800 in tutto. Avvicinandosi alla costa, scaricarono tonnellate di piccole strisce di alluminio che disturbavano i radar tedeschi. Quella notte caddero sulla città 2.300 tonnellate di bombe incendiarie. Il 25 furono sganciate altre 2.400 tonnellate di bombe su Amburgo. Il terzo giorno, nonostante Amburgo continuasse a bruciare, gli aerei americani effettuarono un altro bombardamento, portando la temperatura a oltre 1.000 gradi Celsius. I razzi raggiunsero centinaia di metri in aria. Le bombe esplosive avevano precedentemente distrutto tetti, porte e finestre, e l'aria surriscaldata inviò flussi di fuoco a 240 chilometri all'ora in tornado che penetrarono ovunque.

La tempesta di fuoco ("Feuersturm") è prodotta da un effetto convettivo che fa sì che l'aria calda venga risucchiata dai lati e salga creando correnti che raggiungono migliaia di gradi Celsius a velocità di centinaia di chilometri all'ora. L'area si dissecca, l'ossigeno viene risucchiato e questo accelera ulteriormente la tempesta di aria calda che spazza via tutto. Il 27 altri settecento bombardieri pesanti della RAF sganciarono altre bombe incendiarie: il petrolio incendiò i canali, l'asfalto si sciolse e gli abitanti inermi non poterono respirare per mancanza d'aria e non poterono nemmeno gettarsi nei canali per sfuggire all'altoforno che la loro città era diventata. Gli aerei da ricognizione effettuarono missioni di ricognizione il 29 e controllarono Amburgo. Non deve essere sembrato sufficiente, perché la sera altri 800 aerei pesanti ricevettero l'ordine di decollare e sganciare le loro bombe sulla città bruciata. Il terrore cessò solo il 2 agosto, quando 740 bombardieri attaccarono per l'ultima notte. In totale, su Amburgo caddero 8.621 tonnellate di bombe incendiarie ed esplosive. Finito l'incubo, Nossack, a bordo di un camion di rifugiati, descrive il suo ingresso in città come un pellegrinaggio apocalittico.

Le cifre relative ai morti, ai feriti e agli sfollati di Amburgo sono già state fornite in precedenza. Esiste tuttavia un interessante resoconto sullo stato della città nel marzo 1949, quasi sei anni dopo. In *Memorie di un diplomatico* George F. Kennan scrive:

> "Mi hanno portato in macchina a fare un giro di Amburgo, visitando soprattutto le zone devastate dalle bombe. Non era uno spettacolo piacevole da vedere o da pensare. Tutto era stato raso al suolo, chilometro dopo chilometro. Tutto era accaduto in tre giorni e tre notti nel 1943. Settantamila esseri umani erano morti nel bombardamento. Si stimava che ci fossero ancora più di tremila cadaveri tra le macerie. Avevo vissuto in prima persona i primi sessanta raid aerei britannici su Berlino e avevo visto, dalla fine della guerra, molte rovine; ma queste mi fecero un'impressione particolare".

Non mancano gli storici che insistono nel giustificare il terrore aereo come risposta al bombardamento di Londra e persino come ritorsione per il bombardamento di Varsavia o Rotterdam. J. M. Spaight, autore di *Bombing Vindicated*, rifiuta personalmente questi paragoni. Quando Varsavia e Rotterdam furono bombardate", scrive Spaight, "le armate tedesche erano alle loro porte. Il bombardamento aereo faceva parte di un'operazione tattica offensiva". Anche Liddell Hart condivide questo punto di vista, osservando: "Il bombardamento avvenne solo quando le truppe tedesche stavano combattendo per entrare nelle città, quindi erano conformi alle vecchie regole". Per quanto riguarda Amburgo, invece, Spaight insiste sul fatto che "la perdita di vite preziose deve essere considerata come il prezzo da pagare per ottenere un vantaggio militare". È difficile ammettere che si sia ottenuto un vantaggio militare continuando a massacrare gli abitanti di Amburgo quando non c'era più nulla da distruggere.

Lindemann, l'ideologo ebreo di Churchill

Lo stesso Winston Churchill riconosce nelle sue Memorie che l'istigatore del terrore aereo sulla Germania fu Lord Cherwell, Frederick Alexander Lindemann, suo consigliere, amico intimo e braccio destro ebreo, un fisico nato a Baden-Baden che propose le zone della Germania da distruggere. Anche se l'articolo di Wikipedia cerca di nascondere la sua origine ebraica: "si è talvolta pensato che fosse ebreo", riporta la prestigiosa enciclopedia, "ma non lo era", la verità è che la "Oxford Chabad Society", il cui scopo è quello di far approfondire l'identità ebraica agli studenti ebrei dell'Università di Oxford, lo rivendica con orgoglio come uno dei professori ebrei di Oxford, dove è stato professore di filosofia sperimentale e direttore del Clarendon Laboratory, dove si riunivano i fisici ebrei dell'Università di Gottinga, che lui aveva aiutato a entrare in Inghilterra. Lindemann è descritto da Wikipedia come un elitario insensibile che disprezzava le classi lavoratrici, i neri e gli omosessuali. Sostenitore dell'eugenetica, appoggiò la sterilizzazione degli incapaci mentali. Gli autori di *The Semblance of Peace*, J. W. Wheller-Bennet e A. Nicholls, rivelano che "l'odio di Lindemann per la Germania era patologico e un desiderio di vendetta quasi medievale faceva parte del suo carattere". Forse è per questo che, dopo aver pianificato il terrore aereo che costò la vita a due milioni di persone, Lindemann appoggiò il piano per la Germania del suo collega ebreo Morgenthau, di cui scriveremo qualche pagina più avanti.

F. A. Lindemann, il cui segretario privato era David Bensussan-Butt, anch'egli di origine ebraica, era il principale consigliere scientifico del governo di Churchill e partecipava alle riunioni del Gabinetto di Guerra. Nel novembre 1940 fu istituita un'unità di ricognizione aerea per studiare la reale portata dei bombardamenti sulla Germania. Le fotografie scattate durante l'estate del 1941 furono attentamente studiate da Bensussan-Butt per migliorarne l'efficacia. Alla fine del 1941 Lindemann presentò a Churchill un piano iniziale per distruggere 43 città tedesche con una popolazione di 15 milioni di persone. Il piano prevedeva che sarebbero stati necessari quattromila bombardieri, un numero che non era ancora disponibile per la RAF.

Il 12 febbraio 1942 Lord Cherwell presentò a Churchill un piano più elaborato per un massiccio bombardamento a saturazione delle città tedesche al fine di "spezzare lo spirito del popolo". La sua proposta affermava: "I bombardamenti devono essere diretti sulle case delle classi lavoratrici. Le case della classe media hanno troppo spazio intorno e le bombe possono essere sprecate". Il 30 marzo 1942, presentò un memorandum al Primo Ministro in cui sollevava la possibilità di utilizzare fino a 10.000 bombardieri, le cui bombe avrebbero potuto cadere sui quartieri densamente popolati delle classi lavoratrici tedesche. Le ricerche sembrano dimostrare", affermava nel memorandum, "che la distruzione della propria casa è la cosa più dannosa per il morale. La gente sembra preoccuparsi di più del fatto che vengano uccisi i propri amici o addirittura i propri parenti". Churchill considerava il barone de Cherwell uno dei suoi più vecchi e migliori amici. Secondo il generale Hastings Ismay, Lord Cherwell aveva accesso alle informazioni di intelligence più sensibili, cenava regolarmente con Churchill e lo accompagnava ai suoi incontri con Roosevelt e Stalin.

Anche un altro professore ebreo, Solomon Zuckerman, collaborò con Lindemann nella preparazione degli studi e dei rapporti che furono poi presentati a Churchill. Zuckerman e Bensussan-Butt, il segretario sefardita di Lindemann, studiarono scientificamente come uccidere e distruggere con la massima efficacia. Nei suoi studi, Solomon "Solly" Zuckerman concluse che una tonnellata di bombe uccideva quattro persone e ne lasciava 140 senza tetto. Tuttavia, sembra che Zuckerman non condividesse del tutto la strategia di bombardamento a saturazione dei grandi centri urbani del professor Lindemann, il grande guru scientifico che alla fine impose la sua dottrina criminale. Zuckerman considerava i bombardamenti a saturazione troppo costosi e dispendiosi. Nel 1943 Solly Zuckerman elaborò il piano di bombardamento prima dello sbarco alleato in Francia, che fu presentato a Dwight D. Eisenhower. Gli americani ne discussero per un anno, preferendo bombardare le fabbriche di carburante piuttosto che attaccare le reti di trasporto, come proposto nella bozza di Solly.

Il Presidente Roosevelt sostenne la strategia di bombardare le città tedesche con le sue dichiarazioni e attraverso prestigiosi propagandisti. L'addetto stampa della Casa Bianca, Stephen T. Early, difese personalmente la necessità dei bombardamenti. Altri due giornalisti di origine ebraica, William L. Shirer e Walter Lippmann, sostennero nei loro articoli che non c'erano alternative. Walter Lippmann è stato il più influente giornalista americano. Nato a New York, era figlio di Jacob Lippmann e Daisy Baum, entrambi ebrei tedeschi. Il dottor Caroll Quigley lo individua in *Tragedia della speranza* come uno degli organizzatori della Tavola rotonda in America. Lippmann", scrive Quigley, "è stato dal 1914 a oggi l'autentico portavoce del giornalismo americano negli affari internazionali, al servizio dell'"Establishment" su entrambe le sponde dell'Atlantico". Teorico dell'opinione pubblica, Lippmann scriveva articoli bisettimanali che apparivano su centinaia di giornali americani, coperti da copyright dell'*Herald Tribune* di New York. In un articolo apparso sul *Sunday Times* il 2 gennaio 1944, Lippmann, che faceva parte del Brain Trust di Roosevelt, scrisse: "Dovremmo vergognarci di noi stessi e della nostra causa se non potessimo in coscienza accettare la nostra responsabilità morale per la distruzione delle città tedesche". Eppure, mentre le popolazioni civili venivano bombardate con assoluta responsabilità morale, l'industria tedesca riuscì a raggiungere i suoi massimi livelli di produzione a metà del 1944.

Dresda, l'olocausto dimenticato

Nella notte tra il 13 e il 14 febbraio 1945, a Dresda ebbe luogo il più grande massacro indiscriminato della storia: l'uccisione in un solo giorno di almeno 135.000 persone, la maggior parte delle quali, come sempre, donne, bambini e anziani. Nulla può spiegare o giustificare il brutale sterminio perpetrato in quattordici ore nella capitale della Sassonia, una delle più belle città d'Europa, per la quale un tempo era conosciuta come la Firenze del Nord. La Germania aveva già perso la guerra e centinaia di migliaia di persone provenienti dalle province orientali stavano fuggendo terrorizzate dall'Armata Rossa. Le strade intorno alla città e le vie che la attraversano erano piene di folla che si spostava verso ovest. A Dresda, a circa centoventi chilometri dal fronte, si erano radunati più di mezzo milione di rifugiati, civili inermi e incapaci di combattere. Questa folla aveva sopraffatto tutte le possibilità di accoglienza e si aggiungeva agli oltre seicentomila abitanti della città. Tutti gli edifici pubblici erano affollati da questi sfortunati fuggitivi che avevano perso tutto. A Dresda non c'erano caserme, né fabbriche di armi, né obiettivi militari. Al contrario, c'erano numerosi ospedali con enormi croci rosse dipinte sui tetti. Nonostante tutto ciò, gli inglesi e gli americani decisero incomprensibilmente di lanciare un massiccio raid aereo o un raid di saturazione sulla città sassone.

Persino "Bomber" Harris non sembrava capire il motivo dell'attacco. Nel suo libro *Bomber Offensive* c'è qualche esitazione o tentennamento sul bombardamento di Dresda la notte del 13 febbraio. Il maresciallo Arthur Harris ci lascia con queste parole rivelatrici: "Dirò solo che l'attacco a Dresda era allora considerato una necessità militare da persone molto più importanti di me". In *Advance to Barbarism* F. J. P. Veale non manca di notare che dietro questa confessione si cela il desiderio di dissociarsi e scrive: "Si può notare che il Maresciallo dell'Aria si astiene esplicitamente dall'avallare l'opinione di queste persone importanti". In ogni caso, Harris si astiene dal rivelare l'identità delle persone che gli ordinarono di distruggere Dresda, e mantiene la lealtà che presumibilmente doveva loro.

Poiché *La distruzione di Dresda* di David Irving fornisce un resoconto dettagliato di questo incredibile episodio della Seconda Guerra Mondiale, i lettori sono invitati a farvi riferimento come buona fonte di informazioni. Secondo Irving, il 7 ottobre 1944, circa 30 bombardieri americani attaccarono la raffineria Ruhland, nei pressi della città, e approfittarono della situazione per bombardare l'area industriale. Furono uccise più di 400 persone, per lo più operai della fabbrica. Era la prima volta che Dresda veniva attaccata e gli abitanti della città, dove lavoravano prigionieri di guerra francesi, belgi, britannici e americani, pensavano che si trattasse di un evento isolato che non si sarebbe ripetuto. I buoni rapporti tra questi prigionieri di guerra e la popolazione sono oggetto dello storico britannico, che riporta le parole di un prigioniero britannico scritte il 24 dicembre 1944: "I tedeschi che vivono qui sono i migliori che abbia mai visto in vita mia. Il comandante è un gentiluomo e in città abbiamo una libertà straordinaria. Il sergente mi ha portato a visitare il centro di Dresda. Dresda è indubbiamente magnifica e vorrei vederla molto di più. Il fatto che la città sia stata così a lungo lontana dal teatro di guerra ha forse contribuito a questi rapporti amichevoli e spiega perché nel febbraio 1945 non c'erano nemmeno le difese antiaeree, che non potevano essere ignorate dai leader alleati. C'erano, ma quando ci si rese conto che non servivano a nulla, il comando regionale ritenne che sarebbero stati più utili nella Ruhr o in altre zone. Nacque così una leggenda diffusa tra i cittadini secondo cui Dresda non sarebbe mai stata attaccata. Forse alcuni distretti industriali periferici lo sarebbero stati, ma non il centro.

I primi rifugiati arrivarono a Dresda nell'ottobre 1944, quando l'offensiva sovietica minacciava il cuore della Prussia orientale. In *Memorie di un diplomatico* George F. Kennan si riferisce a ciò che accadde in quell'area in questi termini: "Il disastro che si abbatté su quest'area con l'ingresso delle forze sovietiche non ha eguali nella storia dell'Europa moderna. In vasti settori di essa, a giudicare dalle prove, quasi un uomo, una donna o un bambino della popolazione indigena rimase vivo dopo il passaggio iniziale dei sovietici; ed è difficile credere che tutti siano riusciti a fuggire verso ovest". Le colonne di profughi della Prussia orientale che fuggirono verso sud prima dell'arrivo dell'Armata Rossa erano costituite per lo più da donne, bambini e invalidi delle regioni rurali, che erano stati evacuati in massa (circa seicentomila persone) nelle città sassoni e anche in Turingia e Pomerania. Va notato che tra gli evacuati di massa c'erano anche prigionieri di guerra russi e occidentali. Più di quattro milioni e mezzo di tedeschi vivevano in Slesia, la provincia a est della Sassonia. Quando nelle prime settimane del 1945 iniziò a diffondersi la notizia che i sovietici stavano preparando una nuova offensiva contro le linee tedesche sulla Vistola, la necessità di una nuova evacuazione divenne urgente. Alcuni di coloro che fuggirono si diressero a sud-ovest verso la zona montuosa tra Boemia e Moravia, ma altri emigrarono in Sassonia, cosicché Dresda dovette accogliere una nuova ondata di rifugiati. La notizia del trattamento riservato ai tedeschi che non avevano lasciato la Prussia orientale si era diffusa in tutta la Germania, tanto che gli abitanti della Slesia spesso non aspettavano l'ordine di evacuazione. Come è noto, nelle zone della Slesia attraversate dalle orde sovietiche si scatenò un'orgia frenetica di omicidi, stupri e incendi.

Il 16 gennaio 1945, Dresda fu inaspettatamente bombardata di nuovo: circa 400 "Liberator" dell'aviazione statunitense attaccarono le raffinerie e i nodi di scambio di Dresda senza essere contrastati. L'attacco causò circa 350 vittime, tra cui il primo prigioniero britannico, che stava lavorando in un "Arbeitkommando" (gruppo di lavoro) e morì durante il trasporto in ospedale. Irving sottolinea ancora una volta lo squisito trattamento riservato ai prigionieri di guerra britannici e racconta che, mentre i morti tedeschi furono sepolti in una fossa comune in un cimitero cittadino dopo un funerale di massa, "la Capitaneria di Dresda, con sorprendente rispetto per la Convenzione di Ginevra, ordinò che si svolgesse una parata con una rappresentanza delle varie forze della città, e lo sfortunato soldato britannico fu sepolto con tutti gli onori militari, con un picchetto britannico e uno tedesco che gli fecero la guardia d'onore nel cimitero militare di Dresda-Albertstadt". Questa informazione è stata data dal capo del campo di prigionia, che ne ha dato notizia ai genitori della vittima. Poco dopo la distruzione di Dresda, il governo britannico pubblicò un dossier sui campi di prigionia ufficialmente noti, diciannove dei quali erano in transito al momento dell'attacco. Secondo un rapporto della Croce Rossa, il numero di prigionieri alleati concentrati a Dresda era di oltre 26.000, di cui 2200 americani.

I primi treni di sfollati ufficialmente organizzati iniziarono ad arrivare a Dresda il 26 gennaio. Ad attenderli alla stazione centrale c'erano oltre mille ragazze della Gioventù Femminile del Servizio del Lavoro del Reich. Il loro compito era quello di aiutare gli anziani e gli invalidi a scendere, portare i loro bagagli, trovare loro un riparo e fornire loro del cibo. Una volta sgomberati, i treni tornavano a est in cerca di nuovi gruppi di rifugiati, che arrivavano in città per settimane e settimane. Il lavoro delle ragazze del Servizio del Lavoro fu tale che dovettero essere rinforzate dalla Gioventù Hitleriana, dall'Unione della Gioventù Femminile Tedesca e da altre associazioni femminili ("Frauenschaften"). Le scuole primarie e secondarie furono trasformate in ospedali militari, così gli alunni aiutarono anche ad accogliere le migliaia di sfollati che ogni giorno entravano nella capitale sassone. Lungo le ferrovie e le strade che portavano a Dresda, le organizzazioni sociali del partito riuscirono ad allestire a intervalli regolari stazioni di soccorso e di rifornimento per alleviare il più possibile i danni della fame e del freddo pungente dell'inverno.

A Breslavia, capitale della Bassa Slesia, le truppe della Wehrmacht furono circondate e opposero un'eroica resistenza dal 13 febbraio al 6 maggio 1945, quando la città si arrese solo dopo che Berlino l'aveva fatto. Quando il tuono dell'artiglieria si avvicinava, la paura attanagliava la popolazione della città e il 21 gennaio fu ordinata l'evacuazione di donne, bambini, anziani e invalidi rimasti a Breslau. Poiché i servizi ferroviari non erano in grado di far fronte alla situazione, più di 100.000 persone fuggirono a piedi, poiché i carri erano stati utilizzati per evacuare la popolazione rurale. Ci vollero settimane prima che i fuggitivi raggiungessero la Sassonia. Quando iniziò l'assedio di Breslau, nella capitale erano rimasti appena 200.000 abitanti. Nella loro fuga verso il Reich, molte persone esauste scelsero di rimanere a Dresda, che era diventata il principale snodo del traffico di rifugiati.

I fuggiaschi dalla Slesia rappresentavano i tre quarti delle persone accolte a Dresda, mentre il resto proveniva dalla Prussia orientale e dalla Pomerania. David Irving stima la popolazione totale prima del bombardamento tra 1.200.000 e 1.400.000 persone. La sera del 12 febbraio, con l'arrivo degli ultimi convogli di rifugiati, Dresda raggiunse la massima densità di abitanti per chilometro quadrato. Le stazioni erano sovraffollate di persone che rimanevano con le loro cose. Nei giorni successivi era prevista la partenza di treni verso ovest per decongestionare il più possibile la città. Fino all'ultimo momento, inondazioni di persone continuarono a riversarsi nelle strade a piedi o su carri affollati. Poiché gli edifici pubblici erano già pieni di brande e letti, erano state allestite tende per decine di migliaia di persone nel parco più grande della città, il "Grosser Garten", dove migliaia di persone morirono durante il bombardamento. Tra i civili c'erano anche soldati erranti le cui unità erano state disperse lungo il fronte. La gendarmeria di campo li indirizzò verso le zone periferiche, poiché le strade locali erano bloccate dal traffico di carri e cavalli.

Irving conferma che la comparsa del nome di Dresda come obiettivo specifico fu una sorpresa per il Bomber Command, poiché non era mai apparsa nelle liste settimanali degli obiettivi. Furono sollevate diverse obiezioni contro l'inclusione della capitale sassone nella lista, tra cui, ad esempio, il fatto che non c'era nulla che suggerisse che si trattasse di una città di grande importanza industriale, o che nella regione ci fosse un gran numero di prigionieri i cui campi non erano ben localizzati. Arthur Harris ordinò al Maresciallo dell'Aria Robert Saundby, che riferiva a lui, di chiedere al Ministero dell'Aria di riconsiderare la questione. Dopo aver rimandato la decisione alle "autorità superiori" Sir Robert Saundby fu informato giorni dopo per telefono privato che l'attacco faceva parte di un programma a cui il Primo Ministro era personalmente interessato. La risposta era stata ritardata, gli fu detto, a causa dell'assenza di Churchill, che in quel momento si trovava a Yalta. Ad accompagnare il Primo Ministro a Yalta c'era anche Sir Charles Portal, un cripto-ebreo di origine ugonotta che era stato nominato Capo dello Stato Maggiore dell'Aria il 25 ottobre 1940. Charles Portal, nominato temporaneamente Maresciallo dell'Aria nell'ottobre 1940 e confermato nel grado in modo permanente nell'aprile 1942, era uno dei principali sostenitori delle dottrine di Lindemann sulla strategia dei bombardamenti di massa.

La Conferenza di Yalta, tenutasi tra il 4 e l'11 febbraio 1945, si concluse senza la distruzione di Dresda, ordinata giorni prima. Il motivo del ritardo fu il tempo nebbioso che si era posato sull'Europa centrale. Finalmente, il 12 febbraio, le previsioni meteo indicavano buone condizioni atmosferiche. La mattina del 13 febbraio 1945, veloci aerei da ricognizione apparvero sopra la città, che si trova su un meandro dell'Elba. Più che paura, suscitarono curiosità tra gli abitanti, che rimasero convinti che Dresda non sarebbe stata attaccata. I piloti poterono osservare quanto volevano in assoluta sicurezza, per cui dovettero necessariamente vedere la marea di fuggiaschi che affollavano le strade, che non potevano assolutamente essere scambiati per colonne di soldati in ritirata.

Erano passate diverse ore dal tramonto quando la popolazione di Dresda iniziò a sentire il suono dei localizzatori "Mosquito", che volavano a seicento metri sopra i tetti della città. La loro missione era quella di sparare razzi illuminanti rossi che segnalavano gli obiettivi ai bombardieri in avvicinamento ad alta quota. Alle 22:07 i piloti di questi aerei ricevettero le ultime parole dal controllo: "Finite di individuare presto e andate via da lì". Informata della minaccia che incombeva sulle loro teste, la popolazione si precipitò nei rifugi. Alle 22:13 della notte del 13 febbraio cominciarono a cadere le prime bombe esplosive, bombe gigantesche del peso di due e quattromila chili, che fecero esplodere tutto e strapparono i tetti medievali della città vecchia di Dresda. Le squadriglie Lancaster passarono una dopo l'altra e presto i lampi delle grandi bombe si diffusero in tutta la città. Iniziò così il bombardamento più bestiale della storia, che sarebbe continuato per quattordici ore e quindici minuti.

Poiché Dresda era un obiettivo lontano dalle basi, i bombardieri dovevano tornare in Inghilterra non appena si fossero svuotati del carico mortale che trasportavano. Dopo il ritiro delle prime squadriglie, i soccorritori, anche dalle città vicine, osarono venire in aiuto dei feriti; ma all'1.30 arrivò una nuova ondata di oltre cinquecento Lancaster, preceduti da squadriglie di caccia equipaggiate per i combattimenti notturni e per il bombardamento dei campi di aviazione tedeschi. Questi bombardieri erano carichi di bombe esplosive che hanno propagato gli incendi e impedito qualsiasi azione da parte dei pompieri e dei soldati tedeschi. Questo secondo "raid" fu seguito da un nuovo gruppo di bombardieri in due formazioni: nella prima, gli aerei trasportavano una bomba esplosiva da duemila chili e cinque bombe incendiarie da trecentosettantacinque chili; nella seconda formazione, le bombe esplosive pesavano duecentocinquanta chili e il resto del carico era costituito da bombe incendiarie prive di qualità balistiche, che venivano quindi sganciate senza alcuna precisione. Poiché l'obiettivo era quello di appiccare incendi di enormi proporzioni, queste bombe incendiarie sparse per la città servirono perfettamente allo scopo. In totale, i Lancaster sganciarono su Dresda 650.000 bombe incendiarie (1 182 tonnellate) e 1.478 tonnellate di bombe esplosive.

I caccia notturni tedeschi non furono quasi in grado di intraprendere alcuna azione difensiva e le difese terrestri rimasero completamente mute. David Irving, che ha intervistato numerosi piloti coinvolti nella distruzione di Dresda, scrive che "molti equipaggi di Lancaster quasi si vergognavano della loro mancanza di opposizione e molti di loro girarono deliberatamente intorno alla città in fiamme più volte senza essere disturbati da alcun tipo di difesa". Tanto che per dieci minuti un Lancaster dotato di telecamere sorvolò la terribile scena filmando per il dipartimento cinematografico della RAF. Questo filmato di 250 metri", scrive Irving, "ora conservato negli archivi dell'Imperial War Museum, è una delle testimonianze più sinistre e magnifiche della Seconda Guerra Mondiale. Ma fornisce la prova inconfutabile che Dresda non fu difesa, perché non un faro, non una sola batteria antiaerea appare per tutta la durata del film". Irving offre la seguente testimonianza di un pilota di Lancaster che era rimasto indietro:

> "Un mare di fuoco di, secondo me, circa sessantacinque chilometri quadrati copriva tutto. Dal nostro aereo, il calore del braciere era perfettamente percepibile. Il cielo aveva delle splendide sfumature bianche e scarlatte e la luce all'interno dell'aereo ricordava uno strano tramonto autunnale. Eravamo talmente storditi dallo spettacolo del terrificante falò che, nonostante fossimo soli sopra la città, lo abbiamo sorvolato per diversi minuti prima di tornare indietro, soggiogati dal terrore che immaginavamo sotto di noi. Potevamo ancora vedere il bagliore dell'olocausto trenta minuti dopo aver lasciato il luogo.

Un altro pilota di ritorno, impressionato dal bagliore rossastro, controllò la posizione dell'aereo con il suo navigatore e scoprì che si trovava a più di 150 miglia da Dresda. Lo stesso Ministero dell'Aviazione, notando l'entità dell'incendio sopra Dresda, annunciò in un comunicato che le fiamme erano visibili "a quasi trecento chilometri dall'obiettivo". I britannici riferirono inoltre che 1.400 aerei avevano preso parte all'operazione e che avevano perso solo sei Lancaster, poiché altri dieci che non erano tornati alle loro basi erano riusciti ad atterrare sul continente quando avevano esaurito il carburante.

Per quanto riguarda il terrore britannico, era previsto che anche gli americani facessero la loro parte. Spettava a loro continuare il massacro. Dieci giorni prima avevano dimostrato la loro competenza a Berlino, dove il 3 febbraio avevano lanciato un attacco devastante contro "aree ferroviarie e amministrative" che aveva ucciso 25.000 berlinesi in un solo pomeriggio. Gli equipaggi di 1.350 fortezze volanti e Liberator furono informati alle 4:40 del 14 febbraio. Toccò alla 1ª Divisione aviotrasportata continuare il massacro. Alle 8:00 del mattino 450 bombardieri pesanti B-17, quelli in grado di trasportare le bombe più pesanti da 4.000 e 2.000 chilogrammi, decollarono verso la città dell'Elba. Altre 300 fortezze volanti della 3ª Divisione aviotrasportata avrebbero attaccato Chemnitz. Gli obiettivi degli aerei più leggeri erano Magdeburgo e Wesel. Dresda stava ancora bruciando e centinaia di migliaia di feriti non erano ancora stati curati tra le macerie quando iniziò il terzo massiccio attacco in meno di quattordici ore. Alle 12:12 un altro diluvio di bombe concluse l'incomprensibile crimine che gli inglesi avevano iniziato la sera prima. In totale, gli americani sganciarono 475 tonnellate di bombe ad alta potenza e 297 tonnellate di bombe incendiarie in pacchetti e mazzi. Le aree medievali e barocche della città furono i primi obiettivi dei bombardamenti.

Con il lavoro dei bombardieri, i trentasette caccia P-51, la cui missione era quella di proteggere le fortezze volanti, e gli altri tre gruppi di aerei da combattimento che partecipavano all'operazione, rendendosi conto di non essere contrastati, passarono a bombardare le colonne di persone che erano sopravvissute e cercavano di sfuggire all'inferno. Ambulanze, autopompe, automobili e qualsiasi veicolo in movimento sulle strade furono presi di mira dai piloti americani, che volavano quasi a livello del suolo. Tuttavia, l'aeroporto di Dresda-Klotzsche, pieno di caccia, non fu attaccato. Gli equipaggi delle unità erano stati evacuati, poiché si trattava di squadriglie di caccia notturna e gli aviatori non potevano partecipare alle operazioni diurne. I piloti tedeschi, non capendo perché i caccia e gli aerei da trasporto di stanza al campo d'aviazione fossero rimasti intatti, assistettero impotenti al bombardamento dei civili dai campi a ovest della città.

Per quanto riguarda l'attacco a Chemnitz, una città a trentacinque miglia da Dresda e a centottanta chilometri dalle linee sovietiche, le trecento fortezze volanti B-17 che la bombardarono la mattina del 14 febbraio fecero solo la prima parte del lavoro. Sir Arthur Harris aveva previsto che i britannici terminassero il lavoro in serata. Così, alle 15 del pomeriggio del 14, gli equipaggi dei Lancaster che avevano devastato Dresda, dopo appena sei ore di riposo, furono chiamati per un briefing per un altro lungo raid. A Chemnitz, spiega David Irving, c'erano una fabbrica di carri armati, grandi fabbriche di tessuti e di uniformi, officine di riparazione di locomotive e altri obiettivi chiari. Tuttavia, gli ufficiali dell'intelligence dei diversi campi d'aviazione ripetevano le stesse istruzioni, che non avevano nulla a che fare con la distruzione di questi obiettivi. Agli equipaggi del Gruppo 1 fu detto: "Stasera il vostro obiettivo sarà Chemnitz... dovrete attaccare le concentrazioni di rifugiati che si sono radunate lì dopo l'ultimo raid su Dresda". Irving trascrive il seguente estratto del briefing dato al Gruppo 3, in un altro aeroporto: "Chemnitz è una città a circa trenta miglia a est di Dresda e quindi un obiettivo molto più piccolo. Il motivo per cui ci andiamo stasera è quello di spazzare via tutti i rifugiati che sono riusciti a fuggire da Dresda. Porteranno lo stesso carico di bombe e, se l'attacco di stasera andrà bene come quello di ieri sera, non visiteranno più il fronte russo". A queste parole, aggettivi e commenti sono superflui. Fortunatamente, le condizioni meteorologiche previste non si sono avverate, le nuvole hanno completamente nascosto la città e l'attacco non ha potuto essere letale come desiderato.

Un prigioniero britannico a Dresda scrisse che la città bruciò per sette giorni e sette notti. Le autorità stimarono che diciotto chilometri quadrati furono divorati dalle fiamme. Gli stessi fenomeni descritti nel resoconto dei bombardamenti di Amburgo si ripeterono a Dresda, in modo ancora più spaventoso. I tornado provocati dalle tempeste di fuoco inghiottirono le persone, scaraventandole in aria insieme a oggetti di ogni tipo sollevati dal turbine di fuoco. Le persone che fuggivano lungo i terrapieni della ferrovia", spiega Irving, "l'unico percorso non bloccato dai detriti, riferirono che le auto nelle zone più esposte venivano sollevate dall'uragano come un foglio di carta. Anche gli spazi aperti, come le grandi piazze e gli estesi parchi, non offrivano alcuna protezione contro il tornado". Risparmieremo al lettore il racconto di scene più dantesche, perché sono facilmente immaginabili.

La pretesa di "spezzare lo spirito del popolo", formulata da F. A. Lindemann, Lord Cherwell, fu pienamente realizzata con la distruzione di Dresda. A Berlino circolavano notizie sul numero di morti e si parlava di due o trecentomila persone annientate in una sola notte. L'opinione pubblica, che conosceva il piano di Theodore N. Kaufman per lo sterminio del popolo tedesco, cominciò a pensare seriamente che gli Alleati avessero deciso di estinguere il popolo tedesco. Il piano Morgenthau, già noto al governo e al NSDAP, confermò i peggiori presagi. Alcuni leader tedeschi riconobbero che il terrore aereo e le uccisioni indiscriminate avevano disintegrato il morale tedesco.

Il numero totale dei morti a Dresda rimarrà sempre una questione di speculazione. Le circostanze hanno impedito alle autorità di continuare il lavoro di identificazione delle vittime e di effettuare un conteggio affidabile. Il fatto che nell'altoforno di Dresda si raggiungessero temperature di oltre 1.000 gradi Celsius ha fatto sì che decine di migliaia di corpi fossero completamente carbonizzati, rendendo impossibile la loro identificazione. Tuttavia, il 6 maggio 1945 fu annunciato ufficialmente che 39.773 morti erano stati identificati. Alla fine di febbraio, l'"Abteilung Tote" (Sezione per i morti) ritenne che il lavoro di identificazione stesse ritardando la sepoltura dei cadaveri e rischiasse di provocare epidemie. I corpi in decomposizione, spezzati, senza testa, carbonizzati o ridotti in cenere dovevano essere seppelliti con urgenza, da qui la proliferazione delle fosse comuni. Per giorni i sopravvissuti cercarono di rintracciare i loro parenti dispersi per evitare di essere seppelliti in una fossa comune. Mentre cercavano una carriola, arrivavano spesso squadre di soccorso che portavano i cadaveri dei loro parenti ammucchiati su carri nelle foreste di eucalipti e pini fuori città. Le SS e le unità di polizia trasportavano cumuli di cadaveri nei cimiteri di Berlino.

Due settimane dopo il disastro, le autorità ritennero che le interminabili carovane di cadaveri dirette alle foreste a nord della città costituissero un pericolo di tifo e di altre epidemie e decisero che le migliaia di corpi che giacevano ancora tra le macerie, le cantine e le strade del centro città non sarebbero più state trasferite nelle fosse comuni nelle foreste. L'accesso al centro della città e al Mercato Vecchio fu quindi chiuso alla popolazione. Da quel momento in poi, i camion pieni di cadaveri furono consegnati ai margini della zona proibita agli ufficiali della Wehrmacht, che guidarono i veicoli fino al centro della Piazza del Mercato Vecchio e scaricarono il loro contenuto a terra. Grandi travi di ferro poste su blocchi di pietra formavano grandi griglie lunghe circa otto metri, sulle quali venivano ammassati cinquecento corpi alla volta, con mucchi di paglia tra ogni strato. Sotto le griglie si mettevano legna e paglia e si accendeva il fuoco. Questo metodo rudimentale veniva utilizzato per incenerire i cadaveri, un compito che richiedeva tutte le ore di una giornata. Una volta cremati i corpi, i soldati mettevano le ceneri in camion rimorchio e le trasportavano al cimitero di Heide, dove venivano seppellite in una fossa larga otto metri e lunga sedici. In un solo giorno furono cremati novemila cadaveri.

È comprensibile, quindi, che in queste condizioni fosse impossibile contare con precisione il numero dei morti. A Berlino, le fonti ufficiali stimarono il numero di vittime dopo il bombardamento tra 180.000 e 220.000. Il Comitato Internazionale della Croce Rossa, sulla base dei rapporti forniti dalle autorità, ha fornito la cifra di 275.000 morti nell'intera area di Dresda nel 1948. Nel 1951, Axel Rodenberger pubblicò *Der Tod von Dresden*, un libro di grande impatto che vendette più di un quarto di milione di copie e rimase un punto di riferimento nella Repubblica Federale fino alla metà degli anni Sessanta. Secondo l'autore, il bilancio delle vittime fu tra i 350.000 e i 400.000 morti. Queste cifre tendono a essere considerate eccessive perché, invece di basarsi su documenti, l'autore si basa sulla propria esperienza, su testimonianze oculari e su informazioni provenienti dal Ministero della Propaganda. In *Advance to Barbarism*, l'opera di Frederick John Partington Veale citata in precedenza, il bilancio delle vittime è stimato in ben oltre 300.000 morti. Per giustificare un numero così alto di morti, egli ricorda che ogni casa di Dresda era stracolma e che gli edifici pubblici erano sovraffollati dagli sfortunati rifugiati, molti dei quali si erano addirittura accampati per strada. Nell'opera di Irving, che abbiamo utilizzato come fonte primaria e la cui edizione originale in inglese è stata pubblicata nel 1963, il bilancio delle vittime è stimato tra i 135.000 e i 150.000 morti. Tuttavia, dieci anni dopo, nel 1973, lo storico tedesco Hans Dollinger insistette sul fatto che a Dresda persero la vita 250.000 persone. Nel 1974, Rolf Hochhuth, scrittore e drammaturgo tedesco famoso per il suo dramma *Il Vicario* (1963), in cui denunciava l'atteggiamento di Pio XII nei confronti del nazismo, basandosi sulle ricerche di David Irving, fornì la cifra di

202.000 morti. Dei feriti e dei mutilati, di cui si parla poco, si stima che siano stati 300.000.

La cosa più scioccante di tutta questa vicenda è che, invece di cercare un modo per far sì che la Germania riconosca pubblicamente e onori i morti di Dresda, la Cancelliera Angela Merkel, figlia di un ebreo polacco di nome Herlind Jentzsch e risposata con il professor ebreo Joachim Sauer, ha cercato di minimizzare l'accaduto. Una commissione di "storici" incaricata dalla stessa città di Dresda ha stabilito nel 2009 che nel bombardamento sono morte tra le 18.000 e le 25.000 persone. In altre parole, non si vogliono nemmeno riconoscere i quasi 40.000 morti che è stato possibile identificare. I parenti dei morti e gli altri cittadini tedeschi che ogni anno, il 13 febbraio, cercano di manifestare per onorare la memoria delle vittime dell'Olocausto di Dresda, negli ultimi anni sono stati insultati dai contro-dimostratori socialisti e comunisti e devono quindi essere protetti da ampi schieramenti di polizia. Mentre i genocidi autori dei criminali bombardamenti su Germania e Giappone sono passati indenni alla storia, in Germania vengono perseguiti i nonagenari che hanno avuto la sfortuna di essere guardie ad Auschwitz nel 1944, come Oskar Gröning, che all'età di 93 anni è stato arrestato nel marzo 2014 e sarà processato per crimini di guerra nel 2015. Maggiori informazioni in un capitolo successivo.

Terrore aereo in Giappone: terrorismo atomico

Il terrore aereo raggiunse la sua espressione più nauseante con il terrorismo atomico, che fu preceduto in Giappone, come in Germania, dalla distruzione di quasi tutte le principali città giapponesi. La massima espressione del terrore aereo non nucleare fu raggiunta a Tokyo, che subì attacchi devastanti dal marzo al luglio 1945. Sia il bombardamento della capitale giapponese che lo sganciamento delle bombe atomiche su Hiroshima e Nagasaki furono gratuiti e si sarebbero potuti evitare, dato che il Giappone aveva perso la guerra da tempo e aveva già trascorso mezzo anno alla disperata ricerca della pace. Poiché è già stato spiegato come fu praticato il terrore aereo in Germania, dedicheremo la maggior parte di questa sezione a commentare aspetti poco noti della decisione di usare il terrorismo nucleare, perché sono stati nascosti. Prima, però, dobbiamo scrivere qualche riga sui bombardamenti di Tokyo.

La conquista delle Isole Marianne nell'estate del 1944 permise alle fortezze volanti B-29 di decollare da basi più vicine al Giappone. Entro la fine dell'anno furono effettuati i primi attacchi su Tokyo. Nel marzo 1945 più di 300 bombardieri pesanti operavano dalle Marianne e iniziarono i bombardamenti massicci. Nel solo mese di marzo furono sganciate più di 100.000 tonnellate di bombe su 66 città giapponesi. Particolarmente letali furono gli attacchi alla capitale, che il 9 marzo 1945 fu sottoposta a un massiccio bombardamento a tappeto che, come in Germania, combinava bombe esplosive e incendiarie per causare la massima distruzione possibile. Delle 2.000 tonnellate di bombe sganciate su Tokyo, mezzo milione erano incendiarie al napalm e al magnesio. Va notato che le tipiche case giapponesi hanno tetti e pareti in legno, e all'interno ci sono molte stuoie tatami e pannelli rivestiti di fibra di riso o carta di riso. Il bombardamento è stato effettuato da circa 350 B-29 ed è iniziato durante la notte. Per sfortuna degli sfortunati abitanti della città, poco prima dell'attacco si alzò una forte burrasca che accentuò ulteriormente gli effetti delle tempeste di fuoco. Gli effetti di queste tempeste furono così brutali che una tromba d'acqua raggiunse un'altezza di dieci chilometri e gli stessi bombardieri furono scaraventati a centinaia di metri di altezza dalle correnti d'aria calda. Le autorità giapponesi impiegarono quasi un mese per rimuovere tutti i corpi carbonizzati dalle macerie. Il bombardamento uccise più di 100.000 persone e quasi 400.000 rimasero gravemente ferite, la maggior parte delle quali gravemente ustionate e mutilate. Circa 280.000 case furono distrutte e almeno un milione di abitanti di Tokyo rimasero senza casa.

Due giorni dopo, l'11 marzo, il generale Curtis LeMay ordinò l'attacco all'area urbana di Nagoya, che fu bombardata a bassa quota da circa 300 aerei. Due notti dopo fu la volta di Osaka, la seconda città del Giappone per popolazione e produzione industriale. Altri millecento B-29 sganciarono su Osaka 1.700 tonnellate di bombe, che ancora una volta generarono correnti d'aria così intense che, come a Tokyo, si sollevarono fino agli aerei. Il 16 marzo 1945, Kobe fu il quarto obiettivo di LeMay: trecentosette B-29 sganciarono duemilatrecento tonnellate sulla città, che fu rasa al suolo. 250.000 persone, un terzo della popolazione, persero le loro case e decine di migliaia furono uccise e ferite. Potremmo continuare ad elencare le gesta degli americani attraverso il terrore aereo, ma pensiamo che non sia più necessario. A Washington, , il generale Norstad ha raccontato in una conferenza i danni subiti dai giapponesi durante i bombardamenti del marzo 1945. Secondo le sue stesse parole, si è trattato del "più grande danno che sia mai stato inflitto a un popolo nella storia del mondo in un periodo di tempo così breve".

Il terrore atomico occuperà il resto dello spazio di questa quarta parte del capitolo sulla Seconda guerra mondiale. La bomba atomica è stata una bomba ebraica dall'inizio alla fine: è stata voluta o desiderata da ebrei; ebrei sono stati coloro che ne hanno proposto la fabbricazione a Roosevelt; ebrei sono stati Roosevelt e Baruch, che ne hanno ordinato la produzione; ebrei sono stati coloro che l'hanno fabbricata a Los Alamos; banche ebraiche di Wall Street hanno finanziato il "Progetto Manhattan"; ebrei sono stati Truman, che ha autorizzato lo sgancio delle bombe su Hiroshima e Nagasaki. Le connotazioni e le implicazioni dietro la decisione di premeditare questo indicibile omicidio di massa sono di vasta portata. Per questo motivo torneremo sull'argomento più avanti, in una seconda sezione sul monopolio della violenza nucleare, che costituirà una delle parti del prossimo capitolo, l'undicesimo di questo nostro lavoro, sempre più lungo per chi scrive e per i lettori, se mai li avremo.

La prima cosa da notare sullo sviluppo della bomba atomica è che la ricerca sullo sviluppo della fissione nucleare era ben avanzata in Germania e in Giappone, e gli scienziati avevano bisogno solo di un sostegno finanziario e politico per sviluppare l'arma atomica. Tuttavia, né l'imperatore del Giappone né il cancelliere della Germania, dove le università di Gottinga, Berlino e Monaco di Baviera erano state i centri più importanti del mondo per la fisica moderna tra il 1920 e il 1930, erano disposti a fare il grande passo, poiché entrambi nutrivano preoccupazioni etiche. Hirohito fece sapere ai saggi giapponesi che non avrebbe approvato un'arma del genere. Hitler, da parte sua, considerava tali bombe disumane. Il nazionalsocialismo rivendicava una "scienza ariana" in opposizione alla "scienza ebraica", caratterizzata da un materialismo di cui bisognava fare a meno perché minacciava di corrompere tutto. I due più importanti sostenitori della scienza ariana furono Philip Lenard e Johannes Stark (premi Nobel per la fisica nel 1905 e nel 1919). Questi due scienziati credevano che si dovesse creare una simbiosi tra spirito e materia. Secondo loro, la natura è essenzialmente misteriosa. L'uomo doveva riconoscere i limiti della sua conoscenza e non poteva addentrarsi in certi misteri, ma rispettarli.

Sembra che la base filosofica dell'atteggiamento prudente e umile di questi scienziati tedeschi possa essere la "hybris" greca. Un concetto presocratico che allude alla punizione imposta dagli dei a coloro che agivano senza moderazione, con arroganza e smodatezza. La trasgressione dei limiti imposti agli uomini, tema frequente nella mitologia e nella tragedia greca, portava alla hybris. I protagonisti che non erano consapevoli del loro posto nell'universo e sfidavano gli dei con le loro azioni venivano irresorabilmente puniti. In un articolo del settembre 1945 sulla *rivista Politics*, Dwight Macdonald, editore di questa pubblicazione pacifista, citò le parole di Albert Einstein poco dopo lo sgancio delle bombe atomiche: "Nessuno al mondo dovrebbe avere timori o dubbi sull'energia atomica perché è un prodotto soprannaturale. Nello sviluppo dell'energia atomica, la scienza imita semplicemente la reazione dei raggi solari. L'energia atomica è naturale come quando navigo con la mia barca sul lago Saranac". Tuttavia, alla domanda sui veleni radioattivi sconosciuti che cominciavano ad allarmare anche gli editorialisti, rispose con enfasi: "Non ne parlerò". Albert Einstein avrebbe senza dubbio irritato gli dei greci e romani dell'antichità, che lo avrebbero punito per la sua impertinente arroganza.

Nel gennaio 1939, la comunità scientifica apprese che i fisici tedeschi avevano scoperto la fissione nucleare, il che significava che potevano teoricamente dividere l'atomo. Niels Bohr, un fisico danese di origine ebraica, la cui madre Ellen Adler apparteneva a una famiglia ebraica molto importante nel settore bancario danese, credette di aver capito da una conversazione avuta a Copenaghen con Carl F. von Weizsäcker, figlio del

Segretario di Stato per gli Affari Esteri e pioniere della ricerca nucleare in Germania, che i fisici tedeschi stavano lavorando alla bomba atomica per conto di Hitler. In realtà questo non era vero, poiché l'obiettivo di costruire un'arma nucleare non fu mai una priorità per i nazisti e rimase sempre in secondo piano. Bohr contattò Edward Teller, un altro fisico ebreo di origine ungherese emigrato in America, che a sua volta entrò in contatto con Leó Szilárd e Eugene Wigner, anch'essi fisici ebrei originari dell'Ungheria e residenti negli Stati Uniti. Questi tre scienziati convinsero Albert Einstein ad avvertire il Presidente Roosevelt delle informazioni che Bohr aveva trasmesso loro.[10]

Il 2 agosto 1939, sulla base di un testo redatto da Szilárd, Einstein firmò una lettera che consegnò ad Alexander Sachs, un economista ebreo di origine russa che fungeva da consigliere non ufficiale di Roosevelt e che aveva lavorato con il giudice Brandeis per l'Organizzazione sionista americana. Nell'ampio articolo del 1998 *The Secret History of the Atomic Bomb* (accessibile online in PDF), Eustace Mullins scrive quanto segue su questo personaggio: "Sachs era in realtà un corriere Rothschild che consegnava regolarmente grandi quantità di denaro alla Casa Bianca. Sachs

---

[10] Einstein arrivò negli Stati Uniti con un'aura di prestigio. Si dice che fosse impegnato in progetti di pace e disarmo, il che non gli impedì di chiedere la fabbricazione della bomba atomica. I fatti dimostrano che in realtà Einstein era un sionista convinto e un razzista. Chistopher Jon Bjerknes, un dissidente ebreo che nel suo sito web *Jewish Racism* denuncia inequivocabilmente il sionismo e la cospirazione che lo circonda, è l'autore di *Albert Einstein the Incorrigible Plagiarist* (2002) e *The Manufacture and Sale of St. Einstein* (2006). In queste opere, che sono estratte sul suo sito web, smaschera la montatura che si cela dietro la fama di Einstein, accusandolo di essere un plagiatore senza scrupoli e compulsivo, che ha sempre approfittato del lavoro e degli sforzi di altri senza citarli. Tra gli scienziati plagiati da Einstein figurano Robert Brown, ricercatore che si occupò del moto delle particelle nei fluidi; Jules Henri Poincaré, il primo a dimostrare che il tempo e lo spazio possono essere solo relativi; Hendrik Lorentz, le cui teorie sulla conversione della materia in energia e viceversa furono reinterpretate solo da Einstein, fatto che Max Planck e Walter Kaufmann si sentirono in dovere di denunciare; Philipp von Lenard, che scoprì l'effetto fotoelettrico nei raggi catodici; e Friedrich Hasenöhrl, il fisico austriaco che nel 1904 creò l'equazione di base E=mc2 e che morì un anno prima che Einstein si appropriasse della formula.
Philipp Lennard sostenne che la famosa equazione doveva essere attribuita ad Hasenöhrl, in quanto l'aveva scritta un anno prima di Einstein. Prima di morire in guerra nel 1915, Hasenöhrl lasciò il suo lavoro all'Ufficio brevetti di Berna, dove lavorava l'ineffabile plagiatore. Einstein lesse lì la teoria e, dopo la morte di Hasenöhrl, la pubblicò nello stesso anno 1915 senza avere l'onestà di citare l'autore. In una conferenza del 24 agosto 1920 a Berlino, il fisico Ernst Gehrke accusò Einstein di aver plagiato i formalismi matematici di Lorentz per la teoria della relatività e i concetti di tempo e spazio di Melchior Palagyi. Di fronte a tutti i presenti, si rivolse personalmente a Einstein, che non fu in grado di rispondere. Stephen Hawking in *Una breve storia del tempo* conferma che a Einstein è stato riconosciuto il merito di una teoria già anticipata da Poincaré, Lorentz, Hasenöhrl e altri. In breve, l'intera comunità scientifica conosce la verità e solo il grande pubblico viene ingannato.

era un consulente di Eugene Meyer, della Lazard Frères International Banking e anche della Lehman Brothers". Einstein avrebbe potuto presentare la lettera a Roosevelt in persona, perché quando arrivò negli Stati Uniti nel 1933 fu invitato alla Casa Bianca e si impegnò immediatamente nelle campagne di Eleanor Roosevelt. La scelta cadde però su Alexander Sachs, che l'11 ottobre 1939 consegnò personalmente la lettera di Einstein a Roosevelt. In essa si chiedeva al presidente di promuovere il programma di fissione nucleare negli Stati Uniti per evitare che "i nemici dell'umanità" lo facessero per primi. Mullins ritiene che il fatto che Sachs fosse stato scelto per presentare la lettera indicasse chiaramente al Presidente Roosevelt che i Rothschild approvavano il progetto e volevano che fosse realizzato rapidamente. Il programma nucleare non si sarebbe potuto realizzare senza l'appoggio e la sponsorizzazione di Wall Street: il cartello bancario della Federal Reserve contribuì al Progetto Manhattan con oltre 2 miliardi di dollari.

Eustace Mullins, discepolo e amico di Ezra Pound e autore de *I segreti della Federal Reserve*, nella sua lunga e prolifica carriera di scrittore è diventato uno degli autori più lucidi nell'esporre la cospirazione dei banchieri illuminati. In *The Secret History of the Atomic Bomb* Mullins in Bernard Baruch, che Henry Ford considerava il Console di Giuda in America, l'eminenza grigia americana per il programma della bomba atomica. Baruch, per decenni indiscusso factotum della politica statunitense, era il grande agente newyorkese dei Rothschild, per i quali tramava fin dall'inizio del XX secolo. Tra gli altri servizi resi a questa dinastia bancaria talmudista, Mullins attribuisce a Baruch la creazione dei trust del tabacco e del rame. Fu lo stesso Baruch a scegliere il fisico ebreo Julius Robert Oppenheimer come direttore scientifico del Progetto Manhattan presso il laboratorio di Los Alamos, nel Nuovo Messico. Nel Museo della bomba atomica di Nagasaki, inaugurato in occasione del 50° anniversario dello sgancio della bomba, sono esposti in bella mostra i ritratti di Einstein e Oppenheimer, il cosiddetto "padre della bomba atomica", individuato così tra i responsabili del genocidio nucleare.

Jack Rummel rivela nella sua biografia *Robert Oppenheimer Dark Prince* che nel 1926 Oppenheimer iniziò a frequentare uno psichiatra a causa dei suoi problemi emotivi. Pochi mesi prima, nel Natale del 1925, aveva tentato senza motivo di strangolare l'amico Francis Ferguson a Parigi. Lo psichiatra gli diagnosticò la dementia praecox, il termine allora utilizzato per indicare la schizofrenia. La diagnosi di Oppenheimer, secondo lo psichiatra, non era favorevole. A quel tempo, la dementia praecox era considerata una malattia incurabile che avrebbe richiesto un ricovero permanente. Tre anni dopo, a Berkeley, Oppenheimer mostrò in pubblico i segni dei suoi squilibri comportandosi in modo altezzoso ed estremamente irrispettoso nei confronti di un ex professore ebreo di Gottinga, James Franck, che aveva vinto il Premio Nobel per la Fisica nel 1925. "Tragicamente", scrive Rummel,

"Oppenheimer riconosceva il suo carattere autodistruttivo, che chiamava "bestialità", ma spesso non poteva fare a meno di caderci". Nel 1936 iniziò a essere coinvolto in organizzazioni comuniste e a lavorare per gruppi di sinistra. "Oppenheimer", osserva Rummel, "leggeva avidamente di politica. Un libro che lo colpì particolarmente fu un'opera di Sidney e Beatrice Webb intitolata *Soviet Communism. Una nuova civiltà*, che elogiava le conquiste dell'Unione Sovietica". L'FBI lo tenne a lungo sotto sorveglianza, poiché aveva scoperto che la sua ex fidanzata (Jean Tatlock), sua moglie Kitty, suo fratello Frank e sua cognata erano o erano stati membri del Partito Comunista. Nel novembre 1940, prima di essere nominato direttore scientifico del Progetto Manhattan, Oppenheimer aveva sposato Kitty Puening, una donna che aveva avuto tre mariti, il secondo dei quali, Joe Dallet, membro del Partito Comunista Americano e combattente nella guerra civile spagnola nelle file del Battaglione Lincoln, era morto nel 1937 a Fuentes de Ebro.

I principali scienziati richiesti da Oppenheimer per il Progetto Manhattan erano quasi tutti ebrei o sposati con donne ebree. Il già citato Edward Teller, che in seguito sarà considerato il padre della bomba H (bomba all'idrogeno), collaborò fin dall'inizio, anche se nel 1954 finirà per testimoniare contro Oppenheimer quando sarà accusato di spionaggio per i sovietici, circostanza di cui parleremo nel prossimo capitolo. Il primo gruppo che lavorò alla progettazione della bomba comprendeva Hans Bethe, un fisico ebreo di origine tedesca che in seguito divenne il capo della Divisione Teorica del laboratorio. Al suo fianco c'erano John von Newman e Richard Freyman. Il primo, matematico nato a Budapest, era figlio di un banchiere ebreo di nome Max Newman e di Margaret Kann, anch'essa proveniente da una ricca famiglia ebraica di Pest; il secondo era nato a Manhattan da genitori ebrei. Un altro fisico reclutato da Oppennheimer per lavorare alla progettazione della bomba era Robert Serber, la cui moglie Charlotte, ebrea come lui, divenne capo della biblioteca tecnica del laboratorio. Entrambi erano controllati dall'FBI, che li sospettava di essere comunisti. Lo stesso Oppenheimer, come abbiamo notato, era spiato a causa della sua relazione con il Partito Comunista: il suo telefono era sotto controllo, la sua corrispondenza aperta e agenti dei servizi segreti travestiti da guardie del corpo lo sorvegliavano. Nonostante il colonnello dei servizi segreti Boris Pash avesse chiesto che fosse "completamente rimosso dal progetto e licenziato dal governo americano", riuscì a mantenere il suo lavoro, anche perché Bernard Baruch era il suo mentore.

Anche Felix Bloch, ebreo nato a Zurigo e vincitore del Premio Nobel per la Fisica nel 1952, faceva parte del gruppo quando, nel marzo del 1943, fu aperto il Los Alamos National Laboratory, inaugurato ufficialmente il 15 aprile. Oltre a questi, altri scienziati ebrei reclutati da Oppenheimer si unirono al Progetto Manhattan a Los Alamos. Tra i più importanti, Victor "Viki" Weisskopf, George Kistiakowsky, Stanislaw Ulam, Emilio Segré,

Otto Frisch. Il più importante e prestigioso dei fisici non ebrei che collaborarono con Oppenheimer alla realizzazione della bomba fu Enrico Fermi, che dal 1928 era sposato con un'ebrea, Laura Capon. Vincitore del Premio Nobel per la Fisica nel 1938, Fermi aveva costruito la prima cella nucleare all'Università di Chicago prima di arrivare a Los Alamos. Nel dicembre 1942 Fermi realizzò la prima reazione nucleare controllata a catena di fissione. Anche Niels Bohr e suo figlio si unirono al laboratorio alla fine del 1943 o all'inizio del 1944 per lavorare alla costruzione della bomba.

Dopo i terribili bombardamenti di marzo, il Giappone chiese la fine della guerra. A maggio la situazione era insostenibile: più di mezzo milione di persone erano morte bruciate dai bombardamenti e dalle tempeste di fuoco e quasi 20 milioni di giapponesi avevano perso le loro case. Il generale MacArthur riconobbe che nella primavera del 1945 lo stesso imperatore Hirohito stava guidando una coalizione alla ricerca di una pace negoziata che ponesse fine all'agonia della nazione. Solo quattro città giapponesi non erano state distrutte dai bombardamenti: Hiroshima, Kokura, Niigata e Nagasaki. I loro abitanti non sospettavano che il motivo dell'immunità era che queste quattro città erano state scelte come obiettivo per i test delle bombe atomiche. In *Hiroshima's Shadow* (1998), il dottor Shuntaro Hida, che ha curato alcune vittime dell'olocausto atomico, conferma che trovavano strano che i B-29 passassero sopra la città ogni giorno senza mai attaccarla. Solo dopo la guerra", dice, 'ho appreso che Hiroshima, secondo i documenti americani, era stata lasciata intatta per preservarla come bersaglio per l'uso di armi nucleari.

Il 25 aprile 1945 fu convocata a San Francisco una conferenza preparatoria per la fondazione dell'ONU, alla quale parteciparono delegazioni di cinquanta Paesi. Tra gli americani c'erano settantaquattro membri del Council on Foreign Relations (CFR), un organo chiave della Round Table, la società segreta fondata da Rhodes e Milner in collaborazione con Rothschild, Morgan, Rockefeller e altri. Il capo della delegazione americana era il Segretario di Stato Edward Stettinius, figlio di un socio di J.P. Morgan che era stato uno dei grandi commercianti di armi della Prima Guerra Mondiale. Stettinius si riunì all'inizio della Guerra Fredda e fu il primo americano a incontrare la delegazione statunitense. Stettinius convocò un gruppo ristretto di quattro membri della sua delegazione nella Garden Court del Palace Hotel all'inizio di maggio per discutere la situazione causata dalle insistenti richieste giapponesi di porre fine alla guerra, che ponevano un problema: la bomba non sarebbe stata pronta prima di mesi e non poteva essere testata sulle città scelte in precedenza, che erano state deliberatamente mantenute intatte.

Mullins riproduce il seguente dialogo tra i partecipanti all'incontro: "Abbiamo già perso la Germania", disse Stettinius. Se il Giappone si arrende, non avremo una popolazione su cui testare la bomba". Alger Hiss, che aveva partecipato alla Conferenza di Yalta come consigliere di Roosevelt e allo stesso tempo era un agente del KGB sovietico, rispose: "Ma signor Segretario, nessuno può ignorare il terribile potere di una simile arma". Stettinius insistette: "Anche così, il nostro programma postbellico dipende interamente dalla capacità di terrorizzare il mondo con la bomba atomica". John Foster Dulles, futuro Segretario di Stato e membro del CFR, che nel 1933 si era recato a Colonia con il fratello Allen per ottenere finanziamenti per Hitler, aggiunse freddamente: "Per raggiungere questo obiettivo avrete bisogno di un numero molto alto. Direi un milione". Stettinius confermò: "Sì, contiamo circa un milione, ma se si arrendono non avremo nulla". "Allora", disse Foster Dulles, "dovete tenerli in guerra finché la bomba non sarà pronta. Non sarà un problema. Arresa incondizionata. Prolunghiamo la guerra di altri tre mesi e potremo usare la bomba sulle loro città; finiremo questa guerra con la paura brutale di tutti i popoli del mondo, che allora si sottometteranno alla nostra volontà". È chiaro, quindi, che gli Stati Uniti intendevano mantenere il monopolio esclusivo del terrore atomico nel dopoguerra. La quarta persona che partecipò all'incontro fu Averell Harriman, che era ambasciatore a Mosca dall'ottobre 1943.

Secondo Mullins, il Progetto Manhattan fu così chiamato perché il suo direttore segreto, Bernard Baruch, risiedeva a Manhattan, come molti altri che lavoravano al Progetto, tra cui il generale Leslie R. Groves, il comandante dell'esercito responsabile del Progetto. Oppenheimer scelse il nome "Trinity" per il test della prima esplosione di un'arma nucleare, che ebbe luogo il 16 luglio 1945 ad Alamogordo, nel deserto della Jornada del Muerto, il nome spagnolo del XVII secolo di un'arida pianura di roccia vulcanica e sabbia infestata da serpenti a sonagli, scorpioni e tarantole, la cui temperatura in estate si aggira intorno ai 40 gradi Celsius. Il materiale fissile della bomba, chiamato colloquialmente "l'aggeggio", era il plutonio, lo stesso contenuto in "Fat Man", la bomba di Nagasaki. La bomba di Hirosima, "Little Boy", era all'uranio. Dopo aver assistito all'esplosione, Oppenheimer osservò: "Sono diventato la morte, il distruttore di mondi".

Solo un civile poté partecipare all'esame storico del Trinity, William L. Laurence, un ebreo lituano il cui vero nome era Leib Wolf Siew, che aveva iniziato la sua carriera nel 1926 come giornalista al *New York World*, un giornale di proprietà di Bernard Baruch il cui direttore, un altro ebreo di nome Herbert Bayard Swope, era anche l'agente pubblicitario di Baruch. Nel 1930 Laurence andò a lavorare per *il New York Times* come esperto di scienze. Il 9 agosto 1945 Laurence (Siew), seduto su uno dei sedili del copilota del B-29, assistette allo sgancio della bomba atomica su Nagasaki. Questo sinistro giornalista ricevette il Premio Pulitzer nel 1946 per la sua testimonianza oculare dell'esplosione atomica.

Truman divenne il nuovo Presidente degli Stati Uniti il 12 aprile 1945 e, al momento del suo insediamento, fu consigliato su tutte le questioni relative alla bomba atomica dal Comitato di Ricerca per la Difesa Nazionale, presieduto da James Bryant Conant, un chimico a cui Churchill aveva chiesto nel 1942 di sviluppare la bomba all'antrace da sganciare sulle città tedesche. Conant fu ambasciatore degli Stati Uniti in Germania tra il 1955 e il 1957 e lì, con l'aiuto di Otto John, organizzò la confisca e il rogo di diecimila copie di *The Secrets of the Federal Reserve Bank. The London Conexion*, il libro di Eustace Mullins che era stato pubblicato a Oberammergau (vedi nota 29 nel capitolo 5). Altri due membri di spicco del Comitato erano George Leslie Harrison, un membro della Confraternita della Morte (Skull & Bones) che era stato presidente della Federal Reserve per tredici anni, e James F. Byrnes, uno degli uomini di Bernard Baruch a Washington che nel luglio 1945 aveva sostituito Stettinius come capo della Segreteria di Stato. Il 25 luglio 1945, Harry Solomon Truman scrisse nel suo diario:

> "Abbiamo scoperto la bomba più terribile della storia del mondo. Potrebbe essere la distruzione infuocata profetizzata nell'epoca della Valle dell'Eufrate, dopo Noè e la sua favolosa arca.... Quest'arma sarà usata contro il Giappone... La useremo in modo da colpire obiettivi militari, soldati e marinai e non donne e bambini. Anche se i giapponesi sono selvaggi, spietati, crudeli e fanatici, noi come leader del mondo per il bene comune non possiamo sganciare quella terribile bomba sulla vecchia capitale.... L'obiettivo sarà strettamente militare..... Sembra essere la cosa più terribile mai scoperta, ma può essere resa la più utile".

Alle 08:17 del 6 agosto 1945, la bomba all'uranio sganciata dal B-29 *Enola Gay*, dal nome di Enola Gay Haggard, madre del pilota Paul Tibbets, fu fatta esplodere a 584 metri sopra la città di Hiroshima, per ottenere il massimo effetto esplosivo. Circa 80.000 persone furono uccise in quell'atto; ma mesi dopo il bilancio delle vittime era salito a 140.000. Molte migliaia di loro erano bambini seduti nelle aule scolastiche al momento dell'esplosione. Ne *L'ombra di Hiroshima*, considerato uno dei migliori libri su questo evento storico che ha segnato per sempre l'intera umanità, si stabilisce che alla fine 750.000 persone, tra morti, feriti e malati di radioattività, furono vittime delle due bombe atomiche.

Il giorno successivo, il 7 agosto 1945, *il New York Times* apparve con un titolo in prima pagina di tre righe, ognuna delle quali occupava l'intera pagina: "First Atomic Bomb Dropped on Japan; Missile Equals 20,000 Tons of TNT; Truman Warns Enemy of 'Rain of Ruin'". Nei numeri successivi, sul giornale cominciarono ad apparire articoli del futuro vincitore del Premio Pulitzer, William L. Laurence, che, oltre al suo stipendio da giornalista, riceveva un salario supplementare dal Dipartimento della Guerra per occuparsi delle pubbliche relazioni per la bomba atomica. Nei suoi articoli Laurence negava che ci fossero stati effetti radioattivi sulle vittime delle bombe.

Wilfred Burchet, inviato del London *Daily Express* a Hiroshima e autore di uno dei capitoli de *L'ombra di Hiroshima*, a metà settembre 1945 scrisse un resoconto onesto, ben lontano dalla cronaca prefabbricata di

Laurence. Burchet inizia il capitolo con queste parole. "Quando entrai a Hiroshima, solo quattro settimane dopo l'incenerimento della città, non avrei mai pensato che sarebbe stato un punto di svolta nella mia vita, che avrebbe influenzato la mia intera carriera professionale e la mia concezione del mondo". Ecco alcuni estratti della sua prima cronaca:

> "A Hiroshima, trenta giorni dopo che la prima bomba atomica ha distrutto la città e sconvolto il mondo, la gente continua a morire in modo misterioso e orribile. Hiroshima non sembra una città bombardata. Sembra che un gigantesco rullo compressore sia passato sopra la città e abbia schiacciato tutto. Scrivo questi fatti nel modo più spassionato possibile, nella speranza che servano da monito al mondo.... Quando si arriva a Hiroshima, ci si guarda intorno e per venticinque o trenta miglia quadrate non si vede quasi un edificio. Si prova una sensazione di vuoto allo stomaco alla vista di tale distruzione artificiale.... Il mio naso ha percepito un odore particolare, diverso da qualsiasi cosa avessi mai sentito prima. È qualcosa di simile allo zolfo, ma non esattamente. Lo sentivo quando passavo vicino a un fuoco ancora acceso o in un punto in cui stavano ancora recuperando i corpi dalle rovine. Ma lo sentivo anche quando tutto era deserto. Credono che sia emanato dai gas velenosi provenienti dalla terra penetrati dalla radioattività rilasciata dopo l'esplosione della bomba all'uranio.... Dal momento della devastazione di Hiroshima, i sopravvissuti hanno odiato l'uomo bianco. Un odio la cui intensità è quasi pari a quella della bomba stessa.... Il giorno in cui mi trovavo a Hiroshima, sono morte cento persone. Delle 13.000 persone gravemente ferite dall'esplosione, cento sono morte ogni giorno e probabilmente moriranno tutte. Altre 40.000 persone hanno riportato ferite meno gravi...".

Si trattava di cifre provvisorie fornite dalla polizia, che in seguito vennero riviste a 130.000. Un mese dopo, non c'era ancora modo di sapere quante persone fossero ancora in cenere e quante sarebbero morte per gli effetti delle radiazioni. Il giornalista visitò alcuni ospedali sgangherati accompagnato dal dottor Katsube, le cui diagnosi non avevano precedenti su cui basarsi. A proposito del riferimento all'"odio per l'uomo bianco" contenuto nel suo articolo sul *Daily Express*, Wilfred Burchet spiega di averlo percepito nelle reazioni dei parenti e degli stessi pazienti, che vedeva con ustioni di terzo grado trasudanti, occhi e mascelle sanguinanti e capelli che cadevano sul pavimento, dove sembravano "aureole nere" vicino ai loro letti: "Le vittime e i loro familiari", scrive, "mi guardavano con un odio bruciante che mi tagliava come un coltello". Anche il dottor Katsube lo sentiva e gli disse in inglese: "Devi andartene. Non posso assumermi la responsabilità della tua vita se resti ancora". Mentre si congedava, le ultime parole del dottor Katsube, che pensava che Burchet fosse americano, furono: "La prego di riferire ciò che ha visto e di dire alla sua gente di mandare degli specialisti che conoscano questa malattia, con le medicine necessarie. Altrimenti tutti qui sono destinati a morire".

L'ombra di Hiroshima contiene il testo del comunicato che il Consolato svizzero inviò da Tokyo al Dipartimento di Stato l'11 agosto 1945: "Il Consolato svizzero ha ricevuto un messaggio dal Governo giapponese. Il 6 agosto gli aerei americani hanno sganciato bombe di un nuovo tipo sul quartiere residenziale di Hiroshima, uccidendo in un secondo un gran numero di civili e distruggendo gran parte della città. Non solo Hiroshima è una città di provincia senza protezione o strutture militari speciali di alcun tipo, ma nessuna delle regioni o città vicine costituisce un obiettivo militare". Ci sono voluti venticinque anni perché questo documento del Consolato svizzero venisse pubblicato.

Eustace Mullins trascrive alcuni estratti del testo *Reflections of a Hiroshima Pilot*, un'opera in cui il pilota Ellsworth Torrey Carrington, tenente di volo che co-pilotava il *Jabit III*, offre alcune informazioni molto interessanti. Con sarcasmo scrive, ad esempio: "Dopo lo sgancio della prima bomba, il comando di bombardamento temeva molto che il Giappone si arrendesse prima che la seconda bomba potesse essere sganciata, così i nostri uomini lavorarono ventiquattro ore al giorno per evitare questa disgrazia". Questo pilota conferma che quando furono sganciate le bombe atomiche il Giappone era completamente devastato e già un Paese indifeso. L'ammiraglio William D. Leahy, capo di Stato Maggiore sotto Roosevelt e Truman, nel suo *I Was There* (1950) ha riconosciuto onestamente: "La mia impressione è che, come primi a usare la bomba atomica, abbiamo adottato un modello etico simile alla ferocia dei secoli bui. Non mi era stato insegnato a fare la guerra in quel modo, e le guerre non si vincono sacrificando donne e bambini".

Desiderosi di sperimentare una seconda bomba, una bomba al plutonio, l'omicidio di massa perpetrato tre giorni prima a Hiroshima fu ripetuto a Nagasaki il 9 agosto 1945. L'obiettivo iniziale era Niigata, ma a causa della pioggia fu cambiato in Kokura. Kokura fu sorvolata dai B-29 *Bockscar*, ma era completamente coperta dalle nuvole e la visibilità era nulla. Il comandante Charles Sweney decise allora di sganciare la bomba su Nagasaki. Alle 11:02 "Fat Man" esplose a 560 metri dal suolo. A causa della temperatura di 3.000 gradi, un chilometro quadrato (l'epicentro) fu completamente disintegrato al suolo. In altri due chilometri, un vento di 1.500 chilometri orari ha strappato le case dal suolo e alberi e persone sono stati scaraventati a quattro chilometri di distanza. Successivamente, il fungo nero del satana atomico si alzò a quasi venti chilometri di altezza, mentre il fallout pioveva sulla città. Immediatamente a Nagasaki morirono 70.000 persone, ma nelle settimane successive il bilancio delle vittime salì a 170.000. Inoltre, 60.000 persone rimasero ferite.

Lo stesso giorno, il 9 agosto, il Presidente Truman comunicò via radio alla nazione: "Il mondo si renderà conto che la prima bomba atomica è stata sganciata su una base militare a Hiroshima. Questo perché in questo primo attacco volevamo evitare, per quanto possibile, l'uccisione di civili". Nei giorni successivi, gli aerei statunitensi sganciarono migliaia di volantini su città e paesi avvertendo: "Siamo in possesso del più grande esplosivo mai progettato dall'uomo, pari all'intero arsenale che duemila aerei B-29 possono trasportare. Abbiamo iniziato a usare questa nuova bomba contro il vostro popolo. Se avete dei dubbi, chiedete cosa è successo a Hiroshima e Nagasaki". Il 15 agosto l'Imperatore dichiarò la resa incondizionata del Giappone.

Le dichiarazioni dei massimi dirigenti militari statunitensi non lasciano dubbi sull'inopportunità dell'uso del terrore nucleare. Il Capo di Stato Maggiore dell'Aeronautica Curtis LeMay ha riconosciuto che la decisione di sganciare le bombe atomiche su Hiroshima e Nagasaki non aveva nulla a che fare con la fine della guerra. Il generale di brigata Carter Clark si spinse un po' più in là nella sua confessione: "Li avevamo ridotti in poltiglia e costretti a una misera resa solo affondando la loro marina mercantile e facendoli morire di fame. Non ne avevamo bisogno e lo sapevamo. Li abbiamo usati come esperimento per due bombe atomiche". Come è stato dimostrato in queste pagine, la scusa propagandistica del ricorso al terrore nucleare per evitare un'invasione che sarebbe costata la vita a un milione di soldati americani è insostenibile. Anni dopo, al Presidente Truman fu chiesto se avesse dubbi o perplessità sull'uso delle bombe atomiche sul Giappone. La sua risposta fu che era stato fatto "per difendere la libertà".

Resta da aggiungere che gli "hibakusha", il termine giapponese per indicare le persone sopravvissute alle bombe atomiche, hanno dovuto affrontare una vita miserabile: erano sfigurati dalle ustioni o con cicatrici sporgenti, perdevano i capelli, soffrivano di cataratta agli occhi, sviluppavano malattie del sangue o qualche forma di cancro. Le donne esposte alle radiazioni avevano figli con teste anormalmente piccole, il che significava un deterioramento irreversibile dell'intelligenza. Nel 1951 il Giappone firmò un trattato con gli Stati Uniti in cui rinunciava a qualsiasi richiesta di risarcimento per gli "hibakusha" in cambio del ritiro degli americani. Solo nel 1957, dodici anni dopo l'olocausto atomico, il governo giapponese decise di emanare una legge che concedeva assistenza medica gratuita a 360.000 vittime ancora in vita. Nel 1968 il governo annunciò un aiuto finanziario speciale per gli "hibakusha", ma nel 1976 solo un terzo di loro aveva ricevuto il risarcimento annunciato.

PARTE 5
IL PIANO MORGENTHAU.
MEZZA EUROPA PER IL COMUNISMO

In tutto questo lavoro si è sottolineato che il comunismo, già a partire dalla fondazione dell'Illuminismo bavarese da parte di Adam Weishaupt, era una dottrina concepita dai banchieri. L'abolizione del concetto di patriottismo e delle stesse nazioni, l'idea della rivoluzione mondiale e la creazione di una società universale nacquero molto prima che Marx scrivesse il *Manifesto comunista* per la Lega dei Giusti ('Bund der Gerechnet"). L'alleanza tra gli Illuminati e i Frankisti di Jacob Frank, una setta a cui appartenevano i più importanti finanzieri europei, era sponsorizzata da Mayer Amschel Rothschild, il fondatore della dinastia. Nel 1830 le basi dottrinali del comunismo erano già consolidate in Europa e in America, dove nel 1841 Clinton Roosevelt pubblicò *The Science of Government, Founded on Natural Law (La scienza del governo fondata sulla legge naturale)*, un'opera che aggiornava le idee di Weishaupt e propugnava una dittatura per stabilire un nuovo ordine sociale. Heinrich Heine, la cui fonte di informazione era James Rothschild, annunciò anni prima della pubblicazione del *Manifesto* che il comunismo era in attesa di un ordine per entrare in scena. D'altra parte, Moses Hess dichiarò che il socialismo doveva essere realizzato sotto la bandiera rossa dei Rothschild. Il rabbino Antelman ritiene che Moses Hess, l'introduttore di Marx ed Engels nella Massoneria, sia la chiave per comprendere la cospirazione illuminista-comunista-sionista. Fu Hess a proporre di trasformare il "Bund der Gerechten" in un partito comunista.

Il Movimento rivoluzionario mondiale era stato quindi finanziato fin dall'inizio dai banchieri ebrei internazionali, che avevano messo gli occhi sulle immense risorse e ricchezze della Russia zarista. Si è visto come una legione di agenti ebrei che lavoravano per questi banchieri, tra cui il più famoso era Trotsky, abbia guidato la rivoluzione in Russia, finanziata e sponsorizzata da Jacob Schiff, Alfred Milner, Felix Warburg, Otto Kahn, Olof Ashberg, Bernard Baruch, J. P. Morgan, Guggenheim, ecc. L'incapacità di diffondere la rivoluzione comunista in Germania, la morte di Lenin e l'abilità di Stalin di spiazzare Trotsky, l'uomo che avrebbe dovuto prendere il potere a Mosca, permisero al comunismo nazionale di prendere piede nell'URSS. Ciononostante, i banchieri internazionali, che fin dalla creazione degli Illuminati avevano progettato di impadronirsi del potere globale, non avevano rinunciato ai loro obiettivi. La mancanza di scrupoli e il terrore spietato del comunismo avevano permesso loro di rubare su scala epica. Il saccheggio della Russia attraverso agenti ebrei, il controllo surrettizio delle sue vaste risorse e l'eliminazione sistematica dei concorrenti economici e degli oppositori politici furono realizzati con una rapidità senza precedenti.

Si trattava semplicemente di rimettere alla guida dell'Unione Sovietica agenti occulti che potessero servirli meglio di Stalin.

Falliti tutti i complotti per scalzarlo, dopo i processi di Mosca e la guerra civile spagnola, Stalin aumentò la sua sfiducia nei confronti dei Paesi capitalisti e di conseguenza si arrivò al sorprendente patto Ribbentrop-Molotov. Contemporaneamente, mentre Stalin eliminava i trotzkisti e prendeva piede negli Stati Uniti, Franklin Delano Roosevelt, pedina dei banchieri internazionali e del sionismo, veniva posto al potere. Massone degli Illuminati del 32° grado del Rito scozzese, Roosevelt, che si fregiava del titolo altisonante di "Principe Sublime del Segreto Reale", fu circondato per dodici anni da ebrei socialisti e sionisti che controllarono il governo degli Stati Uniti durante i suoi tre mandati. Grandi capitani come Felix Frankfurter, Louis D. Brandeis, Bernard Baruch, Henry Morgenthau e altri ancora inondarono l'Amministrazione con i loro intermediari e prestanome. Quando nel giugno 1941 Hitler invase l'Unione Sovietica, gli Stati Uniti si affrettarono, come abbiamo visto, a venire incondizionatamente in sostegno di Stalin. Non si tenne conto del democidio del comunismo perpetrato in venticinque anni, né dello sterminio per fame di sette milioni di ucraini (Holodomor), né del fatto che il regime di Stalin fosse una dittatura spietata, né del fatto che avesse eliminato Trotsky, né del fatto che avesse occupato metà della Polonia, l'Estonia, la Lettonia e la Lituania, né del fatto che avesse invaso la Finlandia in una guerra di conquista. Nulla di tutto ciò doveva essere preso in considerazione, perché era già stato concepito di espandere il comunismo nel cuore dell'Europa per poterlo controllare di nuovo di nascosto, come era successo con Lenin e Trotsky. A tal fine, vennero tenuti in camera agenti occulti che avrebbero potuto a tempo debito sostituire Stalin e la sua cricca, il più importante dei quali era il cripto-ebraico Lavrenti Beria.

Un inquietante documento segreto

Tra il 14 e il 24 gennaio 1943 si tenne in Marocco la Conferenza di Casablanca, alla quale Stalin rifiutò di partecipare. Un mese dopo, Roosevelt rese note le sue intenzioni al leader sovietico nella seguente lettera. A Casablanca Roosevelt e Churchill presero una decisione epocale: prolungare la guerra. A tal fine, dichiararono che avrebbero accettato solo la resa incondizionata della Germania, che avrebbe costretto i tedeschi a una resistenza disperata. A Casablanca si decise di aumentare gli spaventosi bombardamenti di massa sulle popolazioni civili. La richiesta di resa incondizionata rese chiaro l'intento di annientare la Germania e vanificò tutti gli sforzi di coloro che cercavano un modo per porre fine alla guerra, compresa la Spagna.

Curiosamente, fu il Ministero degli Esteri spagnolo a conoscere per primo le vere intenzioni del Presidente Roosevelt e della sua cricca nei confronti dell'Europa e del mondo. Un documento datato 20 febbraio 1943 a Washington, il cosiddetto "documento Zabrousky", giunse nelle mani del generale Franco, capo di Stato, in un momento in cui la diplomazia spagnola stava lavorando per mediare nel conflitto mondiale e cercava il sostegno di altri Paesi neutrali. Il documento, una lettera segreta di Roosevelt a un ebreo di nome Zabrousky che faceva da tramite tra lui e Stalin, fu un duro colpo per i diplomatici spagnoli che, in accordo con il ministro degli Esteri, Francisco Gómez-Jordana, conte di Jordana, speravano che gli Stati Uniti attuassero una politica ben diversa da quella proposta da Roosevelt nel testo inviato a Zabrousky.

La lettera fu pubblicata per la prima volta nel libro *España tenía razón 1939-1945 (La Spagna aveva ragione 1939-1945)*, edito nel 1949 da Espasa-Calpe. L'autore dell'opera, José Mª Doussinague, era stato durante la Seconda guerra mondiale direttore generale della politica estera del Ministero degli Affari Esteri. Sei anni dopo, nel 1955, Mauricio Karl (Carlavilla) riprodusse integralmente il testo nel prologo di *Yalta*, un libro che presentava in Spagna i documenti pubblicati dal Dipartimento di Stato americano sulla Conferenza di Yalta. Successivamente, anche il conte Léon de Poncins ha trascritto il documento di Zabrousky in due sue opere: in *Massoneria e Vaticano* (1968) e in *Top secret. Secrets d'Etat anglo-américains* (1972), un libro successivamente pubblicato in inglese con il titolo *State Secrets*. Léon de Poncins, che descrive il testo come estremamente importante, allude al fatto che il documento era praticamente sconosciuto al di fuori della Spagna e nota che il governo spagnolo ne ha tenuto segreta la fonte. Doussinague, tuttavia, rivela che in *Spagna aveva ragione*: fu una donna di profondi sentimenti cristiani che "voleva contribuire a fermare la rovina del mondo ' a far trapelare il testo al governo spagnolo, per cui la ringrazia pubblicamente. Doussinague commenta che la Spagna era stata saccheggiata e non aveva l'oro e le risorse per creare i costosissimi servizi di informazione di cui disponevano le grandi potenze, il che non le impediva di ricevere "attraverso un canale o l'altro" "le notizie più segrete e i documenti più riservati".

Léon de Poncins espresse la sua assoluta convinzione che il governo spagnolo fosse certo dell'autenticità del documento di Zabrousky, dal momento che la sua politica e i discorsi pronunciati dai suoi leader da allora in poi non avevano mancato di tenerne conto. Inoltre, gli accordi raggiunti a Teheran e a Yalta erano conformi alle idee espresse nella lettera di Roosevelt. Quando Doussinague era ambasciatore di Spagna a Roma, Léon de Poncins lo incontrò personalmente nella Città Eterna e si informò sulla famosa lettera. Senza ovviamente rivelare alcun segreto diplomatico, Doussinague fece alcune osservazioni molto azzeccate che Léon de Poncins riprodusse in *Segreti di Stato*: "L'autenticità del documento", spiegò Doussinague, "è chiara semplicemente dal suo contesto. Chi di noi - a meno che non fosse un profeta, che sarebbe stato accusato di essere un pazzo - avrebbe potuto immaginare in anticipo che Roosevelt, agendo con la testa a posto, stava per consegnare più della metà dell'Europa e dell'Asia ai sovietici, segretamente e senza ottenere nulla in cambio?" Poiché il documento è poco conosciuto, lo riportiamo integralmente.

"La Casa Bianca - Wahington, 20 febbraio 1943".

"Mio caro signor Zabrousky, come ho avuto il piacere di esprimere verbalmente a lei e al signor Weis, sono profondamente commosso dal fatto che il Consiglio Nazionale del Giovane Israele sia stato così gentile da offrirmi come mediatore al nostro comune amico Stalin, in questi tempi difficili in cui ogni pericolo di attrito tra le Nazioni Unite - raggiunto a costo di tante rinunce - avrebbe conseguenze fatali per tutti, ma soprattutto per la stessa Unione Sovietica.
È quindi nel vostro e nel nostro interesse appianare le divergenze, cosa che si sta rivelando difficile nei rapporti con Litvinov, che sono stato costretto ad avvertire, con mio grande rammarico, che "coloro che fingono di combattere con lo Zio Sam possono rimpiangere le conseguenze", sia negli affari interni che in quelli esteri. Infatti, le loro pretese riguardo alle attività comuniste negli Stati dell'Unione americana sono già intollerabili all'estremo.
Timoshenko è stata più ragionevole sulla sua breve ma fruttuosa visita, e ha sottolineato che un colloquio con il Maresciallo Stalin potrebbe essere il mezzo più rapido per uno scambio diretto di opinioni, che considero sempre più urgente, soprattutto ricordando quanto di buono è emerso dai colloqui di Churchill con Stalin.
Gli Stati Uniti e la Gran Bretagna sono pronti - senza alcuna riserva mentale - a concedere all'URSS una parità assoluta e un voto nella futura riorganizzazione del mondo postbellico. A tal fine, essa - come le ha comunicato il premier britannico da Adana, inviandole il progetto preliminare - farà parte del gruppo dirigente all'interno dei Consigli europeo e asiatico. Ne ha diritto non solo per la sua estesa posizione intercontinentale, ma soprattutto per la sua magnifica e a detta di tutti ammirevole lotta contro il nazismo, che meriterà tutti i riconoscimenti della storia della civiltà.
È nostra intenzione - e parlo a nome del mio grande Paese e del potente Impero britannico - che questi Consigli continentali siano composti dall'insieme dei rispettivi Stati indipendenti, anche se con un'equa rappresentanza proporzionale.
E voi - caro Zabrousky - potete assicurare a Stalin che l'URSS sarà, a questo scopo e con pari potere, nel Consiglio di detti Consigli (d'Europa e d'Asia), e sarà anche membro, come l'Inghilterra e gli Stati Uniti, dell'Alto Tribunale che dovrà essere istituito per dirimere le controversie tra le varie nazioni, e sarà anche ugualmente coinvolta nella selezione e nella preparazione delle forze internazionali e nell'armamento e nel comando di queste forze, che, sotto gli ordini del Consiglio Continentale, agiranno all'interno di ogni Stato, affinché i postulati più saggi per il

mantenimento della pace, secondo lo spirito della Società delle Nazioni, non vengano nuovamente vanificati, ma queste entità interstatali e i loro eserciti annessi possano imporre le loro decisioni e farsi obbedire.

Stando così le cose, questa elevata posizione di leadership nella Tetrarchia dell'Universo dovrebbe soddisfare Stalin al punto da non reiterare pretese che ci creano problemi insolubili. Così, il continente americano resterà fuori da ogni influenza sovietica e sotto il controllo esclusivo degli Stati Uniti, come abbiamo promesso ai nostri Paesi continentali. In Europa, la Francia tornerà nell'orbita inglese. Abbiamo riservato alla Francia un Segretariato con voce ma senza voto, come premio per la sua attuale resistenza e come punizione per la sua precedente debolezza. Portogallo, Spagna, Italia e Grecia si svilupperanno sotto la protezione dell'Inghilterra verso una civiltà moderna che li condurrà fuori dal loro collasso storico.

Garantiremo all'URSS uno sbocco sul Mediterraneo; accetteremo i suoi desideri riguardo alla Finlandia e ai Paesi baltici, e chiederemo alla Polonia di adottare un atteggiamento ragionevole di comprensione e compromesso. Stalin avrà un ampio campo di espansione nei piccoli e poco illuminati Paesi dell'Europa orientale - sempre tenendo conto dei diritti dovuti alla lealtà jugoslava e cecoslovacca - e recupererà pienamente i territori temporaneamente sottratti alla Grande Russia.

E soprattutto: dopo la spartizione del Reich e l'incorporazione dei suoi frammenti in altri territori per formare nuove nazionalità staccate dal passato, la minaccia tedesca scomparirà definitivamente e cesserà di essere un pericolo per l'URSS, per l'Europa e per il mondo intero.

Non ha senso discutere ulteriormente della Turchia. Deve capirlo, e Churchill ha dato al Presidente Inönü le necessarie assicurazioni a nome dei nostri due Paesi. La mossa verso il Mediterraneo dovrebbe soddisfare Stalin.

Per quanto riguarda l'Asia, siamo d'accordo con le vostre affermazioni, salvo ulteriori complicazioni che potrebbero sorgere in seguito. Per quanto riguarda l'Africa, che bisogno c'è di discutere? Alla Francia dovrà essere restituito qualcosa e compensata per le perdite subite in Asia. Anche l'Egitto dovrà ricevere qualcosa, come è già stato promesso ai wafadisti (partito nazionalista). Spagna e Portogallo dovranno essere compensati in qualche modo per le loro necessarie rinunce ai fini di un migliore equilibrio universale. Anche gli Stati Uniti parteciperanno alla ripartizione per diritto di conquista e rivendicheranno necessariamente qualche punto vitale per la loro zona di influenza. Questo è giusto. Anche al Brasile deve essere concessa la piccola espansione coloniale che gli è stata offerta.

Convincete Stalin - caro signor Zabrousky - che, per il bene di tutti e per il rapido annientamento del Reich (anche se tutto questo è solo un abbozzo generale presentato per lo studio), deve cedere sulla colonizzazione dell'Africa e, per quanto riguarda l'America, deve ritirare la sua propaganda e il suo intervento nei centri di lavoro. Convincetelo

anche della mia assoluta comprensione e della mia piena simpatia e volontà di facilitare le soluzioni, per le quali il colloquio personale che vi propongo sarebbe molto conveniente.
E questi sono tutti i problemi.
Come Le ho detto a suo tempo, sono stato molto gratificato dai termini gentili della lettera che mi informava della Sua decisione e del desiderio che Lei ha espresso di offrirmi, a nome del Consiglio Nazionale, una copia di quel tesoro che è il più grande di Israele, il rotolo della Torah. Della mia accettazione, questa lettera vi dà la prova; a chi mi è così fedele, rispondo con la massima fiducia. La prego di essere così gentile da esprimere la mia gratitudine all'alto organismo che Lei presiede, ricordando la felice occasione del banchetto del Suo XXXI anniversario. Le auguro di avere successo nel suo lavoro di traduzione".
"Molto sinceramente vostro,
Franklin D. Roosevelt".

Come viene sottolineato nel testo, si tratta di uno schizzo, di una proposta di lavoro destinata a un'analisi successiva. Tuttavia, il valore di questa lettera, scritta due anni prima degli accordi di Yalta, è innegabile perché dimostra che coloro che avevano imposto la guerra mondiale avevano all'inizio del 1943 un piano globale del tutto simile a quello che poi è stato attuato. Il primo fatto rilevante è che la mediazione tra Roosevelt e Stalin fu offerta dal "Consiglio Nazionale del Giovane Israele", un'organizzazione di ebrei ortodossi chiaramente legata al sionismo. Il fatto che gli intermediari tra Roosevelt e Stalin fossero ebrei è un'ulteriore prova dell'enorme influenza che esercitavano sul presidente e della responsabilità di questi circoli ebraici nel disastroso accordo di Yalta, che permise la diffusione del comunismo in Europa e in Asia. Significativamente, Roosevelt riconosce nella lettera che le attività dei comunisti negli Stati Uniti erano già così sfacciate che non poteva più tollerarle. La misura in cui gli agenti comunisti si erano infiltrati senza problemi nell'Amministrazione e nelle strutture di potere si vedrà più avanti. Sufficientemente eloquente è anche l'uso del sintagma nominale "Tetrarchia dell'Universo" per riferirsi al potere che sarebbe stato esercitato dai presunti padroni del mondo postbellico. Il "Sublime Principe del Segreto Reale" non voleva privarsi di mostrare la sua autorità usando questi termini con chiare connotazioni massoniche.

Tra il 28 novembre e il 1° dicembre 1943 Roosevelt, Churchill e Stalin si incontrarono per la prima volta per definire le decisioni sul proseguimento della guerra. L'incontro si tenne presso l'ambasciata dell'URSS a Teheran. Furono discusse alcune delle questioni delineate nella lettera a Zabrousky, anche se sarebbero state risolte definitivamente solo alla Conferenza di Yalta. L'informalità dei colloqui tra i Tre Grandi fu una delle caratteristiche della Conferenza di Teheran. Stalin, in considerazione della paralisi di Roosevelt e per risparmiargli il viaggio, propose al presidente americano di essere ospite dei sovietici e gli offrì un alloggio nella sua ambasciata, sede della conferenza. In questo modo riuscì ad avvicinare gli americani e a prendere le distanze da Churchill, che era impotente di fronte alla manovra di Stalin. Quando Churchill propose a Roosevelt una cena tra i due, il presidente americano rispose che non voleva che Stalin si sentisse ignorato. Non c'era rigore né metodologia negli incontri e lo stesso Roosevelt ammise che si trattava di chiacchiere politiche. In realtà, Stalin fece solo i compromessi necessari. A Teheran, Stalin fece una valanga di richieste a Roosevelt e a Churchill, tra cui l'insediamento di governi fantoccio in Europa orientale e i nuovi confini della Polonia, che sarebbero stati assunti definitivamente a Yalta. Stalin aveva già annunciato l'intenzione di annettere i territori orientali polacchi all'Unione Sovietica e propose che la Polonia fosse compensata da cessioni territoriali a scapito della Germania. La linea Oder-Neisse come confine terrestre tra Polonia e Germania fu implicitamente accettata, poiché la questione principale era la Germania, la cui futura divisione era oggetto di diverse proposte.

È stato preso in considerazione anche il trattamento riservato ai nazisti dopo la loro sconfitta. A questo proposito, Elliott Roosevelt, figlio del presidente degli Stati Uniti, che viaggiò con il padre a Teheran, raccontò notoriamente la storia. Nel suo libro As He Saw It, scrisse che l'argomento di come trattare i tedeschi fu sollevato con sorpresa di tutti nei brindisi di un magnifico banchetto in cui "Stalin", rivela Elliott Roosevelt, "aveva condiviso vodka con una gradazione alcolica del 100%", mentre Churchill "si era limitato al suo brandy preferito". Alzandosi per proporre il suo ennesimo brindisi, Stalin disse: "Propongo un brindisi alla giustizia più rapida possibile per tutti i criminali di guerra della Germania, giustizia davanti a un plotone di esecuzione. Brindo perché la nostra unità li elimini non appena li catturiamo, tutti, e devono essere almeno 50.000". Churchill ha poi cavillato: "Il popolo britannico non appoggerebbe mai un simile omicidio di massa". Il premier consigliò di mantenere le apparenze e di sottoporli a processi legali. Secondo il figlio del Presidente Roosevelt, suo padre si intromise nella discussione e propose sardonicamente. "Forse potremmo dire che invece di giustiziare sommariamente 50.000 persone, dovremmo fissare la cifra a un numero inferiore. Vogliamo lasciarla a 49.500?". In realtà, le obiezioni di Churchill erano solo di facciata, perché, come si è visto, non si fece scrupoli a gasare i tedeschi, né ad autorizzare il bombardamento di Dresda, Amburgo e di tante altre città dove i civili furono massacrati a centinaia di migliaia.

Il *Diario di Morgenthau*. Il Piano Morgenthau per la Germania

Il 24 giugno 1934, il deputato McFadden, i cui discorsi sono stati presentati nell'ottavo capitolo, rivelò al Congresso chi fosse Henry

Morgenthau. Prendiamo in prestito le sue parole per procedere alla presentazione di questo personaggio:

"... Attraverso il matrimonio è legato a Herbert Lehman, governatore ebreo dello Stato di New York, e attraverso il matrimonio o in altro modo è imparentato con Seligman, proprietario della grande società bancaria internazionale di J. & W. Seligman, che durante l'indagine del Senato è stato dimostrato aver tentato di corrompere un governo straniero. Morgenthau è legato a Lewinsohn, il banchiere ebreo internazionale, e anche ai Warburg, che controllano congiuntamente Kuhn, Loeb & Co, l'International Acceptance Bank e la Bank of Manhattan, e ha, inoltre, molte altre attività e interessi qui e all'estero. Questi banchieri hanno causato un deficit di 3 miliardi di dollari nel Tesoro degli Stati Uniti e devono ancora questa somma al Dipartimento del Tesoro e ai contribuenti americani. Morgenthau è anche legato alla famiglia Strausss ed è anche imparentato o associato con molti altri membri del mondo bancario ebraico a New York, Amsterdam e in altri centri finanziari".

Henry Morgenthau Jr. è stato uno dei magnati ebrei che hanno accumulato più potere durante i dodici anni di mandato di Franklin D. Roosevelt. Segretario al Tesoro dal gennaio 1934 al luglio 1945, finanziò la guerra emettendo "titoli di guerra". Morgenthau scrisse un diario noto come *Morgenthau Diary*, pubblicato a Washington nel novembre 1967 dal Government Printing Office. Si tratta di un estratto di oltre 1.650 pagine raccolte in due grandi volumi che trattano esclusivamente della politica americana in relazione alla guerra, alla Germania e all'Europa. Il motivo della pubblicazione fu l'indagine intrapresa dalla Sottocommissione per la Sicurezza Interna della Commissione Giudiziaria del Senato degli Stati Uniti sulle straordinarie attività di Morgenthau durante i suoi anni come Segretario al Tesoro.

Nella prefazione della pubblicazione si legge che il dottor Anthony Kubek, professore capo del Dipartimento di Storia dell'Università di Dallas, ha svolto il ruolo di consulente della Sottocommissione nella selezione dei documenti. Egli ha indicato che i Diari di Morgenthau condensati nella pubblicazione del Governo sono stati scritti in ottocentosessantaquattro volumi numerati, più altri volumi non numerati, portando il totale a novecento volumi di trecento pagine ciascuno. Il dottor Kubek scrisse un'introduzione che collocava gli eventi registrati nei Diari nella loro prospettiva storica. La Sottocommissione, ritenendo che l'analisi di Kubek presentasse i fatti in modo brillante e con profondità storica, ha offerto le ottantuno pagine dell'introduzione al Senato come supplemento informativo. In *Segreti di Stato*, opera più volte citata, Léon de Poncins presenta una selezione molto pertinente di testi sul lavoro del professor Kubek, che utilizzeremo per studiare la politica del Dipartimento del Tesoro nei confronti della Germania durante la Seconda guerra mondiale.

Diversi collaboratori di Morgenthau avvertirono all'epoca che il materiale contenuto nei diari poteva essere compromettente per molte persone, soprattutto se fosse caduto nelle mani dei repubblicani nel contesto di un'indagine sul regime di Roosevelt. John Pehle, un avvocato ebreo del Dipartimento del Tesoro, propose di rimuovere il materiale che avrebbe potuto compromettere alcune persone. I documenti rilasciati dal Governo rivelano necessariamente l'enorme influenza dei consiglieri ebrei di Roosevelt, tra cui Bernard Baruch, Felix Frankfurter, Louis D. Brandeis, Harry Dexter White, lo stesso Henry Morgenthau e altri esponenti di circoli politici cardinali, che in un momento cruciale furono in grado di guidare la politica estera degli Stati Uniti e di determinare il corso degli eventi in Europa. È chiaro che Morgenthau, circondato esclusivamente da collaboratori e consiglieri ebrei, perseguì una politica dettata esclusivamente da interessi ebraici senza preoccuparsi molto degli interessi del suo Paese.

Prima di arrivare al Tesoro, Morgenthau aveva vissuto per due decenni vicino alla casa di Roosevelt a New York ed era uno dei suoi più cari amici. Sebbene fosse solo Segretario al Tesoro, negli anni 1934-1945 Morgenthau e Roosevelt presero segretamente decisioni che rientravano nelle competenze dei Dipartimenti di Stato e della Guerra, talvolta ignorando i rispettivi segretari. Alla Conferenza di Quebec, ad esempio, tenutasi tra il 17 e il 24 agosto 1943, Roosevelt partecipò in compagnia di Morgenthau e Harry Dexter White. Lì, insieme a Churchill e a Mackenzie King, primo ministro del Canada, concordarono di iniziare i colloqui sull'operazione Overlord, il nome in codice per l'invasione della Francia, e di aumentare le operazioni nel Mediterraneo, entrambe decisioni che riguardavano direttamente il Dipartimento della Guerra. Il 19 agosto Roosevelt e Churchill firmarono a Quebec un accordo segreto per condividere la tecnologia nucleare.

L'interferenza di Morgenthau in questioni di competenza del Dipartimento di Stato irritò profondamente altri membri dell'Amministrazione e causò attriti con Cordell Hull. Nelle *Memorie di Cordell Hull*, il Segretario di Stato scrive: "Infastidito dall'ascesa di Hitler e dalla sua persecuzione degli ebrei, Morgenthau cercò spesso di indurre il Presidente ad anticipare il Dipartimento di Stato e ad agire in modo contrario alle nostre intenzioni. A volte lo scoprimmo a condurre conversazioni con governi stranieri che erano di nostra competenza. Il suo lavoro nel concepire un piano catastrofico per il trattamento postbellico della Germania e la sua ansia di persuadere il Presidente ad accettarlo senza consultare il Dipartimento di Stato sono esempi eccellenti della sua ingerenza".

Nelle sue memorie Hull sottolinea l'enorme importanza di Harry Dexter White, un ebreo di origine lituana che fu sottosegretario al Tesoro e principale collaboratore di Morgenthau. Sia il padre di White, Joseph Weit, che la madre, Sarah Magilewski, erano ebrei giunti in America nel 1885. L'FBI scoprì in seguito che Harry Dexter White era un agente sovietico, l'uomo chiave dell'"Operazione Neve", il cui scopo era condizionare la politica strategica degli Stati Uniti. Sapendo la verità, Truman, invece di ordinarne l'arresto, lo mantenne come direttore del neonato Fondo Monetario Internazionale, dimostrando ancora una volta che il comunismo era uno strumento della cospirazione dei banchieri ebrei internazionali.

Il professor Kubek scrive nella sua introduzione al *Diario di Morgenthau* alcune pagine molto interessanti sulla figura di Dexter White. Secondo Kubek, "White e i suoi colleghi erano in grado di esercitare un'influenza sulla politica estera americana che i Diari rivelano essere profonda e senza precedenti. Usarono il loro potere in vari modi per ideare e promuovere il cosiddetto Piano Morgenthau per il trattamento postbellico della Germania". Sullo status di agente sovietico di Harry Dexter White, il professor Kubek scrive nella sua relazione al Senato:

> "... Ciò che rende questo capitolo unico nella storia americana è che il dottor White e diversi suoi colleghi, architetti di politiche nazionali vitali in quegli anni cruciali, furono in seguito identificati in audizioni del Congresso come partecipanti a una rete di spionaggio comunista proprio all'ombra del monumento di Washington. Due di loro, Frank Coe e Solomon Adler, avevano trascorso diversi anni in Asia lavorando per i comunisti cinesi. Molti dettagli delle vaste operazioni di spionaggio politico condotte da questo gruppo, soprattutto nel campo della sovversione politica, possono essere ricavati dai Diari di Morgenthau".

Nell'estate del 1948 Elizabeth Bentley e Whittaker Chambers, due agenti sovietici disertori, testimoniarono davanti alla Commissione per le attività antiamericane della Camera (HUAC) e fornirono importanti informazioni sulle attività di White e compagnia. Il professor Kubek conferma nella sua introduzione al Diario di Morgenthau che il nome di White è emerso ripetutamente nelle udienze davanti alla Sottocommissione del Senato per la sicurezza interna, dove le due spie hanno rivelato le attività del gruppo comunista all'interno dell'Istituto per le relazioni con il Pacifico, un organismo che ha contribuito alla caduta della Cina in mano al comunismo. Successivamente", scrive Kubek, "quando la Sottocommissione discusse i collegamenti con la sovversione all'interno dei dipartimenti governativi, le udienze rivelarono ulteriori informazioni sulle attività di White e sul suo coinvolgimento con i membri di un gruppo cospirativo comunista all'interno del governo. Il dottor White era al centro di tutte queste attività".

Il Piano Morgenthau, volto a deindustrializzare la Germania dopo la sconfitta della guerra e a ridurre le attività del popolo tedesco alla pastorizia, aveva un'agenda nascosta: provocare una miseria rigorosa e indiscriminata tra la popolazione come mezzo per consegnare la Germania nelle braccia dell'Unione Sovietica. Il 10 luglio 1946 Molotov dichiarò che l'Unione Sovietica sperava di trasformare la Germania in uno "Stato democratico e amante della pace, che, oltre all'agricoltura, avrà una propria industria e un proprio commercio estero'. Alla luce di queste dichiarazioni, il professor Kubek fa le seguenti riflessioni: "La Russia aveva davvero intenzione di diventare il salvatore dei tedeschi prostrati di fronte al destino vendicativo che gli Stati Uniti avevano architettato per loro? Se questo era l'obiettivo nascosto del Piano Morgenthau, che dire del principale organizzatore? Era questo lo scopo di Harry Dexter White? White agiva come un comunista senza istruzioni specifiche? Agiva come un agente sovietico quando ideò il progetto?" Kubek sottolinea che chiunque studi i Diari Morgenthau vede immediatamente l'enorme potere che H. D. White stava accumulando. Una settimana dopo Pearl Harbour, osserva Kubek, il Dipartimento del Tesoro emise un ordine in cui Henry Morgenthau annunciava che "l'Assistente Segretario, Harry D. White, assumerà la piena responsabilità di tutte le questioni relative alle relazioni estere che saranno gestite dal Dipartimento del Tesoro". Non sfugge a nessuno l'impressionante potere che Morgenthau stava delegando nelle mani di un agente comunista.

In *Segreti di Stato*, il conte Léon de Poncins estrae dall'introduzione del professor Kubek al Diario di Morgenthau un estratto della dichiarazione fatta nel 1952 dalla disertrice Elizabeth Bentley davanti alla Sottocommissione per la Sicurezza Interna del Senato. I membri di questa sottocommissione volevano sapere se esisteva un Piano Morgenthau per l'Estremo Oriente. Ecco la sua trascrizione:

> "Miss Bentley: No, l'unico Piano Morgenthau che conoscevo era quello tedesco.
> Senatore Eastland: Sa chi ha elaborato quel piano?
> Miss Bentley: Fu a causa dell'influenza del signor White. Egli spingeva per la devastazione della Germania perché era quello che volevano i russi.
> Senatore Eastland: Pensa che sia stata una cospirazione comunista per distruggere la Germania e indebolirla al punto da non poterci aiutare?
> Miss Bentley: Esatto. Non potrebbe più essere una barriera che protegge il mondo occidentale.
> Senatore Eastland: E il signor Morgenthau, che era Segretario del Tesoro degli Stati Uniti, fu usato da agenti comunisti per promuovere questo complotto?
> Miss Bentley: Temo di sì; sì.
> Senatore Smith: È stato usato inconsapevolmente.
> Senatore Ferguson: Quindi avete agenti consci e inconsci?
> Miss Bentley: "Certo...".

Il 17 novembre 1952 J. Edgar Hoover, direttore dell'FBI, confermò davanti alla Sottocommissione che la dichiarazione di Elizabeth Bentley era stata provata e corroborata da Whittaker Chambers e dai manoscritti dello stesso White. Per quanto riguarda l'utilizzo di Henry Morgenthau, come sostenuto dal senatore Smith, è chiaro che non lo fu, ma che era ben consapevole di ciò che si intendeva fare e lo approvò, come si vedrà in seguito.

I disaccordi tra il Dipartimento del Tesoro e il Dipartimento di Stato riguardo alla Germania aumentarono con l'avvicinarsi della fine della guerra. Dopo la Conferenza di Bretton Woods del luglio 1944, in cui Harry D. White prevalse su John M. Keynes, il rappresentante britannico, e si decise di creare la Banca Mondiale e il Fondo Monetario Internazionale, Morgenthau venne a conoscenza della bozza del Dipartimento di Stato per la Germania. Il professor Kubek suggerisce che White potrebbe aver ricevuto una copia del documento da Virginius Frank Coe, un comunista ebreo che finì per lavorare con Mao in Cina, o da Harold Glasser, un'altra spia sovietica che, come Dexter White, era figlio di emigrati ebrei dalla Lituania. Glasser, nome in codice "Ruble", era membro del Partito Comunista USA dal 1933 e lavorava a stretto contatto con White.

Henry Morgenthau era preoccupato per i piani del Dipartimento di Stato e il 5 agosto 1944 decise di recarsi a Londra con White. Il 7 tennero un incontro nel sud dell'Inghilterra con il generale Eisenhower. Contattarono anche il colonnello Bernard Bernstein, un altro ebreo che era un funzionario legale del Tesoro e fungeva da rappresentante personale di Morgenthau nello staff del generale Eisenhower. Bernstein, un estremista che in seguito fu identificato dalla Sottocommissione del Senato come un ardente sostenitore della causa del comunismo, era il più vistoso dei cosiddetti "Morgenthau boys" e simboleggiava lo spirito di Morgenthau nell'esercito statunitense. "Solo i russi", dichiarò Bernstein al *Daily Worker* nel febbraio 1946, "hanno dimostrato di voler sterminare il fascismo e il nazismo". Il 12 agosto Morgenthau convocò a Londra una riunione con diversi funzionari americani formalmente interessati alla Germania postbellica. Disse loro che l'unico modo per evitare una terza conflagrazione mondiale era quello di rendere impossibile alla Germania di fare di nuovo la guerra.

Il Dipartimento di Stato, tuttavia, non era disposto a lasciarsi costringere in un piano che considerava assurdo. Quando a Morgenthau fu fatto notare che il suo piano era impossibile semplicemente perché le campagne non potevano assorbire tanta manodopera, la sua replica fu che la popolazione in eccesso doveva essere scaricata in Nord Africa. Appena tornato dall'Inghilterra, il Segretario al Tesoro cercò l'intercessione dell'amico Roosevelt e chiamò il Segretario di Stato Hull per fargli sapere che aveva spiegato al generale Eisenhower come dovevano essere trattati i tedeschi dopo la guerra. Morgenthau fece sapere a Hull che il comandante in capo gli aveva assicurato che "la Germania avrebbe stufato nel suo stesso sugo" per diversi mesi dopo l'ingresso degli Alleati.

Eisenhower fu fedele alla parola data, perché nei suoi campi di sterminio tenne milioni di prigionieri tedeschi "a stufare nel loro stesso sugo" dall'aprile all'ottobre 1945, lasciandoli all'aperto senza riparo, medicine, acqua o cibo. Almeno 800.000-900.000 tedeschi morirono di fame e di sete per dissenteria, tifo e altre malattie. Questo è un altro capitolo della Seconda Guerra Mondiale che quasi nessuno conosce perché non è mai stato raccontato. Gli americani catturarono più di cinque milioni e mezzo di soldati tedeschi in Europa, senza contare i prigionieri in Nord Africa. Il 10 marzo 1945 Eisenhower, affinché non ricevessero il trattamento che la Convenzione di Ginevra imponeva ai prigionieri di guerra (POW), firmò un ordine che creava un nuovo tipo di prigioniero, il "Disarmato delle Forze Nemiche" (DEF). Lo stesso giorno disse a una conferenza a Parigi che gli Stati Uniti rispettavano la Convenzione di Ginevra.

Come conseguenza di questo ordine, i prigionieri non sono mai stati perquisiti. Venivano tenuti sulla nuda terra nonostante il freddo e la pioggia e dovevano scavare buche nel terreno per ripararsi. Le latrine erano fosse e legna allestite accanto alle recinzioni. I prigionieri tedeschi rimasero per giorni senza acqua e cibo: né la Croce Rossa né la popolazione poterono avvicinarsi ai campi: gli aiuti e il cibo consegnati dalla Croce Rossa furono restituiti per ordine di Eisenhower: i malati e i feriti morirono senza alcuna cura. Dal 1° maggio al 15 giugno, i campi allestiti lungo le rive del Reno registrarono un numero spaventoso di morti. I medici militari scoprirono che il tasso di mortalità era ottanta volte superiore a quello di qualsiasi altra situazione a loro nota: diarrea, tifo, setticemia (avvelenamento del sangue), dissenteria, tetano, arresto cardiaco, infiammazione polmonare, deperimento ed esaurimento erano le cause di morte registrate. *Other Losses* (1989) di James Bacque è il libro in cui si possono trovare tutte le informazioni su questo olocausto silenzioso, una in più, su cui ci soffermeremo in una sezione separata alla fine di questo capitolo.

Dwight David Eisenhower, figlio di David Jacob Eisenhower, era conosciuto all'Accademia militare di West Point come "il terribile ebreo svedese", secondo un annuario di West Point del 1915. Tra i suoi mentori c'erano Bernard Baruch e lo stesso Morgenthau. Forse per questo motivo, nonostante il suo mediocre curriculum accademico e gli scarsi risultati di servizio, fu scartato da militari come George Patton e Douglas MacArthur e fu promosso a generale in capo e nominato comandante generale di tutti gli eserciti alleati in Europa. Anche il suo antitedeschismo deve avergli giovato nella sua fulminea ascesa. In una lettera alla moglie del settembre 1944, scrisse: "Dio, odio i tedeschi!" James Bacque riproduce in *Altre perdite* l'imbarazzata dichiarazione del dottor Ernest F. Fisher, maggiore dell'esercito americano: "L'odio di Eisenhower tollerato da una burocrazia militare a lui favorevole, produsse l'orrore dei campi di sterminio, che non ha eguali nella storia militare americana. Così fu lo stesso Morgenthau a spiegare come dovevano essere trattati i tedeschi al generale Eisenhower, che dimostrò di odiarli quanto il Segretario del Tesoro. Come è noto, nel 1953 Eisenhower fu eletto Presidente degli Stati Uniti ed è passato alla storia, come Roosevelt, Truman, Churchill e tanti altri criminali esaltati dalla propaganda, come un campione della libertà e della democrazia.

Il professor Kubek conferma che nei colloqui tra Morgenthau e White scritti nel Diario compare ripetutamente il piano di distruzione totale delle risorse industriali delle valli della Saar e della Ruhr. Morgenthau dichiarò categoricamente di voler trasformare la Ruhr in "una regione fantasma". Il Presidente Roosevelt non si oppose affatto, perché quando si tenne la seconda Conferenza di Quebec tra l'11 e il 16 settembre 1944, presentò il Piano Morgenthau a Churchill e lo difese. Roosevelt aveva invitato Stalin, ma quest'ultimo declinò l'invito, forse temendo che gli venissero richieste concessioni mentre le sue truppe si preparavano a penetrare in Europa orientale. Stalin avrebbe senza dubbio accolto con favore la volontà di Roosevelt di smantellare la Germania dal punto di vista industriale e di trasformarla in un Paese agricolo; ma Churchill cominciava a dubitare degli svantaggi di permettere all'imperialismo russo di estendersi nel cuore dell'Europa. Perciò sostenne che la Germania poteva essere necessaria per stabilire un equilibrio europeo. Tuttavia, il 15 settembre 1944 Roosevelt e Churchill firmarono la seguente dichiarazione, che implicava l'accettazione del Piano Morgenthau:

> "È giusto che i Paesi devastati, in particolare la Russia, abbiano il diritto di sequestrare il materiale necessario per compensare le perdite subite. Le industrie della Ruhr e della Saar devono quindi essere rese inutilizzabili e chiuse. Si accetta che queste due regioni siano poste sotto la supervisione di un organismo di un'organizzazione mondiale incaricato di sorvegliare lo smantellamento di tali industrie e di impedire che vengano messe in funzione con un sotterfugio. Questo programma di eliminazione delle industrie belliche presuppone che la Germania venga trasformata in un Paese agricolo".

Quando il 24 settembre 1944 fu reso pubblico il Piano Morgenthau e la sua accettazione da parte dei vertici alleati, la disperazione crebbe in Germania quando divenne chiaro dove stava portando la resa incondizionata concordata a Casablanca. Di conseguenza, i mezzi di comunicazione lanciarono un appello alla resistenza: la radio annunciava giorno e notte che la Germania sarebbe diventata un paese di contadini affamati se si fosse arresa.

Negli Stati Uniti, Stimson e Hull, i Segretari alla Guerra e alla Difesa che si erano opposti a Morgenthau, reagirono quando seppero che il Presidente aveva approvato il piano del Segretario al Tesoro in Quebec. Stimson presentò un memorandum a Roosevelt, rifiutando il piano di trasformare la Germania in un Paese agricolo, e Cordell Hull definì "catastrofica" la politica proposta per la Germania. Si decise allora di usare una parte della stampa per contrattaccare, con un articolo che sosteneva che i britannici erano stati comprati per accettare il Piano Morgenthau. Lo scontro interdipartimentale si inasprì nel corso dei mesi, come testimoniano le annotazioni del *Diario di Morgenthau, che* mostrano come il Segretario al

Tesoro si sentisse rafforzato dall'approvazione del piano da parte di Churchill e Roosevelt.

Convinti di poter ottenere il loro scopo, Morgenthau e White riuscirono a integrare le caratteristiche principali del loro piano negli ordini militari emessi dallo Stato Maggiore Congiunto (JCS). Il JCS/1067, che il generale Eisenhower ricevette appena entrato in Germania, riguardava le attività di controllo successive alla resa e rifletteva la filosofia di vendetta delineata da Morgenthau, White e dalla loro squadra di funzionari ebrei del Tesoro. La JCS/1067 del 22 settembre 1944 divenne una versione ufficiale annacquata del Piano Morgenthau che rimase in vigore per quasi tre anni, fino a quando non fu sostituita nel luglio 1947 da una nuova direttiva politica della JCS.

Non appena la nuova vittoria di Franklin D. Roosevelt fu confermata nelle elezioni del novembre 1944, Harry Dexter White e la sua squadra di comunisti ebrei al Tesoro rinnovarono i loro sforzi per attuare il programma di distruzione permanente della Germania. Attraverso vari canali, White raccolse informazioni sulle direttive che altri Dipartimenti stavano preparando per contrastarle. Tuttavia, tra i militari e in alcuni circoli politici alleati si faceva sempre più insistente la voce che l'industria tedesca era necessaria per fornire aiuti alle regioni devastate di tutta Europa. Informato di queste iniziative, il 10 gennaio 1945 Morgenthau presentò al Presidente Roosevelt un severo memorandum in cui sottolineava i timori del Tesoro per l'emergere di un nuovo militarismo in Germania, metteva audacemente in discussione gli argomenti di coloro che si opponevano al suo Piano e li accusava di opporsi a una Germania debole per paura della Russia e del comunismo. Un mese dopo, i fatti dimostrarono che questi timori non erano infondati: la prima richiesta di Stalin a Yalta fu lo smembramento della Germania.

Il Piano Morgenthau aveva aleggiato sui Tre Grandi alla Conferenza di Yalta; ma quando Roosevelt tornò negli Stati Uniti, scoprì che il Dipartimento di Stato aveva elaborato un proprio programma per la Germania postbellica. Il nuovo Segretario di Stato, Edward Stettinius, in sostituzione di Cordell Hull, dimessosi nel novembre 1944, presentò al Presidente il 10 marzo una bozza che delineava la politica di occupazione senza consultare affatto il Tesoro. Questo memorandum del Dipartimento di Stato era un ragionevole sostituto della direttiva JCS/1067 che aveva tanto soddisfatto Morgenthau e White, e si basava sull'idea che la Germania fosse necessaria per la ripresa economica dell'Europa. Quando Morgenthau vide una copia del memorandum, si infuriò. Il professor Kubek riporta le sue parole a Stettinius: 'Ho la sensazione che questa sia una filosofia completamente diversa .., con la quale non posso essere d'accordo".

Nel suo lavoro introduttivo al *Diario di Morgenthau*, il professor Kubek nota che Morgenthau era convinto che l'approvazione del piano del Dipartimento di Stato avrebbe significato la completa sconfitta del suo progetto, così incaricò i suoi colleghi di preparare una confutazione del documento paragrafo per paragrafo, al fine di dimostrare che il memorandum del Dipartimento di Stato differiva dalla filosofia dell'istruzione segreta JCS/1067, già accettata. Una riunione d'emergenza il 19 marzo 1945, durante la quale Dexter White e i consiglieri ebrei Coe e Glasser lo consigliarono su come rivolgersi al Presidente Roosevelt, fu registrata nel Diario. Il giorno successivo Morgenthau si precipitò alla Casa Bianca per confermare l'appoggio di Roosevelt, che aveva un appuntamento con la morte tra tre settimane e soffriva già di vuoti mentali. Il 21 marzo iniziò una riunione interdipartimentale per discutere il piano del Dipartimento di Stato. Le discussioni durarono fino al 23 e si conclusero con un clamoroso trionfo del Tesoro. Morgenthau informò esultante i suoi colleghi che il Presidente era stato convinto a ritirare il memorandum del 10 marzo del Dipartimento di Stato. Riportiamo qui di seguito un paragrafo molto significativo dell'introduzione di Kubek, come riprodotto nell'opera di Léon de Poncins:

> "Per White e i suoi collaboratori l'azione del Presidente era una vittoria di profonda importanza..., ma il successo non sarebbe stato completo, aggiunse Morgenthau, finché alcune persone in posizioni chiave non fossero state rimosse dal Governo. Questa osservazione conclusiva racchiude uno stralcio straordinariamente inconcepibile della sua filosofia politica e include alcune delle espressioni più dure che si possono trovare nei Diari: "È molto incoraggiante che abbiamo l'appoggio del Presidente.... I funzionari del Dipartimento di Stato hanno cercato di farglielo cambiare e non ci sono riusciti. Prima o poi il Presidente dovrà cambiarlo. Prima o poi il Presidente dovrà fare pulizia in casa sua. Sto parlando delle persone meschine.... Sono sostenitori di Herbert Hoover (presidente pre-Roosevelt) e Herbert Hoover ci ha portato nel caos e sono fascisti nel cuore.... Sono persone malvagie e prima o poi devono essere estirpate. Sono state quelle persone a combatterci senza regole". Il Dipartimento di Stato era profondamente deluso dal rifiuto del Presidente del suo memorandum del 10 marzo".

In un altro estratto molto interessante, Kubek evidenzia le note del *diario di Morgenthau* su un incontro che Bernard Baruch ebbe il 21 aprile 1945 con il Gabinetto di Guerra. Baruch agisce in qualità di consigliere del Presidente Truman (Roosevelt è morto il 12 aprile). Gli viene chiesta la sua posizione sul problema tedesco. Secondo Morgenthau, Baruch rispose che il suo recente viaggio in Europa aveva rafforzato la sua idea di decentramento della Germania e che il piano del Tesoro era troppo morbido e il suo autore era quasi una femminuccia. Nel Diario, Morgenthau riporta alcune dure parole di Baruch a un rappresentante del Dipartimento di Stato di nome Clayton, che sembra opporgli una certa resistenza. Il mago della finanza lo minaccia pesantemente, dicendogli che gli "strapperà il cuore se non si comporterà bene". Secondo il Diario, Baruch disse a Clayton in pubblico che o capiva la questione tedesca o avrebbe fatto meglio a lasciare Washington ("leave town"). Morgenthau scrisse con evidente soddisfazione che Baruch era irremovibile: "Tutto ciò che mi resta da vivere", dichiarò Baruch, "è vedere che la Germania sia deindustrializzata e che ciò sia fatto nel modo giusto e non permetterò a nessuno di ostacolarmi". Dopo aver commentato che Baruch si era commosso fino alle lacrime, Morgenthau osservò che "non aveva mai visto un uomo parlare così duramente come lui". Morgenthau scrisse che "aveva l'impressione che Baruch si rendesse conto dell'importanza di mantenere relazioni amichevoli con la Russia". È sconvolgente vedere la portata dell'arroganza e della violenza di Baruch, capace di comportarsi come un capomafia per minacciare e intimidire un alto funzionario del Dipartimento di Stato che osava dissentire politicamente. Baruch, come sappiamo, oltre ad essere amico personale di Roosevelt, era stato consigliere politico dei presidenti americani fin dai tempi di Woodrow Wilson. Il suo potere era stato onnipotente e tale rimase anche con l'arrivo di Truman. Il fatto che considerasse il Piano Morgenthau troppo morbido dà un'idea dell'odio viscerale per il popolo tedesco che si annidava nelle viscere degli ebrei più potenti d'America.

Con l'ascesa di Truman alla presidenza, il Dipartimento di Stato cercò lentamente di riprendere il controllo delle redini della politica estera americana, mentre l'influenza del Tesoro cominciava a scemare dopo la morte di Roosevelt, amico fraterno di Morgenthau. Passo dopo passo, i principi che ispiravano il suo piano per la Germania persero il sostegno all'interno dell'Amministrazione, al punto che il 5 luglio 1945, il giorno prima che Truman si recasse in Europa per partecipare alla Conferenza di Potsdam, fu annunciato a Washington che Henry Morgenthau si era dimesso dopo undici anni come Segretario del Tesoro. L'ammiraglio Leahy rivelò che Morgenthau intendeva partecipare a Potsdam e minacciò di dimettersi se non fosse stato incluso nella delegazione americana, così le sue dimissioni furono accettate. Ciò non impedì, tuttavia, al colonnello Bernstein e ad altri "Morgenthau boys" di rimanere al loro posto dopo la partenza del loro capo. Alla fine del 1945, circa 140 "specialisti" del Tesoro occupavano ancora posizioni importanti nel governo militare tedesco e continuavano ad attuare la direttiva segreta JCS/1067.

Il trattamento della Germania nel periodo di controllo iniziale fu la questione principale discussa alla Conferenza di Potsdam in luglio. I leader alleati arrivarono impregnati dello spirito del Piano Morgenthau e gli accordi adottati si discostarono poco dalle sue linee generali. L'accordo di Potsdam conteneva una clausola che autorizzava ciascuno dei capi delle quattro zone a prendere provvedimenti per prevenire carestie e malattie. Tuttavia, è già stato dimostrato che nella zona americana le azioni disumane del generale Eisenhower portarono alla morte di quasi un milione di prigionieri. D'altra parte, gli Alleati avevano concordato a Yalta di consegnare a Stalin tutti i cittadini sovietici, per cui gli anticomunisti russi che si erano rifugiati nelle zone americane, francesi e britanniche dell'Europa centrale, così come i rifugiati dei Paesi satelliti come Ungheria, Bulgaria, Romania e altri, furono arrestati. Il rimpatrio forzato in URSS di cinquantamila cosacchi contro la loro volontà è già stato discusso nel capitolo otto. In totale, più di due milioni di sfortunati il cui destino era la deportazione o la morte furono consegnati ai sovietici. Si trattava di un atto spregevole, commesso da Paesi che pretendevano di difendere la libertà.

Poiché le istruzioni del JCS/1067 erano ordini virtuali, gli amministratori statunitensi nella zona americana non potevano non attuarle. Ben presto giornalisti e osservatori internazionali si resero conto che la politica nella zona americana era assolutamente folle. Come White aveva previsto, la situazione in Germania per tre anni fu disperata. Le città, in cui affluiva un flusso incessante di milioni di profughi dall'Est, rimanevano un cumulo di rovine. Se il piano del Tesoro, concepito per mettere in quarantena l'intera popolazione di una nazione sconfitta e farla sprofondare nella miseria, fosse stato attuato come Morgenthau, White e la loro cricca di ebrei comunisti lo avevano progettato, si sarebbe verificato il più grande genocidio della storia. Tuttavia, come era accaduto nei campi di sterminio di Eisenhower, dei diciassette milioni di tedeschi cacciati dalle loro case, altri due milioni morirono di morte disumana durante il loro pellegrinaggio in Occidente. Ci sarà occasione di raccontarlo più avanti.

Tutti questi fatti permettono di dimostrare per la centesima volta che il comunismo è stato fin dall'inizio un'ideologia messa al servizio del piano di dominio internazionale dei banchieri ebrei. Adam Weishaupt, Jacob Frank, Moses Hess, Karl Marx, Israel Helphand (Alexander Parvus), Trotsky, Lenin, Zinoviev, Kamenev e tutti i principali leader della rivoluzione bolscevica erano agenti ebrei che hanno dedicato la loro vita alla causa della rivoluzione comunista internazionale. Pertanto, il fatto che il numerosissimo gruppo di ebrei che agì sotto Morgenthau e White fosse allo stesso tempo comunista non è una novità o un'eccezione, ma una conferma della regola. Non c'è dubbio che il Piano Morgenthau fosse psicopatologicamente antitedesco. Douglas Reed ritiene, in *The Controversy of Zion*, che ciò che accadde ai tedeschi fu una vendetta talmudica, e ciò è stato confermato in *The Hidden Tyranny* da Benjamin H. Freedman, il miliardario ebreo convertito al cattolicesimo che ha affermato che Roosevelt fu manipolato da ebrei talmudici. La domanda pertinente è se il Piano Morgenthau non fosse solo antitedesco ma anche filocomunista. Due fatti innegabili suggeriscono che lo fosse: il Piano era in linea con i desideri di Stalin per la Germania e Harry Dexter White e i suoi collaboratori erano agenti sovietici. Il professor Kubek conclude la sua introduzione di 81 pagine al *Diario di Morgenthau* con questo paragrafo:

"Mai prima d'ora nella storia americana una burocrazia non eletta di alti funzionari anonimi ha esercitato il potere in modo così arbitrario o ha gettato un'ombra così vergognosa sul futuro della nazione come hanno fatto Harry Dexter White e i suoi associati nel Dipartimento del Tesoro sotto Henry Morgenthau. Ciò che hanno tentato di fare nella loro bizzarra contorsione degli ideali americani e quanto siano stati vicini al successo è dimostrato da questi documenti. Ma questo è tutto ciò che si sa con certezza. Quali inestimabili segreti americani siano stati trasmessi a Mosca attraverso i tunnel clandestini dei comunisti probabilmente non si saprà mai. E quanti danni questi uomini sinistri abbiano arrecato alla sicurezza degli Stati Uniti rimane, almeno per il momento, una questione di congetture".

Si può quindi concludere che un gruppo di ebrei collocati in circoli di potere essenziali determinarono il governo americano e svolsero un ruolo decisivo nel dirigere la politica americana nel loro interesse. Non c'è dubbio che essi intendessero infliggere il maggior danno possibile al popolo tedesco nel suo complesso e favorire l'instaurazione del comunismo in Europa, obiettivo che fu ampiamente raggiunto a Yalta. Il *Diario di Morgenthau* mostra che un'élite di ebrei che dominava la finanza controllava come sempre il potere politico, dal quale lavoravano segretamente per raggiungere i loro obiettivi, che includevano la disintegrazione delle società cristiane europee attraverso dottrine rivoluzionarie come il comunismo ateo internazionale. L'altro obiettivo principale era la creazione dello Stato sionista. Per raggiungere questo obiettivo, avevano bisogno della persecuzione degli ebrei europei, ai quali, dopo aver perso le loro proprietà e le loro case, sarebbe stata offerta la terra promessa di Israele. Henry Morgenthau, dopo essere stato uno dei leader degli accordi di Bretton Woods che portarono alla creazione della Banca Mondiale e del Fondo Monetario Internazionale, divenne dopo le sue dimissioni un consulente finanziario di Israele, dove nel 1948 una comunità rurale ("kibbutz") fu chiamata in suo onore "Tal Shahar", che in ebraico significa, come Morgenthau in tedesco, "rugiada del mattino".

La Conferenza di Yalta

Nel 1955, gli americani portarono alla luce i documenti ufficiali della Conferenza di Yalta, che fino ad allora erano rimasti segreti. Il Dipartimento di Stato riconobbe tuttavia che erano state omesse parti importanti. Nello stesso anno l'AHR pubblicò i testi in Spagna in due volumi intitolati *Yalta*, in modo da poterli leggere in spagnolo. John Foster Dulles, il Segretario di Stato, dissimulando le ragioni nascoste di interesse politico dietro la pubblicazione, spiegò in una conferenza stampa che essa aveva lo scopo di informare l'opinione pubblica nell'interesse della verità e dell'accuratezza storica. Sia il governo che la stampa britannica criticarono la manovra di Foster Dulles: *il Times* ritenne che la decisione fosse stata "presa nel momento sbagliato e per motivi maldestri". *Il Daily Mail* definì la pubblicazione "un errore diplomatico di prima grandezza". Negli Stati Uniti, alcuni giornali hanno criticato aspramente la decisione. *Il New York Daily News* ha accusato il Dipartimento di Stato di voler offuscare le relazioni internazionali. Il *Daily Mirror* chiese di sapere quante pagine e parole erano state omesse e per quali motivi. Da Gerusalemme, Eleanor Roosevelt, in visita di otto giorni ai suoi amici sionisti in Israele, assicurò che suo marito non avrebbe mai divulgato i documenti.

Prima di arrivare a Yalta, Churchill e Roosevelt si incontrarono a Malta per discutere della situazione in Europa e nel Pacifico, ma come a Teheran, Roosevelt era riluttante a incontrarsi da solo con il primo ministro britannico per paura che Stalin potesse pensare che i suoi alleati occidentali fossero alleati contro di lui. Il 1° febbraio si incontrarono i suoi ministri degli Esteri, il Segretario di Stato Edward Stettinius e il Segretario del Ministero degli Esteri Anthony Eden. Entrambi avrebbero concordato di disapprovare le ben note richieste territoriali della Polonia, espresse dal governo provvisorio fantoccio di Lublino, ma la loro opposizione fu attenuata a Yalta. Il 3 febbraio Roosevelt e Churchill si recarono in Crimea. Il presidente americano ricevette un trattamento speciale e alloggiò nella stanza dello zar nel Palazzo Livadia, il luogo centrale degli incontri. Stalin arrivò domenica 4 febbraio 1945, giorno di apertura della Conferenza in cui si sarebbe determinato il futuro di milioni di persone nel mondo del dopoguerra. L'Armata Rossa era entrata a Varsavia e a Budapest e i tedeschi stavano già resistendo nel loro territorio in condizioni impossibili. La distruzione di Dresda era vicina. Nel frattempo, dalla fine di gennaio, il Giappone aveva chiesto senza successo ai sovietici di mediare con gli Stati Uniti per firmare un armistizio.

Durante la settimana della Conferenza, le delegazioni dei Tre Grandi tennero quattro tipi di riunioni: sessioni plenarie, riunioni dei ministri degli Esteri, riunioni dei capi di stato maggiore e riunioni dei leader, che erano trilaterali o bilaterali. Già il 4 febbraio, ad esempio, i sovietici e gli americani si incontrarono alle 16.00 in un "petit comité". Roosevelt era accompagnato da Charles "Chip" Bohlen, un esperto diplomatico dell'URSS che si supponeva fungesse solo da interprete. Stalin era accompagnato da Molotov e dal suo interprete, Vladimir Pavlov. Già in questo incontro Roosevelt confessò di essere più assetato di sangue che a Teheran e di aspettarsi che il maresciallo Stalin riproponesse un brindisi all'esecuzione di 50.000 ufficiali tedeschi. Stalin rispose confermando che erano tutti più assetati di sangue. Dopo aver discusso della situazione militare sui due fronti. Roosevelt si informò sul colloquio di Charles De Gaulle con Stalin e Stalin commentò che non lo trovava una persona complicata, sebbene fosse illuso dalle sue pretese. Stalin chiese se la Francia dovesse avere una zona di occupazione e per quali ragioni. Sia Molotov che Stalin non erano affatto chiari al riguardo, ma nel corso della settimana i sovietici alla fine fecero questa concessione in nome di altre priorità sulle quali non intendevano scendere a compromessi.

La Polonia e la Germania furono i principali argomenti di discussione. La creazione dell'ONU, il Giappone, i Balcani, il Medio Oriente e l'Europa che Stalin definiva "liberata" sono stati gli altri argomenti principali. La questione polacca è stata discussa per la prima volta in una sessione plenaria iniziata alle 16.00 di martedì 6 febbraio nel Palazzo di Livadia. Gli inglesi e gli americani iniziarono accettando la Linea Curzon senza ulteriori problemi, legittimando così l'invasione e l'annessione del 1939. Su questi territori di oltre 181.000 chilometri quadrati vivevano 10.640.000 persone, secondo il censimento del 1931, la cui volontà o opinione era irrilevante per i campioni della libertà. Tutto ciò che si osava chiedere a Stalin su questi territori era che prendesse in considerazione la cessione di Lvov alla Polonia. Churchill gli chiese "un gesto di magnanimità che sarebbe stato acclamato e ammirato". La posizione della Gran Bretagna sulla Polonia fu patetica durante tutta la Conferenza. Il Paese che aveva provocato la guerra rifiutando di accettare che i tedeschi di Danzica potessero rientrare nel Reich, stava ora consegnando milioni di polacchi al totalitarismo comunista. A Londra, i polacchi in esilio si aspettavano tutto dagli inglesi, così Churchill ricordò che era entrato in guerra per proteggere la Polonia dall'aggressione tedesca e dichiarò che gli inglesi non avevano alcun interesse materiale nel Paese, ma che si trattava di una questione d'onore, motivo per cui "il suo Governo non si sarebbe mai accontentato di una soluzione che non lasciasse la Polonia come uno Stato libero e indipendente... padrona della propria casa e regista della propria anima". Churchill aggiunse poi che la Gran Bretagna "riconosceva il governo polacco a Londra, ma non aveva alcun contatto intimo con esso". Chiese se fosse possibile formare un governo provvisorio con gli uomini che lo compongono fino a quando non ne fosse emerso un altro da un'elezione. Stalin chiese una pausa di dieci minuti per preparare la sua risposta.

Alla domanda sull'onore, Stalin rispose che per i russi non era solo una questione di onore ma anche di sicurezza. Alla domanda sull'atto magnanimo, ricordò che la linea Curzon era stata tracciata da Lord Curzon e Clemenceau. "Dovremmo quindi, ha chiesto, essere meno russi di Curzon e Clemenceau? Per quanto riguarda la creazione di un governo polacco sul passo del governo degli esuli a Londra, ha detto: "Mi chiamano dittatore e non democratico, ma ho abbastanza sentimenti democratici per rifiutare di creare un governo polacco senza che i polacchi siano stati consultati; la questione può essere risolta solo con il consenso dei polacchi". Stalin ricordò poi i colloqui avuti in autunno a Mosca tra Stanislaw Mikolajczyk, rappresentante del governo di Londra, e i polacchi di Lublino, dove risiedeva il governo comunista polacco sotto gli auspici dello stesso Stalin che, intimò a Churchill, aveva "una base democratica almeno pari a quella di Charles De

Gaulle". Da questo primo approccio, era quindi chiaro che, più che i confini, il problema insolubile sarebbe stato l'esistenza di due governi polacchi.

Per comprendere meglio la discussione sulla Polonia a Yalta, è necessario considerare brevemente alcuni fatti. Il governo polacco in esilio aveva espresso a Londra e a Washington la necessità di incorporare la Prussia orientale nella Polonia che sarebbe sorta con la vittoria alleata. Dopo l'attacco tedesco del giugno 1941, Stalin sostenne questa idea senza rivelare che desiderava la metà settentrionale, compresa Königsberg, per sé. Il 15 marzo 1943, durante una cena a Washington alla quale partecipò Hopkins, Roosevelt ed Eden accettarono di accogliere la richiesta dei polacchi. Hopkins chiamò Litvinov, l'ambasciatore negli Stati Uniti, il giorno successivo per confermarlo. Litvinov ricordò poi al consigliere di Roosevelt che l'URSS avrebbe mantenuto la parte di Polonia presa in seguito al Patto Ribbentrop-Molotov. Venuti a conoscenza delle rivendicazioni sovietiche, i polacchi a Londra si appellarono agli alleati occidentali per chiedere aiuto, creando una situazione imbarazzante per i britannici, che stavano per approvare l'annessione di metà del territorio polacco prebellico, quando si supponeva che fossero entrati in guerra per garantire l'integrità territoriale della Polonia. Alla conferenza di Teheran, nonostante la riluttanza polacca, né Churchill né Roosevelt opposero resistenza a Stalin e nacque l'idea di compensare i polacchi a spese dei tedeschi. In altre parole, senza consultare nessuno e per compiacere il dittatore sovietico, decisero di spostare i confini di 240 chilometri verso ovest, ignorando completamente i diritti dei milioni di persone coinvolte.

Nonostante le promesse di risarcimento, il governo polacco in esilio non poteva accettare la rinuncia a metà del suo territorio a est. Inoltre, le relazioni dei polacchi a Londra con l'Unione Sovietica si erano costantemente deteriorate dopo la scoperta delle tombe di Katyn nella primavera del 1943. Come discusso in precedenza in questo capitolo, il generale Sikorski, presidente del governo in esilio, richiese un'indagine della Croce Rossa Internazionale, i cui risultati dimostrarono che Beria e Stalin erano responsabili del massacro. I sovietici, oltre a fingere indignazione, colsero l'occasione per accusare Sikorski di lavorare per Hitler e ruppero le relazioni con il governo polacco a Londra. Il 4 luglio 1943 una bomba piazzata sull'aereo di Sikorski uccise l'ingombrante personaggio e Mikolajczyk divenne il suo successore[11]. In questo modo, Stalin approfittò

---

[11] Il libro *"Il quinto uomo"* di Roland Perry, di cui si parlerà più approfonditamente nel prossimo capitolo, fornisce alcuni fatti molto interessanti sull'assassinio di Sikorski. Secondo questo autore, Donald Maclean, una delle spie sovietiche note come "Cambridge Five", sapeva che Sikorski si sarebbe recato a Gibilterra in luglio per incontrare altri esuli. Dopo essere decollato dalla Rocca con un Liberator che trasportava la figlia e due militari britannici, Victor Cazalet e il brigadiere John Whiteley, l'aereo esplose a 300 metri di altezza. Il colonnello Victor Rothschild, terzo barone Rothschild, nominato durante la guerra ispettore della sicurezza da Guy Liddell, fu incaricato di svolgere l'indagine

rapidamente della situazione, perché in un colpo solo eliminò i polacchi non comunisti e formò a Mosca un governo polacco su misura che, a differenza di Sikorski e Mikolajczyk, sarebbe stato pronto ad approvare la resa della Polonia orientale al comunismo sovietico.

Nell'estate del 1944 l'Armata Rossa iniziò a cacciare i tedeschi dalla Polonia e a occupare il Paese. Al suo seguito arrivarono i comunisti polacchi da Mosca, che si affrettarono ad assumere una vera autorità sul posto, mentre i polacchi, protetti da Londra, non potevano fare nulla da lontano. Il presidente del governo polacco in esilio, Stanislaw Mikolajczyk, si era recato in visita da Roosevelt a giugno e sia il presidente americano che Churchill gli fecero pressione affinché si recasse a Mosca e si rivolgesse direttamente a Stalin. Il 27 luglio 1944, lo stesso giorno in cui i giornali annunciarono un accordo tra il governo sovietico e il Comitato comunista di liberazione nazionale polacco che consentiva al Comitato di assumere "la piena direzione di tutte le questioni di amministrazione civile", Mikolajczyk si recò a Mosca per incontrare Stalin e Molotov.

I polacchi a Londra erano già condannati, perché il massimo che si poteva offrire loro era un posto nel governo formato dai comunisti. Churchill lo capì subito e li avvertì che la cosa migliore da fare era dimenticare il massacro di Katyn e cercare di collaborare con Stalin, altrimenti sarebbero stati esclusi dalla Polonia del futuro. Il primo prerequisito per l'intesa con i russi era la capitolazione sulla questione del confine orientale. La mattina del 14 ottobre 1944, a pochi mesi dalla Conferenza di Yalta, Churchill ed Eden, che si trovavano a Mosca, convocarono Mikolajczyk all'ambasciata britannica per fargli pressione affinché accettasse la linea Curzon senza Lvov e Galizia. Alfred M. de Zayas riproduce in *Nemesi a Potsdam* un buon estratto del colloquio, che ci permette di apprezzare, come giustamente sottolinea questo autore, quale livello di tensione o di pressione sul potere politico può raggiungere:

> "Mikolajczyk: So che il nostro destino è stato segnato a Teheran.
> Churchill: È stato salvato a Teheran.
> Mikolajczyk: Non sono una persona completamente priva di sentimento patriottico per rinunciare a metà della Polonia.
> Churchill: Cosa intende quando dice che non è privo di spirito patriottico? Venticinque anni fa abbiamo ricostituito la Polonia, anche se nell'ultima guerra sono stati più i polacchi a combattere contro di noi che con noi. Ora li stiamo nuovamente preservando dalla scomparsa, ma voi non volete stare al gioco. Siete completamente pazzi.
> Mikolajczyk: Ma questa soluzione non cambia nulla.

---

richiesta dai polacchi. I suoi risultati indicano che c'è stata un'esplosione a bordo, il che indica che non si è trattato di un incidente, ma di un atto di sabotaggio.

Churchill: Se non accettate la frontiera, siete fuori questione per sempre. I russi raderanno al suolo il vostro Paese e il vostro popolo sarà liquidato. Sono sull'orlo dell'annientamento.
Eden: Se riusciremo a trovare un'intesa sulla linea Curzon, raggiungeremo un accordo con i russi su tutte le altre questioni. Avrete una garanzia da parte nostra.
Churchill: La Polonia sarà assicurata dalle tre Grandi Potenze e certamente da noi. La Costituzione americana impedisce al Presidente di impegnare gli Stati Uniti. In ogni caso, non state rinunciando a nulla perché i russi sono già lì.
Mikolajczyk: Perdiamo tutto.
Churchill: Le paludi di Pinsk e cinque milioni di persone. Gli ucraini non fanno parte del suo popolo. Salva il proprio popolo e ci autorizza ad agire con forza.
Mikolajczyk: Dovremmo firmare se stiamo per perdere la nostra indipendenza?
Churchill: Avete una sola scelta. Sarebbe molto diverso se lei fosse d'accordo.
Mikolajczyk: Non sarebbe possibile annunciare che i Tre Grandi hanno deciso i confini della Polonia senza la nostra presenza?
Churchill: Ci stancheremo di voi se continuate a discutere.
Eden: Potreste dire che, alla luce della dichiarazione fatta dai governi britannico e sovietico, accettate una formula de facto, se volete, sotto forma di protesta, e date la colpa a noi. Capisco la difficoltà di dire che è stato fatto con la vostra volontà.
Mikolajczyk: Perdiamo tutta l'autorità in Polonia se accettiamo la linea di Curzon, e inoltre non si parla di ciò che potremmo ottenere dai tedeschi.
Eden: Penso che potremmo farlo. Potremmo correre il rischio. Potremmo dire che cosa avrete".

A questo punto, Churchill andò a prendere una bozza della dichiarazione che stipulava l'accettazione polacca della Linea Curzon e spiegò a Mikolajczyk che i tedeschi si sarebbero infuriati se avessero saputo ciò che intendevano sottrarre loro, e che la loro resistenza sarebbe stata ancora maggiore. Questo concluse l'incontro, che riprese nel pomeriggio. Churchill si presentò di cattivo umore e con una crescente impazienza. Mikolajczyk lo informò che, dopo averci ripensato, il suo governo non poteva accettare la perdita di quasi metà del territorio a est senza aver sentito l'opinione del popolo polacco. Con estrema durezza, Churchill negò che si trattasse di un governo, in quanto incapace di prendere decisioni. Siete", disse, "demoni senza cuore che vogliono distruggere l'Europa. Vi lascio ai vostri problemi. Non avete alcun senso di responsabilità quando volete abbandonare il vostro popolo, le cui sofferenze vi sono indifferenti. A loro non interessa il futuro dell'Europa. Pensano solo ai loro miseri interessi egoistici. Dovrò chiamare gli altri polacchi e questo governo di Lublino potrà funzionare molto bene. Sarà il governo. È un tentativo criminale da parte loro di rovinare, con il loro "Liberum Veto"[12], l'accordo tra gli Alleati. È una vigliaccata". L'intervista fu interrotta con questa violenta accusa, poiché Churchill doveva partecipare a un colloquio con Stalin previsto per quello stesso pomeriggio.

Il giorno successivo, il 15 ottobre, Mikolajczyk incontrò nuovamente Churchill e gli offrì di accettare la Linea Curzon se Lvov e i giacimenti petroliferi della Galizia fossero stati conservati per la Polonia. In uno scatto d'ira, Churchill, prima di sbattere la porta fuori dalla stanza, gridò al polacco: "È tutto finito tra noi". Mikolajczyk, da parte sua, lasciò la stanza senza voler stringere la mano al Segretario del Foreign Office. È comprensibile, quindi, che Stalin si sia rifiutato a Yalta di fare "un gesto di magnanimità" su Lvov, perché sapeva che sia Roosevelt che Churchill avevano già accettato la linea Curzon e che non aveva bisogno di cedere la Galizia e/o Lvov. George F. Kennan, un diplomatico che aveva prestato servizio a Mosca con Bullitt e Davies, espresse ripetutamente la sua frustrazione per l'atteggiamento degli Alleati nelle sue Memorie. Kennan si trovava nella capitale russa dal luglio 1944 con l'ambasciatore Averell Harriman e aveva buone informazioni su ciò che si stava preparando alla fine della guerra. Questo diplomatico era tra coloro che pensavano che gli Stati Uniti e la Gran Bretagna avrebbero potuto opporsi a Stalin, dal momento che egli dipendeva dai loro aiuti militari ed economici.

Mentre i negoziati di Mosca fallivano, il governo di Lublino aveva già riconosciuto la Linea Curzon e stava consolidando il suo potere in Polonia. Mikolajczyk non ci mise molto a capire che non era possibile salvare la Polonia orientale e che l'unica opzione era quella di ottenere la massima compensazione possibile a ovest, a spese della Germania. Con le terre tedesche Stalin era stato assolutamente generoso e aveva offerto non solo il confine dell'Oder, ma persino quello del Neisse Lusatius, l'affluente che scorre perpendicolarmente dalla Cecoslovacchia sulla riva sinistra dell'Oder. Il confine Oder-Neisse fu pubblicamente rivendicato dal dottor Stefan Jedrichovski, capo della Propaganda del Comitato di Lublino, in un lungo articolo pubblicato sulla *Pravda* il 18 dicembre 1944. Jedrichovski rivendicò anche la capitale della Pomerania, Stettin, situata a ovest dell'Oder, che sarebbe diventata un nuovo porto polacco.

Due fiumi Neisse confluiscono nell'Oder sulla sua riva sinistra. Tra il Neisse Lusatius e il Neisse più orientale, entrambi nella Bassa Slesia, si trova un territorio agricolo abitato da circa tre milioni di tedeschi. Non sfuggì a nessuno che le richieste di Khedrichovsky riflettevano la posizione del governo sovietico sul confine occidentale della Polonia. Il primo a mostrare

---

[12] Usando questa espressione latina, Churchill dimostra di conoscere il parlamentarismo polacco. "Liberum Veto" significa "veto libero" o "veto libero". Questo era il nome dato nella Dieta polacca al veto con cui ogni deputato poteva opporsi a qualsiasi decisione dell'assemblea.

serie perplessità fu Kennan, che avvertì l'ambasciatore Harriman delle implicazioni dell'articolo. "Non sapevo allora", scrive Kennan nelle sue Memorie, "che questo accordo era già stato praticamente accettato, specificamente da Churchill e tacitamente da Roosevelt, alla Conferenza di Teheran un anno prima". Sei settimane prima dell'inizio della Conferenza di Yalta, Kennan presentò un memorandum in cui avvertiva che nelle aree rivendicate dai comunisti polacchi vivevano tra i nove e i dieci milioni di tedeschi.

Possiamo ora tornare a Yalta per continuare le discussioni sulla questione polacca. Alla sessione plenaria di mercoledì 7 febbraio, Molotov lesse le proposte sovietiche sulla Polonia. Per quanto riguarda i confini, il Commissario agli Esteri si attenne alla linea Curzon a est e al confine Oder-Neisse a ovest con la città di Stettin per la Polonia, anche se situata a ovest dell'Oder. Per quanto riguarda il governo provvisorio di Lublino, era disposto ad accettare l'inclusione in esso di "leader democratici di circoli di emigrati" se ciò avesse contribuito al suo riconoscimento da parte dei governi alleati. Churchill rifiutò il termine "émigrés" perché, disse, "questa parola era nata durante la Rivoluzione francese e significava in Inghilterra una persona che era stata espulsa dal suo Paese dal suo stesso popolo". Ha dichiarato di appoggiare le proposte di Molotov sullo spostamento delle frontiere polacche; tuttavia, in relazione alla frontiera di Neisse, ha sottolineato che "sarebbe un peccato rimpinzare l'oca polacca con così tanto cibo tedesco da farle fare indigestione". Stalin si affrettò a commentare che i tedeschi fuggirono all'arrivo delle sue truppe, ma Churchill osservò che c'era poi il problema di come gestirli in Germania. "Ne abbiamo uccisi sei o sette milioni", disse freddamente come se stesse parlando di animali in un mattatoio, "e probabilmente ne uccideremo un altro milione prima della fine della guerra". "Uno o due?" replicò Stalin. "Beh, non sto proponendo una limitazione. Allora", chiarì Churchill, "in Germania rimarrà spazio per coloro che vorranno occupare i posti vacanti. Non mi spaventa il problema del trasferimento dei popoli, purché ci sia una proporzione tra ciò che i polacchi possono gestire e ciò che mettono in Germania al posto dei morti".

La questione dei membri non comunisti del governo di Lublino spinse Churchill e Roosevelt a proporre l'inclusione di leader democratici "interni alla Polonia". Roosevelt sollevò la necessità che il futuro governo provvisorio organizzasse delle elezioni e suggerì che polacchi londinesi come Mikolajczyk, Romer e Grabski facessero parte del nuovo governo. La questione dei confini, quindi, era meno preoccupante di quella del futuro governo polacco, una questione su cui Churchill e Roosevelt si stavano giocando la loro credibilità. Dopo l'incontro, Roosevelt indirizzò a Stalin la seguente lettera:

> "Mio caro Maresciallo Stalin, ho riflettuto a lungo sul nostro incontro di oggi pomeriggio e voglio esprimerle la mia opinione in tutta franchezza.

Per quanto riguarda il governo polacco, sono molto dispiaciuto che le tre grandi potenze non siano d'accordo sulla restaurazione politica della Polonia. Mi sembra che ci metterebbe in cattiva luce agli occhi del mondo se voi riconosceste un governo mentre noi e gli inglesi ne riconosciamo un altro, a Londra. Sono certo che questo stato di cose non debba continuare e che, se continuasse, porterebbe il nostro popolo a pensare che ci sia una spaccatura tra di noi, cosa che non avviene. Sono determinato a far sì che non ci sia alcuna spaccatura tra noi e l'URSS. Sicuramente ci sarà un modo per riconciliare le nostre differenze.

Sono rimasto molto colpito da alcune delle sue parole di oggi, in particolare dalla sua determinazione a salvaguardare la retroguardia russa nel suo movimento verso Berlino. Non potete e non possiamo tollerare un governo provvisorio che provocherebbe alle vostre forze armate un tale scompiglio. Voglio che lei sappia che questa è una questione che mi preoccupa molto.

Potete credermi quando vi dico che il nostro popolo guarda con occhio critico a quella che considera una spaccatura tra noi in questa fase vitale della guerra. Dicono infatti che se non riusciamo a trovare un accordo ora che i nostri eserciti stanno convergendo sul nostro nemico comune, non saremo in grado di capirci su questioni ancora più vitali in futuro.

Devo dirvi chiaramente che non possiamo riconoscere il governo di Lublino nella sua attuale composizione e che sarebbe un inizio deplorevole per il nostro lavoro qui se ci separassimo da un'evidente divergenza in materia.

Oggi ha dichiarato di essere pronto a sostenere qualsiasi proposta che offra una possibilità di successo nella risoluzione del problema e ha anche menzionato la possibilità di portare qui alcuni membri del governo di Lublino.

Capisco che tutti noi sentiamo la stessa ansia di risolvere la questione. Vorrei commentare un po' la sua proposta e suggerire di invitare subito qui a Yalta i signori Bierut e Osubka-Morawski del governo di Lublino e anche due o tre polacchi che, secondo i nostri rapporti, sarebbero consigliabili. Osubka-Morawski del governo di Lublino e anche due o tre polacchi della seguente lista che, secondo i nostri rapporti, sarebbero consigliabili come rappresentanti di altri elementi del popolo polacco nella formazione di un nuovo governo temporaneo che tutti e tre potremmo riconoscere e sostenere: il vescovo Sapieha di Cracovia; Vincent Witos; il signor Zurlowski (Zulawski); il professor Buyak (Bujak) e il professor Kutzeba. Se, grazie alla presenza di questi leader politici, potessimo concordare con loro un governo provvisorio in Polonia, che includerebbe certamente alcuni leader politici stranieri come Mikolajcvzyk, Graber e Romer, il governo degli Stati Uniti e, credo, sicuramente anche quello britannico, sarebbero disposti a dissociarsi dal governo di Londra e a trasferire il loro riconoscimento al nuovo governo provvisorio.

Non credo sia necessario assicurarvi che gli Stati Uniti non appoggeranno mai un governo provvisorio polacco che sia contrario ai loro interessi.
Va da sé che qualsiasi governo provvisorio che potrebbe essere formato, a seguito della nostra conferenza qui con i polacchi, dovrebbe impegnarsi a indire elezioni libere e democratiche in Polonia alla prima data possibile. So che questo è perfettamente in linea con il vostro desiderio di vedere una nuova Polonia democratica e libera emergere dal pantano di questa guerra.

Cordiali saluti Franklin D. Roosevelt".

Sebbene sia stato dimostrato in queste pagine che il cinismo, l'ipocrisia e la spudoratezza siano stati consustanziali a questo presidente americano durante tutta la sua carriera politica, le ultime parole di Roosevelt sono a dir poco folli. Ci si immagina Stalin, un dittatore spietato se mai ce n'è stato uno, che ride a crepapelle dopo aver letto Roosevelt dirgli che sa di voler vedere "una nuova Polonia democratica e libera". La sostanza della lettera è, ovviamente, la preoccupazione di salvare la faccia di fronte a un'opinione pubblica che presto avrebbe visto come a Yalta i suoi leader avevano consegnato mezza Europa al comunismo.

Alla sessione plenaria dell'8, Molotov confermò di aver ricevuto la lettera di Roosevelt. Insistette sul fatto che era impossibile ignorare l'esistenza del governo di Lublino o Varsavia, "che era a capo del popolo polacco e godeva di grande prestigio e popolarità nel Paese". Qualsiasi accordo avrebbe quindi dovuto essere raggiunto sulla base del suo allargamento, che egli ribadì di essere pronto a discutere. Sulle frontiere, i sovietici non hanno ceduto. Il premier britannico ha esordito dicendo che, secondo i suoi rapporti, i governi di Lublino o Varsavia non rappresentavano la stragrande massa del popolo polacco, e ha ribadito che "se il governo britannico spazzasse via il governo di Londra e accettasse il governo di Lublino, ci sarebbe un'irritata protesta in Gran Bretagna". Ricordò che sui fronti occidentali un esercito polacco di centocinquantamila uomini aveva combattuto coraggiosamente e che non avrebbero accettato "un atto di tradimento della Polonia". Sempre più a disagio, Churchill si scrollò di dosso i confini e dichiarò di accettare il punto di vista sovietico; ma insistette sul fatto che "una rottura completa con il legittimo governo della Polonia, riconosciuto durante gli anni della guerra, sarebbe un atto soggetto alle più severe critiche in Inghilterra". Detto questo, egli colse la necessità di indire un'elezione sulla base del suffragio universale e assicurò che la Gran Bretagna avrebbe potuto riconoscere il governo nato dalle elezioni.

Roosevelt approvò la proposta e sostenne che, in caso di accordo, l'unico problema era "come la Polonia sarebbe stata governata nel frattempo". Stalin intervenne per confermare che, in effetti, loro e gli inglesi avevano compiti diversi. Riconosceva che per anni i polacchi avevano odiato i russi, ma che i vecchi sentimenti erano scomparsi e che la sua impressione era "che la cacciata dei tedeschi da parte dell'Armata Rossa fosse stata accolta dai polacchi come un grande giorno festivo". Accettò l'idea di espandere il Governo Provvisorio. Roosevelt chiese quindi direttamente quanto tempo, secondo il Maresciallo, sarebbe passato prima che si potessero tenere le elezioni in Polonia. Stalin rispose che, salvo catastrofi al fronte, sarebbero state possibili entro un mese. Il Presidente propose immediatamente di sottoporre la questione all'esame dei Ministri degli Esteri. Se Roosevelt e Churchill avessero davvero creduto che in un solo mese, in piena guerra, si sarebbero potute tenere le elezioni con la partecipazione degli esuli, si sarebbe pensato che si trattava solo di due sprovveduti; invece i fatti dimostrano che si trattava di due politici navigati.

Per alleggerire l'atmosfera, Stalin ospitò la sera una cena per le delegazioni a Palazzo Yusupovsky. Il padrone di casa, di ottimo umore e di buon umore, creò un'atmosfera estremamente cordiale. Furono fatti ben quarantacinque brindisi: alle forze armate, ai Paesi, ai capi militari, all'amicizia delle tre potenze.... Gli elogi più stucchevoli sono stati fatti da Stalin, che ha proposto un brindisi al premier britannico. "la figura di governo più coraggiosa del mondo". Il Maresciallo disse che "conosceva pochi esempi nella storia in cui il coraggio di un uomo fosse stato così importante per il futuro del mondo e che brindava al signor Churchill, suo amico, combattente e uomo coraggioso". Nella sua risposta, Churchill ha brindato al maresciallo Stalin "il potente leader di un potente Paese che ha resistito all'urto della macchina tedesca, ha spezzato la spada e ha cacciato i tiranni dal suo suolo". Da parte sua, Roosevelt, in risposta a un brindisi di Stalin, disse che l'atmosfera della cena "era quella di una famiglia".

Alla riunione plenaria del giorno successivo, venerdì 9 febbraio, la questione polacca cominciò a entrare nel vivo quando i sovietici decisero di permettere a Mikolajczyk di partecipare alle elezioni perché, disse Stalin, "era il leader del Partito dei Contadini, che non era un partito fascista". Roosevelt si appellò ai sei milioni di polacchi che vivono negli Stati Uniti per avere garanzie di libere elezioni. Stalin accettò quindi una dichiarazione letta da Roosevelt che parlava di "autorità provvisorie, ampiamente rappresentative di tutti gli elementi della popolazione e dell'obbligo di creare al più presto, attraverso libere elezioni, un governo responsabile nei confronti del popolo". I verbali di H. Freeman Matthews, assistente del Segretario di Stato, riportano questo dialogo:

> "Churchill: voglio che questa elezione in Polonia sia la prima di tutte. Deve essere come la moglie di Cesare. Non lo so, ma dicono che fosse pura.
> Stalin. Così dicono, ma in realtà aveva i suoi peccati.
> Churchill: Non voglio che i polacchi possano mettere in discussione le elezioni polacche. La questione non è solo di principio, ma di politica pratica.

Molotov: Lo dobbiamo ai polacchi. Temiamo che se non ci consultiamo con loro lo considereranno una mancanza di fiducia da parte nostra.

A questo punto Roosevelt propose ai ministri degli Esteri di rifinire la dichiarazione e suggerì di passare alla questione delle zone liberate. È chiaro che i sovietici avevano già deciso di andarci piano con la Polonia, per evitare di mettere in imbarazzo inglesi e americani agli occhi dell'opinione pubblica interna. Le elezioni, come la moglie di Cesare, dovevano essere pure; ma Stalin aveva già messo in guardia dalla moglie di Cesare....

Alla riunione dei ministri degli Esteri è stato infine concordato il testo da presentare alla fine della conferenza. In breve, si decise che il governo polacco in carica avrebbe allargato la sua base e sarebbe stato riorganizzato con l'inclusione di leader democratici provenienti dalla Polonia stessa e dall'estero. Il nuovo governo si sarebbe chiamato "Governo provvisorio polacco di unità nazionale". Mólotov e i due ambasciatori a Mosca, Sir Archibald Clark Kerr e Averell Harriman, furono autorizzati a mediare tra loro per rendere possibile la formazione di tale governo, che sarebbe stato obbligato a indire al più presto libere elezioni sulla base del suffragio universale e del voto segreto. Una volta soddisfatti questi requisiti, i tre governi avrebbero riconosciuto i risultati. Per quanto riguarda i confini, il documento finale stabiliva che la linea Curzon, con lievi aggiustamenti di cinque-otto chilometri in alcune regioni a favore della Polonia, sarebbe stata il confine orientale. Per quanto riguarda il confine occidentale Oder-Neisse, sebbene implicitamente accettato, l'approvazione definitiva fu rimandata alla Conferenza di pace di Potsdam.

In realtà, le buone intenzioni espresse nei confronti della Polonia erano valide per il resto dei Paesi europei occupati dai sovietici. Solo politici molto ingenui, e non era questo il caso, potevano essere sicuri che, dopo aver permesso all'Armata Rossa di raggiungere la Porta di Brandeburgo, sarebbero sorte democrazie in un'Europa arresa al comunismo. Non è quindi accettabile o credibile che Roosevelt e Churchill si aspettassero che un dittatore come Stalin diventasse democratico in un batter d'occhio, per cui è opportuno parlare di tradimento delle nazioni dell'Europa orientale. Dopo Potsdam, gli accordi di Yalta sull'instaurazione di regimi democratici liberamente eletti furono sistematicamente disattesi. In Polonia, i principali oppositori furono assassinati per tutto il 1945. Invece delle elezioni promesse da Stalin, nel 1946 si tenne un referendum fraudolento che consolidò il potere dei comunisti. Quando furono indette le elezioni, il 19 gennaio 1947, praticamente tutti i partiti di opposizione erano stati dichiarati illegali. Il Fronte di Unità Nazionale, composto dai comunisti e dai loro alleati, vinse inevitabilmente. Il Partito contadino di Mikolajczyk poté fare ben poco. Accusato di essere una spia straniera e di rischiare l'arresto, Mikolajczyk lasciò il Paese. I pochi oppositori rimasti seguirono il suo esempio. Versioni diverse di ciò che accadde in Polonia furono vissute in quelli che presto sarebbero stati chiamati Paesi satellite.

L'idea dello smembramento della Germania, di cui faceva parte la cessione della Prussia orientale, della Slesia, della Pomerania e del Brandeburgo orientale alla Polonia, era stata decisa molto prima di Yalta. Nell'ottobre 1943, poco prima della Conferenza di Teheran, i ministri degli Esteri avevano deciso a Mosca di istituire una Commissione consultiva europea. La proposta proveniva dagli inglesi, che volevano che questo organo consultivo si occupasse di tutte le questioni europee di interesse comune legate alla guerra. Alla fine del 1943 la Commissione consultiva fu istituita a Londra e il 14 gennaio 1944 tenne la sua prima riunione di lavoro. Anche in quell'occasione, i britannici presentarono proposte dettagliate per le future zone di occupazione della Germania, che, con poche differenze, furono alla fine attuate. Il 18 febbraio i russi accettarono i piani di Londra.

Il 1° maggio 1944, John Winant, l'ambasciatore americano che aveva sostituito Joe Kennedy, ricevette istruzioni da Washington per accettare i confini della zona orientale, il che dimostra che tutto fu deciso mentre l'Armata Rossa stava ancora combattendo con la Vehrmacht in territorio sovietico, cioè con largo anticipo. Come abbiamo visto, Morgenthau, Dexter White e il loro gruppo di comunisti ebrei stavano lavorando per garantire che la Germania finisse nelle mani dei sovietici. A Yalta Stalin contemplò la possibilità di condannare l'intera popolazione ai lavori forzati per far fronte alle riparazioni di 20 miliardi di dollari, metà dei quali sarebbero stati ricevuti dall'URSS. Fu stabilito che le tre potenze avrebbero occupato parti della Germania e che una Commissione Centrale di Controllo con sede a Berlino ne avrebbe controllato l'amministrazione. Per quanto riguarda la Francia, Stalin accettò a malincuore che, se gli inglesi e gli americani avessero voluto cedergli parte delle loro zone, avrebbe potuto diventare membro della Commissione di controllo. A Yalta, tuttavia, lo smembramento concordato non fu annunciato, poiché si decise di attendere la resa incondizionata e la Conferenza di pace.

Non è possibile dedicare spazio ai colloqui sull'ONU, sul Medio Oriente o sul Giappone. Concluderemo, quindi, evidenziando una conversazione avvenuta durante una cena tripartita tenutasi alle 21.00 del 10 febbraio nella villa Vorontsov. Vi parteciparono Roosevelt, Churchill e Stalin da soli, accompagnati dai rispettivi ministri degli Esteri e da interpreti. Durante il pranzo fu sollevato il tema del Medio Oriente e in questo contesto Stalin disse che il problema ebraico era molto difficile e che si era cercato di stabilire una patria per gli ebrei in Birobidjan[13], ma che erano rimasti lì per

---

[13] L'insediamento degli ebrei in Birobidjan era iniziato negli anni Venti. Negli anni Venti, il governo trasferì gli ebrei nella regione per aumentare la sicurezza nell'Estremo Oriente sovietico. Il 28 maggio 1928 fu istituito il distretto di Birobidjan e in quell'anno iniziò l'emigrazione di massa degli ebrei, provenienti dalla Bielorussia, dall'Ucraina e persino dagli Stati Uniti. Dopo l'occupazione giapponese della Manciuria nel 1931,

due o tre anni e poi si erano dispersi nelle città. Il Presidente Roosevelt, sapendo che i leader ebrei non avrebbero accettato altro territorio che la Palestina e che Churchill, come lui, stava lavorando per il sionismo per stabilire lo Stato ebraico dopo la guerra, dichiarò pubblicamente di essere sionista e chiese al Maresciallo Stalin se lo fosse anche lui. Stalin, senza dubbio sorpreso dalla domanda, disse di esserlo, ma riconobbe la difficoltà. Più avanti, nel rivedere l'assassinio di Stalin, ci sarà occasione di tornare sulle relazioni di Stalin con i sionisti.

---

l'insediamento a Birobidjan si intensificò. Il 7 maggio 1934, un decreto del Comitato esecutivo centrale dell'URSS fece del distretto di Birobidjan una Regione autonoma ebraica. Stalin creò così lo Stato ebraico di Birobidjan in Siberia, di dimensioni simili a quelle di Israele. In quegli anni arrivarono nella Regione autonoma circa 30.000 ebrei.

PARTE 6
CRIMINI E MASSACRI IMMUNI CONTRO IL POPOLO TEDESCO CONTRO IL POPOLO TEDESCO

I crimini commessi dai vincitori contro il popolo tedesco non sono generalmente conosciuti. Come abbiamo denunciato, per più di settant'anni le menzogne e la falsificazione della realtà hanno impedito ai popoli europei e del mondo di conoscere la tragedia dei tedeschi. La propaganda ininterrotta e la versione fraudolenta degli eventi diffusa nelle scuole e dai media sono state incessanti, rendendo quasi impossibile cambiare la percezione della storia che indica la Germania come unica responsabile della Seconda guerra mondiale, per la quale non merita alcuna clemenza e una condanna eterna. Un episodio trascurato è la deportazione imposta ai tedeschi che vivevano nelle zone d'Europa occupate dall'URSS, che furono sistematicamente banditi dalle loro case e dalle loro terre, indipendentemente dal fatto che fossero o meno membri della NSDAP.

Oltre alle aree della Germania sfrattate e consegnate alla Polonia, milioni di tedeschi etnici furono perseguitati e/o espulsi senza tanti complimenti dai Paesi in cui avevano vissuto prima della guerra. Polonia, Romania, Jugoslavia, Ungheria, Cecoslovacchia, Unione Sovietica, Estonia, Lettonia, Lituania, senza dimenticare la città di Danzica, espulsero la popolazione di etnia tedesca. In tutto, circa 19.000.000 di persone persero tutto, perché se non fuggirono, furono espulse in Germania, dove li attendevano la desolazione e la miseria di un Paese devastato. Molti non riuscirono a raggiungere le zone controllate da inglesi, americani e francesi e si stabilirono in Austria e nella Germania comunista. Circa due milioni morirono durante il loro pellegrinaggio verso ovest, vittime di fame, stanchezza, freddo e malattie. Di queste espulsioni, il più grande trasferimento di popolazione della storia, si parlerà nel capitolo XI: "Non ho paura", aveva dichiarato Churchill a Yalta, "del problema del trasferimento dei popoli". Prima di affrontare questa colossale tragedia nella prima parte del prossimo capitolo, è necessario descrivere i crimini e i massacri commessi contro i tedeschi negli ultimi mesi di guerra e nel primo dopoguerra.

Il Preludio di Nemmersdorf

La fuga per salvarsi la vita fu un preludio alle espulsioni di massa o ai trasferimenti di popolazione che seguirono dopo la fine della guerra. Nell'ottobre 1944, nella città di Nemmersdorf, nella Prussia orientale, si verificò un'anticipazione di ciò che attendeva i tedeschi se non avessero abbandonato le città prese dall'Armata Rossa. Il 16 ottobre i sovietici lanciarono un'offensiva che permise loro di penetrare per la prima volta nel territorio del Reich. Il 19 ottobre occuparono Gumbinnen e il giorno dopo la 25ª Brigata corazzata entrò a Nemmersdorf, una cittadina di poco più di 600 abitanti a dieci chilometri a sud-ovest di Gumbinnen. Con la linea difensiva fortificata tedesca spezzata, i sovietici avrebbero potuto spingersi verso ovest e nord-ovest senza essere contrastati, ma non lo fecero. Sebbene il generale Budenny, comandante del 2° Corpo d'armata corazzato, avesse ordinato l'avanzata immediata, la brigata non si mosse per un giorno e mezzo, consentendo ai tedeschi di schierare due divisioni Panzer, una su ciascun lato della penetrazione sovietica. Il 23 ottobre la tenaglia si chiuse sulle retrovie del Corpo di Budenny, che dopo aver perso mille carri armati e diciassettemila uomini ripiegò e il 27 ottobre dovette passare sulla difensiva.

Dopo il successo della vigorosa controffensiva della Wehrmacht, che cacciò i russi dal loro territorio, le truppe del generale Hossbach riconquistarono Nemmersdorf. Gli eventi del 20 e 21 ottobre in questa cittadina della Prussia orientale furono così terribili che il suo nome sarebbe rimasto impresso per sempre nella memoria collettiva, diventando un simbolo. Quando i fatti furono resi noti, si scatenò una fuga di massa di cittadini tedeschi, non solo dalla Prussia orientale, ma anche dalla Slesia e dalla Pomerania. Entrando a Nemmersdorf, i soldati trovarono nelle strade i corpi di donne anziane e bambini in decomposizione, con brutali ferite al volto e al cranio. Le donne mostravano segni evidenti di essere state violentate in massa prima di essere uccise. Le case sono state saccheggiate, rase al suolo e bruciate. All'uscita del villaggio, i carri armati avevano travolto i carri dei rifugiati in fuga dal villaggio.

Il 5 luglio 1946, militari tedeschi e russi, nonché prigionieri di guerra belgi, francesi e britannici, testimoniarono davanti a un tribunale americano di Neu Ulm sugli eventi di Nemmersdorf. Il dottor Heinrich Amberger, tenente delle riserve, ha rilasciato una dichiarazione giurata in cui conferma che la colonna di rifugiati è stata investita dai carri armati, che hanno travolto persone e carri. Secondo questo testimone, i civili, per lo più donne e bambini, furono schiacciati a tal punto da essere schiacciati sull'asfalto. Ai margini di una strada", ha raccontato questo tedesco, "sedeva una fiordaliso rannicchiata con una pallottola nella nuca. Non lontano da lei giaceva un bambino di pochi mesi, ucciso a distanza ravvicinata con un colpo in fronte.... Un gruppo di uomini, non segnati da ferite mortali, erano stati uccisi da colpi di badile o di calcio di pistola. I loro volti erano completamente distrutti. Un uomo era stato inchiodato alla porta di una fattoria".

Alfred M. de Zayas riproduce in *Nemesi a Potsdam* alcuni agghiaccianti stralci di queste dichiarazioni davanti al tribunale di Neu Ulm, che furono poi presentate dalle difese al processo di Norimberga. La crudeltà e la spietatezza delle truppe sovietiche sono impressionanti nel racconto di Karl Potrek, un civile di Königsberg che era stato arruolato e frettolosamente inviato nella zona di Gumbinnen e Nemmersdorf:

"Alla fine del paese, a sinistra della strada, c'è la grande taverna 'Weisser Krug'... nell'aia, più avanti nella strada, c'era un carro, al quale erano inchiodate quattro donne nude attraverso le mani in posizione cruciforme. Dietro la "Weisser Krug", in direzione di Gumbinnen, si trova una piazza con un monumento al Milite Ignoto. Più avanti si trova un'altra grande taverna, il "Roter Krug". Vicino ad essa, parallelamente alla strada, c'era un fienile e su ognuna delle due porte una donna nuda crocifissa con i chiodi nelle mani. Nelle abitazioni abbiamo trovato un totale di settantadue donne, comprese le bambine, e un uomo di settantaquattro anni. Tutti morti... tutti uccisi in modo bestiale, tranne alcuni che avevano fori di proiettile nel collo. Alcuni bambini avevano la testa mozzata. In una stanza trovammo una donna di 84 anni seduta su un divano... metà della sua testa era stata tagliata con un'ascia o una pala. Abbiamo portato i corpi al cimitero del villaggio dove li abbiamo deposti in attesa della commissione medica straniera. Nel frattempo arrivò un'infermiera di Insterburg, nativa di Nemmersdorf, che cercava i suoi genitori. Tra i corpi c'erano sua madre di settantadue anni e suo padre di settantaquattro, l'unico uomo tra i morti. La donna confermò che tutti i morti erano vicini di Nemmersdorf. Il quarto giorno furono sepolti in due tombe. Il giorno successivo arrivò la commissione medica, quindi le tombe dovettero essere aperte di nuovo per poter esaminare i corpi. Le porte dei fienili furono messe in blocco per potervi stendere i corpi. Questa commissione straniera stabilì all'unanimità che tutte le donne, più le bambine dagli otto ai dodici anni e persino una donna di ottantaquattro anni, erano state violentate. Dopo essere stati esaminati dalla commissione, i corpi furono riseppelliti".

Il capitano Emil Herminghaus parla di un gruppo di donne, tra cui alcune suore, tutte selvaggiamente accoltellate e uccise. Secondo il capitano, l'esercito invitò immediatamente la stampa neutrale: giornalisti svizzeri e svedesi, oltre ad alcuni spagnoli e francesi, testimoniarono l'orribile scena. A Nemmersdorf c'erano anche prigionieri di guerra francesi, belgi e britannici che non erano stati evacuati e avevano assistito al comportamento dei soldati sovietici. In seguito raccontarono le loro esperienze sui giornali dei veterani. Alcuni prigionieri di guerra britannici confermarono dopo il loro rimpatrio che la mancanza di disciplina nell'Armata Rossa era impressionante. Durante le prime settimane di occupazione", ha riferito un prigioniero britannico internato in un campo tra Schlawe, Lauenburg e Buckow, città della Pomerania orientale, "i soldati rossi violentarono tutte le donne tra i dodici e i sessant'anni. Può sembrare un'esagerazione, ma è la verità. Le uniche eccezioni erano le ragazze che riuscivano a rimanere nascoste nei boschi o che avevano la forza di fingere malattie infettive come il tifo o la difterite.... I rossi cercavano le donne in ogni casa, le intimidivano con pistole o mitragliatrici e le portavano via con i loro carri armati o veicoli".

Normalmente, nelle fonti russe si trovano pochissimi riferimenti alla condotta criminale dell'Armata Rossa. Uno di questi è Alexander Solzhenitsyn, che nel 1945 era un capitano dell'Armata Rossa il cui reggimento era entrato in Prussia orientale a gennaio. A pagina 43 del primo volume dell'edizione inglese in tre volumi di *Arcipelago Gulag*, scrive: "Sì! Eravamo in guerra in Germania da tre settimane e sapevamo tutti molto bene che se fossero stati tedeschi (intende polacchi), avrebbero potuto essere tranquillamente violentati e poi fucilati e quasi farlo contare come un merito di guerra...". Alexander Werth, autore di una ventina di opere di origine russa e britannica, ha seguito la guerra in Russia come corrispondente *del Sunday Times*. Werth ricorda in *Russia at War 1941-1945* una conversazione con un comandante russo, che commenta sfacciatamente:

> "Qualsiasi nostra compagna doveva solo dire: 'Frau komm' (donna, vieni), e sapeva cosa ci si aspettava da lei.... Per quasi quattro anni l'Armata Rossa è stata affamata di sesso..... In Polonia accadevano di tanto in tanto cose deplorevoli, ma, nel complesso, veniva mantenuta una rigida disciplina per quanto riguardava gli stupri.... I saccheggi e gli stupri su larga scala iniziarono solo quando i nostri soldati entrarono in Germania. I nostri uomini erano così affamati di sesso che spesso violentavano donne anziane di sessanta, settanta o addirittura ottanta anni, con la sorpresa di queste nonne, se non proprio con la loro gioia. Ma riconosco che era un affare osceno".

Goebbels, il Ministro della Propaganda, come aveva fatto con il lavoro di Theodore Kaufman, mostrò alla popolazione tedesca le atrocità commesse dai sovietici a Nemmersdorf. Era la prima volta che l'Armata Rossa incontrava dei civili tedeschi e l'esperienza fu così terribile che tutta la Germania sembrò capire cosa stava per accadere. In seguito, la resistenza di coloro che erano in grado di combattere fu ancora più accanita, ma Nemmersdorf segnò anche l'inizio di una fuga di massa dei civili che non potevano né sapevano combattere. Così, come abbiamo visto nel racconto dell'Olocausto di Dresda, all'inizio del febbraio 1945 più di 600.000 fuggiaschi si erano rifugiati nella sola capitale sassone, fuggendo terrorizzati alla notizia che confermava come Nemmersdorf non fosse un evento isolato, ma il preludio di un dramma che si stava scrivendo in ogni città occupata e che si sarebbe concluso solo con l'epilogo a Berlino.

Stragi di rifugiati in mare: tre naufragi dimenticati

La ferocia contro i civili tedeschi in fuga verso ovest non si limitò alle strade, dove gli aerei a bassa quota bombardavano le colonne di fuggitivi che arrancavano tra i cumuli di neve sulle strade ghiacciate. Conoscendo le difficoltà della fuga via terra, centinaia di migliaia di rifugiati si diressero verso i porti del Baltico nella speranza di poter essere evacuati via mare. Gli ammiragli Oskar Kummetz e Konrad Engelhardt, incaricati dall'ammiraglio Dönitz di lanciare l'"Operazione Annibale", riuscirono a radunare oltre mille navi di tutti i tipi per effettuare l'evacuazione. Tutte le navi disponibili nel Baltico furono dedicate a questa operazione. Engelhardt e Kummetz utilizzarono la marina mercantile, la marina militare e persino navi private, compresi i pescherecci. Secondo Alfred M. de Zayas, tra la fine di gennaio e l'inizio di maggio del 1945 furono salvati più di due milioni di tedeschi, civili e soldati (soprattutto feriti e malati), in quella che è considerata la più grande evacuazione via mare della storia. Tuttavia, tra le 25.000 e le 30.000 persone, soprattutto civili, perirono in mare. Nella baia di Danzica e nelle sue vicinanze, tre grandi navi cariche di rifugiati e feriti evacuati in Germania furono affondate da sottomarini sovietici.

Il primo di questi disastri avvenne il 30 gennaio 1945, quando il sommergibile sovietico S-13, comandato dal capitano Alexander Marinesko, affondò la *Wilhelm Gustloff*, un moderno transatlantico costruito su ordine di Hitler per il programma "Force through Joy" e utilizzato come nave ospedale (Lazarettschiff). A tale scopo era stata dipinta di bianco con una banda verde da prua a poppa e diverse croci rosse erano visibili in vari punti dello scafo e del ponte. La *Wilhelm Gustloff* era salpata da Pillau (Balstik in polacco) alla volta del Meclemburgo carica di novemila civili: donne, bambini e anziani, e circa settecento militari: mille cadetti della marina e il resto dei feriti. Dopo diverse ore di navigazione con mare mosso e temperature vicine ai -20 gradi, il ponte era ghiacciato e le scialuppe di salvataggio congelate. Tre siluri colpirono il transatlantico, che affondò lentamente, permettendo a circa 850 persone di salvarsi con l'aiuto di altre navi del convoglio, secondo fonti tedesche.

Undici giorni dopo, il 10 febbraio 1945, lo stesso sommergibile S-13 del capitano Marinesko affondò il secondo transatlantico, il *General von Steuben*, una nave passeggeri di lusso confiscata dalla Marina e trasformata in ospedale. A bordo c'erano più di 5.200 persone: 2.000 civili, come al solito donne e bambini in fuga dall'avanzata delle truppe sovietiche, 2.700 feriti, 320 infermieri e 30 medici e circa 300 membri dell'equipaggio. Quella notte sulla nave nacquero tre bambini e un senso di sollievo era palpabile tra i passeggeri che fuggivano dall'inferno della Prussia orientale. Due siluri colpirono la nave, che aveva lasciato Pillau ed era diretta a Swinemünde. Una torpediniera di scorta riuscì a salvare seicentocinquantanove superstiti, mentre gli altri morirono nelle gelide acque del Baltico.

La tragedia della *Goya*, un'altra nave ospedale costruita a Oslo nel 1940, avvenne il 16 aprile 1945, proprio mentre la guerra stava finendo. Il suo affondamento non aveva senso, poiché i sovietici e i polacchi avevano già deciso di espellere i tedeschi. La nave era salpata dal porto di Danzica piena di rifugiati. I capitani di queste navi di solito facevano salire a bordo molte più persone di quelle autorizzate e non rispettavano gli ordini. Questo era inevitabile, poiché era molto difficile per loro lasciare a terra tanti civili indigenti che avevano sopportato ogni tipo di difficoltà. Nel caso del *Goya*, l'elenco dei passeggeri fu fermato quando il numero dei passeggeri raggiunse le 6.100 unità, quindi a bordo c'erano circa 7.000 persone, senza contare l'equipaggio. In questa occasione, il sottomarino S-3, comandato dal capitano Vladimir Konovalov, lanciò due siluri che fecero affondare la nave in meno di sette minuti. Solo 165 persone sopravvissero. Ne *Gli ultimi cento giorni (*1967) Hans Dollinger riporta la testimonianza di un sopravvissuto di nome Brinkmann, che racconta le scene di terrore collettivo seguite al grido di "Ognuno per sé". Nel 2003, il relitto *del Goya* è stato ritrovato a ottanta metri di profondità.

Nel corso dell'operazione di evacuazione nel Baltico furono impiegate tredici navi ospedale, quattro delle quali furono affondate, e ventuno trasporti di feriti, otto dei quali finirono in fondo al mare. L'URSS aveva espressamente rifiutato di riconoscere le "Lazarettschiffe" tedesche e le aveva attaccate per tutta la durata della guerra come se fossero obiettivi militari legittimi, un crimine di guerra che doveva essere sicuramente "peccata minuta" per i sovietici, che per decenni avevano disconosciuto i più elementari diritti umani e ignorato le convenzioni internazionali. Gli affondamenti della *Wilhelm Gustloff* e della *Goya* sono considerati i due peggiori disastri navali della storia in termini di perdite di vite umane, un fatto di cui pochi sono a conoscenza. Il 9 maggio 1945, dopo che la Germania aveva già capitolato, avvenne l'ultimo affondamento: la piccola petroliera *Liselotte Friedrich* da 500 tonnellate, che trasportava più di 300 rifugiati, fu silurata da un aereo e affondò vicino a Bornholm, in Danimarca. Almeno cinquanta persone persero la vita.

Königsberg

La capitale della Prussia orientale, Königsberg, resistette fino al 9 aprile 1945. L'evacuazione via mare dai porti baltici vicini alla città dipendeva in gran parte da questo. Negli accordi di Yalta, Königsberg, l'antica capitale dei Cavalieri Teutonici, era stata data in dono a Stalin, quindi i sovietici si misero ad amministrarla e agirono spietatamente fin dall'inizio. Come male minore, l'intera popolazione tedesca doveva essere deportata, anche se c'era la possibilità di sterminarne gran parte. Il 9 aprile si stima che a Königsberg fossero rimasti 110.000 tedeschi, ma quando i sovietici contarono il numero dei deportati, a giugno, erano solo 73.000. Giles MacDonogh, da cui proviene questa informazione, racconta in *After the Reich* l'ingresso dell'Armata Rossa a Königsberg. Tra le principali fonti citate per la cattura della città di Kant c'è *Ostpreussisches Tagebuch: Aufzeichnungen eines Arztes aus den Jahren 1945-1947* (*Diario della*

Prussia orientale: note di un medico degli anni 1945-1947), un'opera pubblicata nel 1961 dal dottor Hans Graf von Lehndorff, un chirurgo che fu testimone oculare dell'accaduto.

L'assedio della capitale prussiana si concluse il 26 gennaio 1945, ma il generale Lasch riuscì a resistere all'assedio di Königsberg per due mesi e mezzo. Capitolò il 10 aprile, quando ondate di soldati entrarono in città e attaccarono spietatamente la popolazione che osava uscire dalle tane in cui era sopravvissuta al lungo assedio: "Furono picchiati, derubati, denudati", scrive MacDonogh, "e, se erano donne, violentati. Le grida delle donne si sentivano ovunque. Schieß doch!" (spara), gridavano. Le suore in un ospedale venivano violentate da ragazzi assetati di sangue, di sedici anni al massimo". Un gran numero di persone scelse di togliersi la vita per evitare la crudeltà dei sovietici, che entravano nei rifugi con i loro lanciafiamme e li incendiavano senza pensarci due volte. Nel suo diario, il dottor Hans Lehndorff racconta l'assalto al suo ospedale da parte dei soldati: "I malati e i feriti furono buttati giù dai loro letti, le bende sulle loro ferite strappate....".

L'11 aprile i soldati trovarono dell'alcol, individuarono una distilleria e iniziarono a dare fuoco alle poche case della città che non erano state danneggiate nell'agosto 1944 dai terribili bombardamenti britannici. Ad eccezione degli edifici occupati dai sovietici, come la sede del comando e la vecchia caserma della Gestapo, il resto fu raso al suolo. Il dottor Lehndorff ricorda che i soldati affetti da sifilide e gonorrea tornarono all'ospedale e, nonostante la loro ferocia avesse distrutto il dispensario, chiesero di essere curati sotto la minaccia delle armi. Lehndorff racconta che, senza di lui, la sua "anima gemella", che lui chiama "Dottore", fu trascinata da un tavolo operatorio e violentata. Quando vide la sua collega con il camice a brandelli, ma che cercava ancora di continuare il suo lavoro di fasciatura dei feriti, capì cosa era successo. Chiese una Bibbia e preparò delle pillole in caso di bisogno. Il peggio doveva ancora venire, perché il medico dovette resistere ad altri tre attacchi. Il dottor Lehndorff ammette di essersi sentito sollevato quando la donna è scoppiata in lacrime: "Ero contento che alla fine si fosse arresa".

Una volta bruciata la città e terminate le orge, i cittadini furono raggruppati e portati nei campi. Il dottor Lehndorf fu uno di quelli che lasciarono Königsberg il 12 aprile per una delle spedizioni. Lehndorff scrisse nel suo *Tagebuch* (diario) che prima di lasciare l'ospedale una paziente ferita alla testa fu violentata innumerevoli volte senza che lei se ne rendesse conto. Secondo la sua testimonianza, tutti coloro che erano feriti o considerati troppo vecchi furono uccisi nei loro letti o nei fossati. Durante i 25 chilometri di marcia, i soldati, con l'aiuto di ausiliari polacchi comunisti, trascinavano le donne fuori dalla colonna al grido di "Davai suda" ("Vieni, donna!").

Alcune fonti citate da Giles MacDonog affermano che i russi legarono i giovani membri della Gioventù hitleriana ai cavalli e li fecero a pezzi. Gli abitanti dei villaggi vicini a Königsberg subirono la stessa sorte. Un testimone che riuscì a fuggire verso est riferì che una povera ragazza del villaggio fu violentata dalle otto di sera alle nove del mattino da membri di una squadra di carri armati. Un'altra fonte, Josef Henke, riporta in *Die Vertreibung* (*L'espulsione*) le esperienze dei sopravvissuti, che includono ogni tipo di atrocità. Una narratrice spiega che dopo aver assistito all'omicidio di una coppia di coniugi con un colpo di pistola alla nuca, fu catturata e violentata venti volte prima di essere rinchiusa con altre otto donne, tra cui una quattordicenne, in una capanna in una foresta, dove furono tutte violentate per una settimana. Un'altra sopravvissuta racconta che dopo l'uccisione di un uomo, questo fu gettato in un porcile per essere mangiato dai maiali.

Due milioni di donne violentate

Secondo il comandante russo sopra citato, la "disciplina" veniva mantenuta in Polonia, dove "accadevano cose deplorevoli" (saccheggi e furti), ma non crimini e stupri di massa. Mentre in Polonia, quindi, non erano consentiti eccessi contro la popolazione civile, in Germania il comportamento bestiale dei soldati sovietici e polacchi era condonato dai comandanti. Il sanguinario ebreo Ilya Ehrenburg, la cui arringa intitolata "Uccidere" è già stata trascritta in parte nel capitolo nove, svolse un ruolo di primo piano nel suo lavoro di propagandista. I suoi articoli ripugnanti apparvero sulla *Pravda*, su *Izvestia* e sul giornale *Stella Rossa*, che veniva inviato ai soldati al fronte. Già nel 1943 Ehrenburg pubblicò il libro *La guerra*, in cui incitava sistematicamente allo stupro e all'uccisione senza cerimonie. "I tedeschi non sono esseri umani", scriveva questo sinistro predicatore di odio e morte, che invitava i soldati a uccidere a sangue freddo:

> "...Non ci agiteremo, uccideremo. Se non avete ucciso almeno un tedesco al giorno, avete perso quel giorno..... Se non potete uccidere un tedesco con una pallottola, uccidetelo con la baionetta. Se sul fronte c'è calma e si prevede di ricominciare a combattere, uccidete un tedesco già che ci siete. Se lasciate vivo un tedesco, questi impiccherà un russo e violenterà una donna russa. Se uccidete un tedesco, uccidetene un altro: per noi non c'è niente di più divertente di un mucchio di cadaveri tedeschi..... Uccidete i tedeschi, è la richiesta di vostra nonna. Uccidete i tedeschi, questa è la preghiera di vostro figlio. Uccidete i tedeschi, questa è la richiesta della vostra madrepatria. Non fallire. Non perdere l'occasione. Uccidete".

Durante l'avanzata dell'Armata Rossa verso Berlino furono violentate due milioni di donne tedesche, di cui più di 200.000 morirono, a causa di aggressioni disumane, lesioni o suicidio. Alcune donne sono state violentate più di sessanta volte in una sola notte. Ragazze e giovani donne, suore, donne di tutte le età, anche ottantenni, furono violentate incessantemente. Gli uomini formavano code, a volte guidate dagli ufficiali. Ehrenburg aveva espressamente chiesto di fare a pezzi le donne che portavano un bambino in grembo: "Tra i tedeschi non ci sono innocenti, né tra i vivi né tra i non nati.... Strappate con forza l'orgoglio razziale delle donne germaniche. Prendetele come legittimo bottino".

A sorpresa, nel 2008 è uscito il film *Anonyma - Eine Frau in Berlin* (*Anonima, una donna a Berlino*). Diretto da Max Färberböck, è basato sul diario personale di Marta Hillers, una giornalista tedesca ripetutamente violentata che parlava russo e francese. Vale la pena di vederlo. Inoltre, nel 2010 è stato pubblicato *Hellstorm: The Death of Nazi Germany (1944-1947)* di Thomas Goodrich, un libro che fornisce un resoconto completo della tragedia taciuta di tante donne tedesche che non sono mai state ricordate. Il lettore interessato può conoscere i dettagli più scabrosi e comprendere la portata dell'orrore. Esiste tuttavia un'opera pionieristica del Dr. Johannes Kaps: *Die Tragödie Schlesiens 1945/1946 in Dokumenten* (1952), di cui un ampio estratto è stato tradotto in inglese e pubblicato con il titolo *Martirio y heroísmo de la mujer alemana del este* (*Martirio ed eroismo delle donne della Germania Est*). Si tratta di una raccolta di documenti scioccanti su stupri, indicibili omicidi bestiali e altre atrocità commesse dai soldati sovietici e polacchi. Alcune testimonianze affermano che i polacchi erano ancora più sadici dei loro compari.

Goodrich sostiene che americani, britannici e francesi sapevano che venivano commesse atrocità e non solo non fecero nulla per fermarle, ma molti parteciparono addirittura alle orge di depravazione sessuale e sadismo, in particolare i marocchini francesi. Le scene raccontate dalle vittime e dai testimoni in *Tempesta d'inferno* sono agghiaccianti. Alcuni soldati, ad esempio, erano talmente ubriachi da non riuscire a finire l'atto e quindi usavano la bottiglia, lasciando molte donne oscenamente mutilate. Secondo i resoconti dei due principali ospedali berlinesi (si tratta quindi solo dei dati delle donne che sono riuscite a raggiungere gli ospedali), nella sola capitale sono state violentate più di 100.000 donne, di cui 10.000 sono morte, molte delle quali per suicidio: "Padre", disse una di queste disgraziate al suo confessore, 'non posso continuare a vivere. Trenta uomini mi hanno violentato ieri sera". Molte madri sono state costrette a guardare le loro figlie di dieci, undici e dodici anni violentate più e più volte da una ventina di uomini; ma allo stesso tempo, le bambine e le adolescenti hanno dovuto assistere allo stupro delle loro madri e persino delle loro nonne ottuagenarie. Le donne che resistevano venivano brutalmente e spietatamente torturate a morte. A volte, dopo aver acconsentito allo stupro, i soldati tagliavano la gola alle loro vittime o le sventravano. Lo storico Anthony Beevor, autore di *Berlin: The Downfall 1945*, definisce quanto accaduto "il più grande fenomeno di stupro di massa della storia". Saint-Paulien, pseudonimo di Maurice-Yvan Sicard, sostiene in *La Bataille de Berlin*, il primo volume della sua opera *Les Maudits* (1958), che nella Grande Berlino il numero di donne stuprate superò di gran lunga il milione.

Si è già detto nel capitolo ottavo che secondo Andrei Sverdlov, figlio del bolscevico ebreo che ordinò l'assassinio dello zar Nicola II e della sua famiglia, durante la Seconda guerra mondiale c'erano nell'Armata Rossa trecentocinque generali ebrei. Ciò fu una conseguenza della politica perseguita da Trotsky, che si era affidato ai suoi fratelli di sangue per formare le strutture di comando dell'Armata Rossa. Naturalmente, sia i generali che i comandanti intermedi facilitarono la distribuzione di massa di milioni di opuscoli di Ilya Ehrenburg (inizialmente chiamato Eliyahu) ai soldati sovietici che entravano in Germania. Ehrenburg deve essere sicuramente considerato l'ideologo dello stupro, della tortura e dell'omicidio di donne tedesche indifese, molte delle quali rimasero incinte: si stima che siano nati circa 300.000 bambini. Molti di questi bambini morirono per mancanza di mezzi e di cure. Questo "filantropo" ebreo fu insignito del Premio Stalin per la Pace nel 1952. In Israele, , Ehrenburg è oggetto di tutti gli onori. Le sue carte sono conservate nel Museo dell'Olocausto di Yad Vashem.

Nel momento in cui scriviamo, abbiamo appreso che è stato appena pubblicato un nuovo libro sullo stupro indiscriminato delle donne tedesche, *Alle die Soldaten kamen* (*Tutti i soldati sono venuti*). Per la prima volta, offre un'indagine sull'atteggiamento dei soldati americani, britannici e francesi. La professoressa Miriam Gebhardt, che nel suo libro intervista le vittime e le persone nate dagli stupri, stima che, a parte l'orgia sovietica, i soldati alleati abbiano violentato circa 860.000 donne durante e dopo la Seconda Guerra Mondiale.

Prigionieri di guerra tedeschi
I campi di sterminio di Eisenhower

In un capitolo successivo, dedicato esclusivamente allo studio delle accuse rivolte alla Germania nazista in relazione al presunto sterminio di sei milioni di ebrei, esamineremo il sistema carcerario tedesco. Ci limitiamo a dire che inizialmente esistevano campi di prigionia (Straflager), campi di lavoro (Arbeitslager) e campi di concentramento (Konzentrationslager), le cui infrastrutture erano ben progettate per svolgere la loro funzione. La Germania era di gran lunga il Paese che meglio rispettava la Convenzione di Ginevra e quindi trattava i prigionieri di guerra in conformità con le convenzioni internazionali, come attestano i rapporti della Croce Rossa, che visitava regolarmente i campi. Il trattamento dei prigionieri di guerra tedeschi era un'altra cosa. Si è visto come Eisenhower abbia impedito alla Croce Rossa Internazionale di entrare nei suoi campi di sterminio, dove quasi un milione di tedeschi morì all'aperto. Approfondiremo tra poco questo fatto storico a lungo nascosto.

Il trattamento sovietico dei prigionieri di guerra è difficilmente contestabile: il fatto che l'URSS, alleata delle democrazie, fosse uno dei pochi Paesi al mondo a non aver firmato la Convenzione di Ginevra spiega in parte le sue azioni scandalose. Già nella primavera del 1940 Beria aveva eliminato 22.000 polacchi, la crema dell'esercito e dell'intellighenzia polacca, senza che nessuno lo sapesse. In altre parole, non era possibile controllare i sovietici e pretendere che trattassero i prigionieri con umanità e dignità. Abbiamo visto come sono stati trattati i loro stessi cittadini per decenni, e sappiamo come sette milioni di persone sono state fatte morire di fame in Ucraina (Holodomor). Il trattamento riservato ai soldati nemici non deve quindi sorprendere.

Il 29 dicembre 1941, in un ospedale da campo tedesco a Teodosia (Crimea), furono uccisi 160 soldati feriti. Alcuni furono gettati dalle finestre e inzuppati d'acqua per congelarli. Nel febbraio 1943, dopo la resa del generale von Paulus a Stalingrado, 91.000 soldati tedeschi partirono a piedi attraverso la neve per la cosiddetta "marcia della morte" verso i campi di concentramento. La metà di loro morì a causa del cammino, del freddo estremo e delle percosse. Gli altri furono internati in una dozzina di campi di concentramento e solo 6.000 sopravvissero alle condizioni disumane dell'internamento. A Kharkov (Ucraina), nell'estate del 1943, 150 prigionieri furono impiccati in pubblico davanti a una folla esultante. A Glowno (Polonia), duemila prigionieri tedeschi che si erano arresi furono costretti a calpestare le mine antiuomo e quelli che riuscirono a sopravvivere furono bruciati con i lanciafiamme. Questi esempi sono sufficienti.

Dei tre milioni di prigionieri tedeschi caduti nelle mani dell'Armata Rossa, un milione morì tra il 1945 e il 1953 nei Gulag sovietici. A partire da quest'ultima data, dopo la morte di Stalin, la Croce Rossa Internazionale iniziò a fare pressioni per il ritorno dei prigionieri delle nazioni che avevano combattuto contro l'URSS: Romania, Ungheria, Italia, Giappone, Finlandia, Slovacchia, Francia di Vichy e altre, tra cui la Spagna. Degli oltre mezzo milione di prigionieri ungheresi detenuti nei campi sovietici, circa 200.000 perirono. Anche i rumeni soffrirono molto per il trattamento ricevuto nei campi dell'URSS: su 400.000 prigionieri, solo la metà sopravvisse e fu in grado di tornare in Romania.

Non ci si poteva quindi aspettare molto dall'Unione Sovietica, un Paese che dal 1917 si era caratterizzato per la spietata eliminazione di tutti gli oppositori e per l'assoluto disprezzo della vita dei propri cittadini, considerati nemici di classe. D'altra parte, si poteva pretendere qualcosa di più da Paesi che si proclamavano difensori della libertà e della democrazia. Era quindi impensabile che Dwight D. Eisenhower bandisse la Croce Rossa Internazionale dai suoi campi di sterminio. È ora opportuno tornare sull'argomento per approfondire in poche pagine le brevi informazioni fornite in precedenza

La prima cosa da notare è che le rese di massa avvennero sul fronte occidentale perché i comandanti tedeschi erano convinti che gli Alleati li avrebbero trattati meglio dei sovietici. Sul fronte orientale, le unità della Wehrmacht combatterono fino all'ultimo per cercare di evitare che molti dei loro connazionali cadessero nelle mani dei comunisti. Fu l'ammiraglio Dönitz a ordinare questa strategia, che alla fine non servì a nulla, perché, a pensarci bene, la morte lenta che Eisenhower aveva preparato per loro era una delle più crudeli che si potessero infliggere a un essere umano: "Vidi migliaia di uomini ammassati insieme", ha raccontato Martin Brech, un soldato americano di guardia a uno dei campi, "fradici e infreddoliti, che dormivano nel fango senza alcun riparo o coperta, che mangiavano erba perché li nutrivamo a malapena, che morivano.... Era chiaro che non nutrirli adeguatamente era la nostra norma deliberata.... Imploravano, si ammalavano e morivano davanti a noi".

La pubblicazione nel 1989 di *Other Losses* di James Bacque, che ha dimostrato senza ombra di dubbio ciò che era accaduto, ha portato alla luce una verità che era stata tenuta nascosta. Ci sono voluti quarantaquattro anni perché il mondo venisse a sapere che Eisenhower, "il terribile ebreo svedese", era un genocida che aveva deliberatamente ucciso quasi un milione di tedeschi in pochi mesi. Si può avere un'idea dell'entità di questo crimine quando ci si rende conto che queste morti superavano di gran lunga quelle subite in Europa occidentale dall'esercito tedesco durante l'intera guerra. Bacque ha intervistato centinaia di prigionieri, guardie e ufficiali americani e ha raccolto prove esaurienti dagli archivi di Germania, Francia, Gran Bretagna, Canada e Stati Uniti che gli hanno permesso di svelare la storia sconvolgente di un crimine gigantesco eseguito su pantani nauseanti che divennero paludi di sporcizia, epidemie e malattie.

I tedeschi stimarono che più di 1.700.000 soldati vivi alla fine della guerra non fecero mai ritorno a casa; ma gli Alleati respinsero ogni responsabilità e puntarono il dito contro i russi. Tra il 1947 e il 1950 la maggior parte dei rapporti sui campi di prigionia statunitensi fu distrutta. Lo stesso Willy Brandt, la forza trainante della "Ostpolitik" tra il 1969 e il 1974, sovvenzionò libri che negavano le atrocità nei campi americani. James Bacque osserva che anni dopo Brandt si rifiutò di discutere il suo ruolo nella censura e nella sovvenzione di libri che nascondevano i crimini contro il popolo tedesco. Bacque accusa inoltre il Comitato Internazionale della Croce Rossa di Ginevra di non avergli permesso di indagare sugli archivi che riferivano dei campi britannici e canadesi, che sapevano cosa accadeva nei campi di sterminio di Eisenhower.

Quando Morgethau si recò in Europa con White nell'agosto del 1944, ebbe l'opportunità di incontrare Eisenhower, comandante supremo della Forza di Spedizione Alleata in Europa, che, come è stato detto, gli assicurò che avrebbe "cucinato i tedeschi nel loro stesso sugo". James Bacque, che oltre al *Diario di Morgenthau* e all'introduzione del professor Anthony

Kubek da noi utilizzata, cita *Roosevelt and Morgenthau* di John Morton Blum, conferma che il Segretario al Tesoro tornò soddisfatto della disponibilità di Eisenhower, poiché il generale aveva promesso di "trattare duramente" con i tedeschi. Tuttavia, Morgenthau disse a Roosevelt alla Casa Bianca che la Commissione consultiva europea non stava valutando "come trattare severamente la Germania nel modo in cui avremmo voluto". In ogni caso, Morgenthau era convinto che alla fine avrebbe imposto il suo piano contro i tedeschi e disse al Presidente: "Datemi trenta minuti con Churchill e potrò fare ammenda per questo". La risposta di Roosevelt, che proviene *dai Diari presidenziali*[14], è imperdibile: 'Dobbiamo essere duri con la Germania, e intendo il popolo tedesco, non solo i nazisti. O dobbiamo evirare i tedeschi o dobbiamo trattarli in modo tale che non possano più riprodurre persone che vogliano continuare ciò che hanno fatto in passato".

Queste parole sono in sintonia con la proposta di Theodore N. Kaufman di sterilizzare tutti i tedeschi, il che suggerisce che, come denunciato da Göbbels e da altri leader nazionalsocialisti, Kaufman si muoveva alla Casa Bianca, in particolare come uomo di Samuel Rosenman, uno dei più importanti consiglieri ebrei del Presidente. Anche poco prima della sua morte, Roosevelt confermò a Morgenthau, che si trovava a Warm Springs, in Georgia, la notte dell'11 aprile 1945, di condividere i suoi piani. Come annotò il Segretario di Stato al Tesoro nei *Diari presidenziali*, le ultime parole che il Presidente gli rivolse su questioni politiche furono: "Henry, sono con te al 100%.

Alla seconda Conferenza di Quebec, tenutasi dall'11 al 16 settembre 1944, Morgenthau ebbe a disposizione più della mezz'ora richiesta per cercare di convincere Churchill, che si era recato a Quebec con una vecchia conoscenza che odiava i tedeschi quanto Morgenthau, Lord Cherwell, ovvero Frederick Alexander Lindemann, il suo consigliere ebreo, suo intimo amico, ideologo del terrore aereo sulla Germania. I due si accordarono per convincere Churchill della necessità di attuare il Piano Morgenthau. "Morgenthau e il consigliere di Churchill, Lord Cherwell", scrive Bacque, "elaborarono un piano per superare la resistenza di Churchill". Solo Anthony Eden, segretario del Ministero degli Esteri, si oppose al Piano Morgenthau e Lord Cherwell, il principale sostenitore del Piano in Gran Bretagna, in Quebec. A Mosca, a metà ottobre, Churchill spiegò il Piano Morgenthau per la Germania a Stalin che accettò. All'interno del Gabinetto di Guerra britannico, tuttavia, c'erano dei dubbi. Lindemann riuscì a far arrabbiare il

---

[14] Nei *Diari di Morgenthau* c'è una serie di circa 2.000 pagine, i cosiddetti *Diari presidenziali*, che registrano i colloqui di Morgenthau con FDR. In questa raccolta di documenti manoscritti, oltre alle loro battute e alle discussioni "tête-à-tête", ci sono anche incontri ministeriali. Questi documenti danno un'idea della stretta amicizia tra i due ebrei e della misura in cui erano sulla stessa lunghezza d'onda nel loro odio per il popolo tedesco. I *Diari presidenziali* contengono anche materiali relativi a Harry Salomon Truman e Dwight David Eisenhower.

Ministro degli Esteri quando intimò a Churchill che le preoccupazioni di Eden sulla carestia in Germania erano completamente sbagliate. Secondo Bacque, Churchill dovette mediare tra i due e placare Eden, che replicò con rabbia.

Il 10 marzo 1945 Eisenhower trovò un modo per violare la Convenzione di Ginevra e impedire che i prigionieri di guerra (POW) fossero trattati come previsto dalle norme internazionali. Per farlo, creò un nuovo tipo di prigioniero: il DEF (Unarmed Enemy Forces). I Capi di Stato Maggiore Combinati (CCS), composti da britannici e americani, ricevettero il messaggio in aprile presso il Supreme Headquarters Allied Expeditionary Force (SHAEF). Il CCS approvò lo status DEF solo per i prigionieri di guerra detenuti dagli americani, poiché i britannici si rifiutarono di adottare il piano di Eisenhower per i propri prigionieri di guerra. Le principali condizioni stabilite nell'ordine si riflettevano nei punti B, C e D ed erano le seguenti:

> "B) I tedeschi sono responsabili dell'alimentazione e del mantenimento delle truppe tedesche disarmate.
> (C) La procedura adottata non si applicherà ai criminali di guerra o ad altre categorie di ricercati tedeschi o ad altre persone trovate tra le Forze Armate tedesche e detenute per motivi di sicurezza. Queste persone continueranno ad essere imprigionate come sospetti criminali di guerra o per motivi di sicurezza militare e non come prigionieri di guerra. Saranno nutrite, alloggiate e quindi sorvegliate dalle Forze Alleate. Le autorità tedesche non eserciteranno alcun controllo su di loro.
> D) Non ci saranno dichiarazioni pubbliche sullo stato delle Forze armate tedesche o delle truppe non armate".

Il 10 marzo, lo stesso giorno in cui creò lo status di DEF per i prigionieri di guerra tedeschi, Eisenhower tenne una conferenza stampa a Parigi, durante la quale disse: "Se i tedeschi ragionassero come normali esseri umani, saprebbero che nel corso della storia gli Stati Uniti e la Gran Bretagna hanno mostrato generosità verso il nemico sconfitto. Noi rispettiamo tutte le regole della Convenzione di Ginevra". Grazie alla disposizione D, la violazione della Convenzione di Ginevra fu tenuta segreta, requisito indispensabile per evitare che l'opinione pubblica venisse a conoscenza della verità e, nel frattempo, scoprisse che Eisenhower era un cinico bugiardo. La Convenzione di Ginevra prevedeva tre diritti fondamentali per i prigionieri: vitto e alloggio allo stesso livello delle truppe dell'esercito che li aveva catturati; ricezione e invio della corrispondenza; diritto di essere visitati da delegati del Comitato Internazionale della Croce Rossa.

La clausola B prevedeva che i tedeschi stessi nutrissero e mantenessero le loro truppe disarmate. Tuttavia, il Piano Morgenthau prevedeva lo smantellamento delle istituzioni tedesche, comprese tutte le agenzie che fornivano servizi sociali. Secondo il Piano, la produzione di fino a 500 prodotti doveva essere impedita o abolita. Pretendere, quindi, di scaricare la responsabilità sulle autorità tedesche era assolutamente illusorio, poiché, una volta aboliti l'esercito, il governo, le agenzie di assistenza sociale, la Croce Rossa tedesca e altre istituzioni, anche commerciali, non esistevano più autorità. Infatti, Eisenhower sapeva benissimo che la famosa direttiva JCS 1067 stabiliva specificamente la politica che doveva adottare nei confronti di ciascuna delle istituzioni tedesche: doveva abolire l'esercito, il governo centrale, la NSDAP, chiudere scuole, università, stazioni radio, giornali, impedire ai soldati di parlare con i tedeschi.... Lo spirito e la lettera del Piano Morgenthau, così come inteso da Harry Dexter White, Frank Coe e Harry Glasser, i tre comunisti ebrei del Tesoro che lo avevano ideato, erano contenuti nella Direttiva 1067 del JCS.

Il 21 aprile 1945 Eisenhower firmò un testo inviato allo SHAEF in cui diceva al generale Marshall che i nuovi recinti per i prigionieri "non sarebbero stati forniti di ripari o altri servizi". Aggiunse che i prigionieri stessi avrebbero dovuto migliorarli "utilizzando materiali locali". Questi spazi senza tetto, chiamati "recinti temporanei per prigionieri di guerra" (PWTE), non erano altro che campi aperti circondati da filo spinato. La cosiddetta temporaneità durò per più di metà anno. Eisenhower non permise di erigere nemmeno una misera tenda, ma ordinò l'installazione di riflettori, torrette di guardia e mitragliatrici. Per quanto riguarda il permesso dato ai prigionieri di migliorare i campi "utilizzando il più possibile materiali locali", un ordine del 1° maggio proibiva espressamente l'ingresso di materiali nei recinti. Quando i prigionieri che si arrendevano cominciarono ad essere rinchiusi in questi recinti in aprile, non c'erano torri di guardia, né tende, né acqua, né latrine, né strutture di alcun tipo. In alcuni campi gli uomini erano così stretti che non potevano nemmeno sdraiarsi a terra. Ecco, da *Altre perdite*, una descrizione della situazione dall'interno di un campo:

> "Nell'aprile del 1945, centinaia di migliaia di soldati tedeschi, ma anche pazienti di ospedali, amputati, assistenti donne e civili furono imprigionati.... Un prigioniero del campo di Rheinberg aveva più di ottant'anni, un altro solo nove.... I suoi compagni erano sopraffatti dalla fame e tormentati dalla sete e stavano morendo di dissenteria. Un cielo crudele versava acqua su di loro settimana dopo settimana. I mutilati strisciavano come anfibi nel fango, fradici e tremanti. All'aperto, giorno dopo giorno, notte dopo notte, giacevano disperati nella sabbia del Rheinberg o dormivano esausti nelle loro buche fatiscenti".

Di notte, i riflettori brillavano sugli uomini che giacevano nelle loro buche buie, urlando nei loro incubi. Uno di questi sfortunati, Charles von Luttichau, fu intervistato nel 1987/88 a Washington, D. C. da James Bacque. La madre di Luttichau era americana, così, convalescente a casa, decise di arrendersi volontariamente. Fu imprigionato a Kripp, un campo vicino a

Remangen, sul Reno. Quello che segue è un estratto della sua descrizione all'autore di *Other Losses*:

> "I servizi igienici erano solo tronchi gettati sopra i fossati accanto al filo spinato. Per dormire potevamo solo scavare una buca nel terreno a mani nude e poi infilarci l'uno nell'altro. Eravamo rannicchiati l'uno accanto all'altro. A causa delle malattie, gli uomini dovevano defecare per terra. Ben presto molti di noi furono troppo deboli per togliersi prima i pantaloni. Di conseguenza, i nostri vestiti erano infetti, così come il fango su cui dovevamo camminare, sederci e sdraiarci. All'inizio non c'era acqua, a parte la pioggia. Poi, dopo un paio di settimane, siamo riusciti ad avere un po' d'acqua da un tubo. Ma la maggior parte di noi non aveva nulla con cui prenderla, quindi potevamo bere solo qualche sorso dopo ore di coda, a volte anche durante la notte. Dovevamo camminare tra le buche, sulla terra bagnata che si accumulava mentre scavavamo, così era facile cadere in una buca e difficile uscirne. In questa parte del Reno la pioggia in primavera era quasi costante. Più della metà dei giorni non avevamo cibo. Per il resto avevamo una piccola razione di K. Dai pacchetti ho potuto vedere che ci davano un decimo delle razioni che davano ai loro uomini. Quindi alla fine ricevevamo forse il cinque per cento di una normale razione dell'esercito americano. Dissi al comandante del campo che stavo violando la Convenzione di Ginevra, ma lui mi rispose semplicemente: "Lascia perdere la Convenzione. Non hai alcun diritto". Nel giro di pochi giorni, uomini che erano entrati nel campo in buona salute erano morti. Ho visto i nostri uomini trascinare molti corpi dei morti fino al cancello del campo, dove venivano ammucchiati l'uno sull'altro e portati via in camion.
> Un ragazzo di diciassette anni, che vedeva il suo villaggio in lontananza, piangeva in piedi davanti alla recinzione di filo spinato. Una mattina i prigionieri lo trovarono ucciso ai piedi della recinzione. Il suo corpo fu appeso al filo spinato dalle guardie e lasciato in bella vista come monito. I prigionieri furono costretti a camminare vicino al corpo. Molti gridavano "assassini, assassini". Per rappresaglia, il comandante del campo trattenne le già misere razioni per tre giorni. Per noi, che stavamo già morendo di fame e potevamo muoverci a fatica a causa della debolezza, fu terrificante. Per molti significava la morte. Non fu l'unica volta che il comandante ritirò le razioni per punire i prigionieri".

Quasi tutti i sopravvissuti intervistati da Bacque concordano sul fatto che la mancanza d'acqua fu una delle cose più terribili. George Weiss, un meccanico di carri armati, ricorda che rimasero tre giorni e mezzo senz'acqua, quindi bevvero la loro stessa urina. Il sapore", ricorda Weiss, "era terribile, ma cosa potevamo fare? Alcuni uomini leccavano il terreno per ottenere un po' di umidità". Altre testimonianze riportano che tra i prigionieri dei campi c'erano bambini di sei anni, donne incinte e anziani. Va notato che nei campi DEF non esistevano registri e che la maggior parte dei registri dei campi per prigionieri di guerra sono stati successivamente distrutti. Pertanto non è possibile sapere quanti civili furono fatti prigionieri.

L'esercito francese pretese dagli americani il trasferimento di prigionieri per utilizzarli in lavori di riparazione. Secondo i rapporti francesi, su una consegna di 100.000 che avrebbero dovuto essere utili per il lavoro, gli americani trasferirono 32.640 donne, bambini e anziani. James Bacque sottolinea la situazione disastrosa dei campi di prigionia francesi, così disastrosa da essere quasi emulata dagli americani, dato che su un totale di 740.000 prigionieri che ricevettero dall'esercito americano, 250.000 morirono per la fame e per il trattamento miserabile a cui furono sottoposti. A questi morti vanno aggiunti almeno altri 800.000 morti per mano degli americani, portando la cifra totale a oltre un milione.

Il generale Patton fu l'unico a rilasciare un numero significativo di prigionieri durante il mese di maggio, salvandoli così dalla fame. Quando altri generali cercarono di seguire il suo esempio e ordinarono anch'essi il rilascio di prigionieri, un contrordine firmato il 15 maggio da Eisenhower annullò il loro tentativo. Bacque conferma che nel giro di un mese Patton ne scaricò circa mezzo milione. Degli oltre cinque milioni di soldati catturati dagli americani nell'Europa nord-occidentale, quasi quattro milioni rimasero rinchiusi in recinti all'aperto. Secondo Bacque, all'8 settembre 1945 erano stati rilasciati circa 2,2 milioni di detenuti. Altri 3.700.000 del totale dei prigionieri in tutti i teatri operativi europei erano ancora nei campi, o erano morti, o la loro custodia era stata trasferita agli inglesi o ai francesi. Con l'arrivo dell'estate, le condizioni meteorologiche migliorarono e le sofferenze del clima si attenuarono, ma la carestia continuò a fare stragi. Inoltre, nei mesi di giugno e luglio i prigionieri con lo status di prigionieri di guerra furono segretamente trasferiti allo status di DEF. Tra il 2 giugno e il 28 luglio il numero di prigionieri nei campi DEF aumentò di quasi 600.000 unità.

Il governo degli Stati Uniti rifiutò al Comitato Internazionale della Croce Rossa il permesso di entrare nei campi e visitare i prigionieri, in flagrante violazione della Convenzione di Ginevra. Con la disintegrazione del governo tedesco, la Svizzera era stata autorizzata a esercitare il ruolo di Potenza protettrice, che doveva garantire che i rapporti della Croce Rossa venissero ricevuti dalla Svizzera. Per evitare che ciò accadesse, l'8 maggio 1945, non appena la Germania si arrese senza condizioni, il Dipartimento di Stato americano informò l'ambasciatore svizzero a Washington che la Svizzera aveva rifiutato il ruolo di Potenza protettrice. Una volta fatto ciò, il Dipartimento di Stato informò il CICR (Comitato Internazionale della Croce Rossa) che non aveva senso effettuare visite, poiché non c'era alcuna Potenza Protettrice. Nonostante ciò, il Dipartimento di Stato informò sfacciatamente la Svizzera che gli Stati Uniti avrebbero continuato a trattare i prigionieri "in conformità con le disposizioni della Convenzione di Ginevra".

Per contro, due milioni di prigionieri britannici, americani, francesi e canadesi furono rilasciati dai campi tedeschi quella primavera. La Croce Rossa, che supervisionava l'operazione, li accolse con pacchi provenienti dai suoi magazzini in Svizzera, dove ne aveva immagazzinati milioni. I prigionieri liberati ebbero l'opportunità di ringraziare la Croce Rossa per l'aiuto fornito con i pacchi alimentari che erano arrivati ai campi di internamento. I tedeschi, nonostante il fatto che alla fine della guerra il popolo tedesco soffrisse di gravi restrizioni alimentari, avevano fornito 1.500 calorie al giorno ai detenuti quasi fino alla fine. Altri aiuti erano arrivati ai campi attraverso la posta. Il 98% dei prigionieri detenuti nei centri di detenzione tedeschi tornò a casa sano e salvo, secondo i rapporti pubblicati dalla Croce Rossa nel maggio 1945. Il loro stato di salute era buono, non solo perché avevano avuto cibo, ma anche vestiti caldi e medicinali, che erano arrivati regolarmente per posta con l'acquiescenza delle autorità tedesche.

Il 4 maggio 1945 il Dipartimento della Guerra degli Stati Uniti vietò ai prigionieri di guerra tedeschi di inviare o ricevere posta. A luglio il Comitato internazionale della Croce Rossa propose un piano per ripristinare la posta ai prigionieri di guerra tedeschi, ma fu rifiutato dagli americani. Gli inglesi, invece, accettarono il suggerimento della Croce Rossa e in luglio-agosto ristabilirono le comunicazioni postali. Un altro tentativo del CICR fu fatto alla fine di maggio o all'inizio di giugno. Due treni carichi di cibo provenienti dai loro magazzini in Svizzera, dove erano stoccate oltre 100.000 tonnellate di cibo, furono inviati in Germania. Uno era diretto a Mannheim e l'altro ad Ausburg, città del settore americano. Entrambi arrivarono a destinazione, dove i funzionari a bordo furono informati da quelli americani che i magazzini erano pieni. I treni dovettero tornare in Svizzera con il loro carico.

La prima zona a consentire le spedizioni della Croce Rossa fu quella britannica, ma solo nell'ottobre 1945. La Francia, invece, non permise gli aiuti fino a dicembre. Nelle zone sovietiche e nordamericane, invece, le consegne della Croce Rossa furono rifiutate per tutto l'inverno particolarmente rigido del 1945-46. Le autorità militari degli Stati Uniti, sebbene le consistenti donazioni irlandesi e svizzere fossero specificamente indicate, secondo il CICR, come destinate alla Germania, consigliarono al Comitato Internazionale della Croce Rossa delegato a Berlino di inviare tutti gli aiuti disponibili ad altre aree bisognose dell'Europa. Max Huber, capo del CICR, decise infine di avviare un'indagine, ma con scarsi risultati, poiché fino a quando Eisenhower non fu sostituito a novembre da Lucius Clay, l'esercito americano non permise alcun tipo di beneficio ai tedeschi. Nonostante ciò, solo nel marzo del 1946 fu consentito l'ingresso di aiuti internazionali nella zona americana. I sovietici ritardarono il loro accordo fino ad aprile. A quel punto, centinaia di migliaia di tedeschi erano già morti di fame, freddo e malattie.

Eisenhower passerà sicuramente alla storia come uno dei più grandi criminali della Seconda guerra mondiale. Il 10 marzo 1945, prima che avvenissero le grandi catture di prigionieri tedeschi creò lo stato DEF, che dimostra che la politica che intendeva adottare era stata concepita in anticipo. In linea con l'esigenza di trattare duramente i tedeschi e in perfetta sintonia con il Piano Morgenthau, in realtà un piano genocida, Eisenhower progettò di privare i prigionieri di cibo, acqua e riparo. Nonostante l'esercito americano avesse un'eccedenza di tende e la Croce Rossa avesse scorte di cibo in abbondanza in Svizzera, fu deciso di rinchiudere i tedeschi in PWTE (Temporary Prisoner of War Enclosures) all'aperto e di vietare la distribuzione di cibo e l'assistenza sanitaria della Croce Rossa. Ciò significava condannare a morte centinaia di migliaia di tedeschi. L'unico generale che più o meno capì cosa stava accadendo e osò dissentire fu George Smith Patton, che alla fine sarebbe stato ucciso nel dicembre 1945.

L'assassinio del generale Patton

Eisenhower sapeva che avrebbe potuto essere oggetto di qualche indagine da parte di una commissione del Congresso o del Senato, quindi aveva preteso la lealtà dei suoi subordinati. Questo timore di Eisenhower è riflesso da Patton nel suo diario personale: "Dopo pranzo il generale Eisenhower ci parlò in modo molto confidenziale della necessità di essere solidali nel caso in cui qualcuno di noi fosse stato chiamato davanti a una commissione del Congresso". Ha delineato una forma di organizzazione. Sebbene nessuno di noi fosse esattamente d'accordo, non era sufficientemente in contrasto con le nostre opinioni da precludere un sostegno generale". Eisenhower non solo doveva evitare un'indagine del Congresso per tutto ciò che veniva insabbiato nella zona di occupazione americana, ma doveva anche evitare disaccordi con generali come lo stesso Patton, che rappresentava l'onore dell'esercito e la semplicità e generosità del popolo americano. Il prestigio di Patton era riconosciuto dagli stessi tedeschi, che lo consideravano uno dei geni militari americani.

Il suo pensiero sul trattamento dei tedeschi fu espresso rispondendo a una domanda postagli da un giudice militare. Patton ha confermato che nei suoi discorsi alle truppe ha sottolineato "la necessità di un trattamento adeguato dei prigionieri di guerra, sia per le loro vite che per le loro proprietà". Considerato il miglior soldato del suo Paese nella Seconda Guerra Mondiale, era ammirato dai suoi soldati, ai quali parlava senza mezzi termini: li incoraggiava a uccidere quanti più tedeschi possibile sul campo di battaglia, "ma non metteteli contro un muro e uccideteli. Fatelo mentre combattono". Martin Blumenson cita le seguenti parole del generale Patton in *The Patton Papers*: "Quando un uomo si è arreso, dovrebbe essere trattato esattamente secondo le regole del combattimento a terra ed esattamente nello stesso modo in cui voi vorreste essere trattati se foste stati così stupidi da arrendervi. Noi americani non diamo pugni sui denti alla gente quando viene sconfitta". Come si vedrà più avanti, Patton deplorava la politica di Eisenhower contro i tedeschi e il trattamento riservato dai vincitori alla Germania: "Quello che stiamo facendo", denunciava, "è distruggere completamente l'unico Stato moderno in Europa, in modo che la Russia possa inghiottirlo".

Patton stava per occupare la Cecoslovacchia e la Germania quando gli fu ordinato di fermare l'offensiva perché a Yalta era stato deciso che l'Unione Sovietica avrebbe dovuto occupare questa parte dell'Europa centrale. Per impedirne l'avanzata, Eisenhower diede a Montgomery il carburante per i suoi carri armati. Dopo la guerra, Patton fu nominato governatore militare della Baviera e osò dire senza mezzi termini che Stalin non avrebbe occupato mezza Europa senza l'appoggio di Roosevelt. Quando scoprì che il suo Paese era colluso con l'Unione Sovietica, Patton denunciò pubblicamente questa collusione. Ciò gli causò molti problemi e gli procurò molti nemici, sia negli Stati Uniti che in URSS. Le sue opinioni furono scritte nel suo diario e in lettere alla famiglia e agli amici, molte delle quali sono contenute in *The Patton Papers*.

È probabile che Patton, che disprezzava senza esitazioni tutto ciò che rappresentava l'Unione Sovietica, non abbia mai compreso appieno perché mezza Europa venisse consegnata al comunismo. Chiaramente, in base alla sua logica militare, non aveva una spiegazione accettabile. Aveva combattuto per liberare l'Europa dal nazismo e riteneva che lasciarla nelle mani di Stalin equivalesse a un fallimento, soprattutto perché era convinto che l'Armata Rossa potesse essere respinta fino ai suoi confini se si fosse colto il momento. Il 18 maggio 1945 Patton scrisse nel suo diario che l'esercito americano avrebbe potuto battere i russi con la massima facilità. Due giorni dopo scrisse una lettera alla moglie ribadendo la stessa idea: "Se dobbiamo combattere i russi, questo è il momento. D'ora in poi noi diventeremo più deboli e loro più forti". Ben presto le sue opinioni e le sue parole sprezzanti nei confronti dei sovietici giunsero alle orecchie dei suoi nemici e detrattori.

Il 21 luglio 1945, dopo aver visitato le rovine di Berlino, scrisse alla moglie: "Berlino mi ha rattristato. Abbiamo distrutto quella che poteva essere una buona razza e siamo vicini a sostituirla con brutali mongoli. E tutta l'Europa sarà comunista. È triste che durante la prima settimana in cui sono entrati a Berlino, tutte le donne che correvano sono state fucilate e quelle che non correvano sono state violentate. Se fossero state lasciate a me, avrei potuto prenderle". Naturalmente, se a Patton fosse stato permesso di prendere Berlino, i selvaggi assalti, gli omicidi e gli stupri sarebbero stati evitati. Il riferimento ai mongoli ha a che fare con il fatto che le truppe sovietiche che occuparono la capitale del Reich erano ricche di soldati mongoli, motivo per cui diversi storici parlano di donne tedesche violentate da "orde asiatiche". Patton insiste nel suo diario sul rispetto della razza tedesca. In un'altra annotazione del 31 agosto, scrisse: "I tedeschi sono davvero l'unico popolo decente rimasto in Europa. La scelta è tra loro e i russi. Preferisco i tedeschi.

Nemmeno gli ebrei erano un santo della sua devozione. Anzi, ne era respinto. Ci sembra chiaro che Patton non capisse bene le vere ragioni per cui il mondo era stato trascinato nella guerra più devastante della storia, per cui assistette stupito allo sciame di ebrei provenienti dalla Russia e dalla Polonia che iniziarono a invadere la Germania non appena cessarono le ostilità. In attesa dei preparativi per il loro trasferimento in Palestina, furono ospitati nei campi per sfollati (DP) che gli americani avevano costruito per loro. Il loro comportamento e la mancanza di igiene in questi campi disgustarono Patton. In un'occasione, Eisenhower insistette perché lo accompagnasse a una funzione religiosa ebraica, un'esperienza che registrò in una nota del suo diario il 17 settembre:

> "Venne fuori che era la festa dello Yom Kippur, così si riunirono in un grande edificio di legno che chiamano sinagoga. Toccò al generale Eisenhower fare un discorso per loro. Siamo entrati nella sinagoga, che era piena del più puzzolente ammasso di umanità che abbia mai visto. Quando arrivammo a metà della cerimonia, il rabbino capo, che indossava una pelle simile a quella indossata da Enrico VIII d'Inghilterra e una cotta ricamata molto sporca, venne a vedere il generale.... Il fetore era così terribile che per poco non svenni e infatti circa tre ore dopo mi rovinai il pranzo a causa della sua reminiscenza".

In un'altra annotazione, sempre di settembre, Patton registrò la sua indignazione per il trattamento favorevole che Washington chiedeva per gli ebrei. Gli fu ordinato di rimuovere i tedeschi dalle loro case per ospitare gli ebrei: "Evidentemente", scrisse, "il virus della vendetta semitica contro tutti i tedeschi messo in moto da Morgenthau e Baruch è ancora all'opera. Harrison (un funzionario del Dipartimento di Stato) e i suoi collaboratori dicono che i civili tedeschi dovrebbero essere rimossi dalle loro case per ospitare gli sfollati". In realtà la maggior parte di questi ebrei che dovevano essere ospitati non erano sfollati, ma gruppi entrati volontariamente in Germania. Nonostante il suo disaccordo con la politica ufficiale, che lo portò a sfidare il JCS 1067, Patton cercò di eseguire gli ordini che non violavano la sua coscienza: "Oggi abbiamo ricevuto ordini', annotò in un'altra lettera, "che ci dicono di dare alloggi speciali agli ebrei". In un'altra lettera alla moglie, insistette nel deplorare il trattamento dei tedeschi: "Sono stato a Francoforte per partecipare a una conferenza del governo civile. Se quello che facciamo ai tedeschi è libertà, allora datemi la morte. Non riesco a capire come noi americani ci siamo abbassati a tanto. È semitico, e ne sono certo". Sembra chiaro che a questo punto Patton avesse già associato i comunisti agli ebrei.

Le opinioni di Patton erano ormai inaccettabili, per cui fu organizzata una campagna di stampa per screditarlo. L'accanimento iniziò con l'accusa di essere troppo tenero con i tedeschi; ma un incidente avvenuto nell'agosto 1943 durante la campagna di Sicilia fu presto preso di mira. In quell'occasione schiaffeggiò con i guanti un fannullone di nome Charles H. Kuhl perché pensava che stesse facendo il malato. Negli ospedali ce n'era un gran numero che si fingeva malato per evitare il combattimento. Per accusare il generale di antisemitismo, un giornale di New York riportò che quando Patton aveva schiaffeggiato il soldato, che era ebreo, lo aveva chiamato "ebreo codardo", cosa non vera. Durante la conferenza stampa del 22 settembre, il generale si rese conto che alcuni giornalisti lo stavano provocando per fargli perdere la calma. Lo stesso giorno scrisse nel suo diario: "Nella stampa c'è un'influenza semitica molto evidente. Stanno cercando di fare due cose: primo, implementare il comunismo, e secondo, stanno cercando di far perdere il lavoro a tutti gli uomini d'affari di stirpe tedesca senza antenati ebrei.... Hanno perso il senso della giustizia e pensano che un uomo possa essere licenziato perché qualcuno dice che è un nazista". Anche alla moglie spiegò cosa era successo alla conferenza stampa: "Prima che tu riceva questa lettera, probabilmente sarò sui titoli dei giornali, perché la stampa vuole dire che sono più interessato a ristabilire l'ordine in Germania che a cacciare i nazisti".

Il clamore della stampa contro Patton fu presto colto da Eisenhower, che il 28 settembre, dopo avergli rimproverato le sue opinioni, decise di sostituirlo come governatore militare della Baviera e di togliergli il comando della Terza Armata. Il 7 ottobre, con una triste cerimonia, Patton si congedò dai suoi subordinati con queste parole: "Tutte le cose belle devono finire. La cosa migliore che mi sia capitata finora è l'onore e il privilegio di aver comandato la Terza Armata". Il suo nuovo incarico era il comando della Quindicesima Armata in una piccola caserma a Bad Nauheim. Il 22 ottobre scrisse una lunga lettera al generale James G. Harbord, che era tornato a Bad Nauheim. Harbord, che era già tornato negli Stati Uniti. In essa Patton condannava aspramente l'attuazione della politica di Morgenthau, la condotta pusillanime e vigliacca di Eisenhower di fronte alle pretese ebraiche, la marcata parzialità filosovietica della stampa e la politicizzazione, la corruzione, il degrado e la demoralizzazione che tutto ciò provocava nell'esercito.

Infine, il 9 dicembre 1945, nei pressi di Mannheim, la Cadillac su cui viaggiava il generale Patton si schiantò contro un camion dell'esercito di due tonnellate che attraversò la strada all'improvviso. L'impatto non fu fatale, poiché sia l'autista, Horace Woodring, sia il suo capo di stato maggiore, il generale Hobart Gay, soprannominato "Hap", uscirono dall'auto con solo lievi graffi; tuttavia, Patton fu colpito al collo, ma non in modo grave. Sulla strada per l'ospedale, il veicolo che aveva soccorso il generale fu nuovamente tamponato da un altro pesante camion militare. Questa volta le ferite di Patton erano più gravi, ma riuscì ad arrivare vivo all'ospedale, da dove riuscì a contattare la moglie negli Stati Uniti. Lei gli chiese di uscire urgentemente dall'ospedale perché volevano ucciderlo: "Mi uccideranno qui". E così fece. Il 21 dicembre 1945 Patton fu dichiarato morto per un'embolia. Non solo l'esercito non intraprese alcuna indagine sugli "incidenti", ma non fu sollevata alcuna domanda sulla sua "embolia". Il corpo dell'eroe americano non fu mai rimpatriato negli Stati Uniti. Non fu eseguita alcuna autopsia.

L'assassinio del generale George Patton è diventato uno degli eventi più occulti della storia militare. Sebbene il suo fascicolo presso gli Archivi Nazionali di St. Louis sia di oltre 1.300 pagine, solo poche pagine fanno riferimento all'incidente. Cinque rapporti redatti sul luogo dell'incidente sono scomparsi poco dopo essere stati archiviati. Sebbene l'autista di Patton abbia dichiarato che il primo camion li stava aspettando sul ciglio della strada, nessuno degli autisti dei camion fu arrestato e nessuno dei loro nomi fu rivelato. In seguito, Ladislas Farago, un ex agente dei servizi segreti, riferì che l'autista del primo camion era Robert L. Thompson, che fu portato via a Londra prima di poter essere interrogato. Thompson non era autorizzato a guidare il camion e, in violazione delle regole, aveva due misteriosi passeggeri nel veicolo.

Nel 2008 l'autore Robert K. Wilcox ha pubblicato *Target: Patton: The Plot to Assassinate General George S. Patton*, svelando il complotto per eliminare il generale. L'attentato viene ricostruito grazie alla posizione di una persona direttamente coinvolta, l'ebreo libanese Douglas Bazata, agente dell'OSS (Office of Strategic Services), il predecessore della CIA, intervistato da Wilcox prima della sua morte nel 1999. Fu proprio Bazata a sparare un proiettile a bassa velocità contro il generale, ferendolo alla gola. Secondo Bazata, l'ordine di mettere a tacere Patton proveniva dal capo dell'OSS, il generale William Joseph ("Wild Bill") Donovan, considerato il padre della CIA, che aveva stretti rapporti con i comunisti. Secondo Bazata, le parole di Donovan furono: "Abbiamo una situazione terribile con questo grande patriota. È fuori controllo e dobbiamo salvarlo da se stesso e impedirgli di rovinare tutto ciò che gli Alleati hanno fatto". Bazata ha confermato che molte persone odiavano Patton e ha rivelato a Wilcox di essere stato ingaggiato da Donovan, che gli aveva offerto 10.000 dollari per inscenare l'incidente. Una volta ricoverato in ospedale, Patton fu tenuto in isolamento e morì a sorpresa mentre si stava riprendendo. Secondo Bazata, i servizi segreti americani permisero agli agenti di Stalin di ucciderlo con un'iniezione[15]. L'embolia sarebbe stata quindi causata dall'introduzione di

---

[15] La collaborazione tra l'OSS (Office of Strategic Services) e l'NKVD iniziò a prendere forma nel dicembre 1943. A quel tempo, Donovan si recò a Mosca per organizzare la cooperazione tra i due servizi segreti durante la guerra. Come spiegano Herbert Romerstein ed Eric Breindel in *The Venona Secrets*. Il 23 dicembre, Donovan incontrò Pavel Fitin, capo dell'unità di intelligence estera dell'NKVD, e si offrì persino di fornirgli

una bolla di sangue nel flusso sanguigno, colpendo un organo vitale, cosa che chiunque può fare con una siringa dopo un breve apprendistato in medicina.

Fratello Nathanael Kapner, un ebreo convertito al cristianesimo (ortodosso), riferisce sulla sua pagina *Real Jew News!* che Bill Donovan, sebbene si spacciasse per irlandese, era presumibilmente un cripto-giudeo, poiché sua madre, Anna Letitia "Tish" Donovan, era probabilmente ebrea. Fratello Nathanael collega Donovan alla cerchia di ebrei che consigliarono Franklin D. Roosevelt. In particolare, egli ritiene che la premessa della sua identità ebraica sia rafforzata dal suo ruolo di assistente del giudice Samuel Rosenman ai processi di Norimberga, dove la Donovan ha chiarito di provare più di una semplice simpatia per gli ebrei.

Terrorismo ebraico

Nel 1969 un importante sionista di nome Michel Bar-Zohar pubblicò *Les vengeurs* (*I vendicatori*), un libro che è già stato citato in questo capitolo per parlare dell'omicidio di Wilhelm Gustloff, il leader della NSDAP ucciso nella sua casa dal terrorista ebreo David Frankfurter. Più di vent'anni dopo gli avvenimenti che racconta nella sua opera e quando la religione dell'Olocausto aveva già iniziato a diffondersi in tutto il mondo dopo la Guerra dei Sei Giorni, Bar-Zohar, il biografo ufficiale di David Ben Gurion, Shimon Peres e Isser Harel, leggendario capo del Mossad, rivela nella prima parte del libro, "La vendetta", che non appena la guerra finì in Europa, gruppi di terroristi ebrei si misero ad assassinare presunti leader nazisti e progettarono di avvelenare in massa i cittadini tedeschi. L'autore presenta i criminali come eroici cavalieri vendicatori che agiscono in nome di una giustizia di cui devono rendere conto solo a Dio. Evidentemente, al loro Dio, Yahweh, il Dio che ha scelto gli ebrei tra tutti i popoli della terra. In questo modo, i terroristi, la maggior parte dei quali sionisti che alla fine degli anni Sessanta occupavano posizioni di rilievo in Israele, diventano allo stesso tempo poliziotti, pubblici ministeri, giudici e boia che agiscono in base a un'indiscutibile superiorità morale, con un'integrità senza pari e, naturalmente, in totale impunità.

Grazie a questo lavoro spudorato, si è saputo che alcuni gruppi ebraici, con l'obiettivo di compiere una "vendetta ebraica", hanno ucciso migliaia di tedeschi, molti dei quali, secondo loro, erano criminali delle SS. Il primo gruppo presentato da Bar-Zohar è una brigata ebraica autonoma che alla fine

---

i nomi degli agenti americani che operavano nell'Europa occupata dai nazisti per migliorare la cooperazione. Romerstein commenta: "Offrire i nomi di agenti a un altro servizio di intelligence non era mai stato fatto prima da un ufficiale esperto di intelligence. Fitin naturalmente accolse con favore la proposta e suggerì di utilizzare le strutture americane in Germania e in Francia.

del maggio 1945 cercò di entrare in Germania dall'Italia alla testa di una colonna britannica che viaggiava su veicoli Dodge. Sulle loro auto, oltre alla bandiera israeliana, riportava la seguente scritta: "Deutschland kaputt! Kein Volk, kein Reich, kein Fuhrer! Die Juden kommen!" (Germania distrutta! Nessun popolo, nessun impero, nessun leader! Arrivano gli ebrei!). A pochi chilometri dal confine, fu emesso un contrordine dal comando britannico e la brigata, composta da ufficiali ebrei affiliati all'Haganah (l'organizzazione militare embrionale del futuro esercito sionista), fu inviata a Tarvisio, vicino a Trieste. Poco prima del loro arrivo, riferisce Bar-Zohar, nella città si erano verificati attacchi contro i tedeschi, case naziste erano state incendiate e donne tedesche erano state violentate. È implicito che gli autori di questi atti fossero soldati ebrei di Tarvisio e, sebbene i colpevoli non siano stati scoperti, il comando della brigata era preoccupato che una tale violenza disordinata potesse danneggiare la causa ebraica. Era necessario "incanalare il sentimento di vendetta che si annida in tutti i soldati ebrei di Tarvisio", scrive Bar-Zohar, "ed è a questo scopo che i capi dell'Haganah decisero di affidare il diritto di versare sangue in nome del popolo ebraico a un gruppo di uomini particolarmente sicuri di sé e noti per le loro qualità morali".

Il capo della brigata ebraica era un capo dell'Haganah, Israel Karmi, che nel 1969 era diventato comandante in capo della Polizia militare israeliana. Lui e Shalom Gilad sono le principali fonti di informazione di Bar-Zohar in questa parte del libro. Secondo un rapporto segreto di Gilad conservato negli archivi dell'Haganah in Israele, Karmi prendeva ordini da Shlomo Shamir, alias 'Fistouk", un futuro generale dell'esercito. Ebrei americani e palestinesi che lavoravano all'interno dei servizi segreti alleati fornivano informazioni sulle future vittime. Il rapporto segreto di Gilad racconta un'azione a cui ha partecipato e che, a nostro avviso, mette in dubbio i criteri di selezione delle vittime e, come in questo caso, l'affidabilità delle fonti di informazione:

> "Una volta, ricordo, abbiamo arrestato un polacco che aveva collaborato con i nazisti. Gli servimmo un buon pasto, adeguatamente annaffiato, e poi gli dicemmo. Sappiamo che sei un polacco, non un tedesco, e sappiamo anche che hai fatto quello che hai fatto perché non avevi scelta. Non vogliamo farle del male, ma per dimostrarci che la sua coscienza è pura, si sieda e ci dia un elenco dei criminali che conosce e ci dica dove possiamo trovarli.

Secondo Bar-Zohar, il polacco spaventato scrisse una lista di diverse decine di nomi di tedeschi. Successivamente, conferma l'autore, queste persone accusate dal polacco furono giustiziate dai vendicatori della brigata ebraica.

All'interno della brigata si formò "un secondo gruppo di vendicatori" per ordine dell'Haganah, ma per precauzione nessuno dei due commando sapeva dell'esistenza dell'altro. Marcel Tobias, che faceva parte di questo secondo gruppo, raccontò a un giornalista israeliano nel 1964 che i vendicatori della Brigata ebraica girarono per mesi città e villaggi dell'Italia settentrionale, dell'Austria e della Germania meridionale e che sospesero le loro azioni solo quando cominciarono a circolare voci e le famiglie dei nazisti scomparsi si rivolsero alle autorità britanniche per denunciare la sorte dei loro parenti: Di solito i terroristi, che indossavano uniformi dell'esercito britannico, prelevavano i prescelti dalle loro case con il pretesto di portarli al comando britannico per testimoniare. La gente del posto o le pattuglie militari cominciarono a trovare cadaveri ai margini delle foreste, sul ciglio delle strade, persino sul fondo di uno stagno. Ci furono persino strane morti tra i malati dell'ospedale di Treviso e sparizioni ("fughe") nelle carceri quando c'erano guardie ebree della brigata.

Nell'autunno del 1945 un'altra unità ebraica, il "battaglione tedesco", si unì alla brigata a Tarvisio. Questo battaglione era stato formato in Palestina da ebrei tedeschi giunti in Terra Santa con l'accordo di Haavara. Il battaglione tedesco, spiega Bar-Zohar, era nato dal "Palmach", una forza d'urto dell'Haganah comandata da Yitzhak Sadeh. Il battaglione tedesco, "Deutsche Abteilung", era quindi un commando del Palmach composto da volontari che padroneggiavano le tecniche e la terminologia della Wehrmacht e indossavano uniformi tedesche. Il suo capo, Simon Koch, noto come colonnello Avidan, e alcuni membri del battaglione, che aveva sede a Camporosso, a due chilometri da Tarvisio, furono integrati nel comando dei Vendicatori. Il loro triangolo operativo era Tarvisio, Innsbruck e Judenburg, ma facevano anche incursioni in Germania. Bar-Zohar cita ancora una volta il rapporto di Gilad per raccontare la visita di un giovane membro della "Deutsche Abtelung", figlio di un cristiano e di un ebreo, alla casa della madre vicino a Stoccarda:

> "Trovò la madre e la sorella che stavano bene, ma si rifiutarono di parlargli. Chiese allora loro dove fosse suo padre. Alla fine gli risposero bruscamente che era morto. Continuò a chiedere e loro confessarono che era stato ucciso dai tedeschi. Il giovane voleva sapere chi avesse ucciso suo padre. Poiché la madre e la sorella si rifiutavano di rispondergli, le minacciò con la mitragliatrice e loro gli diedero i nomi e gli indirizzi dei responsabili".

Infine, poiché i parenti dei giustiziati insistevano sulla responsabilità delle autorità, l'Alto Comando britannico decise che sarebbe stato meglio spostare la brigata ebraica da Tarvisio e la inviò in Belgio, poi nei Paesi Bassi e successivamente in Francia. In questi Paesi, i giustizieri continuarono le esecuzioni di ex nazisti e penetrarono anche in Germania per uccidervi presunti criminali. "Quanti nazisti, si chiede Bar-Zohar, furono giustiziati dalla brigata ebraica?

"Le stime variano, il che è comprensibile dato che la maggior parte dei vendicatori conosceva solo le operazioni a cui aveva partecipato personalmente. Marcel Tobias ritiene che siano stati giustiziati 'più di cinquanta' nazisti. Altri citano cifre molto più alte. Secondo Gilad, il commando operò quasi ogni notte per sei mesi, per cui avrebbe effettuato circa centocinquanta esecuzioni. A questa cifra vanno aggiunti i nazisti scoperti tra i presunti malati dell'ospedale di Tarviso, che furono messi a morte. Un altro vendicatore credibile mi ha detto: 'Tra le due e le trecento persone'"

Nel capitolo intitolato "Il pane della morte", Bar-Zohar intervista Beni, Jacob e Moshe in un kibbutz. All'inizio del 1945 si trovavano a Lublino, dove si era insediato il governo comunista formato in Russia da Stalin. Lì fu creata un'organizzazione che lavorava per consentire a decine di migliaia di ebrei dell'Europa centrale e occidentale di recarsi in Palestina. Molteplici organizzazioni sioniste si prefiggevano questo obiettivo già alla fine della guerra. Nella sezione "I sionisti e la Conferenza di Evian" si è visto che il sionismo internazionale rifiutava di reinsediare gli ebrei in altri Paesi, perché voleva che emigrassero in Palestina. Invece di cercare di risparmiare le sofferenze al suo popolo, il sionismo voleva che fosse perseguitato. Questa è una premessa fondamentale del sillogismo, che potrebbe essere formulato come segue: Se gli ebrei non sono perseguitati, non emigreranno in Israele. Se gli ebrei non emigrano in Israele, lo Stato sionista non nascerà. Ergo, se gli ebrei non vengono perseguitati, lo Stato sionista non nascerà.

All'inizio della primavera del 1945 il gruppo sionista di Beni si dedicò, scrive Bar-Zohar, al compito costruttivo di "concentrare e condurre in salvo i sopravvissuti dei campi che vagavano in stracci, affamati, e aiutarli a prendere la strada per la Palestina". A riprova della perfetta organizzazione messa in atto dal sionismo alla fine della guerra, riproduciamo un estratto di sicuro interesse:

"All'inizio, Beni e i suoi compagni avevano progettato di radunare poche centinaia di uomini. Ben presto i loro piani furono superati. Migliaia e migliaia di ebrei esausti, indigenti e disorientati li raggiungono e si agganciano a loro. Essi guidano e disciplinano questa misera mandria. Formano la "Divisione Sopravvissuti dell'Europa Orientale", una vera e propria unità militare, l'unico modo per dare un minimo di coesione a questa marea di povera gente reduce dalla disperazione. La divisione si muove attraverso la Polonia e la Romania. Distaccamenti speciali si occupano dei rifornimenti, mentre altri inviati in anticipo preparano i cantoni per le tappe.
- Avevamo anche un servizio di missioni segrete", mi ha detto Jacob,. "Io ero il capo, perché avevo servito nell'NKVD. Io ero il capo, perché avevo prestato servizio nell'NKVD e avevo file, archivi, liste di nomi... il loro scopo era punire gli ex collaboratori.

Fu a Bucarest, al termine di un lungo viaggio, che i capi della divisione incontrarono i primi emissari ebrei dalla Palestina.

- Avevamo pianificato", racconta Moshe , "di comprare una nave a Costanza sul Mar Nero, metterci tutte le persone e navigare verso Israele. Il progetto era troppo piccolo per noi. Sapevamo che la brigata palestinese dell'esercito britannico si trovava nel nord Italia e abbiamo deciso di unirci a lei".

In breve, la resa incondizionata della Germania non era ancora avvenuta e l'operazione era già in corso per portare in Palestina "migliaia e migliaia di ebrei esausti", che avevano perso tutto a causa delle persecuzioni naziste ed erano quindi pronti a recarsi nella Terra Promessa, come previsto.

Compiuta questa prima missione, mezzo centinaio di membri del gruppo di Lublino, di cui otto ragazze, entrarono in Jugoslavia e da lì si diressero in Italia. Gli uomini della "Deutsche Abteilung" di Simon Koch accolsero e sostennero il gruppo di Beni, che ben presto fu coinvolto in attività terroristiche con il nome segreto di "Nakam", che in ebraico significa vendetta. Nel luglio 1945 iniziarono i preparativi per entrare in territorio tedesco. I leader del gruppo Nakam studiarono tre progetti, di cui il primo, chiamato A, fu comunicato solo a pochi. "Furono dedicati molto tempo e denaro alla realizzazione del progetto", confessa Beni, che più di vent'anni dopo descrive il piano come "diabolico". Bar-Zohar riprende le parole di Beni: "Si trattava di uccidere milioni di tedeschi. Intendo dire milioni, in un colpo solo, senza distinzione di età o di sesso. La difficoltà principale era che volevamo colpire solo i tedeschi; tuttavia, sul territorio del Reich c'erano soldati alleati e residenti di tutte le nazioni d'Europa, liberati dai campi di lavoro, fuggiti dai campi di concentramento. Inoltre, alcuni dei nostri non erano decisi a compiere un atto così terribile, nemmeno contro i tedeschi....".

Scartato il piano A, si decise di attuare il piano B, che consisteva nell'uccidere circa trentaseimila membri delle Schutzstaffel (squadre di difesa o di protezione), note come SS, che erano state riunite in un campo vicino a Norimberga. Avevamo deciso", spiega Jacob , "di avvelenare le 36.000 SS e io ero incaricato di realizzare il progetto. Per prima cosa feci assumere due dei miei uomini all'interno del campo: uno come autista e uno come magazziniere. In seguito altri furono assunti come impiegati. Una delle nostre ragazze fu assegnata al servizio di radiodiffusione". Non appena fu accertato che il pane distribuito nel campo proveniva da un panificio industriale di Norimberga, fu deciso che il pane sarebbe stato usato per liquidare i tedeschi, anche se bisognava fare attenzione a non uccidere contemporaneamente le guardie del campo. Campioni di pane furono portati in laboratori dove gli ingegneri chimici sperimentarono vari veleni. Né Beni né Jacob hanno voluto rivelare l'ubicazione di questi laboratori, che Bar-Zohar colloca in Francia e vicino a Tarvisio. Il veleno non doveva agire troppo rapidamente, quindi, dopo varie prove, si decise di inserire l'arsenio nello strato di farina con cui veniva cosparso il pane.

Nell'aprile del 1946 i preparativi erano pronti: il gruppo di Nakam era assistito nel campo da soldati americani di origine ebraica che avevano il compito di sorvegliare, e diversi uomini erano stati portati anche nella panetteria industriale. Si prevedeva di avvelenare circa 14.000 pagnotte, il che richiedeva sei ore di lavoro e cinque uomini. "Erano necessari anche due uomini per mescolare la miscela nel calderone, perché l'arsenico aveva la tendenza a separarsi dagli altri ingredienti. Avevamo deciso di agire di sabato sera per due motivi: la domenica il panificio era chiuso e il tempo tra la preparazione del pane e il suo trasporto al campo era di ventiquattro ore più lungo. Fu quindi scelta la notte tra il 13 e il 14 aprile 1946". Alla fine, una serie di circostanze impedì il completo successo dell'operazione. Il sabato mattina, a seguito di un litigio con la direzione, scoppiò uno sciopero tra gli operai, che a mezzogiorno lasciarono la fabbrica e chiusero le porte. La sera si è scatenato un temporale e una raffica di vento ha strappato una persiana di legno, rompendo i vetri delle finestre. Questo ha allertato le guardie della fabbrica, che hanno chiamato la polizia.

Uno dei vendicatori spiega che avevano previsto che, se fossero stati scoperti, si sarebbero spacciati per ladri, quindi hanno sparso in fretta e furia i pani avvelenati nel magazzino e sono fuggiti. Lunedì 15 aprile sono stati consegnati al campo pani avvelenati e pani intatti. Una pagnotta fu distribuita a cinque o sei prigionieri, migliaia dei quali soffrirono di violente coliche. Il testo del Bar-Zohar continua: "Secondo le voci riportate dai giornali, dodicimila tedeschi sarebbero stati vittime del pane all'arsenico e diverse migliaia sarebbero morte. Queste cifre sono esagerate. Secondo le stime dei vendicatori, quattromilatrecento prigionieri si sarebbero sentiti male. Un migliaio fu trasportato d'urgenza negli ospedali americani. Nei giorni successivi ne morirono tra i settecento e gli ottocento. Altri, colpiti da paralisi, morirono nel corso dell'anno. In totale, secondo i vendicatori, i morti furono 1.000". L'operazione fu considerata un fallimento, poiché il piano iniziale prevedeva di liquidare trentaseimila prigionieri tedeschi e si riuscì a ucciderne solo il tre per cento.

Durante l'estate del 1946 il gruppo Nakam continuò a uccidere i detenuti nei campi. Vestiti con uniformi americane, britanniche o polacche, si presentavano con ordini falsi e facevano consegnare i prigionieri con il pretesto di trasferirli in altri campi. Secondo loro, si trattava di ex membri delle SS o di dignitari nazisti che venivano giustiziati non appena lasciavano il campo. *Les Vengeurs* documenta molte altre azioni che furono compiute, così come progetti che furono abbandonati perché richiesti dai leader sionisti, che diedero sempre la priorità alla creazione di Israele: "Paradossalmente", scrive Bar-Zohar, "fu la creazione dello Stato di Israele più di ogni altra cosa a influenzare la riduzione di questa vendetta ebraica". Fonti che l'autore preferisce non rivelare gli hanno rivelato che esistevano piani per incendiare diverse città tedesche e avvelenare le popolazioni di Berlino, Monaco, Norimberga, Amburgo e Francoforte. 'Tecnicamente non era impossibile. Il veleno doveva essere introdotto nei serbatoi d'acqua. Anche in questo caso, la difficoltà maggiore era come evitare di colpire i soldati delle forze di occupazione e i rifugiati non tedeschi accolti in queste cinque città". Sulle modalità di approvvigionamento del veleno, *Les vengeurs* afferma che uno scienziato di un Paese d'oltremare accettò di fornirlo ai vendicatori.

Dall'ascesa al potere di Hitler nel 1933, diversi leader e organizzazioni ebraiche avevano minacciato di distruggere completamente la Germania. Samuel Untermayer fu il primo a invocare una "guerra santa". Theodore Kaufman ha delineato in *Germany must perish* il progetto di sterminare la razza tedesca attraverso la sterilizzazione. Il Piano Morgenthau, come è stato spiegato, prevedeva il genocidio del popolo tedesco. Il suo tirapiedi Eisenhower, dopo aver annientato un milione di prigionieri nei suoi campi di sterminio, avrebbe volentieri collaborato con il Segretario del Tesoro se Morgenthau fosse rimasto in carica. Il lavoro di Michel Bar-Zohar dimostra ancora una volta che l'odio della leadership ebraica per la Germania e i tedeschi era sconfinato.

CAPITOLO XI

Gli anni decisivi del dopoguerra

Parte 1
Germania, una nazione sull'orlo dell'abisso

Molti dei tedeschi che lasciarono le loro case e si rifugiarono quando l'Armata Rossa iniziò l'offensiva che li avrebbe portati nella capitale del Reich lo fecero con l'intenzione di ritornare. Nessuno di loro sapeva all'epoca dei piani alleati di amputare le loro province e di espellere coloro che avevano rischiato di rimanere. Molti di questi fuggitivi scelsero quindi di affrontare i rischi dell'occupazione delle loro città e tentarono di tornare alle loro case a est quando la guerra finì con la resa incondizionata della Germania. Nella maggior parte dei casi questi tentativi furono ostacolati dalle autorità polacche e russe, che impedirono loro di tornare o li trattennero. Gli uomini detenuti finirono di solito nei campi di lavoro dell'URSS e non se ne seppe più nulla. Coloro che riuscirono a rientrare trovarono le loro case distrutte o già occupate da russi o polacchi, anche se ci furono alcuni che ebbero la fortuna di godersi qualche mese di pace nei loro villaggi fino a quando non furono definitivamente espulsi senza alcun risarcimento.

Alcuni autori hanno cercato di scagionare i Paesi occidentali dall'espulsione di quindici milioni di persone con la motivazione che a Potsdam si erano dichiarati favorevoli a limitare i trasferimenti di popolazione e, in ogni caso, a farlo in modo ordinato. Dimenticano che Churchill e Roosevelt imposero la Linea Curzon ai polacchi per soddisfare le richieste territoriali di Stalin e promisero di compensarli con territori tedeschi a ovest. Né Roosevelt né Churchill a Yalta si opposero alle espulsioni di massa dei tedeschi, ma acconsentirono: "Non mi spaventa il problema del trasferimento dei popoli", dichiarò Churchill alla sessione plenaria del 7 febbraio, "purché ci sia proporzione tra ciò che i polacchi possono gestire e ciò che mettono in Germania al posto dei morti". È quindi pura ipocrisia cercare di scaricare la responsabilità del più grande trasferimento di popolazione della storia solo sui Paesi che hanno effettuato le espulsioni, dal momento che non è stata adottata una sola vera misura di pressione per impedirle.

Si è già detto che lo spirito del Piano Morgenthau era in fase di elaborazione alla Conferenza di Potsdam, tenutasi al Palazzo Cecilienhof tra il 17 luglio e il 2 agosto 1945. Morgenthau, che cercò di essere a Berlino con Truman nella delegazione americana, si dimise da Segretario al Tesoro il 22 luglio; ma questo non significava che il suo piano criminale fosse stato seppellito. Infatti, molte delle politiche adottate, come ad esempio il programma di deindustrializzazione, erano legate alle sue proposte. Inoltre, come già detto, il trattamento riservato da Eisenhower ai prigionieri tedeschi fu una conseguenza della richiesta del Segretario al Tesoro. Le persone oneste negli Stati Uniti e in Europa notarono che le condizioni inizialmente imposte alla Germania erano quelle contenute nel Piano Morgenthau, anche se questo era stato ufficialmente abbandonato. Un anno dopo la fine della guerra, questo fatto era ancora fortemente denunciato dal senatore statunitense Henrick Shipstead, citato da Alfred M. de Zayas in *Nemesi a Potsdam*. Il 15 maggio 1946, Shipstead fece una critica molto severa alla politica di occupazione statunitense in Senato. Shipstead considerava "il Piano Morgenthau per la distruzione del popolo tedesco un monumento eterno alla vergogna dell'America".

L'espulsione dei tedeschi, un trasferimento di popolazione senza precedenti

Nel corso dei secoli, la migrazione dei tedeschi verso l'Europa centrale e orientale è stata una costante. Di conseguenza, milioni di tedeschi etnici, noti come "Volksdeutsche", vivevano fuori dai confini del Reich. I tedeschi che vivevano in Germania erano chiamati "Reichdeutsche". Tra questi vi erano quelli che vivevano nelle province orientali della Slesia, della Prussia orientale e della Pomerania. Alcune voci lucide avevano avvertito molto prima che l'idea di espulsioni di massa della popolazione tedesca dopo la guerra era una follia. I più assennati ritenevano ovvio che le deportazioni non potessero essere effettuate in queste condizioni, e ciò veniva accettato da un numero sempre maggiore di persone. Iniziare il trasferimento delle popolazioni tedesche dai Paesi europei in un momento in cui il Reich era devastato e la carestia e le malattie erano una piaga era, più che una follia, un crimine, perché avrebbe significato una nuova catastrofe da aggiungere al cataclisma che già devastava l'intera Germania. Purtroppo, coloro che non avevano altro interesse che affrettarsi per guadagnare tempo e attuare i loro piani contro il popolo tedesco prevalsero.

Come si è detto, lo sfollamento di massa dei tedeschi iniziò non appena l'Armata Rossa conquistò le aree in cui tradizionalmente vivevano. Milioni di persone fuggirono da sole o furono evacuate durante la ritirata dell'esercito tedesco. Milioni, tuttavia, avevano scelto di non lasciare le loro case e di rimanere nei loro villaggi. Per questi, l'espulsione iniziò già nella primavera del 1945, mesi prima dell'inizio della Conferenza di Potsdam. A quel punto, solo le autorità sovietiche e i governi provvisori di Polonia e Cecoslovacchia avrebbero potuto evitarla. Invece, accelerarono deliberatamente le espulsioni, nonostante gli appelli americani e britannici a non prendere decisioni unilaterali e ad aspettare che venisse raggiunto un accordo internazionale tra gli Alleati. Mentre gli Alleati occidentali si opponevano alle espulsioni premature, l'Unione Sovietica aveva interesse a promuoverle. Le espulsioni in Prussia orientale, Pomerania e Slesia iniziarono quindi mesi prima della fine delle ostilità. Le forze di occupazione sovietiche incoraggiarono i polacchi a sfrattare i tedeschi dalle loro case in queste province. Gli sfratti eccessivi erano comuni e molti tedeschi che avevano resistito a lasciare la loro terra e i loro beni furono costretti ad abbandonare tutto e a marciare verso ovest.

In Cecoslovacchia e nei Sudeti, dove il feldmaresciallo Ferdinand Schörner occupava e difendeva ancora le aree abitate dai tedeschi, i selvaggi espatri iniziarono non appena l'esercito tedesco fu disarmato. Prima di questo, però, ci fu il brutale massacro di Praga, dove vivevano circa 42.000 tedeschi autoctoni (Volksdeutsche) e altri 20.000 funzionari e rifugiati antinazisti (Reichdeutsche). Alle 11 del 5 maggio, nella capitale ceca scoppiò una rivolta antitedesca preorganizzata. Dopo la distribuzione di armi, nelle strade apparvero bandiere ceche e iniziò un massacro indiscriminato di tedeschi e austriaci. Dopo l'occupazione della stazione radio, furono lanciati gli slogan: "Morte ai tedeschi!", "Morte a tutti i tedeschi!", "Morte a tutti gli occupanti!". Questi ordini furono eseguiti alla lettera e per giorni non ci fu pietà nemmeno per donne e bambini. Molti illustri tedeschi di etnia praghese furono uccisi. Giles MacDonogh, in *After the Reich*, cita più di una mezza dozzina di nomi di professori, scienziati e altre personalità di spicco che vennero impiccati senza tante cerimonie. Descrive anche il massacro alla scuola Scharnhorst la notte del 5 maggio, dove "uomini, donne, bambini e persino neonati vennero fucilati a gruppi di dieci nel cortile". Secondo l'autore, nello stadio Strahov di Praga, i cechi radunarono da dieci a quindicimila prigionieri e "organizzarono un gioco in cui cinquemila prigionieri dovevano correre per salvarsi mentre le guardie li sparavano con le mitragliatrici. Alcuni", continua MacDonogh, "furono fucilati nelle latrine. I corpi non furono rimossi e coloro che usavano il bagno dovettero defecare sui loro compatrioti morti".

Nella notte tra il 6 e il 7 maggio 1945 le truppe tedesche lasciarono Brüx. Lo stesso giorno, i soldati sovietici entrarono in città e iniziò un'ondata di saccheggi e stupri, seguita da numerosi suicidi: alcune fonti stimano che 600 persone si siano tolte la vita. Il terrore in questa città continuò per mesi. A Praga, i negoziati tra la Wehrmacht e il Consiglio Nazionale Ceco non ebbero successo e circa 50.000 soldati feriti e malati non poterono essere evacuati e lasciati al loro destino. Il 9 maggio l'Armata Rossa fece la sua comparsa a Praga e folle di cechi attaccarono la popolazione di etnia tedesca: picchiati con spranghe di ferro o lapidati con sampietrini, uomini e donne morirono per strada davanti alle masse festanti. Di norma, gli uomini delle SS venivano colpiti alla nuca o allo stomaco. Alcune SS furono appese per i piedi ai lampioni e i loro corpi furono dati alle fiamme; un'ausiliaria della Wehrmacht fu lapidata e impiccata. Molti testimoni", scrive MacDonogh, "hanno affermato che non solo i soldati, ma anche i bambini e le bambine venivano impiccati e dati alle fiamme.

In mezzo a questo vortice, il 13 maggio arriva a Praga da Londra Edvard Benes, Gran Maestro della Massoneria ceca, accolto da Rudolf Slánsky, il leader comunista di origine ebraica, con torce viventi: corpi di tedeschi appesi per i piedi bruciano su file di lampioni e pannelli in Piazza San Venceslao. Migliaia di prigionieri furono concentrati nella prigione militare, nella scuola di equitazione, nel Ministero dell'Istruzione e in altri edifici. Anche molti cechi che avevano vissuto pacificamente con i tedeschi furono maltrattati e accusati di collaborazionismo, soprattutto le donne che avevano avuto amanti di etnia tedesca. Molti cechi rischiarono la vita nel tentativo di proteggere amici e conoscenti. Secondo MacDonogh, quando l'ordine cominciò a essere ristabilito dopo il 16 maggio, da una dozzina a una ventina di persone morirono ogni giorno per le torture nello stadio e furono portate fuori in un carro di letame. Migliaia di tedeschi furono sepolti nel cimitero di Wokowitz.

Nelle settimane successive alla capitolazione, decine di migliaia di tedeschi dei Sudeti furono collocati ai confini tra Germania e Austria. Il 30 maggio 1945, a Brno (Brünn in tedesco), capitale della Moravia, ebbe luogo la spietata espulsione di 30.000 tedeschi. Victor Gollancz, uno dei pochi autori ebrei (e ce n'erano) che avevano pietà dei tedeschi, denunciò gli eventi di Brno in *Our Threatened Values* (1946). Cita un articolo apparso il 6 agosto 1945 sul London *Daily Mail*, in cui la giornalista Rhona Churchill, che aveva un'amica inglese sposata con un tedesco, raccontava gli eventi:

"... I giovani rivoluzionari della Guardia Nazionale Ceca decisero di 'purificare' la città. Poco prima delle nove di sera sfilarono per le strade ordinando ai cittadini tedeschi di presentarsi alle nove alla porta delle loro case con una sola valigia per persona, pronti a lasciare la città per sempre. Le donne avevano dieci minuti per svegliarsi e vestire i loro bambini, mettere alcune cose nelle valigie e uscire in strada. Lì fu ordinato loro di consegnare alle guardie tutti i gioielli, gli orologi, le pellicce e il denaro. Hanno potuto tenere le fedi nuziali. Poi sono stati condotti sotto la minaccia delle armi fuori dalla città verso il confine austriaco. Quando arrivarono era buio pesto. I bambini singhiozzavano, le donne barcollavano. Le guardie di frontiera ceche li spinsero verso le guardie austriache. Poi sono iniziati altri problemi. Gli austriaci non li accettarono e i cechi si rifiutarono di riammetterli. Vennero scossi e portati in un campo dove passarono la notte. Il giorno dopo vennero inviati dei rumeni per sorvegliarli. Sono ancora in quel campo, che è diventato un campo di concentramento. Ricevono solo il cibo che le guardie danno loro di tanto in tanto. Non hanno ricevuto razioni... Tra loro si sta diffondendo un'epidemia di tifo e si ritiene che ogni giorno ne muoiano un centinaio...".

Oltre a questo resoconto del giornalista del *Daily Mail*, riprodotto da Gollancz, esistono testimonianze molto più dure di sopravvissuti a quella che è stata chiamata la "Marcia della morte di Brno" e anche la "Marcia della morte di Pohrlich". Queste testimonianze permettono di ricostruire con maggiore precisione come si svolsero gli eventi. Esse sono raccolte in *Documents on the Expulsion of the Sudeten Germans: Survivors Speak Out*, edito in tedesco nel 1951 dal dottor Wilhelm Turnwald e tradotto ed editato in inglese nel 2002. Le informazioni che seguono sono tratte da questa edizione inglese, disponibile su Internet. Secondo il testimone M. v. W., alcuni degli espulsi chiamarono la marcia "processione del Corpus Domini", che durò tutto il giorno. Dopo essere stati sfrattati dalle loro case nella notte del 29 maggio, i tedeschi furono concentrati nel cortile di un monastero alla periferia della città, dove trascorsero la notte nella paura, senza poter riposare. Sotto la pioggia, alle 9 del mattino del 30 partirono da lì interminabili cortei verso il confine austriaco. Nelle colonne c'erano anziani prelevati dalla casa di riposo, malati dagli ospedali e bambini. Dopo aver passato la notte precedente in piedi, i più deboli cominciarono a svenire dopo aver camminato per dieci miglia. Chi si allontanava veniva picchiato con manganelli e fruste; chi non riusciva a proseguire veniva fucilato. Alcuni furono portati in un campo vicino a Raigern, dove molti furono picchiati a morte. L'arrivo a Pohrlich, a poco più di metà strada dal confine, avvenne nella notte del Corpus Domini. La maggior parte dei deportati cadde esausta. Il giorno successivo coloro che erano in grado di camminare continuarono il viaggio di deportazione verso il confine, ma circa 6.000 persone rimasero a Pohrlich, ospitate in una fabbrica di automobili e in magazzini di grano.

Coloro che non erano in grado di continuare la marcia erano, ovviamente, i più deboli, tra i quali prevalevano gli anziani e le donne con bambini piccoli. M. v. W., un'infermiera della Croce Rossa, rimase con loro a Pohrlich. Tra le testimonianze strazianti di questa operatrice sanitaria c'è quella di una donna di trent'anni, trovata senza vita sul pavimento con due bambini, "uno di tre anni e un neonato di alcune settimane". La donna si era suicidata con il veleno e "il suo volto era già blu". Anche il bambino era morto, perché la madre lo aveva stretto al seno fino a farlo morire". Un gendarme ceco chiese all'infermiera cosa fosse successo. Diamo ora la parola a questo testimone:

> "Risposi che probabilmente si era avvelenata. La maledisse, definendola una puttana nazista e un lurido maiale per essersi suicidata, e mi ordinò di 'gettare la scrofa nella latrina con il suo bastardo'. Quando protestai che ero un'infermiera della Croce Rossa e che, vincolata dalla mia promessa, non potevo obbedire a un tale ordine anche se mi avrebbe ucciso, mi lanciò insulti come "porco tedesco" e "puttana tedesca". Poi

chiamò altre tre donne, che intimidì più facilmente perché non osavano rispondere alle sue minacce. I nomi di queste donne erano Agnes Skalitzky, una vedova di 63 anni di Leskau, Franziska Wimetal, di 30 anni, e una terza donna di cui non conosceva il nome. Queste donne sono state costrette a gettare il corpo della madre e del suo bambino nella latrina aperta. Ai detenuti del campo fu poi ordinato di usare la latrina in modo che "la scrofa e il suo bastardo sparissero dalla vista il più presto possibile". E questo è ciò che è accaduto. Giorni e persino settimane dopo, la testolina del bambino e un braccio della madre potevano ancora essere visti spuntare dalla sporcizia".

Secondo questo racconto, notte dopo notte le donne, anche quelle malate e con più di 70 anni, venivano violentate nel campo due o tre volte a notte. Segue un'allusione di questa infermiera al proprio stupro:

"Ho assistito a come un soldato ha deciso di violentare una bambina di undici anni. La madre, terrorizzata, ha cercato di difenderla e alla fine si è offerta per salvare la figlia. Il soldato l'ha picchiata fino a farla sanguinare, ma lei ha continuato a tenere stretta la bambina. Sono intervenuto quando il soldato ha minacciato la madre con il suo revolver. Poiché parlo un po' di russo, riuscii a rimproverare il soldato che finalmente la lasciò andare. Poco dopo, i partigiani mi hanno chiamato e sono andato a una porta. Lì sono stata consegnata allo stesso uomo che mi aveva trascinato allo zuccherificio, dove sono stata violentata da cinque russi. Quando decisi di suicidarmi e cercai i mezzi per farlo, fui testimone del suicidio di una coppia di anziani, che si impiccarono in un ascensore di grano vuoto...".

I morti furono sepolti molto superficialmente in fosse comuni vicino al campo di Pohrlitz, in modo che il fetore della decomposizione si sentisse ovunque. Solo il 18 giugno i miserabili furono evacuati da Pohrlich, dove ogni giorno morivano dalle settanta alle ottanta persone, molte delle quali di tifo: "I primi a lasciare Pohrlich", racconta Giles MacDonogh, "furono i malati, che furono portati fuori e gettati nelle paludi vicino al fiume Thaya, vicino al confine austriaco. In questo modo agonizzavano fino alla morte. I corpi furono fotografati e mostrati nei cinegiornali in Gran Bretagna e negli Stati Uniti. I cechi risposero che erano stati uccisi dagli austriaci.

Questo caso, che può sembrare un esempio di deportazione disumana e di trattamento indicibile, è un vero e proprio riflesso della barbarie che caratterizzò le espulsioni dei tedeschi per tutto il 1945. Anche la milizia ceca e l'esercito di Svoboda, un generale comunista nominato ministro della Difesa dal presidente Benes, furono impegnati a trasferire un gran numero di tedeschi dei Sudeti nella zona sovietica della Germania durante il mese di giugno. Allo stesso tempo, il governo Benes cercava di ottenere l'approvazione degli Alleati occidentali per dare alle deportazioni una parvenza di legalità. Benes si era recato a Mosca il 27 marzo 1945 e aveva accettato di consegnare i ministeri della Difesa, degli Interni, dell'Informazione, dell'Agricoltura e dell'Istruzione pubblica a comunisti o a simpatizzanti comunisti. Si era anche piegato alle richieste di Stalin di eliminare gli agrari cechi e i populisti cattolici.

Secondo i documenti della Conferenza di Potsdam, quando Churchill sostenne che sarebbe stato necessario pensare a dove sarebbero andati i tedeschi, Stalin disse in tutta serietà che i cechi avevano già evacuato tutti i tedeschi dei Sudeti nella zona russa della Germania, il che non era vero, poiché c'erano ancora almeno due milioni di tedeschi dei Sudeti e diverse centinaia di migliaia di rifugiati antinazisti del Reich. In ogni caso, il commento di Stalin confermava che un gran numero di tedeschi era già stato espulso nella zona russa, il che non preoccupava affatto il dittatore sovietico.

La questione del trasferimento delle popolazioni tedesche di Polonia, Cecoslovacchia e Ungheria venne alla ribalta a Potsdam durante la sessione del 21 luglio. Non c'è stato accordo sul numero di tedeschi che vivono ancora a est della linea Oder-Neisse. Truman parlò dei nove milioni che si supponeva vivessero lì nel 1939; ma Stalin rispose che molti erano morti durante la guerra e che gli altri erano fuggiti. Il Generalissimo sottolineò sfacciatamente che non era rimasto un solo tedesco nel territorio da cedere alla Polonia. La delegazione polacca fu invitata a esprimere il proprio parere e stimò che nei territori in questione erano rimasti solo 1,5 milioni di tedeschi. I polacchi ritenevano che una volta terminata la raccolta questi tedeschi avrebbero accettato volontariamente di andarsene. In realtà, non meno di quattro milioni erano ancora lì e, inoltre, un altro milione stava cercando di tornare, come sapevano bene sia i russi che i polacchi. Era quindi previsto che Truman e Churchill/Attlee, le cui zone di occupazione in Germania erano piene all'inverosimile, acconsentissero a un ulteriore trasferimento di cinque milioni di persone dai territori amministrati dalla Polonia.

Churchill, che il 25 luglio apprese di aver perso le elezioni del 5 luglio, dovette accettare che il laburista Attlee lo sostituisse a capo della delegazione britannica a Berlino. Così, dei tre leader che si erano spartiti il mondo a Yalta, rimase solo Stalin. In ogni caso, il Churchill di Potsdam non era lo stesso di Yalta, perché aveva cominciato a rendersi conto che bisognava porre dei limiti al comunismo, che non solo si sarebbe imposto nei Paesi europei occupati dall'Armata Rossa, ma minacciava di affermarsi in Italia, Grecia e Francia, dove i partiti comunisti indicevano scioperi, intensificavano le loro attività e nel 1948 annunciavano addirittura che l'Armata Rossa sarebbe stata la benvenuta. Durante la seduta del 21, Churchill si oppose al piano polacco-sovietico e non solo cercò di limitare le espulsioni, ma propose che alcuni dei rifugiati fuggiti a ovest potessero tornare a est della linea Oder-Neisse.

Nella seduta del 22 luglio, Churchill, che aveva allegramente difeso il principio dei trasferimenti di popolazione a Yalta, insistette sul fatto che il governo di Sua Maestà non poteva accettare le rivendicazioni polacche e adduceva scrupoli morali. "Potremmo accettare", disse, "un trasferimento di tedeschi pari al numero di polacchi trasferiti da est della linea Curzon, diciamo due o tre milioni; ma un trasferimento di otto o nove milioni di tedeschi, come sembra dalla richiesta polacca, sarebbe eccessivo e del tutto sbagliato". Nonostante queste serie obiezioni, tuttavia, gli Alleati occidentali approvarono infine il trasferimento dei tedeschi. L'articolo XIII del Trattato di Potsdam fu infine formulato come segue:

> "I tre Governi, dopo aver considerato tutti gli aspetti della questione, riconoscono che dovrà essere intrapreso il trasferimento in Germania delle popolazioni tedesche o di loro elementi rimasti in Polonia, Cecoslovacchia e Ungheria. Essi concordano che tali trasferimenti dovranno avvenire in modo ordinato e umano".

L'accettazione dell'espulsione dei tedeschi riconosceva implicitamente l'incapacità degli Alleati occidentali di opporsi all'URSS e alla Polonia, a meno che, come aveva suggerito il generale Patton, non fossero disposti a confrontarsi con Stalin per respingere l'Armata Rossa verso i confini prebellici. Nel caso della Cecoslovacchia, la "soluzione finale" tedesca dei Sudeti era già stata accettata in anticipo. Prima della Conferenza di Yalta, il Dipartimento di Stato americano aveva stimato che 1,5 milioni di persone sarebbero state espulse; ma durante la Conferenza di Potsdam il numero fu fissato a 2,5 milioni, a cui andavano aggiunti altri 800.000 rifugiati antinazisti che non avrebbero dovuto essere trasferiti. Uno di questi, Bruno Hoffman, racconta come fu costretto a lasciare la sua casa di Gablonz in uno dei documenti di espulsione sopra citati. Il suo racconto inizia così: "Poiché io e mia moglie non siamo mai stati sostenitori del regime di Hitler e mia moglie era stata interrogata dalla Gestapo nel 1942 per attività antifasciste, non credevamo che potesse accaderci qualcosa". Alla fine, anche tutti questi tedeschi finirono per essere espulsi semplicemente perché erano tedeschi. Non c'è quindi spazio per alcun tipo di sotterfugio: fu il consenso delle potenze occidentali a rendere legali le espulsioni, e questo fu pubblicamente riconosciuto da numerosi autori britannici e americani, come Anne O'Hare McCormick, la prima donna a vincere il Premio Pulitzer per il giornalismo nel 1937. Corrispondente estera *del New York Times*, in un articolo pubblicato il 13 novembre 1946, Anne O'Hare definì le espulsioni "la decisione più disumana mai presa da governi dediti alla difesa dei diritti umani".

Gli Alleati occidentali, tuttavia, dovevano regolare e monitorare il più possibile i flussi di popolazione nelle loro aree, poiché erano responsabili del sostentamento dei deportati. L'afflusso incessante e non programmato di milioni di persone indigenti non poteva che aggravare il caos che già esisteva nella Germania occupata. Decisero quindi di chiedere una moratoria sulle espulsioni e introdussero nel già citato articolo XIII del Trattato delle clausole che mettevano in guardia dai loro effetti dirompenti o dannosi. Così, mentre il primo paragrafo aveva formalmente approvato le deportazioni, il terzo chiedeva espressamente che venissero temporaneamente interrotte per consentire alle potenze occupanti di esaminare il problema che avevano creato. Stalin, in ossequio ai suoi alleati, accettò l'introduzione di questi paragrafi "umanitari" e acconsentì che i ministri degli Esteri si riunissero per elaborare un programma per regolare l'afflusso di tedeschi nelle varie zone di occupazione. Si trattò solo di un gesto vuoto, perché in nessun momento si pensò seriamente di sospendere le deportazioni e di concedere la moratoria. Le autorità sovietiche in Polonia e Cecoslovacchia non fecero nulla per impedire ai governi di questi Paesi di continuare a riversare i tedeschi nelle loro zone di occupazione. Solo l'Ungheria rispettò la moratoria e fermò le misure di espulsione fino al gennaio 1946.

Con la Conferenza di Potsdam conclusa, gli Alleati occidentali pensarono di avere qualche mese per cercare di mitigare il disastro prima dell'arrivo dell'inverno 1945-46, un periodo in cui, se non fossero stati forniti riparo e cibo ai deportati, le morti di massa per freddo, fame e malattie avrebbero potuto aumentare. I governi polacco e cecoslovacco sembrarono accettare formalmente la sospensione delle espulsioni, ma si trattò solo di un'apparenza, poiché i polacchi rilasciarono una dichiarazione in cui annunciavano la necessità di liberarsi dei tedeschi dalla città di Stettino e dalla Slesia, poiché intendevano procedere all'immediata ricostruzione di queste aree. Con questo pretesto continuarono a portare i tedeschi nella zona sovietica. Naturalmente i deportati non volevano rimanere in una Germania comunista, quindi la maggior parte di loro cercò di continuare a marciare verso ovest con l'obiettivo di raggiungere le zone britanniche e americane. Di fronte a questa evidenza, i britannici proposero con urgenza ai sovietici e agli americani di chiedere congiuntamente ai polacchi di fermare immediatamente le espulsioni. Il testo della proposta è datato 9 settembre 1945. Estratto dal volume 2 delle *Foreign Relations of the United States*, è trascritto in parte da Alfred M. de Zayas:

> "... nonostante la richiesta fatta loro dai tre governi dopo la Conferenza di Potsdam, le autorità polacche continuano, in ogni caso con mezzi indiretti, ad espellere gli abitanti tedeschi rimasti nei territori tedeschi consegnati all'amministrazione polacca. Le difficoltà create per la Commissione di controllo, già formidabili a causa delle precedenti espulsioni, aumentano quindi di giorno in giorno".

Diversi rapporti di funzionari americani in Cecoslovacchia confermano che il governo Beneš non impedì che continuassero i ripetuti abusi e le vessazioni nei confronti dei tedeschi, ma li incoraggiò. Questo portò a una ripresa disorganizzata, se mai si fosse interrotta, del movimento di massa di civili tedeschi nella zona di occupazione americana. Sullo sfondo, Benes temeva che gli inglesi e gli americani potessero opporsi alle espulsioni e quindi perseguì una politica del fatto compiuto. Nelle città abitate dai Sudeti si verificarono gravi episodi di violenza.

Due giorni prima della fine della Conferenza di Potsdam, il 31 luglio 1945, un pogrom particolarmente grave ebbe luogo ad Aussig, una città sull'Elba. Nelle prime ore del mattino, i soldati dell'esercito di Svoboda, arrivati ad Aussig durante la notte, attaccarono i tedeschi etnici, riconoscibili dalle fasce bianche che portavano al braccio. Nel 1977 è stato pubblicato il libro *Jews in Sovoboda's Army in the Soviet Union (Ebrei nell'esercito di Svoboda in Unione Sovietica)*, che mette in luce l'importante ruolo svolto dagli ebrei cecoslovacchi nell'esercito di Ludvík Svoboda durante la Seconda Guerra Mondiale. L'autore, Erich Kulka, ha intrapreso la ricerca per conto dell'Istituto di Ebraismo Contemporaneo dell'Università Ebraica di Gerusalemme. Fino alla pubblicazione di quest'opera si sapeva poco delle azioni degli ebrei nell'esercito di Svoboda.

Il pogrom iniziò intorno alle 15. La causa scatenante fu un'esplosione in un deposito di munizioni a nord-ovest della città, a Schönpriesen. La causa scatenante fu un'esplosione in un deposito di munizioni a nord-ovest della città, a Schönpriesen. Questo incidente fu usato come pretesto per il massacro di Aussig, dove entrò in fibrillazione una milizia ceca impazzita nota come Guardie Rivoluzionarie ("Revolucni Garda"), che commetteva atrocità dall'inizio di maggio. Questi fanatici, arrivati in treno da Praga, massacrarono in massa i civili tedeschi, colpendoli indiscriminatamente con sbarre di ferro e pali. Non è stato possibile stabilire l'esatto numero di morti: le stime variano tra le 1.000 e le 2.700 vittime. I criminali ammassarono le persone sul nuovo ponte dell'Elba e gettarono nel fiume qualsiasi cosa, dai bambini con le carrozzine agli anziani. Coloro che cercavano di mettersi in salvo venivano uccisi senza pietà. A Pirna, una città della Sassonia vicino a Dresda, a circa cinquanta chilometri da Aussig, furono salvati i cadaveri che galleggiavano e solo lì furono seppelliti ottanta corpi. Questa è la testimonianza di Therese Mager:

> "Sono corso al ponte dell'Elba e ho visto come centinaia di lavoratori tedeschi che tornavano dal loro lavoro di muratori sono stati gettati nell'Elba. Anche donne e bambini con le loro carrozzine sono stati gettati nel fiume dai cechi. La maggior parte di loro indossava uniformi nere con fasce rosse al braccio. Gettarono in acqua donne e bambini che non potevano difendersi dal ponte alto venti metri. L'inseguimento in massa dei tedeschi durò fino a notte fonda. Da ogni strada e angolo di strada si sentiva la gente urlare e piangere. Né le autorità ceche né gli occupanti russi fecero nulla per impedire il massacro. Numerosi tedeschi salvati dall'acqua furono mitragliati...".

La cosa più macabra", scrive Alfred M. de Zayas, "è che questo pogrom contro la popolazione tedesca fu usato dal governo cecoslovacco come argomento per indurre gli Alleati occidentali ad accelerare il ritmo delle espulsioni. Ormai centinaia di migliaia di tedeschi dei Sudeti erano internati nei campi in attesa di essere espulsi. Quelli che erano rimasti nei loro villaggi e nelle loro città vivevano nel costante timore di essere arrestati. Il Presidente Bene" chiese pubblicamente la "liquidazione" dei tedeschi. Secondo le sue parole, era necessario "ripulire la Repubblica". È innegabile che la persecuzione criminale delle popolazioni tedesche in Europa debba essere vista come un caso paradigmatico di pulizia etnica su larga scala. Va notato, inoltre, che le aree che il governo cecoslovacco intendeva riannettere per confiscare le proprietà e de-germanizzare erano state popolate per settecento anni da tedeschi.

Il 15 settembre 1945 *l'Economist* di Londra denunciò la situazione: "Nonostante la dichiarazione di Potsdam che chiedeva una pausa nelle espulsioni disordinate e disumane dei tedeschi, l'esodo forzato da le province della Prussia orientale, della Pomerania, della Slesia e di alcune parti del Brandeburgo, che avevano una popolazione di circa nove milioni nel 1939, continua". Nello stesso rapporto, il giornale londinese alludeva anche alla situazione in Cecoslovacchia, dove "continua anche l'espulsione di tre milioni e mezzo di tedeschi dei Sudeti". *L'Economist* ha invitato il Consiglio dei Ministri degli Esteri a porre fine a questa "spaventosa tragedia" e ha osservato che milioni di persone vagano nelle zone di occupazione "praticamente senza cibo né riparo". L'articolo affermava che i maggiori centri urbani erano già sovraffollati prima dell'arrivo dei deportati e avvertiva: "Il risultato inevitabile sarà che milioni di persone morranno di fame e di sfinimento".

Il Ministro degli Esteri Ernest Bevin fu interrogato alla Camera dei Comuni il 10 ottobre 1945. Un deputato, Bower, chiese al ministro se il governo avesse protestato con la Polonia per "le atrocità inflitte a donne e bambini tedeschi in relazione alla loro espulsione". Bevin rispose affermativamente, ma in realtà l'iniziativa non era andata oltre una nota di protesta all'ambasciatore polacco a Londra, senza alcun risultato. Tre giorni dopo, il 13 ottobre, *The Economist* chiese nuovamente di fermare le espulsioni. Purtroppo, la realtà della situazione dimostrava giorno dopo giorno che gli sforzi erano infruttuosi e non si otteneva nulla. Il 19 ottobre Bertrand Russell scrisse sul *Times*: "In Europa orientale i nostri alleati stanno ora effettuando deportazioni di massa su una scala senza precedenti, e in un tentativo apparentemente deliberato di sterminare molti milioni di tedeschi, non con il gas, ma privandoli delle loro case e del cibo, lasciandoli morire di fame in modo lento e agonizzante". Il 22 ottobre 1945 il capitano Alfred E. Marples, deputato conservatore che sarebbe poi diventato ministro dei Trasporti, annunciò quanto segue alla Camera dei Comuni: "Secondo un recente rapporto della Croce Rossa Internazionale, le proteste contro le deportazioni disorganizzate dei tedeschi non hanno avuto alcun effetto e i rifugiati continuano a riversarsi a Berlino, dove migliaia di persone muoiono per strada".

Tre giorni dopo, il 25 ottobre, una delegazione guidata da Sir William Beveridge e comprendente sette membri del Parlamento, quattro vescovi, l'editore Victor Gollancz e altre personalità di spicco fece visita al Primo Ministro Attlee. L'incontro fu riportato *dal Times*, che il 26 ottobre riferì che il comitato dei VIP aveva chiesto che "in vista dell'imminente pericolo di morte per fame e malattie per milioni di esseri umani", il governo di Sua Maestà negoziasse con i governi russo, polacco e cecoslovacco "per fermare subito e per tutto l'inverno le espulsioni dei tedeschi dalle loro case in Europa orientale". Così, alla vigilia di un inverno rigido, in cui intere famiglie sarebbero morte di freddo e la razione giornaliera era di sole 1.000 calorie, la moratoria prevista dall'articolo XIII del Trattato di Potsdam non veniva rispettata e le deportazioni non solo non erano state fermate, ma venivano annunciate pubblicamente.

Alla fine di ottobre del 1945, le autorità polacche di Breslau, in occasione della cerimonia di demolizione della statua del Kaiser Guglielmo I, uno dei pochi monumenti tedeschi rimasti, annunciarono che 200.000 tedeschi ancora presenti in città sarebbero stati costretti a partire per una delle zone di occupazione tedesca. Il sindaco ebreo, Stanislav Gosniej, annunciò nel suo discorso al monumento demolito che quattromila tedeschi stavano lasciando la città ogni settimana e che entro metà anno Breslau sarebbe stata la seconda città della Polonia. A Breslau, Beria aveva posto gli ebrei a capo degli organi di repressione. Lo scrittore ebreo John Sack, autore di *An Eye for an Eye. La storia non raccontata della vendetta ebraica contro i tedeschi nel 1945. The Untold Story of Jewish Revenge Against Germans in 1945*), riferisce che il capo della polizia, Shmuel "Gross", che usava il nome polacco Mieczyslaw "Gross", e il capo del dipartimento per i tedeschi, erano ebrei. Secondo questa fonte, alla quale ci rifaremo in seguito, erano ebrei anche il capo della polizia di Katowice, Pinek Piekanowski, e quelli di Kielce, Lublino e Stettino, nonché il capo del Corpo di Sicurezza Interna dell'esercito polacco.

Infine, il Consiglio di controllo alleato decise di elaborare un piano per razionalizzare le espulsioni. L'obiettivo non era quello di fermare le espulsioni, ma di garantire che il trasferimento delle popolazioni avvenisse in modo più ordinato e in condizioni migliori. Il piano era già stato delineato il 20 novembre 1945. A quella data si stimava che, dopo più di mezzo anno di deportazioni selvagge, tre milioni e mezzo di tedeschi rimanessero ancora nelle aree amministrate dalle autorità polacche. Si prevedeva che due milioni di loro potessero essere ammessi dai sovietici e il resto sarebbe stato trasferito nella zona britannica. Per quanto riguarda i tedeschi in Cecoslovacchia, si stimava che due milioni e mezzo rimanessero nel Paese, la maggior parte dei quali nella regione dei Sudeti, un milione e settecentocinquantamila sarebbero andati nella zona americana e il resto sarebbe stato assegnato ai sovietici. Per quanto riguarda il mezzo milione di tedeschi in Ungheria, sarebbero stati tutti ammessi nella zona di occupazione americana. Era previsto anche il trasferimento di 150.000 tedeschi dall'Austria alla zona francese. Il piano prevedeva che tutti i trasferimenti di popolazione potessero essere completati entro l'agosto 1946.

Alfred M. de Zayas osserva che più di due milioni di tedeschi persero la vita durante o a causa degli sfollamenti. Quello che segue è un estratto del suo resoconto, tratto da *Nemesi a Potsdam*, che è una delle fonti principali di quanto abbiamo scritto:

> "Più di due milioni di tedeschi non sopravvissero allo sfollamento. Probabilmente un milione è morto nel corso delle evacuazioni militari e durante la fuga negli ultimi mesi di guerra. Gli altri, soprattutto donne, bambini e anziani, morirono a causa dei metodi spietati di espulsione. Naturalmente, non tutti i trasferimenti furono effettuati in modo brutale. I trasporti verso le aree occidentali durante le estati del 1946 e del 1947 furono relativamente ben organizzati e il numero di morti diminuì sostanzialmente. D'altra parte, le espulsioni del 1945, i mezzi di trasporto in generale e la maggior parte degli spostamenti verso la zona di occupazione sovietica furono catastrofici nel metodo e nelle conseguenze".

L'autore divide le espulsioni in tre fasi: quelle prima della Conferenza di Potsdam, che descrive come "espulsioni selvagge"; quelle del periodo successivo a Potsdam fino al dicembre 1945; e quelle del 1946-47, il periodo dei trasferimenti "organizzati" (virgolette sue). Si può dire, tuttavia, che le deportazioni del 1945 furono tutte bestiali; donne e bambini venivano caricati sui treni come bestiame. Il viaggio poteva durare diversi giorni, durante i quali non veniva fornito alcun cibo. I bambini che morivano durante il viaggio venivano gettati dai finestrini. Nelle stazioni di arrivo, numerosi cadaveri venivano sistematicamente rimossi dai vagoni. Il 24 agosto 1945, il British *News Chronicle* pubblicò un servizio del suo corrispondente da Berlino, Norman Clark, in cui il giornalista raccontava l'arrivo a Berlino di un treno proveniente da Danzica. Il testo, nonostante la sua notevole lunghezza, è riprodotto integralmente nell'opera citata. Ecco alcuni eloquenti stralci:

> "... Il treno da Danzica era arrivato. Questa volta il viaggio era durato sette giorni; a volte ci vuole più tempo. Quelle persone nei vagoni bestiame, e centinaia di persone sdraiate sulle balle dei loro averi sui binari e nella sala della stazione, erano i morti, i moribondi e gli affamati abbandonati dalla marea di miseria umana che ogni giorno raggiunge Berlino, e il giorno dopo tornerà a prendere un treno per un'altra città alla disperata ricerca di cibo e di soccorso. Altre migliaia - fino a 25.000 in un giorno - si incamminano verso le baraccopoli di Berlino, dove

vengono fermati e gli viene impedito di entrare nella città sovraffollata. Ogni giorno tra i cinquanta e i cento bambini - per un totale di cinquemila in poco tempo - che hanno perso i genitori o sono stati abbandonati vengono raccolti nelle stazioni e portati in orfanotrofi o in cerca di madri adottive.

... Secondo una bassa stima - datami dal dottor Karl Biaer, l'antinazista ora insediato a capo del Comitato per il benessere sociale di Berlino - ci sono 8.000.000 di nomadi senza casa che vagano in alcune zone delle province vicine a Berlino. Se si considerano i Sudeti espulsi dalla Cecoslovacchia e quelli che si spostano da altre parti, la cifra di coloro che non possono ricevere cibo sale ad almeno 13.000.000.... Ciò che ha aggravato il problema e lo ha reso insolubile è la continuazione delle espulsioni dei tedeschi dalle loro case da parte dei polacchi....".

Un ultimo esempio permetterà di comprendere definitivamente quanto selvagge e spietate potessero essere le espulsioni. Nel mensile *The Nineteenth Century and After*, il giornalista britannico Frederick Augustus Voigt riferì nel novembre 1945 dell'arrivo a Berlino di un treno proveniente da Troppau (Cecoslovacchia), sul quale uomini, donne e bambini avevano viaggiato per diciotto giorni in vagoni bestiame aperti. Delle 2.400 persone partite da Troppau, quasi la metà, 1.50, morirono durante il viaggio.

Sebbene la fine delle deportazioni fosse prevista per l'estate del 1946, esse continuarono fino al 1947. Sebbene dovessero essere "organizzate" entro il 1946, la vista dei deportati era commovente per tutti coloro che osservavano la loro tragedia da un punto di vista cristiano. Nel marzo 1946, il *Manchester Guardian* pubblicò una triste cronaca del suo corrispondente a Lubecca: descriveva l'arrivo nella zona britannica di civili tedeschi provenienti dalla Polonia, che entravano nella città anseatica a bordo di treni sovraffollati, dove era impossibile sedersi per riposare, poiché i deportati erano ammassati in piedi. Nel primo trasporto arrivarono morti un uomo di settantatré anni e un bambino di diciotto mesi; in un secondo trasporto i morti furono tre. Sebbene fossero previste razioni per gli espulsi, sul primo treno ognuno aveva ricevuto mezza fetta di pane per tutto il viaggio. Il giornalista del *Manchester Guardian* ha descritto le miserevoli condizioni fisiche dei rifugiati, su alcuni dei quali erano ancora visibili i segni dei maltrattamenti. La maggior parte delle donne, hanno confermato i medici britannici che hanno esaminato i deportati, erano state violentate, tra cui una bambina di dieci anni e una sedicenne. In generale, l'età dei deportati era superiore ai cinquant'anni, anche se c'erano molti anziani ottantenni, tra cui diversi storpi e paralitici.

Con l'avvicinarsi di un nuovo inverno e la continuazione delle espulsioni, le autorità militari, per evitare il disastro dell'inverno 1945-46, in cui migliaia di persone erano morte di freddo o assideramento, riuscirono a cancellare diversi movimenti di treni. Purtroppo, più della metà dei giorni dell'inverno 1946-47 si presentò con temperature inferiori allo zero. Neve e gelo erano costanti. È considerato l'inverno più freddo a memoria d'uomo. A Natale, i treni provenienti dalla Polonia arrivarono congelati. Trentacinque deportati morirono su un treno e altri 25 dovettero subire amputazioni. La delegazione del Comitato Internazionale della Croce Rossa (CICR) a Varsavia, notando che nel gennaio 1947 i convogli di deportati arrivavano in Germania in condizioni deplorevoli, portò il problema all'attenzione del Ministero degli Interni polacco. Nonostante questi sforzi, le deportazioni non si fermarono e solo alcune deportazioni di persone che non si trovavano nei campi di internamento furono sospese. Almeno il fatto che le autorità riceventi avessero informazioni sul numero di persone che avrebbero ricevuto e sulle date di arrivo permise una migliore organizzazione, che contribuì a salvare vite umane. Nei "trasferimenti organizzati" i vari Paesi coinvolti nella pulizia etnica dei tedeschi deportarono circa sei milioni di persone.

Poco si sa di ciò che accadde ai prigionieri e ai civili tedeschi in Unione Sovietica. Si è già detto che l'URSS non aveva firmato la Convenzione di Ginevra ed era quindi esente da qualsiasi controllo internazionale. Tuttavia, è certo che più di un milione di soldati tedeschi morirono nei gulag sovietici. Per quanto riguarda le vittime civili tedesche in Russia, Alfred M. de Zayas stima che ci furono tra 1,5 e 2 milioni di persone.

Inoltre, la Croce Rossa cercò di stabilire una presenza in altri Paesi europei dove anche i civili tedeschi erano perseguitati. A partire dal marzo 1945, il Comitato Internazionale della Croce Rossa si è adoperato per ottenere l'accesso ai campi di internamento in Romania, ma gli è stato ripetutamente negato il permesso. In Ungheria, alcune visite furono autorizzate nel novembre 1945 e nel gennaio 1946. A seguito di queste ispezioni, la delegazione del CICR ha presentato una serie di richieste al governo ungherese per migliorare le condizioni dei detenuti. Per quanto riguarda i civili internati nei campi in Jugoslavia, il CICR ha ricevuto appelli privati e rapporti che segnalavano le pessime condizioni di internamento, poiché, oltre alla carenza di cibo, l'igiene e il trattamento dei detenuti erano terribili. La Croce Rossa poté fare ben poco per migliorare la situazione dei civili e dovette accontentarsi di concentrarsi sul suo lavoro di assistenza ai prigionieri di guerra (POW). Il trattamento della minoranza etnica tedesca in Jugoslavia è stato un altro tipico caso di pulizia etnica. Recentemente, il Tribunale penale internazionale dell'Aia ha esaminato i crimini legati alla pulizia etnica commessi durante le guerre balcaniche alla fine del secolo scorso, ma nessuno si è mai preoccupato di denunciare la persecuzione dei civili tedeschi in mezza Europa dopo la Seconda guerra mondiale.

Nel 1939, secondo i dati pubblicati nel 1967 dal Ministero federale tedesco per gli espulsi, circa due milioni di tedeschi vivevano nell'Europa sud-orientale, cioè in Jugoslavia (537.000), Ungheria (623.000) e Romania (786.000). Insediati lungo e vicino al Danubio, erano conosciuti come

"Donauschwaben" (Svevi del Danubio). La maggior parte di loro discendeva da coloni arrivati in questa fertile regione d'Europa nel XVII e XVIII secolo, cioè dopo la liberazione dell'Ungheria dal giogo turco. Considerati come esponenti della civiltà cristiana di fronte all'islamizzazione dei Balcani e dell'Europa, erano apprezzati in Austria e nell'Impero austro-ungarico. Tutto cominciò a cambiare per loro nel 1919, a seguito del disastroso Trattato di Versailles.

Alla fine della Seconda Guerra Mondiale, in Jugoslavia si insediò il regime comunista di Josip Broz Tito, un cripto-ebreo il cui vero nome era Josif Walter Weiss, e di Moses Pijade, un altro ebreo che era l'eminenza grigia e il vero uomo forte. Un decreto del 21 novembre 1944 considerava i tedeschi "nemici del popolo" ed essi furono privati dei diritti civili e le loro proprietà confiscate senza indennizzo. Una legge del 6 febbraio 1945 li privò della cittadinanza jugoslava. Le autorità del Reich avevano evacuato 220.000 tedeschi; ma alla fine di maggio 1945, più di duecentomila jugoslavi di etnia tedesca erano ancora in patria e furono arrestati e fatti prigionieri. Di questi, 63.635 morirono tra il 1945 e il 1950 per malnutrizione, sfinimento e malattie. Furono confiscate circa 100.000 piccole imprese: fabbriche, negozi, fattorie e vari mestieri. Oltre al numero di civili, circa 70.000 soldati tedeschi morirono in Jugoslavia a causa di maltrattamenti, esecuzioni, rappresaglie e lavoro forzato nelle miniere, nella costruzione di strade, nei cantieri navali, ecc. I soldati tedeschi si erano arresi agli inglesi nell'Austria meridionale, ma Londra consegnò 150.000 prigionieri di guerra al regime comunista di Tito con il pretesto che sarebbero stati rimpatriati in Germania.

De Zayas commenta nella sua opera che quarant'anni dopo l'espulsione dalle loro case, le fiere di prussiani orientali, pomeriani, slesiani e tedeschi dei Sudeti erano frequentate da diverse centinaia di migliaia di espulsi. I loro leader parlavano del diritto di mantenere in vita le loro rivendicazioni legali con mezzi pacifici, poiché all'epoca nella Repubblica Federale Tedesca c'erano persone che consideravano un pericolo per la pace in Europa sollevare la questione. Ancora oggi sono in vita persone anziane che ricordano la tragedia delle espulsioni. Nel 2012 Erika Vora ha pubblicato *Silent no More*, in cui raccoglie diverse testimonianze di donne ottuagenarie e non che erano bambine nel 1945 e sono sopravvissute alle deportazioni. Frederick A. Lindemann, Lord Cherwell, l'ideologo ebreo dietro il massiccio bombardamento delle case della classe operaia tedesca, avrebbe detto che "la distruzione della propria casa è la cosa più dannosa per il morale". Nella prefazione di *Silent no More*, Erika Vora cita l'umanista Albert Schweitzer, teologo e filosofo, che considera l'espulsione dalla propria casa la più crudele offesa ai diritti umani. Concludiamo con alcune delle sue domande: "Che cosa significa avere una casa? Che cosa significa essere espulsi dal luogo in cui generazioni di tuoi antenati hanno lavorato duramente per secoli? Che cosa significa essere gettati per le strade ghiacciate con un bambino in braccio ed essere lasciati senza casa e senza diritti? Che cosa significa essere separati dal proprio bambino indifeso ? Che cosa significa vedere la morte dappertutto e temere di essere attaccati da un momento all'altro? Che cosa significa non poter più tornare al luogo di riposo in cui tu e i tuoi cari avete trovato la pace?".

Criminali ebrei nei campi di concentramento

Per quanto riguarda i campi di internamento, va spiegato che vi venivano rinchiuse le persone che non potevano rimanere nelle loro case. Per il Comitato Internazionale della Croce Rossa era estremamente difficile visitarli per distribuire aiuti ai detenuti. Anche nei pochi campi in cui è stato permesso l'ingresso, per lo più in Cecoslovacchia, le condizioni sono state considerate insoddisfacenti e questo è stato registrato nei rapporti presentati al governo di Bene" a Praga. In Polonia, la distribuzione di aiuti della Croce Rossa non era consentita in quasi nessun campo. Solo i parenti degli internati potevano consegnare i pacchi, che di solito venivano aperti dalle guardie, che li dividevano per tenere il meglio e consegnare il resto. Solo nel giugno 1947, nonostante le ripetute richieste, le autorità polacche permisero al delegato del Comitato Internazionale della Croce Rossa di visitare alcuni campi, ma a quel punto la maggior parte dei detenuti era già stata espulsa.

Heinz Esser, un medico tedesco sopravvissuto alle terrificanti condizioni di internamento nel campo di Lamsdorf, nell'Oberschlesien (Alta Slesia), pubblicò nel 1949 *Die Hölle von Lamsdorf: Dokumentation über ein polnisches Vernichtungslager* (*L'inferno di Lamsdorf: documentazione di un campo di sterminio polacco*), un libretto di 127 pagine che denunciava tutta la crudeltà e la spietatezza dei polacchi che controllavano il campo. I lettori interessati che leggono il tedesco possono ancora acquistare quest'opera, di cui esistono diverse edizioni. La lettura conferma che Lamsdorf era davvero un campo di sterminio, dato che 6.488 su una popolazione di 8.064 detenuti morirono per fame, malattie, lavori forzati, torture fisiche e mentali, percosse e maltrattamenti. Nel campo c'erano 828 bambini, di cui quelli di età superiore ai dieci anni dovevano svolgere i lavori più duri e disumani: ne morirono 628. Il comandante del campo, Ceslaw Gimborski, un giovane ebreo di vent'anni, pretendeva che i prigionieri lavorassero con una dieta di due o trecento calorie al giorno. Ogni giorno gli veniva consegnata la lista dei tedeschi morti e la sua domanda abituale era: "Perché così pochi? Le guardie di Lamsdorf, che secondo il dottor Esser soffrivano tutte di malattie veneree, erano dei veri psicopatici che, ubriachi, violentavano continuamente le donne del campo. A volte questi degenerati costringevano le donne a bere urina, sangue e a mangiare escrementi, oltre ad altre atrocità.

Un episodio agghiacciante del campo di Lamsdorf è riportato da due fonti diverse: Heinz Esser nell'opera sopra citata e anche l'autore ebreo John Sack in *Un occhio per occhio*. Sack, già citato in precedenza, era un giornalista veterano di oltre cinquant'anni che scrisse diversi libri, in particolare *Occhio per occhio,* sottotitolato *La storia non raccontata della vendetta ebraica contro i tedeschi nel 1945*. Il libro fece scalpore, perché in esso Sack denuncia che i campi di concentramento dei comunisti polacchi furono gestiti, dopo la guerra, da ebrei che torturarono e uccisero decine di migliaia di civili tedeschi: "Ho appreso", scrive Sack nella prefazione, "che nel 1945 furono uccisi un gran numero di tedeschi: non nazisti, non scagnozzi di Hitler, ma civili tedeschi, uomini, donne, bambini, neonati, il cui unico crimine era quello di essere tedeschi". Scegliamo quindi la versione di Sack, che appare alle pagine 130-131:

> "Durante la guerra, le SS avevano seppellito alcuni polacchi, cinquecento corpi, in un grande prato vicino a Lamsdorf, ma Ceslaw aveva sentito dire che ce n'erano novantamila e ordinò alle donne di Gruben di dissotterrarli. Le donne lo fecero e cominciarono ad avere conati di vomito quando i corpi apparvero, neri come la sostanza delle fogne. I volti erano corrotti, la carne era colla, ma le guardie gridarono alle donne di Gruben: "Gettatevi con loro!". Le donne lo fecero e le guardie gridarono: "Abbracciatele, baciatele, fate l'amore con loro!" Con i loro fucili spinsero dietro le teste delle donne finché i loro occhi, i loro nasi e le loro bocche non penetrarono nella melma dei volti dei polacchi. Le donne che premevano le labbra non potevano urlare, e quelle che urlavano dovevano assaggiare qualcosa di nauseante. Sputando, vomitando, le donne emersero infine con i detriti sul mento, sulle dita, sui vestiti, con l'umidità che si infiltrava nelle fibre. Spruzzate dal fetore, tornarono a Lamsdorf".

Il racconto del dottor Esser aggiunge che c'erano anche uomini che scavavano nella fossa e sottolinea che il fetore di putrefazione emanato dalle donne era così insopportabile che di notte permeava tutte le stanze e l'intero campo. Il terribile fetore durava per settimane, poiché non c'erano docce. Sack conferma che sessantaquattro delle donne di Gruben morirono. Data la necessità di coprire una tale ferocia, è comprensibile che alla Croce Rossa sia stato negato l'accesso ai campi.

In *Occhio per occhio* John Sack spiega che il campo più grande della Polonia era Potulice, costruito dagli ebrei vicino al Mar Baltico per trentamila aspiranti oppressori. Ogni sera il comandante si recava in una baracca, gridava "Attenzione!" e costringeva i detenuti a cantare una canzone umiliante. Quando avevano cantato, iniziava a picchiarli con gli sgabelli, spesso uccidendone più di uno. Nello stesso campo, le guardie ebree prelevavano i tedeschi dal campo all'alba e li costringevano a scavare una fossa vicino a un bosco, gettandovi un ritratto di Hitler e obbligandoli a piangere. Poi veniva ordinato loro di spogliarsi e di versarsi addosso del letame liquido. A volte, "le guardie prendevano un rospo", scrive Sack, "e lo infilavano nella gola di un tedesco, che presto sarebbe morto". Secondo questa fonte, il bilancio delle vittime a Potulice fu enorme. Nel campo di

Myslowitz morivano cento tedeschi al giorno. A Grottkau, scrive l'autore ebreo, "i tedeschi venivano sepolti in sacchi di patate, ma a Hohensalza entravano direttamente nelle bare, dove il comandante li accompagnava. A Blechhammer il comandante ebreo non guardò nemmeno i tedeschi e questi morirono senza essere esaminati". Sack fornisce la cifra di 1.255 campi per tedeschi in attesa di deportazione nell'area controllata dal Dipartimento di Sicurezza dello Stato e sostiene che in ognuno di essi morì tra il venticinque e il cinquanta per cento dei detenuti.

A capo della Sicurezza di Stato c'era Jakub Berman, un ebreo di Varsavia che aveva diretto i servizi segreti del Partito Comunista Polacco. Berman si era rifugiato a Mosca dopo l'invasione tedesca del 1939 e Stalin lo aveva nominato membro del governo che marciava verso Lublino con l'Armata Rossa. A Varsavia era l'uomo di Beria, quindi aveva comunicazioni dirette con Mosca. John Sack riferisce di una visita di Jakub Berman a Kattowice, dove un altro ebreo, Pinek Piekanowski, aveva il controllo della sicurezza. Berman era accompagnato da Wladyslaw Gomulka, sposato con una donna ebrea, e da altri due ministri ebrei. Gomulka riconobbe di avere problemi con la Croce Rossa e cercò di convincere Piekanowski ad autorizzare le ispezioni dei campi. La risposta fu: "Non rispetto la Croce Rossa". Il dialogo rabbioso, riprodotto in *Occhio per occhio*, dimostra che Gomulka non era in grado di farsi valere nei confronti del suo subordinato: "Se mi ordini di far passare la Croce Rossa, lo farò". Le parole di Gomulka furono: "No, non te lo ordinerò". Berman, che era rimasto in silenzio ad ascoltare la rissa, disse infine lentamente: "Compagno, abbiamo la sua parola che i tedeschi sono trattati bene'.

A Gleiwitz, il comandante del campo era una giovane donna ebrea, Lola Potok, la protagonista principale della commedia di John Sack, che sostiene che Lola e i suoi colleghi erano usciti indenni da Auschwitz, così hanno torturato e ucciso i tedeschi per vendicarsi. La maggior parte dei cinquanta capisquadra di Lola Potok erano ebrei, alcuni dei quali erano donne che si divertivano a torturare i prigionieri tedeschi. Il fidato assistente di Lola si chiamava Moshe Grossman. Il direttore di tutti i campi e le prigioni della Slesia era Chaim Studniberg, un ebreo di ventisei anni il cui odio per i tedeschi era patologico. Per il campo di Lamsdorf, Studniberg aveva scelto personalmente Czeslaw e i dieci giovani ebrei che costituivano la sua squadra di criminali. Altri ebrei polacchi che fecero parte dell'apparato del terrore, riportati da varie fonti, sono: Henryk Chmielewski, Jan Kwiatowski, Josef Jurkowski, Jechiel Grynszpan, Karol Grabski, Berek Einsenstein, Adam Krawiecki, Pinek Maka, Shlomo Singer, Stefan Finkel, Adela Glikman, David Feuerstein, Aaron Lehrman, Mordechai Kac, Salek Zucker, Hanna Tinkpulwer, Nahum Solowic, Albert Grunbaum e molti altri che non menzioniamo e che il lettore può trovare sul sito web *Raport Nowaka* (un rapporto del ricercatore polacco Zbigniew Nowak).

Tra i principali criminali ebrei che compaiono nel libro di John Sack c'è Shlomo (Solomon) Morel, nominato dagli occupanti sovietici comandante del campo di Zgoda a Schwientochlowitz, dove anche la maggior parte degli interrogatori erano ebrei. Morel, che secondo Sack era stato l'amante di Lola Potok, uccise personalmente un bambino sbattendogli la testa contro un muro. Nel dicembre 1989 una Commissione per le indagini sui crimini contro la nazione polacca affidò il suo caso a Piotr Brys, procuratore di Katowice, che convocò Morel per la prima volta il 27 febbraio 1991. Il 24 novembre dello stesso anno, il giornale *Wiésci* rese noto il caso. Giorni dopo, il procuratore mise Morel di fronte a una donna polacca, Dorota Boreczek, che all'età di 14 anni era stata con la madre a Schwientochlowitz. Temendo che le cose si complicassero, Shlomo Morel prese un aereo e atterrò a Tel Aviv nel gennaio 1992, ma la sua pensione non poteva essere pagata in Israele, così tornò a giugno. All'epoca, i documenti dell'Archivio della Repubblica Federale Tedesca erano nelle mani degli investigatori. John Sack cita alcune dichiarazioni tratte dai rapporti: "Il comandante era Morel, un bastardo ("Schweinehund") senza pari". "Il comandante, Morel, apparve. Ci piovvero addosso bastoni e fruste. Mi ruppero il naso e mi batterono le dieci unghie che divennero nere e poi caddero". "Arrivò il comandante Morel. L'ho visto con i miei occhi uccidere molti dei miei compagni di prigionia". Di fronte all'evidenza che sarebbe stato processato, Morel tornò in Israele, dove viveva, nel giugno 1993.

Con la dissoluzione dell'Unione Sovietica, Morel è stato accusato di crimini contro l'umanità dall'Istituto Nazionale della Memoria polacco. Nel 1998 e nel 2004, la Polonia ha chiesto l'estradizione a Israele, , che ha rifiutato in entrambe le occasioni e ha negato i crimini di Morel. I sionisti sostenevano che contro di lui era stata organizzata una cospirazione antisemita. Un'altra estradizione richiesta dalla Polonia, in questo caso in Gran Bretagna, è stata quella di Helena Wolinska, un'ebrea nata a Varsavia che aveva il grado di tenente colonnello. Per due volte, nel 1999 e nel 2001, i britannici hanno rifiutato l'estradizione, giustificando il loro rifiuto con l'età della Wolinska e con il tempo trascorso dai presunti crimini. L'atteggiamento ostruzionistico di Israele e del Regno Unito contrasta con la disponibilità incondizionata delle autorità tedesche. Mentre Israele protegge e onora noti criminali ebrei e accusa di antisemitismo coloro che li hanno scoperti e rivendicati, in Germania anziani nonagenari continuano a essere perseguiti e processati per il semplice fatto di aver prestato servizio ad Auschwitz. Nel 2015, ad esempio, al momento in cui scriviamo, Oskar Gröning, un novantatreenne ex contabile del campo di lavoro, è in attesa di giudizio in detenzione per presunti crimini di guerra.

Angela Merkel, cancelliera di origine ebraica, attribuisce alla Germania una "responsabilità eterna", ma preferisce ignorare i massacri di ogni genere commessi contro i civili tedeschi. Mentre gli studiosi che cercano di rivedere la storia vengono accusati di essere revanscisti, antisemiti e neonazisti, la storiografia ufficiale insiste nel ripetere le stesse bugie ad nauseam e nel nascondere la verità storica. In un articolo pubblicato dall'Institute for Historical Review che analizza il destino degli jugoslavi di etnia tedesca ("Volksdeutsche"), Tomislav Sunic si chiede: "Perché le sofferenze e le vittime di alcune nazioni o gruppi etnici vengono ignorate, mentre le sofferenze di altre nazioni e gruppi ricevono un'attenzione e una simpatia esagerate da parte dei media e dei politici?". La domanda è retorica per coloro che conoscono la risposta, ma merita comunque di essere posta.

Ciò che accadde in Polonia, dove il controllo assoluto della polizia e dei campi di internamento era nelle mani di criminali ebrei senza scrupoli, ebbe la sua versione anche in Ungheria, Romania, Jugoslavia e altri Paesi dove decine di migliaia di ebrei rilasciati dai campi di concentramento, presumibilmente per essere sterminati, furono accolti a braccia aperte dalle forze di occupazione comuniste e integrati nell'apparato repressivo di polizia di Beria.

Allo stesso tempo, un flusso costante di ebrei si riversava in Germania, che doveva servire da trampolino di lancio per incanalare l'immigrazione clandestina verso la Palestina. Il tenente generale Sir Frederick Edgeworth Morgan, capo delle operazioni dell'UNRRA (United Nations Relief and Rehabilitation Administration) in Germania, denunciò l'esistenza di un'organizzazione segreta dietro l'arrivo di tanti ebrei "rubicondi, ben vestiti e ben nutriti" che maneggiavano molto denaro. Nel gennaio 1946 il generale britannico fece scandalo quando denunciò senza mezzi termini in una conferenza stampa che un'organizzazione sionista stava lavorando segretamente con l'aiuto sovietico per facilitare l'"esodo" degli ebrei europei verso la Palestina. Frederick E. Morgan scrisse nel 1961 un libro di memorie intitolato *Peace and War: A Soldier's Life*, da cui è tratta questa citazione:

> "Sono stato in grado di raccogliere una valutazione completa e ragionevole del modo in cui l'agenzia delle Nazioni Unite veniva abilmente utilizzata per promuovere quella che non era altro che una campagna sionista di aggressione in Palestina. Sfidando il divieto del Mandato britannico, riluttante come sempre a ricorrere a misure decisive, il comando sionista, mirabilmente ben organizzato, stava impiegando ogni mezzo per forzare l'immigrazione nel Paese, senza curarsi dei disagi e delle sofferenze degli immigrati, pochi dei quali sembravano avere un entusiasmo spontaneo per la causa sionista. L'intero progetto aveva evidentemente la connivenza russa, se non il vero e proprio sostegno, poiché il suo successo avrebbe portato all'eliminazione dell'autorità britannica in un'area vitale del Medio Oriente".

La denuncia del generale Morgan, basata su informazioni ricevute dall'intelligence militare, scatenò una tempesta sulla stampa, che non tardò a bollare i suoi commenti come antisemiti e a chiederne le dimissioni. Poiché non si dimise "motu proprio", fu licenziato dal capo dell'UNRRA, l'ebreo Fiorello La Guardia, ex sindaco di New York.

In totale, secondo Giles MacDonogh, c'erano quasi 200 campi DP (displaced persons) ebraici nelle zone di occupazione alleata, la maggior parte dei quali nella zona americana. Il campo più famoso era quello di Landsberg (Baviera), dove si pubblicava il *Landsberger Caytung* (*Giornale di Landsberg*), che forniva informazioni in yiddish sui processi di Norimberga. Alla fine del 1946 c'erano più di 200.000 ebrei nei campi alleati in Germania e Austria. MacDonogh commenta in *After the Reich* che a Bad Ischl, una città termale nella regione austriaca del Salzkammergut, nell'estate del 1947 ci furono dei disordini per il trattamento favorevole riservato agli ebrei nella distribuzione delle quote latte. Gli sfollati ebrei erano stati sistemati in un albergo, che fu circondato da rivoltosi che lo presero a sassate, gridando: "Fuori, sporchi ebrei! Impiccate gli ebrei! Le autorità americane condannarono uno dei rivoltosi a 15 anni.

Come denunciò il generale Patton prima di essere assassinato, essere ebrei nell'Europa del dopoguerra divenne un grande privilegio. Il rabbino Judah Nadich lo confermò il 4 febbraio 1949 sul quotidiano sudafricano *Jewish Times*. Judah Nadich, un tenente colonnello che fungeva da consigliere ebraico di Eisenhower, affermò che il generale americano diede personalmente ordine di riservare un trattamento preferenziale agli ebrei, che furono collocati in campi speciali e ricevettero più razioni di cibo rispetto agli altri sfollati. Oltre a sfrattare i tedeschi dalle loro case, cosa che indignò Patton, per darle agli ebrei che entravano in massa in Germania, centinaia di giornalisti ebrei tornarono e presero il controllo dei media nelle zone occupate, dove speciali forze di polizia ebraiche controllavano le stazioni. Ottennero razioni di cibo senza dover fare la fila come gli altri e ricevettero immediatamente dei lasciapassare che davano loro libertà di movimento. Il monopolio del mercato nero era nelle loro mani. Inoltre, come abbiamo visto, organizzarono le deportazioni nei Paesi baltici, in Polonia, Austria, Ungheria, Jugoslavia e Cecoslovacchia, dove i comunisti cechi affidarono loro l'espatrio dei tedeschi dei Sudeti.

Il disastroso allestimento di Norimberga

Molto è già stato scritto sui processi di Norimberga, tanto da impedire che vi si faccia riferimento con il minimo rispetto. In Spagna, tuttavia, il Ministro della Giustizia Alberto Ruiz Gallardón, per soddisfare le richieste delle associazioni ebraiche, ha proposto di rendere reato la negazione di fatti "provati dai Tribunali di Norimberga". Nell'ottobre 2012, pochi giorni prima di presentare al Consiglio dei ministri le modifiche alla riforma del Codice penale, Gallardón ha incontrato il presidente dell'American Jewish Committee, David Harris, e il presidente delle Comunità ebraiche di Spagna, Isaac Querub, che hanno espresso la loro soddisfazione. Prevedibilmente, gli ambienti giuridici con un minimo di decoro professionale hanno definito la proposta "stravagante" e hanno considerato il riferimento ai crimini provati a Norimberga "eccessivo e non necessario'. Certamente, ci vuole una grande inettitudine e ignoranza o una grande impudenza per attribuire un qualsiasi valore legale alla sinistra mascherata messa in atto a Norimberga. Comunque la si guardi, Norimberga è stata una macabra farsa, una vendetta consumata dall'ebraismo internazionale, una in più dal 1933, quando i suoi leader dichiararono la "guerra santa" contro la Germania, quando Hitler non aveva ancora intrapreso alcuna azione contro gli ebrei tedeschi. Autori come Douglas Reed, Louis Marschalko, Joaquín Bochaca e altri non hanno esitato a descrivere quanto accaduto nella città bavarese come una "vendetta talmudica".

Quando nel 1939 Roosevelt, Baruch e compagnia decisero di realizzare la bomba atomica, la loro intenzione iniziale era di lanciarla sulla Germania. Poi, come abbiamo visto, una serie di leader ebrei elaborò piani di sterminio successivi: Theodore N. Kaufman (la *Germania deve morire*), Henry Morgenthau (Piano Morgenthau), Frederick A. Lindemann (ideologo del terrore aereo), Dwight D. Eisenhower (i campi di sterminio genocidiari) e i vendicatori acclamati da Michel Bar-Zohar. Tutti loro intendevano infliggere il maggior danno possibile al popolo tedesco, alla nazione tedesca nel suo complesso. Già nel dopoguerra, come abbiamo appena visto, una truppa di spietati ebrei si mise a torturare e uccidere centinaia di migliaia di tedeschi nei campi di prigionia in Polonia. C'era ancora un altro spettacolo per la galleria, una parodia della giustizia vestita di alti principi etici e valori morali superiori: i processi di Norimberga.

Mentre si svolgevano, non va dimenticato, l'intera popolazione dei Sudeti, della Prussia orientale, della Pomerania e della Slesia veniva perseguitata, arrestata, internata nei campi e deportata nelle condizioni sopra descritte, causando la morte di oltre due milioni di persone (Alfred M. de Zayas riporta la cifra di 2.211.000 e Gerhard Ziemer 2.280.000). Allo stesso tempo, i membri del NSDAP, che erano circa tredici milioni, furono perseguitati politicamente in Germania. Per aver fatto parte di un partito politico, qualsiasi cittadino poteva essere arrestato e interrogato prima di finire in una "prigione democratica".

Nahum Goldmann, che fu sia presidente del Congresso ebraico mondiale che dell'Organizzazione sionista mondiale, nelle sue memorie si vanta che il Tribunale di Norimberga fu un'idea del WJC, l'organizzazione da lui presieduta, come confermato da varie fonti. Il WJC non fu solo il padre della creatura, ma svolse anche un importante ruolo di ombra durante l'intero processo. Nahum Goldmann aveva già accennato al piano dei processi nel suo discorso di apertura alla Conferenza panamericana del Congresso ebraico mondiale a Baltimora nel 1941. Tra il 1942 e il 1943 il WJC si dedicò a studiare attentamente e a perfezionare il progetto, che fu presentato al governo statunitense. Naturalmente Roosevelt e il suo entourage di consiglieri sionisti lo accolsero con entusiasmo. Già alla Conferenza di Teheran del novembre 1943, i Tre Grandi discussero l'argomento. In *Memories: The Autobiography of Nahum Goldman*, questo leader sionista scrive quanto segue:

> "Il Congresso ebraico mondiale creò l'Istituto degli Affari ebraici, dove si svolse un lavoro preliminare con due obiettivi principali: garantire che i criminali nazisti non sfuggissero alla punizione e ottenere il massimo risarcimento dalla Germania sconfitta. Fu in questo Istituto che venne concepita l'idea di punire i criminali nazisti, un'idea che fu ripresa da alcuni grandi giuristi americani, in particolare dal giudice della Corte Suprema Robert H. Jackson, e attuata nei processi di Norimberga. L'idea di perseguire e condannare i capi militari per crimini contro l'umanità era completamente nuova nella giustizia internazionale. Molti giuristi, incapaci di vedere oltre i concetti della giurisprudenza convenzionale, erano esitanti o fortemente contrari. Inoltre, il principio secondo cui non si può essere condannati per un crimine non contemplato dalla legge al momento in cui è stato commesso e il fatto che i subordinati non possono essere puniti per aver obbedito a ordini superiori sono apparsi come controargomenti. Ma questi argomenti furono superati dall'importanza di punire i mostruosi crimini nazisti contro ebrei e gentili. Bisognava stabilire che la sovranità nazionale non è una giustificazione per violare i principi più elementari dell'umanità e che l'obbedienza a un superiore non è un pretesto accettabile per crimini individuali e di massa. Da questo punto di vista, i processi di Norimberga sono stati un evento epocale nella storia della morale e della giustizia internazionale. Non solo hanno dimostrato il loro merito nel consegnare alla giustizia i principali criminali nazisti, ma sono anche serviti come efficace monito e deterrente per il futuro. Sotto la guida di Jacob e Nehemiah Robinson, il Congresso Ebraico Mondiale ha profuso tutti i suoi sforzi intellettuali e morali nel lavoro preparatorio di questi processi, ed è uno dei trionfi dell'amministrazione Roosevelt il fatto che abbia accettato con convinzione questi principi nonostante le perplessità di alcuni influenti circoli alleati, soprattutto in Inghilterra".

Due ufficiali ebrei dell'esercito statunitense, il colonnello Murray C. Bernays, un importante avvocato di New York, e il colonnello David "Mickey" Marcus, un sionista fanatico. Bernays, un importante avvocato di New York, e il colonnello David "Mickey" Marcus, un sionista fanatico, ebbero un ruolo decisivo nell'organizzazione dei processi di Norimberga. Secondo l'ADL (Anti-Defamation League), Bernays, ebreo lituano naturalizzato americano, progettò l'intera struttura legale e procedurale. Sua fu la proposta di processare non solo individui privati, ma anche organizzazioni come le SS, la NSDAP e la Gestapo. Lo storico Robert Conot lo considera "lo spirito influente che ha guidato la strada verso Norimberga". Il secondo, Marcus, era un dirigente chiave della politica statunitense nella

Germania occupata. Essendo stato nominato capo della Sezione crimini di guerra, fu lui a selezionare quasi tutti i giudici, i procuratori e gli avvocati per il processo militare di Norimberga (NMT). Arthur Robert Butz lo rintraccia e in *The Hoax of the Twentieth Century* rivela che alla fine del 1947 Marcus aveva lasciato l'esercito statunitense e stava agendo come comandante supremo delle forze ebraiche a Gerusalemme.

Nel gennaio 1945 Roosevelt nominò il giudice Samuel I. Rosenman, uno dei più noti sionisti ebrei del Brain Trust, come suo rappresentante personale per i crimini di guerra. Dopo la Conferenza di Yalta, Rosenman si recò in Inghilterra per avviare i negoziati che avrebbero portato all'istituzione di un sistema legale che coprisse i procedimenti dei tribunali di Norimberga. Il risultato fu l'Accordo di Londra ("Accordo di Londra "), che doveva servire come base per l'inizio dei processi. Quando Roosevelt morì, il 12 aprile 1945, Rosenman stava lavorando nella capitale inglese. Truman gli chiese di recarsi a San Francisco, dove si sarebbe tenuta la Conferenza delle Nazioni Unite. Lì, il giudice Jackson e Rosenman redassero un documento che fu presentato e approvato alla Conferenza. L'accordo prevedeva l'istituzione di un Tribunale Militare Internazionale (IMT) per processare i principali leader nazisti. Nel giugno del 1945, Jackson e Rosenman tornarono a Londra, dove, in compagnia di Murray C. Bernays, svolsero i lavori preparatori per l'istituzione dell'IMT. Dopo aver completato la sua missione, Bernays tornò negli Stati Uniti nel novembre 1945 e lasciò l'esercito.

L'Accordo di Londra precedette quindi l'apertura dei processi e fu reso pubblico l'8 agosto 1945, ma i dettagli delle sessioni furono resi noti solo quattro anni dopo. Solo allora divenne chiaro quali fossero i disaccordi e le preoccupazioni di alcuni dei negoziatori. Consapevoli dei propri crimini, i vincitori si chiesero quale sarebbe stata la risposta del Tribunale se la difesa di i tedeschi avesse sollevato la questione delle guerre di aggressione e dei crimini commessi da altre nazioni. Era logico prevedere che il Tribunale avrebbe dovuto occuparsi del terrore aereo americano e britannico contro città indifese. D'altra parte, non era chiaro come il personale militare o gli individui potessero essere legalmente accusati e condannati per atti che non erano considerati crimini dalla legge esistente. Più tardi, il giudice della Corte Suprema degli Stati Uniti William O. Douglas scrisse: "Pensavo allora e penso ancora adesso che i processi di Norimberga fossero cinici. La legge fu creata ex post facto'[16].

Inoltre, era sarcastico che l'Unione Sovietica cercasse di far parte del futuro tribunale internazionale, dal momento che aveva partecipato alla spartizione della Polonia e avviato guerre di aggressione contro la Finlandia

---

[16] Ex post facto è un termine giuridico che si riferisce a una legge che cambia lo status giuridico di un atto commesso prima dell'emanazione della legge stessa. In altre parole, una legge a cui viene dato carattere retroattivo per rendere reato un atto che non lo era al momento in cui è stato commesso.

e altri Stati, e quindi avrebbe dovuto essere tra gli imputati e non tra i giudici. La delegazione britannica considerò anche la possibilità che gli avvocati degli imputati sostenessero che l'occupazione della Norvegia fosse avvenuta per autodifesa, poiché vi erano prove che la Gran Bretagna aveva pianificato in anticipo l'invasione del Paese scandinavo. In breve, gli Stati Uniti, la Gran Bretagna e l'URSS, i vincitori della guerra, dopo aver fatto ricorso al terrore atomico, un male assoluto di natura satanica, dopo aver ucciso milioni di civili con bombardamenti a saturazione in Europa e in Giappone, dopo aver commesso crimini indicibili di ogni genere, hanno finto di ignorare le loro atrocità e si sono eretti a paladini della moralità e della giustizia.

Il giudice Jackson trovò la formula per superare tutte queste insidie: una clausola inserita negli statuti avrebbe limitato la portata del Tribunale, che avrebbe potuto considerare solo gli atti compiuti dagli imputati. In altre parole, la critica e/o la discussione delle azioni dei vincitori erano formalmente vietate. Quando la difesa degli imputati cercava di presentare alcuni fatti, la risposta del giudice che presiedeva il processo era invariabilmente: "Non siamo interessati a ciò che gli Alleati possono aver fatto". Si stabilì così un corpo di leggi che divenne l'Atto costitutivo dell'IMT (International Military Tribunal), che aprì le sue sessioni il 20 novembre 1945 e le chiuse, dopo quattrocentosette sessioni, il 30 settembre 1946.

Tra le altre aberrazioni legali, l'articolo 9 stabiliva che la pretesa di eseguire gli ordini non era una scusa. In altre parole, i soldati e gli ufficiali dovevano disobbedire ai loro comandanti, cosa impensabile in qualsiasi esercito del mondo, figuriamoci in tempo di guerra. Un altro articolo, il 19, specificava che "la corte "non sarà vincolata" da regole tecniche di prova... e accetterà qualsiasi prova che ritenga avere valore probatorio". Su questa base, le dichiarazioni più torbide e le "prove" più dubbie fornite dalle commissioni di "inchiesta" sovietiche e americane furono accettate come valide. Un esempio significativo è il documento USSR-54, un rapporto dettagliato redatto da una commissione d'inchiesta sovietica che "dimostrava" che i tedeschi avevano ucciso migliaia di ufficiali polacchi nella foresta di Katyn. Per completare le "prove", i sovietici produssero tre testimoni che "confermarono" che la Germania era responsabile del massacro. Oggi è generalmente riconosciuto che alcuni dei documenti più importanti presentati a Norimberga erano fraudolenti.

Va chiarito che il principale processo tenutosi a Norimberga dopo la guerra contro la leadership nazista, quello che ha catturato l'attenzione dei media di tutto il mondo, è noto come IMT ("International Military Tribunal"). Già in questo processo gli Alleati sollevarono l'accusa di sterminio degli ebrei, anche se, a parte gli affidavit e le testimonianze, non furono presentate altre prove. Tra il 1946 e il 1949, gli americani condussero altri dodici processi in varie località della loro zona di occupazione. Questi sono noti come NMT ("Tribunale Militare di Norimberga"). In questi processi fu scelto un responsabile principale per presentare i dodici casi, che comprendevano i campi di concentramento (Oswald Pohl), le Einsatzgruppen (Otto Ohlendorf), il caso della I.G. Farben (Karl Krauch), ecc.

Nel processo principale, anche se con metodi persuasivi molte persone furono costrette a firmare dichiarazioni giurate e a testimoniare contro i loro superiori, la maggior parte dei leader nazisti non fu torturata, perché erano troppo importanti e si riteneva che dovessero apparire in buone condizioni davanti alla corte e alla stampa internazionale. L'eccezione fu Julius Streicher, direttore del giornale *Der Stürmer*. È stato detto che fu diffamato a tal punto da essere costretto a mangiare escrementi e a bere l'acqua del W.C. Nel capitolo otto abbiamo già visto che Streicher fu torturato da soldati neri ed ebrei che gli sputavano in bocca e lo costringevano a ingoiare la saliva. Fu frustato e picchiato sui genitali e su tutto il corpo impunemente, perché il tribunale ignorò la denuncia del suo avvocato, Hans Marx.

Negli altri processi (NMT) la tortura era comune. Mark Weber, direttore dell'Institute for Historical Review, in un saggio completo e ben documentato intitolato *The Nuremberg Trials and the Holocaust*, cita più di mezza dozzina di fonti che confermano, ad esempio, ciò che accadde a Dachau. Una commissione d'inchiesta dell'esercito americano, di cui facevano parte il giudice della Pennsylvania Edward van Roden e il giudice Gordon Simpson della Corte Suprema del Texas, ha stabilito che gli imputati di Dachau furono brutalmente torturati con percosse, colpi ai testicoli (rovinati in centotrentasette casi), denti spaccati, fiammiferi bruciati sotto le unghie, mesi di isolamento, privazione del cibo e minacce o rappresaglie contro le famiglie. I processi minori si tennero a Dachau, sotto la supervisione della Sezione Crimini di Guerra, il cui capo era il sionista Marcus, futuro generale di Israele. Un giornalista che aveva assistito alle udienze del tribunale di Dachau, scioccato da ciò che stava accadendo in nome della giustizia, lasciò il suo posto e alla fine testimoniò davanti a una sottocommissione investigativa del Senato degli Stati Uniti che gli interrogatori più brutali erano stati tre ebrei tedeschi.

In *After the Reich* Giles MacDonogh rivela che tra gli interrogatori in Gran Bretagna c'erano anche molti ebrei. Tra gli interrogatori e i cacciatori di nazisti c'era Robert Maxwell, il famoso magnate della stampa e agente del Mossad. Maxwell, ebreo di origine slovacca, si chiamava in realtà Ján Ludvik Hoch. Secondo MacDonogh, l'unità investigativa sui crimini di guerra era piena di ebrei tedeschi e austriaci che potevano interrogare gli accusati nella loro lingua. Tra gli altri cita Peter A. Alexander, impiegato di banca a Vienna; il maggiore Frederick Warner, che ad Amburgo era stato Manfred Werner; il tenente colonnello Bryant (in realtà Breuer); Peter Jackson (ex Jacobus), responsabile dell'arresto del comandante di Auschwitz Rudolf Höss; Anton Walter Freud, nipote di Sigmund Freud, che catturò e interrogò il dottor Bruno Tesch, la cui azienda produsse il famoso gas Zyklon B; Fred Pelican (nato Friedrich Pelikan); il sergente Wieselmann...

Joseph Halow, un giovane reporter dell'esercito che raccontò i processi di Dachau nel 1947, ricorda nell'articolo "Innocenti a Dachau", pubblicato sul *Journal of Historical Review*, che gli investigatori americani che presentarono i casi davanti ai tribunali militari di Dachau erano "rifugiati ebrei dalla Germania che odiavano i tedeschi". Tra gli interrogatori più brutali c'era il tenente William R. Perl, un ebreo sionista nato a Praga, immigrato negli Stati Uniti nel 1940 e arruolato nell'esercito americano. Perl era un protetto del leader sionista Vladimir Jabotinsky ed era stato coinvolto nell'intensificazione dell'immigrazione illegale di ebrei in Palestina. Nella sua squadra di interrogatori era assistito da altri ebrei spietati come lui, tra cui Frank Stein, Harry W. Thon, Morris Ellowitz.... Hallow riporta il caso di Gustav Petrat, un soldato ventiquattrenne che prestava servizio come guardia a Mauthausen, che dopo essere stato selvaggiamente picchiato e malmenato, finì per firmare un falso rapporto contro di lui, come richiesto, e fu impiccato nel 1948.

Un caso scandaloso e tragicomico a Dachau è raccontato da Freda Utley in *The High Cost of Vengeance* (1949) e anche da Arthur R. Butz nella sua opera già citata: Joseph Kirschbaum, un investigatore ebreo della squadra di Perl, portò un testimone ebreo di nome Einstein davanti alla corte di giustizia di Dachau per testimoniare che l'imputato Menzel aveva ucciso suo fratello. Tra lo stupore generale, Menzel riconobbe la presunta vittima, seduta tranquillamente in aula, e avvertì la corte. Kirschbaum, imbarazzato, urlò con rabbia al testimone: "Come posso portare questo maiale alla forca se sei così stupido da portare tuo fratello davanti alla corte". Secondo lo scrittore nazionalista ungherese Louis Marschalko, autore de *I conquistatori del mondo* (1958), duemilaquattrocento dei tremila funzionari che parteciparono alla farsa di Norimberga erano ebrei.

Il colonnello che agiva come capo della Sezione Crimini di Guerra a Dachau era un altro ebreo, A. H. Rosenfeld. Uno stratagemma messo in pratica da Rosenfeld era quello dei processi farsa ("mock trial"). Quando un prigioniero si rifiutava di collaborare, veniva portato in una stanza dove attorno a un tavolo nero sedevano investigatori in uniforme dell'esercito americano. Al centro del tavolo c'era un crocifisso; ai lati c'erano due candele. Non c'era altra illuminazione. In questa atmosfera cupa, il "tribunale" ha proceduto alla messa in scena della farsa, che si è conclusa con una finta sentenza. Una volta "condannato", al prigioniero veniva promesso che se avesse collaborato con gli accusatori e fornito prove, avrebbe potuto essere graziato. Quando il colonnello Rosenfeld lasciò il suo incarico nel 1948, fu intervistato da un giornalista che gli chiese se le storie dei processi farsa, in cui venivano emesse false condanne a morte, fossero vere. La sua risposta fu: "Sì, certo. Altrimenti non saremmo stati in grado di far cantare quegli uccelli.... Era un trucco e ha funzionato alla grande".

Frederick John Partington Veale sostiene in *Advance to Barbarism* che se la colpa dei nazisti era così evidente, l'esito dei processi sarebbe stato lo stesso se i vincitori avessero invitato prestigiosi giuristi internazionali provenienti da Paesi non belligeranti: svizzeri, svedesi, portoghesi, spagnoli, argentini, che avrebbero senza dubbio accettato di affrontare le indagini e presiedere tribunali composti da giudici neutrali. L'ipocrisia di Norimberga fu denunciata da giuristi integerrimi che, pur essendo stati reclutati dall'esercito americano, condannarono per iscritto la vendetta giudiziaria che si stava perpetrando. Uno dei giudici del caso I. G. Farben osò denunciare che c'erano "troppi ebrei nel processo". Harlam Fiske Stone della Corte Suprema degli Stati Uniti espresse il suo disappunto per il modo in cui il giudice Jackson aveva accettato di condurre il processo di Norimberga. Mark Weber lo cita così: "Jackson sta guidando il suo linciaggio a Norimberga. Non mi interessa quello che fa ai nazisti, ma odio vedere la pretesa di gestire un tribunale secondo la legge comune". Il giudice americano Charles F. Wennerstrum, della Corte Suprema dell'Iowa, protestò pubblicamente contro la parodia della giustizia messa in atto in Germania. In un testo pubblicato nel febbraio del 1948 sul *Chicago Tribune*, un giornale di proprietà dei gentili, scrisse:

> "Se avessi saputo sette mesi fa quello che so oggi, non sarei mai venuto qui.
> Ovviamente, il vincitore di una guerra non è il miglior giudice dei crimini di guerra. Per quanto ci si possa sforzare, è impossibile convincere la difesa, i suoi avvocati e coloro che essa rappresenta che il tribunale sta cercando di rappresentare l'intera umanità piuttosto che il Paese che ha nominato i suoi membri. Quanto ho detto sul carattere nazionalistico dei tribunali vale anche per l'accusa. Gli alti ideali annunciati come motivo per la creazione di questi tribunali non si sono visti. Il processo non è riuscito a mantenere l'obiettività, lontano dalla vendetta, dalle convinzioni e dalle ambizioni personali. Non ha cercato di stabilire precedenti che avrebbero potuto aiutare il mondo a evitare guerre future. L'atmosfera qui è malsana. C'era bisogno di linguisti. Gli americani sono linguisti particolarmente scadenti. Gli avvocati, i funzionari pubblici, gli interpreti e i ricercatori assunti erano diventati americani da poco e la loro formazione era impregnata di odi e rancori europei (un chiaro riferimento agli immigrati ebrei).
> [...] La maggior parte delle prove nei processi era documentale, estratta dall'enorme mole di documenti catturati. La selezione è stata fatta dall'accusa. La difesa aveva accesso solo ai documenti che l'accusa riteneva rilevanti per il caso. Il nostro tribunale ha introdotto una regola procedurale secondo la quale quando l'accusa presentava un riassunto di un documento, l'intero documento doveva essere messo a disposizione della difesa per verificare le prove. L'accusa ha protestato con veemenza.
> Il generale Taylor mise alla prova la corte e convocò una riunione di tutti

i giudici presidenti allo scopo di annullare questa regola. Questo non era l'atteggiamento di un ufficiale consapevole del fatto che la giustizia deve essere richiesta ai tribunali.

Altrettanto ripugnante per il concetto americano di giustizia è il fatto che l'accusa si sia basata su rapporti autoincriminanti firmati da imputati incarcerati per oltre due anni e mezzo, interrogati senza la presenza dei loro avvocati. Due anni e mezzo di carcere sono di per sé una forma di pressione.

La mancanza di appello mi lascia la sensazione che la giustizia sia stata negata.

[...] Dovrebbero andare a Norimberga. Vedrebbero un tribunale in cui il novanta per cento della popolazione è interessata all'accusa. Il popolo tedesco dovrebbe ricevere maggiori informazioni sui processi e gli accusati dovrebbero avere il diritto di appellarsi alle Nazioni Unite".

In seguito alla pubblicazione di queste parole, il generale Taylor accusò il giudice di aver fatto commenti "sovversivi per gli interessi e le politiche degli Stati Uniti". Ci sembra chiaro, tuttavia, che Wennerstrum evitò di menzionare gli ebrei nelle sue critiche per evitare ulteriori problemi. Evidentemente sapeva che essi predominavano in tutte le accuse e che erano mossi da un odio cieco e da un desiderio smodato di vendetta che, come sottolinea il giudice, non aveva nulla a che fare con la giustizia. Per quanto riguarda il commento di Wennerstrum sulle tonnellate di documenti, Arthur R. Butz, Mark Weber e altre fonti confermano che gli Alleati esaminarono a fondo la Germania alla ricerca di qualsiasi documento che potesse essere usato per incriminare il regime nazionalsocialista. Gli archivi governativi furono completamente saccheggiati. Furono sequestrati anche i documenti del NSDAP e delle organizzazioni ad esso collegate, quelli delle industrie e delle aziende private, quelli delle istituzioni ufficiali e private. Solo gli archivi confiscati del Ministero degli Esteri ammontavano a quasi 500 tonnellate di carta. Più di un milione di pagine di documenti sulla politica ebraica del Terzo Reich sono state inviate negli Stati Uniti e si trovano negli Archivi Nazionali. La cosa più significativa è che in tutta questa vasta mole di informazioni non è stato trovato un solo documento che confermasse l'esistenza di un programma di sterminio.

Da questa enorme quantità di carte lo staff "americano" selezionò solo duemila documenti ritenuti più incriminanti per il processo di Norimberga. Solo l'accusa ebbe accesso ai documenti tedeschi in possesso degli Alleati, mentre agli avvocati della difesa fu impedito di selezionare il proprio materiale. Lo storico Werner Maser in *Nuremberg: A Nation on Trial* (1979) ha osservato che a Norimberga "migliaia di documenti che potevano apparentemente incriminare gli Alleati e scagionare gli imputati scomparvero". L'autore accusa che importanti documenti specifici rivendicati dai difensori non sono stati trovati. "È chiaro", afferma Maser, "che i documenti furono confiscati, nascosti alla difesa o addirittura rubati nel 1945". Uno dei documenti di importanza fondamentale che è stato nascosto agli avvocati degli imputati è il supplemento segreto al Patto tedesco-sovietico che divideva l'Europa orientale in due sfere di influenza. Come se non bastasse, l'"Associazione delle persone perseguitate dai nazisti" lanciò una campagna di propaganda e riuscì a far sì che agli ex detenuti dei campi di concentramento fosse impedito di testimoniare per gli avvocati della difesa.

Al tribunale che dal 20 novembre 1945 processò i principali leader nazisti, gli Stati Uniti erano rappresentati dal giudice Robert H. Jackson e da dieci assistenti. Il procuratore capo per la Gran Bretagna era il procuratore generale Sir Hartley Shawcross, assistito dal Lord Cancelliere Jowitt e da undici assistenti. La Francia era rappresentata da Robert Falco, avvocato della Corte d'Appello, e dal professor André Gros, specialista in diritto internazionale. In rappresentanza dell'Unione Sovietica era presente il generale Iona T. Nikitchenko, vicepresidente della Corte Suprema di Mosca, assistito da due assistenti. Il verdetto fu pronunciato il 30 settembre 1946. Dodici imputati: Göring, Ribbentrop, Keitel, Kaltenbrunner, Rosenberg, Frick, Frank, Streicher, Sauckel, Jodl, Seyss-Inquart e Martin Bormann (in contumacia) furono condannati a morte. Per Hess, Funk e Räder la sentenza fu l'ergastolo. Schirach e Speer furono condannati a vent'anni; Neurath a quindici; Dönitz a dieci; Hans Fritzsche, Hjalmar Schacht, rappresentante dell'alta finanza internazionale, e Franz von Papen, che non divenne mai membro del NSDAP, furono assolti.

Protagonista dell'IMT di Norimberga non fu nessuno dei gerarchi nazisti, ma il colonnello delle SS Rudolf Höss, il testimone d'accusa che il 5 aprile 1946 firmò una dichiarazione giurata, o affidavit scritta in inglese, da cui si basò la storia dello sterminio di milioni di ebrei ad Auschwitz. Rudolf Franz Ferdinand Höss, dopo essere stato torturato dagli ufficiali britannici, firmò una confessione in cui incriminava se stesso e ammetteva che due milioni e mezzo di persone erano state uccise ad Awschwitz nelle camere a gas del campo di lavoro. La dichiarazione di Höss al tribunale di Norimberga segnò il culmine del processo e la sua confessione è considerata il documento chiave dell'Olocausto e la prova più importante presentata sul tanto decantato programma di sterminio. *The Hoax of the Twentieth Century* di Arthur Robert Butz fornisce prove e argomenti che portano alla conclusione che Höss ha mentito per salvarsi. Torneremo sull'argomento di questa sorprendente confessione in un secondo momento.

Il principale imputato davanti all'IMT di Norimberga era Hermann Göring, che per molti anni era stato il secondo uomo del Reich. Göring negò con veemenza che ci fosse stato un programma di sterminio durante la guerra: "La prima volta che ho sentito parlare di questo terribile sterminio è stato qui a Norimberga'. La politica tedesca, disse, era quella di espellere gli ebrei, non di ucciderli. Per quanto ne sa, Hitler non sapeva nulla di una politica di sterminio. Secondo quanto riferito, più di tre quarti del personale che affollava Norimberga: giuristi arruolati nell'esercito americano, giornalisti, interpreti, traduttori e vari funzionari pubblici erano ebrei. La loro presenza era schiacciante. In un'occasione, Göring li riconobbe su uno dei podi del pubblico e, incapace di trattenersi, li indicò e disse: "Guardateli, nessuno può dire che li abbiamo sterminati tutti!". Göring, Ribbentrop e Rosenberg insistettero sul fatto che il tribunale non aveva alcuna legittimità o autorità e che britannici e americani erano ugualmente colpevoli di aver violato il diritto internazionale. Quando agli imputati fu mostrato un filmato sovietico sulle atrocità tedesche, Göring, che a volte era inorridito da alcune immagini, sogghignò, sbadigliò e disse che i russi non avevano esattamente una reputazione di moralità. Il suo scherno era già inarrestabile quando il filmato mostrò le immagini del massacro degli ufficiali polacchi nelle fosse di Katyn.

Il generale Alfred Jodl, capo delle operazioni dell'Alto Comando delle Forze Armate e uno dei più stretti consiglieri militari di Hitler, non perse mai la calma e si comportò da soldato qual era. Quando gli fu chiesto del presunto piano di sterminio degli ebrei, dichiarò: "Posso solo dire, pienamente consapevole della mia responsabilità, che non ho mai sentito parlare, né in accenni né in parole dette o scritte, di uno sterminio degli ebrei.... Non ho mai avuto informazioni private sullo sterminio degli ebrei. Dò la mia parola, sicuro come sono di essere seduto qui, che ho sentito tutte queste cose per la prima volta alla fine della guerra".

Un altro dei condannati a morte fu Ernst Kaltenbrunner, che dall'inizio del 1943 era a capo del RSHA (Reichssicherheitshauptamt), il Dipartimento per l'Alta Sicurezza del Reich, che comprendeva la Gestapo (Geheime Staatspolizei), la polizia segreta di Stato; l'SD (Sicherheitsdienst), il Servizio di Sicurezza; e la Kripo (Kriminalpolizei), la polizia criminale. Nel febbraio 1944, un decreto di Hitler ordinò che tutte le funzioni di intelligence politica e militare fossero assunte dall'RSHA. Mark Weber commenta nel saggio citato che Kaltenbrunner sapeva che qualsiasi cosa avesse detto sarebbe stata condannata. Weber riproduce la dichiarazione di Kaltenbrunner alla corte: "Il colonnello che comandava la prigione britannica dove ero detenuto mi ha detto che sarò impiccato comunque, indipendentemente dal risultato. Poiché ne sono pienamente consapevole, tutto ciò che voglio fare è chiarire alcune cose fondamentali che sono sbagliate qui". A un certo punto dell'interrogatorio è stato accusato di aver ordinato personalmente la gassazione dei prigionieri: "Testimone dopo testimone, attraverso testimonianze e dichiarazioni giurate", gli ha ricordato l'accusatore, "hanno detto che le morti nella camera a gas sono state eseguite su ordine generale o specifico di Kaltenbrunner". La risposta di Kaltenbrunner, che insieme a Papen e Seyss-Inquart andava regolarmente a messa, fu: "Mostratemi uno di questi uomini o uno di questi ordini. È del tutto impossibile". L'accusatore ha insistito: "Praticamente tutti gli ordini venivano da Kaltenbrunner". Controreplica: "Assolutamente impossibile".

Prima di morire sul patibolo, il dottor Ernst Kaltenbrunner si congedò da questo mondo con le seguenti parole: "Ho amato la mia patria e il popolo tedesco con tutto il mio cuore! Buona fortuna, Germania!".

Un caso particolarmente indigesto che dimostra l'abuso di Norimberga è quello di Rudolf Hess, il prigioniero di Spandau che, dopo aver rischiato la vita per ottenere la pace con la Gran Bretagna, fu condannato all'ergastolo e morì malato nella sua angusta cella il 17 agosto 1987 all'età di novantatré anni. Il regime carcerario a cui fu sottoposto fu infame: gli fu concessa una sola visita di 15 minuti al mese e fu persino censurata la sua corrispondenza. Lo storico britannico A. J. P. Taylor, autore di *The Origins of the Second World War*, ha raccontato al figlio di Hess: "Hess venne in questo Paese nel 1941 come ambasciatore di pace. Venne con l'intenzione di ripristinare la pace tra Gran Bretagna e Germania. Ha agito in buona fede. Cadde nelle nostre mani e fu trattato ingiustamente come prigioniero di guerra. Dopo la guerra, avremmo dovuto rilasciarlo. Invece, il governo britannico lo consegnò all'IMT per la condanna.... Nessun crimine contro Hess poté mai essere provato". Seppellito nella città bavarese di Wunsiedel, il 20 luglio 2011, la comunità evangelica "cristiana" si è rifiutata di permettere ai suoi parenti di estendere l'affitto della sua tomba per evitare che diventasse un luogo di pellegrinaggio. Il suo corpo è stato cremato e le sue ceneri sono state gettate in mare.

Dopo aver appreso della sua condanna a morte, Joachim von Ribbentrop ha insistito sul fatto che il suo avvocato non aveva potuto esercitare normalmente i suoi diritti e che non gli era stato permesso di difendere e spiegare la politica estera della Germania. Ribbentrop ha ricordato alla corte che era stata presentata una richiesta di consegna delle prove, che era stata rifiutata. Ha anche detto che metà dei trecento documenti presentati dalla sua difesa non erano stati ammessi, senza alcuna spiegazione del perché fossero stati rifiutati. Non sono stati accettati né la corrispondenza tra Hitler e Chamberlain, né i rapporti degli ambasciatori o i verbali diplomatici. Ribbentrop sottolineò che solo l'accusa aveva avuto accesso ai fascicoli del Foreign Office e che la difesa era stata privata di questo diritto. Infine, ha espresso la sua indignazione per l'uso distorto di documenti incriminanti selezionati dall'accusa, che, al contrario, aveva consapevolmente taciuto rapporti e documenti a discarico, negandoli alla difesa.

Le esecuzioni dei leader nazisti e dei generali dell'esercito tedesco avvennero il 16 ottobre 1946, giorno in cui gli ebrei celebrano la festività di "Hoshanah Rabbah", cioè il "Giorno del Giudizio ebraico" per le nazioni. Douglas Reed scrive in *The Controversy of Zion* che con la scelta di questa data i leader occidentali diedero alla conclusione della Seconda guerra mondiale l'aspetto di una vendetta compiuta specificamente a favore degli ebrei. Quello che segue è un estratto di Reed, tratto dall'opera citata:

"Alcuni atti simbolici avevano evidentemente il significato di stabilire la paternità, o la natura, della vendetta. Questi atti di altissimo simbolismo furono la riproduzione, dopo quasi trent'anni, di atti simili compiuti durante la rivoluzione in Russia: il vanto talmudico lasciato sul muro della stanza dove furono giustiziati i Romanov e la canonizzazione di Giuda Iscariota. Dopo la Seconda guerra mondiale, i leader nazisti furono impiccati nel Giorno del Giudizio ebraico del 1946, così la loro esecuzione fu presentata agli ebrei sotto forma di vendetta di Mordechai su Haman e i suoi figli. Poi, nel villaggio bavarese di Oberammergau, dove da tre secoli viene rappresentata la famosissima Passione, gli attori delle parti principali furono processati da un tribunale comunista per "attività naziste". Quelli che interpretavano Gesù e gli apostoli furono dichiarati colpevoli; l'unico attore assolto fu quello che interpretava Giuda. Queste cose non accadono per caso, e la vendetta sulla Germania, come la precedente in Russia, ebbe così l'impronta di una vendetta talmudica...".

Nel secondo capitolo si è detto che il boia che il 21 gennaio 1973 ghigliottinò il re Luigi XVI era un massone ebreo di nome Samson. Come ricorda Douglas Reed nella citazione sopra riportata, anche gli assassini della famiglia dello zar Nicola II erano ebrei. È significativo che, anche in questo caso, gli scagnozzi che hanno giustiziato i condannati dall'IMT di Norimberga fossero ebrei. *La rivista Stag* (vol. 3, n. 1, dicembre 1946) ha rivelato che il capo boia, il sergente americano John Clarence Woods, era ebreo. Woods era assistito da Joseph Malta, che secondo alcune fonti era anch'egli ebreo. Woods spiegò alla stampa di aver fatto durare il più a lungo possibile l'agonia dei leader nazisti e Malta dichiarò cinquant'anni dopo, nel 1996, che era stato un piacere. È già stato notato nel capitolo otto che questi boia sbagliarono l'impiccagione dei gerarchi nazisti con lo scopo deliberato di prolungare la loro agonia. Il cappio si strinse intorno al collo di Ribbentrop per quasi venti minuti prima che l'ex ministro degli Esteri del Reich spirasse. Il generale Alfred Jodl, che come il generale Keitel gridava: "Alles für Deutschland. Deutschland über alles" ("Tutto per la Germania. La Germania tutto!"), ebbe bisogno di quindici minuti per morire. Julius Streicher fu condannato a morte senza aver commesso alcun reato: il suo crimine era quello di dirigere un giornale, *Der Stürmer*, che attaccava duramente gli ebrei. La sua agonia durò quattordici minuti e, mentre si avviava al patibolo, disse: "Questa è la festa di Purim del 1946".

Durante il Purim, gli ebrei celebrano uno dei grandi vendicatori della loro storia. Secondo il Libro di Ester, l'ebreo Mordechai riuscì a conquistare la volontà del re Assuero di Persia (probabilmente Serse) sulla nipote Ester senza rivelare la sua origine razziale. Una volta spodestata la regina persiana e divenuta regina, Ester accusò il primo ministro Haman, che aveva denunciato l'esistenza di un popolo sparso nelle province che non accettava le leggi dell'impero come gli altri popoli. Haman, nemico giurato degli ebrei, e i suoi dieci figli furono impiccati. Mordechai prese il suo posto come primo ministro e ordinò il massacro di tutti i nemici degli ebrei dall'India all'Etiopia, 75.000 in tutto secondo il Libro di Ester. Il re divenne così il simbolo storico di un sovrano fantoccio nelle mani degli ebrei. Il precetto di celebrare e ricordare in tutte le generazioni, in ogni famiglia e in ogni città la festa di Purim è stato mantenuto per venticinque secoli. È un dovere religioso bere fino all'ubriachezza per commemorare lo storico massacro, e questo viene fatto nelle sinagoghe di tutto il mondo. Così, mentre per il cristianesimo la festa più grande è la nascita di Cristo, il cui insegnamento più alto è "amatevi gli uni gli altri", la festa più grande dell'ebraismo è Purim, una festa di odio e vendetta.

Oltre ai dodici processi secondari (NMT) organizzati dal governo statunitense tra il 1946 e il 1949, i britannici tennero processi anche a Lüneburg e Amburgo, e gli stessi americani a Dachau. Successivi processi legati all'Olocausto si sono svolti in Germania Ovest, negli Stati Uniti e in Israele, dove nel 1961 si svolse a Gerusalemme il famoso processo che condannò a morte Adolf Eichmann, rapito a Buenos Aires nel 1960. Per quanto riguarda i NMT, va sottolineato che la tortura fu usata più volte per ottenere dichiarazioni e testimonianze giurate. Mark Weber in "The Nuremberg Trials and the Holocaust", un articolo pubblicato nel 2002 sul *Journal of Historical Review*, riassume alcuni casi. Cita, ad esempio, il caso di Josef Kramer, comandante dei campi di Bergen-Belsen e Auschwitz-Birkenau, e di altri imputati nel cosiddetto processo di Belsen, condotto dagli inglesi. Alcuni di loro furono torturati senza pietà al punto da chiedere addirittura di essere uccisi.

I volumi 12 e 14 del Tribunale Militare di Norimberga contengono il caso numero 12, "Wilhelmstrasse", noto anche come il processo dei Ministri o degli Stati Uniti contro Weizsäcker, il politico che ha impersonato il caso come figura principale. In questo processo, le deposizioni dei principali testimoni dell'accusa furono ottenute attraverso torture fisiche e psicologiche. L'avvocato americano Warren Magee riuscì a ottenere la trascrizione del primo interrogatorio di Friedrich Gaus prima del processo. Sorprendentemente, nonostante le proteste esasperate di Robert Kempner, il procuratore ebreo, il giudice permise all'avvocato Magee di leggere il documento dell'interrogatorio, durante il quale Kempner aveva minacciato di consegnare Gaus ai sovietici e di farlo impiccare. Gaus implorò l'interrogatore di pensare a sua moglie e ai suoi figli, ma Kempner gli assicurò che avrebbe potuto salvarsi solo testimoniando in tribunale contro i suoi ex colleghi. Dopo quattro settimane di isolamento, sempre più disperato, Gaus accettò. Mark Weber, che si basa su diverse fonti per raccontare questo episodio, scrive: "Quando Magee finì di leggere la trascrizione irrefutabile, Gaus era seduto con entrambe le mani sul viso, completamente distrutto". Durante il processo della Wilhelmstrasse, a Hans Lammer, capo della Cancelleria del Reich tra il 1933 e il 1945 e consigliere legale di Hitler, fu chiesto se fosse ancora convinto che non ci fosse mai stato un programma di sterminio degli ebrei. La sua risposta fu: "Sì, lo credo. Almeno non ho mai sentito parlare di un tale programma". Il programma non poteva esistere..... Non ho mai sentito parlare di omicidi di massa e i casi di cui ho sentito parlare erano accuse, dicerie.... Il fatto che si siano verificati singoli casi in una parte o in un'altra, la fucilazione di ebrei durante la guerra in una città o in un'altra, su questo ho letto e sentito qualcosa. Questo è abbastanza possibile.

Un altro caso emblematico della perversione che ha incorniciato i processi è quello del generale delle SS Oswald Pohl, che durante la guerra era a capo del WVHA (Wirtschafts-Verwaltungshaupamt), l'Ufficio principale dell'amministrazione economica, un organismo esteso la cui funzione era quella di supervisionare vari aspetti economici del lavoro delle SS, principalmente legati alla disponibilità e al lavoro dei prigionieri nei campi di concentramento. I comandanti dei campi riferivano all'Ispettorato dei campi di concentramento, guidato dal generale Glücks, che riferiva a Pohl, il quale poi trasmetteva i rapporti a Himmler. Pohl fu catturato nel 1946 e portato a Nenndorf, dove i soldati britannici lo legarono a una sedia e lo picchiarono fino a fargli perdere i sensi. Le percosse si ripeterono e finì per perdere diversi denti. Fu poi consegnato agli americani, che lo interrogarono per più di mezzo anno in sessioni di quattro ore. In tutto, Pohl ha sopportato circa 70 sessioni di interrogatorio senza mai avere il diritto a un avvocato o a qualsiasi altra assistenza. Non fu mai accusato di nulla di specifico e non gli fu mai chiarito il motivo dell'interrogatorio. Il suo processo, Stati Uniti contro Oswald Pohl, è il caso dei campi di concentramento, numero 4, ed è contenuto nei volumi 5 e 6 della NMT.

Nel novembre 1947, Oswald Pohl fu condannato a morte da un tribunale militare americano. Dopo aver appreso la sentenza, egli descrisse il trattamento emotivo a cui era stato sottoposto in un rapporto pubblicato in Germania. Mark Weber, che lo cita, osserva che a Norimberga gli americani non lo sottoposero a torture fisiche come gli inglesi, ma lo sottoposero a torture psicologiche più brutali. Gli interrogatori americani, per lo più ebrei, accusarono Pohl di aver ucciso 30 milioni di persone e di averne condannate a morte 10 milioni. Gli accusatori ebrei sapevano di mentire e cercavano solo di spezzare la sua resistenza. "Poiché non sono emotivamente duro", scrive Pohl, "queste diaboliche intimidazioni hanno avuto effetto e gli interrogatori hanno ottenuto ciò che volevano: non la verità, ma dichiarazioni sufficienti per le loro esigenze". Pohl fu costretto a firmare dichiarazioni giurate autoincriminanti che furono usate contro di lui al processo. "Come risultato dei feroci abusi fisici subiti a Nenndorf e della mia gestione a Norimberga, emotivamente ero un uomo completamente distrutto", dichiarò Pohl nel suo rapporto, "avevo 54 anni e per trentatré anni avevo servito il mio Paese senza disonore, e non ero consapevole di alcun crimine". Pohl fu impiccato il 7 giugno 1951. Nella sua arringa finale alla corte espresse la sua fiducia che un giorno la cieca isteria avrebbe lasciato il posto a una giusta comprensione.

Nonostante nel XXI secolo ci siano ancora persone incompetenti che, come il ministro Ruiz Gallardón, continuano nella loro ignoranza ad appellarsi alla parodia della giustizia di Norimberga, la maggior parte dei giuristi sa che ciò che è accaduto è inaudito, inaccettabile, l'antitesi della giustizia. Già all'epoca, sia in Europa che in America, erano numerose le voci che denunciavano e deploravano quanto stava accadendo in Germania. Il 5 ottobre 1946, in un discorso tenuto in Ohio, il senatore Robert A. Taft, considerato la coscienza del Partito Repubblicano, denunciò lo spirito di vendetta che prevaleva a Norimberga. La vendetta', disse, "non è quasi mai giustizia". L'impiccagione degli undici condannati sarà una macchia sulla nostra storia che rimpiangeremo a lungo". Il 28 novembre 1947 il deputato del Mississippi John Rankin pronunciò queste parole al Congresso degli Stati Uniti: "Come rappresentante del popolo americano desidero dire che ciò che sta avvenendo a Norimberga, in Germania, è una disgrazia per gli Stati Uniti.... I rappresentanti di una minoranza razziale, due anni e mezzo dopo la guerra, a Norimberga non solo impiccano soldati tedeschi, ma processano uomini d'affari tedeschi in nome degli Stati Uniti". Un altro deputato, Lawrence H. Smith, rappresentante del Wisconsin, il 15 giugno 1949 dichiarò alla Camera: "I processi di Norimberga sono così rivoltanti che dovremmo vergognarci per sempre di questa pagina della nostra storia".

Il quadro completo dell'immoralità e della sfacciataggine di Norimberga è fornito da Mark Lautern in *Das letzte Wort über Nürnberg* (*L'ultima parola su Norimberga*). Egli scrive che negli intervalli tra le sentenze o le esecuzioni, gli ebrei, che dominavano la scena ed erano onnipresenti, commerciavano sigarette americane, porcellane, argento, oro, pellicce e opere d'arte. Uno era uno specialista di orologi, un altro contrabbandava opere d'arte. *Das letzte Wort über Nürnberg* non è attualmente disponibile, ma è una fonte per Louis Marschalko in *The World Conquerors*, da cui è tratta la seguente citazione di Lautern:

> "Ma non fu solo il mercato nero a trasformare l'area intorno al Tribunale di Norimberga in un covo d'Europa. Ancora più orribile era il degrado morale che vi aveva origine. Le orge che i dipendenti stranieri tenevano negli appartamenti privati e negli alberghi spesso provocavano indignazione in tutto il quartiere. Il numero di giovani donne impiegate dal Tribunale crebbe costantemente. Tra loro c'erano sia tedesche che straniere, attratte dal vortice di depravazione e corruzione. In questi ambienti predominavano l'incontinenza sessuale e le perversioni più disgustose. Scandali senza limiti, dimostrati da copiose prove, hanno fornito per anni materiale per alcuni giornali e riviste".

Propaganda, denazificazione, punizioni e saccheggi

Decine di migliaia di prigionieri morirono nei campi di concentramento tedeschi alla fine della guerra a causa della carestia e delle epidemie che devastarono l'intero territorio del Reich. La stessa popolazione tedesca fu vittima dei disagi provocati dal progressivo collasso del Paese: le città furono distrutte, le risorse energetiche scarseggiarono, la fame e le malattie afflissero la popolazione. In queste circostanze divenne impossibile nutrire i prigionieri, che nei campi di lavoro avevano ingerito circa millecinquecento calorie prima del crollo. Non si tratta di cercare giustificazioni per l'esistenza dei campi. È ovviamente riprovevole che le persone siano state arrestate per motivi razziali o ideologici e imprigionate in campi di concentramento o di lavoro; ma gli americani hanno fatto esattamente lo stesso con i loro cittadini di origine giapponese, che sono stati internati in squallidi centri di internamento. Alla fine della guerra imprigionarono persino il loro miglior scrittore, Ezra Pound, per aver denunciato i veri responsabili della catastrofe mondiale, una storia a cui potremmo dedicare maggiore attenzione se avessimo lo spazio necessario. Gli inglesi imprigionarono anche persone che simpatizzavano per il fascismo o il nazionalsocialismo. Anche le persecuzioni ideologiche e i crimini commessi in Francia dopo la guerra meriterebbero un capitolo a parte.

Sarebbe assurdo negare i crimini di una parte nella più sanguinosa e letale conflagrazione conosciuta dall'umanità. Senza dubbio i nazisti commisero atrocità e tra loro c'erano fanatici della peggior specie. Hanno mostrato il loro volto peggiore nella guerra contro l'Unione Sovietica. Gli Einsatzgruppen, ad esempio, fucilarono in massa i partigiani che combattevano ferocemente contro l'esercito tedesco, compresi ebrei, gentili e civili di entrambi i sessi che davano loro copertura. Dopo l'invasione dell'Unione Sovietica nel 1941, Hitler stesso avvertì che la guerra in Russia non sarebbe stata combattuta secondo le regole della guerra tradizionale e concesse a Himmler il potere di "agire in modo indipendente sotto la propria responsabilità". Anche le attività dei partigiani non prevedevano alcuna restrizione e anch'essi liquidavano senza troppi complimenti i soldati che cadevano nelle loro mani. Torneremo sul tema degli Einsatzgruppen più avanti.

Come abbiamo visto in queste pagine, gli Stati Uniti, la Gran Bretagna e l'URSS avevano commesso crimini inenarrabili che li delegittimarono da ogni punto di vista. Nonostante ciò, la prima cosa che i vincitori fecero fu organizzare una campagna di propaganda che li scagionasse da ogni responsabilità e attribuisse la colpa di tutto alla Germania. Fin dall'inizio, cercarono di creare un senso di colpa nel popolo tedesco, cosa che riuscì pienamente e che persiste tuttora. Gli Alleati si presentarono come liberatori, democratici esemplari, difensori dei diritti umani e cominciarono a rieducare gli sconfitti ad accettare che il nazionalsocialismo era l'ideologia più malvagia che fosse mai esistita. Nelle città tedesche della zona di occupazione americana apparvero cartelloni con immagini di scheletri, ossa carbonizzate, prigionieri impiccati in uniforme e bambini affamati. Sopra l'immagine c'era la domanda "Chi è colpevole? Un secondo manifesto conteneva la risposta: "Questa città è colpevole! Voi siete colpevoli!". Il passo successivo furono i filmati di propaganda registrati nei campi di concentramento come Belsen o Buchenwald, dove molti prigionieri erano morti di fame e di malattie e molti dei sopravvissuti erano scheletri viventi.

Mentre in alcuni campi i prigionieri continuavano a morire quotidianamente, invece di evacuare immediatamente i sopravvissuti per alleviare le loro sofferenze, gli Alleati trasformarono i campi in un macabro spettacolo turistico per giornalisti, deputati, senatori e curiosi più o meno morbosi. I cittadini tedeschi furono costretti a visitare Buchenwald, dove tra le principali attrazioni c'erano i forni crematori, i famosi paralumi realizzati in teoria con pelli tatuate, le teste rimpicciolite e così via. Tutto questo sarebbe stato opera di Ilse Koch, la moglie del comandante del campo, Karl Koch. I corpi dei morti venivano lasciati in giro per giorni per essere visti dai visitatori. C'era anche un tour dei campi di concentramento.

L'aspetto scandaloso è che, mentre i liberatori si ergevano a esempio di rispetto per la dignità della vita umana, invece di dare il buon esempio, avevano il loro percorso di campi, i campi di sterminio di Eisenhower, dove nella stessa area tenevano all'aperto milioni di prigionieri di guerra tedeschi, di cui riuscirono a far morire di fame, di freddo e di epidemie quasi un milione. Allo stesso tempo, in Polonia e in Cecoslovacchia erano in funzione centinaia di campi dove decine di migliaia di civili tedeschi dovevano morire e venivano trattati come animali. Inoltre, come abbiamo visto, i salvatori del popolo tedesco e i paladini dei diritti umani permisero che milioni di tedeschi etnici fossero cacciati dalle loro case e deportati in condizioni disumane. D'altra parte, i campi degli alleati comunisti continuarono a funzionare senza problemi come sempre Per decenni, milioni di esseri umani sono morti in essi senza che nessuno li ricordasse mai. È significativo che non esistano quasi foto dei gulag sovietici e delle loro vittime.

Pur cercando di rieducare la popolazione, il JCS 1067 impose la distruzione piuttosto che la costruzione, con conseguente trattamento disumano delle persone. Sebbene il Piano Morgenthau fosse stato ufficialmente abbandonato, il suo spirito e le sue politiche rimasero in vigore per molto tempo dopo la guerra. L'adesione al NSDAP era un ostacolo insormontabile che impediva ai cittadini di trovare lavoro e di vivere in pace. Centinaia di migliaia di persone finirono in prigione, poiché la famosa direttiva 1067 del JCS, frutto dei piani di vendetta di Morgenthau, prevedeva misure punitive per coloro che erano stati nazionalsocialisti. Secondo le stime di , dei tredici milioni di membri del NSDAP, otto milioni erano ancora nel partito alla fine della guerra. Questa adesione di massa deve essere vista come un risultato delle politiche sociali che i razisti avevano promosso in

Germania. Abbiamo già visto che la disoccupazione, che aveva tormentato le classi lavoratrici per decenni, fu eliminata; le abitazioni furono messe a disposizione della popolazione per stimolare e premiare la natalità; i tassi di interesse bancari furono praticamente eliminati; furono incoraggiati il turismo e i viaggi per le classi lavoratrici; in breve, furono create le condizioni sociali che portarono a un riconoscimento maggioritario delle politiche del NSDAP.

Per escludere i nazisti dalla vita pubblica, furono stampati tredici milioni di questionari ("Fragebogen"), composti da dodici pagine e 133 domande a cui dovevano rispondere coloro che cercavano un lavoro per sopravvivere. Nessun gruppo fu risparmiato dal filtro del "Fragebogen". A seconda del grado di appartenenza o di simpatia per il partito o per un'organizzazione correlata, si determinava se il soggetto era "colpevole", "impegnato", "moderatamente impegnato", "simpatico".... Un medico, ad esempio, non poteva esercitare la sua professione se aveva fatto parte del NSDAP. La maggior parte dei funzionari pubblici era appartenuta al partito, tanto che l'epurazione dell'amministrazione ne mise a rischio il funzionamento. Il questionario comprendeva domande come per cosa si era votato nel 1932, se si aveva fiducia nella vittoria della Germania , se si avevano cicatrici sul corpo.... I questionari avvertivano che "le informazioni false sarebbero state perseguite dai tribunali del Governo Militare". Solo dopo aver restituito il modulo compilato e dopo che questo era stato controllato dalle autorità di occupazione era possibile accedere al mercato del lavoro, a condizione che si fosse superato lo screening. In caso contrario, non c'era alcuna possibilità di lavorare né di ottenere la tessera annonaria. La cosa peggiore era che si poteva essere considerati criminali per essere stati nazionalsocialisti e mandati in prigione. A seconda delle qualifiche, si ottenevano diverse tessere annonarie e si poteva accedere a determinati lavori.

Per quanto riguarda il razionamento alimentare, Victor Gollancz ha riferito, ad esempio, che nel marzo 1946 la popolazione di Amburgo riceveva solo 1.050-1.591 calorie al giorno, ovvero quattro fette di pane secco, tre patate di media grandezza, tre cucchiai di farina d'avena, mezza tazza di latte scremato, una fetta di carne avanzata e un pizzico di grasso. La mortalità infantile era dieci volte superiore a quella del 1944. Nel febbraio 1946, a Dortmund nacquero 257 bambini, quarantasei dei quali morirono. Giles MacDonogh scrive: "Politici e soldati come Sir Bernard Montgomery insistettero affinché non venisse inviato cibo dalla Gran Bretagna. La fame era una punizione. Montgomery disse che tre quarti dei tedeschi erano ancora nazisti". Nel tentativo di imporre una colpa collettiva, anche coloro che si erano opposti al nazismo pagarono le conseguenze della politica vendicativa imposta ai tedeschi nel loro complesso.

In Baviera, il generale Patton nominò ministro presidente Fritz Schäffer, noto per essere antinazista, ma alla fine fu licenziato perché

Schäffer non odiava tutti i nazisti. Si è già visto che lo stesso Fatton cadde in disgrazia perché non condivideva le politiche di odio e vendetta che scaturivano dal JCS 1067. MacDonogh spiega che nella Ruhr "tutti gli ingegneri minerari furono licenziati dai nazisti. Ci furono poi esplosioni che causarono centinaia di vittime, anche inglesi, e il generale Templer concluse che il governo militare si stava comportando come un pazzo". Secondo questo autore, nel settembre 1946 nella zona americana erano stati mandati in prigione 66.500 nazisti e nella zona britannica 70.000. Nel Nordhein-Westfalen erano stati esaminati due milioni e mezzo di casi e molti uomini e donne erano stati rinchiusi per anni in condizioni terribili. Dei russi, MacDonogh scrive: "Credevano fermamente nella colpa collettiva e che qualsiasi tedesco potesse essere meritevole di punizione e persino di morte. Mettevano i tedeschi a lavorare e davano loro il minimo indispensabile per sopravvivere. Hanno indagato su mezzo milione di casi nella loro area".

Quando ci si rende conto che gli Alleati erano incapaci di dare dignità alla vita della popolazione e non avevano alcun desiderio di nutrirla, la loro pretesa di essere arrivati in Germania come liberatori è davvero offensiva. Victor Gollancz, che nota che a Belsen i prigionieri ricevevano 800 calorie, riferisce in *In Darkest Germany* (1947) che all'inizio del 1946 le autorità britanniche in Germania proposero di abbassare la razione giornaliera a 1.000 calorie. Gli americani fornirono allora 1.270 calorie, mentre i francesi erano già a 950. Nell'opera citata, Gollancz racconta di aver visitato Amburgo, una città che, dopo essere stata completamente distrutta da un bombardamento criminale a saturazione, non aveva alloggi per la popolazione, tanto che settantamila persone vivevano in rifugi e cantine in condizioni spaventose. Molti tedeschi", scrive MacDonogh, "erano inizialmente disposti a vedere gli Alleati come angeli liberatori, ma rimasero presto delusi nello scoprire che gli umanissimi soldati arrivarono carichi di propaganda e di odio per la popolazione civile.

Allo stesso tempo, i redentori del popolo tedesco si impegnarono in una rapina come raramente nella storia. Tutti i governi furono coinvolti nel saccheggio del Paese. Persino la famiglia reale britannica non si fece scrupolo di tenere lo yacht di Göring, il *Carin II*, per il proprio divertimento. Va notato che il grosso delle forze anglo-americane entrò a Berlino solo venerdì 6 luglio 1945, dando ai sovietici più di due mesi di vantaggio nel saccheggio della capitale del Reich. I comunisti, esperti fin dalla Rivoluzione bolscevica in furti consapevoli, pianificarono l'operazione non solo a Berlino, ma in tutta la loro zona di occupazione come veri esperti. Due milioni e mezzo di opere d'arte di vario genere, tra cui 800.000 dipinti di Rubens, Fra Angelico, Luca Signorelli, Zurbarán e Murillo, furono spediti in Russia. Inoltre, furono sequestrati circa cinque milioni di tonnellate di attrezzature e materiali di ogni tipo, per lo più provenienti dallo smantellamento di fabbriche. Di grande importanza fu il furto di preziosi segreti militari, scientifici e industriali, nonché di brevetti d'invenzione tedeschi. Joaquín Bochaca, che in *Los crímenes de los buenos* fornisce cifre e dati interessanti sul saccheggio della Germania, fornisce la cifra di 346.000 brevetti confiscati. Bochaca sottolinea che una dimostrazione schiacciante della servitù del governo della Repubblica Federale Tedesca si ebbe anni dopo, quando fu costretto a riconoscere un debito astronomico a Israele, uno Stato che nemmeno esisteva.

PARTE 2
FALLIMENTO DEL PIANO DEL GOVERNO MONDIALE BASATO SUL MONOPOLIO DELLA VIOLENZA ATOMICA

"Il nostro programma postbellico dipende interamente dalla capacità di terrorizzare il mondo con la bomba atomica". Queste parole del Segretario di Stato Edward Stettinius rivolte all'agente sovietico Alger Hiss, che fungeva da consigliere di Roosevelt alla Conferenza di San Francisco, sono decisamente rivelatrici. Consegnate nell'aprile del 1945, mesi prima che Truman ordinasse di sganciare la prima bomba atomica su Hiroshima, rivelano chiaramente che il piano degli Stati Uniti era quello di preservare il proprio monopolio nucleare per imporre un governo o una federazione internazionale che avrebbe sorvegliato attraverso il monopolio della violenza atomica. Per raggiungere questo obiettivo, era essenziale ottenere il consenso delle altre potenze, soprattutto dell'URSS, che sapeva fin dall'inizio, attraverso la sua rete di agenti, tra cui Dexter White e Alger Hiss, quali fossero i piani degli americani.

Se l'uomo forte dell'Unione Sovietica fosse stato Trotsky, l'agente dei banchieri illuminati, tutto sarebbe stato più facile, poiché l'incaricato di presentare il piano del governo globale basato sul monopolio del terrore atomico era Bernard Baruch, l'onnipotente ebreo che aveva organizzato il rilascio di Lev Davidovich Bronstein quando era stato arrestato in Canada, il banchiere che Trotsky sognava di prendere il controllo delle finanze della Russia: "Qui abbiamo bisogno di un organizzatore come Bernard Baruch", disse una volta Trotsky. Ma in URSS comandava Stalin, l'uomo che aveva perseguitato ferocemente tutti i trotskisti, che aveva ordinato l'assassinio di Trotsky e che esercitava il potere con il pugno di ferro. Come era accaduto dopo la morte di Lenin, la vicenda del monopolio nucleare dimostrò che Stalin era un personaggio che non si riusciva a controllare.

Uno dei primi a chiedere pubblicamente il tanto auspicato governo mondiale fu Emery Reves, un ebreo di origine ungherese che già nel 1945 pubblicò *Anatomia della pace*, un libro che sarebbe stato tradotto in venticinque lingue e pubblicato in trenta Paesi, in cui chiedeva la fine della sovranità degli Stati a favore di un governo internazionale o globale. Questo "pacifista" era convinto che l'esistenza di nazioni sovrane fosse contraria alla pace e garantisse guerre future. Secondo lui, gli Stati nazionali erano un anacronismo che doveva essere superato: "Non possiamo avere la democrazia", diceva, "in un mondo di nazioni indipendenti". Ben presto Albert Einstein, un altro "pacifista" che aveva consegnato a Roosevelt la lettera in cui si chiedeva la fabbricazione della bomba atomica, in un'intervista si affrettò ad applaudire il progetto, che definì "la risposta politica alla bomba atomica".

Il 1° febbraio 1946 *il Bulletin of the Atomic Scientists*, la pubblicazione degli scienziati che avevano portato il mondo nell'era nucleare, pubblicizzò il piano per la Federazione mondiale di Reves: "Se la Russia o altri Paesi", si leggeva nell'articolo, "non possono essere persuasi ad aderire subito alla Federazione, questa deve essere creata in ogni caso dalle nazioni che sono disposte ad accettare il progetto". Il 15 febbraio 1946 *il Bulletin* pubblicò un altro articolo in cui si insisteva sul fatto che gli scienziati che avevano realizzato la bomba ritenevano necessario un governo mondiale. Nel numero del 1° marzo 1946, *il Bulletin* annunciò l'apparizione del libro *One World or None*, scritto proprio dagli scienziati ebrei, per lo più socialisti internazionali, che avevano realizzato o incoraggiato la fabbricazione delle bombe all'uranio e al plutonio.

È chiaro che i fautori del famigerato Nuovo Ordine Mondiale si servivano degli scienziati per rivestire di idee pacifiste e umanitarie il loro progetto di lunga data di ottenere il controllo assoluto del pianeta. Da parte loro, gli scienziati ebrei che avevano chiesto a Roosevelt di costruire la bomba atomica per usarla contro la Germania stavano cercando di ripulire la loro immagine e di dimostrare che erano consapevoli del pericolo. Pertanto, si prestarono ipocritamente a essere usati e, come se non fossero responsabili di nulla, ora si appellavano ai politici affinché attuassero il vecchio progetto degli Illuminati per evitare il biblico Armageddon, cioè la fine del mondo annunciata nell'Antico Testamento e nell'Apocalisse. In realtà, essi agivano come una squadra. Ancora una volta, sotto la facciata di idee progressiste e filantropiche, si presentava la necessità di creare un governo mondiale per tutta l'umanità e di eliminare gli Stati e i sentimenti patriottici obsoleti. A questo punto è interessante, prima di proseguire, riflettere sui momenti storici in cui abbiamo incontrato la stessa idea nel corso di questa narrazione che abbiamo prodotto.

Le origini del progetto provengono dal Talmud. Si è già visto nel terzo capitolo che il sionista Michael Higger dedicò all'Università Ebraica di Gerusalemme la sua opera *L'utopia ebraica*, pubblicata nel 1932. In essa viene passato in rassegna il piano sionista per la dominazione del mondo, da realizzarsi quando "tutti i tesori e le risorse naturali del mondo saranno in possesso dei giusti (ebrei) in adempimento della profezia di Isaia". L'idea di finanziare e dirigere il Movimento Rivoluzionario Mondiale (WRM) per ottenere il controllo delle risorse e delle ricchezze del mondo nacque con i Rothschild già alla fine del XVIII secolo. Il loro agente Adam Weishaupt (Spartaco) fondò l'Ordine bavarese degli Illuminati il 1° maggio e adottò come simbolo la piramide con l'occhio che tutto vede. L'abolizione dei governi, della proprietà privata, dell'eredità, delle religioni, del patriottismo e della famiglia erano gli obiettivi della setta per il "Novus Ordo Seclorum" o Nuovo Ordine Mondiale. Gli Illuminati inculcarono ai loro seguaci che la felicità universale sarebbe stata raggiunta con l'abolizione delle nazioni e l'unione dell'umanità in una società internazionale. L'unione tra gli

Illuminati e i frankisti di Jakob Frank, sponsorizzati dai banchieri ebrei dietro il MRM, precede la comparsa *del Manifesto comunista* (Karl Marx e Moses Hess provenivano da famiglie frankiste), scritto da Marx per la Lega dei Giusti ("Bund der Gerechten"), un'organizzazione segreta degli Illuminati.

Come abbiamo visto, gli obiettivi del comunismo coincidevano con quelli di Weishaupt, ma ora erano esplicitamente concretizzati. Il proletariato e la forza dovevano essere usati dai banchieri internazionali per conquistare il mondo: la dittatura mondiale del proletariato doveva essere raggiunta rovesciando l'ordine costituito attraverso il terrore e la violenza: il fine giustificava i mezzi. Quando nel 1860 Adolphe Cremieux, Gran Maestro del Grande Oriente di Francia, fondò l'Alleanza Israelitica Universale, annunciò nel manifesto di fondazione che si stava avvicinando il momento "in cui tutte le ricchezze e i tesori del mondo saranno proprietà dei figli di Israele". Nei *Protocolli dei Savi di Sion* il piano per il governo mondiale viene nuovamente concretizzato e dettagliato: "Quando avremo sferrato il nostro grande colpo, diremo a tutti i popoli: tutto è andato molto male per voi, siete tutti stremati dalla sofferenza. Noi aboliremo la causa dei vostri tormenti, cioè le nazionalità, le frontiere, la diversità delle monete". In breve, l'idea della "fratellanza universale", di un "re invisibile", dell'"unificazione dell'umanità", di una Società delle Nazioni finalizzata all'unità mondiale erano luoghi comuni espressi più e più volte dagli ideologi ebrei e sionisti. "Avremo un governo mondiale, che piaccia o no L'unica domanda è se lo otterremo con la conquista o con il consenso". Queste parole del banchiere illuminato Paul Warburg, il grande architetto della Federal Reserve, pronunciate il 17 febbraio 1950 davanti al Senato degli Stati Uniti, sono un'ulteriore prova che dietro l'idea c'erano i soliti cospiratori.

Bernard Baruch presenta il piano per la governance globale

Due ebrei, Bernard Baruch e David Lilienthal, quest'ultimo in contatto con il sottosegretario di Stato Dean Acheson, furono gli autori del piano per il governo mondiale che il governo statunitense cercò di imporre a Stalin. Baruch, che secondo l'*Encyclopaedia Judaica* era stato consigliere economico personale del presidente Wilson a Versailles e consigliere di cinque presidenti americani, fu incaricato da Truman di presentarlo all'UNAEC (Commissione delle Nazioni Unite per l'Energia Atomica). Il piano era stato definito in anticipo e discusso sulle pagine *del Bulletin of the Atomic Scientists*, una pubblicazione quindicinale fondata alla fine del 1945 da due scienziati ebrei, Eugene Rabinowitch e Hyman H. Goldsmith, di cui Baruch e Lilienthal erano redattori. Robert Oppenheimer, il "Principe Oscuro", il 1° giugno 1946 pubblicò sul numero 12 del *Bollettino* un articolo intitolato "Il controllo internazionale dell'energia atomica", in cui commentava il progetto di Baruch, suo mentore. Oppenheimer, il "distruttore di mondi", annunciava la riunione della Commissione delle Nazioni Unite, sosteneva la creazione di un'Autorità per lo sviluppo atomico, auspicava che i Paesi cedessero parte della loro sovranità e si appellava agli Stati Uniti affinché accettassero di perdere "la posizione monopolistica di vantaggio tecnico nel campo dell'energia atomica". Come è noto, Oppenheimer era stato tenuto sotto stretta osservazione dall'FBI a causa dei suoi rapporti con il Partito Comunista. Di conseguenza, egli favorì una soluzione di compromesso e di convergenza con l'URSS.

Infine, il 14 giugno 1946, Baruch presentò il piano all'UNAEC. Nelle sue osservazioni introduttive presentò il dilemma: la scelta era tra la pace o la distruzione del mondo. "La scienza ha strappato alla natura un segreto così grande nelle sue potenzialità", disse Baruch, "che le nostre menti si riducono per il terrore che crea". Secondo il Piano Baruch, l'Autorità per lo sviluppo atomico avrebbe dovuto supervisionare lo sviluppo e l'uso dell'energia, dirigere gli impianti nucleari in grado di produrre bombe e ispezionare la ricerca per scopi pacifici. Il possesso illegale della bomba atomica era proibito. I Paesi che violano il divieto e quelli che interferiscono con le ispezioni saranno puniti in modo appropriato. Un Consiglio di Sicurezza sarebbe stato responsabile di punire e imporre sanzioni alle nazioni che avessero violato i termini del piano. Un punto molto importante riguardava il diritto di veto. Il Piano Baruch stabiliva che i membri del Consiglio di Sicurezza delle Nazioni Unite avrebbero perso il diritto di veto in tutte le questioni riguardanti le sanzioni contro le nazioni impegnate in attività proibite. Solo quando il piano fosse stato attuato, gli Stati Uniti avrebbero iniziato il processo di distruzione del loro arsenale nucleare.

Nel frattempo, gli americani portarono avanti il loro piano di test nucleari sull'atollo di Bikini. Solo due settimane dopo la presentazione del progetto all'UNAEC, ebbe inizio l'Operazione Crossroads, che prevedeva diverse detonazioni atomiche, ciascuna con una resa di 21 chilotoni. La prima, "Able", fu effettuata il 1° luglio 1946; la seconda, "Baker", il 25 luglio. Una terza, "Charlie", era prevista, ma fu cancellata a causa dell'enorme contaminazione radioattiva generata da "Baker".

Il 19 giugno si è svolta una seconda riunione dell'UNAEC, durante la quale Andrei Gromyko, ambasciatore negli Stati Uniti e rappresentante alle Nazioni Unite, ha presentato la proposta dell'URSS. Gromyko ha espresso che il suo Paese non era disposto a rinunciare al diritto di veto nel Consiglio di Sicurezza, che secondo l'ambasciatore sovietico era già molto favorevole agli Stati Uniti. Gromyko, che senza dubbio doveva essere a conoscenza dell'Operazione Crossroads, sostenne che per dare credibilità al piano, le sanzioni annunciate nel rapporto di Baruch dovevano essere imposte immediatamente. Il rapporto richiedeva anche lo scambio di informazioni scientifiche. Inoltre, i comunisti non erano disposti a consentire le ispezioni internazionali delle loro strutture. Fin dall'inizio, i comunisti capirono che il piano avrebbe permesso agli Stati Uniti di mantenere il loro monopolio nucleare. La stampa sovietica lo denunciò come "un tentativo di stabilire il dominio mondiale atomico dell'America". Il 1° luglio 1946, lo stesso giorno in cui fu effettuato il primo test sull'atollo di Bikini, *The Bulletin*, che era diventato una piattaforma di dibattito sul governo mondiale e sul controllo dell'energia atomica, riprodusse i testi di Baruch e Gromyko davanti all'UNAEC.

Fin dalla nascita della setta degli Illuminati di Baviera, la cospirazione per l'instaurazione del governo mondiale immaginato da Adam Weishaupt si è diversificata e strutturata in diverse tendenze. Tra le principali vi erano il comunismo, il sionismo, l'imperialismo britannico (utilizzato fin dall'inizio come strumento di potere globale dai Rothschild), il socialismo fabiano, ecc. Il denominatore comune, l'elemento trasversale, era che la cospirazione per istituire il governo mondiale aveva un denominatore comune, il denominatore comune del governo mondiale. Il denominatore comune, l'elemento trasversale che li permeava tutti, erano gli ebrei. Il comunismo, la fazione più genuina della cospirazione, non sostenne il Piano Baruch nel 1946. Il comunismo era apparentemente diventato con Stalin un comunismo nazionale espansionista controllato da Mosca ed era sfuggito al controllo iniziale dei tempi di Lenin e Trotsky. Come è stato detto, se Trotsky avesse sconfitto Stalin nella sua lotta per il potere in Russia, dopo la Seconda Guerra Mondiale due ideologie teoricamente parallele sarebbero paradossalmente confluite e il Governo Mondiale sarebbe stato finalmente istituito per consenso, poiché i giudeo-bolscevichi erano stati uno strumento efficacissimo della cospirazione dei banchieri ebrei internazionali. In URSS, tuttavia, Stalin era ancora al comando ed era salito al potere fornendo ai suoi nemici trotzkisti la stessa medicina che essi avevano usato per eliminare i loro avversari. In realtà, il problema non era insolubile: si trattava di mettere al potere un nuovo Trotsky. A tal fine, sia in Russia che nei Paesi occupati dell'Europa orientale, sarebbe presto iniziata la lotta per il potere. Il problema non era il comunismo, ma il comunismo guidato da Stalin. "Gli Stalin vanno e vengono", aveva detto Krivitsky all'amico Reiss, "ma l'Unione Sovietica durerà".

I socialisti fabiani, tra cui Bertrand Russell, H.G. Wells, Arnold Toynbee... erano tra i sostenitori del Governo Mondiale. Il 1° ottobre 1946, Bertrand Russell pubblicò su *The Bulletin* un lungo articolo di tre pagine intitolato "The Atom Bomb and the prevention of war". In esso osservava che i negoziati con Stalin erano giunti a un punto morto e che l'accordo con l'Unione Sovietica si stava complicando. Russell chiarì abbondantemente che il monopolio della violenza nucleare doveva essere prerogativa esclusiva del governo mondiale:

> "È assolutamente chiaro che esiste un solo modo per prevenire in modo permanente le grandi guerre: l'istituzione di un governo internazionale con il monopolio di potenti forze armate. Quando parlo di un governo internazionale, intendo un governo che governi davvero, non una facciata

amichevole come la Società delle Nazioni o una pretesa falsa come le Nazioni Unite nella loro attuale costituzione. Un governo internazionale, se vuole essere in grado di preservare la pace, deve avere le uniche bombe atomiche, l'unica fabbrica per produrle, l'unica forza, le uniche navi da guerra e, in generale, tutto ciò che serve per renderlo irresistibile. Il suo personale atomico, le sue squadriglie aeree, i suoi equipaggi di navi da guerra e i suoi reggimenti di fanteria devono essere solidamente composti da uomini di diverse nazionalità; non ci deve essere alcuna possibilità che si sviluppi un sentimento nazionale in qualsiasi unità più grande di una compagnia. Ogni membro della forza armata internazionale deve essere accuratamente addestrato alla lealtà verso il governo internazionale".

Russell era evidentemente memore del pensiero politico di Machiavelli sulla necessità che il monopolio della violenza fosse nelle mani del principe: "Il monopolio della forza armata è l'attributo più necessario del governo internazionale". In tono tutt'altro che conciliante, Russell consigliò agli americani e agli inglesi che se, dopo aver chiarito che il loro obiettivo era la cooperazione internazionale, non avessero ottenuto la collaborazione del governo sovietico, non avrebbero dovuto lasciar credere di essere per la pace ad ogni costo. In un determinato momento", scrisse, "avendo completato il loro piano per un governo internazionale, avrebbero dovuto offrirlo al mondo e ottenere il massimo sostegno.... Se la Russia accettasse di buon grado, tutto andrebbe bene. In caso contrario, sarebbe necessario insistere sull'orso, fino a rischiare la guerra, perché in questo caso i russi sarebbero quasi certamente d'accordo. Se la Russia non accetta la formazione del governo internazionale, prima o poi ci sarà la guerra. È quindi saggio esercitare tutte le pressioni necessarie".

Alla fine del 1946, negli Stati Uniti fu istituita la Commissione per l'energia atomica (AEC), che si occupò di tutte le questioni nucleari e portò il controllo civile degli impianti di produzione atomica. Sempre alla fine del 1946, Stalin rifiutò definitivamente il Piano Baruch perché implicava la sottomissione a Washington. Da questo momento le relazioni tra i due Paesi si deteriorarono e di lì a poco iniziò la Guerra Fredda. Il rifiuto del Piano Baruch, tuttavia, non implicava necessariamente, e tutt'altro, la rinuncia al Governo Mondiale che si era cercato di imporre all'umanità per tanto tempo; anche se, quantomeno, si era persa una buona occasione per realizzarlo.

Gli scienziati che realizzarono la bomba atomica condividevano con i politici e i magnati ebrei del Brain Trust lo stesso desiderio di schiacciare la Germania nazista. Quando Einstein propose la bomba al presidente americano in una lettera, lo fece con l'idea che sarebbe stata usata contro la Germania. Questa era anche l'intenzione di Roosevelt, Baruch, Morgenthau, Rosenman, ecc. nel lanciare il Progetto Manhattan. A parte i loro sentimenti antitedeschi, la maggior parte dei fisici ebrei, compreso Einstein, erano sionisti, il che significa che la loro fedeltà a uno Stato o all'altro era molto relativa, se non inesistente. Molti di loro, come Oppenheimer, erano favorevoli a un'autorità mondiale basata su principi internazionalisti che trascendevano le idee di fedeltà nazionale. Alcuni si impegnarono per il comunismo e rimasero disposti a lavorare per esso. In effetti, furono gli scienziati ebrei ad aiutare l'URSS a costruire la bomba atomica.

Oppenheimer sarebbe stato accusato di spionaggio a favore dell'Unione Sovietica, cosa che poté fare grazie alla posizione privilegiata di membro del Comitato consultivo generale della Commissione per l'energia atomica (AEC), il cui primo presidente fu David Lilienthal. Uno dei primi compiti di Lilienthal come presidente dell'AEC fu la nomina dei membri del Comitato consultivo. La prima scelta fu l'amico Oppenheimer, che sarebbe stato anche nominato direttore del prestigioso Institute for Advanced Study dell'Università di Princeton, dove Albert Einstein regnava sovrano.

Il 4 gennaio 1947, essendo il suo piano definitivamente fallito, Bernard Baruch si dimise da rappresentante degli Stati Uniti presso la Commissione per l'energia atomica delle Nazioni Unite. A sostituirlo fu un altro ebreo considerato anticomunista, Lewis Lichtenstein Strauss, un uomo che Felix M. Warburg aveva introdotto nella banca Kuhn Loeb & Co. dove aveva fatto fortuna. Sebbene fosse stato membro del Comitato esecutivo dell'American Jewish Committee, sembra che non fosse un sionista, ma un sostenitore dell'assimilazione degli ebrei nei Paesi in cui vivevano. Strauss venne presto a conoscenza delle attività comuniste di Oppenheimer e iniziò un lento processo di allontanamento tra i due.

I dubbi sulla fedeltà di Oppenheimer agli Stati Uniti, che erano sorti già nel 1942, furono completamente fugati nel marzo del 1947: l'FBI apprese con certezza che Oppenheimer faceva informazione sull'URSS e riferì le sue attività a David Lilienthal e Lewis Strauss. Entrambi erano suoi amici e non volevano credere alla notizia che fosse un infiltrato. Nemmeno i membri del Consiglio dell'ACS erano disposti a dubitare della sua lealtà, così nell'estate del 1947 decisero di mantenerlo come presidente del Consiglio consultivo generale. Tuttavia, Lewis Strauss divenne sospettoso e i suoi rapporti con il Principe Oscuro si deteriorarono. Uno sviluppo significativo fu la rottura di Oppenheimer con Edward Teller, il fisico ebreo che aveva continuato a lavorare a Los Alamos su una nuova versione della bomba a fusione nucleare: la bomba termonucleare, o bomba H, chiamata "Super". Dalla sua posizione di presidente del Consiglio dell'AEC, Oppenheimer raccomandò al governo di non spendere soldi per il progetto. Nel luglio del 1947, gli Stati Uniti possedevano tredici bombe a fissione nucleare e l'URSS stava cercando di fabbricare la propria bomba. Oppenheimer stava apparentemente cercando di impedire che Teller riuscisse a realizzare una bomba atomica più potente e distruttiva, che avrebbe riportato la bilancia a favore degli Stati Uniti.

Nel 1949 Lewis Strauss si convinse che Oppenheimer non solo stava cercando di boicottare o ritardare la produzione della bomba all'idrogeno, ma che aveva violato la sicurezza nazionale. Le voci sulla slealtà di

Oppenheimer si moltiplicarono e il governo decise di nominare Strauss presidente dell'AEC, al posto di David Lilienthal, stretto alleato di Oppenheimer. La sfiducia era evidente a diversi livelli: il senatore Joseph McCarthy aveva avviato un'indagine sui rapporti di Oppenheimer con i comunisti e i vertici dell'aeronautica chiedevano la sua sostituzione. Infine, nel dicembre 1953, la House Joint Committee on Atomic Energy inviò una lettera all'FBI e all'AEC in cui si affermava che tra il 1939 e il 1942 Oppenheimer aveva spiato per l'Unione Sovietica e che dal 1942 era stato un agente che, su indicazione dei sovietici, aveva influenzato l'esercito, le questioni relative all'energia atomica, l'intelligence e la diplomazia degli Stati Uniti. Prima che il Senato iniziasse un'altra indagine, Lewis Strauss chiese le sue dimissioni da presidente del Consiglio consultivo generale dell'AEC. Al rifiuto di Oppenheimer, Strauss ordinò un processo, che si svolse dal 5 aprile al 6 maggio 1954. Oppenheimer finì in pensione a Princeton, dove Einstein presiedeva l'Institute for Advanced Study, un think tank finanziato dai Rothschild attraverso una delle loro numerose fondazioni segrete. Il caso di Oppenheimer fa parte di un vasto complotto di spionaggio a favore dell'URSS, di cui oggi interessa tutto ciò che riguarda la bomba atomica.

Gli ebrei comunisti consegnano i segreti della bomba atomica all'URSS

Alla fine della Seconda Guerra Mondiale, gli americani stimarono che i sovietici avrebbero impiegato dai sette ai dieci anni per costruire la propria bomba atomica. Ciò significava che gli Stati Uniti avrebbero potuto avere per questo periodo un monopolio nucleare irraggiungibile. Quando si seppe che il 29 agosto 1949 l'URSS aveva fatto esplodere la sua prima bomba nucleare, chiamata in codice "Joe" in onore di Josef Stalin, per alcuni fu una grande sorpresa. La bomba russa era una replica esatta di "Fat Man", la bomba al plutonio testata nel deserto di Dead Man's Day e sganciata il 9 agosto 1945 su Nagasaki. Molte voci cominciarono a denunciare che c'erano traditori, che operavano dall'interno, che stavano complottando contro gli Stati Uniti.

È un dato di fatto che l'invasione di spie sovietiche nell'amministrazione di FDR raggiunse livelli impressionanti durante i suoi tre mandati. I casi più rilevanti di agenti comunisti - Alger Hiss, Harry Hopkins, Harry Dexter White - sono già stati citati e saranno oggetto di attenzione nelle pagine seguenti. Alger Hiss, membro della delegazione americana a Yalta, fu sostenuto da Dean Acheson, una delle forze trainanti del riconoscimento dell'URSS nel 1933. Acheson, compagno di Dexter White a Bretton Woods, sottosegretario di Stato dal 1945 al 1947 e segretario di Stato dal 1949 al 1953, ignorò ripetutamente i rapporti dell'FBI che indicavano l'infiltrazione di comunisti nel Dipartimento di Stato. Lo stesso

Roosevelt disprezzò gli sforzi degli informatori all'interno dell'Amministrazione.

Nel 1940, quando l'URSS aveva attaccato i suoi vicini dell'Europa orientale, Martin Dies, un deputato democratico del Texas che aveva presieduto la Commissione per le attività antiamericane della Camera dal 1938 al 1945, avvertì Roosevelt che c'erano migliaia di comunisti e simpatizzanti comunisti sul libro paga del governo. Roosevelt gli disse: "Non credo nel comunismo più di quanto ci creda tu, ma non c'è alcun problema con i comunisti in questo Paese. Molti dei miei migliori amici sono comunisti..... Non vedo i comunisti come una minaccia presente o futura; anzi, vedo la Russia come il nostro migliore alleato per gli anni a venire. Come ti ho detto quando hai iniziato la tua ricerca, dovresti limitarti a nazisti e fascisti. Anche se non credo nel comunismo, la Russia sta molto meglio e il mondo è molto più sicuro sotto il comunismo che sotto gli zar". Assurdamente, invece di prendere in considerazione l'avvertimento del presidente della commissione che indagava sullo spionaggio comunista per conto dell'Unione Sovietica, Roosevelt, il leader mondiale che sosteneva di essere a favore dei valori della libertà, della democrazia e dei diritti umani, giustificò il totalitarismo comunista dell'URSS, un regime sanguinario che aveva eliminato più persone in una sola settimana di quante ne avessero eliminate gli zar nell'intero XIX secolo. Le parole di Roosevelt possono essere comprese solo se si considera che il comunismo era uno strumento del Potere nascosto e che lui era un agente di questo Potere che aveva lanciato il MRM (Movimento Rivoluzionario Mondiale), aveva impiantato il comunismo in Russia e stava per imporlo in Cina, come si vedrà in questo capitolo.

L'instabilità dei primi anni del dopoguerra al Dipartimento di Stato, un ministero con una reputazione di conservatorismo, dimostra che il progetto degli Stati Uniti di mantenere la leadership mondiale solo attraverso il monopolio del terrore atomico non era unanime. Edward Stettinius, che aveva assunto l'incarico il 1° dicembre 1944, fu sostituito nel giugno 1945 da James F. Byrnes. Poche settimane dopo, il Sottosegretario di Stato Joseph Grew, un veterano del corpo diplomatico che aveva cercato di evitare la guerra con il Giappone, si dimise dopo due mesi di attacchi da parte della stampa che lo etichettò come reazionario e ne chiese le dimissioni. A sostituirlo fu Dean Acheson, un "progressista" che divenne la figura dominante del Dipartimento e provocò l'allontanamento di tutti gli alleati di Grew. Sebbene alcune fonti dipingano Acheson come anti-sovietico, egli promosse una politica di conciliazione con Mosca e lavorò a stretto contatto con Alger Hiss fino al 1946, quando Hiss fu costretto a dimettersi dopo essere stato smascherato come spia sovietica. Anche Byrnes non rimase a lungo Segretario di Stato. Come scrive Truman in *Years of Decisions* (Vol. 1 delle sue Memorie), Byrnes gli annunciò di essere "stanco di coccolare i sovietici". Byrnes, favorevole all'allontanamento di Hiss dal Dipartimento, all'affossamento definitivo del Piano Morgenthau per la Germania e sempre più contrario a Stalin, minacciò più volte di dimettersi. Alla fine, il 21 gennaio 1947, la Casa Bianca accettò le sue dimissioni. Byrnes lasciò con risentimento l'amministrazione e Truman lo sostituì con George C. Marshall. Nell'amministrazione di Truman, come in quella di Roosevelt, c'erano quindi molti "amici" dell'Unione Sovietica, dove Beria stava manovrando nell'ombra per sostituire Stalin. Tra i favorevoli alla convergenza con il comunismo e alla condivisione della tecnologia nucleare con l'URSS c'era Robert Oppenheimer, che non aveva fatto mistero del suo interesse per una convergenza con l'URSS. L'estensione del comunismo in tutta l'Asia, con la Cina come protagonista, rientrava nei piani degli internazionalisti. Il trasferimento dei segreti atomici all'Unione Sovietica deve essere visto in questo contesto.

I documenti "Venona", decriptati nel 1948, hanno confermato la veridicità delle affermazioni dell'FBI sullo spionaggio sovietico nel programma atomico. Pubblicati nel 1995 dalla NSA (National Security Agency), dimostrano che il Cremlino ricevette informazioni sul progetto segreto britannico-americano di bomba atomica già nel 1941. "Venona" è il codice dato alle comunicazioni segrete delle spie sovietiche intercettate dagli Stati Uniti. Oltre a questi documenti, ci sono ora altre fonti che rendono certo che Beria non solo ricevette informazioni sul Progetto Manhattan e sulle ricerche a Los Alamos, ma anche sul lavoro svolto dagli inglesi. In *The Venona Secrets*, Herbert Romerstein, un autore ebreo che non può nascondere un certo sentore trotzkista, conferma che la prima notizia che i sovietici ricevettero sul progetto atomico arrivò da Londra il 25 settembre 1941. Si trattava di un rapporto su una riunione tenuta nove giorni prima dal Comitato britannico per l'uranio. La fonte dell'informazione era un agente con il nome in codice di "List". Romerstein, citando come fonte *Special Tasks* di Pavel Sudoplatov, nota che "List" era in realtà John Cairncross, segretario privato di Lord Hankey, che presiedeva il Comitato britannico per l'uranio. Cairncross, che alcuni autori sostengono fosse il "quinto uomo" del Cambridge Group, nelle sue memorie nega di essere la fonte che informò Mosca.

Prima di proseguire, va detto che il famoso gruppo di spie di Cambridge era composto da cinque agenti: Donald Maclean, Guy Burgess, Kim Philby, Anthony Blunt e un quinto uomo. Nel 1994 Roland Perry ha pubblicato un libro intitolato *Il quinto uomo*, in cui afferma categoricamente che il quinto agente dei "Cinque di Cambridge" non era Cairncross, ma Nathaniel Mayer Victor Rothschild (1910-1990), meglio conosciuto come il terzo Lord Rothschild, un triplo agente che avrebbe lavorato per l'MI5 britannico, il KGB e il Mossad. Burgess e Maclean furono scoperti nel 1959, Philby, il cui nome in codice a Venona era "Stanley", fu scoperto nel 1963. Nel 1979 fu la stessa Margaret Thatcher a denunciare al Parlamento che Blunt era una spia sovietica. Anthony Blunt, il quarto uomo, sarebbe stato reclutato dall'MI5 nel 1940 e sarebbe stato curatore della collezione di dipinti reali e consigliere personale della Regina, per cui deteneva il titolo di Sir to the Crown. Negli anni '60 Blunt era solito trascorrere le vacanze di Natale nella casa di Cambridge di Victor Rothschild. Secondo i documenti dell'MI5 resi pubblici nel 2002, Moura Budberg, una vecchia conoscenza di questo lavoro, rivelò già nel 1950 che Blunt era comunista, ma fu ignorato. Il libro di Roland Perry fornisce informazioni molto interessanti sulle attività di Victor Rothschild, di cui scrive quanto segue:

> "Il terzo Lord Rothschild era camuffato da quinto uomo grazie alla sua potente posizione all'interno dell'establishment. L'immensa ricchezza della sua dinastia bancaria lo ha inserito nell'élite del potere più di qualsiasi altro membro del Gruppo dei Cinque Era una copertura perfetta e gli serviva da protezione. Sembrava incarnare l'establishment britannico del XX secolo ed era impensabile che potesse essere un traditore. Tuttavia, un esame più attento ha dimostrato che aveva altre lealtà.... Rothschild era più fedele alla sua eredità ebraica che a qualsiasi cosa inglese. Lo dimostrò con la sua prolungata dedizione agli affari della sua razza.... Non fu mai più fedele al suo paese natale e al suo ordine costituito. Infatti, quando dovette scegliere tra la razza e il Paese, scelse più di una volta la razza".

Considerando che il Movimento Rivoluzionario Mondiale era stato finanziato da membri della dinastia Rothschild fin dalla creazione degli Illuminati di Weishaupt, è del tutto coerente che un Rothschild si dedicasse al compito di consolidare ed espandere il comunismo, uno dei due sistemi controllati dal Potere Occulto.

Tra i membri della delegazione britannica che lavorarono con Oppenheimer al Progetto Manhattan c'erano due fisici ebrei molto vicini a Victor Rothschild, Rudolf Peierls e Otto Frisch. Entrambi lavoravano a Birmingham. Il primo sosteneva che la reazione nucleare a catena fosse possibile, quindi l'esperimento di Fermi a Chicago nel 1942 sarebbe stato in parte la dimostrazione o la conferma delle teorie di Peierls. Il secondo progettò il primo meccanismo di detonazione della bomba atomica nel 1940. Entrambi erano sostenuti da Sir Mark Oliphant, un altro ebreo di origine australiana, professore di fisica all'Università di Birmingham. Nella primavera del 1941 Oliphant autorizzò i suoi colleghi ad assumere Klaus Fuchs, che all'epoca era un agente che lavorava in Inghilterra per l'intelligence militare sovietica (GRU).

Le origini di Fuchs sono controverse: alcune fonti sostengono che fosse ebreo, ma altre lo negano in quanto il padre, Emil Fuchs, era un teologo protestante. Membro del Partito Comunista dal 1930, Fuchs aveva lasciato la Germania dopo l'ascesa al potere di Hitler e si era stabilito in Inghilterra, da dove era stato inviato negli Stati Uniti per lavorare alla bomba atomica. Klaus Fuchs fu identificato come spia solo nel settembre 1949, quando gli inglesi lo arrestarono dopo aver ricevuto i rapporti dell'FBI basati sull'analisi dei documenti Venona. Peierls, Frisch e Fuchs presentarono un memorandum sulle proprietà radioattive della bomba e sulla sua fattibilità, che fu consegnato da Oliphant al governo britannico. Secondo Roland Perry, l'MI5 ricevette una copia del documento e Victor Rothschild lo avrebbe trasmesso a Beria attraverso un agente di nome Krotov che lavorava presso l'ambasciata britannica.

Come abbiamo raccontato, i sospetti sulla slealtà di Julius Robert Oppenheimer furono una costante quasi dal momento della sua nomina a direttore scientifico del Progetto Manhattan. Il primo rapporto dell'FBI su Oppenheimer è datato 28 marzo 1941. Vi si legge che nell'autunno del 1940 aveva partecipato a una riunione a casa di Haakon Chevalier, un noto marxista, alla quale avevano partecipato comunisti di spicco come Isaac Folkoff e William Schneiderman. Il primo, chiamato "Zio" da Venona, era stato uno dei fondatori del Partito Comunista della California e fungeva da collegamento con l'intelligence sovietica. Il secondo, nome in codice "Nat", era indicato come un leader del Partito Comunista della California. L'FBI registrò numerosi riferimenti a Oppenheimer in cui veniva ripetutamente indicato come un membro segreto del Partito Comunista. In uno di questi rapporti si legge: "Nel dicembre 1942, Julius Robert Oppenheimer fu oggetto di discussione tra Steve Nelson (un ebreo di nome Steve Mesarosh che aveva partecipato alla Brigata Lincoln nella guerra civile spagnola) e Bernadette Doyle, segretario organizzativo del Partito Comunista della Contea di Alameda, California. Steve Nelson riferì poi che la dottoressa Hannah Peters gli aveva fatto visita per dirgli che il dottor Oppenheimer non poteva essere attivo nel partito a causa del suo lavoro su un progetto speciale...". Nel maggio 1943, un riferimento simile approfondisce la stessa circostanza: sempre Bernadette Doyle informa un agente sovietico, John Murra, che la signora Oppenheimer e suo marito erano "compagni" e che Robert Oppenheimer stava lavorando a un progetto speciale presso il Berkeley Radiation Laboratory. Doyle dice a Murra che Oppenheimer "era un membro del partito, ma doveva toglierlo dalle mailing list che gestiva e non doveva essere assolutamente menzionato".

Già il 10 marzo 1942, Beria aveva suggerito a Stalin la creazione di un comitato per la bomba atomica composto da scienziati, politici e funzionari dei servizi segreti. Pavel Sudoplatov, un veterano dell'NKVD, era incaricato di coordinare i dati e i rapporti inviati dagli agenti di Stati Uniti, Inghilterra e Canada. In *Compiti speciali* (1994), citato in precedenza, Sudoplatov, che nel febbraio 1944 fu nominato da Beria capo del Dipartimento "S", che riuniva l'NKVD e l'intelligence militare (GRU) per garantire il progetto della bomba atomica sovietica, sostiene che Oppenheimer fornì loro informazioni segrete sullo sviluppo della bomba atomica. Secondo questa fonte, le informazioni sarebbero giunte loro attraverso Lisa Zarubina, moglie del "rezident" Vassiliy Zarubin[17], che avrebbe operato prima dal consolato di San Francisco e poi da Washington. Zarubina[18], ebrea di origine bessarabica il cui vero nome era Liza Rozensweig, si recava spesso in California ed era in contatto diretto con la moglie di Oppenheimer, Kitty. Jerrold e Leona Schecter sostengono inoltre in *Sacred Secrets* che Elizabeth Zarubin fu in grado di ottenere importanti informazioni sui segreti della bomba atomica.

Il 26 aprile 1996, due anni dopo la pubblicazione del libro di Sudoplatov, sul quotidiano *Pravda* apparve un articolo basato su fonti dell'SVR, il successore del KGB, che confermava che i documenti ottenuti da Oppenheimer e da altri scienziati occidentali erano ancora negli archivi segreti sovietici. *The Venona Secrets* riproduce il seguente estratto dell'articolo:

> "Non è un segreto che le informazioni di prima mano sull'esperimento di reazione nucleare condotto nel 1942 dal fisico italiano E. Fermi a Chicago siano state ottenute attraverso scienziati vicini a Oppenheimer. La fonte di queste informazioni era un ex membro del Comintern, G. Kheifitz, nostro 'Rezident' in California ed ex segretario di N. Krupskaya (moglie di Lenin). Fu lui a informare Mosca del fatto che lo sviluppo della bomba nucleare era una realtà pratica. In quel periodo, Kheifitz aveva stabilito contatti con Oppenheimer e la sua cerchia. Infatti, la famiglia di Oppenheimer, in particolare il fratello, aveva legami con l'allora illegale Partito Comunista USA della West Coast. Uno dei luoghi di incontri e contatti illegali era la casa della socialista Madam Bransten a San Francisco. È proprio lì che Oppenheimer e Kheifitz si incontrarono. Per la nostra intelligence, le persone che simpatizzavano con i comunisti erano estremamente preziose per stabilire contatti.... Il salone della signora Bransten funzionò dal 1936 al 1942. I sovietici lo finanziarono. Kheifitz contribuì a consegnare i fondi per il suo finanziamento".

---

[17] Un "rezidente" era una spia che risiedeva in un Paese straniero per lunghi periodi di tempo ed era responsabile delle operazioni di intelligence di una "Rezidentura", il nome sovietico di un'organizzazione guidata da uno o più rezidenti. Negli Stati Uniti esistevano quattro Rezidentura, tre legali e una illegale. Le tre legali operavano dall'Ambasciata sovietica di Washington, e dai Consolati di New York e San Francisco.

[18] Questa spia sovietica, che tra il 1923 e il 1928 lavorò nella Rezidentura di Vienna, era nota anche come Lisa Gorskaya e sapeva parlare yiddish, rumeno, russo, tedesco, francese e inglese. Nel 1929 lavorò in Turchia con Yakov Blumkin, il terrorista ebreo che, su ordine di Trotsky, assassinò Wilhelm Mirbach, ambasciatore tedesco in Russia, il 6 luglio 1918 per incitare la Germania a riprendere la guerra. Come già raccontato in un altro capitolo, Blumkin vendette in Turchia manoscritti chassidici rubati dalla Libreria Centrale di Mosca per finanziare Trotsky. Uno dei segretari ebrei del fisico Leó Szilárd, autore della lettera che proponeva a Roosevelt la fabbricazione della bomba atomica, era stato reclutato dalla zarubina.

Come la maggior parte degli agenti coinvolti nello spionaggio atomico, Gregory Kheifitz era ebreo, così come Louise Rosenberg Bransten. Entrambi erano amanti. Kheifitz fu a capo della Rezidentura di San Francisco dal 1941 al luglio 1944. Il suo nome in codice era "Kharon". Nel 1948 fu arrestato dal KGB durante la campagna contro il Comitato antifascista ebraico, che sarà studiata più avanti nel contesto dell'assassinio di Stalin. Louise Bransten, una ricca comunista californiana, aveva divorziato da Richard Bransten, un ricco scrittore ed editore comunista che aveva ereditato un'attività di importazione di caffè fondata dal padre, Morris J. Brandenstein. Richard Bransten sarebbe poi diventato uno sceneggiatore di successo a Hollywood. Nel 1947 Louise sposò un altro comunista ebreo, Lionel Berman, e fu ribattezzata Louise Berman. Il "salone della signora Bransten", citato nella citazione, serviva a Kheifitz come copertura per reclutare agenti.

Il codice Venona fu decifrato solo nell'aprile del 1948, ma l'FBI stava indagando sulle infiltrazioni comuniste nel Berkeley Lab, uno dei centri legati al Progetto Manhattan, fin dai primi anni Quaranta. L'indagine iniziale, denominata COMRAP ("Commintern Apparatus"), alla fine sfociò in un memo che nel 1944 era lungo quasi 600 pagine e conteneva circa 400 nomi. Con l'aumentare del numero di nomi, l'FBI decise di creare un nuovo file per lo spionaggio atomico, il CINRAD ("Infiltrazione comunista del laboratorio di radiazioni"). Nel 1942 l'FBI aveva prove sufficienti dell'infedeltà di Oppenheimer, tanto che fu creato un dossier esclusivo per lui.

Un'altra fonte molto importante di informazioni e di fornitura di materiali sul lavoro a Los Alamos fu il già citato Klaus Fuchs, che, si è detto, lavorava in Inghilterra per il GRU (l'intelligence militare sovietica), anche se il suo lavoro di spia negli Stati Uniti era diretto dall'NKVD. Fuchs arrivò in America nel settembre 1943 come membro di una missione britannica inviata a lavorare su "Enormous" (il progetto della bomba atomica). Il suo contatto era un comunista ebreo di nome Harry Gold, che era stato reclutato da Jacob Golos[19], un altro agente ebreo che fino alla sua morte nel 1943 era

---

[19] Jacob Golos, ebreo trotskista di origine ucraina, aveva partecipato alla rivoluzione del 1905 in Russia, guidata da Trotsky e Parvus. Nel 1910 giunse a San Francisco e nel 1919 fu uno dei fondatori del Partito Comunista degli Stati Uniti. Nel 1926 tornò in URSS, ma fu richiamato dai suoi compagni americani e tornò in America, dove nel 1933 lavorava per l'NKVD. Elisabeth Bentley lo incontrò nel 1938 e, oltre a diventare la sua amante, accettò di lavorare come spia sovietica. Tuttavia, già nel settembre 1939 Pavel Fitin, durante la Seconda Guerra Mondiale capo del Dipartimento Esteri dell'NKVD, riferì a Beria che tra tutte le organizzazioni trotskiste, quella americana era la più potente sia in termini di membri che di finanziamenti. Lo stesso rapporto avvertiva che non ci si poteva fidare di Jacob Golos, una delle spie più importanti degli Stati Uniti. Poiché la sua conoscenza della rete era ampia, Fitin raccomandava di ordinarne il ritorno per l'arresto. Prima della fine dell'anno, Pavel Fitin insistette con Beria sulle attività trotzkiste di Golos, che era cittadino statunitense e non accettò l'"invito" a tornare a Mosca.

stato l'amante di Elisabeth Bentley. Ricordiamo che Bentley e Whittaker Chambers furono i disertori che rivelarono all'FBI la portata e la complessità dello spionaggio sovietico negli Stati Uniti. Harry Gold, "Gus", e Klaus Fuchs, "Rest" e anche "Charles", si incontrarono per la prima volta il 5 febbraio 1944 a New York, precisamente a Manhattan. Altri contatti ebbero luogo il 25 febbraio e l'11 marzo 1944. In entrambe le occasioni Fuchs fornì a Gold materiale sul suo lavoro su "Enormous". Nell'incontro dell'11 marzo il dossier era di cinquanta pagine. Il corriere Harry Gold incontrava occasionalmente Fuchs a casa della sorella del fisico, che viveva a Cambridge, nel Massachusetts.

Nel giugno 1944, Fuchs consegnò a Gold un documento intitolato "Fluttuazioni e prestazioni di un impianto di diffusione", che era una copia di un testo originale datato 6 giugno. Il capo di Harry Gold era il tenente colonnello dell'NKVD Semyon Semyonov (nato Aba Taubman), un altro ebreo noto all'FBI come Semen Semenov, il cui nome in codice era "Twen". Dall'agosto 1944 Klaus Fuchs lavorò a Los Alamos agli ordini di Hans Bethe, il fisico ebreo che dirigeva la Divisione di Fisica Teorica di Los Alamos e che era presente nel deserto del Giorno del Morto quando fu effettuato il test Trinity. Dopo i genocidi atomici perpetrati sulle popolazioni di Hiroshima e Nagasaki, Fuchs continuò a lavorare e a spiare a Los Alamos, dove Edward Teller stava lavorando alla bomba all'idrogeno.

Nel 1946, negli Stati Uniti fu approvato il McMahon o Atomic Energy Act, che proibiva il trasferimento di informazioni sulla ricerca nucleare persino alla Gran Bretagna. Ciò non impedì a Fuchs di continuare a fornire importanti documenti all'URSS sull'operazione Crossroads nell'atollo di Bikini. Dalla fine del 1947 al 1949 fornì ad Alexander Feklissov, l'agente dell'NKVD che aveva preso il controllo della rete di spionaggio di Semyon Semyonov, i principali studi teorici per la creazione della bomba all'idrogeno, che avrebbe dovuto aiutare i sovietici a costruire la propria bomba a fusione, neutralizzando così il vantaggio della "Super".

Nel 1948 l'FBI confermò che Fuchs era un membro del Partito Comunista e iniziò a collegarlo ai contatti della sorella Kristel con un agente sovietico chiamato in codice "Gus". Nel 1947 l'FBI aveva anche scoperto che il marito di Kristel, Robert Heineman, era comunista dal 1936. Nel 1949 gli agenti dell'FBI erano già certi che Klaus Fuchs, che aveva già lasciato gli Stati Uniti, fosse "Rest", così si recarono a Londra con fotografie di presunte spie per interrogarlo. Nel maggio 1950 Fuchs identificò Harry Gold e gli americani, sebbene il 5 ottobre 1944 i sovietici avessero cambiato il suo nome in codice in "Arno", appresero finalmente l'identità della spia chiamata "Gus" a Venona. Ciò permise di arrestare Harry Gold. Le sue dichiarazioni portarono all'arresto di Julius ed Ethel Rosenberg, altre due famose spie ebree.

Nella sua autobiografia *My Silent War*, Kim Philby, che dopo la sua esposizione si era rifugiato in Unione Sovietica, si rammaricava che Fuchs non fosse riuscito a tenere la bocca chiusa. Fuchs non solo confessò il proprio ruolo nella vicenda", scrisse Philby, "ma identificò il suo contatto negli Stati Uniti, Harry Gold. Attraverso Gold, anch'egli chiacchierone, la catena raggiunse inesorabilmente i Rosenberg, che furono debitamente fulminati". I Rosenberg sono state le uniche spie ebree condannate alla sedia elettrica. Klaus Fuchs fu condannato a quattordici anni, ma ne scontò solo nove e finì i suoi giorni nella Germania comunista. Harry Gold fu condannato a trent'anni nel 1951, ma fu rilasciato nel 1965.

Le dichiarazioni di Harry Gold portarono all'identificazione di David Greenglass, che lavorava al Progetto Manhattan a Los Alamos. Figlio di immigrati ebrei provenienti dalla Russia e dall'Austria, aveva sposato Ruth Printz, anch'essa di origine ebraica, nel 1942. Nello stesso anno si iscrissero entrambi alla Lega dei Giovani Comunisti. Greenglass era il fratello di Ethel, che dal 1936 era membro della YCLUSA (Young Communist League USA), dove conobbe Julius Rosenberg, leader dell'organizzazione, e lo sposò nel 1939. L'arresto di David Greenglass il 15 giugno 1950 fu la causa scatenante di una serie di arresti. I Rosenberg, allarmati dalle prevedibili conseguenze dell'interrogatorio di Harry Gold, stavano progettando di lasciare il Paese. Julius Ronsenberg cercò di convincere i Greenglasses a fuggire e offrì loro persino 4.000 dollari, ma non c'era più tempo. Il 17 giugno Rosenberg fu arrestato, seguito dalla moglie Ethel.

Dopo aver presentato questi quattro personaggi, vediamo ora la portata delle loro attività di spionaggio. Nel 1942 Semyon Semyonov reclutò nell'NKVD Julius Rosenberg, che già lavorava come ingegnere ispettivo per l'Army Signal Corps presso il laboratorio di Fort Monmouth. Qui venivano studiati progetti militari segreti relativi all'elettronica, ai radar, ai missili guidati, ai sistemi antiaerei, ecc. Lo spionaggio a Fort Monmouth fu indagato nel 1953 dal vilipeso Joe McCarthy, un patriota inserito nella lista nera della storia per aver osato smascherare la cospirazione, che lo portò a confrontarsi con il Potere Nascosto. In *Blacklisted by History. The Untold Story of Senator Joe McCarthy*, un'opera di M. Stanton Evans che rivendica la figura del senatore che "dava la caccia alle streghe", si spiega nel dettaglio il complotto di spionaggio a Fort Monmouth (New Jersey), dove Julius Rosenberg, Morton Sobell, Joel Barr, Al Sarant e Aaron Coleman, tutti ebrei, facevano parte di una rete di spie sovietiche e/o sioniste. La fine della carriera di Joe McCarthy sarà discussa in un'altra parte di questo capitolo. Quando Semyonov fu richiamato a Mosca nel 1944, Julius Rosenberg fece rapporto ad Alexander Feklissov, al quale consegnò centinaia di rapporti classificati come "top secret". Nel 1945 l'esercito scoprì l'affiliazione comunista di Julius Rosenberg, che fu licenziato da Fort Monmouth, ma non furono presi ulteriori provvedimenti.

Secondo i documenti intercettati di Venona, Julius Rosenberg, il cui nome in codice era "Liberal", divenne lui stesso il capo di una rete di spionaggio. Oltre a reclutare la moglie e il cognato, Julius raccomandò Ruth

Greenglass, "una ragazza intelligente e sveglia". Poiché David Greenglass lavorava a Los Alamos, fu incaricato di entrare in possesso del diagramma di una lente che doveva essere usata per far esplodere la bomba. Greenglass doveva portare il diagramma della lente esplosiva fuori dal laboratorio e consegnarlo a J. Rosenberg. *Il Venona Secrets* riproduce il seguente messaggio del dicembre 1944, emesso dalla Rezidentura di New York, che poté essere decifrato nel 1948:

> "Osa" (Ruth Greenglas) è tornata da un viaggio per vedere "Kalibr" (David Greenglass). Kalibr' ha espresso la sua disponibilità ad aiutare a spiegare il lavoro che si sta svolgendo al Campo 2 (Los Alamos) e ha riferito di aver già pensato alla questione. Kalibr' afferma che le autorità del campo stavano apertamente prendendo tutte le misure precauzionali per evitare che le informazioni su "Enormous" finissero nelle mani dei russi. Questo sta causando grande malcontento tra i lavoratori progressisti.... A metà gennaio 'Kalibr' sarà a 'Tiro' (New York). Liberal" (Julius Rosenberg), riferendosi alla sua ignoranza del problema, esprime il desiderio che il nostro uomo incontri "Kalibr" per interrogarlo personalmente. Ci assicura che 'Kalibr' sarà molto contento dell'incontro. Ritiene opportuno un tale incontro? In caso contrario, sarò costretto a redigere un questionario e a consegnarlo a 'Liberal'. Fateglielo sapere se avete domande di interesse prioritario per noi".

Nonostante l'aumento delle misure di sicurezza a Los Alamos a cui si fa riferimento nel testo, quindi, Greenglass ottenne il diagramma delle lenti essenziali che causarono l'esplosione della bomba.

Altri due agenti ebrei della cerchia di Rosenberg erano Mike e Ann Sidorovich. Mike Sidorovich, dopo aver partecipato alla guerra civile spagnola nella Brigata Lincoln, era tornato negli Stati Uniti nel febbraio 1939. In precedenza aveva lavorato per l'intelligence sovietica e aveva espresso la volontà di riprendere i contatti con l'NKVD. Nell'ottobre 1944 Rosenberg raccomandò a lui e alla moglie Ann, anch'essa amica intima, di unirsi al gruppo di spionaggio. La Rezidentura di New York li segnalò a Mosca. Il rapporto, oltre a menzionare il periodo trascorso da Mike in Spagna e la sua inattività politica per tre anni, affermava che Julius Rosenberg e Sidorovich erano amici fin dall'infanzia. Ann Sidorovich sarebbe stata una sarta in grado di aprire un negozio come copertura. A Mosca fu chiesto se per assistere Rosenberg si dovesse usare Mike Sidorovich, il cui nome in codice era "Linza", o "Yakov", il nome in codice di William Perl, un altro importante agente ebreo dei sovietici il cui vero cognome era Mutterperl.

Inizialmente, al momento di autorizzare il progetto, Mosca assegnò i coniugi Sidorovich alla cerchia di Rosenberg, ma poco dopo la Rezidentura di New York li inviò a Cleveland, Ohio, dove viveva William Perl. Poiché Mike Sidorovich era un fotografo, aiutò Rosenberg a fotografare i documenti rubati. I Rosenberg avevano previsto che Ann Sidorovich si recasse nel

Nuovo Messico per raccogliere i dati atomici che David Greenglass aveva rubato dal laboratorio. Tuttavia, forse perché erano stati assegnati a Perl, non fu in grado di affrontare il viaggio e Julius Rosenberg utilizzò Harry Gold come corriere. Fu questa circostanza che portò nel 1950, dopo la testimonianza di Klaus Fuchs e dello stesso Harry Gold, l'FBI a contattare la cerchia dei Rosenberg. Al processo, iniziato il 6 marzo 1951, Gold confessò di aver incontrato Greenglass nel suo appartamento di Albuquerque e di avergli fornito informazioni sul progetto della bomba.

Julius Rosenberg fungeva da collegamento diretto tra i servizi segreti sovietici e il leader del Partito Comunista USA, Earl Browder. Inoltre, reclutava continuamente nuovi agenti per i suoi superiori. Nel 1944, mentre lavorava ancora nell'Army Signal Corps, fu inviato per dieci giorni a Washington, dove colse l'occasione per visitare Max Elitcher, un amico ebreo con cui condivideva l'ideologia comunista. Aveva pensato a lui per fotografare i documenti, dato che era un eccellente fotografo. Quando il codice Venona fu decifrato nel 1948, Elitcher fu identificato. Nel 1951 fu presentato come primo testimone dell'accusa: dopo aver concordato con il procuratore le condizioni migliori per sé, rese una testimonianza molto dannosa non solo per Julius Rosenberg, ma anche per Morton Sobell, che era fuggito in Messico con la moglie Helen, ebrea come lui, il cui nome da nubile era Levitov. Dal Messico cercarono di passare in Europa, ma il 16 agosto 1950 furono fermati da uomini armati che li consegnarono all'FBI al confine. Alexander Feklissov, il capo sovietico di Rosenberg, confermò in *The Man behind the Rosenbergs* (1999) che Morton Sobell, un ingegnere elettronico, era stato reclutato come spia sovietica nell'estate del 1944. Max Elitcher accusò Sobell di aver microfilmato informazioni segrete per Rosenberg, per cui fu condannato a trent'anni di carcere, di cui ne scontò quasi diciotto, gran parte dei quali ad Alcatraz.

Anche il giudice che condannò i Rosenberg e Morton Sobell, Irving R. Kaufman, era ebreo. Ecco, da *The Venona Secrets*, un estratto della sentenza emessa il 5 aprile 1951:

> "Considero il vostro crimine peggiore dell'omicidio..... Il loro comportamento nel mettere la bomba atomica nelle mani dei russi anni prima che potessero realizzarla, come previsto dai nostri migliori scienziati, ha già causato, a mio avviso, l'aggressione comunista in Corea, che ha provocato più di 50.000 morti, e chissà se milioni di persone innocenti pagheranno il prezzo del loro tradimento. In effetti, con la loro slealtà hanno indubbiamente alterato il corso della storia a scapito del nostro Paese. Nessuno può dire che non viviamo in un costante stato di tensione. Ogni giorno abbiamo ovunque le prove del loro tradimento, perché le azioni della protezione civile del nostro Paese sono volte a prepararci a un attacco atomico".

Un altro gruppo di comunisti ebrei svolse attività di spionaggio atomico per conto dell'Unione Sovietica senza mai essere arrestato. Tra loro c'era l'agente più giovane, Theodore Hall, un diciannovenne il cui vero nome era Theodore Alvin Holtzberg. Grazie alle sue competenze in matematica all'Università di Harvard, Hall fu uno dei giovani scienziati reclutati per lavorare al Progetto Manhattan a Los Alamos, dove partecipò agli esperimenti con il dispositivo di implosione "Fat Man" e contribuì a calcolare la massa di uranio di "Little Boy". Il suo nome in codice a Venona era "Mlad", il lessema russo della parola "giovane". Arrivò a Los Alamos nel 1944. A novembre andò in licenza a New York, dove condivise un appartamento con Saville Sax, un altro giovane ebreo membro della YCL ("Young Communist League"). Secondo Herbert Romerstein, quando Hall spiegò al collega il tipo di lavoro che stava svolgendo, Sax lo convinse a passare informazioni all'URSS sugli esperimenti di Los Alamos. Per contattare i servizi segreti sovietici, pensarono di offrirsi a Earl Browder, il leader del Partito Comunista, che era in realtà profondamente coinvolto nello spionaggio sovietico negli Stati Uniti. La segretaria di Browder era diffidente nei confronti di un adolescente che offriva importanti segreti e, temendo che potesse essere un agente dell'FBI, lo rifiutò. Alla fine il contatto avvenne tramite Sergey Kurnakov, "Bek", corrispondente *del Daily Worker* e agente dei servizi segreti sovietici. La Rezidentura di New York informò Mosca del caso e Kurnakov divenne inizialmente un corriere per Ted Hall, che gli inviò le informazioni attraverso Saville Sax.

Hall e Sax fornirono a Kurnakov rapporti ed elenchi del personale che lavorava al progetto della bomba atomica. Tra gli amici di Hall a Los Alamos c'era Samuel Theodore Cohen, un giovane ebreo di origine austriaca che lavorava allo studio del comportamento dei neutroni a "Fat Man". Anni dopo, Sam Cohen sarebbe stato considerato il padre della bomba al neutrone. Nel marzo 1945, l'NKVD confermò alla Rezidentura di New York che i rapporti di "Mlad" erano stati ricevuti con grande interesse. Nel maggio dello stesso anno, la Rezidentura inviò a Mosca un nuovo rapporto in cui Hall rivelava i siti sperimentali e i nomi dei responsabili di ciascun gruppo di ricerca. Solo Oppenheimer era indicato con un nome in codice: "Veksel". Nel 1950, l'FBI sospettò che Hall fosse coinvolto nello spionaggio sovietico, ma sebbene fosse stato interrogato nel marzo 1951, non riuscì ad accusarlo. Nel 1962 Ted Hall e la sua famiglia si stabilirono in Inghilterra. Solo con la pubblicazione dei documenti Venona da parte della National Security Agency, nel 1995, si scoprì che Saville Sax e Theodore Hall erano stati agenti sovietici. Tre anni prima, nel 1992, la comparsa in Russia di documenti sullo spionaggio atomico aveva rivelato che "Charles " e "Mlad" avevano avvisato l'URSS del test Trinity. A Venona, questi nomi in codice corrispondevano a Fuchs e Hall.

Il destinatario dei rapporti che Hall consegnava a Sax non era più Kurnavov, sostituito da un altro agente della Rezidentura di New York,

Anatoli Jacob Yakovlev, alias "John" secondo l'FBI, che lo aveva identificato in relazione ai casi Fuchs, Gold e Greenglass. Lo stesso Sax si dimise da corriere e il compito fu assunto da una leggendaria spia comunista, Lona Cohen, il cui nome da nubile era Leontina Petka, figlia di ebrei polacchi emigrati negli Stati Uniti. Lona aveva sposato Morris Cohen, un altro ebreo di origine russa nato a New York, nel 1941. Morris Cohen era stato un membro del Battaglione Lincoln ed era conosciuto come Israel Altman, che era il nome sul passaporto rubato che aveva usato per entrare in Spagna. Cohen era stato reclutato nell'NKVD mentre si stava riprendendo in un ospedale di Barcellona dalle ferite ricevute nel 1937 sul fronte di Aragona. Lona si recava regolarmente in New Mexico alla ricerca di rapporti fornitigli da "Perseus", che non è stato possibile identificare, anche se è stato suggerito che si trattasse dello stesso Ted Hall. La National Security Agency non ha mai identificato chi si celava dietro "Volunteer" e "Lesley". Oggi si sa che si trattava di Morris e Lona Cohen.

PARTE 3
L'IMPOSIZIONE DELLO STATO SIONISTA IN PALESTINA

Nelle pagine precedenti abbiamo notato che dopo la Seconda guerra mondiale il mondo era un luogo turbolento in cui le nazioni, stremate dalla catastrofe che avevano vissuto, cercavano di riprendere fiato. Un'ideologia totalitaria, la cui brutalità era stata evidente fin dal suo trionfo in Russia, dominava mezza Europa e mezzo mondo, mentre stava per prendere piede in Cina e in altri Paesi asiatici. In queste circostanze, le vecchie colonie si preparavano ad approfittare del "vuoto di potere" per ribellarsi alle metropoli e lottare per la propria indipendenza. L'esplosione delle bombe atomiche aveva drasticamente cambiato non solo le condizioni di guerra, ma anche quelle di pace. Il fatto che si stesse producendo una superbomba in grado di spazzare via in un secondo ogni forma di vita in 130 chilometri quadrati intorno a Ground Zero e di bruciare gravemente persone e animali in 750 chilometri quadrati dà un'idea della nuova situazione creatasi sul pianeta. Fu in queste circostanze internazionali che i sionisti riuscirono finalmente a imporre al mondo lo Stato di Israele in Palestina.

Il piano di spartizione della Palestina, Risoluzione 181, adottato con 33 voti favorevoli, 13 contrari e 10 astensioni, divideva la Palestina in sei regioni: tre di esse (56% dell'area totale) dovevano formare lo Stato ebraico; le altre tre con l'enclave di Giaffa (43,35%) dovevano formare lo Stato arabo. Gerusalemme e i suoi dintorni (0,65%) dovevano essere una "zona internazionale" amministrata dall'ONU. La prima ingiustizia evidente del piano di spartizione era che gli ebrei possedevano solo il 5,6% della terra loro assegnata. Nello Stato arabo, che comprendeva 552 villaggi arabi e 22 villaggi ebraici, ci sarebbero stati 725.000 arabi e solo 10.000 ebrei. Nello Stato ebraico proposto 498.000 ebrei avrebbero vissuto in 183 villaggi e 497.000 arabi in circa 274 villaggi. La spartizione, come si vede, era profondamente sbilanciata a favore degli ebrei, ai quali furono assegnate le terre migliori, e non poteva che portare allo scontro, che era esattamente ciò che i sionisti avevano previsto e preparato.

Le pressioni sioniste all'interno e all'esterno delle Nazioni Unite sono state senza precedenti. Negli Stati Uniti, la coercizione di deputati e senatori e la campagna di propaganda dei media hanno battuto ogni record. Come al solito, chi cercava di difendere i diritti del popolo palestinese veniva accusato di antisemitismo, come se i palestinesi non fossero semiti. Il ricatto e la corruzione furono usati non solo contro gli individui, ma anche contro le nazioni, poiché vennero piazzati dei microfoni nelle delegazioni dei Paesi per conoscere in anticipo l'orientamento del voto e poter esercitare pressioni e ricatti su coloro che avrebbero votato contro il piano di spartizione.

Finalmente, la notte del 29 novembre 1947, si votò. Mentre a Tel Aviv i sionisti accolsero euforici la notizia della spartizione con balli e canti, nel mondo arabo ci fu un'esplosione di rabbia in tutte le capitali della Lega Araba. A Damasco sono state attaccate le delegazioni statunitense e sovietica. Anche a Gerusalemme si sono verificate numerose scene di violenza. L'Alto Comitato Arabo indisse uno sciopero generale di tre giorni, che fu funestato da incidenti. Tutto fu inutile, perché lo Stato di Israele, pur essendo stato proclamato solo il 15 maggio 1948, nacque effettivamente nel novembre 1947.

Alcuni eventi storici prima del 1936

Nel corso di questo libro sono state fornite alcune chiavi di lettura per capire come si è arrivati all'usurpazione della terra al popolo palestinese. Nel primo capitolo è stato spiegato che i sionisti non sono ebrei sefarditi o sefarditi (semitici), ma sono per lo più ashkenaziti o ashkenaziti (discendenti dei khazari), quindi nessuno dei loro antenati proviene dalla Palestina. Si è anche visto che le profezie e i sogni messianici di alcuni cabalisti hanno spinto alcuni ebrei, soprattutto chassidim, a recarsi in Palestina già nel XVIII secolo. In ogni caso, il loro numero non era significativo: all'inizio del XIX secolo c'erano solo poche migliaia di ebrei in Terra Santa. Si è parlato anche della richiesta ai Rothschild di acquistare la Palestina dal Sultano ottomano e del nazionalismo filo-sionista di Moses Hess, maestro di Karl Marx, la cui opera *Roma e Gerusalemme* è considerata la genesi teorica del sionismo.

L'idea che i Rothschild utilizzassero le loro ricchezze per ripristinare un regno ebraico in Palestina acquistò slancio dopo l'affare di Damasco. Gradualmente questa dinastia bancaria, oltre a finanziare progetti a Gerusalemme e altrove, si impegnò maggiormente e iniziò a promuovere la fondazione di colonie in Palestina, collaborando con Zadok Kahn e Michael Erlanger, membri del Comitato Centrale dell'Alleanza Israelita Universale, notoriamente fondata dal Gran Maestro Adolphe Isaac Crémieux. Una delle prime colonie fu "Rishon le Zion", situata a sud di Jaffa. Nel 1895 Theodor Herzl, corrispondente da Parigi della *Neue Freie Presse* di Vienna, insistette con i Rothschild sul fatto che l'unico modo per risolvere il problema degli ebrei era quello di lasciare l'Europa e fondare un proprio Stato. Nel febbraio 1896 Herzl pubblicò *Der Judenstaat (Lo Stato ebraico)*, che suscitò subito grande interesse. Il libro difendeva la tesi secondo cui se la Palestina fosse stata scelta come luogo di insediamento degli ebrei, questi avrebbero formato una sorta di muro contro l'Asia: "saremmo stati la sentinella avanzata della civiltà contro la barbarie". Nel giugno 1896 Herzl si recò a Costantinopoli per incontrare il sultano Abdul Hamid II, che rifiutò di riceverlo. Nel suo *Diario*, Herzl scrive la risposta del Sultano: "L'impero non è mio, appartiene al popolo turco. Non posso cedere nessuna parte di esso. Forse, il giorno in cui l'impero sarà diviso, avranno la Palestina gratis. Ma sarà il nostro cadavere a essere spartito". In queste condizioni, Herzl riuscì a convocare il 29 agosto 1897 il primo congresso sionista, al quale parteciparono circa duecento delegati provenienti da tutto il mondo.

Di fronte alla crescente organizzazione del sionismo, uno dei problemi che il movimento di resistenza nazionale in Palestina dovette affrontare fin dall'inizio fu la struttura quasi feudale della società palestinese, in cui le grandi famiglie non erano in grado di organizzarsi politicamente e di convergere in un fronte nazionale unitario. Tuttavia, fino alla comparsa del sionismo, i palestinesi, nonostante la collaborazione dei proprietari terrieri con le autorità ottomane e la gerarchia sociale prevalente, erano ben coesi e gli ebrei non sionisti che vivevano tra loro, soprattutto a Gerusalemme, erano ben integrati e accettati dalla variegata società palestinese. Gerusalemme, Haifa, Gaza, San Giovanni di San Giovanni d'Acri, Nazareth, Giaffa, Gerico, Nablus, Hebron erano città fiorenti. Le colline erano accuratamente lavorate con il sistema a terrazze e gli agrumi, le olive, i cereali e gli altri prodotti dell'agricoltura palestinese erano conosciuti e apprezzati in tutto il mondo. Manifatture, tessuti e artigianato completavano l'attività commerciale. Inizialmente, i palestinesi furono incautamente tolleranti nei confronti dei primi insediamenti sionisti, ma all'inizio del XX secolo cominciarono a rendersi conto del pericolo e si verificò un rifiuto.

Nel 1903, nonostante l'opposizione turca e palestinese al sionismo, c'erano circa trenta insediamenti ebraici in Palestina, la maggior parte dei quali sovvenzionati da Edmond de Rothschild. I palestinesi iniziarono a vedere i coloni sionisti come "stranieri indesiderati" e l'opposizione crebbe nel tempo. Nel 1904 Israel Zangwill, un socialista fabiano che sosteneva un governo mondiale in cui la sua razza avrebbe avuto un ruolo determinante, propose uno slogan che sarebbe diventato popolare: chiedeva "una terra senza popolo a un popolo senza terra". Questo nazionalista ebreo, per altro internazionalista e favorevole alla soppressione degli altri nazionalismi, fondò così uno dei miti su cui il sionismo giustificò il furto della terra ai palestinesi, un popolo i cui antenati, i cananei, l'avevano abitata molto prima che i primi ebrei facessero sentire la loro presenza in Canaan. Da allora i sionisti hanno coltivato questa idea per presentare la Palestina come un luogo remoto e desolato che poteva essere conquistato in tutta sicurezza. Ciò significava negare fin dall'inizio l'identità palestinese, la sua nazione e, naturalmente, qualsiasi legittimità sulla terra che abitava e possedeva. Ralph Schönman, un autore ebreo che denuncia il sionismo, scrive quanto segue in *La storia nascosta del sionismo* in relazione a questo obiettivo:

> "Ciò che distingue il sionismo da altri movimenti coloniali è il rapporto tra i coloni e il popolo da conquistare. Lo scopo dichiarato del movimento sionista non è semplicemente quello di sfruttare i palestinesi, ma di disperderli ed espropriarli. L'obiettivo è sostituire la popolazione

indigena con una nuova comunità di coloni, sradicare i contadini, gli artigiani e gli abitanti della Palestina e sostituirli con una popolazione attiva completamente nuova composta da coloni. Negando l'esistenza dei palestinesi, il sionismo mira a creare il clima politico per la loro estirpazione, non solo dalla loro terra, ma dalla storia".

Nel 1908 fu fondato il giornale antisionista *Al-Karmal* e nel 1911 nacque a Giaffa un partito antisionista chiamato Partito Nazionale, il cui scopo era quello di opporsi ai sionisti, non perché ebrei, ma perché stranieri motivati da un progetto di colonizzazione. Si arrivò così alla Prima guerra mondiale. Gli inglesi cercarono di ottenere il sostegno dello sceriffo della Mecca, Hussein, l'unico principe arabo discendente del Profeta in grado di emettere una fatwa che giustificasse una guerra santa contro la Turchia. Lord Herbert Kitchener, il commissario britannico in Egitto, promise per iscritto allo sceriffo Hussein che la Gran Bretagna avrebbe garantito il suo aiuto contro qualsiasi intervento straniero. Dopo le consultazioni tra Hussein e i nazionalisti arabi in Siria e Palestina, iniziarono i negoziati anglo-arabi, registrati in otto lettere tra Hussein e Sir Henry MacMahon, l'Alto Commissario al Cairo. Questa corrispondenza si svolse tra il luglio 1915 e il gennaio 1916. Come è noto, convinto dell'affidabilità delle promesse britanniche, il 5 giugno 1916 lo sherif Hussein invitò gli arabi alla rivolta, eventi che sono diventati noti al grande pubblico occidentale grazie all'epopea del celebre Lawrence d'Arabia, da cui è stato tratto un film.

Pochi mesi prima, nella primavera del 1916, Georges Picot, rappresentante del Ministero degli Esteri francese, e Sir Mark Sykes del Foreign Office avevano redatto un progetto di accordo segreto che divideva il Vicino Oriente in cinque zone. Conosciuto come accordo Sykes-Picot, fu ratificato il 6 maggio 1916 da Paul Cambon, ambasciatore francese a Londra, e da Edward Grey, segretario di Stato al Foreign Office. I confini tracciati dai diplomatici europei restrinsero la portata delle promesse fatte allo Sherif Hussein e avrebbero plasmato il futuro del mondo arabo. Nel dicembre 1916 cadde il governo di Herbert Henry Asquith, che era stato primo ministro dall'aprile 1908. Rimandiamo il lettore al settimo capitolo, dove abbiamo raccontato come, proprio mentre stava per essere stipulata la pace con la Germania, David Lloyd George, Segretario di Stato alla Guerra, sostenuto da una campagna mediatica contro Asquith, manovrò per isolare il primo ministro e prendere il controllo del governo dopo aver stretto un accordo con una delegazione di sionisti americani per far entrare in guerra gli Stati Uniti. Il 7 dicembre 1916 Lloyd George divenne Primo Ministro del Regno Unito e Lord Balfour fu nominato Ministro degli Esteri. I sionisti avevano ricevuto assicurazioni che la Gran Bretagna avrebbe lanciato una campagna per la conquista della Palestina. Il 2 novembre 1917 fu redatta la famosa *Dichiarazione Balfour*.

Nel capitolo otto abbiamo anche visto come la Conferenza di San Remo dell'aprile 1920 abbia stabilito il Mandato britannico per la Palestina, confermato nel luglio 1922 dal Consiglio della Società delle Nazioni. È opportuno ricordare che la Risoluzione di San Remo fu vista dai sionisti come un obbligo per i britannici di cedere loro la sovranità sulla Palestina. Lord Curzon, che nel 1917 si era opposto alla Dichiarazione Balfour, era a Sanremo il Segretario del Ministero degli Esteri e difese vigorosamente la seconda parte del testo, che si riferiva alla necessità di garantire i diritti degli arabi e dei cristiani, che i diplomatici britannici e francesi definivano minoranze quando in realtà costituivano la maggior parte della popolazione della Palestina, dal momento che nel 1920 gli ebrei costituivano una minoranza molto piccola. Tutto questo è stato trattato in modo abbastanza dettagliato nella prima parte del capitolo ottavo, per cui ci limiteremo ora a riprodurre integralmente il testo della *Dichiarazione Balfour*, in realtà una lettera del Segretario del Foreign Office a Lord Rothschild:

"Caro Lord Rothschild,
Ho il piacere di trasmetterLe, a nome del Governo di Sua Maestà, la seguente dichiarazione di simpatia per le aspirazioni sioniste degli ebrei, presentata e approvata dal Gabinetto.
Il Governo di S.M. considera favorevolmente l'istituzione in Palestina di un focolare nazionale per il popolo ebraico e farà del suo meglio per facilitare la realizzazione di questo obiettivo, fermo restando che non sarà fatto nulla che possa pregiudicare i diritti civili e religiosi delle comunità non ebraiche in Palestina, così come i diritti e lo status politico di cui godono gli ebrei in qualsiasi altro Paese.
Le sarei grato se volesse portare questa dichiarazione all'attenzione della Federazione sionista".

Il 19 novembre 1917 Lord Balfour riconobbe in un'interpellanza parlamentare che non vi era stata "alcuna informazione ufficiale agli Alleati sull'argomento". Ciononostante, Balfour disse, e cito: "Il Governo di Sua Maestà ritiene che la dichiarazione in questione sarà da loro approvata". Tuttavia, settimane dopo, nel dicembre 1917, Stéphen Pichon, ministro degli Esteri francese, illustrò alla Camera dei Deputati la posizione francese di "internazionalizzazione della Palestina", un fatto che sembrava ignorare la *Dichiarazione Balfour*. Pichon riteneva che il dominio turco dovesse essere sostituito da "un regime internazionale basato sulla giustizia e sulla libertà" e non da un'amministrazione britannica o francese. Questa posizione provocò un'immediata reazione da parte dei sionisti. Nahum Sokolov, segretario generale del Congresso Sionista Mondiale con sede a Londra, si recò immediatamente a Parigi a capo di una folta delegazione. Il barone Rothschild contattò anche G. Clemenceau, che il 16 novembre aveva appena iniziato il suo secondo mandato come Primo Ministro francese.

Il 9 febbraio 1918 Sokolov ebbe un colloquio con Pichon, che sfociò in un comunicato in cui si annunciava il completo accordo tra Gran Bretagna e Francia su tutte le questioni riguardanti l'insediamento ebraico in Palestina. Il 14 febbraio 1918 Pichon scrisse una lettera a Sokolov ribadendo il suo sostegno alla Dichiarazione. Nel dicembre 1918 fu lo stesso Clemenceau a proporre a Lloyd George di rinunciare ai "diritti" della Francia in Palestina in cambio di una soluzione al problema della Renania e del riconoscimento britannico dell'"influenza esclusiva della Francia sulla Siria". Il 31 agosto 1918, il presidente degli Stati Uniti Woodrow Wilson inviò una lettera al rabbino Stephen Wise per approvare la Dichiarazione. La tragedia del popolo palestinese, ancora incompiuta, cominciò a svolgersi. Nel 1949, Arthur Koestler, allora sionista che aveva assistito alla proclamazione dello Stato di Israele, nel saggio *Analyse d'un miracle: naissance d'Israel* scrisse quanto segue a proposito della *Dichiarazione Balfour*: "È un documento con il quale una nazione promette solennemente a un'altra nazione il territorio di una terza nazione; anche se la nazione a cui viene fatta la promessa non era una nazione, ma una comunità religiosa e il territorio, al momento della promessa, apparteneva a una quarta nazione, la Turchia". I commenti sarebbero superflui se Koestler non usasse il sostantivo miracolo: chiaramente non c'è stato alcun miracolo, ma una dimostrazione inequivocabile che i sionisti sono stati capaci di imporre la loro volontà fino a estremi inconcepibili.

Dopo la Conferenza di San Remo, ebbe inizio il Mandato britannico sulla Palestina. Su richiesta di Chaim Weizmann, fu nominato Alto Commissario un ebreo sionista e membro del Partito Liberale, Herbert Samuel, che arrivò il 1° luglio 1920 e iniziò a prendere misure per incoraggiare la colonizzazione sionista: la creazione del Fondo Nazionale Ebraico, la concessione del monopolio dell'elettricità al sionista Rosenberg, la concessione di poteri all'Organizzazione Sionista per incoraggiare l'immigrazione ebraica, ecc. Le proteste palestinesi contro l'immigrazione ebraica furono continue e il 1° maggio 1921 a Giaffa scoppiarono per diversi giorni violenti disordini antisionisti e antibritannici. Bichara Khader in *The Sons of Agenor* cita varie fonti per quantificare il numero delle vittime degli incidenti e fornisce il seguente bilancio: 157 morti e 705 feriti da parte palestinese e circa 100 morti da parte ebraica, cifre che danno un'idea della tensione causata dalla politica di Herbert Samuel. La violenza delle rivolte provocò la reazione del governo britannico, che il 3 giugno 1922 pubblicò un documento noto come "Manifesto bianco", , che qualificava le aspirazioni dei sionisti e annunciava restrizioni all'immigrazione.

I palestinesi cercarono di organizzarsi politicamente e tennero ben sette congressi tra il 1919 e il 1928. Il primo, tenutosi il 15 febbraio a Gerusalemme, aveva approvato il rifiuto della *Dichiarazione Balfour*, l'unione con la Siria e la piena indipendenza palestinese nel quadro dell'unità araba. Tuttavia, l'inefficacia di questa forma di opposizione politica divenne presto evidente a causa delle rivalità e della diversità delle posizioni espresse. A ciò contribuì la capacità dei britannici di creare una cosiddetta corrente "moderata" all'interno del movimento palestinese. Di conseguenza, il movimento nazionale palestinese non riuscì a strutturarsi adeguatamente e si raggiunse un'impasse.

Nel frattempo, l'immigrazione clandestina continuava. Il sionismo sapeva che solo attraverso l'immigrazione era possibile trasformare un Paese abitato da arabi in uno Stato ebraico. Dal 1920 al 1932, 118.378 nuovi immigrati sbarcarono in Palestina[20]. Il periodo di punta fu tra il 1924-26, la famosa "Aliyah" degli ebrei polacchi che soffrivano per le politiche antisemite della Polonia. Nel 1931, secondo il censimento di quell'anno, gli abitanti della Palestina erano 1.035.821, di cui 759.712 musulmani, 174.006 ebrei, 91.938 cristiani e 10.101 non classificati. La percentuale di ebrei era salita dall'11% del 1922 al 17,7%. Tuttavia, le cose non andavano secondo i piani, poiché molti di questi immigrati non trovavano le condizioni di vita sufficientemente stimolanti per stabilirsi, tanto che tra il 1924 e il 1931 quasi un terzo degli immigrati entrati in Palestina se ne andò dopo avervi soggiornato per qualche tempo. In effetti, nel 1927 ci furono più partenze che arrivi.

I disordini e gli scontri si intensificarono nel 1928, quando i sionisti, per cambiare lo status quo dell'accesso al Muro occidentale, cercarono di acquistare terreni e immobili nelle vicinanze. I palestinesi reagirono e, su iniziativa del Consiglio supremo musulmano di Hajj Amin al-Husseini, fondarono il "Comitato per la difesa della Moschea di Al-Aksa". Da parte loro, gli ebrei, in un congresso tenutosi a Zurigo nel 1929, sottolinearono l'importanza del Muro del Pianto e in agosto sfilarono per le strade di Gerusalemme. I palestinesi risposero una settimana dopo con un'altra manifestazione. Il 23 agosto scoppiarono infine gravi disordini che da Gerusalemme si estesero a Giaffa, Haifa e Safed. Gli insediamenti sionisti furono attaccati e le ostilità continuarono per una settimana. Il numero di morti e feriti da entrambe le parti dà un'idea della gravità della rivolta: 133 ebrei furono uccisi e 329 feriti; i palestinesi furono 116 uccisi e 232 feriti. Le donne palestinesi, cercando di resistere all'immigrazione e alla colonizzazione, tennero il loro primo congresso nazionale il 26 ottobre dello stesso anno.

La situazione esplosiva portò i britannici a istituire una commissione d'inchiesta, la cosiddetta "Commissione Shaw", il cui rapporto concluse che la causa delle rivolte era la paura degli arabi di essere espropriati della loro terra e di essere dominati dagli ebrei sionisti. Inoltre, Sir Henry Hope Simpson, un esperto inviato da Londra per valutare i fatti sul campo, presentò

---

[20] Le cifre riportate di seguito sono tratte da *The Sons of Agenor* di Bichara Khader, l'opera citata in precedenza, che a sua volta si ispira principalmente a *A History of the Israeli-Palestinian Conflict* di Mark Tessler (1994).

un rapporto in cui concludeva che i lavoratori palestinesi erano discriminati e che le organizzazioni sioniste stavano usando metodi "diabolici" per far entrare immigrati ebrei in Palestina. Nel 1930, le proteste ripresero e le autorità decretarono lo stato di emergenza a Nablus.

Il governo britannico, sulla base del rapporto della Commissione Shaw e del memorandum di Hope Simpson, pubblicò un nuovo Libro Bianco il 21 ottobre 1930. In esso si affermava che il governo di Sua Maestà aveva "un doppio impegno, da un lato verso il popolo ebraico e dall'altro verso la popolazione non ebraica". I sionisti reagirono con indignazione. Per protesta, Chaim Weizmann si dimise dalla presidenza dell'Organizzazione sionista e dell'Agenzia ebraica. Felix Warburg si dimise da presidente del comitato amministrativo dell'Agenzia. Nonostante ciò, Weizmann esercitò pressioni sul Primo Ministro Ramsay Mac Donald, che il 31 febbraio lesse alla Camera dei Rappresentanti una dichiarazione indirizzata a Weizmann in cui annullava di fatto il Libro Bianco. Un passaggio recitava: "Nessuna sospensione o proibizione dell'immigrazione ebraica in qualsiasi forma è prescritta o contemplata dal Governo di Sua Maestà.... La dichiarazione del governo di Sua Maestà non implica un divieto di acquisizione di terre da parte degli ebrei...". Gli arabi considerarono questa dichiarazione come "il libro nero", poiché ripudiava di fatto il Libro Bianco.

In ogni caso, l'atmosfera in Palestina non invitava gli ebrei europei a lasciare i Paesi in cui vivevano e a lasciare le loro case. I dati mostrano che l'immigrazione ristagnò completamente tra il 1928 e il 1931. Nonostante tutti gli sforzi delle organizzazioni sioniste, in questi quattro anni entrarono in Palestina solo 16.445 ebrei. Fu grazie all'Accordo di Haavara, firmato tra i nazisti e i sionisti il 25 agosto 1933, che la Palestina conobbe un notevole impulso demografico ed economico. Come discusso nel capitolo ottavo, Hitler facilitò il trasferimento di decine di migliaia di ricchezze degli ebrei tedeschi in Palestina, ponendo le basi per la creazione del futuro Stato di Israele. Tra il 1933 e il 1936, gli anni di massima collaborazione "nazista", 178.671 ebrei immigrarono in Palestina. Si stima che tra i 60.000 e gli 80.000 di loro provenissero dalla Germania, entrando così in Palestina in condizioni ottimali. Probabilmente ignaro della portata dell'Accordo di Haavara, Jamal Husseini, il fondatore del Partito Arabo Palestinese, in un'intervista rilasciata a Londra nel maggio 1937, dichiarò, cito testualmente:

> "I sionisti devono ringraziare Hitler per molte cose. Il sionismo ha subito una grave battuta d'arresto dopo i moti del 1929 e nel 1931, di fatto, gli ebrei che lasciavano la Palestina erano più numerosi di quelli che entravano. Va detto che la rivoluzione nazista ha salvato il sionismo. In Germania iniziò una rinascita dell'ebraismo e i giovani ebrei si diressero verso la Palestina. Un giornale sionista affermò chiaramente che un governo nazista in ogni Paese europeo avrebbe aiutato enormemente il sionismo".

La lotta per la terra fu decisiva in questi anni. I sionisti contavano sul sostegno britannico in loco per avviare la conquista di "una terra senza popolo per un popolo senza terra". Tuttavia, la fallacia sionista si scontrò fin dall'inizio con una realtà ostinata: il popolo palestinese esisteva e possedeva la terra, era pienamente consapevole del suo valore e non voleva separarsene. La leadership sionista concentrò gran parte dei suoi sforzi nella moltiplicazione degli insediamenti di coloni. Il Fondo Nazionale Ebraico stanziò ingenti somme di denaro per l'acquisto di aree rurali e l'apparato amministrativo britannico fece tutto il possibile per i sionisti. Tuttavia, i risultati finali di questa politica di accaparramento delle terre furono un fallimento. Nel 1922 i sionisti possedevano 71 insediamenti, l'equivalente di 594.000 dunum (59.400 ettari). Nel 1931 avevano centodieci insediamenti e 1.068.000 dunum. Più dell'85% della terra era stata acquistata da grandi proprietari terrieri, assenti o residenti, con il conseguente sfratto di 20.000 famiglie contadine palestinesi. Tuttavia, al momento della spartizione nel novembre 1947, i sionisti possedevano solo il 6,6% della superficie totale della Palestina, o il 15% della terra coltivabile.

La situazione tra il 1936 e il novembre 1947

La perdita della terra e la continua oppressione da parte degli inglesi e dei sionisti aumentarono la consapevolezza del destino che attendeva il popolo palestinese. Il 13 settembre 1933, a Gerusalemme scoppiarono gravi disordini che furono brutalmente repressi. Per protesta, i leader arabi manifestarono il 13 ottobre e ancora una volta gli inglesi usarono una violenza eccessiva, causando 32 morti e 97 feriti, tra cui l'ottuagenario leader Musa Jazem al-Husseini. La rivolta si diffuse in tutto il Paese il giorno successivo. Infine, nel novembre 1935, i leader di cinque partiti arabi formarono un fronte unito per negoziare con l'Alto Commissario britannico, al quale proposero la creazione di un consiglio legislativo con un presidente britannico, , nominato da Londra. La funzione del consiglio sarebbe stata quella di consigliare e assistere le autorità britanniche. Sempre nel novembre 1935 si verificò la rivolta dello sceicco Izzidim al-Kassam, un leader arabo che riteneva che solo la "rivoluzione armata" avrebbe potuto liberare la Palestina dal colonialismo anglo-sionista. Al-Kassam aveva formato sacche di resistenza e fondato un'organizzazione segreta di musulmani, per lo più contadini e operai, che giuravano di dare la vita per la patria. Questa entità era organizzata in modo tale da avere una sezione per l'acquisto di armi, un'unità di addestramento, un gruppo di spionaggio e un dipartimento di propaganda. Il 12 novembre, i "fedayeen" (miliziani o combattenti) decisero di lanciare un'azione rivoluzionaria e presero posizione nel villaggio di Yabed, vicino al porto di Haifa. L'esercito britannico li affrontò bene e il 21 novembre Izzidim al-Kassam fu ucciso insieme ad altri fedayeen. La sua figura divenne un simbolo della resistenza palestinese e oggi a Gaza esiste una cellula militare islamista che porta il suo nome. Le brigate Izzidim al-Kassam sono unanimemente riconosciute tra i gruppi di resistenza palestinesi.

La primavera del 1936 vide il rifiuto della proposta del Consiglio legislativo suggerita dai palestinesi. Il Parlamento britannico si piegò ancora una volta alle proteste dei sionisti e respinse la proposta di legge. In questo contesto ebbe luogo la grande rivolta popolare che durò per tre anni, fino al 1939. Disobbedienza civile e insurrezione armata furono le forme adottate dalla rivolta. Il 15 aprile 1936 due ebrei furono assassinati e la situazione iniziò a deteriorarsi rapidamente. Scontri quotidiani si diffusero in tutto il territorio. I nazionalisti di Nablus formarono un Comitato nazionale, al quale aderirono i sei principali partiti palestinesi. Il 25 aprile questo Comitato divenne l'Alto Comitato Arabo, presieduto dal Muftì Hajj Amin al-Husseini. Il Comitato decretò uno sciopero generale per costringere gli inglesi ad accettare le richieste palestinesi. Il 7 maggio si tenne un congresso a cui parteciparono 150 delegati in rappresentanza di tutti i settori della popolazione. Si decise allora di non pagare più le tasse e si approvò lo sciopero generale in tutta la Palestina, che sarebbe durato mezzo anno.

Come al solito, gli inglesi reagirono con estrema severità e scatenarono una campagna di repressione. Chi era considerato organizzatore o simpatizzante dello sciopero fu arrestato. In tutto il Paese le case furono demolite facendo esplodere degli esplosivi. Il 18 giugno 1936, gran parte della città di Giaffa fu distrutta dalle autorità britanniche, lasciando 6.000 persone senza casa. Numerose case furono distrutte anche nelle comunità circostanti la città. Il 30 luglio fu dichiarata la legge marziale. Alla fine di agosto del 1936, gruppi armati clandestini provenienti dai Paesi arabi vicini cominciarono a entrare in Palestina. Si può dire che la rivolta assunse le tinte di una rivoluzione sociale, rivelando la frustrazione e il disordine delle classi inferiori della popolazione. L'influenza dei notabili, nelle classi medie e nei ceti medi della popolazione, fu un fattore importante nella rivolta. L'influenza dei notabili, che stava scemando di fronte alla spontaneità della rivolta, guidata principalmente dai contadini, non fu in grado di riorientare la situazione per altri sei mesi. Allarmati dalla portata e dalla durata dello sciopero, i britannici invitarono a Londra i più importanti leader arabi del Medio Oriente nel tentativo di trovare una mediazione con l'Alto Comitato Arabo. Alla fine, l'11 ottobre 1936, il Comitato si appellò alla calma e ordinò la fine dello sciopero a partire dal giorno successivo. Un mese dopo, l'11 novembre, il Comando generale della Rivoluzione araba nel sud della Siria-Palestina emise un comunicato in cui chiedeva "la fine delle ostilità, per non avvelenare l'atmosfera dei colloqui in corso su cui la nazione ripone tutte le sue speranze".

Per scoprire cosa fosse successo, alla fine dell'anno la Gran Bretagna inviò in Palestina una commissione d'inchiesta guidata da Lord Peel. Solo su pressione dei sovrani arabi della zona i palestinesi accettarono di esporre le loro rimostranze davanti alla cosiddetta Commissione Peel, che produsse un documento pubblicato il 7 luglio 1937. Il documento analizzava i primi quindici anni del Mandato. Sostanzialmente, trasse due conclusioni sulle cause della rivolta: il desiderio di indipendenza nazionale del popolo palestinese e il timore che i sionisti stabilissero una colonia sulla loro terra. Il Rapporto Peel descriveva anche altri fattori di fondo: la diffusione del sentimento nazionalista al di fuori della Palestina; l'aumento dell'immigrazione ebraica a partire dal 1933; la capacità dei sionisti di influenzare l'opinione pubblica britannica e di ottenere il sostegno del governo; la mancanza di fiducia nelle intenzioni di Londra; il timore di continui acquisti di terra da parte di proprietari terrieri assenti, con conseguente espulsione dei contadini che avevano lavorato la terra; la prevaricazione britannica in relazione alla considerazione della sovranità palestinese. Infine, il rapporto della Commissione Peel riassumeva le richieste in tre punti: cessazione immediata dell'immigrazione sionista; arresto e divieto del trasferimento della proprietà della terra araba ai coloni sionisti; istituzione di un governo democratico controllato dai palestinesi. Un altro aspetto importante fu la raccomandazione, per la prima volta, di una spartizione della Palestina per raggiungere una soluzione definitiva. La Commissione Peel assegnò l'85% del territorio allo Stato arabo e propose per lo Stato ebraico solo le zone costiere a nord di Tel Aviv e le colline della Galilea.

Un mese dopo si tenne a Zurigo il XX Congresso sionista. Poiché il sionismo aveva previsto che il futuro Stato ebraico avrebbe abbracciato l'intera Palestina, in linea di principio non voleva avere nulla a che fare con le proposte della Commissione Peel. Nel 1938, un anno dopo la pubblicazione del Rapporto Peel, David Ben Gurion avrebbe presentato al Consiglio Mondiale di Poale Zion, il precursore del Partito Laburista, un rapporto che rifletteva le sue vere intenzioni: "I limiti delle aspirazioni sioniste includono il Libano meridionale, la Siria meridionale, l'intera Cisgiordania e il Sinai". Tuttavia, Chaim Weizmann assicurò al Congresso che l'idea della spartizione era "un passo nella giusta direzione". Ben Gurion decise quindi di sostenere la strategia di Weizmann e il Congresso autorizzò i colloqui con il governo britannico.

Contemporaneamente si riaccendono gli scontri in Palestina e il 26 settembre viene assassinato il commissario britannico del distretto della Galilea, Andrews, accusato di preparare il trasferimento della popolazione araba della regione. Le autorità britanniche reagirono sciogliendo l'Alto Comitato Arabo e le sue organizzazioni locali. Molti dei suoi membri furono arrestati e altri fuggirono a Damasco, dove si trovava la leadership politica della rivoluzione. La situazione divenne nuovamente esplosiva e alla fine del 1937 Londra decise di inviare altre 20.000 truppe per affrontare la rivolta.

Ralph Schönman denuncia che le forze sioniste furono integrate nei servizi segreti britannici, che cominciarono a fare affidamento sui sionisti come loro braccio esecutivo. A partire dall'ottobre 1938, diciassette battaglioni di fanteria britannica si impadronirono della Città Vecchia di Gerusalemme e iniziò una spietata repressione: impiccagioni, punizioni collettive, distruzione di massa dei centri abitati, arresti, bombardamenti dei villaggi degli insorti. La rivoluzione", scrive Bichara Khader, "fu affogata nel sangue". Alla fine del 1938, si stima che circa 2.000 persone siano state condannate a lunghe pene detentive. Nella sola prigione di San Giovanni d'Acri furono impiccati 148 arabi. Cinquemila case furono distrutte e quasi cinquantamila persone furono arrestate". Alla fine del 1938 Londra ritenne impraticabile l'idea della spartizione della Palestina e la respinse definitivamente. Propose allora una conferenza alla quale invitò i rappresentanti dell'Agenzia ebraica, dei palestinesi e degli arabi degli Stati vicini.

La Conferenza di Londra, presieduta da Neville Chamberlain, iniziò il 7 febbraio 1939 e si concluse a fine marzo. Le posizioni rimasero inconciliabili e il governo Chamberlain espose le sue risoluzioni in un altro Libro Bianco preparato da Sir Malcolm MacDonald e pubblicato a maggio, che includeva la richiesta araba di creare uno Stato per arabi ed ebrei entro dieci anni. Il Libro Bianco di MacDonald fissava un tetto massimo per l'immigrazione di 75.000 persone in cinque anni, dopodiché l'immigrazione ebraica sarebbe stata subordinata al consenso della maggioranza araba. La reazione di Churchill è già stata discussa nel capitolo precedente: dopo aver incontrato Chaim Weizmann, egli inscenò una protesta in Parlamento a nome del sionismo internazionale e accusò il governo Chamberlain di aver violato la promessa fatta nella *Dichiarazione Balfour*.

Il 16 agosto 1939 si tenne a Ginevra un nuovo congresso sionista, durante il quale Weizmann e Ben Gurion denunciarono con indignazione il tradimento britannico. Alla fine del 1939, con la seconda guerra mondiale in corso, i leader sionisti annunciarono una controffensiva per la creazione dello Stato ebraico, anche a costo di entrare in conflitto con gli inglesi. Negli Stati Uniti, la pubblicazione del Libro Bianco esasperò prevedibilmente i sionisti, che "costrinsero" Roosevelt a protestare verbalmente. Ma se il sionismo rifiutava il Libro Bianco di MacDonald, che pure considerava un "libro nero", anche i palestinesi non lo vedevano di buon occhio, ritenendo che dieci anni fossero un periodo troppo lungo per la creazione dello Stato arabo. Inoltre, non si fidavano più degli inglesi.

Poiché nel 1941 sembrava che la Germania potesse vincere la guerra, entrambe le parti pensarono di rivolgersi a Hitler per ottenere aiuto. Di fronte all'esitazione e all'indecisione di Londra, il sionismo revisionista si mise a combattere gli inglesi. Alla fine del 1940 si svolse a Beirut, dove il governo di Vichy era ancora in carica, un incontro tra Otto von Hentig, capo del Dipartimento per l'Oriente del Ministero degli Esteri tedesco, e Naftali Lübentschik, membro del Gruppo Stern, fondato da Abraham "Yair" Stern. Lübentschik propose di creare un fronte contro la Gran Bretagna. Un documento dell'11 gennaio 1941, "Proposta dell'Organizzazione Militare Nazionale (Irgun Zvai Leumi) riguardante la soluzione della questione ebraica in Europa e la partecipazione dell'OMN (Organizzazione Militare Nazionale) alla guerra a fianco della Germania", fu trasmesso dall'Ambasciata del Reich in Turchia. L'Irgun, dopo una scissione dall'Haganah, era stato formato nel 1931 da Jabotinsky, il fondatore del sionismo revisionista. Il Gruppo Stern (Lehi) sosteneva di rappresentare la vera essenza dell'Irgun. Poiché i sionisti avevano già firmato l'Accordo di Haavara con i nazisti, i termini del documento riproponevano le idee che avevano già permesso la collaborazione nel 1933: si chiedeva l'evacuazione delle masse ebraiche dall'Europa per stabilirsi in Palestina, si rilevavano gli interessi comuni e la possibilità di intesa, e si proponeva di legare il futuro Stato ebraico al Reich tramite un trattato. I tedeschi erano indecisi, così nel dicembre 1941, dopo la presa del Libano da parte degli inglesi, Stern inviò Nathan Yalin-Mor in Turchia, ma i servizi segreti britannici erano già stati allertati ed egli fu fermato lungo la strada.

Da parte sua, Amin al-Husseini, il mufti di Gerusalemme in esilio, inviò una lettera a Hitler il 20 gennaio 1941 chiedendo il suo aiuto contro la Gran Bretagna, "questo nemico acerrimo e astuto della vera libertà dei popoli". Il 28 novembre 1941 avvenne il colloquio tra il Führer e il Muftì, il quale disse a Hitler che gli arabi sarebbero stati "gli amici naturali della Germania perché hanno gli stessi nemici della Germania, soprattutto gli inglesi, gli ebrei e i comunisti". Al Husseini chiese che la Germania facesse una dichiarazione pubblica a sostegno dell'indipendenza e dell'unità di Palestina, Siria e Iraq, poiché "sarebbe molto utile ai fini della propaganda sui popoli arabi". Hitler, che non vedeva l'opportunità di una tale dichiarazione, dopo essere stato il principale collaboratore dei sionisti dal 1933 fino allo scoppio della guerra, dopo aver fecondato la Palestina con ricchi ebrei tedeschi attraverso l'Accordo di Haavara, proclamò cinicamente la sua opposizione al focolare nazionale ebraico in Palestina, che, disse al Muftì, era "un centro, sotto forma di Stato, al servizio dell'influenza distruttiva degli interessi ebraici".

Nel febbraio 1942 gli inglesi scoprirono il nascondiglio di Abraham Stern a Tel Aviv e lo uccisero. Molti membri dell'organizzazione furono poi arrestati. Isaac Shamir sostituì Stern come capo del Lehi e fu uno dei responsabili della risposta preparata per gli inglesi. Il 6 novembre 1944, alcuni membri del Lehi assassinarono al Cairo Lord Moyne, Ministro di Stato per il Medio Oriente e amico intimo di Churchill. Al processo gli assassini affermarono di aver ucciso Lord Moyne a causa della politica verso gli ebrei delineata nel Libro Bianco di MacDonald. Questo attentato segnò l'inizio della campagna di terrore contro la Gran Bretagna per provocarne l'uscita dalla Palestina. Le autorità britanniche pubblicarono manifesti con le foto e i nomi di una dozzina di terroristi dell'Irgun e del Lehi, tra cui Menachem Beguin, futuro primo ministro di Israele dal 1977 all'83 e premio

Nobel per la pace nel 1978, e Isaac Shamir, la mente dell'attentato a Lord Moyne, che sarebbe diventato anche primo ministro di Israele dal 1983 all'84 e dal 1986 al 1992.

Durante gli anni della guerra mondiale, i leader sionisti dissero chiaramente cosa intendevano fare con il popolo palestinese. Ralph Schönman cita, ad esempio, le parole del capo del Dipartimento di Colonizzazione dell'Agenzia Ebraica, Joseph Weitz, l'uomo più responsabile dell'organizzazione degli insediamenti, che nel 1940 scrisse: "Deve essere chiaro per noi che non c'è posto per i due popoli in questo Paese. Non raggiungeremo il nostro obiettivo se gli arabi rimarranno in questo piccolo Paese. Non c'è altra via d'uscita che trasferire gli arabi da qui ai Paesi vicini. Tutti. Non deve rimanere un villaggio o una tribù". Con queste idee in testa, si stavano armando per procedere alla conquista della Palestina con la forza quando sarebbe arrivato il momento. Nel giugno 1945, appena finita la guerra in Europa, i sionisti si affrettarono a presentare una petizione alla Gran Bretagna per la creazione dello Stato di Israele. Nell'agosto del 1945 si tenne a Londra la Conferenza sionista mondiale, in cui si chiese di "prendere una decisione immediata per fare della Palestina uno Stato ebraico". La conferenza chiese che all'Agenzia Ebraica fosse data "piena autorità per trasferire in Palestina il numero di ebrei che riterrà necessario".

In questo contesto il governo Attlee aveva solo due alternative: o abbandonare la decisione approvata dal Parlamento nel 1939 o rinunciare al Mandato e ritirarsi dalla Palestina. La seconda opzione era il desiderio del sionismo, perché avrebbe permesso loro di espellere gli abitanti nativi, che erano disarmati. Il problema sorse con la nomina di Ernest Bevin a Segretario del Ministero degli Esteri, un sindacalista che era stato Ministro del Lavoro durante la guerra e che godeva di prestigio a livello nazionale. Sembra che il monarca in persona, Giorgio VI, avesse chiesto al Primo Ministro Attlee di nominarlo a tale incarico, ritenendolo l'uomo migliore e il politico più forte nelle circostanze del dopoguerra. Pur essendo membro del Partito Laburista, Bevin era anticomunista. Douglas Reed in *The Controversy of Zion*, un'opera che abbiamo spesso citato, scrive quanto segue su Bevin:

> "Era un uomo robusto, con l'energia e l'aria della campagna nelle ossa e nei muscoli e il coraggio tradizionale nel sangue; ma anche lui fu spezzato psichicamente in pochi anni dalla ferocia di una diffamazione implacabile. Non si lasciò intimidire spiritualmente. Si rese conto di avere a che fare con un'impresa essenzialmente cospirativa, una cospirazione di cui la rivoluzione e il sionismo erano parti collegate, e forse fu l'unico tra i politici di questo secolo a usare la parola cospirazione, che era chiaramente applicabile al caso secondo la definizione del dizionario. Disse senza mezzi termini al Dr. Weizmann che non sarebbe stato costretto o persuaso a compiere azioni contrarie agli interessi della Gran Bretagna. Il dottor Weizmann non aveva ricevuto avvertimenti di questo

tipo, a un livello così alto, dal 1904, e la sua indignazione, che si manifestò attraverso l'organizzazione sionista mondiale, diede origine al continuo maltrattamento del signor Bevin che ne seguì".

Bevin non condivideva i piani sionisti e annunciò di non accettare l'approccio che prevedeva l'allontanamento degli ebrei dall'Europa. Naturalmente, il potere del sionismo internazionale era in grado di rovinare le politiche del nuovo ministro degli Esteri britannico, e si scatenò una campagna trasversale: come al solito, Bevin fu accusato di antisemitismo; Churchill, dell'opposizione conservatrice, lo accusò di nutrire "sentimenti antiebraici"; l'Anti-Defamation League inventò un nuovo termine diffamatorio: "Bevinismo".

L'offensiva sionista fu forgiata negli Stati Uniti, dove si susseguirono presidenti ebrei. Roosevelt, circondato da comunisti e/o sionisti, già nel 1938 aveva concepito l'idea di espellere gli arabi dalla Terra Santa. I suoi consiglieri ebrei avevano persino calcolato che l'operazione sarebbe potuta costare ai contribuenti circa 300 milioni di dollari. Roosevelt, il campione mondiale della democrazia, non aveva problemi ad affermare ai suoi collaboratori che la Palestina doveva appartenere esclusivamente agli ebrei e che non dovevano rimanere arabi. Il 24 luglio 1945, poco prima che Churchill perdesse le elezioni, Harry S. Truman, il nuovo presidente degli Stati Uniti, scrisse a Churchill per dirgli che l'opinione pubblica americana era contraria alle restrizioni all'immigrazione ebraica in Palestina. Il 16 agosto 1945, Truman fu interrogato sull'atteggiamento del suo governo in materia. "La posizione americana", rispose, "è che vogliamo far entrare in Palestina il maggior numero possibile di ebrei". Giorni dopo, il 31 agosto, il presidente americano suggerì in una lettera al Primo Ministro Attlee che il governo britannico avrebbe dovuto concedere 100.000 visti agli ebrei di Austria e Germania. Tuttavia, lo stesso Truman ammette in *Years of Trial and Hope* che nel settembre 1945 ricevette un promemoria dal Dipartimento di Stato in cui si consigliava agli Stati Uniti di "astenersi dal sostenere una politica che tendesse a incoraggiare l'immigrazione di massa in Palestina durante il periodo intermedio".

Nel frattempo, dopo la guerra, l'immigrazione clandestina ebbe luogo su vasta scala e raggiunse livelli senza precedenti. Centinaia di migliaia di ebrei provenienti dalla Russia e dall'Europa orientale (khazari) furono trasportati dalle organizzazioni sioniste in Terra Santa. Lì, sempre più preparati al grande momento, i sionisti disponevano già di un vero e proprio esercito, l'Haganah, e di una serie di milizie, tra cui il Falmach, la forza d'élite dell'Haganah, l'Irgun e lo Stern. Oltre a vessare la popolazione palestinese indebolita e con scarsa leadership politica, queste milizie incrementarono i sabotaggi e gli attentati e il 28 gennaio 1946 i britannici promulgarono una legislazione straordinaria per cercare di arginare il terrore sionista. Con scarso successo, le azioni terroristiche non solo non diminuirono, ma aumentarono: tra il 16 e il 17 giugno il Palmach e lo Stern fecero saltare nove ponti e attaccarono i magazzini ferroviari di Haifa.

Di fronte a questa nuova ondata di terrore, le forze armate britanniche passarono all'attacco: occuparono gli uffici dell'Agenzia Ebraica, sequestrando importanti documenti segreti, e fecero irruzione e arrestarono circa 2.700 persone sospette, compresi i leader sionisti. In questo contesto ebbe luogo il famoso bombardamento dell'Hotel King David a Gerusalemme, che fungeva da quartier generale dell'esercito. Il 22 luglio 1946, i terroristi dell'Irgun, il cui leader era Menahem Beguin, futuro Premio Nobel per la Pace, fecero esplodere 350 chili di esplosivo da sottoterra, distruggendo tutti e sette i piani dell'ala sud dell'hotel. Il brutale attacco uccise 91 persone.

Uno dei più famosi propagandisti del terrore sionista contro gli inglesi e i palestinesi, Ben Hecht, giornalista, romanziere, drammaturgo, regista, produttore e autore di una settantina di sceneggiature, per le quali è stato definito lo "Shakespeare di Hollywood", ha pubblicato sui principali quotidiani statunitensi un annuncio a tutta pagina indirizzato "Ai terroristi della Palestina". Il testo recitava: "Gli ebrei d'America sono con voi. Voi siete i loro campioni... Ogni volta che fate saltare un arsenale britannico o fate esplodere un treno britannico o rapinate una banca britannica o attaccate con le vostre armi e le vostre bombe i traditori e gli invasori britannici della vostra terra, gli ebrei d'America celebrano nel loro cuore una piccola festa". Questo fervente sionista ha talmente indignato il governo di Londra con la sua apologia del terrorismo che le sue opere sono state boicottate in Inghilterra. Douglas Reed denuncia in *The Controversy of Zion* l'odio di questo ebreo fanatico per Gesù Cristo, che suggerisce che fosse un talmudista. "Una delle cose più eccellenti mai fatte dal popolo", ha scritto Hecht, "è stata la crocifissione di Cristo. Intellettualmente era un atto splendido. Ma non l'hanno fatto nel modo giusto. Sai, quello che avrei fatto io sarebbe stato mandarlo a Roma in pasto ai leoni. Non avrebbero mai potuto fare di un salvatore un pezzo di carne macinata".

Mentre Bevin cercava una soluzione salva-faccia per difendere gli interessi della Gran Bretagna in Medio Oriente, dove controllava solo il Canale di Suez dopo aver perso la sua posizione in Egitto, Truman riprese le sue pressioni: il 4 ottobre 1946 insistette affinché la Gran Bretagna permettesse di accogliere 100.000 ebrei in Terra Santa. Il presidente americano fece inoltre notare che il suo Paese era pronto a contribuire alla creazione di un "commonwealth ebraico in Palestina". Bevin era irritato dalle ripetute insistenze di Truman, che arrivavano in un momento in cui stava cercando di riunire ebrei e arabi attorno a un tavolo per raggiungere un compromesso. In breve, il piano presentato da Bevin era il seguente: La Palestina sarebbe stata divisa in due cantoni e la Gran Bretagna sarebbe stata la potenza mandataria per altri cinque anni. Nei primi due anni sarebbe stato permesso a quattromila ebrei di immigrare ogni mese (96.000 in due anni).

Dopo questo periodo, non sarebbero stati consentiti altri ingressi senza consultare gli arabi, anche se la decisione finale sarebbe stata presa da un Alto Commissario britannico e dal Consiglio di amministrazione fiduciaria delle Nazioni Unite.

Gli sforzi di Bevin e il futuro del Regno Unito in Medio Oriente erano condannati in Svizzera. Il terrorismo come mezzo per porre fine al Mandato britannico in Palestina fu approvato al 22° Congresso sionista di Ginevra nel dicembre 1946. In seguito, i leader sionisti cedettero l'iniziativa e il controllo degli eventi ai capi terroristi dei tre gruppi armati, fino a quando il primo obiettivo di cacciare gli inglesi dalla Palestina non fu raggiunto. Il Congresso nominò David Ben Gurion capo e coordinatore di tutte le attività armate dell'Agenzia Ebraica. Si intensificarono così le imboscate e centinaia di soldati furono uccisi in vari modi. La situazione era insostenibile. Il 14 febbraio 1947, ebrei e palestinesi rifiutarono categoricamente l'ultima proposta di Bevin che, deluso, alla fine si arrese. Il 18 febbraio annunciò in Parlamento a Londra: "Il governo di Sua Maestà si è trovato di fronte a un conflitto di principi inconciliabili.... Abbiamo deciso di chiedere alle Nazioni Unite di proporre una soluzione". Il 23 febbraio 1947, alla Camera dei Comuni si svolse un importante dibattito sulla Palestina. Bevin dichiarò pubblicamente che l'atteggiamento degli Stati Uniti aveva portato al fallimento della sua politica e rimproverò aspramente il Presidente Truman per la sua ostinazione nel richiedere l'ingresso di 100.000 ebrei in Terra Santa prima che la questione fosse completamente risolta.

Il 28 aprile 1947, l'Assemblea Generale delle Nazioni Unite fu convocata in sessione straordinaria per esaminare la richiesta britannica di trasferimento del dossier palestinese. Con la risoluzione 106 l'Assemblea istituì l'UNSCOP (Comitato speciale delle Nazioni Unite per la Palestina), che iniziò i suoi lavori il 26 maggio. La Gran Bretagna avvertì che si sarebbe ritirata dalla Palestina se altre potenze, alludendo chiaramente agli Stati Uniti, ne avessero reso impossibile l'amministrazione. L'8 agosto 1947 il generale Marshall, nuovo Segretario di Stato dall'inizio dell'anno, informò il governo che un ritiro britannico "avrebbe provocato una lotta sanguinosa tra arabi ed ebrei". Una settimana dopo, il 15 agosto, il sottosegretario di Stato Robert A. Lovett avvertì del pericolo di un consolidamento del sentimento anti-americano tra i popoli arabi e musulmani. Il fatto che il 1948 fosse un anno elettorale negli Stati Uniti spinse Robert Hannegan, uno dei responsabili della campagna elettorale di Truman, a raccomandare al Presidente, il 4 settembre 1947, di fare una dichiarazione politica e di rispondere alle minacce britanniche chiedendo l'ammissione di 150.000 sionisti in Palestina. Hannegan disse che questa nuova richiesta "avrebbe avuto una grande influenza e un grande effetto nel raccogliere fondi per il Comitato Nazionale del Partito Democratico".

Una nuova figura divenne improvvisamente il principale critico delle politiche statunitensi a favore del sionismo. Il 17 settembre 1947, James

Forrestal, un ricco banchiere che aveva servito il suo Paese per patriottismo durante la guerra, si dimise da Segretario della Marina per diventare il primo Segretario della Difesa americano. Forrestal combatté una battaglia dietro le quinte che gli sarebbe costata la vita. Il 29 settembre 1947, Forrestal, in qualità di Segretario di Stato alla Difesa, chiese al Presidente, durante una riunione di Gabinetto, che la questione della Palestina non influisse sugli interessi nazionali e che fosse tolta dalla campagna elettorale. La risposta di Truman arrivò nella successiva riunione di Gabinetto del 6 ottobre. Egli respinse il suggerimento di Forrestal con queste parole: "Il signor Hannegan ha sollevato la questione della Palestina. Ha detto che molte persone che avevano contribuito alla campagna democratica stavano insistendo molto e chiedevano garanzie all'Amministrazione sul sostegno definitivo alla posizione ebraica sulla Palestina". Da quel momento Forrestal capì che Truman era deciso a capitolare alle pressioni dei sionisti, che ritenevano che gli Stati Uniti non stessero facendo abbastanza in seno all'Assemblea Generale delle Nazioni Unite per assicurarsi i voti di altri Paesi a favore della spartizione della Palestina.

Mentre Forrestal combatteva una battaglia persa sia all'interno del Partito Democratico che alla Casa Bianca, la data del voto si avvicinava. Chaim Weizmann era senza dubbio un altissimo funzionario del sionismo, il più alto; ma sopra di lui c'erano i pezzi grossi degli Stati Uniti: Bernard Baruch, Henry Morgenthau, Felix Frankfurter e altri, il cui sostegno era la maggiore garanzia per il successo dei suoi sforzi. Altri potenti ebrei si muovevano all'interno del Partito Democratico, tra cui il senatore Herbert Lehman, il cui padre era stato uno dei fondatori della società bancaria Lehman Brothers. Lehman era stato il primo direttore generale dell'UNRRA tra il 1943 e il 1946 e si era servito di questa agenzia delle Nazioni Unite per far passare gli ebrei dall'Europa orientale alla Palestina. Il 19 novembre 1947, Weizmann chiese al Presidente Truman che gli Stati Uniti appoggiassero l'inclusione del Negev (dove in seguito avrebbero costruito la centrale nucleare di Dimona) nel territorio sionista, poiché questo distretto era considerato di grande importanza. Nella sua autobiografia, *Trial and Error*, Weizmann scrive: "Mi promise che avrebbe informato immediatamente la delegazione americana".

In breve, il potere del sionismo negli Stati Uniti era inarrestabile e Truman si dimostrò un presidente esemplare e disciplinato. Tutti coloro che, all'interno del Dipartimento di Stato o della Difesa, come Forrestal, si opponevano ai disegni dei sionisti per motivi economici, strategici o militari, venivano accusati di antisemitismo. Alfred Lilienthal, un ebreo amico del popolo palestinese che divenne presto un critico implacabile del sionismo e dello Stato di Israele, denunciò in *What Price Israel?* (1953) che il ricatto economico veniva usato per mettere a tacere le persone con opinioni diverse e che c'era un linciaggio morale di coloro che non erano d'accordo con i sionisti. Quello che è successo a James Forrestal è l'esempio migliore.

Il Segretario alla Difesa, ufficialmente "suicidato", scrisse nei *Diari di Forrestal* delle voci molto interessanti sui metodi del sionismo per controllare e manipolare i governi. Forrestal fu testimone della lotta clandestina dall'autunno del 1947 alla primavera del 1948 per la creazione dello Stato sionista in Palestina. Come già detto, il 29 settembre 1947, Forrestal, che disponeva di informazioni segrete fornite dall'Intelligence Service, chiese a Truman di resistere alle pressioni sioniste sulla Palestina. Forrestal, in conflitto con nemici molto potenti, il 21 gennaio 1948 presentò un memorandum che analizzava le conseguenze della sottomissione al sionismo per la politica estera statunitense. Il 3 febbraio 1948 Forrestal pranzò con Baruch. Nel suo diario scrisse: "Ho pranzato con B. M. Baruch. Ha preso la posizione di consigliarmi di tenermi fuori da questa particolare questione, poiché ero già stato identificato, in una misura che non era nel mio interesse, per la mia opposizione alla politica delle Nazioni Unite sulla Palestina". Questo è un esempio di bullismo ad alto livello.

Douglas Reed racconta in *The Controversy of Zion* la propria esperienza quando si recò negli Stati Uniti all'inizio del 1949. Notò con sconcerto che la stampa e la radio stavano lanciando "attacchi avvelenati" contro il Segretario alla Difesa. Il 9 gennaio 1949 fu riportato che Truman "avrebbe accettato le dimissioni di Forrestal entro una settimana". L'11 gennaio si insisteva sul fatto che le dimissioni "erano già state accettate". In realtà, tutto ciò faceva parte della campagna di pressione. Alla fine, il 31 marzo, Truman lo licenziò. Ricoverato al Bethesda Naval Hospital il 2 aprile, Forrestal, secondo la versione ufficiale, si suicidò il 21 maggio 1949. "Per coincidenza", proprio il giorno in cui doveva partire perché era stato congedato, si gettò da una finestra del decimo piano. Tra i suoi effetti personali c'era un album di attacchi dei giornali nei suoi confronti. Solo nel 2004 è stata resa nota la notizia della sua morte; ma i suoi parenti hanno subito dichiarato che era stato assassinato, poiché il suicidio era per lui un atto inaccettabile. Al suo funerale Truman lo definì "una vittima della guerra".

Dalla spartizione (29/11/1947) alla proclamazione di Israele (14/5/1948)

All'inizio di questa terza parte del capitolo abbiamo già descritto in dettaglio l'esito della votazione del 29 novembre 1947, la suddivisione del territorio e le cifre relative alla popolazione dei due Stati previsti. Due giorni dopo, il 1° dicembre, si tenne la prima riunione dell'Amministrazione Truman, durante la quale il Sottosegretario di Stato Robert Lovett confessò che "mai nella sua vita era stato così sotto pressione come negli ultimi tre giorni". Lovett spiegò che il voto favorevole della Liberia era stato ottenuto attraverso la Firestone Rubber and Tire Company, che deteneva la concessione di queste materie prime nel Paese. Il rappresentante dell'azienda era stato incaricato di fare pressione sul governo liberiano, che intendeva votare contro, affinché cambiasse il suo voto. È noto che le pressioni consistevano in ricatti.

Il 21 gennaio 1948 Fames Forrestal, nella sua ansia di sostenere la resistenza del Dipartimento di Stato alla politica di Truman, presentò un memorandum che analizzava i pericoli di una politica sbagliata: "Non c'è quasi nessun segmento delle nostre relazioni estere di maggiore importanza o di maggiore pericolo", scrisse Forrestal, "per la sicurezza degli Stati Uniti che le nostre relazioni in Medio Oriente". In un'altra parte del testo avvertiva della necessità di evitare "danni permanenti alle nostre relazioni con il mondo islamico". Al Dipartimento di Stato, il Sottosegretario Lovett, dopo aver letto il rapporto di Forrestal, si accinse a presentare un altro memo preparato dallo staff di pianificazione del Dipartimento. In esso si diceva al Presidente che il piano di spartizione non era fattibile e che gli Stati Uniti non si impegnavano a sostenerlo se non poteva essere attuato senza l'uso della forza. Si affermava inoltre che era contrario agli interessi degli Stati Uniti fornire armi ai sionisti e negarle agli arabi. Robert Lovett aggiunse che il Dipartimento di Stato era "seriamente imbarazzato e sconfessato dalle attività di Niles alla Casa Bianca dopo che si era rivolto direttamente al Presidente sulle questioni palestinesi". In seguito, il sottosegretario si lamentò del fatto che Niles lo avesse chiamato dalla Casa Bianca "esprimendo la speranza che l'embargo sulla vendita di armi ai sionisti venisse revocato". David K. Niles, ebreo di origine russa, era stato consigliere di Roosevelt per gli affari ebraici. Lui e il giudice Samuel Rosenman, di cui si è già parlato, furono i principali responsabili delle azioni di Truman che avevano messo Bevin e il governo di Londra in una posizione insostenibile, come denunciato da Byrnes, ex Segretario di Stato.

L'annotazione che James Forrestal scrisse nel suo diario il 3 febbraio 1948 merita di essere trascritta per esteso, poiché quel giorno ricevette la visita del figlio di Roosevelt e successivamente pranzò con l'onnipotente Bernard Baruch. Tratto dalla prima edizione di *The Forrestal Diaries*, segue:

> "Visita oggi di Franklin D. Roosevelt, Jr. che si è presentato con una forte difesa dello Stato ebraico in Palestina e dicendo che dovremmo sostenere la 'decisione' (le virgolette nel termine sono di Forrestal) delle Nazioni Unite.... Feci notare che nessuna "decisione" era stata ancora presa dalle Nazioni Unite, che si trattava solo di una raccomandazione dell'Assemblea Generale, che l'eventuale attuazione di questa "decisione" da parte degli Stati Uniti non avrebbe probabilmente comportato la necessità di una mobilitazione parziale e che ritenevo scandalosi i metodi utilizzati da persone estranee al braccio esecutivo del Governo allo scopo di ricattare e costringere altre nazioni in seno all'Assemblea Generale. Egli si dichiarò ignaro di quest'ultimo punto e tornò alla sua esposizione generale del caso dei sionisti.

Non ha fatto minacce, ma ha detto chiaramente che i fanatici di questa causa agiscono nella convinzione di poter sconfiggere la politica del governo sulla Palestina. Gli risposi che non avevo il potere di fare politica, ma che avrei mancato ai miei doveri se non avessi fatto presente ciò che pensavo delle conseguenze di una particolare politica che poteva mettere in pericolo la sicurezza del mio Paese. Gli ho detto che stavo solo indirizzando i miei sforzi per portare la questione fuori dalla politica, cioè che i due partiti dovrebbero concordare di non lottare per i voti su questo tema. Mi rispose che questo era impossibile, che la nazione era già troppo compromessa e che, inoltre, il Partito Democratico avrebbe perso e i Repubblicani guadagnato da un tale accordo. Gli dissi che ero obbligato a ripetere ciò che avevo detto al senatore McGrath in risposta all'osservazione di quest'ultimo secondo cui il nostro mancato sostegno ai sionisti avrebbe potuto significare la perdita degli Stati di New York, Pennsylvania e California - che ritenevo fosse giunto il momento che qualcuno considerasse se erano gli Stati Uniti che avremmo potuto perdere.

Ho pranzato con B. M. Baruch. Dopo il pranzo, gli si presentò la stessa domanda. Egli ha preso la posizione di consigliarmi di non essere troppo attivo su questa particolare questione, poiché ero già stato identificato, in misura contraria ai miei interessi, per la mia opposizione alla politica delle Nazioni Unite sulla Palestina. Disse che lui stesso non approvava le azioni dei sionisti, ma aggiunse subito che il Partito Democratico avrebbe potuto perdere solo se avesse cercato di cambiare la politica del nostro Governo, e disse che era una cosa ingiusta lasciare che gli inglesi armassero gli arabi e che noi non avremmo fornito attrezzature simili agli ebrei".

Ci si potrebbe chiedere chi avesse identificato il Segretario Forrestal per la sua opposizione alla politica sulla Palestina. In seguito all'avvertimento di Baruch, venne progressivamente orchestrata una campagna diffamatoria della stampa contro il Segretario alla Difesa. Gli attacchi raggiunsero livelli estremi di inclemenza e nel giro di un anno James Forrestal fu rimosso dal governo. Come già detto, ci sono pochi dubbi sul fatto che la sua morte, avvenuta nell'aprile del 1949, sia stata un assassinio.

Le mosse concertate dei Dipartimenti di Stato e della Difesa si concretizzarono in una dichiarazione di Warren Austin, ambasciatore degli Stati Uniti presso le Nazioni Unite. Il 24 febbraio 1948 dichiarò: "Gli Stati Uniti non credono che la forza debba essere usata per sostenere una raccomandazione dell'Assemblea Generale". Aggiunse poi che la spartizione non sembrava un'opzione praticabile. Il 25 febbraio, il *New York Post* pubblicò un articolo del rabbino Baruch Korff in cui affermava che le parole di Austin erano "puro e semplice antisemitismo". Le organizzazioni sioniste si affrettarono a organizzare una massiccia campagna di lettere e telegrammi: circa 100.000 lettere di protesta raggiunsero la Casa Bianca.

Nel marzo 1948, la violenza in Palestina continuò ad aumentare, rendendo evidente che gli avvertimenti del Dipartimento di Stato sull'impraticabilità del piano di spartizione erano fondati. Il 19 marzo l'ambasciatore Austin annunciò un cambiamento nella politica statunitense. Constatando che la risoluzione dell'Assemblea non poteva essere attuata pacificamente, propose di sospendere la proposta di spartizione, di organizzare una tregua e di insediare una "amministrazione fiduciaria" delle Nazioni Unite dopo la fine del Mandato. Questa era stata la proposta del Dipartimento di Stato nel suo memorandum di gennaio. I sionisti si infuriarono: oltre ad essere antisemiti, alcuni accusarono gli Stati Uniti di essere "diabolici imbroglioni". Allo stesso tempo, però, decisero di intensificare le azioni terroristiche sul terreno.

Nell'aprile del 1948 Ernest Bevin, Segretario del Ministero degli Esteri, stava combattendo una battaglia solitaria contro l'opposizione conservatrice e la maggioranza del Partito Laburista, i cui membri non lo sostenevano. In queste condizioni Bevin decise di lavarsi le mani e di gettare la spugna. La fine del Mandato britannico era inizialmente fissata per il 1° agosto 1948, ma in aprile i sionisti vennero a sapere dai loro contatti a Londra che gli inglesi stavano pianificando un ritiro anticipato e decisero di agire. Il 9 aprile 1948 ebbe luogo il famoso massacro di di Deir Yassin, un villaggio a meno di cinque chilometri a ovest di Gerusalemme. Questo massacro è passato alla storia come il primo di una serie di azioni genocide perpetrate nel corso del 1948. Deir Yassin fa parte della memoria collettiva del popolo palestinese per il suo significato e per l'effetto psicologico che ebbe, poiché, come previsto, riuscì a terrorizzare gli arabi e a scatenare la fuga di massa degli abitanti dell'area che l'ONU aveva assegnato agli ebrei. Paul Eisen, un ebreo amico del popolo palestinese e tedesco che si batte coraggiosamente contro il sionismo, ha fondato l'associazione "Deir Yassin Remembered" per onorare la memoria delle vittime del massacro.

Nelle prime ore del mattino del 9 aprile la città fu attaccata da commando terroristici dell'IZL (Irgun Zwa'i Leumi) e del Lehi (Gruppo Stern), guidati da Menahem Begin e Benzion Cohen. Uccisero 254 uomini (molti dei quali anziani), donne (alcune delle quali incinte) e bambini. Gli uomini adulti stavano lavorando la terra quando i criminali entrarono nel villaggio. Alcuni uomini feriti furono arrestati e, bendati, ammanettati e con i vestiti insanguinati, furono caricati su camion e portati a Gerusalemme, dove furono fatti sfilare per le strade tra gli applausi e gli scherni dei sionisti della città. Dopo la sfilata, furono riportati a Deir Yassin, allineati contro un muro e uccisi. Jacques de Reynier, capo della Croce Rossa Internazionale, fu avvisato di quanto stava accadendo a Deir Yassin e chiese di incontrare il comandante del distaccamento dell'Irgun, il quale gli raccontò che agli abitanti del villaggio era stato ordinato di evacuare le loro case con 24 ore di anticipo tramite altoparlanti. Chi non l'ha fatto "ha avuto il destino che si meritava". Questo alto funzionario della Croce Rossa si recò immediatamente al villaggio con un'ambulanza e un pick-up. Ralph Schönman riproduce il racconto di Jacques de Reyrier in *The Hidden History of Zionism*:

> "... Ho raggiunto il villaggio con il mio convoglio e il fuoco è cessato. La banda (Irgun) indossava uniformi con elmetti. Erano tutti giovani, alcuni addirittura adolescenti, uomini e donne armati fino ai denti: revolver, mitragliatrici, bombe a mano e anche coltelli in mano. Una bella giovane donna con occhi da criminale mi ha mostrato il suo, ancora intriso di sangue; lo esibiva come un trofeo.... Ho cercato di entrare in una casa. Una dozzina di soldati mi ha circondato con le loro mitragliatrici puntate sul mio corpo. Il loro ufficiale mi proibì di muovermi. I morti, se c'erano, sarebbero stati portati da me, disse. Infuriato come mai in vita mia, dissi a quei criminali cosa pensavo della loro condotta e li minacciai con tutto ciò che mi veniva in mente, poi li spinsi da parte ed entrai in casa. La prima stanza era buia, tutto era in disordine, ma non c'era nessuno. Nella seconda, tra mobili sfasciati e detriti di ogni genere, trovai alcuni corpi, freddi. La "pulizia" era stata fatta con mitragliatrici e bombe a mano. Era stata completata con coltelli, chiunque poteva vederlo. Lo stesso nella stanza successiva, ma mentre stavo per andarmene, sentii qualcosa come un sospiro. Mi guardai intorno, girai i corpi e alla fine scoprii un piedino ancora caldo. Era una bambina di circa dieci anni, mutilata da una bomba a mano, ma ancora viva.... Ovunque c'era lo stesso spettacolo. Nel villaggio c'erano circa quattrocento persone, una cinquantina si erano salvate. Gli altri erano stati deliberatamente uccisi a sangue freddo....
> Tornato nel mio ufficio, ricevetti la visita di due signori in abiti civili che mi aspettavano da un'ora. Erano il comandante del distaccamento Irgun e il suo vice. Avevano preparato un documento che volevano farmi firmare. Si trattava di una dichiarazione in cui si affermava che ero stato ricevuto con molta cortesia da loro e che avevo ottenuto tutte le agevolazioni richieste per l'adempimento della mia missione e che li ringraziavo per l'aiuto ricevuto. Dal momento che ho mostrato loro i miei dubbi e ho iniziato a discutere con loro, mi hanno detto che se tenevo alla mia vita, avrei fatto bene a firmare immediatamente. L'unica opzione che mi è rimasta è stata quella di convincerli che non tenevo minimamente alla mia vita".

L'Irgun scattò fotografie delle persone uccise e le distribuì alla popolazione araba con una scritta sul retro: "Questo accadrà a te se non sparisci". La pulizia razziale era l'obiettivo principale, poiché si voleva creare un futuro Stato ebraico etnicamente puro. Il massacro di Deir Yassin ebbe l'effetto desiderato. In meno di due settimane 150.000 arabi abbandonarono i loro villaggi e fuggirono in Giordania e a Gaza. Furono i primi rifugiati palestinesi. Questa fuga di massa, che in seguito sarebbe aumentata in modo scandaloso, era dovuta alla struttura gerarchica e patriarcale della società araba. Christian Zentner scrive in *Le guerre del dopoguerra*: "La sottomissione del contadino al proprietario terriero e del beduino alle famiglie degli sceicchi determinò l'esodo di massa degli arabi, poiché la fuga di una famiglia trascinava con sé centinaia o addirittura migliaia di persone". Lenni Brenner riporta in *The Iron Wall: Zionist Revisionism from Jabotinsky to Shamir* le dichiarazioni di Begin, vantandosi e vantando gli effetti del massacro:

> "Una leggenda di terrore si diffuse tra gli arabi, che furono presi dal panico al solo nominare i nostri soldati dell'Irgun. Per le forze israeliane valeva una mezza dozzina di battaglioni. Gli arabi di tutto il Paese furono presi dal panico più totale e iniziarono a fuggire per salvarsi la vita. Questa fuga di massa si trasformò presto in una folle corsa incontrollata. Degli 800.000 arabi che vivevano nell'attuale Israele, solo circa 165.000 sono ancora lì. Il significato politico ed economico di questo evento non può essere sopravvalutato".

Il 12 aprile, guerriglieri arabi volevano vendicare il massacro di Deir Yassin e hanno attaccato una colonna di veicoli che, di buon mattino, era partita dalla parte nuova di Gerusalemme in direzione del Monte Scopo, dove i sionisti avevano la clinica Hassada e l'Università ebraica. Tra la parte nuova, abitata in gran parte da ebrei, e il Monte Scopo si trova la Città Vecchia araba. Anche la striscia tra la Città Vecchia e il Monte Scopo e le terre circostanti appartenevano agli arabi, quindi il convoglio avrebbe dovuto inevitabilmente attraversare il territorio arabo. Un veicolo blindato dell'Haganah fungeva da scorta e guidava il percorso. Dietro di esso seguivano un'ambulanza con la Stella di Davide rossa, due autobus blindati, una seconda ambulanza e tre camion carichi di cibo e medicine per l'ospedale. Un secondo veicolo blindato di scorta chiudeva la colonna. In un punto stretto della strada, ai piedi della collina, è avvenuto l'assalto con granate, fucili e bombe molotov. Le carrozze sono state date alle fiamme e gli occupanti che hanno cercato di uscire sono stati colpiti dagli aggressori, il cui numero è aumentato in quanto gli arabi del vecchio distretto di Gerusalemme e delle città vicine sono venuti a cercare vendetta e hanno preso di mira i medici e gli infermieri del convoglio. Settantasette sono stati uccisi e dispersi. Tra questi, il direttore dell'ospedale, un professore universitario di psicologia e tre professori.

Il 19 aprile i sionisti iniziarono la loro campagna di occupazione e pulizia etnica delle città palestinesi con la conquista di Tiberiade. Il 20 aprile, di fronte alla passività delle truppe britanniche, decisero di intraprendere un'azione su larga scala, utilizzando le truppe dell'Haganah che, a differenza dell'Irgun, era militarmente organizzato ed era a tutti gli effetti un esercito. L'obiettivo era la città portuale di Haifa, che contava 158.000 abitanti, in maggioranza arabi. L'attacco dell'Haganah partì dal quartiere ebraico sul Monte Carmelo, che dominava la città. Gli arabi non avevano forze armate in città e solo i britannici potevano difenderli, ma fu ordinato loro di non intervenire nei combattimenti. Di conseguenza, la resistenza fu praticamente nulla e nel giro di due giorni gli arabi decisero di chiedere agli inglesi di negoziare la resa di Haifa. Il comandante delle forze britanniche fece da intermediario tra i sionisti e i palestinesi. Mentre in quasi tutte le città conquistate dai sionisti la popolazione indigena fu evacuata, ad Haifa, nonostante il porto fosse stato assegnato allo Stato ebraico nel piano di spartizione, quasi un quarto degli abitanti poté rimanere in città. In ogni caso, il numero dei rifugiati arabi continuò a crescere e prima della proclamazione unilaterale dello Stato sionista aveva raggiunto le trecentomila unità.

Giorni dopo, il 25 aprile, l'Haganah attaccò l'area in cui era avvenuta l'imboscata contro il convoglio medico, cioè la regione tra il Monte Scopo e il quartiere ebraico di Gerusalemme. Nel giro di tre ore l'intero territorio di era sotto il controllo ebraico. Poiché secondo il piano di spartizione apparteneva agli arabi, unità della Legione Araba Giordana, truppe professionali addestrate e comandate da ufficiali britannici, attaccarono i sionisti, ma furono sconfitte e persero tre carri armati. Dato il simbolismo e l'importanza di Gerusalemme, la città tre volte santa, gli inglesi ricevettero infine l'ordine di intervenire. Tre compagnie equipaggiate con pezzi di artiglieria, mortai e mitragliatrici furono gettate nella mischia. Alla fine, dopo pesanti combattimenti, l'Haganah fu costretta a evacuare il settore che aveva occupato. I britannici decisero di dichiarare l'area a est di Gerusalemme una zona militare e impedirono l'ingresso a ebrei e palestinesi.

Lo stesso giorno, il 25 aprile, fu attaccata anche la città di Giaffa. L'accordo di spartizione delle Nazioni Unite prevedeva che lo Stato arabo avesse almeno un porto. La città portuale di Giaffa era quindi di vitale importanza per i palestinesi. Tel Aviv, costruita nel decennio precedente dagli ebrei, era vicina a Giaffa, così i sionisti, incuranti della risoluzione ONU, partirono alla conquista della città, che resistette fino al 12 maggio 1948. C'è un resoconto in prima persona di come Ramla, vicino a Jaffa, cadde. A Ramla, situata molto vicino a Lod e a sedici chilometri a sud-est di Giaffa, viveva Jalil Wazir, allora dodicenne. Conosciuto come Abu Jihad, Wazir fu cofondatore di Fatah[21] con Yasser Arafat e per molti anni vice leader dell'OLP. Il giornalista Alan Hart, autore di *Arafat. A Political Biography* (1989), ha intervistato Abu Jihad prima del suo assassinio. Quanto segue è tratto dall'intervista contenuta nel libro di Hart:

> Ricordo, come se fosse ieri, il giorno in cui le forze sioniste attaccarono Giaffa", mi ha detto Abu Jihad. Gli arabi della città ci mandarono auto e camion a Ramla. Aiuto per Jaffa", gridavano, "aiuto per Jaffa". Ricordo

---

[21] Fatah, nata nel 1957, è stata la più grande e influente delle organizzazioni di liberazione che hanno dato vita all'OLP (Organizzazione per la Liberazione della Palestina), fondata nel 1964. Dal 1957 al 1965, Fatah consisteva in una rete di cellule segrete e clandestine. Arafat (Abu Amar) e Wazir (Abu Jihad) erano i due organizzatori della rete. Abu Jihad fu assassinato in Tunisia da un commando israeliano nell'aprile 1987.

gli uomini e le donne di Ramla che salivano sui veicoli. Un uomo aveva con sé una pistola molto vecchia e diversi coltelli e bastoni. A quel tempo ci aiutavamo a vicenda. Sapevamo che gli ebrei avrebbero potuto prendere Ramla e Lod se avessero catturato Jaffa. Ed è esattamente quello che è successo. In una notte circondarono Ramla, cosa che fecero senza difficoltà, perché i giordani si ritirarono senza combattere. Eravamo soli e circondati. La nostra gente non poteva combattere, non aveva nulla con cui farlo. Il comandante e una delegazione municipale visitarono i comandanti ebrei. Il nostro comandante disse loro: "Molto bene, potete entrare in città, ma non dovete fare del male alla gente o prendere prigionieri, e dovete permettere alla gente di rimanere nelle loro case e vivere normalmente".

Naturalmente, i sionisti intendevano fare esattamente il contrario. Così, quando si accorsero che gli abitanti di Ramla e Lod non fuggivano, sottoposero entrambe le città al fuoco dell'artiglieria. Una tempesta di granate si abbatté su Ramla. La casa di Wazir, nel quartiere cristiano di Ramla, fu distrutta. Tra le esplosioni, lui e la sua famiglia si diressero verso la chiesa cattolica, dove uomini, donne e bambini trascorsero due giorni interi rannicchiati. Quando gli ebrei entrarono in città, Jalil Wazir si arrampicò in cima alla chiesa: "Con i miei occhi ho visto i soldati ebrei sparare alle donne e ai bambini che erano ancora in strada. Non posso dimenticarlo. Poi ho visto come entravano nelle nostre case prendendo a calci, rompendo le porte e sparando. A volte spingevano fuori le persone e poi le uccidevano. In chiesa la gente piangeva. Dicevano: "Deir Yassin, Deir Yassin". Eravamo sicuri che saremmo stati uccisi in massa".

Quando i soldati sono entrati nella strada della chiesa, il sacerdote è andato loro incontro con una bandiera bianca ed è tornato con gli ebrei, che hanno iniziato a separare le persone. Tutti gli uomini di età compresa tra i quattordici e i cinquant'anni furono portati nei campi di detenzione. Solo gli uomini, le donne e i bambini più anziani furono lasciati in città e fu loro permesso di tornare a casa. Due giorni dopo, fu ordinato con l'altoparlante di lasciare le loro case e di radunarsi in vari punti lungo la strada, dove trascorsero tre giorni in attesa degli autobus che li avrebbero portati a Ramallah. Il secondo giorno, agli anziani è stato ordinato di iniziare a camminare verso Ramallah. Il terzo giorno gli autobus arrivarono e su uno di essi salì Khalil Wazir con tre fratelli, di cui uno neonato, tre sorelle, sua madre, sua nonna e sua zia. Tuttavia, il tormento non era ancora finito: a quindici chilometri dall'arrivo in città, le persone furono costrette a scendere e a percorrere il resto del tragitto a piedi:

"Così abbiamo iniziato a camminare. Dovevamo camminare lentamente. Alcune donne erano troppo anziane e malate e dovevano fermarsi ogni pochi minuti per riprendere fiato e riposare. Alcune delle altre donne, che erano più abili a camminare, erano esauste per aver portato i loro bambini in braccio. Di notte gli ebrei ci attaccavano con l'artiglieria e le bombe di mortaio. All'inizio ci riparammo dietro alcune rocce. Poi, quando abbiamo visto che l'attacco continuava, abbiamo iniziato a piangere e a farci prendere dal panico... e abbiamo dovuto correre e correre verso Ramallah. Non posso dimenticare quello che è successo. Alcune madri hanno abbandonato i loro figli, erano troppo esauste per portarli ancora in braccio. Anche mia zia disse a mia madre di lasciare indietro alcuni dei suoi figli. Mia madre ne aveva tre con sé. Mia zia le disse: "Non puoi correre con tre bambini sulle spalle. Ti uccideranno. Lasciane due e ti manderemo aiuto quando arriveremo a Ramallah". Mia madre rifiutò. Allora mi disse: "Jalil, pensi di poter prendere una delle tue sorelle e scappare?" Io risposi: "Sì" e lo feci. Alcuni bambini furono lasciati indietro perché non c'era nessuno che li prendesse. Altri rimasero indietro perché le loro madri morirono. Ancora oggi non sono riuscita a dimenticarlo".

Circa 60.000 persone sono state espulse nelle carovane di rifugiati dirette a Ramallah da diverse parti della Palestina. Altre località subirono lo stesso destino di Ramallah e Lod. L'8 maggio fu occupata Safad, dove circa 10.000 arabi furono ripuliti etnicamente per lasciare la città nelle mani di poco più di 1.000 ebrei, e il 12 maggio, lo stesso giorno in cui Jaffa si arrese, cadde anche la città araba di Bissan. Nel bel mezzo dell'orgia di terrore sionista e ignari del disastro umanitario che stava causando, il 14 maggio 1948 i britannici, in violazione dei loro obblighi, annunciarono la fine del Mandato in Palestina. Come concordato in sede ONU, dopo il ritiro britannico, che avrebbe avuto luogo il 1° agosto, una commissione sarebbe stata responsabile dell'applicazione della spartizione concordata. In seguito alla presa di potere dell'ONU, si sarebbero tenute elezioni in entrambi gli Stati e l'ONU avrebbe poi ceduto il potere ai rispettivi governi.

Proclamazione unilaterale di indipendenza e guerra di conquista

Prima che gli inglesi annunciassero il loro disimpegno dal Mandato di Palestina, i sionisti avevano già occupato la maggior parte delle città arabe ed espulso i loro abitanti. Il 14 maggio, lo stesso giorno in cui Sir Allan Cunningham, l'ultimo Alto Commissario britannico, lasciò la Terra Santa a bordo dell'incrociatore *Euryalus*, l'Haganah iniziò l'assalto a St John's a San Giovanni d'Acri, che cadde il 17. Fin dall'inizio, quindi, i fatti dimostrano che i sionisti non hanno mai avuto alcuna intenzione di sottomettersi ai piani delle Nazioni Unite. In *The Fatal Triangle: The United States, Israel and Palestine* Noam Chomsky cita le parole di Beguin, che nel 1948 dichiarò: "La spartizione della patria è illegale. Non sarà mai riconosciuta". La firma dell'accordo di spartizione da parte di istituzioni e individui non è valida.

Non vincolerà il popolo ebraico. Gerusalemme era e sarà sempre la nostra capitale. Eretz Israel sarà restituita al popolo di Israele. Tutto quanto. E per sempre".

Violare impunemente la Risoluzione 181, tuttavia, richiedeva la complicità o la passività delle nazioni che avevano vinto la guerra mondiale. Ancora una volta, ciò che accadde negli Stati Uniti dimostra fino a che punto le lobby ebraiche esercitassero un potere reale. Il 13 maggio 1948 il presidente Truman ricevette una lettera da Chaim Weizmann che annunciava che alle ore zero del 15 maggio si sarebbe insediato il governo provvisorio dello Stato ebraico. La lettera indicava che ci si aspettava un rapido riconoscimento. Il testo della lettera è riprodotto dallo stesso Weizmann in *Trial and Error*. Segue un estratto citato in *The Sons of Agenor* di Bichara Khader:

> "... La leadership che il governo americano ha esercitato sotto la Sua ispirazione ha reso possibile l'istituzione di uno Stato ebraico.... È per queste ragioni che spero vivamente che gli Stati Uniti, che sotto la Sua guida hanno fatto tanto per trovare una soluzione giusta, riconoscano prontamente il governo provvisorio dello Stato ebraico. Credo che il mondo troverà particolarmente opportuno che la più grande democrazia esistente sia la prima a dare il benvenuto all'ultimo arrivato nella famiglia delle nazioni".

Il presidente del B'nai Brith Frank Goldman si presentò alla Casa Bianca la mattina del 14 maggio 1948 e fu ricevuto da Truman. Nel 1947 i membri della loggia di New York, il cui presidente era Lester Gutterman, avevano contribuito individualmente con 50.000 dollari all'Haganah. Dopo la proclamazione dell'indipendenza, il B'nai Brith inviò ad Haifa una nave dopo l'altra con forniture per un valore di 4.000.000 di dollari. Goldman intendeva evidentemente assicurarsi che Truman non fallisse. Il visitatore successivo, quella mattina, fu Eliahu Epstein, rappresentante dell'Agenzia Ebraica a Washington, , che consegnò al Presidente la notifica formale che Israele sarebbe stato proclamato quello stesso giorno alle 18.01 (ora statunitense).

Il pomeriggio del 14 maggio 1948, il Consiglio nazionale ebraico si riunì nella grande sala del Museo di Tel Aviv. I membri dell'Agenzia ebraica erano seduti su un rostro. Sopra le loro teste c'era un grande ritratto incorniciato di Theodor Herzl. Il presidente del Consiglio, David Ben Gurion, si alzò in piedi e tutti i presenti intonarono "Hatikwah", il canto della speranza, che da allora in poi sarebbe stato l'inno di Israele. Ben Gurion procedette quindi alla lettura della Dichiarazione di Indipendenza, che si concludeva con queste parole: "Noi, membri del Consiglio Nazionale, rappresentanti del popolo ebraico di Palestina e del movimento sionista internazionale, ci siamo riuniti in assemblea solenne. Sulla base della legge nazionale e storica del popolo ebraico e della risoluzione delle Nazioni Unite, proclamiamo la fondazione dello Stato ebraico in Terra Santa, il cui nome sarà Israele". Il Comitato esecutivo dell'Agenzia ebraica divenne il primo governo del nuovo Stato.

Undici minuti dopo la proclamazione, cioè alle 18.11 ora statunitense, Charlie Ross, addetto stampa del Presidente, lesse il terso comunicato firmato da Harry Solomon Truman: "Questo Governo è stato informato che uno Stato ebraico è stato proclamato in Palestina e che il riconoscimento è stato richiesto dal Governo provvisorio di questo Stato. Gli Stati Uniti riconoscono il Governo provvisorio come autorità de facto di questo nuovo Stato di Israele". Il riconoscimento è quindi avvenuto senza indugio, come richiesto da Weizmann. La riunione era ancora in corso al Museo di Tel Aviv quando i sionisti ricevettero la notizia. Fu una dimostrazione di rapidità senza precedenti che non è stata superata fino ad oggi. I delegati statunitensi all'ONU, che non erano stati informati, non potevano crederci, poiché avevano presentato un progetto di amministrazione fiduciaria internazionale per la Palestina che era all'esame dell'Assemblea Generale. Dopo qualche momento di confusione, contattarono la Casa Bianca e ricevettero la conferma che la notizia era vera. Mesi dopo, quando Chaim Weizmann visitò il presidente degli Stati Uniti in qualità di primo presidente dello Stato di Israele, Truman riconobbe che il riconoscimento era "la cosa più orgogliosa della sua vita".

Il 15 maggio 1948 le truppe di Siria, Libano, Iraq e Giordania entrarono in Palestina. È l'inizio della prima guerra arabo-israeliana (1948-1949). Il Segretario generale della Lega Araba, fondata nel marzo 1945, inviò un telegramma alle Nazioni Unite esprimendo il suo stupore per la decisione dei sionisti, che era contraria alla legge. Denunciava il fatto che gli ebrei avevano preso possesso di quasi tutta la Palestina e giustificava l'intervento: "Gli Stati arabi sono stati obbligati a intervenire per garantire la pace e la sicurezza, per ristabilire l'ordine in Palestina e anche per riempire il vuoto lasciato dagli inglesi". In realtà, le truppe avrebbero dovuto proteggere i settori consegnati agli arabi secondo il piano di spartizione e invadere solo questi territori. Tuttavia, la preparazione e l'equipaggiamento dei soldati erano molto scarsi. Inoltre, mancavano di un comando centrale che potesse coordinare le loro azioni. La Siria e il Libano avevano ottenuto l'indipendenza solo di recente e i loro eserciti contavano solo 8.000 uomini. Il re egiziano Farouq aveva un numero maggiore di truppe, ma non erano professionali e altrettanto male equipaggiate. Solo la Legione Araba di Re Abdullah di Transgiordania era una forza militare veramente ben armata e organizzata, essendo stata addestrata dagli inglesi, che erano ancora al comando. Il suo generale era John Glubb, "Pasha". Anche i comandanti e gli ufficiali sotto di lui erano britannici. Solo la Legione Araba riuscì a resistere; gli altri eserciti arabi furono sconfitti su tutti i fronti dall'Haganah. Gli arabi ignoravano le più elementari tattiche di fanteria, caricavano in massa sparando con vecchi fucili chiodati e si comportavano in modo sciocco, perché andavano incontro al fuoco nemico perché portavano con sé una sura del Corano benedetta dal mufti.

Lo scontro più significativo tra l'Haganah e la Legione araba avvenne a Gerusalemme. Il piano di spartizione aveva lasciato un corridoio tra la Città Santa e il mare, in modo che gli arabi e le autorità internazionali residenti avessero una libera uscita verso la costa. I sionisti marciarono su Gerusalemme e attaccarono il quartiere arabo dalla strada di Tel Aviv; ma non solo fallirono nel tentativo di conquistare la Città Vecchia, ma persero anche il quartiere ebraico annidato in questa parte antica di Gerusalemme. Fu una sconfitta dolorosa, perché per la prima volta nella storia tutti gli ebrei, senza eccezione, furono espulsi dalla parte storica della città. Il quartiere ebraico fu occupato dalle truppe della Legione araba e i suoi abitanti, circa 2.000, furono costretti ad andarsene. Gli ebrei uscirono il 28 maggio 1948 attraverso la Porta di Sion e furono portati prigionieri in Transgiordania sotto la sorveglianza della Croce Rossa.

Il 29 maggio, mentre gli ultimi ebrei lasciavano Gerusalemme Vecchia, fu accettata la proposta di cessate il fuoco avanzata dal Consiglio di Sicurezza. Le operazioni di guerra dovevano essere sospese per un periodo di quattro settimane, durante le quali una commissione di mediazione avrebbe cercato di porre fine alle ostilità. Durante la tregua, nessuna nuova truppa doveva entrare in Palestina e nessun materiale bellico doveva essere introdotto. Il mancato rispetto dei termini dell'armistizio avrebbe portato a sanzioni adeguate. Il conte svedese Folke Bernadotte, parente della famiglia reale svedese e per molti anni funzionario della Croce Rossa internazionale svedese, fu nominato presidente della commissione di mediazione delle Nazioni Unite. Folke Bernadotte annunciò il 7 giugno che la tregua sarebbe iniziata alle 6 del mattino dell'11 giugno.

La scelta di Bernadotte fu ben accettata dai sionisti, poiché alla fine della Seconda Guerra Mondiale, come rappresentante della Croce Rossa, aveva interceduto presso Himmler a favore di migliaia di ebrei, fatto che gli aveva procurato prestigio internazionale. Come James Forrestal, il conte Bernadotte tenne un diario che fu pubblicato dopo la sua morte. In esso annotò che, dopo aver accettato la sua missione di pace, si fermò a Londra mentre si recava in Palestina e fece visita a Nahum Goldman, allora vicepresidente dell'Agenzia Ebraica e rappresentante dello Stato sionista, che gli assicurò che "lo Stato di Israele era ora in grado di assumersi la piena responsabilità per le azioni della Banda Stern e dei membri dell'Irgun". Confortato da queste parole, Bernadotte arrivò in Egitto, dove incontrò il primo ministro Nokrashi Pasha, che gli disse di "riconoscere la portata del potere economico ebraico, dal momento che controllava il sistema economico di molti Paesi, tra cui gli Stati Uniti, l'Inghilterra, la Francia, lo stesso Egitto e forse anche la Svezia". Bernadotte non annotò nel suo diario alcuna obiezione al riferimento al suo Paese. Nokrashi Pasha gli disse anche che gli arabi "non si aspettavano di poter sfuggire a questo dominio", ma aggiunse che non potevano accettare che lo si volesse ottenere con la forza e il terrorismo e che avrebbero resistito.

I sionisti accettarono il cessate il fuoco prima degli arabi, anche se non avevano intenzione di onorare l'accordo. La tregua avrebbe permesso loro di rafforzare in modo decisivo i propri contingenti, poiché dall'Europa arrivarono migliaia di ebrei ben addestrati che non avevano bisogno di addestramento militare. Inoltre, furono inviate forniture di armi molto consistenti dalla Cecoslovacchia, un contributo decisivo iniziato a marzo dopo il colpo di stato comunista a Praga, che nel febbraio 1948 aveva rovesciato senza spargimento di sangue il governo Beneš. Il colpo di Stato era stato orchestrato da comunisti ebrei che agivano sotto la guida di Lavrenti Beria. L'uomo forte della cospirazione era l'ebreo Rudolf Slansky (Rudolf Salzmann), segretario generale del Partito Comunista di Cecoslovacchia, il criminale che nel 1945 aveva accolto Benes con torce vive appese ai lampioni.

Vale la pena di notare che gli ebrei più importanti saliti al potere a Praga dopo il colpo di Stato del febbraio 1948 furono arrestati nel novembre 1951 e nei mesi successivi. Accusati di essere sionisti, furono processati nel novembre 1952 e giustiziati per ordine di Stalin. Come era accaduto nei processi di Mosca degli anni Trenta, i media occidentali definirono il processo apertosi il 20 novembre 1952 una farsa e accusarono Stalin di antisemitismo per aver epurato gli ebrei dagli apparati del partito comunista dell'Europa orientale. La verità, tuttavia, è che non appena il controllo del governo cecoslovacco fu nelle loro mani, Slansky e compagnia si affrettarono a inviare carichi di armamenti ai sionisti in Palestina. Oltre a Slansky, i seguenti comunisti ebrei salirono al potere sotto la protezione di Beria: Vladimir Clementis, ministro degli Esteri, il cui ruolo fu fondamentale nelle operazioni di contrabbando di armi agli israeliani; Bedrich Reicin, nominato viceministro della Difesa; Bedrich Geminder, braccio destro di Slansky e figura di spicco del Comintern; Josef Frank, vice di Slansky e vicesegretario generale del Partito Comunista; Rudolph Margolius, viceministro del Commercio estero; Stefan Rais, ministro della Giustizia nell'aprile 1950; Artur London, viceministro degli Esteri; André Simone (in realtà Otto Katz), capo del Dipartimento Stampa del Ministero degli Esteri, un propagandista che arrivò a usare una ventina di pseudonimi e il cui ruolo nella guerra civile spagnola è già stato discusso; Otto Fischl, viceministro delle Finanze, che al processo di Praga ammise di essere un nazionalista ebreo e di collaborare con i servizi segreti israeliani; Ludwig Frejka (in realtà Ludwig Freund), consigliere economico di Klement Gottwald, Presidente della Repubblica; Evzen Löbl, viceministro. Vavro Hajdu, anch'egli viceministro; e molti altri che ricoprivano incarichi meno importanti. Più tardi, a settembre, i sionisti al potere in Cecoslovacchia avrebbero formato una brigata di ebrei cechi che si sarebbe trasferita in Palestina.

A differenza degli ebrei, gli arabi esitarono ad accettare la tregua, convinti che fosse nell'interesse di Israele. Inoltre, a giugno il numero di fuggiaschi e sfollati palestinesi era salito a più di 600.000, che desideravano una sconfitta sionista per poter tornare a casa. In Giordania e in Egitto si sosteneva che erano gli ebrei a dover essere costretti a rispettare le decisioni dell'ONU e a consentire il ritorno degli espulsi. Infine, una decisione del governo britannico costrinse gli arabi ad accettare la tregua dell'ONU: gli inglesi annunciarono che avrebbero ritirato i loro ufficiali dalla Legione Araba. Christian Zentner *in Guerre del dopoguerra su* cita il maggiore Glubb Pasha: "Il ritiro degli ufficiali britannici fu un duro colpo per la Legione. Tra questi c'erano i capi di stato maggiore, due capi di brigata e quattro capi di reggimento, nonché l'intero comando dell'artiglieria. E poiché l'artiglieria era stata organizzata tre mesi prima, non c'erano ufficiali giordani in grado di sostituirli. Gli ufficiali britannici sono stati la spina dorsale dell'edificio fino al 1948, senza di loro l'intera struttura sarebbe crollata....". Alla fine, quindi, gli arabi si arresero e i combattimenti cessarono più o meno.

Nonostante l'espresso divieto delle Nazioni Unite, i comunisti ebrei in Cecoslovacchia vendettero ai sionisti non solo armi leggere, ma anche artiglieria, carri armati e persino aerei, sia da combattimento che da bombardamento. Le consegne includevano armi catturate dai tedeschi alla fine della guerra mondiale, come fucili 98 K, mitragliatrici d'assalto M 42, bombe anticarro e caccia M-109. Il materiale fu trasportato per via aerea dalla Cecoslovacchia alla Palestina con uno scalo nel territorio greco dominato dal generale Markos, leader della guerriglia comunista che combatteva la guerra civile in Grecia. Il materiale fu inviato anche in Jugoslavia, i cui leader erano i comunisti ebrei Tito e Pijade, e da lì proseguì per nave fino ai porti di Haifa e Tel Aviv. Così, ben armati, alla ripresa delle ostilità il 9 luglio 1948, i sionisti lanciarono un'offensiva di dieci giorni che li portò di vittoria in vittoria : Nazareth, la città natale di Gesù Cristo, fu conquistata e l'intera Galilea era in mano agli ebrei. Il 19 luglio, il conte Bernadotte fece ogni sforzo per ottenere una nuova tregua, perché non solo la popolazione civile fuggiva allo sbando, sempre più terrorizzata dalla pulizia etnica praticata dagli ebrei, ma anche le truppe arabe, che non erano in grado di fronteggiare l'Haganah. Il 29 luglio il mediatore svedese riuscì a fermare nuovamente i combattimenti per altre quattro settimane.

Il delegato dell'ONU e la commissione da lui presieduta, composta da rappresentanti francesi, americani e belgi, erano decisi a far rispettare agli israeliani la risoluzione dell'ONU, ovvero: i confini dello Stato sionista dovevano essere quelli stabiliti nella "raccomandazione" del 29 novembre 1947; Gerusalemme doveva essere internazionalizzata sotto il controllo dell'ONU; l'ONU avrebbe dovuto riaffermare e garantire il diritto degli arabi espulsi a tornare a casa. Durante il mese di agosto, le discussioni tra il mediatore svedese e i leader sionisti si incancrenirono. Gli ebrei, in disaccordo con il conte Bernadotte, usarono dapprima la tattica di manifestare con altoparlanti all'esterno dell'edificio della delegazione ONU, poi quella di affiggere manifesti e volantini contro il rappresentante ONU e la sua commissione negoziale; infine, il 17 settembre 1948, lo uccisero in una strada di Gerusalemme. Quando una delle parti assassina il mediatore, la persona a cui si deve il massimo rispetto e considerazione per la difficoltà della sua missione, poco si può dire di fronte allo shock e alla delusione di una così grave violazione. Il fanatismo tribale dei criminali, tuttavia, è stato reso evidente all'opinione pubblica internazionale. In questo caso, inoltre, c'era l'aggravante che il conte Folke Bernadotte aveva salvato circa ventimila ebrei dalle mani dei nazisti, a dimostrazione della stima che il nobile svedese nutriva per il popolo ebraico.

Intorno alle 17.00 del 17 settembre, tre auto delle Nazioni Unite hanno lasciato la sede del governo con l'intenzione di attraversare Gerusalemme. Mentre i tre veicoli percorrevano la strada da Katamon a Rehaviah, una "jeep" con quattro uomini oltre all'autista ha bloccato la strada. Gli assassini, che indossavano uniformi dell'Afrika Korps, sono saltati a terra e hanno sparato con le loro armi automatiche contro le tre auto. Uno dei terroristi si diresse verso l'auto in cui viaggiava il conte Bernadotte. Sul sedile anteriore c'erano il colonnello Begley, che guidava la jeep, e il capitano Cox, il delegato belga. Dietro di loro c'era l'assistente di Bernadotte, il generale svedese Lundström, seduto al finestrino da cui si è avvicinato l'uomo armato, al centro il colonnello francese Serot e dall'altra parte il conte Bernadotte. Gli spari uccisero sul colpo il colonnello Serot. Folke Bernadotte, gravemente ferito da colpi d'arma da fuoco alla testa, è morto appena arrivato in ospedale. Le tre auto della delegazione furono crivellate di colpi. In seguito emerse che la jeep utilizzata dai criminali era stata rubata qualche tempo prima dai terroristi della Banda Stern.

Il generale Lundström, uscito illeso dall'attacco, dichiarò il giorno successivo, 18 settembre, che "l'assassinio deliberato di due alti funzionari internazionali costituisce una violazione della tregua della massima gravità e una pagina nera nella storia della Palestina per la quale le Nazioni Unite chiederanno piena giustificazione". Il generale Lundström si sbagliava: non ci fu alcuna richiesta ai sionisti. I meccanismi di pressione che operavano dietro le quinte fin dalla *Dichiarazione Balfour* funzionarono ancora una volta alla perfezione. L'assassinio del mediatore dell'ONU non ebbe la minima ripercussione: i sionisti ignorarono le proposte del conte Bernadotte: conquistarono e mantennero tutti i territori che volevano, rifiutarono il diritto dei palestinesi di tornare alle loro case e proclamarono che non avrebbero permesso l'internazionalizzazione di Gerusalemme.

Il *Times* di Londra arrivò a incolpare il mediatore svedese dell'accaduto, poiché la proposta di internazionalizzare Gerusalemme "ha indubbiamente incitato alcuni ebrei a uccidere il conte Bernadotte". Naturalmente, i sionisti continuarono con le loro accuse di antisemitismo contro tutti coloro che sostenevano la causa araba, il che era il più stravagante dei sarcasmi, poiché i veri semiti erano i palestinesi e i sionisti erano per la maggior parte ebrei ashkenaziti (discendenti dei khazari). L'impunità dei sionisti è costante da allora: lo Stato di Israele non ha mai rispettato una sola risoluzione delle Nazioni Unite e dal 1948 ha agito ininterrottamente al di fuori del diritto internazionale senza il minimo problema.

Per quanto riguarda i terroristi che uccisero il mediatore internazionale, due membri di Stern di nome Yellin e Shmuelevitz furono condannati quattro mesi dopo a otto e cinque anni di prigione da una corte di giustizia speciale. Durante la lettura della sentenza, il giudice che presiedeva il processo ha affermato che "non c'era alcuna prova che l'ordine di uccidere il conte Bernadotte fosse stato dato dalla leadership". In altre parole, come al solito, i terroristi hanno agito da soli. In *The Controversy of Zion* Douglas Reed scrive quanto segue a proposito di ciò che accadde ai condannati: "I due uomini (secondo la Jewish Telegraph Agency), 'in considerazione del fatto che ci si aspettava che il Consiglio di Stato approvasse un'amnistia generale, prestarono poca attenzione al processo giudiziario', e poche ore dopo essere stati condannati furono rilasciati per essere scortati in trionfo a un ricevimento popolare".

Il successore di Bernadotte fu un diplomatico americano, Ralph Bunche, che protestò per obbligo e senza molta energia: le elezioni presidenziali erano alle porte e i voti e i soldi degli ebrei erano essenziali per Truman. Inoltre, gli Stati Uniti presiedevano il Consiglio di Sicurezza. In queste circostanze, i sionisti ripresero la loro guerra di conquista e si impadronirono di Beersheba, una città che doveva far parte dello Stato arabo secondo il piano di spartizione. Il Consiglio di Sicurezza ordinò un cessate il fuoco il 22 ottobre 1948 e il ritiro degli ebrei sulle posizioni esistenti il 14, una settimana prima dell'offensiva. Naturalmente gli israeliani, pur accettando il cessate il fuoco, ignorarono l'ordine di ritirarsi e continuarono impunemente la loro politica del fatto compiuto. Nel febbraio 1949 ripresero gli attacchi contro le forze egiziane. Tra marzo e aprile gli Stati arabi furono costretti ad accettare un armistizio che sanciva la loro sconfitta. Gli ebrei avevano conquistato 1.300 chilometri quadrati destinati ai palestinesi, tra cui quattordici città e 313 villaggi, i cui abitanti erano fuggiti in massa per evitare la pulizia etnica annunciata dopo il pogrom di Deir Yassin: "questo accadrà a voi, se non scomparite". Il 56% del territorio concesso allo Stato ebraico quando i sionisti possedevano solo il 6,6% della terra era diventato il 74% della superficie totale della Palestina.

Dopo la fine della prima guerra arabo-israeliana, i palestinesi si resero conto che ciò che era accaduto era una catastrofe, "al-Nakba", e lo hanno ripetuto fino ad oggi. La Palestina politica scomparve dalla carta geografica, poiché il re Abdullah di Transgiordania si annesse la Cisgiordania, la riva sinistra del Giordano, oggi chiamata Cisgiordania, e la Striscia di Gaza fu presa in consegna dall'amministrazione militare egiziana. Tra il novembre 1947 e il dicembre 1951, circa 850.000 palestinesi, tre quarti della popolazione totale, divennero rifugiati, la cui inalienabile aspirazione al ritorno ha dato origine al secondo grande concetto dell'epopea del popolo palestinese, "al-Awda", il diritto al ritorno, simboleggiato dalla trasmissione di generazione in generazione di una chiave della casa che i loro antenati dovettero lasciare quando furono espulsi dagli ebrei sionisti. Questi esuli si sono stabiliti in campi profughi in Libano, Giordania, Siria, Cisgiordania e Gaza, dove sono sopravvissuti nell'indigenza. Nel novembre 1948, le Nazioni Unite hanno lanciato un programma di aiuti per i rifugiati palestinesi, che l'8 dicembre 1949 è stato sostituito dalla Risoluzione 302, che ha creato l'Agenzia delle Nazioni Unite per il Soccorso e l'Occupazione (UNRWA), responsabile della distribuzione di razioni alimentari e della scolarizzazione dei bambini.

Uccisioni e pulizia etnica

Il Piano Dalet (Piano D) fu attivato all'inizio dell'aprile 1948 e aveva come obiettivo il sequestro, lo sgombero e la distruzione dei villaggi arabi nelle aree designate dal comando. La prima area scelta fu quella dei villaggi rurali nelle montagne di Gerusalemme e fu attuata tra aprile e maggio 1948. Si trattava dell'"Operazione Najson", condotta da unità del Palmach, che doveva servire da modello per il futuro. La Brigata Alexandroni fu incaricata di attaccare i villaggi costieri. Alla brigata Golani fu ordinato di liberare la Galilea orientale il 6 maggio. Nel 2008 è stato pubblicato in spagnolo il libro *La limpieza étnica de Palestina*, di Ilan Pappé, esiliato da Israele nel 2007 a causa del boicottaggio subito per le sue critiche al sionismo e la sua difesa dei diritti del popolo palestinese. Consigliamo al lettore interessato di leggere l'opera del professor Pappé, che alcuni dei suoi detrattori hanno accusato di essere "un ebreo che odia se stesso perché è ebreo", una calunnia comune che gli ebrei che mantengono la loro dignità e mettono il loro status di esseri umani al di sopra dell'etnia devono spesso sopportare.

Poiché il caso di Ilan Pappé è molto significativo, vale la pena spiegare l'origine del suo ostracismo accademico in Israele. Lo racconta lui stesso nel suo articolo "Boicottaggio accademico israeliano: il 'caso Tantura'". Alla fine degli anni '80 Pappé tenne un corso all'Università di Haifa sul conflitto israelo-palestinese. Il corso suscitò l'interesse dello studente Teddy Katz che, incoraggiato dal professor Pappé, decise di intraprendere una ricerca sulla sorte del villaggio di Tantura il 23 maggio 1948. Nel 1998 Katz presentò la sua tesi di laurea all'Università di Haifa, concludendo che 225 palestinesi erano stati uccisi a Tantura: venti erano stati uccisi durante la battaglia, gli altri giustiziati dopo la resa del villaggio. Il suo voto fu un altissimo 97% (il professor Pappé osserva che avrebbe dato il 100%).

Alla fine di gennaio 2000, il quotidiano *Ma'ariv* intervistò Katz e alcuni veterani della brigata Alexandroni, mentre altri confermarono i dati della ricerca, rifiutarono di ammettere il massacro, intentarono una causa per diffamazione e chiesero un risarcimento di un milione di shekel. "Se fai una ricerca sulla storia di Israele", scrive il professor Pappé, "contraddicendo la narrazione sionista, subisci rappresaglie". Le pressioni dell'università e della sua famiglia provocarono in Katz una depressione che gli costò quasi la vita. Alla fine accettò di firmare una lettera di scuse in cui ritrattava la sua dichiarazione e ammetteva che non c'era stato alcun massacro a Tantura, anche se se ne pentì subito. L'indagine confermò la pulizia etnica e il giudice Pilpel chiuse il caso. Tuttavia, l'università ha chiesto l'annullamento del titolo di studio, accusando lo studente di aver fabbricato le prove e il professor Pappé di averlo sostenuto.

Dopo tre giorni e tre notti di ascolto delle registrazioni del giovane Katz con le testimonianze e le prove, Pappé si rese conto che non poteva difendere i mostruosi eventi di Tantura. Decise di fare una sintesi e di pubblicarla sul sito web dell'università. Propose anche di discutere la questione con altri esperti, ma l'Università, ritenendo che il suo ruolo non fosse quello di cercare la verità ma di difendere il sionismo, rifiutò la proposta. In questo modo il professor Pappé scoprì che la sua università aveva sistematicamente manipolato la storia. Così", continua Pappé, "sottoposto a un boicottaggio di fatto, divenni un paria nella mia stessa università. Amici e colleghi hanno cancellato gli inviti a corsi e seminari che mi erano stati inviati prima che scoppiasse il caso Tantura, che ha rivelato la natura brutale della pulizia etnica di Israele nel 1948". L'impegno e la determinazione di Ilan Pappé nel diffondere i fatti lo hanno portato a essere dichiarato "persona non grata".

Purtroppo non esistono tesi universitarie che permettano, come nel caso di Tantura, di documentare con assoluto rigore i massacri compiuti dai sionisti. Alcuni autori, come il già citato Ralph Schönman, hanno però pubblicato dichiarazioni di testimoni o informazioni pubblicate dai media israeliani. Il 28 ottobre 1948 ebbe luogo il massacro di Al-Dawayima, a pochi chilometri a est di Hebron. L'orrore del massacro è stato reso noto dalle dichiarazioni di un soldato che ha preso parte agli eventi, apparse sul giornale in lingua ebraica *Davar*, pubblicato dalla Federazione Generale dei Lavoratori in Terra d'Israele. Il soldato affermò che furono uccise tra le ottanta e le cento persone; tuttavia, altre fonti suggeriscono che il numero fu più alto. In *La storia nascosta del sionismo*, Schönman pubblica questo estratto della testimonianza del soldato:

> "... Hanno ucciso tra gli ottanta e i cento uomini, donne e bambini arabi. Per uccidere i bambini hanno rotto loro la testa con dei bastoni. Non c'era una casa senza cadaveri... Un comandante ordinò a un soldato di portare due donne all'interno di un edificio che stava per far saltare in aria.... Un altro soldato si vantava di aver violentato una donna araba prima di spararle in testa. Un'altra donna araba con il suo bambino appena nato è stata costretta a pulire il posto per un paio di giorni, e poi lei e il bambino

sono stati fucilati. Comandanti educati e ben educati, considerati "bravi ragazzi".. diventavano criminali comuni, e non nel calore della battaglia, ma come metodo di espulsione e sterminio. Meno arabi rimangono, meglio è".

Esiste anche un rapporto su questo massacro, datato 14 giugno 1949, presentato dal Congresso dei rifugiati arabi di Ramallah al Comitato tecnico della Commissione di conciliazione delle Nazioni Unite per la Palestina. Da questo rapporto si sa che la popolazione di Al-Dawayima era di circa seimila persone, dato che circa quattromila vi si erano rifugiate prima del massacro. Poiché questo documento è disponibile, viene riprodotto quasi integralmente:

"...Il motivo per cui si sa così poco di questo massacro, che per molti versi fu più brutale di quello di Deir Yassin, è che la Legione Araba (l'esercito che controllava quell'area) temeva che, se la notizia si fosse diffusa, avrebbe avuto lo stesso effetto sul morale dei contadini che aveva avuto Deir Yassin, cioè che avrebbe provocato un'altra ondata di rifugiati.
Per aiutare le delegazioni arabe riunite a Losanna, viene qui presentato un breve resoconto del massacro. Questo resoconto è tratto da una dichiarazione resa sotto giuramento da Hassan Mahmoud Ihdeib, il Mukhtar (capo) di Al-Dawayima. Ho intervistato personalmente il Mukhtar e l'ho trovato un uomo ragionevole e calmo, non incline all'esagerazione.
Riferisce che mezz'ora dopo la preghiera di mezzogiorno, venerdì 28/10/48, ha sentito il rumore di spari nella parte occidentale del villaggio. Indagando, ha osservato una truppa di circa venti veicoli blindati che si avvicinava al villaggio di Qubeida - sulla strada di Al-Dawayima - una seconda truppa che si avvicinava da Beit Jibril e altri veicoli armati che si avvicinavano da Mafkhar-Al-Dawayima. Nel villaggio c'erano solo venti guardie, che stazionavano sul lato occidentale.
Quando i veicoli si sono trovati a mezzo chilometro dal villaggio, hanno aperto il fuoco con le armi automatiche e i mortai e sono avanzati verso il villaggio con un movimento semicircolare, circondandolo da ovest, nord e sud. Una sezione di veicoli blindati è entrata nel villaggio sparando con le armi automatiche. I soldati ebrei saltarono fuori e si sparpagliarono per le strade del villaggio sparando indiscriminatamente su tutto ciò che vedevano. Gli abitanti cominciarono a fuggire dal villaggio, mentre i più anziani si rifugiarono nella moschea e altri in una grotta vicina chiamata Iraq El Zagh. Gli spari sono andati avanti per un'ora.
Il giorno successivo, il Mukhtar incontrò gli abitanti del villaggio e accettò di tornare al villaggio quella notte per scoprire la sorte di coloro che erano rimasti indietro. Riferisce che nella moschea c'erano i corpi di circa sessanta persone, per lo più uomini anziani che vi si erano rifugiati. Suo padre era tra loro. Vide un gran numero di corpi nelle strade, corpi

di uomini, donne e bambini. Poi si recò alla grotta di Iraq El Zagh. Trovò all'imboccatura della grotta i corpi di circa ottantacinque persone, sempre uomini, donne e bambini.

Il Mukhtar fece un censimento degli abitanti del villaggio e scoprì che mancavano all'appello 455 persone, di cui 280 uomini e il resto donne e bambini.

Tra i rifugiati ci sono state altre vittime, il cui numero Mukhtar non è stato in grado di determinare.

Il Mukhtar riferisce espressamente che la popolazione non è stata costretta ad arrendersi e che le truppe ebraiche non hanno incontrato resistenza.

Non ha senso ricordare che questo attacco brutale e non provocato è avvenuto durante la tregua".

Sarebbe poco utile continuare a citare casi e a raccontare sempre gli stessi fatti. La pulizia etnica è continuata non solo nel 1948 e nel 1949, ma anche negli anni successivi. All'inizio degli anni '50 i campi profughi di Gaza furono oggetto di vari massacri. Nello stesso decennio si verificarono anche massacri nei villaggi della Cisgiordania. Tra questi, il più noto è quello di Qibya, dove nell'ottobre 1953 settantacinque civili, uomini, donne e bambini, furono uccisi a sangue freddo nelle loro case durante la notte. Il maggior responsabile fu Ariel Sharon, il futuro primo ministro di Israele, , che iniziò a crearsi una reputazione di assassino. Tra i crimini di Sharon più noti a livello internazionale ci sono i massacri di Sabra e Chatila, i campi profughi nel sud del Libano, dove il 16 settembre 1982 almeno 2.400 persone, tutte donne, bambini e anziani, furono sterminate su ordine di Sharon. Nel 2001 un tribunale belga ha accolto una causa intentata da una ventina di sopravvissuti e in Europa diversi comitati hanno organizzato la Campagna per la giustizia delle vittime di Sabra e Chatila. Come sempre, i crimini dei sionisti sono rimasti impuniti, perché Ariel Sharon non è mai stato processato.

Schönman fornisce un elenco dei villaggi arabi distrutti da Israele in tutti i distretti della Palestina, compilato da Israel Shahak, presidente della Lega israeliana per i diritti civili e umani e autore di *Storia ebraica, religione ebraica*, un libro più volte citato. Le cifre danno un'idea della portata di "al-Nakba". Prima del 1948 c'erano in totale 475 villaggi in Palestina, di cui nel 1988 ne rimanevano solo 90, cioè 385 villaggi sono stati distrutti, rasi al suolo, perché il governo israeliano ha intrapreso una distruzione sistematica. A volte, sui siti dei villaggi o delle frazioni sono stati piantati alberi per cancellare ogni traccia della loro esistenza; spesso, un nuovo villaggio è stato costruito dove un tempo sorgeva il villaggio arabo. Shahak riferisce che l'elenco è incompleto perché è impossibile trovare numerose comunità arabe. Questo perché i dati ufficiali israeliani danno a il nome di "tribù" a più di quaranta villaggi beduini, uno stratagemma che permette di ridurre il numero di comunità palestinesi stabilmente insediate. Circa il 93% delle terre dello Stato di Israele è oggi controllato dall'Israel Lands Administration, governato dalle linee guida del Fondo Nazionale Ebraico. Per vivere sulla terra, affittarla o lavorarla, bisogna dimostrare di avere una discendenza ebraica da almeno quattro generazioni. Anche per lavorare in un kibbutz (comunità agricola) è necessario dimostrare la purezza razziale. Nel caso di lavoratori stagionali cristiani imparentati con donne ebree che vogliono entrare nel kibbutz, devono convertirsi all'ebraismo. I candidati cristiani all'adesione al kibbutz tramite conversione", scrive il professor Shahak, "devono promettere di sputare quando passeranno davanti a una chiesa o a una croce in futuro".

Il Golem nucleare sionista

Fin dall'inizio, i sionisti decisero che lo Stato ebraico, eretto su una terra usurpata al popolo palestinese, doveva possedere la bomba atomica. Roland Perry conferma in *Il quinto uomo* che, mesi dopo la proclamazione di Israele, Victor Rothschild partecipò alla fondazione di uno speciale dipartimento di fisica nucleare presso un istituto scientifico di Rehovot, dove nel 1934 Chaim Weizmann aveva fondato l'Istituto Sieff, che nel novembre 1949 sarebbe diventato l'Istituto Weizmann di Scienze. Secondo Perry, il suo obiettivo era quello di produrre l'arma atomica per Israele. Questo piano divenne il segreto meglio custodito e il desiderio più ardente dei fondatori del nuovo Stato.

Perry sostiene che Victor Rothschild era pienamente coinvolto nello spionaggio atomico attraverso i suoi contatti con fisici ebrei che lavoravano nella ricerca nucleare e riferisce di diversi viaggi del terzo barone Rothschild negli Stati Uniti, dove nel 1947 ebbe incontri con Lewis Lichtenstein Strauss, il presidente della Commissione per l'Energia Atomica (AEC), con cui aveva un'amicizia personale. Lewis Strauss organizzò una cena in suo onore, alla quale invitò scienziati e militari. Rothschild sollevò il tema dello scambio di informazioni sui segreti atomici, che preoccupava gli americani, i quali volevano mantenere il monopolio nucleare il più a lungo possibile. Secondo Perry, Strauss non permise a Rothschild di accedere alle informazioni dell'AEC, anche se i sovietici talvolta le ottenevano attraverso la loro rete di spionaggio.

Victor Rothschild cercò di tenersi aggiornato sulla ricerca nucleare per trasmettere informazioni all'Istituto Weizmann, dove si stava già pensando al reattore nucleare di Dimona, nel deserto del Negev. Con la scusa modificata della preoccupazione per la diffusione e i pericoli delle armi nucleari", scrive Perry, "riuscì a mantenere i contatti con gli scienziati competenti in tutto il mondo. Iniziò questo processo ufficiale e legittimo alla fine della Seconda Guerra Mondiale, diventando un esperto di danni collaterali che gli permise di supervisionare il Progetto Manhattan. Ha continuato negli anni '50, partecipando anche a conferenze sul controllo degli armamenti nucleari organizzate da scienziati atomici britannici". Rothschild informava i capi dell'intelligence israeliana, di cui faceva parte in quanto agente segreto del Mossad, sugli scienziati che potevano essere utili, su dove potesse trovarsi la tecnologia necessaria e su come ottenerla e finanziarla.

I tempi erano maturi per la bomba atomica durante la crisi di Suez. In Egitto, dopo la sconfitta nella guerra contro gli ebrei, una serie di eventi portò il colonnello Gamal Abdel Nasser a diventare presidente della Repubblica. Il 23 luglio 1952, una rivoluzione di palazzo incruenta guidata da un gruppo di ufficiali depose il re Farouq, che andò in esilio. Il 18 luglio 1953 fu proclamata la Repubblica, con il generale Mohamed Naguib come primo presidente. Nel novembre dello stesso anno il colonnello Nasser, che Naguib aveva nominato vicepresidente, depose il generale e divenne l'uomo forte della rivoluzione egiziana, redigendo egli stesso una costituzione che lo designava come "Rais" (leader). Nel 1956 arrivò il momento della grande decisione. Il 26 luglio, in un discorso di tre ore, Nasser annunciò alla radio la nazionalizzazione del Canale di Suez e delle sue installazioni tecniche. Le proprietà della società anglo-francese che lo gestiva sarebbero state confiscate e sarebbe stato pagato un indennizzo. Una società statale egiziana avrebbe gestito questa importante via d'acqua, la più grande fonte di reddito del Paese, che fino a quel momento era andata a una società straniera. Il popolo egiziano avrebbe avuto diritto ai profitti derivanti dalla gestione del canale e l'Egitto avrebbe potuto pagare la costruzione della diga di Assuan.

In Gran Bretagna e in Francia la reazione fu di ordinaria amministrazione. La stampa britannica definì Nasser "l'Hitler del Nilo". Come è noto, è diventato un luogo comune trasformare chiunque si opponga ai disegni delle potenze che hanno vinto la guerra in un nuovo Hitler (il mostro per eccellenza). In Francia, la decisione di Nasser è stata paragonata all'ingresso delle truppe di Hitler nel Reno. Il ministro degli Esteri francese, Christian Pineau, si precipitò a Londra per cercare una strategia comune. Anthony Eden, primo ministro britannico, chiese agli Stati Uniti di fare pressione sull'Egitto per indurre Nasser a rinunciare alla nazionalizzazione. I francesi e gli inglesi pensarono immediatamente a un intervento militare. La Francia, oltre alle consuete forniture di armi, inviò in Israele due dozzine di moderni cacciabombardieri Mystère. La risposta degli Stati Uniti non fu all'altezza delle aspettative e Francia e Gran Bretagna decisero di agire da sole.

L'Egitto si appellò ai suoi diritti di sovranità sul canale e, poiché era ancora in guerra con Israele, sostenne che non aveva motivo di permettere alle navi nemiche di solcare il canale, come avevano fatto i britannici con le navi tedesche durante la Seconda Guerra Mondiale. Le iniziative dell'ONU non ebbero successo e il 14 settembre 1956 i tecnici occidentali lasciarono il loro lavoro e furono sostituiti da piloti egiziani. Oltre all'importanza economica del Canale di Suez, attraverso il quale scorreva il petrolio, c'era il ruolo politico che Nasser, leader panarabista, poteva svolgere e doveva essere rovesciato. Dalla sua ascesa al potere in Egitto, Israele aveva preso in considerazione l'idea di intraprendere una guerra preventiva e di occupare la Striscia di Gaza, da dove operavano i fedayeen palestinesi.

Tra il 1948 e il 1956 il Consiglio di Sicurezza aveva più volte condannato le aggressioni di Israele contro i suoi vicini, con i quali manteneva una tensione permanente. Il 10 ottobre 1956 i sionisti lanciarono un attacco inaspettato alla Giordania, che causò pesanti perdite. La Gran Bretagna aveva stretto un patto di alleanza e sostegno reciproco con la Giordania, così il re Hussein, temendo una grande offensiva israeliana, chiese aiuto agli inglesi. La Giordania ottenne solo la condanna di Israele come nazione aggressore da parte di Londra attraverso il suo delegato al Consiglio di Sicurezza delle Nazioni Unite. Re Hussein pensò allora di far entrare in Giordania le truppe irachene per far fronte a un'eventuale guerra con Israele e fu anche disposto a unire le forze con l'Egitto.

Fu in queste circostanze che i sionisti decisero di offrirsi di fare la guerra per la Francia e la Gran Bretagna. Shimon Peres, allora capo del Ministero della Difesa, il cui capo di stato maggiore era Moshe Dayan, aveva frequenti incontri con i ministri del governo di Guy Mollet, un socialista che era stato a lungo vicepresidente dell'Internazionale Socialista. Il suo contatto principale era Maurice Bourgès-Maunoury, ministro della Difesa, al quale aveva accesso tramite Abel Thomas, direttore generale del Ministero dell'Interno, dove Bourgès-Maunoury era stato ministro prima di diventare ministro della Difesa. I rapporti di Peres con Bourgès-Maunoury produssero il risultato atteso: la Francia accettò di fornire a Israele il primo reattore nucleare per Dimona in cambio dell'attacco di Israele all'Egitto.

L'anno successivo, per un breve periodo di tre mesi e mezzo, tra il 13 giugno e il 30 settembre 1957, Bourgès-Maunoury divenne primo ministro francese ed ebbe l'opportunità di rispettare l'impegno preso con Peres, poiché il suo ministro degli Esteri, Christian Pineau, firmò un accordo top-secret con Shimon Peres e Asher Ben-Nathan, un agente del Mossad presso il Ministero della Difesa israeliano. In questo accordo, i francesi si impegnavano a fornire a Israele un potente reattore da 24 megawatt, l'assistenza tecnica per il suo funzionamento e un po' di uranio. Questo patto segreto era noto solo a una dozzina di persone, tra cui, secondo Perry, Victor Rothschild. Il documento prevedeva la consegna di attrezzature che avrebbero permesso agli israeliani di produrre armi con combustibile nucleare. Nello stesso anno, il 1957, gli ingegneri francesi iniziarono la costruzione di un cantiere sotterraneo a sei livelli nel deserto del Negev, dove sarebbe stato installato il reattore a due piani. Bourgès-Maunoury, dopo aver lasciato la Presidenza del Consiglio dei Ministri, divenne Ministro dell'Interno.

Il 14 ottobre 1956, il generale Maurice Challe e il ministro del Lavoro Albert Gazier, incaricati dal primo ministro Guy Mollet, arrivarono segretamente a Londra in aereo e incontrarono il primo ministro Eden, al quale spiegarono i piani che avevano ordito con i sionisti. L'idea era di scoprire come avrebbero reagito gli inglesi se Israele avesse attaccato l'Egitto. L'ambasciatore britannico a Parigi aveva già informato il governo britannico che la Francia aveva fornito a Israele settantacinque jet Mystère, che gli avrebbero permesso di dominare lo spazio aereo del Vicino Oriente. Londra, senza sapere esattamente di cosa si trattasse, capì che tra francesi e israeliani era stato ordito qualcosa di molto importante. Il piano prevedeva che Israele penetrasse rapidamente nel Sinai per raggiungere il Canale di Suez. Francia e Gran Bretagna avrebbero poi presentato a entrambe le parti un ultimatum per chiedere il ritiro delle truppe dalla zona. Poiché l'Egitto non avrebbe accettato, Londra e Parigi avrebbero avuto il pretesto di occupare militarmente il canale per preservarlo dall'instabilità della guerra. In questo modo sarebbero apparsi all'opinione pubblica come pacificatori che cercano di proteggere una via d'acqua di interesse internazionale. Gli Stati Uniti non furono informati, ma il 15 ottobre i servizi segreti americani comunicarono al Presidente Eisenhower che gli israeliani avevano mobilitato le loro truppe e disponevano di un numero di aerei Mystère superiore ai dodici ufficialmente forniti dalla Francia.

Come stratagemma diversivo, Israele mantenne un'offensiva dialettica contro i giordani attraverso la stampa, indicando così la Giordania come futuro teatro di guerra. Allo stesso tempo, l'attenzione del mondo era concentrata sull'Ungheria, dove il 23 ottobre il popolo ungherese aveva iniziato una ribellione contro la tirannia comunista, che sarebbe stata stroncata nel sangue e nel fuoco dalle truppe sovietiche. In queste circostanze, la "campagna del Sinai" ebbe inizio nella notte tra il 29 e il 30 ottobre 1956. Oltre alla superiorità aerea, gli israeliani disponevano di 250.000 uomini contro i 75.000 egiziani. L'attacco colse di sorpresa gli egiziani, che si aspettavano l'offensiva sulla Giordania. Per quanto riguarda il resto del mondo, la delusione fu significativa negli Stati Uniti, che erano stati tenuti in disparte. Il 30 ottobre giunse a Washington un telegramma di Guy Mollet, in cui si spiegava che la Gran Bretagna e la Francia avevano rivolto un "solenne appello" a Israele e all'Egitto affinché ritirassero le loro truppe dalla zona del canale e ponessero fine alle ostilità. Poco dopo, arrivò a Washington un messaggio del premier britannico Eden, che includeva la parola "ultimatum" di dodici ore a entrambe le parti e l'annuncio che le truppe franco-britanniche avrebbero occupato la zona del canale.

Il 31 ottobre, i bombardieri britannici decollarono al crepuscolo da Cipro e attaccarono le basi aeree egiziane, i cui aerei furono quasi completamente distrutti a terra. Altre ondate di bombardieri attaccarono Il Cairo, Alessandria, Port Said e Ismailia. Il 1° novembre l'Egitto interrompe le relazioni diplomatiche con la Gran Bretagna e la Francia. Il 2 novembre si riunì a New York l'Assemblea Generale al completo. Eisenhower, naturalmente, si astenne dal condannare gli ebrei per la loro aggressione contro l'Egitto, ma gli americani avanzarono una proposta di cessate il fuoco, chiedendo che le truppe israeliane si ritirassero e che venissero presi accordi per la ripresa del traffico marittimo nel canale. La proposta passò con 65 voti contro 5. L'URSS votò a favore. Dopo la dimostrazione di forza in Ungheria, sarebbe stato assurdo cercare di condannare i due alleati statunitensi all'ONU. Nel pomeriggio del 4 novembre l'Ungheria era stata completamente occupata e la penisola del Sinai era in mano israeliana, compresa Sharm El-Sheikh all'estremità meridionale della penisola e l'isola di Tiran all'ingresso del Golfo di Aqaba. La Striscia di Gaza, piena di rifugiati palestinesi, fu occupata completamente per la prima volta.

Come se il cessate il fuoco non si applicasse a loro e riguardasse solo gli egiziani e gli israeliani, i britannici e i francesi, sostenendo di non poter lasciare un vuoto militare mentre si stava formando una forza delle Nazioni Unite, si prepararono a intervenire come previsto. Il 5 novembre Londra e Parigi dispiegarono truppe aviotrasportate nell'area e si impadronirono di Port Said. Il 6 novembre altre truppe britanniche da Malta sbarcarono a Port Said e i francesi occuparono Port Fuad. Le forze congiunte iniziarono l'avanzata sulla sponda occidentale del canale. Gli israeliani osservarono i combattimenti dall'altra parte senza intervenire, poiché avevano già raggiunto i loro obiettivi. Tuttavia, sia i sovietici che gli americani avevano capito di avere un'opportunità ideale per porre fine all'influenza franco-britannica in Medio Oriente e giocarono le loro carte nella crisi per prendere il loro posto in futuro.

Mosca avvertì Eden, Mollet e Ben Gurion che era pronta a usare "tutti i mezzi disponibili" per fermare l'aggressione, un chiaro riferimento alle armi nucleari. Bulganin, presidente del Consiglio dei ministri, propose a Eisenhower di agire all'unisono per "espellere gli aggressori"; ma il presidente americano rifiutò l'opzione sostenendo che l'ONU si stava già preparando a inviare truppe per garantire la pace. Il 6 novembre, l'URSS alzò il tono delle sue minacce e, attraverso Krusciov, dichiarò che avrebbe attaccato i Paesi aggressori con i missili. L'intelligence statunitense scoprì che molti aerei da combattimento sovietici si stavano dirigendo verso la Siria attraverso la Turchia, teoricamente con l'obiettivo di intervenire nel conflitto. Consapevole della gravità della situazione, Eisenhower disse al Comitato di Difesa Nazionale: "Se i sovietici attaccano Francia e Gran Bretagna, dovremo entrare in guerra". Scoprendo che Washington non li avrebbe sostenuti nella loro impresa, i francesi e i britannici furono costretti a interrompere le operazioni contro le forze egiziane. Il 7 novembre, una pace tesa si era stabilita sul Canale di Suez.

In definitiva, Francia e Gran Bretagna avevano calcolato male la portata della loro avventura e quando si presentò la forza di spedizione delle Nazioni Unite, composta da soldati provenienti da Indonesia, India, Brasile, Colombia e Paesi scandinavi, dovettero ritirarsi dall'Egitto. Il loro fallimento fu evidente e Nasser, nonostante la sconfitta, ne uscì vincitore, poiché riuscì nel suo intento di nazionalizzare il canale. Le conseguenze della disfatta furono molteplici: il Primo Ministro Eden fu costretto a dimettersi e la Gran Bretagna sprofondò in una grave crisi politica. Il Canale di Suez, bloccato dalle navi affondate, rimase chiuso per metà anno, con conseguente penuria per i Paesi europei e aumento dei prezzi del petrolio. I trust petroliferi americani ne approfittarono e aumentarono le vendite in Europa. Nasser divenne un eroe per gli arabi e un esempio di resistenza per gli altri Paesi. L'URSS fu vista dall'opinione pubblica araba come un vero amico e riuscì a gettare le basi per la sua futura influenza.

Un altro vincitore della crisi di Suez è stato Israele. Nonostante fosse il Paese che aveva iniziato l'aggressione, inizialmente si rifiutò di ritirarsi dal Sinai e dalla Striscia di Gaza. Solo nel marzo 1957 le pressioni degli americani, che minacciarono un boicottaggio economico, riuscirono a far cambiare idea ai sionisti. Per far sì che accettassero la decisione dell'ONU, come avevano fatto francesi e britannici, fu necessario offrire loro una compensazione, tra cui l'apertura del Golfo di Aqaba, che gli egiziani bloccavano allo Stretto di Tiran. In questo modo poterono trasformare il porto di Eilat, il loro sbocco sul Mar Rosso ad Aqaba, in uno dei più moderni della regione. L'ONU ha garantito il libero accesso al porto di Eilat e ha istituito un punto di controllo con truppe ONU a Scharm El-Sheikh, un punto chiave del Golfo.

Ma la più grande conquista dello Stato sionista è stata la creazione del suo Golem nucleare, la cui esistenza è oggi una minaccia innegabile per il mondo intero, poiché si tratta di un elemento di distruzione di massa nelle mani di uno Stato suprematista in cui l'odio razziale è alla base dell'educazione. Secondo la legge ebraica, solo il sacrificio di un ebreo è un peccato, quindi i gentili possono essere macellati come animali. La legge talmudica afferma con forza che solo l'ebreo è umano e che i non ebrei sono bestie in forma umana. A più di mezzo secolo dalla sua fabbricazione, il Golem nucleare sionista esiste ancora in clandestinità, senza essere controllato dalla comunità internazionale. Equiparare la potenza nucleare di Israele al Golem di è una metafora usata per indicare il pericolo di un mostro incontrollato.

La leggenda del Golem è attualmente molto popolare tra gli israeliani. È probabile che Mary Shelley, l'autrice di *Frankenstein*, l'avesse in mente quando scrisse il suo famoso romanzo. Le sue origini risalgono al XVI secolo, quando il rabbino Judah Loew creò il Golem per difendere la comunità ebraica di Praga da un attacco perché, come in altre parti d'Europa, gli ebrei cechi erano accusati di praticare crimini rituali e si chiedeva all'imperatore di espellerli. Il rabbino Loew creò una figura di argilla e inserì nella sua bocca un rotolo con il nome segreto di Dio. Nacque così il Golem, un automa di enorme forza che obbediva al suo creatore. Durante il sabato, il rabbino toglieva il rotolo dalla bocca e lo immobilizzava. Un sabato si dimenticò di farlo e si recò alla sinagoga. Ben presto arrivarono i vicini, terrorizzati dal fatto che il Golem, infuriato, stesse distruggendo tutto. Quando Loew arrivò a casa sua, la trovò in rovina, i suoi animali erano stati macellati nel cortile. Il rabbino riuscì a ipnotizzare il mostro e a estrarre il rotolo dalla sua bocca. Il Golem cadde e Loew non lo incoraggiò mai più. Secondo la leggenda, il Golem è ancora conservato nella soffitta della sinagoga di Praga.

Il mondo è venuto a sapere che Israele fabbricava bombe atomiche da un quarto di secolo grazie alla testimonianza di Mordechai Vanunu, il tecnico nucleare israeliano che, dopo essersi convertito al cristianesimo, rivelò nel 1986 al *quotidiano londinese Sunday Times* il segreto che le élite politiche conoscevano dai tempi di John F. Kennedy. Vanunu fu rapito dal Mossad a Roma, processato e condannato a diciotto anni di carcere, di cui undici in isolamento. Dopo aver scontato la pena, ha cercato di lasciare il Paese, ma non gli è stato permesso. Il 22 aprile 2004, ha chiesto alla Norvegia un passaporto e l'asilo politico. L'11 novembre 2004, tre settimane dopo aver dichiarato ad *al-Hayat*, un giornale in lingua araba con sede a Londra, di credere che John F. Kennedy fosse stato assassinato perché aveva cercato di impedire a Israele di produrre armi nucleari, è stato arrestato dalla polizia israeliana nei locali della chiesa anglicana di Gerusalemme, dove viveva dal suo rilascio. Da allora è confinato in un appartamento e non può lasciare il Paese.

Nel febbraio 2015, dopo oltre cinque decenni di finta ignoranza, il Dipartimento della Difesa degli Stati Uniti ha finalmente reso pubblico un rapporto segreto del 1987 dell'Institute for Defense Analyses che conferma che Israele possiede bombe atomiche. Mentre tutti i Paesi sono stati obbligati a firmare il Trattato di non proliferazione nucleare (TNP), il che significa che sono soggetti a ispezioni regolari da parte dell'Agenzia internazionale per l'energia, Israele non lo ha mai firmato e, di conseguenza, il suo Golem nucleare non è mai stato ispezionato, nessuno conosce il suo potere distruttivo, le sue dimensioni. Da quando Vanunu ha avvertito dell'esistenza del mostro e del pericolo che rappresentava per il mondo, Israele ha agito in questo settore, come in tutti gli altri, al di fuori della legalità internazionale. Solo il presidente Kennedy osò opporsi al sionismo e sappiamo come andò a finire: il 22 novembre 1963 fu assassinato a Dallas.

Avner Cohen, professore specializzato in strategia politica e storia nucleare di Israele, nel 1998 ha pubblicato su *Israel and the Bomb*, un'opera che gli ha causato non pochi problemi. Da allora, quest'opera è un riferimento ineludibile. Cohen dimostra ampiamente che il Presidente Kennedy affrontò David Ben Gurion e chiarì che in nessun caso avrebbe acconsentito a che Israele diventasse uno Stato nucleare. Il libro di Cohen implica che lo Stato sionista probabilmente non sarebbe oggi una potenza nucleare se Kennedy fosse ancora vivo. Il 16 giugno 1963, JFK inviò una lettera a Ben Gurion che, secondo il professore israeliano, conteneva un messaggio esplicito e insolitamente duro: la minaccia che una soluzione insoddisfacente sulla questione nucleare avrebbe messo a rischio l'impegno e l'assistenza del governo statunitense a Israele. Dalla morte di Kennedy, nessun altro presidente americano ha più esercitato la minima pressione sul programma nucleare di Israele.

Dato che finora nessuno è mai riuscito a vedere il Golem nucleare sionista o ad avere il minimo controllo su di esso, è chiaro che il mondo è virtualmente dirottato da una minaccia inaccettabile. Il timore che qualche fanatico talmudico, ubriaco di odio razziale, salga al potere a Tel Aviv e attivi il mostro è reale e permanente. Il dottor Martin van Creveld, ebreo nato a Rotterdam, professore fino al 2007 all'Università Ebraica di Gerusalemme e poi all'Università di Tel Aviv, esperto di storia militare e teoria militare, nel settembre 2003 ha rilasciato alcune dichiarazioni estremamente preoccupanti al prestigioso settimanale olandese *Elsevier*. L'intervista si è svolta a Gerusalemme ed è stata condotta da Ferry Biedermann. L'intervistatore chiese di un piano di deportazione di tutti i palestinesi e Martin van Creveld rispose che era del tutto possibile. Seguono due domande e risposte:

> "Biedermann: Pensa che il mondo permetterebbe questo tipo di pulizia etnica?
> Creveld: Dipende da chi lo fa e dalla velocità con cui avviene. Abbiamo diverse centinaia di testate nucleari e missili e possiamo lanciarli contro obiettivi in tutte le direzioni, forse anche contro Roma. La maggior parte delle capitali europee sono obiettivi per la nostra aviazione.
> Biedermann: Israele diventerebbe allora uno Stato canaglia?
> Creveld: Permettetemi di citare il generale Moshe Dayan. Israele deve essere come un cane rabbioso, troppo pericoloso per essere disturbato". Credo che a questo punto sarebbe tutto inutile. Cercheremo di evitare, se possibile, che le cose arrivino a questo estremo. Le nostre forze armate, tuttavia, non sono le trentesime più forti del mondo, ma le seconde o le terze. Abbiamo la capacità di portare il mondo con noi. E posso assicurarvi che questo accadrà, prima che Israele affondi".

Naturalmente, nonostante l'esecrabile supposizione di Creveld che Israele contempli le capitali europee come possibili obiettivi, il rischio maggiore è per i Paesi arabi e musulmani del Medio Oriente e del Vicino Oriente, la maggior parte dei quali ha subito le conseguenze delle politiche aggressive dello Stato sionista dal 1948. Israel Shahak, le cui opinioni sono da noi molto apprezzate, conferma che Israele non cerca la pace, né l'ha mai cercata. Nel 1997 il professor Shahak ha pubblicato il libro *Open Secrets: Israeli Foreign and Nuclear Policies*, in cui mette in guardia dal mito delle presunte differenze tra i partiti sionisti laici. Shahak sostiene che la lobby israeliana negli Stati Uniti sostiene le politiche espansionistiche di Israele per imporsi in tutto il Medio Oriente. Shahak sottolinea che la politica nucleare di Israele costituisce un pericolo reale che pochi osano immaginare.

PARTE 4
NEGLI STATI UNITI, "STREGHE".
IN CINA E COREA, IL COMUNISMO

"Penso che la cospirazione comunista sia semplicemente un ramo di una cospirazione molto più grande". Con queste parole di Bella Dodd, membro del Comitato Nazionale del Partito Comunista USA fino alla sua defezione nel 1949, Willard Cleon Skousen inizia la sua opera *The Naked Capitalist* (1962). La dottoressa Bella Dodd pubblicò *School of Darkness* nel 1954, in cui riconosceva che gli obiettivi del comunismo erano il raggiungimento del potere e la distruzione della civiltà cristiana, sebbene milioni di ingenui idealisti fossero convinti che il suo scopo fosse quello di aiutare i poveri. Cleon Skousen lavorò nell'FBI sotto Edgar Hoover (direttore dell'FBI dal 1935 al 1972) negli anni in cui si scoprì la portata della penetrazione comunista nell'Amministrazione. John Edgar Hoover riferì la portata della cospirazione al Presidente Truman presentando diversi promemoria. Skousen conferma nel suo libro che il direttore dell'FBI si stupì del fatto che, nonostante i suoi rapporti, l'amministrazione Truman non reagì.

Nel febbraio del 1950, quando la Cina era già caduta in mano al comunismo e l'Unione Sovietica aveva la sua bomba atomica grazie al tradimento e allo spionaggio, il senatore Joseph "Joe" McCarthy apparve sulla scena e iniziò una lotta titanica, denunciando la profonda penetrazione comunista nell'amministrazione. McCarthy prese probabilmente il posto di Martin Dies, presidente per sette anni della Commissione congressuale per le attività antiamericane, al quale Roosevelt aveva notoriamente consigliato di dimenticare i comunisti e di concentrarsi su nazisti e fascisti. Joe McCarthy (1912-1957), un patriota onesto e impegnato, oggi figura nel letamaio della storia del suo Paese. La storiografia ufficiale è riuscita a infangare il suo nome e utilizza il termine "maccartismo" per indicare un periodo buio della storia degli Stati Uniti. Joe McCarthy viene dipinto in tutto il mondo come un uomo isterico che ha scatenato una "caccia alle streghe", una "crociata anticomunista", senza prove. Tuttavia, i documenti Venona e altre ricerche dimostrano senza ombra di dubbio che la cospirazione comunista era di vasta portata e che il senatore McCarthy aveva ragione, e dovrebbe essere rimosso dalla lista nera della storia e riabilitato come un eroe che ha avuto il coraggio di opporsi a potenti forze occulte che lui stesso non poteva immaginare.

Le defezioni di Elizabeth Bentley e Whittaker Chambers, le due spie comuniste, furono determinanti per consentire all'FBI di iniziare a dipanare la rete dello spionaggio comunista negli Stati Uniti. Chambers, la cui defezione nel 1938 è legata alle lotte tra trotzkisti e stalinisti, ed Elisabeth

Bentley, che nell'agosto del 1945 si offrì all'FBI per fare il doppio gioco, testimoniarono nel 1948 davanti al Comitato per le attività antiamericane del Congresso e le loro testimonianze scatenarono la persecuzione e l'arresto di numerosi agenti comunisti. Alcuni dei personaggi e degli eventi di cui si parlerà in questa quarta sezione del capitolo sono già apparsi nel corso del nostro lavoro, ma ora daremo loro lo spazio che meritano, in modo che la loro vera dimensione possa essere compresa più a fondo. Harry Dexter White, Alger Hiss e Harry Hopkins occuparono posizioni di tale fiducia nei governi Roosevelt e Truman che è difficile credere che le loro azioni non fossero note ai loro superiori. Il caso più incredibile è quello di Dexter White, l'economista ebreo di origine lituana che nel 1934 era entrato a far parte del Dipartimento del Tesoro sotto la guida di Jacob Viner, un altro economista ebreo che era consigliere personale di Henry Morgenthau.

Harry Dexter White a capo del Fondo Monetario Internazionale

Studiando il Piano Morgenthau, si è visto il ruolo decisivo svolto nella sua stesura da Dexter White e dal suo gruppo di comunisti ebrei. È stato anche sottolineato che il Piano Morgenthau per la deindustrializzazione della Germania era in definitiva concepito per creare un vuoto economico in Europa che potesse essere sfruttato dall'Unione Sovietica. Il ruolo di White negli anni decisivi del dopoguerra e la scoperta delle sue attività di spionaggio a favore del comunismo saranno ora discussi. Il 30 aprile 1946, quasi sei mesi dopo essere stato informato dall'FBI che Harry Dexter White era un agente comunista, il Presidente Truman gli inviò una lettera in cui si congratulava per il servizio reso alla nazione e per la sua conferma da parte del Senato come Direttore Esecutivo del Fondo Monetario Internazionale. In questa lettera, Truman si disse dispiaciuto per la sua partenza dal Dipartimento del Tesoro. Il mio rammarico è mitigato", scrisse, "dalla consapevolezza che lei lascia il Tesoro solo per assumere nuovi incarichi presso il Fondo Monetario Internazionale.... In quella posizione sarà in grado di portare avanti il lavoro che ha così abilmente iniziato a Bretton Woods.... Sono certo che nella sua nuova posizione aggiungerà meriti alla sua già illustre carriera al Tesoro".

Sette anni e mezzo dopo, il 6 novembre 1953, il procuratore generale degli Stati Uniti Herbert Brownell Jr. dichiarò pubblicamente in un discorso a Chicago che l'ex presidente Truman aveva nominato Harry Dexter White a una posizione di massima importanza sapendo senza dubbio che White era un agente comunista. Naturalmente, questa affermazione suscitò un notevole scalpore. Per difendersi dalle accuse del Procuratore Generale, Truman apparve il 16 novembre in un programma televisivo trasmesso simultaneamente a tutta la nazione da tutte e quattro le principali società televisive del Paese. Il giorno successivo, il 17 novembre, Brownell si presentò davanti alla Commissione d'inchiesta del Senato degli Stati Uniti e fornì una spiegazione dell'accusa mossa a Truman il 6 novembre. Lo stesso giorno, anche J. Edgar Hoover, direttore del Federal Bureau of Investigation (FBI), si presentò davanti alla commissione presieduta dal senatore Joe McCarthy e fornì una relazione dettagliata sulla questione. Sia Brownell che Hoover furono estremamente duri nei confronti dell'ex Presidente Truman e fecero delle recriminazioni fondate nei suoi confronti. Il 17 novembre 1953 il procuratore generale Brownell rispose anche al discorso televisivo dell'ex presidente Truman alla nazione. Brownell fece un rapporto alla Sottocommissione del Senato per la Sicurezza Interna. Un estratto di questo discorso è riportato da Léon de Poncins in *Segreti di Stato*. Il testo che segue è tratto da quell'opera:

> "Dall'aprile del 1953, questa sottocommissione ha tenuto una serie di audizioni allo scopo di smascherare i piani degli agenti comunisti infiltrati nel governo degli Stati Uniti. Il lavoro di questa sottocommissione ha rigorosamente documentato il risultato della riuscita penetrazione dello spionaggio comunista nel nostro governo durante la seconda guerra mondiale e successivamente.... Dall'insediamento della nuova amministrazione, il Dipartimento di Giustizia è impegnato a ripulire il governo. Uno dei problemi più importanti e vitali è quello di eliminare tutte le persone di dubbia lealtà e di prevenire future infiltrazioni comuniste nel governo degli Stati Uniti. Tra gli altri discorsi e articoli, il 6 novembre ho tenuto un discorso a Chicago in cui ho discusso pubblicamente il problema dell'infiltrazione comunista nel Governo e le misure adottate dall'Amministrazione Eisenhower per affrontare il problema. In quel discorso ho fatto riferimento al caso di Harry Dexter White e al modo in cui è stato gestito dall'amministrazione Truman sulla base dei fatti accertati e dei rapporti del Dipartimento di Giustizia.
> È stato detto che ho accennato alla possibilità che l'ex presidente degli Stati Uniti fosse sleale. Non intendevo trarre questa conclusione.... Ho detto specificamente che ritenevo che l'ignoranza delle prove nel caso White fosse dovuta al rifiuto di affrontare il caso da parte dei non comunisti in posizioni di responsabilità e alla persistente illusione che il comunismo nel governo degli Stati Uniti fosse un depistaggio, e che il modo in cui i fatti comprovati sulla slealtà di White sono stati ignorati è tipico della cecità subita dalla precedente amministrazione in questa materia. Quando questa sottocommissione completerà la sua indagine, credo che concluderà, come ho fatto io, che c'è stato un rifiuto da parte del signor Truman e di altri intorno a lui di affrontare i fatti e un'errata convinzione che lo spionaggio comunista nelle alte sfere del governo fosse un miraggio. E credo che concluderà che questo atteggiamento può aver causato un grande danno alla nostra nazione.
> L'amministrazione Truman era stata informata almeno fin dal dicembre 1945 dell'esistenza di due reti di spionaggio all'interno del governo.....

White assunse le sue funzioni e divenne direttore esecutivo del Fondo Monetario Internazionale il 1° maggio 1946. Cosa sapeva la Casa Bianca delle sue attività di spionaggio prima di questa data? Il 4 dicembre 1945, l'FBI trasmise al generale di brigata Harry H. Vaughan, assistente militare del Presidente, un rapporto sugli aspetti generali dello spionaggio sovietico negli Stati Uniti.... Si trattava di un rapporto segreto e molto importante di circa settantuno pagine. Copre l'intero argomento dello spionaggio sovietico negli Stati Uniti durante e dopo la Seconda Guerra Mondiale. Specificava molti nomi e descriveva numerose organizzazioni di spionaggio sovietico. Harry Dexter White e la rete di spionaggio di cui faceva parte erano tra le persone descritte nel rapporto. Nessuna persona responsabile che l'abbia letto può negare che il riassunto fosse un avvertimento adeguato del rischio rappresentato dalla nomina di White al Fondo Monetario Internazionale o dalla sua permanenza nel governo.

Copie di questo rapporto furono inviate a un gruppo di funzionari del governo e dell'amministrazione Truman, tra cui il Procuratore Generale. Sarebbe difficile capire come, in qualsiasi circostanza, un documento su questioni così delicate e pericolose non sia stato portato all'attenzione del Presidente. Inoltre, ho qui una lettera di J. Edgar Hoover al generale Vaughan datata 8 novembre 1945. Come sapete, il generale Vaughan ha testimoniato davanti a questa sottocommissione che, per accordo con il signor Truman, quando l'FBI aveva informazioni ritenute importanti per il Presidente, gliele riferiva. Vaughan ha testimoniato di essere a conoscenza del fatto che tale rapporto era stato presentato al Presidente

Il procuratore generale ha quindi letto la lettera in cui il capo dell'FBI richiamava l'attenzione di Vaughan sull'importanza del rapporto allegato. Il documento elencava i nomi delle spie che occupavano posizioni di responsabilità nel governo. Tra gli altri erano citati Harry Dexter White, Gregory Silvermaster, George Silverman, Frank Coe, Laughlin Currie, Victor Perlo, Maurice Halperin. Tutti, tranne Laughlin Currie, erano ebrei e sarebbero stati denunciati nel 1948 da Wittaker Chambers, che confermò la correttezza delle informazioni contenute nel memo del 1945 alla Casa Bianca. Questo documento affermava che Dexter White aveva agito dal 1942 come spia. Edgar Hoover osservò che se White fosse stato nominato direttore del Fondo Monetario Internazionale avrebbe potuto esercitare una grande influenza in tutte le questioni relative alla finanza internazionale, aggiungendo che non poteva tenerlo sotto sorveglianza perché gli uffici del Fondo Monetario Internazionale erano considerati territorio neutrale e di conseguenza gli agenti dell'FBI non potevano entrarvi. Herbert Brownell riferì che i rapporti scritti a mano da Dexter White ai sovietici erano stati recuperati nell'autunno del 1948 ed erano in possesso del Dipartimento di Giustizia. Il Procuratore Generale concluse le sue osservazioni facendo riferimento all'apparizione dell'ex Presidente Truman sui principali canali televisivi:

"Tuttavia, alla luce del discorso di ieri sera del signor Truman alla televisione, sembra ormai ammesso che il 6 febbraio 1946, il giorno in cui la nomina di White fu confermata dal Senato, il signor Truman aveva letto il più importante dei rapporti, a cui ho fatto riferimento, e che poco dopo, pur avendo il diritto legale di chiedere la revoca della nomina, la firmò e gli permise di assumere l'incarico a partire dal 1° maggio con piena consapevolezza dei fatti a cui l'FBI faceva riferimento. È ovviamente straordinario apprendere da Truman, alla luce delle sue ultime dichiarazioni, che egli firmò la nomina di White con l'idea che ciò potesse contribuire al suo arresto.... Mi sembra ancora più straordinario sapere che nel 1946 Truman era a conoscenza del fatto che una rete di spionaggio operava all'interno della sua stessa amministrazione, quando per tanti anni da allora ha detto al popolo americano esattamente il contrario. Mi sembra certamente che questa spiegazione della nomina di White - cioè che fu nominato e gli fu permesso di rimanere in carica per più di un anno per aiutare l'FBI a catturarlo come spia - sollevi più domande che risposte".

L'intera stampa statunitense seguì dettagliatamente le audizioni di questi alti funzionari davanti alla Sottocommissione per la sicurezza interna del Senato e diede ampio spazio alle loro dichiarazioni nelle proprie edizioni. I testi riprodotti da Leon de Poncins in *Segreti di Stato* sono regolarmente tratti da fonti giornalistiche. Così, ad esempio, l'edizione parigina del *New York Herald Tribune* riportava il 19 novembre 1953 la dichiarazione di Edgar Hoover del giorno precedente. Il direttore dell'FBI confermò che già all'inizio del novembre 1945 Elisabeth Bentley e Whittaker Chambers si erano trovati d'accordo con la denuncia di Harry Dexter White e che le indagini erano state in grado di dimostrare che le informazioni dei due disertori comunisti erano corrette. Hoover affermò che quando appresero che, nonostante il suo memorandum, il nome di White era stato inviato al Senato per la conferma della sua nomina a Direttore Esecutivo della FISM, decisero di presentare al Presidente Truman un nuovo documento di 28 pagine con le informazioni consolidate dalle dichiarazioni di Bentley e Chambers, che fu consegnato al Generale Vaughan il 4 febbraio 1946. Il direttore dell'FBI ha dichiarato alla sottocommissione che tra l'8 novembre 1945 e il 24 luglio 1946, sette comunicati sulle attività di spionaggio in cui il nome di White era particolarmente citato erano stati consegnati alla Casa Bianca all'indirizzo. Nello stesso periodo, due rapporti sullo spionaggio sovietico furono inviati al Dipartimento del Tesoro e altri sei sullo stesso argomento furono inviati al Procuratore Generale. Hoover fece anche riferimento a Virginius Frank Coe, un altro degli uomini di Morgenthau e White al Dipartimento del Tesoro, che fu Segretario del FMI dal giugno 1946 al dicembre 1952. Il direttore dell'FBI ricordò che Frank Coe aveva invocato il Quinto Emendamento e si era rifiutato di rispondere alle domande della sottocommissione su White, il che aveva portato al suo licenziamento dalla FISM.[22]

Una delle copie del rapporto di Edgar Hoover finì anche nelle mani del Segretario di Stato James F. Byrnes che, come raccontò in seguito, si recò da Truman il giorno stesso in cui lesse il rapporto, al quale espresse il suo sgomento e chiese cosa intendesse fare. Secondo Byrnes, il Presidente disse che anche lui era rimasto scioccato dalla notizia. Byrnes suggerì di ritirare la nomina anche se era già stata confermata dal Senato. Truman avrebbe potuto respingere la nomina o chiedere le dimissioni di White. Byrnes suggerì entrambe le possibilità, ma il Presidente non seguì il suo consiglio.

I casi di Harry Dexter White e Frank Coe sono estremamente significativi, perché confermano le parole di Bella Dodd e quanto abbiamo sostenuto in questo lavoro sulla vera natura del comunismo internazionale come strumento dei banchieri illuminati. Dexter White non era semplicemente una spia comunista, ma l'agente di una cospirazione più ampia il cui scopo era l'instaurazione di un potere globale o internazionale. Se così non fosse, come si spiega che White sia stato uno dei fondatori della Banca Mondiale e, in larga misura, il padre del Fondo Monetario Internazionale, visto che fu lui a redigere, già nel 1942, la prima bozza di questo organismo finanziario. Entrambe le istituzioni furono approvate alla Conferenza di Bretton Woods e sono i pilastri su cui è stato costruito il sistema economico. La forma e le funzioni del FMI furono stabilite nel 1944 a Bretton Woods, dove White fu l'economista che, grazie al potere politico ed economico degli Stati Uniti, riuscì a imporre il suo piano su quello di Keynes. Fu White a sostenere che il FMI dovesse essere un'istituzione basata sul dollaro. A dimostrazione del fatto che Dexter White non era un agente di Stalin ma del Potere Occulto che cercava di controllare l'Unione Sovietica dopo la guerra, fu la sua insistenza su affinché l'URSS facesse parte del FMI, anche se i suoi principi economici erano contrari alla libertà commerciale e finanziaria. Nonostante Keynes e altri si opponessero alla partecipazione dell'Unione Sovietica alla Conferenza di Bretton Woods, White riuscì a farla invitare. Stalin, tuttavia, dimostrò ancora una volta di non essere l'uomo che i finanzieri internazionali volevano alla guida dell'URSS, poiché un anno dopo decise che il suo Paese non avrebbe aderito al Fondo Monetario Internazionale.

I documenti di Venona dimostrano pienamente che Harry Dexter White era quello che negli ambienti professionali viene definito "un agente di influenza". Faceva parte della cerchia di Nathan Gregory Silvermaster, un economista ebreo di origine russa che era con White a Bretton Woods e

---

[22] Il Quinto Emendamento della Costituzione statunitense stabilisce che nessuno può essere costretto a testimoniare contro se stesso, non solo nei processi ma anche negli interrogatori di polizia. Tuttavia, invocare il Quinto Emendamento davanti a una commissione d'inchiesta del Congresso o del Senato e rifiutarsi di rispondere equivale a riconoscere il coinvolgimento nella questione, spesso con ripercussioni politiche.

guidava un gruppo di spie che operavano principalmente all'interno del Dipartimento del Tesoro e del Consiglio di Guerra Economica. Elisabeth Bentley, che già nel 1945 aveva informato l'FBI che Dexter White era un agente sovietico, testimoniò nel 1948 davanti alla Commissione della Camera dei Rappresentanti che White passava informazioni ai sovietici attraverso Silvermaster. I documenti Venona stabiliscono che White, i cui nomi in codice "Lawyer", "Richard" e "Jurist" cambiarono nel tempo, passò informazioni durante la Seconda Guerra Mondiale ai servizi segreti sovietici, il cui uomo di punta era Lavrenti Beria, l'agente ebreo che sarebbe preferibilmente succeduto a Stalin. Silvermaster, "Robert", utilizzò il potere e l'influenza di White al Tesoro per infiltrare altri agenti sovietici, uno dei quali era Harold Glasser, "Rouble", che operava all'interno di un'altra rete di spionaggio il cui capo era un altro comunista ebreo, Victor Perlo; Silvermaster chiese quindi che Glasser fosse riassegnato al suo gruppo. Il 31 marzo 1945, il Segretario di Stato Stettinius invitò White a unirsi alla delegazione statunitense a San Francisco per la Conferenza di fondazione delle Nazioni Unite. White trasmise quindi le informazioni sulle discussioni della delegazione statunitense.

Il 19 giugno 1947, Harry Dexter White si dimise dalla carica di Direttore esecutivo del FMI. Il Presidente Truman gli scrisse una lettera in cui esprimeva il suo alto apprezzamento e la sua stima per il suo lavoro e aggiungeva che "non avrebbe esitato a ricorrere a lui di tanto in tanto per assistenza". Poco dopo, il 15 agosto 1947, White fu interrogato per la prima volta dall'FBI. Ammise allora di conoscere Silvermaster dal 1934. Ammise che, in quanto impiegati governativi, erano colleghi e che si incontravano spesso a casa di Silvermaster, dove suonavano gli strumenti: Silvermaster, la chitarra; sua moglie Helen, il pianoforte; William Ullman, un altro funzionario del Tesoro che viveva con i Silvermaster, suonava la batteria; e White, il mandolino. White dichiarò che Silvermaster non gli aveva mai chiesto informazioni riservate e che "sarebbe stata una sorpresa e un grande shock scoprire che Silvermaster era coinvolto nello spionaggio". Nell'agosto del 1947, la NSA (National Security Agency) non aveva ancora decifrato il codice Venona, le cui intercettazioni avrebbero confermato che quanto rivelato da Elisabeth Bentley era assolutamente vero. Infine, il 13 agosto 1948, Harry Dexter White finì per testimoniare davanti alla HUAC (House Un-American Activities Committee) e negò le accuse di Chambers e Bentley. Poco dopo aver testimoniato, White ebbe un attacco di cuore e morì il 16 agosto 1948.

I casi di Harry Hopkins e Alger Hiss

Harry Hopkins, sposato con un'immigrata ungherese di origine ebraica, Ethel Gross, dalla quale ebbe tre figli morì il 29 gennaio 1946. Durante la sua vita non c'era alcun sospetto sulla sua fedeltà agli Stati Uniti.

Nominato da Franklin D. Roosevelt per amministrare il programma Lend-Lease, uno strumento che permetteva di fornire massicci aiuti militari ed economici agli Alleati, Hopkins divenne una figura onnipotente durante la guerra. Particolarmente significativo è il fatto che gli aiuti all'URSS attraverso il programma Lend-Lease furono forniti incondizionatamente grazie all'intervento di Hopkins, il più fidato confidente del Presidente Roosevelt che visse alla Casa Bianca dall'inizio del 1940 fino al dicembre 1943. Il suo caso sembra essere un caso stregato, perché è assurdo accettare che Hopkins abbia potuto fare ciò che ha fatto per il comunismo e l'URSS senza destare i sospetti di nessuno. Senza dubbio sarebbe stato impossibile senza il costante sostegno di Roosevelt. Bisognerebbe sapere fino a che punto il "Big Boy" (come alcuni comunisti americani soprannominarono FDR) fosse al corrente di tutte le manovre e le azioni del suo braccio destro.

Solo recentemente si è giunti alla conclusione che Harry Hopkins era un agente sovietico. Il fatto che sia morto nel 1946 senza essere scoperto significa che le sue attività sono semplicemente passate alla storia. Va notato che, nonostante siano stati decriptati nel 1948, i documenti Venona sono diventati accessibili solo quando la NSA ha iniziato a pubblicarli nel 1995. È dopo questa data che diversi storici e ricercatori hanno iniziato a scriverne, ed è sorprendente notare che la maggior parte di loro concorda sul fatto che Harry Hopkins fosse l'agente "19". L'unanimità non è assoluta: John Earl Haynes e Harvey Klehr, autori di *Venona: Decoding Soviet Espionage in America*, ritengono che "19" fosse Laurence Duggan del Dipartimento di Stato. Poiché la loro tesi è in minoranza, ci atterremo alle conclusioni di Herbert Romerstein ed Eric Breindel in *The Venona Secrets*, che sono condivise dallo storico militare Eduard Mark e da M. Stanton Evans, tra gli altri autori che hanno pubblicato libri su Venona all'epoca.

In ogni caso, prima di esaminare i dati che indicano Hopkins come agente "19", è opportuno conoscere alcune informazioni molto interessanti. Il 1° febbraio 1943, la società Chemator Incorporation ricevette a New York un ordine dal governo sovietico per 100 chili di ossido di uranio , 100 chili di nitrato di uranio e 11 chili di uranio metallico. L'azienda aveva già fornito piccole quantità di prodotti chimici all'URSS nell'ambito del programma Lend-Lease. Era la prima volta che i sovietici intendevano acquistare uranio, quindi l'azienda chiese il permesso alle autorità. A marzo, i sovietici ordinarono tonnellate di uranio. Quasi sette anni dopo, il 5 dicembre 1949, poco dopo che i comunisti fecero esplodere la loro prima bomba atomica, il maggiore George Racey Jordan, che aveva contribuito a spedire il materiale di uranio in Unione Sovietica, prima da Newark (New Jersey) e poi da Great Falls (Montana), testimoniò davanti alla HUAC (House Un-American Activities Committee), che stava indagando sulla spedizione di uranio all'URSS in relazione alla vicenda dello spionaggio atomico. Jordan confermò le spedizioni di uranio e testimoniò che Harry Hopkins gli disse per telefono di accelerare le spedizioni. Due giorni dopo, il 7 dicembre 1949, anche il tenente generale Leslie Groves, responsabile del Progetto Manhattan, testimoniò davanti alla HUAC. Il generale Groves testimoniò al Congresso di essersi lamentato con i dirigenti che lavoravano al programma Lend-Lease, i quali gli dissero che "c'era una grande pressione su di noi per andare sotto il programma Lend-Lease, apparentemente per dare ai russi tutto ciò che potevano concepire. C'era una grande pressione per dare loro questi materiali di uranio. Noi non volevamo che questo materiale venisse spedito", ha insistito Groves, "ma loro (i dirigenti) sono tornati e torneranno". Come è noto, Hopkins, amico e consigliere di FDR, gestiva il programma Lend-Lease.

Nel 1952, il maggiore Jordan pubblicò *From Major Jordan's Diaries*, *che* contiene la sua dichiarazione alla HUAC. Jordan accusa Hopkins di aver agito contro gli interessi degli Stati Uniti per aiutare i sovietici, ai quali avrebbe passato segreti nucleari. Il libro sostiene che nel 1943 Harry Hopkins inviò segretamente un aereo in Russia con valigie nere contenenti documenti relativi alla bomba atomica. Il maggiore Jordan ribadisce, nella sua testimonianza davanti alla Commissione del Congresso, di aver ricevuto diverse forniture di uranio ordinate da Hopkins senza che venissero registrate in documenti scritti. Secondo gli esperti, le miscele di uranio raffinato spedite all'URSS erano più che sufficienti per produrre un'esplosione atomica. Nonostante l'apparizione di questo libro e lo scandalo che suscitò, all'epoca nessuno pensò che Hopkins fosse un agente sovietico. È molto difficile spiegare come sia possibile che nel 1943, nel bel mezzo del processo di costruzione della bomba atomica, quando l'FBI sospettava di Oppenheimer e di altri scienziati che lavoravano a Los Alamos, Hopkins abbia potuto procedere alla consegna di uranio ai sovietici nonostante le obiezioni delle autorità militari. Questo fatto, da solo, sarebbe dovuto bastare a togliergli la fiducia. Ciononostante, Hopkins rimase indispensabile per Roosevelt, con cui era a Yalta, e, se non fosse morto, per Truman, che aiutò a preparare la Conferenza di Potsdam.

Secondo i documenti di Venona, l'ebreo Isaac Akhmerov, un "residente illegale" negli Stati Uniti durante la Seconda Guerra Mondiale, era il contatto di Harry Hopkins. Akhmerov, agente dell'OGPU dal 1930, si era recato negli Stati Uniti dopo aver prestato servizio in Cina nel 1934. Sua moglie Elena lo raggiunse, ma nel 1936 Akhmerov incontrò Helen Lowry, nipote di Earl Browder, leader del Partito Comunista USA, che era stata reclutata dai servizi segreti sovietici. Helen fu incaricata di assistere Akhmerov in una casa a Washington che doveva servire come luogo di incontro sicuro. Nel 1939 si sposarono. Helen, ex moglie di Isaac Akhmerov, tornò a Mosca, dove divenne segretaria dell'onnipotente Beria, capo supremo della polizia e dei servizi segreti (NKVD) dal 1938. Gli sposi furono richiamati a Mosca nell'estate dello stesso anno, dove Helen ottenne la cittadinanza sovietica. Nel settembre 1941, poco dopo il primo viaggio di Hopkins a Mosca, furono entrambi rimandati negli Stati Uniti. Isaac

Akhmerov ricostituì la rezidentura illegale e divenne la spia principale di questa organizzazione di agenti segreti. Nel dicembre 1945 Helen e Isaac Akhmerov tornarono in URSS.

Uno dei messaggi decifrati che i ricercatori considerano decisivi per stabilire che Harry Hopkins lavorava per i sovietici fu emesso da Akhmerov da New York il 29 maggio 1943. In esso rivelava che "19" aveva riferito di discussioni tra Roosevelt e Churchill alle quali era presente. Lo storico militare Eduard Mark si riferisce a questo incontro tra il presidente americano e il premier britannico come alla "Conferenza Trident". Si trattò di una conferenza segreta, poiché non esistono registrazioni delle discussioni negli archivi ufficiali del Dipartimento di Stato. Significativamente, sono disponibili solo i resoconti sovietici. Eduard Mark sostiene in modo convincente che Roosevelt non poteva fidarsi abbastanza di nessuno, se non di Hopkins, per essere presente a un incontro segreto tête à tête con Churchill.

In ogni caso, Hopkins non aveva bisogno di nascondere i suoi rapporti con i sovietici, poiché la sua posizione di leader nelle relazioni ufficiali con l'URSS gli consentiva molti incontri legali e diretti. Fin dal 1942 aveva mantenuto pubblicamente contatti intimi con il generale A. I. Belyaev, presidente della Commissione acquisti del governo sovietico. Due messaggi Venona da Washington a Mosca, inviati nel marzo e nell'aprile 1943, contenevano messaggi di Hopkins che Belyaev trasmetteva ai suoi capi. Hopkins era in contatto regolare con Andrei Gromyko, che nell'agosto 1943 aveva sostituito Litvinov come ambasciatore dell'URSS negli Stati Uniti. Dopo Yalta e la morte di Roosevelt, Truman inviò Hopkins a Mosca nel maggio 1945 per incontrare Stalin. Il sottosegretario di Stato Charles Bohlen, considerato un diplomatico vicino a Hopkins, fece un resoconto scritto dell'incontro. Invece di fare pressioni per libere elezioni in Polonia, come presumibilmente intendevano fare gli Stati Uniti, Hopkins disse a Stalin che "gli Stati Uniti desiderano una Polonia amica dell'Unione Sovietica e di fatto desiderano paesi amici lungo i confini sovietici". Al che Stalin rispose: "Se è così, possiamo facilmente capirci in relazione alla Polonia".

Per quanto riguarda il caso di Alger Hiss, un protetto del giudice della Corte Suprema Felix Frankfurter, FDR fu avvertito prima della Seconda Guerra Mondiale che era un'importante spia dell'Unione Sovietica. L'informazione proveniva da Whittaker Chambers, che aveva disertato dal 1938. Roosevelt respinse le accuse e non volle nemmeno indagare. Nel 1948 Chambers testimoniò davanti alla Commissione del Congresso e divenne definitivamente chiaro che uno degli uomini più importanti del Dipartimento di Stato, il fidato consigliere del Presidente Roosevelt a Yalta, che ebbe un ruolo importante nel lavoro per la fondazione dell'ONU, era un agente comunista. È in dubbio se Alger Hiss fosse o meno ebreo. In uno dei nastri usati contro il presidente Richard Nixon nel caso Watergate, Nixon dice: "Gli unici non ebrei nella cospirazione comunista erano Chambers e Hiss". Molti credono che Hiss lo fosse. Forse lo era in parte, ma non in senso religioso. Gli unici non ebrei. Tutti gli altri erano ebrei. E su di noi si scatenò l'inferno".

In *Blacklisted by History*, la già citata opera sulla lotta dello sfortunato senatore McCarthy, M. Stanton Evans scrive: "Se White e Oppenheimer erano la prova dell'indifferenza alle norme di sicurezza, il caso di Alger Hiss lo era ancora di più. Si trattava, ovviamente, del più famoso di tutti i casi di spionaggio. Fu anche il caso che dimostrò la volontà dell'amministrazione Truman non solo di ignorare la sicurezza nell'Intelligence, ma di perseguitare i testimoni che la fornivano". Questo atteggiamento dell'Amministrazione fu ripreso dalla stampa, che iniziò a lanciare una campagna che finì per equiparare la persecuzione delle spie e degli agenti comunisti a una caccia alle streghe. Non tutti nel governo, tuttavia, condividevano l'immobilismo. All'inizio del 1946, dopo aver ricevuto i continui rapporti dell'FBI basati sulle testimonianze di Chambers e Bentley, il Segretario di Stato Byrnes capì che Hiss doveva essere rimosso dal suo Dipartimento, provocando le dimissioni della spia sovietica. Tuttavia, quando nell'estate del 1948 le dichiarazioni dei due disertori raggiunsero l'opinione pubblica, la Casa Bianca e il Dipartimento di Giustizia, invece di attaccare e screditare Hiss, passarono a perseguitare Chambers.

La strategia contro Chambers fu registrata in un promemoria della Casa Bianca firmato da George Elsey, assistente del Presidente Truman. Il 16 agosto 1948, Elsey indirizzò a Clark Clifford, consigliere di Truman introdotto alla Casa Bianca da Samuel Rosenman, il rapporto con le linee guida concordate in un incontro con il procuratore generale Tom C. Clark. In esso si suggeriva che il Dipartimento di Giustizia "dovrebbe fare ogni sforzo per stabilire se Whittaker Chambers è colpevole di falsa testimonianza". Il punto successivo chiedeva di "indagare sul ricovero di Chambers in un istituto psichiatrico". In altre parole, si suggeriva di indagare se Chambers fosse stato rinchiuso in un istituto psichiatrico. Il 20 agosto, l'FBI respinse la tesi che Chambers potesse essere pazzo. In una lettera al procuratore generale Clark, Edgar Hoover riferì: "Per quanto riguarda Whittaker Chambers, non c'è alcuna indicazione negli archivi del 'Bureau' o nei registri dell'ufficio di New York che Chambers sia mai stato internato". Nonostante tutto ciò, gli sforzi per screditare Chambers e muovere accuse contro di lui continuarono; ma nel novembre 1948 egli produsse davanti all'HUAC documenti e microfilm che costituivano la prova inconfutabile che Hiss stava mentendo. Questi documenti furono determinanti per mandare Alger Hiss in prigione.

Tuttavia, gli sforzi per salvare Hiss e condannare Chambers non cessarono: il vice procuratore generale, Alexander Campbell, reagì alla testimonianza di Chambers davanti alla Commissione del Congresso inviando una nota in cui si leggeva: "Sarebbe auspicabile che venisse fatta un'indagine immediata per verificare se Chambers ha commesso falsa testimonianza. A questo proposito, si dovrebbero ottenere copie fotostatiche di questi documenti insieme a una copia della testimonianza resa da Chambers". Stanton Evans indica che altri appunti di questo tipo sono entrati in possesso di Hoover. Le ha trovate in vari volumi del dossier Hiss-Chambers dell'FBI. Un'altra datata 2 dicembre 1948 insisteva sul fatto che il Dipartimento di Giustizia voleva "un'indagine immediata da parte del 'Bureau' per determinare se Chambers avesse commesso falsa testimonianza". Dopo aver dato istruzioni ai suoi agenti di procedere come indicato, Hoover annotò a margine: "Non riesco a capire perché si stia facendo tanto sforzo per incriminare Chambers al fine di scagionare Hiss". In seguito osservò ancora: "Mi chiedo perché non agiscano anche contro Hiss". Stanton Evans non riesce a trattenere un inciso sarcastico e scrive: "Era - è - una domanda eccellente".

La commissione congressuale era presieduta da Robert Stripling, che aveva l'appoggio di un repubblicano che anni dopo sarebbe diventato presidente degli Stati Uniti, Richard Nixon, "assassinato" dalla stampa nella montatura del Watergate[23]. Entrambi erano determinati a scoprire la verità. Quando Stripling e Nixon scoprirono i piani dell'Amministrazione,

---

[23] L'amministrazione Nixon cercò di fare pressione su Israele affinché rispettasse le risoluzioni delle Nazioni Unite e si ritirasse dai territori occupati durante la Guerra dei Sei Giorni. Dopo la guerra dello Yom Kippur del 1973, il re Feisal dell'Arabia Saudita mise un embargo sulle forniture di petrolio agli Stati Uniti, al Canada e ai Paesi Bassi come ritorsione per il loro sostegno a Israele. Nixon capì che permettere alla lobby ebraica di dirigere la politica estera era contrario agli interessi del suo Paese e all'inizio del 1974 difese il compromesso raggiunto con Yasser Arafat per un accordo di pace. Inviò sul posto il generale Vernon Walters, che tornò a Washington convinto che i palestinesi accettassero la formula del mini-stato e volessero vivere in pace con Israele. Il Segretario di Stato Kissinger fece deragliare i colloqui e impedì i futuri contatti di Walters con l'OLP. Nel giugno dello stesso anno, poco dopo che Kisinger aveva sabotato il dialogo tra Nixon e l'OLP, il presidente americano si recò in Medio Oriente. La visita di Nixon in Arabia Saudita si concluse con quello che i diplomatici considerarono un messaggio sensazionale. Nel suo discorso di addio, Feisal fece un inaspettato riferimento ai problemi di Nixon nel Watergate e alla politica interna, rompendo la consuetudine secondo cui un leader di un Paese non interferisce mai negli affari interni di un altro. Ecco le parole esatte del re, tratte dal comunicato ufficiale del Ministero dell'Informazione saudita: "Ciò che è importante è che i nostri amici negli Stati Uniti siano abbastanza intelligenti da sostenerla, da stare al suo fianco, signor Presidente, nei suoi nobili sforzi, quasi senza precedenti nella storia dell'umanità, sforzi il cui scopo è quello di assicurare la pace e la giustizia nel mondo.... E chiunque si opponga a lei, sia in patria che all'estero, o che si opponga a noi, suoi amici in questa parte del mondo, ha ovviamente un solo scopo in mente, che è quello di portare alla divisione del mondo, alla polarizzazione fuorviante del mondo, per creare una discordia che non porterà mai alla tranquillità e alla pace nel mondo". Nixon avrebbe detto al suo interlocutore che era pronto a spiegare al suo popolo che Israele e i suoi amici americani controllavano la politica estera. Il 9 agosto Richard Nixon si dimise sotto la pressione dello scandalo Watergate e il 25 marzo 1975 re Feisal fu assassinato. I sauditi interrogarono Ibn Musa'ed, l'assassino, per dieci settimane e si sa che scoprirono che aveva una fidanzata in America che era un'agente del Mossad, scomparsa senza lasciare traccia dopo l'assassinio.

protestarono indignati e avvisarono che un simile atteggiamento era scandaloso. Così Truman e compagnia dovettero rassegnarsi. Il senatore Joe McCarthy scoprì anni dopo, nel corso delle sue indagini, che il Dipartimento di Stato aveva informazioni sfavorevoli su Hiss già nel 1946, il che confermava le accuse di Chambers. Il 16 dicembre 1948 Alger Hiss, accusato di falsa testimonianza, si dichiarò non colpevole. Il suo primo processo fu dichiarato nullo il 10 luglio 1949. Fu nuovamente processato e condannato per falsa testimonianza il 20 gennaio 1950 e ricevette una pena detentiva di cinque anni. Hiss fu rilasciato nel novembre 1954. Nonostante le numerose prove, Truman continuò a difendere la spia comunista fino alla fine. Nel 1956, *U.S. News & World Report* ripubblicò un'intervista televisiva con l'ex Presidente in cui Truman insisteva sul fatto che Nixon aveva indagato su "un depistaggio". L'intervistatore gli pose la domanda: "Crede che Hiss fosse una spia comunista? La sua risposta fu: "No, non lo credo".

Venona dimostrò che Chambers non aveva mentito e Hiss sì. Secondo Chambers, nell'autunno del 1936 apparve sulla scena un nuovo agente sovietico da cui riceveva ordini. Questo individuo si presentò come "Peter"; anche se Chambers apprese in seguito da Walter Krivitsky, che come sappiamo fuggì negli Stati Uniti alla fine del 1938, che Peter era in realtà Boris Yakovlevich Bukov, noto come Boris Bykov e anche "Sasha", un ebreo che aveva lavorato con Krivistsky nel GRU (Servizio di Intelligence Militare), quindi è molto probabile che fosse un trotskista. Quando Bykov arrivò, Chambers aveva ricevuto documenti solo in tre occasioni, ma con il nuovo agente, che voleva incontrare personalmente alcuni degli infiltrati nell'amministrazione Roosevelt, le consegne furono accelerate. Nella primavera del 1937 Alger Hiss si recò a New York per incontrare Bykov. Chambers andò a prendere Hiss vicino alla stazione del ponte di Brooklyn e viaggiarono in treno fino a Brooklyn, dove incontrarono Bykov vicino al Prospect Theatre. I tre presero la metropolitana e poi un taxi per assicurarsi di non essere seguiti e si recarono a Chinatown a Manhattan, dove mangiarono al ristorante Port Arhur. Poiché l'inglese di Bykov era scarso, parlò in tedesco e Chambers tradusse le sue parole per Hiss, che si impegnò ad aumentare il rilascio di documenti del Dipartmento di Stato. Chambers spiegò all'FBI come funzionava la trasmissione dei materiali: nelle notti prestabilite, andava a trovare Hiss nella sua casa sulla 30a strada, dove Hiss prendeva i documenti da una valigia con cerniera e li metteva in un'altra valigia con cerniera e li portava nel suo appartamento, dove fotografava o microfilmava i documenti con una macchina fotografica Leica e altre attrezzature fornite da Bykov. Gli originali venivano restituiti a Hiss e i microfilm e le fotocopie venivano consegnati a Bykov. Alcuni di questi documenti conservati da Chambers furono forniti all'FBI al momento della sua defezione.

Un messaggio della Rezidentura di Wahington inviato a Mosca il 30 marzo 1945 è stato decodificato dalla NSA nel 1969. Mostra che Alger Hiss,

"Ales", era allora in contatto con Isaac Akhmerov, il rezident illegale a cui anche Harry Hopkins passava informazioni. Questo messaggio conferma che Hiss era rimasto legato all'intelligence militare (GRU) mentre tutte le altre spie infiltrate erano state trasferite all'NKVD. Dopo la Conferenza di Yalta, dove Hiss agì come consigliere speciale del Presidente Roosevelt e ricevette molte informazioni militari, si recò a Mosca con il Segretario di Stato Stettinius, dove sarebbe stato decorato ufficialmente da Vyshinsky. Anche la moglie di Alger Hiss, Priscilla, e il fratello Donald, anch'egli funzionario del Dipartimento di Stato, erano spie sovietiche. Alger Hiss morì nel 1996. Il 30 dicembre 1996, Herbert Rommerstein ed Eric Breindel, autori di *The Venona Secrets*, pubblicarono un articolo su *The New Republic* intitolato "Hiss: Still Guilty" (Hiss: ancora colpevole) in cui fornivano nuove prove della colpevolezza di Alger Hiss.

"Una cospirazione così immensa": la resa della Cina al comunismo

Tra gli eventi più importanti dei decisivi anni del dopoguerra, la resa della Cina al comunismo è forse il più significativo. Il 14 giugno 1951 Joe McCarthy tenne un lungo discorso al Senato in cui denunciò aspramente gli eventi dell'ottobre 1949. Ecco un breve estratto dell'indignazione e dello sconcerto del senatore:

> "Come possiamo spiegare la nostra situazione attuale se non pensando che uomini in posizioni elevate di questo governo si stiano concertando per gettarci nel disastro? Questo deve essere il frutto di una grande cospirazione, una cospirazione su una scala così immensa da superare qualsiasi altra impresa simile nella storia. Una cospirazione di un'infamia così nera che, quando sarà finalmente smascherata, i suoi direttori si meriteranno per sempre la maledizione di tutte le persone oneste.... Cosa si può dire di questa serie ininterrotta di decisioni e azioni che hanno contribuito alla strategia della sconfitta? Non possono essere attribuite all'incompetenza. Se Marshall fosse semplicemente stupido, le leggi della probabilità indicherebbero che parte delle sue decisioni avrebbero servito gli interessi di questo Paese...".

Per spiegare adeguatamente quanto accaduto in Cina, è necessario tornare al maggio 1919 e collocarsi all'Hotel Majestic di Parigi. Nel capitolo otto è stato spiegato che nell'ambito della Conferenza di Pace il colonnello Mandell House organizzò una riunione in cui fu concepita la fondazione di una serie di organismi globali legati alla Tavola Rotonda, la società segreta fondata da Alfred Milner di cui facevano parte, tra le altre famiglie illuminate, i Rothschild e gli Astor. I rappresentanti di Morgan, Rockefeller e altri banchieri internazionali inviati in Europa crearono poi il RIIA (Royal

Institute or International Affairs) e il CFR (Council on Foreign Relations). Il lettore ricorderà che le élite finanziarie idearono anche l'IPR ("Institute of Pacific Relations"), la cui funzione principale era quella di condurre gli affari nell'area del Pacifico. L'IPR nacque infine nel 1925, sponsorizzato dai capitalisti di Wall Street, e tra i suoi obiettivi c'era la diffusione dell'ideologia comunista, anche se in teoria doveva essere un forum di discussione dei problemi asiatici e delle loro relazioni con l'Occidente. L'IPR, un'associazione privata che non paga le tasse, fu finanziata principalmente da Morgan, Rockefeller e altre banche e aziende di Wall Street. L'IPR si dotò di due organi di espressione: il trimestrale *Pacific Affairs*, il cui direttore era il cripto-giudeo Owen Lattimore, e *Far Eastern Survey*, pubblicato dall'American Council dell'IPR, il cui segretario esecutivo era Frederick Vanderbilt Field, noto come "il milionario comunista". Nel 1937 nacque un altro organo di stampa, *Amerasia*, un mensile il cui ruolo era di prim'ordine. Il progetto *Amerasia*, approvato dall'IPR, era di proprietà del comunista ebreo Philip Jacob Jaffe e dello stesso Vanderbilt Field. Le politiche statunitensi in Cina furono imposte dall'IPR, come si vedrà nelle pagine seguenti.

Nella sua famosa opera *Tragedy and Hope* l'insider Carroll Quigley riconosce che l'IPR è stato responsabile della caduta della Cina nel campo comunista e fa riferimento all'indagine sulla questione intrapresa nel 1951 dalla Senate Internal Security Subcommittee (SISS), creata il 21 dicembre 1950, che era l'equivalente congressuale della House Un-American Activities Committee (HUAC). Quigley spiega che la SISS cercò di dimostrare che la Cina era caduta nelle mani del comunismo a causa dell'azione deliberata di un gruppo di accademici esperti di Estremo Oriente controllati e coordinati dall'Institute of Pacific Relations. A questo punto, Quigley lascia intendere che questi agenti avrebbero fatto ben poco senza il sostegno di cui godevano, aggiungendo: "L'influenza dei comunisti sull'IPR è ben nota, ma la sponsorizzazione di Wall Street è meno conosciuta". Spiega che l'IPR era composta da dieci consigli nazionali indipendenti con sede in altrettanti Paesi che si occupavano degli affari del Pacifico. La sede centrale dell'IPR e il suo Consiglio americano si trovavano a New York, dove lavoravano in collegamento tra loro. Tra il 1925 e il 1950", rivela Quigley, "ciascuno di essi spese circa due milioni e mezzo di dollari, forniti principalmente dalle fondazioni Rockefeller e Carnegie. I deficit finanziari annuali erano sostenuti da "angeli della finanza, quasi tutti legati a Wall Street". Inoltre, i privati contribuivano assiduamente con grandi somme di denaro per far fronte alle spese di ricerca, di viaggio e di altro tipo.

Per comprendere meglio l'esito finale, è necessario dare un breve sguardo al processo storico cinese iniziato all'inizio del XX secolo. L'odio per gli stranieri fu la forza trainante del processo rivoluzionario. L'umiliante presenza per tutto il XIX secolo di potenze come Gran Bretagna, Francia, Russia, Giappone e Germania spinse i rivoluzionari nazionalisti a iniziare a combattere nelle città. Sun Yat-sen, un medico braccato dalla polizia imperiale, fuggì all'estero e dagli Stati Uniti e da Londra gettò le basi del KMT (Kuomintang). Durante la Prima guerra mondiale, gli Alleati ottennero che la Cina dichiarasse guerra alla Germania nel 1917, in cambio di promesse non mantenute. Il 4 maggio 1919 gli studenti manifestarono a Pechino davanti alle ambasciate straniere e incendiarono diversi edifici. Nel frattempo, l'Internazionale Comunista inviò agenti in Cina nel tentativo di riportare il movimento nazionalista rivoluzionario sulla strada del comunismo.

Inizialmente fu organizzato un fronte unito tra il Partito Comunista Cinese, fondato nel luglio 1921, e i nazionalisti del Kuomintang (Partito Nazionale del Popolo) di Sun Yat-sen, che era massone e sposato con una donna cinese di origine ebraica, Soong Ching-ling, dell'etnia ebraica cinese dei Tiao Kiu Kiaou[24]. Conosciuta come Madame Sun Yat-sen, Soong Ching-ling lavorò a stretto contatto con Mao dopo l'instaurazione del comunismo. Anche il segretario e braccio destro di Sun Yat-sen era un ebreo di nome Morris Cohen. Fu il IV Congresso dell'Internazionale Comunista (novembre/dicembre 1922) a proporre l'alleanza tra comunisti e nazionalisti. Lenin inviò come ambasciatore in Cina Adolf Abramovich Joffe, l'ebreo che aveva guidato la delegazione sovietica ai negoziati di pace di Brest-Litovsk con Trotsky. Come è noto, Joffe, convinto trotskista, si suicidò nel 1927 per protestare contro l'espulsione di Trotsky dal partito. Il 26 gennaio 1923, Sun Yat-sen e Adolf A. Joffe rilasciarono a Shanghai la dichiarazione che suggellava un'alleanza collaborativa per il periodo 1924-27. All'epoca, alcuni cinesi del partito avevano già dichiarato di non essere in grado di collaborare. All'epoca, alcuni cinesi delle classi più abbienti si stavano avvicinando al comunismo attraverso il nazionalismo radicale. A Joffe si unì un altro ebreo, Jacob Borodin (Grusenberg), che divenne consigliere politico del Kuomintang, che tentò di bolscevizzare. Al primo congresso del Kuomintang, nel gennaio 1924, molti comunisti furono collocati in posizioni

---

[24] Per saperne di più sui Tiao-Kiu Kiaou, c'è un'opera che può essere letta in inglese: *El comunismo chino y los judíos chinos*, di Itsvan Bakony, che a sua volta attinge principalmente a un'altra fonte: *The History of the Jews in China*, di S. M. Perlmann. Anche l'*Enciclopedia Judaica Castellana* e l'*Enciclopedia Ebraica* forniscono dati interessanti, secondo i quali gli ebrei cinesi erano importanti nell'agricoltura, nel commercio, nella magistratura e nell'esercito. Secondo queste fonti, la presenza degli ebrei in Cina risale a tempi immemorabili. Marco Polo fa riferimento alla potente influenza commerciale e politica degli ebrei in Cina. Nel XIX secolo, gli ebrei Tiao-Kiu Kiaou si dedicarono al commercio dell'oppio a Shanghai e Honk Kong in collusione con gli inglesi e con il banchiere ebreo Elias David Sassoon. Tutto lascia pensare che la loro collaborazione con i comunisti fosse molto significativa, dato che molti dei leader erano Tiao-Kiu Kiaou. Jean Lombard scrive ne *Il volto nascosto della storia moderna* che gli ebrei cinesi lavorarono allo sviluppo della massoneria e delle società segrete cinesi. Secondo questo autore, "Mao stesso e alcuni dei suoi collaboratori nel Partito Comunista e nell'Armata Rossa passano per Tiao-Kiu-Kiaou".

vantaggiose all'interno del partito. Dopo la morte di Sun Yat-sen nel 1925, Borodin puntò sul suo successore Chiang Kai-shek, che come Sun Yat-sen era un massone di alto grado e aveva anche sposato una Tiao Kiu Kiaou della famiglia Soong, sorella della moglie di Sun Yat-sen. Il periodo di coalizione fu irto di controversie e dissensi tra i due partiti.

Dopo un soggiorno a Mosca nel 1927, Chiang Kai-shek giunse alla conclusione che i sovietici intendevano utilizzare il giovane Partito Comunista Cinese come strumento della loro politica estera. Le ostilità iniziarono il 12 aprile 1927 con un colpo di stato anticomunista da parte di Chiang Kai-shek e il 28 aprile ci fu l'assalto all'ambasciata dell'URSS a Pechino. Migliaia di membri del PCC accusati di essere sleali alla Cina furono liquidati. Heinz Neumann, un altro trotskista ebreo che rappresentava il Comintern in Spagna e che sarebbe stato epurato da Stalin nel 1937, organizzò una ribellione comunista a Nanchino che fallì. Il Fronte Unito era definitivamente rotto. Gli internazionalisti trotskisti avevano fin dall'inizio attribuito grande importanza al trionfo del comunismo in Cina, tanto che questi eventi del 1927 servirono a Trotsky per lanciare una campagna contro Stalin e cercare di riconquistare il potere. Trotsky, Zinoviev e altri leader ebrei dell'opposizione trotskista accusarono Stalin di incompetenza e lanciarono una cospirazione contro di lui che fallì e si concluse, come già detto, con il confino di Trotsky ad Alma Ata nel 1928.

In Cina sarebbe iniziata una lunga guerra civile che si sarebbe conclusa con il trionfo di Mao Tse-tung nel 1949. In un discorso pronunciato il 1° agosto 1927 al Plenum del Comitato Centrale, Stalin lo annunciò con queste parole: "Passiamo ora alla seconda fase della rivoluzione in Cina. Mentre la prima fase era caratterizzata dal fatto che la rivoluzione era diretta principalmente contro l'imperialismo straniero, la caratteristica distintiva della seconda fase è che la rivoluzione sarà ora diretta direttamente contro i nemici interni". Tuttavia, i consiglieri sovietici dovettero lasciare il Paese, il PCC perse tutte le città e rimase solo in clandestinità nelle campagne. Nella provincia natale di Mao, lo Hunan, aveva organizzato leghe contadine per conto del Partito Comunista e del Kuomingtang. Si può dire che mentre Chiang Kai-shek liquidò il comunismo urbano, Mao Tse-tung riuscì a salvare il comunismo contadino. Alla fine del 1929 la Gran Bretagna, gli Stati Uniti e la Francia riconobbero il nuovo governo nazionalista di Chiang Kai-shek.

Negli anni Trenta entrarono in Cina molti agenti dell'Internazionale Comunista che lavoravano clandestinamente per gli internazionalisti trotskisti, molti dei quali erano americani. Contemporaneamente, negli Stati Uniti si svilupparono attività di comunisti cinesi, il più famoso dei quali fu Chi Chao-ting, sposato con una comunista ebrea americana di nome Harriet Levine, cugina di Philip Jaffe. Chi scrisse articoli per il *Daily Worker* con lo pseudonimo di R. Doonping in cui accusava Chiang Kai-shek di essere un controrivoluzionario che aveva tradito la rivoluzione cinese nel 1927. Chi Chao-ting conseguì un dottorato in economia alla Columbia University e lavorò per il Comitato Centrale del Partito Comunista degli Stati Uniti. Fu anche molto attivo nell'American Friends of Chinese People, un'organizzazione che promuoveva l'aiuto ai comunisti e aveva una pubblicazione, *China Today*, di cui Madame Sun Yat-sen era collaboratrice. Tra i comunisti americani di spicco dell'organizzazione vi erano Frederick Vanderbilt Field, Philip Jaffe, Thomas A. Bisson, Max Granich, Owen Lattimore, Anna Louise Strong e Grace Hutchins. Ad eccezione di Vanderbilt Field, erano tutti ebrei. Nel 1936, Chi Chiao-ting era già membro del Segretariato internazionale della DPI a New York e collaborava a *Far Eastern Survey* e *Pacific Affairs*. Nel 1937 divenne socio di *Amerasia*. Altri due comunisti cinesi molto attivi nell'Istituto per le Relazioni con il Pacifico e nelle sue pubblicazioni, che in seguito ricoprirono posizioni di rilievo nella Cina comunista, furono Chen Han-seng e Hsu Yung-ying.

In Cina, il Generalissimo Chian Kai-shek lanciò all'inizio degli anni Trenta successive campagne di annientamento contro i comunisti di Mao, che poterono trovare tregua solo grazie all'invasione giapponese della Manciuria. Nell'ottobre 1934, dopo successive sconfitte, i soldati contadini di Mao iniziarono la leggendaria "lunga marcia" per evitare di essere accerchiati e annientati. Per un anno, le forze comandate da Mao Tse-tung marciarono quasi ininterrottamente, inseguite da centinaia di migliaia di soldati del Kuomingtang. Hanno percorso più di diecimila chilometri a piedi, una distanza doppia, ad esempio, rispetto a quella che separa Lisbona da Mosca. Hanno attraversato diciotto catene montuose, ventiquattro fiumi, diversi deserti e paludi. Gli istruttori politici lasciarono i soviet nelle città e nei villaggi attraversati e formarono unità di guerriglia. Dei centomila uomini che componevano le forze di Mao, ottantamila morirono di fame, freddo e stanchezza, quando non furono annegati nei fiumi o gettati nei burroni. Secondo Christian Zentner, Mao dovette anche superare nemici interni, compagni che cercarono di ucciderlo, perché non era l'uomo scelto da Stalin, che cercava di sostituirlo con qualcuno di cui si fidava di più. A Mosca, Mao Tse-tung non è mai stato considerato il capo del partito. Tutto lascia pensare che l'uomo di Stalin all'epoca potesse essere Chang Kuo-tao, capo della Quarta Armata, ufficialmente superiore a Mao all'interno del PCC, che egli tentò più volte di eliminare durante la "lunga marcia". Questo fatto è molto significativo, poiché i comunisti americani scommisero fin dall'inizio su Mao Tse-tung, che secondo Jean Lombard era un Tiao Kiu Kiaou.

Nell'ottobre del 1936 Mosca giunse alla conclusione che un nuovo fronte unito tra il Kuomingtang e il PCC era necessario per sconfiggere i giapponesi, il nemico esterno. Il Partito Comunista USA e lo stesso Mao Tse Tung condividevano l'idea; ma non Chiang Kai-shek, per il quale i giapponesi erano un male minore e che considerava prioritario sconfiggere i comunisti, il nemico interno che cercava di eliminare lui e il suo sistema. In un memorandum datato 18 maggio 1954 e intitolato *Potenzialità delle attività di intelligence comunista cinese negli Stati Uniti*, John Edgar Hoover, direttore dell'FBI, rivela che nel giugno 1937 importanti comunisti ebrei americani legati all'IPR visitarono Mao a Yenan. Tra loro c'erano Philip Jacob Jaffe, Agnes Jaffe, Thomas A. Bisson e Owen Lattimore. In una lettera, Mao fece sapere a Earl Browder, leader comunista negli Stati Uniti, che stava ricevendo informazioni sugli affari negli Stati Uniti da "vari amici americani e altre fonti".

Significativamente, nella primavera del 1941 uno di questi "amici americani" di Mao, il professor Lattimore, sarebbe stato nominato da Roosevelt consigliere del leader nazionalista Chiang Kai-shek a Chungking, la capitale bellica della Cina libera. In questo modo, l'IPR ha stabilito un contatto strategico di prim'ordine in un luogo particolarmente sensibile: Owen Lattimore ha evidentemente sentito e visto tutto ciò che poteva essere di interesse per lo sviluppo della strategia per il trionfo di Mao e del comunismo in Cina. In qualità di consigliere di Chiang Kai-shek, Lattimore si recava sporadicamente a San Francisco per ricoprire il ruolo di capo dell'Office of War Information (OWI) Pacific Coast.

Alla fine, alla fine del 1937, si decise segretamente di costituire il Secondo Fronte Unito per opporsi ai giapponesi. Secondo quanto riferito, i comunisti promisero al Kuomintang quattro cose: rinunciarono alla riorganizzazione agraria che stavano attuando; garantirono che non avrebbero rovesciato il Kuomintang con la forza; accettarono nuovi governi regionali democratici nei territori di confine dove erano stati istituiti i soviet; accettarono di trasformare l'Armata Rossa in un esercito nazionale rivoluzionario. Durante questo nuovo periodo di Fronte Unito, *Cina Oggi* e gli Amici americani del popolo cinese diressero tutta la loro artiglieria propagandistica contro il Giappone e cessarono gli attacchi a Chiang Kai-shek. Nel dicembre 1937, negli Stati Uniti fu costituito il China Relief Council, per organizzare la raccolta di fondi per i progetti di soccorso alla Cina. Tra i direttori del Consiglio vi erano Philip Jaffe e Chi Chao-ting, entrambi membri dell'IPR e di *Amerasia*.

Il periodo del Secondo Fronte Unito fu segnato negli Stati Uniti, secondo il memorandum di Edgar Hoover, dall'infiltrazione nel governo Roosevelt di agenti che lavoravano per raggiungere obiettivi comunisti in Cina. Edgar Hoover cita Lauchlin Currie, Michael Greenberg, Harry Dexter White, Solomon Adler e il gruppo *Amerasia*, che secondo il rapporto dell'FBI avevano accesso a documenti governativi riservati. Una menzione speciale viene fatta ancora una volta a Chi Chao-ting, che teoricamente agì in questo periodo per conto del governo di Chiang Kai-shek, che rappresentò nel 1944 alla Conferenza di Bretton Woods.

Dopo l'attacco giapponese a Pearl Harbour, le cose cominciarono a cambiare in Cina e la diffidenza tornò a segnare i rapporti tra Chiang Kai-shek e i comunisti, che seppero sfruttare la guerra come un'opportunità per rafforzarsi. Era chiaro a Chiang Kai-shek, consigliato da Owen Lattimore, lo stratega dell'IPR, che, così come la Polonia era stata un casus belli per la Gran Bretagna nel 1939, la Cina era stata un casus belli per gli americani, che l'avevano sostenuta per contenere la conquista giapponese. Nel 1944, tuttavia, le forze comuniste di Mao Tse-tung e Chou En-lai avevano una base di potere indipendente nel loro feudo di Yenan, comandavano i propri eserciti e si stavano preparando per il momento decisivo. Inoltre, due agenti comunisti spacciati per alti funzionari americani, il diplomatico John Stewart Service e Solomon Adler, vicino a Harry Dexter White al Tesoro, avevano raggiunto Owen Lattimore a Chungking. Per completare il trio, Chi Chao-ting fu collocato accanto al Ministro delle Finanze del Kuomintang. Tutti costoro erano presumibilmente in Cina per aiutare i nazionalisti, ma in realtà odiavano Chiang Kai-shek e lavoravano nell'ombra per il trionfo del comunismo. A Chungking, Solomon Adler, John Stewart Service e Chi Chao-ting vivevano insieme nella stessa casa. In relazione all'affare IPR in Cina, Elisabeth Bentley testimonierà alla SISS il 14 agosto 1951 che Solomon Adler era un membro del gruppo di Silvermaster e che lei era il corriere tra loro. La Bentley confermò che anche Harry Dexter White riceveva informazioni da Adler.

Nel *Diario di Morgenthau: Cina*, c'è un messaggio di Solomon Adler a Harry Dexter White, che evidentemente ne ha discusso con il Segretario al Tesoro Henry Morgenthau, dato che Morgenthau ha annotato la conversazione nel suo Diario. Il comunicato fu prodotto nel febbraio 1945 e in esso Adler sostiene che si dovrebbe appoggiare Chiang solo se egli cerca davvero di promuovere un governo di coalizione con Mao. Secondo Adler, il modo per fare pressione in tal senso è usare il potere del Tesoro e ritirare gli aiuti finanziari a Chiang, in particolare un credito di 200 milioni di dollari in oro promesso in precedenza. Santon Evans riproduce alcuni estratti del testo di Solomon Adler a Dexter White in *Blacklisted by History*:

> "Il Tesoro non sembra avere alternative se non quella di adottare una politica negativa nei confronti della Cina. Dovremmo continuare a inviare il minor quantitativo possibile di oro in Cina. Perché questo oro non sarà usato efficacemente per combattere l'inflazione.... Dovremmo essere duri e lenti nell'approvare le spese dell'esercito in Cina. Non c'è bisogno di avere la coscienza sporca a questo proposito, perché i cinesi ci ingannano alla minima occasione..... Dovremmo rifiutare le richieste cinesi di beni in prestiti e locazioni in ambito civile con il pretesto di combattere l'inflazione.... Dovremmo tenere sotto controllo i fondi cinesi negli Stati Uniti".

Queste parole mostrano certamente quali piani il Tesoro si stava preparando ad adottare nel febbraio 1945. Stanton Evans commenta: "Questa strategia, esposta da un agente comunista a un altro agente comunista, sarebbe diventata la politica ufficiale degli Stati Uniti verso la Cina nel giro di pochi mesi". L'autore cita le parole che Henry Morgenthau scrisse nel suo

Diario: "Adoro queste lettere di Adler". Evans aggiunge: "White si assicurava che il Segretario del Tesoro Morgenthau vedesse i promemoria di Adler e i rapporti selezionati del Servizio Stewart. Morgenthau avrebbe portato il messaggio alla Casa Bianca, dove aveva accesso diretto a FDR, suo vicino di casa da molto tempo nella Hudson Valley di New York". Poiché Lauchlin Currie, dello "staff" della Casa Bianca, riceveva rapporti aggiornati da Service, ogni memo poteva essere citato come conferma dell'altro".

Per quanto riguarda gli sforzi per combattere i giapponesi, i rapporti che giungevano a Washington erano molto diversi a seconda della fonte. Mentre il diplomatico Stewart Service riferiva che solo i comunisti stavano combattendo i giapponesi e che Chiang Kai-shek non stava facendo nulla, il generale Albert Wedemeyer sosteneva l'esatto contrario. Wedemeyer, un esperto militare che era stato in Cina al comando della lotta contro il Giappone per molti mesi, pubblicò anni dopo il libro *Wedemeyer Reports* (1955). Secondo questa fonte, i comunisti cinesi avevano contribuito pochissimo alla lotta contro i giapponesi e non erano stati di alcun aiuto: "Non c'erano forze comuniste cinesi - scrive Wedemeyer - a combattere in nessuna delle battaglie importanti della guerra sino-giapponese". Sulla base dei rapporti trasmessigli dal suo servizio di intelligence, il generale scrisse nell'opera citata: "Ho appreso che Mao Tse-tung, Chou En-lai e altri leader comunisti cinesi non erano interessati a combattere i giapponesi perché la loro principale preoccupazione era quella di occupare il territorio che le forze nazionaliste avevano evacuato nella loro ritirata".

Nella primavera del 1945, l'ambasciatore statunitense a Chungking, il generale Patrick Hurley, che era stato Segretario alla Guerra dal 1929 al 1933, disse ai suoi superiori a Washington che non si fidava di un diplomatico sotto il suo comando, John Stewart Service, e chiese che fosse richiamato in servizio all'Ambasciata. Alla fine del 1944 Service era tornato negli Stati Uniti con un permesso di due mesi. Durante la visita, oltre a incontrare Lauchlin Currie e Dexter White, incontrò persone che erano state sorvegliate dall'FBI, come Grace Granich, una comunista di origine ebraica che era stata segretaria di Earl Browder; Andrew Roth, un ebreo di origine ungherese che era stato investigatore dell'IPR ed era tenente della Divisione Estremo Oriente del Dipartimento dell'Intelligence Navale; Rose Yardumian, un'altra donna ebrea di origine armena responsabile dell'ufficio IPR di Washington e vecchia amica dei Lattimores. In assenza di John Service, l'ambasciatore Hurley ebbe il tempo di esaminare i dispacci e i comunicati inviati dal diplomatico, che si supponeva lavorasse per lui, e non li gradì affatto. Eccone uno, riprodotto in frammenti da M. Stanton Evans, particolarmente contrario alla linea ufficiale dell'Ambasciata:

> "Le nostre relazioni con Chiang Kai-shek continuano apparentemente sul presupposto irrealistico che egli sia la Cina e che sia necessario alla nostra

causa..... Nelle circostanze attuali, il Kuomintang dipende dagli aiuti americani per il suo sostentamento. Ma noi non dipendiamo affatto dal Kuomintang. Non ne abbiamo bisogno per ragioni militari.... Non dobbiamo temere il crollo del governo del Kuomintang..... Non abbiamo bisogno di sostenere il Kuomintang per ragioni di politica internazionale..... Non abbiamo bisogno di sostenere Chiang nella convinzione che rappresenti gruppi filoamericani o filodemocratici.... Non dobbiamo sentirci grati a Chiang.... Ci potrà essere un periodo di un po' di confusione, ma i vantaggi finali di un crollo del Kuomintang lo supereranno".

Quando John Service tornò a Chungking alla fine del gennaio 1945, Pat Hurley aveva già deciso di non volerlo all'Ambasciata. Oltre a mostrare la sua ostilità, l'ambasciatore annunciò di aver chiesto la sua sostituzione. In primavera, Washington accolse la richiesta e senza alcuna cerimonia di addio Service fu rimandato negli Stati Uniti. Il 12 aprile era a Washington, dove Andrew Roth lo mise in contatto con Philip Jacob Jaffe, editore del giornale filocomunista *Amerasia*. L'incontro tra i due avvenne allo Statler Hotel. Jaffe era sotto stretta sorveglianza da alcune settimane, con intercettazioni telefoniche, cimici e monitoraggio dei suoi spostamenti. Come se il primo incontro con Granich, Roth e Yarmudian non fosse stato sufficiente, dopo questo incontro il Servizio cominciò a comparire nei file dell'FBI. L'11 maggio 1945, l'FBI inviò alla Casa Bianca un memorandum di ottanta pagine relativo al caso *Amerasia*. Conteneva i movimenti di aprile di Philip Jacob Jaffe, John Service, Andy Roth, Mark Gayn (un altro ebreo il cui vero nome era Julius Ginsberg) ed Emmanuel Larsen (del Dipartimento di Stato). Quando fu declassificato, il dossier *Amerasia* consisteva in più di dodicimila pagine. In giugno l'FBI arrestò John Service e altri funzionari del Dipartimento di Stato con l'accusa di spionaggio, ma Lauchlin Currie si assicurò che non venisse accusato.

Il 24 aprile 1945 Mao Tse-tung, in una relazione al Settimo Congresso Nazionale del Partito Comunista Cinese, fece riferimento alla necessità di eliminare gli aggressori giapponesi all'esterno e il Kuomintang all'interno. Mao indicava la ripresa della guerra civile. Da questo punto in poi, si può vedere più in dettaglio come Mao Tse-tung riuscì a sconfiggere Chiang Kai-shek e a proclamare la Repubblica Popolare Cinese. Si può dire che il sabotaggio del prestito d'oro di Harry Dexter White e Solomon Adler, di cui si è parlato sopra, sia stato l'innesco del piano. Nel 1951 Freda Utley pubblicò *The China Story,* in cui analizza la politica statunitense in Cina dal 1945. L'autrice fa riferimento a un discorso pronunciato a Washington l'11 aprile 1950 dal colonnello L.B. Moody del Corpo di Artiglieria. Moody accusava il governo statunitense di aver continuamente negato gli aiuti militari a Chiang Kai-shek. Il 16 luglio 1951, Moody pubblicò un lungo articolo sulla rivista *The Freeman* che descriveva in dettaglio gli sforzi oscuri per negare gli aiuti militari. Nell'estate del 1945, questo specialista dell'esercito ispezionò un surplus di munizioni destinate al KMT (Kuomintang). Il colonnello Moody sostiene che gli ufficiali che gestivano questi materiali fecero di tutto per assicurarsi che non venissero consegnati. Le munizioni di erano sotto il controllo dell'Amministrazione Economica Federale, il successore del Consiglio per la Guerra Economica. Quando i rifornimenti dovevano essere consegnati a Chiang, scrive Moody, "la FEA fece di tutto per bloccare o ritardare la spedizione di questo materiale essenziale, probabilmente attraverso i funzionari dell'Ambasciata". Secondo il colonnello, delle 153.000 tonnellate di munizioni, Chiang ricevette solo il due per cento, "il resto fu gettato nell'oceano o smaltito in altro modo". I fucili catturati dai tedeschi, che avrebbero dovuto essere destinati al generale, furono sequestrati. "Fu inviata una piccola spedizione", osserva Moody, "ma il progetto fu cancellato per ordine di Washington".

Nell'autunno del 1945 John Carter Vincent fu nominato direttore del Bureau of Far Eastern Affairs. Questo diplomatico, come John Stewart Service prima di lui, avrebbe avuto un ruolo decisivo. In concomitanza con la sua nomina, si verificarono le dimissioni di Patrick Hurley, ambasciatore americano in Cina, che, dopo l'episodio di Service, era diventato un ostacolo ai piani per indebolire Chiang e favorire i comunisti. Pat Hurley cominciò a capire che più funzionari del Foreign Service erano coinvolti nella strategia, ma i suoi commenti furono considerati sproloqui e lui stesso fu etichettato come spaccone e millantatore. Non abituato a essere maltrattato e di fronte a un'evidente campagna per screditarlo, l'ambasciatore Hurley si dimise alla fine di novembre del 1945. A sostituirlo fu il famoso generale George Marshall, l'uomo che il 6 dicembre 1941 perse improvvisamente la memoria e non sapeva dove fosse stato nelle dodici ore precedenti l'attacco giapponese a Pearl Harbour.

Va notato che Stalin si era impegnato a Yalta a dichiarare guerra al Giappone tre mesi dopo la sconfitta della Germania. Questo fu sostanzialmente un bel regalo da parte di Roosevelt, in quanto era un invito per i sovietici a mettere piede in Manciuria, i cui porti e ferrovie erano di vitale importanza. Dopo lo sgancio della bomba atomica su Hiroshima, Mosca ordinò l'inizio dell'operazione nel Manchukuo (Manciuria), lo Stato satellite del Giappone. Fu una guerra lampo, in vero stile tedesco, e l'esercito sovietico ottenne una delle sue più brillanti vittorie in tre settimane. Logicamente, la resa della Manciuria a Stalin era a favore dell'instaurazione del comunismo in Cina.

Ci sono diverse interpretazioni di ciò che accadde dopo la sconfitta giapponese. Poiché il Kuomintang non aveva truppe in Manciuria, cinquantamila marines americani erano sbarcati in Cina e gli aerei americani avevano trasportato i soldati di Chiang Kai-shek in Manciuria per partecipare alla capitolazione dei giapponesi, che si erano arresi ai sovietici. A quel punto divenne chiaro ancora una volta che Mao non era un uomo di Mosca, perché Stalin, che era stato spietato nell'occupazione di mezza Europa, accettò di consegnare l'importante zona industriale della Manciuria a Chiang Kai-shek e permise al Kuomintang di occupare le città chiave della Cina settentrionale. Sembra chiaro che se avesse avuto fiducia in Mao Tse-tung non avrebbe mai agito in questo modo.

Nel novembre 1945, attraverso le dichiarazioni di Elisabeth Bentley e Whittaker Chambers, l'FBI riuscì a stabilire che, sorprendentemente, i parallelismi stavano convergendo: tutte le reti di spionaggio su cui stavano indagando sembravano essere interconnesse. Il 27 novembre, l'FBI presentò al Presidente Truman un nuovo memorandum di 50 pagine sullo spionaggio sovietico negli Stati Uniti, che raccoglieva informazioni su COMRAP ("Comintern Apparatus"), CINRAD ("Communist Infiltration of the Radiation Laboratory") e *Amerasia*. Questo rapporto sarebbe diventato famoso anni dopo, quando Richard Nixon lo lesse in parte davanti alle commissioni d'inchiesta. Tra i nomi che comparivano in questa panoramica sull'infiltrazione comunista c'erano: Oppenheimer, Silvermaster, Hiss, Currie, Bransten, Kheifitz, White, Service, Adler, Glasser... e altri meno rilevanti.

Il 20 dicembre 1945, presumibilmente in missione per convincere Mao e Chiang a formare un governo di unità, il generale Marshall arrivò in Cina, dove fu ricevuto dal generale Wedemeyer. Nel settembre 1945, l'ambasciatore americano Patrick Hurley aveva mediato un primo incontro tra Mao Tse-tung e Chiang Kai-shek. Combattere o coalizzarsi erano quindi le uniche due opzioni quando i giapponesi capitolarono. A quel punto, però, tutto era cambiato a favore dei comunisti: nel 1937 il PCC aveva quarantamila membri, nel 1945 un milione e mezzo. In termini di soldati regolari, era passato da ottantamila a più di novecentomila. Nel 1937 i comunisti cinesi dominavano un territorio di dodicimila chilometri quadrati con due milioni di abitanti; nel 1945 il loro dominio era dieci volte più grande con oltre 95 milioni di abitanti. Tuttavia, Chiang Kai-shek era convinto di poter sconfiggere il comunismo con l'aiuto degli alleati americani. Tuttavia, la minaccia di tagliare gli aiuti a Chiang Kai-shek se non si fosse alleato con i comunisti equivaleva a mettere il manico della padella nelle mani di Mao che, per impedire a Chiang di essere aiutato dai suoi presunti alleati americani, doveva solo impedire la formazione del governo di unità.

Il principale mentore del generale Marshall in Cina fu John Carter Vincent, un diplomatico leader dell'IPR infiltrato nel Dipartimento di Stato, collega di Owen Lattimore e stretto alleato di John Stewart Service e Lauchlin Currie. Nel novembre 1945, prima che Marshall si recasse in Cina, Vincent gli presentò un memorandum sulla situazione che, insieme ad altri due rapporti firmati dallo stesso Truman, gli servì da guida. Si trattava dell'accettazione da parte di Chiang Kai-shek dell'accordo con "i cosiddetti comunisti" (termini di Vincent). Fin dall'inizio fu chiaro che se Chiang non avesse accettato l'approccio, gli Stati Uniti avrebbero sospeso gli aiuti al generalissimo: "Una Cina disunita dalla guerra civile", disse Truman in una lettera, "non può realisticamente essere considerata un luogo adatto per gli aiuti americani". Come se non bastasse, Solomon Adler era uno dei principali consiglieri economici e finanziari di Marshall. L'atteggiamento di Truman nei confronti del caso Dexter White si ripeté con Solomon Adler, che era stato rappresentante del Tesoro in Cina nel 1944. L'FBI sapeva che a Chungking Adler aveva vissuto con Chi Chao-ting e John Stewart Service nella stessa casa Nonostante i ripetuti rapporti di Edgar Hoover sul fatto che fosse un agente comunista, il presidente Truman non solo lo mantenne al Tesoro, ma lo promosse, gli aumentò lo stipendio e lo nominò in posizioni chiave. Nel 1946 fu consigliere del generale Marshall. Nel 1947 fu incaricato di fornire informazioni di base sulla Cina al generale Wedemeyer. Dal dicembre 1947 al febbraio 1948 discusse con il Dipartimento di Stato le questioni relative agli aiuti tecnici e finanziari a Chiang Kai-shek. Naturalmente, essendo uno scagnozzo della cospirazione comunista internazionale per strangolare Chiang, consigliò di tagliare gli aiuti ai nazionalisti cinesi.

Solo nel maggio 1950, dopo l'irruzione sulla scena del senatore Joseph McCarthy, Solomon Adler, a missione compiuta, ritenne prudente lasciare il Tesoro e recarsi in Inghilterra, da dove fuggì in Cina per lavorare per il regime comunista che aveva contribuito a instaurare. Service, Vincent, Adler, Currie, Lattimore erano solo la punta dell'iceberg. Stanton Evans cita lo storico Maochun Yu, che sulla base del suo studio delle fonti cinesi scrive: "Quando George Marshall era in Cina, la penetrazione comunista nei media americani era dilagante. Molti dattilografi e interpreti cinesi impiegati dall'OSS e dall'OWI (Office of War Information) erano agenti segreti che lavoravano per Yenan. Come è stato rivelato in recenti materiali pubblicati in Cina, essi rubavano documenti, organizzavano attività segrete, fornivano dati errati e alimentavano le agenzie di intelligence americane in Cina con informazioni falsificate'.

Tuttavia, nei primi mesi del 1946 i nazionalisti del KMT stavano vincendo la guerra e non capivano perché gli americani cercassero di costringerli a stringere un patto con i comunisti invece di aiutarli a sconfiggerli. Infatti, la prima decisione di Marshall fu quella di chiedere una tregua, che i comunisti logicamente accettarono, visto che stavano perdendo. Un altro autore cinese citato da Stanton Evans, il comunista Jung Chang, in un testo intitolato "Saved by Washington" scrive quanto segue:

> "Marshall avrebbe reso un servizio monumentale a Mao. Quando Mao si trovò con le spalle al muro in quella che può essere definita la sua Dunkerque su nella tarda primavera del 1946, Marshall esercitò una forte e decisiva pressione su Chiang affinché interrompesse la persecuzione dei comunisti nella Manciuria settentrionale.... Il "diktat" di Marshall fu probabilmente la decisione più importante per l'esito della guerra civile. I rossi che hanno vissuto quel periodo, da Biao ai pensionati dell'esercito,

commentano in privato che la tregua fu un errore fatale da parte di Chiang".

Nel luglio del 1946, Marshall schiacciò il piede sull'acceleratore per raggiungere l'obiettivo che si era prefissato. Il generale avvertì Chiang che i suoi ordini erano di raggiungere "la pace e l'unità" e che se i combattimenti non fossero cessati avrebbe dovuto sospendere gli aiuti al KMT. Noncurante del fatto che nessuno facesse pressione sui comunisti, tutta la responsabilità del proseguimento della guerra civile fu attribuita alla parte nazionalista. Joe McCarthy avrebbe fatto riferimento a questi momenti nel 1951. Secondo il senatore, il generale Wedemeyer aveva preparato un piano ragionevole e intelligente che avrebbe mantenuto la Cina come un prezioso alleato, ma fu sabotato, cosa che McCarthy considerò un alto tradimento. In un discorso del 14 marzo 1951, dichiarò che il generale Marshall, ormai malato e indebolito, era stato di fatto ingannato dai cospiratori:

> "Quando Marshall fu inviato in Cina con ordini segreti del Dipartimento di Stato, i comunisti erano bloccati in due aree e stavano combattendo una battaglia persa; ma grazie a quegli ordini la situazione cambiò radicalmente a favore dei comunisti. In esecuzione di tali ordini, come sappiamo, Marshall sequestrò tutte le armi e le munizioni dei nostri alleati in Cina. Egli forzò il passaggio in Manciuria attraverso i monti Kalgan, controllati dai nazionalisti, per consentire ai comunisti di accedere alle attrezzature e alle grandi quantità di armi catturate ai giapponesi. Non c'è bisogno di spiegare al Paese come Marshall abbia cercato di costringere Chiang Kai-shek a formare un governo di coalizione con i comunisti".

L'embargo sulle armi iniziò nell'estate del 1946 e fu decisivo. Ai nazionalisti non solo fu impedito di acquistare armi e munizioni, ma anche di ricevere le spedizioni già acquistate. Affinché il blocco fosse completo, l'embargo fu coordinato con gli inglesi, che erano l'alternativa più probabile per i nazionalisti. Questa politica continuò fino all'inizio dell'estate del 1947, anche se nei mesi successivi fu perseguita con metodi clandestini. Freda Utley spiega in *The China Story* che Chiang Kai-shek cercò per un anno di far revocare l'embargo per poter acquistare munizioni che non potevano essere vendute a nessun altro, in quanto erano state prodotte su durante la Seconda Guerra Mondiale in base a requisiti precedentemente concordati. Secondo questa autrice, il Dipartimento di Stato inizialmente permise al governo cinese di acquistare munizioni per tre settimane, e un'ulteriore piccola sovvenzione fu concessa ai nazionalisti quando nel 1947 ai Marines statunitensi che lasciavano la Cina fu ordinato di lasciare sei giorni di munizioni calibro 30 mm. Freda Utley cita ancora il colonnello Moody, il quale stima che nel dicembre 1947 le munizioni in possesso del governo nazionalista erano sufficienti per combattere per poco più di un mese.

All'inizio del 1948, la preoccupazione per quanto stava accadendo in Cina spinse il Congresso degli Stati Uniti a sollecitare 125 milioni di dollari di assistenza economica, che avrebbero dovuto alleviare l'emergenza militare di Chiang Kai-shek. Anche in questo caso, gli agenti della cospirazione riuscirono a manovrare nell'ombra per ritardare gli aiuti. Il 5 aprile, l'ambasciatore cinese a Washington fece la prima richiesta per il rispetto della legge approvata dal Congresso. Per due mesi i cinesi supplicarono invano di poter effettuare gli ordini di rifornimento con i fondi accantonati a tale scopo. Le munizioni richieste potevano essere ottenute solo dalle "scorte" governative; ma Truman in un primo momento autorizzò solo le transazioni commerciali. Il generale Claire Chennault, a lungo comandante dell'aeronautica militare in Cina, ha testimoniato che una prima spedizione fu autorizzata in aprile, ma non raggiunse Shanghai fino a dicembre. L'ammiraglio Oscar Badger, che nell'estate del 1948 faceva parte di un gruppo di osservatori americani nella Cina settentrionale, confermò la testimonianza del generale Chennault. Le forze del KMT sapevano che il Congresso aveva votato gli aiuti e li attendevano con ansia per poter ingaggiare battaglie decisive. Purtroppo, non solo la consegna è stata ritardata, ma è arrivato solo il dieci per cento di quanto previsto. L'ammiraglio Badger ha aggiunto che, inoltre, il materiale fornito era difettoso sotto molti aspetti. Per le forze del KMT", ha detto Badger, "fu la goccia che fece traboccare il vaso.

All'inizio del 1949 si verificò l'episodio definitivo che dimostrò che il Gran Maestro Truman era pienamente coinvolto nel gioco della cospirazione. Il Presidente Truman, Dean Acheson, membro del CFR (Consiglio per le Relazioni Estere) appena nominato Segretario di Stato, e altre figure ben piazzate dell'Amministrazione decisero, nonostante l'approvazione del Congresso, di sospendere tutti gli aiuti militari a Chiang Kai-shek. Per giustificare la mossa, sostennero che la causa del KMT era già persa. Quando il senatore repubblicano Arthur Vandenberg apprese le intenzioni, minacciò di denunciarle pubblicamente. Per evitare discussioni, Truman annullò l'ordine; ma Acheson, riferisce Stanton Evans, diede istruzioni ai suoi subordinati del Dipartimento di Stato: "È auspicabile che le spedizioni siano ritardate ogni volta che è possibile e che ciò sia fatto senza un ordine formale".

Alla fine, tutte le misure e gli stratagemmi per portare alla sconfitta del governo nazionalista di Chiang diedero i loro frutti e le forze del KMT furono costrette a lasciare la terraferma e a sbarcare a Formosa. Tuttavia, invece di porre fine alla lotta contro di lui, Acheson era deciso a perseguire il generalissimo per liquidarlo definitivamente. Non appena i comunisti di Mao Tse-tung presero il potere nell'ottobre del 1949, si tenne una conferenza al Dipartimento di Stato in cui Philip Jessup, membro del Consiglio direttivo dell'IPR e membro del CFR, fu l'oratore principale. Si decise che la caduta della Cina non era la fine del processo, ma solo l'inizio. Si è convenuto che ci si devono aspettare ulteriori progressi comunisti nella regione e che la politica raccomandata per gli Stati Uniti è quella di tenersi in disparte e permettere che avvengano. In particolare, gli "esperti" dell'Asia raccomandarono di permettere ai comunisti di Mao di invadere Formosa. A metà novembre Acheson consigliò a Truman di riconoscere il nuovo regime di Pechino e di dissociarsi completamente da Chiang Kai-shek a Formosa. Queste direttive politiche erano pubbliche, ma altre manovre anti-Chiang divennero note solo decenni dopo. Nel Dipartimento di Stato, ad esempio, c'erano diversi piani per fare il lavoro di Mao e cacciare Chiang da Formosa: si pensava a un intervento militare e persino a un colpo di Stato contro il generalissimo.

Stanton Evans rivela in *Blacklisted by History* che queste macchinazioni clandestine contro il leader anticomunista non erano nuove e che già durante la Seconda Guerra Mondiale c'erano stati piani per eliminarlo. In particolare, egli indica il generale Joseph Stilwell, soprannominato "Vinegar Joe", come la figura centrale. Stilwell, assistito nientemeno che da John Service, faceva parte dello Stato Maggiore di Chiank Kai-shek durante la Seconda Guerra Mondiale. Secondo l'aiutante di Vinegar Joe, Frank Dorn, nel 1944 il generale gli ordinò di escogitare un piano per eliminare Chiang dalla scena assassinandolo. Dorn scrisse che il generale Stilwell gli disse che "il Grande Capo (Roosevelt) era stufo di Chiang e dei suoi capricci". Frank Dorn ipotizza che l'idea possa essere stata di Harry Hopkins. Stanton Evans scrive che l'intero complotto avrebbe potuto essere messo in discussione se non fosse stato confermato nel 1985 da Eric Saul, archivista dell'OSS. Secondo Eric Saul, esiste una registrazione del piano negli archivi di questa unità (che ha preceduto la CIA), ma non è stato eseguito perché l'ordine non è arrivato.

Per quanto riguarda il piano di destituire Chiang con un colpo di Stato a Formosa, esistono rapporti scritti del Dipartimento di Stato che lo confermano: il candidato a guidare il colpo di Stato era un dissidente del KMT, un generale di nome Sun Li-jen. A metà gennaio 1950, Acheson dichiarò che né Formosa né la Corea rientravano nei suoi piani di difesa. Sempre all'inizio dell'anno, Philip Jessup girò l'Asia per raccogliere informazioni precise. Fu a Tokyo e anche a Taipei. Al suo ritorno riferì della sua visita a Chiang. Le sue parole sono riportate nelle *Foreign Relations of the United States*: "La casa del Generalissimo si trova in alto sulle montagne, a circa venti minuti di macchina dal centro di Taipei. C'era una cassetta di sicurezza con una sentinella in una delle tante curve della strada di montagna, e abbiamo visto alcuni soldati nelle vicinanze, ma nessuna grande presenza militare". Senza dubbio queste osservazioni potevano essere estremamente utili se si pensava di sbarazzarsi di Chiang con un'azione di commando.

Quanto detto finora conferma l'esistenza della "vasta cospirazione" denunciata dal senatore Joseph McCarthy. Tra il 1945 e il 1950, una serie di agenti al servizio degli interessi dei finanziatori del comunismo internazionale, dietro le quinte, riuscirono a consegnare la Cina a Mao Tsetung. Se si fosse agito contro di loro nel 1945, come consigliato dai rapporti forniti dall'FBI di John Edgar Hoover, la catastrofe in Cina si sarebbe probabilmente potuta evitare. Il fatto che Solomon Adler, invece di essere epurato, sia stato inviato in Cina con il generale Marshall nel 1946 è un episodio cruciale. Altrettanto cruciale fu il ruolo di Chi Chao-ting come agente maoista infiltrato nel KMT (Kuomintang) fino alla sua caduta nel 1949. Come Solomon Adler, Chi fuggì a Pechino dopo aver portato a termine la sua missione Lauchlin Currie è il terzo personaggio che avrebbe dovuto essere smascherato nel 1945 ma non lo fu. Le dichiarazioni di Elisabeth Bentley, confermate dai documenti di Venona, collocano Currie nella cerchia di Silvermaster e chiariscono che era uno dei più importanti agenti comunisti all'interno del governo, in quanto il suo portafoglio Cina e la sua influenza alla Casa Bianca erano di primaria importanza. A questi tre principali capitani, il senatore McCarthy avrebbe collegato nel 1950 più di una dozzina di altri nomi importanti che, sul libro paga del governo federale, lavoravano a stretto contatto con loro per instaurare il comunismo in Cina.

Il caso *Amerasia*, sebbene sia nato nell'era Roosevelt, è stato quello che ha maggiormente compromesso e messo a nudo Truman, poiché tutto si è svolto sotto il suo naso e con la sua approvazione. *Amerasia* era una rivista mensile legata all'IPR, fondata nel 1937 da Philip Jaffe e Frederick Vanderbilt Field. Presentava analisi e informazioni rilevanti sulla situazione in Asia e in America. Fu all'inizio degli anni Cinquanta che, grazie alla perseveranza del senatore McCarthy, si approfondì l'indagine sullo spionaggio e sulla fuga di documenti segreti consegnati all'*America* da vari dipartimenti governativi, in particolare dal Dipartimento di Stato. Infine, molto più tardi, nel 1970, la Sottocommissione per la sicurezza interna del Senato pubblicò un rapporto in due volumi, *The Amerasia Papers: A Clue to the Catastrophe of China*. M. Stanton Evans inizia il capitolo 28 del suo prezioso libro su Joseph McCarthy con queste parole sull'importanza dell'indagine condotta dal senatore del Wisconsin:

> "Se McCarthy non avesse fatto nient'altro durante il suo turbolento periodo d'oro al Senato, il suo ruolo nel far saltare il coperchio dello scandalo *Amerasia* meriterebbe il plauso di una nazione riconoscente. Non solo per l'importanza intrinseca del caso, ma anche perché fu la porta d'accesso ad altre impensabili rivelazioni provenienti dai più oscuri recessi della Guerra Fredda.
> E non ci dovrebbero essere dubbi sul fatto che fu McCarthy a sostenere l'onere, martellando costantemente il caso, scavando nei rapporti di sicurezza del Servizio e facendo pressione sui collaboratori di *Amerasia* e sui loro complici. Hoover e i suoi agenti conoscevano i fatti - ne sapevano molto più di McCarthy - ma dovevano combattere la loro battaglia dietro le quinte, in una guerra segreta di rapporti di lotta. Questi sforzi interni non furono sufficienti a impedire al Comitato Tydings (anti-

McCarthy) e al Dipartimento di Giustizia di Truman di diffondere una versione falsa della storia. Fu McCarthy a suscitare la rabbia dell'opinione pubblica e il clamore necessario affinché i problemi di sicurezza impliciti nel caso potessero essere messi in luce e risolti in modo adeguato.

Non si trattava di una semplice questione di Service-Jaffe e dei documenti passati tra loro, e nemmeno della sporca lista di crimini federali commessi dai tecnici *di Amerasia*. Il significato più profondo del caso risiedeva in tutto ciò che si celava dietro di esso e che avrebbe dovuto essere scoperto per essere reso pubblico. Prendendo di mira il *Service/Amerasia*, McCarthy stava allungando i bordi visibili di un'enorme rete - molto più lunga di quanto si sapesse - che si estendeva in tutto il governo federale e che aveva obiettivi più grandiosi dei documenti arrivati a Jaffe, per quanto importanti fossero".

Ci è voluto fino al 1950 perché Joe McCarthy denunciasse al Senato il ruolo svolto dalla DPI nella caduta della Cina. Quando un organismo così rispettato fu attaccato dal senatore McCarthy, i suoi nemici rimasero scioccati. Il senatore Clinton Anderson chiese incredulo: "Il senatore McCarthy intende dare l'impressione che nel 1935 e nel 1936 l'Istituto per le Relazioni con il Pacifico fosse sotto il controllo dei comunisti?" Sebbene l'IPR sia stato pubblicamente smascherato solo negli anni Cinquanta, già nel 1945 l'FBI sapeva che il gruppo *Amerasia* lavorava a stretto contatto con l'IPR, che gli serviva da copertura. Il 6 giugno 1945, con l'autorizzazione del Procuratore Generale che aveva ordinato l'indagine, gli agenti di Edgar Hoover perquisirono la sede *di Amerasia* e trovarono quasi milleduecento documenti etichettati come "top secret", rubati dagli archivi del governo. Nei suoi primi discorsi al Senato, McCarthy sottolineò che membri di spicco dell'IPR erano legati ad *Amerasia* e li collegò alla sinistra politica statunitense in Cina.

La ricerca sull'IPR ha visto la figura di spicco di Edward C. Carter, ex funzionario della YMCA (Young Men's Christian Association), un'associazione che cercava di diffondere i valori cristiani, ovviamente antitetici all'ateismo comunista. Carter, membro dell'IPR fin dalla sua fondazione nel 1925, fu segretario generale dell'organizzazione dal 1933 al 1946 e vicepresidente dal 1946 al 1948. Dopo essere stato oggetto delle indagini di McCarthy, fu stabilito che Frederick Vanderbilt Field e Joseph Barnes divennero i suoi più stretti collaboratori. Ben presto fu affiancato da Owen Lattimore, che assunse il ruolo di redattore della rivista *Pacific Affairs* dell'IPR. Nonostante le sue radici apparentemente cristiane, Carter si distinse per i suoi servizi al comunismo, un'ideologia che operava contro il cristianesimo ovunque prendesse piede. Secondo il quotidiano comunista *Daily Worker*, durante la guerra Carter fu presidente del Comitato nazionale per gli aiuti medici all'URSS; secondo l'FBI, presiedette il Russian War Relief Fund e fu anche presidente del Consiglio di amministrazione del

Russian-American Institute, un'organizzazione che l'Ufficio del Procuratore Generale degli Stati Uniti aveva classificato come sovversiva. Louis Budenz, editore del *Daily Worker*, testimoniò davanti alle commissioni d'inchiesta che Carter era un membro del Partito Comunista.

Nel 1951, la Sottocommissione del Senato per la Sicurezza Interna (SISS) presieduta da Pat McCarran sequestrò i documenti dell'IPR grazie alle indagini del senatore McCarthy, che scoprì che i file si trovavano in una fattoria di Edward Carter nel New England. Questi documenti comprendevano la corrispondenza tra alti funzionari dell'IPR e membri dell'Amministrazione, oltre a memorandum, verbali di riunioni e rapporti di accordi con rappresentanti del governo. I risultati provvisori del SISS hanno stabilito che sia il Partito Comunista USA che i funzionari sovietici consideravano l'IPR come uno strumento di politica comunista, di propaganda e di intelligence militare, utilizzato per orientare la politica statunitense in Estremo Oriente a favore degli obiettivi comunisti.

Il senatore McCarthy sottolineò il ruolo di primo piano svolto da Owen Lattimore, membro del CFR e del Consiglio dell'IPR, nel rovinare la causa nazionalista di Chiang Kai-shek e nel rafforzare i comunisti di Yenan. Joe McCarthy sosteneva che Lattimore avesse un ufficio presso il Dipartimento di Stato che gli consentiva di accedere ai più alti livelli del potere esecutivo. Nei file dell'FBI, dove Lattimore era considerato un comunista dal maggio 1941, le tesi del senatore del Wisconsin trovavano piena conferma. La maggior parte delle voci nel registro del "Bureau" portava la scritta "Owen Lattimore, Espionage-R". La "R" dell'intestazione stava per "Russian". Nel 1948, gli uomini di Edgar Hoover interrogarono Alexander Barmine, un ex ufficiale dell'intelligence sovietica, il quale li informò che il generale Berzin, capo dell'intelligence militare (GRU) epurato nel 1938 dopo il periodo trascorso in Spagna, gli aveva detto che Owen Lattimore era un agente sovietico incaricato di creare una copertura commerciale per lo spionaggio sovietico in Cina. La dichiarazione di Alexander Barmin, citata da M. Stanton Evans, è agli atti dell'FBI:

> "L'informatore ricorda che Berzin gli disse a quel punto.... 'Abbiamo già l'organizzazione'. Berzin gli disse che l'organizzazione si chiamava "Istituto per le relazioni con il Pacifico" ed era la base della rete in Cina.... In quell'occasione Berzin menzionò il fatto che i due uomini più promettenti e brillanti che l'intelligence militare sovietica aveva nell'IPR erano Owen Lattimore e Joseph Barnes".

Anche Philip Jessup, uno dei più importanti agenti filocomunisti dell'IPR, di cui presiedeva il comitato investigativo, fu incriminato dal senatore McCarthy. Per volere del Segretario di Stato Acheson, Jessup organizzò e condusse una conferenza di esperti sull'Estremo Oriente per discutere la linea politica statunitense da seguire dopo la disfatta in Cina. Mesi prima, nel marzo del 1949, era diventato una figura importante nel

Dipartimento di Stato, essendo stato nominato ambasciatore presso il Dipartimento. Jessup, a cui Dean Acheson affidò la conduzione della politica cinese, presiedette il comitato che redasse il "Libro Bianco", presentato nell'agosto 1949. In esso gli Stati Uniti si lavarono le mani dalla Cina, rinunciarono a difendere la libertà del popolo cinese e dichiararono i comunisti vincitori della guerra civile. Quando il Libro Bianco fu pubblicato, i combattimenti erano ancora in corso e le forze di Chiang Kai-shek controllavano ancora la Cina meridionale, per cui Louis A. Johnson, il Segretario alla Difesa che aveva sostituito il "suicida" James Forrestal il 28 marzo 1949, e il generale Claire Chennault sostennero che il documento avrebbe inferto un colpo definitivo ai nazionalisti e chiesero che non fosse pubblicato.

Il generale Albert C. Wedemeyer, l'ultimo comandante in capo americano nel teatro delle operazioni cinesi, confessa nei *Wedemeyers Reports* di aver assicurato al Generalissimo Chiang Kai-shek che il suo Paese avrebbe aiutato i nazionalisti cinesi a stabilire una forma di governo democratica dopo la guerra. L'ambasciatore statunitense in Cina, John Leighton Stuart, scrisse il 17 marzo 1948 che, nella disperazione, tutti i gruppi incolpavano l'America per la sua ostinazione nel richiedere cambiamenti strutturali e riforme piuttosto che fornire gli aiuti promessi, dai quali "dipendeva la sopravvivenza delle istituzioni democratiche". Freda Utley riproduce alcune parole dell'ambasciatore scritte il 31 marzo 1948: "I cinesi non vogliono diventare comunisti; tuttavia vedono la marea del comunismo avanzare irresistibilmente. In mezzo a questo caos e a questa paralisi, il Generalissimo si erge come l'unica forza morale capace di agire". Il panico del popolo cinese di essere consegnato a una dittatura comunista come quella subita dai russi fu ripetutamente avvertito da Leighton Stuart: "Raccomandiamo quindi", scrisse il 10 agosto 1948, "che gli sforzi americani siano diretti a prevenire la formazione di un governo di coalizione, e che i nostri migliori mezzi siano usati a tal fine e, se possibile, che gli aiuti all'attuale governo siano aumentati". Nel suo *Cinquant'anni in Cina* (1955) John Leighton Stuart denunciò la responsabilità del Dipartimento di Stato per la "grande catastrofe" e respinse il Libro Bianco come storicamente inutile perché distorceva la realtà. Allo stesso modo, Kenneth Colegrove, professore di scienze politiche alla Northwestern University, ebbe parole dure per Dean Acheson e il suo Libro Bianco: "uno dei documenti più falsi mai pubblicati da qualsiasi Paese".

Sui crimini e le atrocità del comunismo in Cina si potrebbe scrivere a lungo, perché non hanno eguali. Robert Conquest, il sovietologo britannico citato in tutto il libro, stima il costo umano del comunismo in Russia tra i 35 e i 45 milioni di vite, una stima che gli autori del *Libro nero del comunismo* valutano in 20 milioni. Nonostante l'entità, queste cifre sono raddoppiate o triplicate in Cina. Il professor Richard L. Walker dell'Università della Carolina del Sud stima in 64 milioni le vittime del regime di Mao Tse-tung.

In questo caso la cifra coincide con quella riportata nel *Libro nero*, che è di 65 milioni. Basti pensare che solo durante la campagna del Grande balzo in avanti, tra il 1958 e il 1961, in Cina ci fu una carestia che causò tra i 18 e i 32,5 milioni di morti. Il Partito Comunista, guidato da Mao Tse-tung, intraprese una campagna sociale, economica e politica per trasformare il Paese in una società socialista attraverso la collettivizzazione agraria e l'industrializzazione. Le aziende agricole private furono vietate e, come in Russia, chi si opponeva era considerato un controrivoluzionario. Il Grande balzo in avanti si trasformò in una catastrofe senza precedenti che causò la morte di decine di milioni di persone. Lo storico olandese Frank Dikötter sostiene che la base della campagna fu la violenza e il terrore, che portarono al più grande massacro di massa della storia. La Rivoluzione culturale sarebbe seguita Zeng Yi, uno scrittore dissidente cinese, spiega nel suo *Scarlet Memorial: Tales of Cannibalism in Modern China* (1996) che durante gli anni della Rivoluzione culturale i leader comunisti cinesi istruirono le masse a dimostrare la loro coscienza di classe mangiando gli organi e la carne dei loro nemici. Il cannibalismo, tuttavia, secondo il grande scrittore Lu Xun, era una delle peggiori pratiche della civiltà cinese. Il banchiere illuminato David Rockefeller, il cui clan collaborò fin dalla fine del XIX secolo con i Rothschild e altri banchieri ebrei nella cospirazione comunista, in dichiarazioni *al New York Times* pubblicate il 10 agosto 1973, si riferì al regime di terrore di Mao come "uno dei più importanti e di successo nella storia dell'umanità".

E ancora lo stesso in Corea

Contrariamente alle previsioni e ai desideri di Stalin, Mao Tse-tung aveva vinto la guerra civile in Cina, la più lunga della storia moderna. Fino al 1948, Mosca aveva mantenuto relazioni diplomatiche e accordi di cooperazione solo con la Cina di Chiang Kai-shek, per cui il PCC aveva ricevuto aiuti non dall'URSS ma dagli amici americani. Gli agenti di Stalin all'interno dei comunisti cinesi avevano segnalato tendenze antisovietiche tra i maoisti e Stalin non aveva alcun controllo su quanto stava accadendo in Cina, anche se, ovviamente, nessuna delle due parti era interessata a una rottura. Nonostante la diffidenza reciproca, all'inizio del 1950 Mao si recò a Mosca per firmare un trattato di amicizia sino-sovietico. Nella sua biografia *Stalin. Breaker of Nations*, Robert Conquest afferma che durante questa visita il leader cinese chiese la bomba atomica e Stalin rifiutò. Tuttavia, Mao riconobbe verbalmente Stalin come leader del comunismo mondiale e, secondo Conquest, come gesto di buona volontà, Stalin denunciò il suo principale agente all'interno del Politburo del PCC, Kao Kang, un uomo di Beria, di cui Stalin cominciava a diffidare, come si vedrà alla fine del capitolo. Significativamente, Kao Kang rimase nel Politburo senza problemi. Nei documenti sequestrati a Beria dopo il suo arresto sono stati trovati numerosi testi sulle "relazioni con il Comitato Centrale del Partito Comunista Cinese". La maggior parte di essi erano relazioni scritte da Beria stesso o inviate da Kao Kang, che aveva iniziato la sua collaborazione con Beria nell'inverno del 1940 e che durò fino all'arresto del suo capo nell'estate del 1953. Pare che Kao si sia suicidato all'inizio del 1954, anche se un'altra versione suggerisce che sia stato arrestato e fucilato.

Nel gennaio 1950, il Segretario di Stato Acheson annunciò che la Corea, Formosa e altri territori dell'area non rientravano più nel perimetro di difesa degli Stati Uniti, il che rappresentava, come minimo, un invito alla diffusione del comunismo. A Potsdam era stato deciso di dividere la penisola coreana in due zone lungo il 38° parallelo: il nord era occupato dall'Armata Rossa e il sud dagli Stati Uniti. Nel nord si era consolidato un regime comunista sotto la tutela di Mosca e nel sud un regime anticomunista o capitalista. Nel marzo 1950, Kim Il Sung, il leader comunista nordcoreano che nutriva una profonda ammirazione per Stalin, si presentò a Mosca. Sung chiese il permesso di invadere la Repubblica di Corea, cioè la penisola meridionale, e chiese sostegno per i suoi piani di conquista. Fu convocata una riunione del Politburo, alla quale partecipò Kim Il Sung, e il piano ebbe il via libera.

Così, alle 4 del mattino del 25 giugno, i comunisti nordcoreani attraversarono il 38° parallelo e lanciarono l'attacco. Nonostante le incredibili divergenze, il generale statunitense Douglas MacArthur, che risiede a Tokyo, si schierò in aiuto dei sudcoreani. MacArthur riuscì a fermare l'attacco a sorpresa nei sobborghi di Seul e lanciò una controffensiva totale con una manovra strategica che dimostrò il suo genio militare. Sebbene Truman vietasse rigorosamente ai bombardieri americani di attaccare obiettivi in Corea del Nord e di intraprendere azioni militari oltre il 38° parallelo, l'Armata Rossa nordcoreana fu duramente sconfitta e si ritirò verso nord in mezzo al caos e al disordine. Circa 150.000 soldati comunisti furono catturati. Il 29 settembre il generale MacArthur ripristinò il governo sudcoreano a Seul. Il 4 ottobre 1950 l'Assemblea plenaria delle Nazioni Unite decise che le truppe dell'ONU (sudcoreani, americani, britannici e una brigata turca di recente adesione) avrebbero "continuato la loro avanzata verso nord in un'azione di polizia contro gli aggressori... per ristabilire un unico Stato coreano". Il 19 ottobre Pyongyang, la capitale della Corea del Nord, fu attaccata e a metà novembre gli americani raggiunsero il fiume Yalu, il confine tra Corea e Manciuria. I comunisti nordcoreani erano stati sconfitti e il loro esercito distrutto.

Il 19 novembre, migliaia di comunisti cinesi iniziarono ad attraversare lo Yalu per entrare in Corea. Non appena MacArthur venne a conoscenza dei massicci movimenti di truppe in Manciuria - si stavano mobilitando quasi 900.000 combattenti - propose di distruggere tutti i ponti sul fiume Yalu con un intenso bombardamento aereo, per rendere l'invasione praticamente impossibile. Stupito, il generale MacArthur ricevette un ordine che gli impediva di distruggere i ponti e di attaccare le basi cinesi oltre il fiume Yalu. L'ordine proveniva dall'ineffabile generale Marshall, che da poco, il 21 settembre 1950, era stato nominato Segretario alla Difesa. MacArthur protestò indignato e riferì che le ricognizioni aeree dimostravano che l'invasione era totale. I biografi e gli autori che hanno scritto su questo famoso generale americano riportano numerosi testi e dichiarazioni arrabbiate. MacArthur racconta di un caposquadriglia ferito a morte. "Di un braccio era rimasto solo un moncherino e la sua bocca schiumava sangue. Mi sussurrò all'orecchio: 'Da che parte stanno veramente Washington e l'ONU? Lo stesso giorno, MacArthur disse al generale Hickey, suo capo di stato maggiore: "Sicuramente questa è la prima volta nella storia militare che a un comandante di truppa è stato vietato di usare le armi per difendere i suoi soldati e le sue posizioni".

Il 28 novembre gli eserciti dell'ONU stavano fuggendo verso sud: la brigata turca era stata inghiottita dalla marea rossa, la brigata britannica era stata quasi annientata e gli americani, inseguiti da vicino, avevano compiuto la più lunga ritirata della loro storia militare. Il 29 novembre il generale MacArthur propose l'intervento delle forze nazionaliste cinesi. Da Formosa, Chiang Kai-shek implorò di poter intervenire per liberare il suo Paese, ma gli fu impedito di fare qualsiasi mossa. Le condizioni meteorologiche complicarono ulteriormente la situazione, poiché a metà dicembre le tempeste di neve rendevano difficili gli spostamenti e le temperature erano scese a meno 35 gradi Celsius. Secondo alcuni storici americani, non c'è stata guerra più frustrante della guerra di Corea nella storia americana. Al generale MacArthur non fu permesso di annunciare al popolo americano che il Paese era impegnato in una nuova guerra e che il nemico era la Cina rossa. Le perdite di soldati americani furono pesanti, con il comandante dell'Ottava Armata, Walton Walker, ucciso in azione. Quando i primi rapporti sulle perdite dell'esercito raggiunsero il Paese, il deputato Joseph W. Martin scrisse a MacArthur per sapere di persona come mai morissero così tanti soldati quando la guerra era apparentemente vinta. Il 20 marzo 1951, il generale scrisse da Tokyo al deputato e spiegò francamente il suo punto di vista. "Sembra essere estremamente difficile per alcuni", disse MacArthur in un passaggio, "capire che è qui in Asia che i cospiratori comunisti hanno deciso di giocare le loro carte vincenti per la conquista globale....".

Il 6 aprile 1951, il deputato Martin, durante un dibattito sulla guerra di Corea, lesse integralmente la lettera del generale MacArthur all'intera Camera dei Rappresentanti. L'11 aprile, infuriato, Truman costrinse lo Stato Maggiore a rimuovere MacArthur dal comando per motivi militari. Nel testo si sosteneva che la fiducia nella sua strategia era venuta meno. La reazione dell'opinione pubblica e del Congresso alla notizia del licenziamento del generale fu travolgente e ne seguì una grande polemica con gravi accuse a Truman, il cui indice di gradimento era in calo. Dopo undici anni di assenza dal Paese, Douglas MacArthur tornò immediatamente a Washington. Il 19 aprile 1951 fece la sua ultima apparizione pubblica davanti al Congresso, dove pronunciò un discorso di addio, interrotto trenta volte da standing ovation.

La guerra durò altri due anni e fece più di un milione di morti. Nel 1953, dopo la morte di Stalin, fu firmato un armistizio che manteneva la divisione del Paese in due Stati con un confine molto simile a quello esistente nel 1950, prima della prima invasione da parte dei nordcoreani. Ciò che non è mai stato detto è che Jessup, Lattimore, Jaffe e altri strateghi dell'Institute of Pacific Relations infiltrati nel Dipartimento di Stato e nell'Amministrazione avevano originariamente previsto che l'intera penisola coreana fosse conquistata dal comunismo. Ciò era stato implicitamente accettato nel Libro Bianco e nella dichiarazione di Dean Acheson che confermava che la Corea e Formosa erano al di fuori della portata dell'azione statunitense.

"Streghe" e "stregoni" complottano contro McCarthy

Il senatore McCarthy e molti altri in America e nel mondo non riuscivano a capire come fosse possibile che, dopo aver combattuto contro il Giappone per mantenere la libertà della Cina, 600.000.000 di persone potessero essere spudoratamente consegnate al blocco comunista. Da anni, deputati e senatori si erano resi conto della gravità della situazione. Si era diffusa la protesta per il fatto che i comunisti che avrebbero potuto danneggiare la sicurezza nazionale fossero protetti in alte posizioni dell'Amministrazione e che, nonostante le ripetute accuse, non stesse accadendo nulla. La comparsa di Joe McCarthy sulla scena nel febbraio 1950 e la sua decisione di denunciare i singoli individui fu quindi accolta con favore da coloro che compresero la gravità del tradimento e chiesero di rendere conto e punire i traditori.

Tuttavia, il compito che il senatore si era prefissato era opera di giganti, ed egli era solo un uomo con tutti i limiti e le debolezze degli esseri umani. Nel 1953, il direttore dell'FBI J. Edgar Hoover, dopo aver assistito a tre anni di lotta titanica del senatore del Wisconsin, lo descrisse in un rapporto alla stampa: "McCarthy è un ex marine. Era un pugile dilettante. È irlandese. Combinate tutto questo e avrete un individuo vigoroso che non si lascerà sopraffare.... È certamente un uomo controverso. È serio e onesto. Ha dei nemici. Ovunque si attacchino i sovversivi di qualsiasi tipo... si corre il rischio di essere vittima delle critiche più feroci ed efferate che si possano fare". A questa descrizione vanno aggiunti altri due elementi: durante la sua permanenza in Marina, si trovava nel Pacifico ed era un ufficiale dei servizi segreti. Ha volato due dozzine di missioni fotografando obiettivi dal sedile posteriore dei bombardieri in picchiata o come mitragliere di coda sui bombardieri normali.

Tra i suoi nemici immediati c'era il Presidente Truman, che si affrettò a liquidare le accuse di McCarthy come menzogne. Lo stesso fecero politici di spicco, il Dipartimento di Stato, i media, ogni sorta di cosiddetti esperti, accademici e opinionisti vari. Per più di tre anni, Joe McCarty fu una sorta di Chisciotte americano che, a differenza del geniale nobile della Mancia, non era un po' pazzo, ma lucidamente sano di mente. I suoi numerosi oppositori cercarono di falsificare la realtà e dissero che vedeva streghe dove in realtà c'erano branchi di perfidi giudeo-marxisti. McCarthy, come l'immortale personaggio di Cervantes, era un idealista, un uomo integro che sognava di "riparare i torti" e scoprire la verità, un sogno impossibile che si sarebbe trasformato nel peggiore degli incubi. Anche se il nostro spazio è già limitato, descriveremo la sua lotta per smascherare i nemici dell'America e della civiltà cristiana.

Tutto ebbe inizio il 9 febbraio 1950, un giovedì, a Wheeling, in West Virginia. Presso il Republican Women's Club era in programma una serie di conferenze del senatore Joseph McCarthy, un politico praticamente sconosciuto della minoranza repubblicana al Senato, che si tenevano su quel mese. La sua denuncia dell'infiltrazione nel Dipartimento di Stato di una cinquantina di comunisti ricevette scarsa attenzione; ma il locale *Wheeling Intelligencer* la pubblicò in prima pagina, così l'onnipotente agenzia mondiale Associated Press inviò una breve nota ai suoi clienti e giorni dopo diversi giornali riportarono la storia per i loro lettori. Il 20 febbraio McCarthy tenne un discorso al Senato e, oltre a persistere nella sua denuncia, alluse a una lotta tra il comunismo ateo e la civiltà cristiana occidentale. McCarthy criticò la negligenza del Presidente Truman nei confronti dello scandalo *Amerasia* e citò tra gli altri il John Stewart Service. Senza fare nomi, fece riferimento a 81 casi di infiltrati comunisti nel Dipartimento di Stato e in altri dipartimenti. Così, ad esempio, il n. 1 era un dipendente del Sottosegretario di Stato. Per quanto riguarda il caso 28, ha detto: "Questo individuo è stato al Dipartimento di Stato come funzionario del Servizio Estero dal 1936". Durante il dibattito alcuni senatori hanno pregato McCarthy di fornire i nomi associati ai numeri. McCarthy rispose che era disposto a presentarsi davanti a una commissione d'inchiesta e a rivelare l'identità di ogni numero, ritenendo sbagliato renderli pubblici in Senato. Nacque così la Commissione Tydings, che aprì le sue sedute pubbliche l'8 marzo 1950. Iniziò così l'era McCarthy nella politica americana.

Fin dall'inizio, le sedute si trasformarono in un'azione vessatoria nei confronti del senatore McCarthy, che cercò di perdere le staffe mentre veniva aggressivamente interrotto più di cento volte durante la sua presentazione. Invece di mostrare interesse nell'indagare sulle accuse, divenne presto evidente che la preoccupazione principale era quella di mettere in discussione il senatore, il che provocò l'indignazione di alcuni repubblicani. Stanco di vedere il suo collega molestato, un senatore ha protestato in questo modo:

"Signor Presidente, questa è la procedura più insolita che abbia mai visto da quando sono qui. Perché non trattare il Senatore del Wisconsin in modo normale e permettergli di fare la sua relazione come preferisce, invece di sottoporlo a un controinterrogatorio prima che abbia avuto la possibilità di dichiarare ciò che ha da dire? Penso che al senatore del Wisconsin dovrebbe essere concessa la cortesia che viene accordata a tutti i senatori e a tutti i testimoni di procedere con la dichiarazione a modo suo e non di vederla fatta a pezzi prima che abbia avuto la possibilità di pronunciare una sola frase continua.... Non capisco a che gioco si stia giocando qui...".

Infine, McCarthy affermò che stava presentando piste, estratti e nomi di sospetti che dovevano essere seguiti e indagati come richiesto dal Senato. Tuttavia, i senatori Tydings, Green e McMahon la vedevano esattamente al contrario: era McCarthy che doveva dimostrare le sue accuse. Essi avrebbero agito come una sorta di giuria per giudicare le prove presentate. In altre parole, rinunciarono a indagare sui casi segnalati. In ogni caso, McCarthy offrì più prove del previsto e spesso associò i nomi che presentava, ad esempio John Stewart Service, all'*Amerasia* e all'IPR, un organismo che, a suo dire, rappresentava un problema per la sicurezza degli Stati Uniti e doveva essere sottoposto a un attento controllo.

Dopo questa prima sessione, sono iniziate le audizioni. La dinamica era la seguente: McCarthy presentava le sue accuse, la commissione convocava l'accusato, che negava tutto, denunciava il senatore del Wisconsin come un furfante o uno zoticone, e presentava una serie di attestati di stima da parte di persone eminenti, che dichiaravano tutte che l'accusato era un patriota e un onesto funzionario pubblico. Il Comitato, senza eccezioni, accettava le dichiarazioni come "fatti" e considerava le risposte come confutazioni conclusive. I casi di Philip Jessup e Owen Lattimore possono servire da esempio. Jessup è tornato dall'Asia e ha fornito al sottocomitato un ampio riassunto del suo background e della sua carriera. Ha poi citato persone importanti che si sono fidate delle sue decisioni e ha mostrato la sua indignazione per le assurde accuse di McCarthy. Dal punto di vista della commissione presieduta da Tydings, ciò era più che sufficiente per emettere un verdetto favorevole a Jessup. Owen Lattimore fu trattato con straordinaria cortesia. Ha chiesto di poter leggere senza interruzioni e Tydings gli ha assicurato che poteva farlo. Lattimore procedette a stendere un enorme rapporto di circa diecimila parole, contenute in una trentina di pagine, che richiese due ore e mezza di lettura. A differenza del senatore McCarthy, Lattimore fu interrotto solo dalle attenzioni del Presidente: "Dottore", disse Tydings con premura, "se in qualsiasi momento volesse riposare un minuto, la sua presentazione è lunga, non esiti a chiedermelo". Dopo aver terminato il soliloquio sulla sua vita, la sua carriera e i suoi scritti, Lattimore ha sferrato un feroce attacco a McCarthy.

Pochi giorni dopo, Louis Budenz si presentò davanti alla commissione. Si trattò di un procedimento non pianificato da Tydings, ma da McCarthy, che ebbe l'opportunità di contrattaccare con la citazione di questo testimone che era stato membro del Politburo del PC USA e direttore del *Daily Worker*. Budenz aveva disertato nell'ottobre 1945, più o meno nello stesso periodo di Elisabeth Bentley. Le sue informazioni erano esaurienti, perché sapeva benissimo chi era chi nell'organizzazione. I membri democratici che avevano ascoltato in silenzio i monologhi di Jessup e Lattimore rimasero sbalorditi. Budenz ha testimoniato che i membri della leadership del PC gli avevano assicurato che Lattimore era un agente del partito e che doveva essere trattato come tale nel *Daily Worker*. Ha ricordato il lavoro di propaganda e i servizi che Lattimore aveva fornito. La sua dichiarazione ha sollevato un polverone. I panni di seta con cui i senatori democratici avevano conservato Lattimore e Jessup divennero guantoni da boxe. Nonostante la tempesta di domande scettiche e insultanti con cui il testimone fu martellato, la dichiarazione di Budenz fu devastante.

McCarthy, soprannominato "Tail-gunner Joe" dalla stampa, godeva comunque del sostegno dell'opinione pubblica, come mostravano i sondaggi, ed era una figura popolare. Fu rapido nel portare alla luce lo scandalo *Amerasia*, che era stato insabbiato due volte prima del suo arrivo. La vicenda coinvolgeva crimini, furti di documenti ufficiali, spergiuri, insabbiamenti e altri reati legati alla sicurezza. Durante il mandato di Sessions, il Dipartimento di Giustizia intendeva insabbiarlo per la terza volta. Il senatore Tydings iniziò a considerare la questione una sciocchezza. Tuttavia, l'FBI era a conoscenza della complicità del Dipartimento di Giustizia nei precedenti accordi per insabbiare l'intero scandalo e aveva intercettazioni e altri documenti che lo dimostravano. In ogni caso, il Bureau era un braccio della Giustizia che aveva l'obbligo di tenere la bocca chiusa in questioni pubbliche su temi controversi, poiché agiva su ordine dell'Ufficio del Procuratore Generale. Tuttavia, se i suoi agenti fossero stati chiamati davanti al Senato, la subordinazione, la cultura del silenzio e la tradizionale discrezione dell'FBI non li avrebbero obbligati a giurare il falso per proteggere funzionari del Dipartimento che avevano commesso dei reati.

Questa situazione portò a un conflitto, poiché si cercò di imbavagliare gli uomini di Edgar Hoover per continuare l'insabbiamento. Per minimizzare il caso, le prove furono rifiutate e i documenti furono ritenuti poco importanti. Due alti funzionari, John Peurifoy del Dipartimento di Stato e Peyton Ford, assistente del Procuratore Generale Howard McGrath, si incaricarono di fornire queste argomentazioni ai giornali. Peurifoy si spinse ben presto oltre, pubblicando un comunicato stampa in cui accusava McCarthy di essere un bugiardo compulsivo e attribuiva a Hoover parole che incoraggiavano la mancanza di preoccupazione per l'affare Amerasia. Quando seppe che gli erano state attribuite parole che non aveva pronunciato, il direttore dell'FBI protestò con l'assistente del procuratore generale, che rimase indifferente, e Edgar Hoover mise per iscritto la sua protesta a Howard McGrath. La testimonianza davanti alla Sottocommissione del Senato che attribuiva al Direttore dell'FBI parole e rapporti non detti, irritò molto Hoover.

L'idea che l'intera vicenda fosse una tempesta in una teiera stava prendendo piede nella stampa, provocando la reazione del repubblicano Bourke Hickenlooper. Hickenlooper, membro della sottocommissione del Senato, rilasciò un comunicato stampa in cui insisteva sul fatto che molti dei documenti recuperati da *Amerasia* riguardavano questioni militari e strategiche che avrebbero potuto influenzare la guerra nel Pacifico o essere di grande valore per i comunisti di Yenan nella loro lotta per il controllo della Cina. Hickenlooper ha descritto alcuni documenti particolarmente importanti, come, ad esempio, la posizione delle unità navali nel Pacifico nel novembre 1944 o i messaggi di Roosevelt a Chiang Kai-shek. Le risposte e le contro-repliche di sui giornali hanno reso evidente l'intenzione del Dipartimento di Giustizia di insabbiare il caso. Dopo lunghe e ripetute audizioni su *Amerasia*, alla fine di giugno del 1950 Millard Tydings e compagnia erano decisi a produrre un rapporto che mettesse fine a una vicenda appena iniziata. Il 7 luglio si tenne l'ultima riunione e il 17 luglio la Sottocommissione aveva redatto il rapporto che fu consegnato al Senato.

Parallelamente alle sedute pubbliche del Senato, dietro le quinte si svolgeva una frenetica attività al di fuori delle telecamere per garantire che le accuse di McCarthy fossero chiuse senza ulteriori conseguenze. In teoria, la conferma di molte delle questioni sollevate dalle accuse del senatore del Wisconsin poteva essere trovata nei fascicoli del Dipartimento di Stato; ma erano in molti a volere che rimanessero inaccessibili, il che sarebbe stato fonte di conflitti e discussioni. Nel marzo 1948 l'amministrazione Truman si era rifiutata di consentire al Congresso l'accesso a dati che il governo voleva tenere nascosti, presumibilmente per ragioni di Stato. McCarthy considerava questa "legge del silenzio" come una copertura per i crimini, e insisteva che i file richiesti dovessero essere richiesti. Poiché la Risoluzione 231 del Senato, in base alla quale operava la Sottocommissione, affermava esplicitamente che i documenti dovevano essere ottenuti e studiati dalla Sottocommissione, il braccio di ferro tra il Senato e l'Amministrazione Truman si trascinò per diversi mesi. McCarthy sosteneva che se le sue affermazioni sulla disastrosa situazione della sicurezza dello Stato erano false, il Presidente avrebbe potuto facilmente dimostrarlo consegnando i documenti. Il 4 maggio Truman annunciò che avrebbe negato al Senato l'accesso ai documenti richiesti e ne seguì uno "stallo". Dopo molti tira e molla, si decise che il rilascio sarebbe stato limitato e che solo alcuni documenti sarebbero stati resi disponibili. McCarthy e il suo staff hanno accennato a voci secondo le quali i documenti sarebbero stati privati. Il 21 giugno, Tydings annunciò che l'FBI lo aveva informato che tutti i materiali raccolti dal Bureau relativi alla lealtà delle persone indagate si trovavano ancora al Dipartimento di Stato, e che alcuni di essi erano all'esame della commissione. Il senatore McCarthy chiese per iscritto al direttore dell'FBI di confermare l'affermazione di Tydings. Edgar Hoover chiese a Mickey Ladd, un agente di sua fiducia, se la verifica annunciata da Tydings fosse stata fatta. Il giorno dopo Ladd rispose: "Non abbiamo esaminato il fascicolo del Dipartimento di Stato da parte del file..... Non abbiamo mai fatto alcun commento di questo tipo al senatore Tydings". Di conseguenza, Hoover, con una mossa insolita, scrisse una lettera di risposta al senatore McCarthy il 10 luglio 1950, pubblicata integralmente da Stanton Evans in *Blacklisted by History*, la fonte primaria per le righe che abbiamo scritto:

> "Mio caro senatore:
> Ho ricevuto la sua lettera del 27 giugno 1950 in cui chiede se il Bureau ha esaminato gli 81 fascicoli di lealtà che i membri del Comitato Tydings hanno esaminato e se tale esame da parte dell'FBI ha rivelato che i fascicoli sono completi e che nulla è stato rimosso.
> Il Federal Bureau of Investigation non ha fatto alcuna dichiarazione in tal senso e non è quindi in grado di stabilire se i file del Dipartimento di Stato siano completi o incompleti.
> Per vostra informazione, il Federal Bureau of Investigation ha fornito al signor Ford, su sua richiesta, un registro di tutto il materiale di lealtà sugli 81 casi in questione fornito al Dipartimento di Stato. Per sua informazione, allego una copia della lettera del signor Ford al senatore Tydings, che ho ottenuto dal Procuratore Generale.
> Cordiali saluti
> J. Edgar Hoover".

A nostro avviso, il fatto che Joe McCarthy abbia scritto al direttore dell'FBI indica che era sospettoso di Tydings e di qualsiasi mossa che l'amministrazione Truman avrebbe potuto fare per "ripulire" i file del Dipartimento di Stato. Questa lettera dimostra che Hoover e McCarthy erano sulla stessa lunghezza d'onda. Naturalmente, il Bureau era ben consapevole dell'esistenza della cospirazione che il senatore stava cercando di esporre al pubblico, in quanto stava indagando su di essa da più di un decennio. Il 22 marzo 1947, il Presidente Truman aveva firmato l'Ordine Esecutivo 9835, noto come "Ordine della Lealtà", che creava il LRB (Loyalty Review Board), un organo che si supponeva avesse il compito di indagare e sradicare l'influenza comunista nel Governo Federale. L'intento era quello di mettere a tacere le voci critiche che accusavano i Democratici di essere morbidi con i comunisti. Furono indagate circa tre milioni di persone, ma solo 300 funzionari pubblici furono licenziati. In realtà, tutto questo armamentario era stato progettato per attenuare il discredito di Truman in vista delle prossime elezioni e, allo stesso tempo, per limitare il ruolo dell'FBI al fine di evitare la cosiddetta "caccia alle streghe".

Mentre la lotta di McCarthy con l'amministrazione Truman si inaspriva, i sospetti che il Dipartimento di Stato stesse "ripulendo" i fascicoli di persone che avrebbero dovuto essere espulse furono confermati. Ad esempio, McCarthy riuscì a mettere le mani sui verbali di una riunione dell'LRB tenutasi il 14 febbraio 1951, in cui si discusse dei casi di lealtà nel Dipartimento di Stato, tra cui quello di John Stewart Service, e di cosa si sarebbe dovuto fare. Durante la discussione, alcuni membri espressero chiaramente la loro preoccupazione per l'eliminazione di molti sospetti da parte del Dipartimento. Il presidente dell'LRB Bingham ha dichiarato, in relazione allo scambio di opinioni sulla questione: "Penso che sia giusto dire che il Dipartimento di Stato, come sapete, ha il peggior record di tutti i Dipartimenti nelle azioni di questo Consiglio di Lealtà.... Non ha trovato nessuno colpevole secondo i nostri regolamenti. È l'unico Dipartimento che ha agito in questo modo". Queste parole sono fuori discussione, perché non sono di McCarthy o di un qualsiasi membro repubblicano del Consiglio, ma provengono dal presidente della LRB creata da Truman.

Ogni funzionario governativo indagato aveva la possibilità di dimettersi. Se lo faceva, l'indagine veniva interrotta immediatamente e il processo non aveva conseguenze. Spesso, un dipendente che si era dimesso in un dipartimento veniva poi assunto in un altro. Joe McCarthy era comprensibilmente indignato per questa farsa. Penso che dovremmo sapere", protestò il senatore McCarthy, "quanti di coloro che si sono dimessi hanno ottenuto posizioni in un altro dipartimento. Prendiamo il caso di Meigs (Peveril Meigs era stato il caso numero 3 di McCarthy davanti al Senato). Mentre era sotto inchiesta, si è dimesso dal Dipartimento di Stato. Entrò nell'esercito e ottenne un lavoro. Non so se avesse o meno accesso a questioni riservate. Il suo Consiglio di Fedeltà, dopo un'udienza, ordinò che fosse scagionato dalle accuse. Mi chiedo quanti casi analoghi ci siano". Per tre anni, ogni sorta di imbroglio per ostacolare il lavoro del senatore McCarthy fu la norma; ma nel 1952, dopo un ventennio di mandati democratici, ci fu la vittoria elettorale dei repubblicani che, in teoria, avrebbe dovuto cambiare alcune cose.

Nei primi mesi del 1953, sembrò arrivare la grande occasione per il senatore Joseph McCarthy, facilmente rieletto nel Wisconsin. Nelle nuove circostanze, McCarthy divenne presidente della Commissione per le operazioni governative del Senato e anche della Sottocommissione permanente per le indagini (PSI). Inoltre, mantenne il suo posto nella Commissione per gli stanziamenti del Senato, che controllava i bilanci dei dipartimenti esecutivi. Alcuni dei suoi più acerrimi nemici, come William Benton, il senatore del Connecticut che nel 1951 introdusse addirittura una risoluzione per espellere McCarthy dal Senato, o lo stesso Millard Tydings, non riuscirono a vincere la rielezione. Il nuovo Presidente degli Stati Uniti, Eisenhower, aveva nominato Richard Nixon, che aveva appoggiato McCarthy durante gli anni di aspra lotta con i Democratici, come suo compagno di corsa alla vicepresidenza. Ciò lasciava presagire che il senatore avrebbe potuto contare su un sostegno significativo. Tuttavia, non tutto sarebbe stato facile come poteva sembrare, poiché la guardia del presidente comprendeva un certo numero di influenti consiglieri che disprezzavano McCarthy. Non va dimenticato che Eisenhower, "il terribile ebreo svedese", il responsabile dei campi di sterminio, l'uomo di Morgenthau e Baruch, era un domestico che faceva parte della cabala internazionale dei cospiratori.

Ma se McCarthy aveva nemici tra i repubblicani, contava tra i suoi amici democratici i fratelli Kennedy, suoi fedeli e solidi sostenitori. La sintonia tra Robert Kennedy e Joe McCarthy era tale che Bob gli chiese di sponsorizzare il suo primo figlio. Joseph "joe" Patrick Kennedy, patriarca del clan, voleva che il figlio Robert fosse il consigliere capo di McCarthy nella nuova commissione da lui presieduta; ma erroneamente, per evitare le solite accuse di antisemitismo, McCarthy annunciò il 2 gennaio 1953 che il ventiseienne ebreo Roy M. Cohn sarebbe stato il consigliere capo della Sottocommissione permanente per le indagini (PSI). Cohn, figlio del giudice della Corte Suprema di New York Albert Cohn, ammise di essere stato nominato dal senatore McCarthy perché ebreo. Era sempre più diffusa la voce, evidentemente diffusa da loro stessi, che McCarthy odiasse gli ebrei. Ingenuamente, egli voleva evitare che queste calunnie ostacolassero il suo lavoro. Allo stesso tempo, il fatto che Joseph Kennedy fosse considerato un antisemita deve aver contribuito alle elezioni.

La campagna stampa a favore di Cohn fu guidata da George Sokolsky, un influente editorialista ebreo che Cohn chiamava "rabbino", e da Richard Berlin, il presidente ebreo della Hearst Corporation, entrambi presunti anticomunisti. La maggior parte della stampa e dei mezzi di comunicazione mantennero un'intensa campagna contro il senatore del Wisconsin, che desiderava una certa copertura mediatica. Alla fine, McCarthy vendette l'anima al diavolo, perché in cambio della nomina di Cohn ebbe il sostegno dei giornali del Gruppo Hearst. Il senatore repubblicano Everett Dirksen confermò: "Cohn è stato messo nel Comitato dai giornali Hearst, e Joe non osa perdere questo sostegno". Cohn, un omosessuale che morì di AIDS nel 1986, portò nello staff un altro giovane erede miliardario ebreo, G. David Shine, che aveva evitato il servizio militare e la guerra di Corea. Shine si offrì di lavorare gratuitamente, quindi McCarthy non si oppose alla sua inclusione nella squadra. Col tempo, questo ingaggio si sarebbe rivelato decisivo per il corso degli eventi. Per rendere ancora più chiaro quanto fossero sbagliati i passi di McCarthy, va aggiunto che Bob Kennedy e Roy Cohn avevano una profonda inimicizia che rasentava il disprezzo. Basti pensare che quando all'inizio degli anni Sessanta Robert Kennedy divenne procuratore generale, cercò di mettere Cohn in prigione.

Non è possibile seguire nei dettagli la trama tortuosa degli eventi che hanno portato alla caduta di McCarthy. Racconteremo solo alcuni degli episodi che coloro che tramavano contro di lui usarono per precipitare la sua amara sconfitta. Tra i principali nemici di McCarthy spiccava Maurice Rosenblatt, un ebreo sionista che agiva come agitatore di lobby ed era un agente degli "stregoni" che gestivano le operazioni dietro le quinte. Già all'inizio degli anni '40 questo cosiddetto attivista di sinistra era stato il catalizzatore di una mobilitazione contro l'HCUA (Congressional Committee on Un-American Activities) presieduto da Martin Dies. Rosenblatt divenne poi il capo di un partito raggruppato sotto il nome di "Coordinating Committee for Democratic Action", che accusava di fascismo tutti coloro che criticavano le politiche filocomuniste di Roosevelt. Nell'era McCarthy, Rosenblatt riapparve come capo del NCEC (National Committee for an Effective Congress), un gruppo da lui fondato nel 1948 la cui tesi principale nei confronti del senatore del Wisconsin era che Joe McCarthy era un nuovo Hitler che doveva essere eliminato prima che diffondesse il fascismo negli Stati Uniti. Con l'avvento dell'amministrazione repubblicana nel 1953, il NCEC ottenne l'accesso alla Casa Bianca attraverso Paul G. Hoffman, un altro ebreo che era un amico e consigliere stretto di Eisenhower. Hoffman, amministratore capo del Piano Marshall, sposò in seguito Anna Rosenberg, un'ebrea di origine ungherese che aveva ricoperto vari incarichi sotto Roosevelt e tra il 1950 e il 1953 era stata sottosegretario alla Difesa sotto Truman, una nomina molto criticata dal senatore McCarthy. Maurice Rosenblatt ebbe in Paul Hoffman un importante collega proprio accanto al Presidente.

Nel giugno 1953 McCarthy, nel tentativo di appianare le divergenze tra Bob Kennedy e Roy Cohn, nominò Joseph Brown Matthews, noto come J. B. Mathwes, direttore delle ricerche del PSI, la Sottocommissione permanente d'inchiesta da lui presieduta. Matthews, impegnato da anni su numerosi fronti comunisti, si disilluse dal partito e sarebbe diventato uno dei più famosi esperti anticomunisti. Nel 1938, davanti al Comitato Dies, aveva riferito sulle attività di numerose organizzazioni controllate segretamente dal partito ed era diventato un esempio di disertore comunista collaborazionista. Mesi prima di essere scritturato da McCarthy, Matthews aveva scritto un articolo per *The American Mercury* intitolato "Reds in Our Churches", che, fatalmente, fu pubblicato poco dopo la sua nomina. I nemici di McCarthy videro nell'articolo un'opportunità per provocare una crisi nella squadra del senatore e lanciarono una vera e propria campagna. L'articolo iniziava con le parole: "Il più grande gruppo di sostegno all'apparato comunista negli Stati Uniti oggi è composto da sacerdoti protestanti". L'articolo prosegue denunciando strani gruppi, come il "People's Institute of Applied Religion", che promuove il marxismo nelle chiese rurali, e la rivista *The Protestant*, specializzata in feroci vituperi anticattolici e in una propaganda rossa poco velata.

Rosenblatt e compagnia iniziarono immediatamente la loro campagna attraverso giornalisti, attivisti liberali e religiosi. Tutti erano indignati dal tandem Matthews-McCarthy, che accusavano di essere bigotti antiprotestanti. La forza del gruppo di Rosenblatt fu dimostrata dalla portata degli attacchi della stampa e dalla reazione che riuscirono a orchestrare tra i senatori democratici della sottocommissione di McCarthy. La forza dei gruppi di pressione fu tale che riuscirono persino a convincere il Presidente Eisenhower ad attaccare il senatore McCarthy, che si trovò presto con le spalle al muro e senza alternative se non quella di licenziare Matthews. Le parole di Eisenhower erano state concepite dai suoi consiglieri per arrecare il maggior danno possibile. Stanton Evans riporta il resoconto giornalistico di Joseph Alsop, che ha svelato ciò che accadde all'epoca alla Casa Bianca. Eisenhower ha finalmente rotto le ostilità con il senatore Joseph McCarthy", ha scritto Alsop, "attraverso la decisa dichiarazione che denuncia la diffamazione contro gli ecclesiastici protestanti perpetrata dall'investigatore preferito di McCarthy, J. B. Matthews". Alsop ha aggiunto che il vero interesse della dichiarazione consisteva in un fatto di fondo vitale: "La Casa Bianca cercò vigorosamente l'opportunità, anzi creò l'opportunità, di assestare questo duro colpo al senatore del Wisconsin".

Uno dei prestigiosi giornalisti che lavoravano a stretto contatto con l'NCEC di Rosenblatt era Drew Pearson, lo stesso che anni prima aveva approfittato dell'incidente di Patton con un soldato ebreo in un ospedale per accusare il generale di antisemitismo. Pearson, un tirapiedi che secondo alcune fonti era un cripto-giudeo, scrisse diverse colonne avvelenate. In una di esse sostenne che sia Matthews che McCarthy erano cattolici, il che non era vero, in quanto Matthews era protestante, e che entrambi erano impegnati in un attacco indiscriminato alle chiese protestanti della nazione e nel fomentare deliberatamente l'odio religioso per motivi politici. Le conseguenze dell'intera vicenda furono molto gravi per il PSI presieduto da McCarthy, poiché i membri democratici della sottocommissione pretendevano ulteriori scuse. Quando l'intera faccenda degenerò in uno scontro con McCarthy e i suoi colleghi repubblicani, questi ultimi decisero di boicottare le sessioni fino alla fine dell'anno. Anche Robert Kennedy abbandonò i dibattiti, ma in seguito tornò come consulente dei senatori democratici. Alla fine, la strategia dei "lobbisti" aveva pagato: McCarthy, un bigotto che non solo perseguitava i comunisti, ma calunniava e screditava anche la Chiesa protestante, aveva visto adulterata la sua battaglia, il Presidente Eisenhower era stato prevenuto nei suoi confronti e il senatore del Wisconsin era stato danneggiato agli occhi dell'opinione pubblica.

Un altro capitolo dell'impari lotta che il nostro Chisciotte americano condusse contro i suoi nemici più imponenti ebbe origine a Fort Monmouth, un laboratorio di ricerca dell'Army Signal Corps. L'episodio ebbe inizio quando McCarthy, nella primavera del 1953, ricevette una telefonata enigmatica che gli offriva importanti documenti di sicurezza. McCarthy incontrò il misterioso informatore, un ufficiale dei servizi segreti, che gli consegnò un promemoria riservato su un'indagine segreta che l'FBI aveva consegnato all'esercito. Questa sarebbe diventata una delle inchieste più lunghe e complesse e avrebbe causato infiniti problemi. Il documento era un compendio di un rapporto datato gennaio 1951. L'argomento era la violazione della sicurezza a Fort Monmouth, un laboratorio dell'esercito a Eatontown, nel New Jersey. Più tardi, in una delle sedute del Senato, fu rivelato che l'FBI aveva indagato su trentaquattro lavoratori della struttura, la maggior parte dei quali ebrei. Le indagini di durarono dall'estate del 1953 fino alla primavera del 1954, quando furono improvvisamente interrotte a causa delle incredibili accuse dell'esercito a McCarthy di attività illegali.

Si è già detto nelle pagine sullo spionaggio atomico che nel 1945 l'esercito aveva licenziato Julius Rosenberg da Fort Monmouth quando si era scoperto che era comunista. Gli altri membri della cerchia di agenti sovietici e/o sionisti avevano continuato a lavorare e a spiare nel laboratorio. Le indagini di McCarthy confermarono che Monmouth era stato per anni una fuga di informazioni e una disfatta per la sicurezza. Tra gli altri aspetti rilevanti, lo staff del senatore scoprì che il complesso e le strutture ad esso associate erano altamente legate alla sicurezza e che l'indolenza e l'irresponsabilità ai più alti livelli dell'esercito erano state scandalose. Le indagini rivelarono gravi negligenze nella gestione dei documenti ufficiali. Tra i principali agenti sotto copertura ancora presenti nel laboratorio quando iniziarono le udienze del PSI (Permanent Subcommittee on Investigations), la squadra di Joe McCarthy nominò Aaron Coleman, un comunista ebreo che rimase nella struttura fino al settembre 1953. Quando fu finalmente licenziato, a casa sua furono trovati documenti classificati presi da Fort Monmouth. L'8 e il 19 dicembre 1953 comparve davanti alla Sottocommissione e, nonostante le numerose prove dei suoi rapporti con Julius Rosenberg (condannato a morte) e Morton Sobell (condannato a trent'anni di carcere) e delle sue attività di spionaggio, non fu mai accusato in tribunale. Un altro agente ebreo, Nathan Sussman, che aveva fatto la spia per Julius Rosenberg, testimoniò durante le udienze del PSI che Coleman, Rosenberg, Sobell, Al Sarant e Joel Barr, tutti ebrei legati al laboratorio di Fort Monmouth, erano agenti comunisti.

All'inizio delle indagini di McCarthy, Fort Monmouth era stato per dieci anni un covo di agenti comunisti. Altri sei ebrei accusati da McCarthy di essere comunisti erano Jack Okun, Barry Bernstein, Samuel Simon Snyder, Joseph Levitsky, Harry Hyman e Ruth Levine. Il primo, Jack Okun, era il compagno di stanza di Aaron Coleman ed era stato espulso da Fort Monmouth per motivi di sicurezza nel 1949. Nonostante avesse accesso ai documenti che Coleman teneva in casa, Okun si appellò con successo alla decisione e il Loyalty Review Board (LRB) permise la sua riammissione al Pentagono e le sue dimissioni furono poi accettate. Questo fu uno dei rovesci nei casi di sicurezza che misero in allarme McCarthy e i suoi collaboratori. Simile fu il caso di Barry Bernstein, un alto funzionario dell'Evans Signals Laboratory, dove ricopriva una posizione particolarmente sensibile con autorizzazione segreta. Nel 1951, Bernstein era stato interrogato a

Monmouth per motivi di sicurezza e, dopo essere stato esaminato da una commissione di sicurezza del Primo Esercito, era stato sospeso dalle sue funzioni. Fece immediatamente ricorso al Pentagono, la decisione fu annullata e fu reintegrato; ma, a differenza di Okun, non si dimise ed era ancora al suo posto quando iniziarono le audizioni di McCarthy. Un terzo caso fu quello di Snyder, che alla fine del 1952 era stato espulso dal Signal Laboratory da un consiglio regionale della Prima Armata. Anche lui era riuscito a ottenere dal Pentagono il suo reintegro e poi si era dimesso.

Le audizioni davanti alla Sottocommissione presieduta da McCarthy dimostrarono che numerosi componenti del gruppo Rosenberg-Sobell erano ancora a Monmouth all'inizio degli anni Cinquanta. Joseph Levistsky aveva lavorato al Laboratorio dei Segnali e poi al Laboratorio Federale delle Telecomunicazioni, dove aveva avuto accesso a progetti riservati dell'esercito. Quando McCarthy gli chiese se faceva parte della cospirazione comunista mentre gestiva informazioni sensibili per il governo, Levistsky si appellò al Quinto Emendamento. Anche Samuel Snyder ha invocato il Quinto Emendamento. Va considerato che quando una persona incriminata invoca il Quinto Emendamento, indica che non può rispondere alle accuse senza incriminarsi. In altre parole, l'appello al Quinto Emendamento era inteso come un segno di colpevolezza, anche se l'imputato non poteva essere accusato in un procedimento penale. A lavorare con Levitsky fino al 1951 all'FTL (Federal Telecommunications Lab) c'era Harry Hyman, che era stato identificato come agente comunista da due persone, Lester Ackerman e John Saunders, entrambi ex comunisti. Qui, da *Blacklisted by History*, un esempio di come venivano condotti gli interrogatori:

> "McCarthy: Ha mai discusso di spionaggio con membri del Partito Comunista?
> Hyman: Mi astengo dal rispondere per le ragioni sopra esposte (Quinto Emendamento).
> McCarthy: Ha mai consegnato segreti governativi a qualcuno che le era noto come agente di spionaggio?
> Hyman: Mi rifiuto di rispondere per le stesse ragioni.
> McCarthy: Ha effettuato 76 telefonate al Federal Telecommunications Laboratory di Loci, New Jersey, tra il 24 gennaio 1952 e il 21 ottobre 1953 allo scopo di ricevere informazioni classificate e di consegnarle a uno o più agenti di spionaggio?
> Hyman: Mi rifiuto di rispondere per le stesse ragioni".

Questa sessione ebbe luogo il 25 novembre 1953. Il senatore McCarthy pose numerose domande relative allo spionaggio e fece riferimento a centinaia di telefonate a strutture militari e scientifiche. In ogni occasione Hyman invocò il Quinto Emendamento. Un'altra importante sospettata di violazione della sicurezza era Ruth Levine, che aveva lavorato per un decennio al CTF, dove aveva raggiunto una posizione elevata con autorizzazione segreta. Quando iniziarono le udienze di Joe McCarthy, la Levine era ancora impiegata, nonostante diversi testimoni avessero dichiarato che faceva parte di una cellula comunista operante all'interno del CTF,. Anche lei, come i suoi colleghi, rifiutò l'idea di far parte di una cellula comunista. Anche lei, come i suoi colleghi, rifiutò le domande e invocò il famoso Quinto.

McCarthy fu inizialmente sostenuto da Robert Stevens, che era stato nominato Segretario dell'Esercito da Eisenhower il 4 febbraio 1953. Stevens era un anticomunista che, appena insediato, tenne un briefing sul Programma di lealtà e sicurezza dell'esercito. Il suo primo interesse fu quello di conoscere le misure adottate per evitare che persone sleali si infiltrassero nell'istituzione e cosa fosse stato fatto per scoprire ed espellere i sospetti. Per prima cosa contattò Edgar Hoover, il direttore dell'FBI, e chiese il suo parere. Poi inviò un telegramma al senatore McCarthy e gli offrì il suo aiuto nell'indagine che aveva intrapreso. Quando il 10 febbraio 1953 McCarthy annunciò che c'erano prove evidenti di spionaggio a Fort Monmouth. Stevens diede istruzioni al generale Kirke B. Lawton, il comandante della base: "Cooperate! Rendetegli facile interrogare chiunque desideri.

Il generale Lawton era arrivato a Fort Monmouth nel 1951 e aveva individuato i problemi di sicurezza, ma non era riuscito ad agire in modo efficace, quindi la sua disponibilità a collaborare era sincera. Il 15 ottobre 1953 apparve in sessione esecutiva (non pubblica) davanti alla sottocommissione del Senato. Quello che segue è un estratto della sua conversazione con McCarthy, riprodotto da Stanton Evans:

> "McCarthy: Può dire che da quando ha assunto l'incarico, e soprattutto negli ultimi sei mesi, ha lavorato per sradicare i rischi di sicurezza accumulati nei Signal Corps e che ne ha accantonati un numero considerevole?
> Lawton: A questa domanda rispondo sì, ma non tornate indietro di sei mesi.... Nelle ultime due settimane si sono visti risultati efficaci. Ho lavorato per gli ultimi ventuno mesi cercando di ottenere ciò che è stato ottenuto nelle ultime due settimane.
> McCarthy: Direbbe che nelle ultime settimane ha ottenuto risultati più efficaci?
> Lawton: Assolutamente, più di quanti ne abbiamo avuti negli ultimi quattro anni.
> McCarthy: Può dirci perché solo nelle ultime due o tre settimane è riuscito a ottenere risultati efficaci?
> Lawton: Sì, ma è meglio che non lo dica. Lo so bene, ma lavoro per Mr. Stevens".

Sebbene non si trattasse di un'udienza pubblica, un nemico di McCarthy, John Gibbons Adams, il consigliere generale dell'Esercito considerato "gente della signora Rosenberg" (persone vicine al vice segretario alla Difesa Anna Rosenberg), partecipò all'udienza e informò Stevens che Lawton aveva riconosciuto al PSI che McCarthy aveva ottenuto più risultati in due settimane che in due anni. Queste osservazioni non piacquero al Segretario Stevens, tanto meno ad altri suoi superiori, che cercarono di perseguitare McCarthy sostenendo che stava attaccando ingiustificatamente l'esercito. Il lavoro sotto copertura dei nemici di McCarthy consisteva nel provocare cambiamenti nelle posizioni di coloro che nell'esercito sostenevano l'indagine. Così il Segretario Stevens, che senza dubbio voleva ripulire Monmouth e collaborare con il senatore del Wisconsin, si trovò presto coinvolto nel conflitto e sempre più pressato dai suoi superiori. Il generale Lawton aveva dimostrato nelle udienze la massima disponibilità ad aiutare la Sottocommissione, tanto che una settimana dopo la sua apparizione di ottobre fu elogiato da McCarthy, che lo ringraziò per la posizione assunta. Lawton rispose: "Sì, ma questa posizione mi costerà la promozione. E sarò fortunato se sopravviverò ancora a lungo qui a Fort Monmouth".

Le sue parole si rivelarono profetiche, poiché la sua promozione fu effettivamente rifiutata e nel giro di un anno fu sollevato dal comando. Dopo il suo discorso del 15 ottobre, il generale, oltre ad essere stato rimproverato per aver collaborato e parlato più del necessario, aveva ricevuto pressioni da John G. Adams per completare la sua epurazione a Fort Monmouth. G. Adams per completare la sua epurazione a Fort Monmouth. Più tardi, in occasione di una delle udienze McCarthy dell'aprile 1954, il generale Lawton spiegò di aver ricevuto una telefonata da Adams nell'ottobre 1953 in cui Adams diceva: "Spero che tu veda chiaramente che devi ritirare alcuni casi che hai raccomandato per il licenziamento a causa dei rischi per la sicurezza". La risposta di Lawton fu: "Non lo farò. Lasci che sia il segretario ad assumersi la responsabilità". È chiaro quindi che tra i militari era in corso un braccio di ferro. Alla fine del 1953, Robert Stevens cominciò a rettificare la situazione, affermando che l'esercito non era a conoscenza di alcuno spionaggio a Fort Monmouth all'epoca.[25]

---

[25] Sbarazzarsi di Lawton divenne un obiettivo. Solo il timore che il senatore McCarthy potesse esporre al pubblico le molestie del generale e provocare una reazione indesiderata frenò coloro che volevano sbarazzarsi di lui. Nel tentativo di sottomettere Lawton mentre era al comando di Fort Monmouth, gli fu detto di non partecipare più alle sedute di McCarthy e di non collaborare più con lui. Come era stato fatto con Ezra Pound o James Forrestal, si cercò di farlo sembrare malato. Fu sottoposto a una visita medica, senza specificare per quale malattia, e fu inviato all'ospedale Walter Reed. Chi lo ha visitato non ha visto segni di cattiva salute. Il Segretario Stevens, da parte sua, riferì nelle sue dichiarazioni che il Generale Lawton rimase al comando di Monmouth per tenere a bada McCarthy. Già nella primavera del 1954, lo staff del senatore del Wisconsin era a conoscenza del fatto che se il generale fosse comparso davanti al PSI sarebbe stato punito con la perdita dei benefici a cui aveva diritto per il servizio prestato nell'esercito. Infine, nell'estate del 1954, fu rimosso dal comando di Fort Monmouth e si ritirò dal servizio attivo alla fine di agosto.

Un secondo generale, Ralph W. Zwicker, un veterano della Seconda Guerra Mondiale che comandava Camp Kilner, un'altra installazione dell'esercito nel New Jersey, doveva servire come strumento per fermare le indagini del senatore McCarthy contro le infiltrazioni comuniste e indirizzarle contro di lui. Il comportamento e l'indegnità di Zwicker contrastavano con l'atteggiamento onesto adottato dal generale Lawton. Alla fine di gennaio del 1954 un membro del comitato di McCarthy, George Anastos, telefonò al generale Zwicker per avere informazioni su un caso di sicurezza a Camp Kilner che coinvolgeva un dipendente del Corpo medico. Zwicker deve aver esitato all'inizio, perché rispose che avrebbe richiamato lui stesso, cosa che fece un'ora dopo. Il generale fornì ad Anastos il nome del sospettato, un comunista ebreo di nome Irving Peress, e aggiunse che lavorava come dentista. Il giorno successivo, il generale Zwicker telefonò di nuovo per confermare che il dottor Peress, che si era guadagnato il grado di capitano nella guerra di Corea, era stato promosso maggiore e si aspettava di essere congedato con tutti gli onori. Questo dentista, si scoprì, era stato un organizzatore di gruppi comunisti che aveva dichiarato il falso quando si era arruolato nell'esercito, avendo firmato una dichiarazione in cui giurava di non avere alcun legame con il comunismo.

McCarthy si indignò quando seppe che Peress faceva parte di una cellula comunista, la Casa Bianca aveva ordinato la sua promozione a maggiore e l'accelerazione del suo pensionamento. Quando Peress apparve davanti alla Sottocommissione permanente del Senato il 30 gennaio 1954, invocò ripetutamente il Quinto Emendamento per evitare di rispondere a domande come: ha reclutato personale militare a Camp Kilner per il Partito Comunista? Ha tenuto riunioni del Partito Comunista a casa sua con il personale militare a Camp Kilner? C'è una cellula comunista a Camp Kilner di cui lei è membro? Ha organizzato una cellula comunista a Camp Kilner? Ovviamente, rifiutarsi di rispondere per non incriminarsi dopo aver firmato una dichiarazione giurata in cui negava la sua appartenenza al Partito Comunista era la prova che era uno spergiuro.

Il senatore McCarthy si è così espresso e ha scritto una lettera, consegnata a mano al Pentagono, in cui chiedeva di annullare il congedo con onore di Peress e di trattenerlo nell'esercito per sottoporlo alla corte marziale. Poiché il Segretario Stevens era in Asia, la lettera finì nelle mani di John G. Adams, consigliere generale dell'esercito. Nel 1983, Adams pubblicò un libro, *Without Precedent*, in cui sostiene di aver provocato la caduta di McCarthy. La sua reazione al ricevimento della lettera del senatore è stata la seguente: "Decisi di non fare ciò che McCarthy mi chiedeva e di lasciare andare il dentista. In breve, al diavolo McCarthy". Così, il 2 febbraio 1954, un giorno dopo aver ricevuto la lettera, il generale Zwicker firmò il congedo di Irving Peress dall'esercito con tutti gli onori.

Esasperato, McCarthy raddoppiò gli sforzi per scoprire come potesse essere così sfacciato. Più di qualcuno nell'esercito condivideva l'opinione che il caso Peress fosse un imbarazzo che dimostrava quanto fosse facile eludere la sicurezza. Il 13 febbraio James Juliana, uno degli investigatori di McCarthy, si recò a Camp Kilner per incontrare Zwicker, che gli disse di essersi opposto al congedo con onore di Peress. Juliana tornò convinto che il generale condividesse le sue critiche sulla gestione lassista dei casi di sicurezza da parte dell'esercito. Si decise quindi che Zwicker dovesse presentarsi a un'udienza esecutiva il 18 febbraio per scoprire chi avesse ordinato a Peress di uscire indenne dalla porta principale. Il senatore McCarthy si presentò esausto e irritabile, poiché sua moglie aveva avuto un incidente stradale e non aveva dormito tutta la notte. I suoi assistenti volevano rimandare l'udienza e, data la tensione dell'udienza, sarebbe stato meglio.

Il giorno prima, il 17 febbraio, il Consigliere Generale Adams aveva fatto visita al Generale Zwicker e lo aveva istruito, forse corrotto, a non rivelare il nome della persona che aveva ordinato l'onorevole ritiro dell'agente comunista. John Adams stesso racconta l'incontro in *Without Precedent*, anche se senza entrare molto nei dettagli: "Eravamo ansiosi di far capire a Zwicker", scrive Adams, "che non dovevano essere rivelati né nomi né ulteriori dettagli sulla sicurezza. Con grande sorpresa di tutti, quando ci si aspettava un testimone ben informato e collaborativo, Zwicker fu evasivo, litigò verbalmente con McCarthy, cambiò la sua testimonianza tre o quattro volte e si rifiutò di rispondere alle domande sulla bizzarra carriera e sul grottesco congedo di Irving Peress. Tutto ciò fece infuriare il senatore McCarthy, che non poteva accettare le affermazioni di ignoranza del generale, che dichiarò il falso quando disse di non sapere nulla dei legami di Peress con i comunisti, dal momento che lui stesso aveva rivelato a George Anastos, alla fine di gennaio, di essere a conoscenza del caso. [26]

Insolitamente irritabile per la stanchezza accumulata, i nervi di McCarthy lo tradirono e affrontò il generale Zwicker come se fosse un

---

[26] Esistono documenti pubblicati nel 1955 da una commissione del Congresso, la commissione McClellan, che dimostrano la falsa testimonianza del generale Zwicker, che si era espresso per iscritto in termini molto simili a quelli di McCarthy. Il 21 ottobre 1953, Zwicker aveva scritto al comandante generale della Prima Armata: "Questo ufficiale (Peress) si è rifiutato di firmare il certificato di fedeltà e si è rifiutato di rispondere alle domande sulla sua affiliazione a organizzazioni sovversive appellandosi al privilegio costituzionale..." A proposito della presenza di Peress nell'esercito, Zwicker disse: "È chiaramente in contrasto con l'interesse della sicurezza nazionale". Giorni dopo, il 3 novembre, quando Zwicker apprese della promozione di Peress, inviò una seconda lettera alla Prima Armata insistendo sul fatto che Peress fosse un agente comunista: "Un'indagine completata il 15 aprile 1953 ha stabilito che questo ufficiale era un comunista noto e attivo nel Queens N.Y.". Queste parole erano state scritte solo tre mesi prima che egli giurasse davanti a Joe McCarthy di non sapere nulla dei rapporti di Peress con il comunismo. Non sorprende, quindi, che i colleghi di McCarthy pensassero che Zwicker sarebbe stato un testimone utile e che il senatore, perplesso, fosse esacerbato dal cambiamento di opinione del generale.

pubblico ministero accusatore. Fu un grave errore, forse quello che i suoi nemici stavano aspettando. McCarthy chiese a Zwicker se pensava che un generale che avesse consapevolmente coperto un agente comunista dovesse essere rimosso dal comando. Zwicker rispose che non pensava fosse una ragione sufficiente per rimuovere un generale. L'ex marine reagì con rabbia e disse: "Allora, generale, lei dovrebbe essere rimosso dal comando. Chi ha ricevuto l'onore di essere promosso a generale e afferma che proteggerebbe un altro generale che ha ospitato agenti comunisti non merita di indossare l'uniforme, generale". Erano le munizioni necessarie a coloro che cercavano di liquidare il senatore del Wisconsin. Immediatamente la stampa fece un gran parlare del duro trattamento riservato da McCarthy a Zwicker. Tra le altre cose, si disse che aveva "insultato l'uniforme" e che aveva accusato un generale decorato in tempo di guerra di "proteggere i sovversivi".

Da questo momento iniziò la campagna finale per distruggere Joe McCarthy, che non fu più in grado di riprendere il suo lavoro. Una serie ininterrotta di accuse fu lanciata contro di lui e contro i membri del suo staff, che dovettero dedicare tutto il loro tempo e le loro energie a confutare o smentire la continua raffica di accuse. Sulla stampa, il flusso di propaganda in tutto il Paese era già un crescendo costante che non cessò fino alla censura di McCarthy e alla sua riprovazione da parte dei suoi stessi colleghi del Senato. Il Segretario Stevens non permise al Generale Zwicker o ad altri militari di continuare a testimoniare.

Paul Hoffman, nella cui residenza californiana il Presidente Eisenhower si trovava in vacanza, il che dà un'idea della stretta amicizia tra i due ebrei, telefonò a Stevens per congratularsi con lui per la decisione, congratulazione che, ovviamente, fu condivisa da Eisenhower, di cui Hoffman era il più stretto consigliere. Dall'entourage del Presidente, John Adams ricevette l'ordine di raccogliere informazioni sulla condotta di Roy Cohn e David Shine, i due ebrei che Sokolsky e il gruppo Hearst avevano affiancato al senatore McCarthy. L'incarico era giustificato dal fatto che, durante l'indagine a Fort Monmouth, Cohn era entrato in conflitto con l'esercito a causa del suo partner sentimentale. All'epoca l'omosessualità era un argomento tabù nell'esercito. La relazione tra i due e il comportamento irregolare di Cohn dovevano essere usati per destabilizzare ulteriormente McCarthy e provocare la sua rottura definitiva con l'esercito.

Il 21 gennaio 1954 John Adams tenne una riunione nell'ufficio del Procuratore Generale, Herbert Brownell, alla quale partecipò, tra gli altri, il Capo di Stato Maggiore di Eisenhower, Sherman Adams, un massone di alto livello. In quell'occasione si tenne un briefing sull'inchiesta di Monmouth, in cui il consigliere Adams sostenne che Cohn stava cercando di trarre profitto da Shine e che aveva persino minacciato l'esercito sfruttando la sua posizione nella squadra investigativa del senatore McCarthy. Sherman Adams chiese al consigliere di presentare un rapporto scritto, cosa che fece il giorno successivo. Il testo che scrisse, di cui fece trapelare alcuni estratti alla stampa, forniva una cronologia degli eventi riguardanti le attività di Cohn e il trattamento di Shine delle opinioni e delle azioni di McCarthy.

Il 10 marzo, sulla base di questo rapporto, l'Esercito formulò pubblicamente una serie di accuse, il cui succo era una denuncia nei confronti di Cohn, che, con l'acquiescenza di McCarthy, avrebbe usato il suo potere nella Sottocommissione del Senato per ottenere favori da Shine. Da qui nacque una serie di udienze tra l'aprile e il giugno 1954 in cui McCarthy dovette difendersi dalle accuse dell'Esercito che, sulla base della cronologia presentata dall'avvocato Adams e dal segretario Stevens, accusavano lui e Cohn di lobbismo disonesto. McCarthy si difese sostenendo che l'Esercito stava cercando di paralizzare l'indagine all'interno dell'Esercito e di screditare il PSI da lui presieduto. Le udienze furono trasmesse in televisione e circa venti milioni di persone assistettero allo spettacolo ogni giorno. Per tutta la durata delle udienze, che produssero circa tremila pagine di trascrizioni stampate, il senatore McCarthy fu rimosso dalla presidenza del PSI. Il suo posto fu temporaneamente preso dal repubblicano Karl Mundt.

Joe McCarthy si rattristò nello scoprire che il Segretario Stevens, che inizialmente lo aveva sostenuto, agiva su ordine dell'entourage di Eisenhower. Stevens testimoniò per quattordici giorni e spiegò le accuse dell'esercito contro McCarthy-Cohn, ma non fu convincente nel giustificare le presunte minacce all'esercito attribuite a entrambi. Durante le udienze, il senatore Everett Dirksen, membro della Sottocommissione McCarthy, testimoniò che il 22 gennaio 1954 il consigliere generale John Adams e Gerald Morgan, un assistente di Eisenhower, lo avevano avvicinato con la pretesa di sopprimere parte dell'indagine McCarthy. Dirksen affermò che Adams gli aveva accennato che l'esercito aveva un dossier su Cohn e Shine e aveva minacciato che il dossier avrebbe potuto essere molto dannoso se fosse stato diffuso sulle prime pagine dei giornali. A questo punto, John Adams si rese conto di non poter essere il capro espiatorio di Eisenhower e rivelò che i membri dello staff di Eisenhower gli avevano ordinato di compilare la cronologia su Cohn e Shine in una riunione nell'ufficio del procuratore generale il giorno prima di andare da Dirksen.

Era chiaro, quindi, che la Casa Bianca era coinvolta nella cospirazione contro McCarthy e nella copertura della sovversione nel governo. Il 17 maggio, con l'evidente scopo di impedire un'indagine sul proprio ruolo, Eisenhower emanò un ordine che rivendicava per sé un principio costituzionale secondo cui il Presidente poteva proibire ai suoi subordinati di rivelare qualsiasi informazione al Congresso Il 27 maggio McCarthy alluse apertamente all' 'ordine del bavaglio" di Eisenhower ed esortò i funzionari federali a farsi avanti per fornire qualsiasi informazione su corruzione o sovversione nel governo. A proposito dell'ordine del bavaglio, ha ricordato: "Il giuramento che ogni membro del governo fa di proteggere e difendere il Faese contro tutti i nemici, stranieri e nazionali, supera di gran lunga qualsiasi ordine di sicurezza presidenziale". La risposta della Casa

Bianca arrivò il giorno dopo. L'addetto stampa di Eisenhower rilasciò una dichiarazione alla stampa, paragonando nuovamente McCarthy a Hitler. Un paragone che piacque a diversi editorialisti di alto profilo che d'ora in poi lo utilizzarono.

Poi apparve sulla scena Joseph Welch, una figura istrionica la cui performance perfettamente misurata e calcolata era proprio ciò di cui i media avevano bisogno per completare l'opera di molestia e demolizione del senatore McCarthy. Joe Welch, un avvocato che fungeva da consulente dell'esercito, è passato alla storia grazie alle sue superbe interpretazioni, trasmesse in televisione. Le capacità recitative di questo famigerato caratterista furono confermate nel 1959, quando assunse il ruolo di un giudice in *Anatomia di un omicidio*, un film hollywoodiano diretto da Otto Preminger. Secondo le parole di Stanton Evans, "Welch trattò l'intera faccenda come un melodramma in cui i fatti e la ragione erano inequivocabilmente secondari rispetto all'immagine e all'impressione. Molto di ciò che disse e fece era diretto alla sua concezione del processo come una soap opera". Con totale disprezzo per la verità, ad esempio, Welch mentì imperterrito davanti alle telecamere e dichiarò che una parte del rapporto dell'FBI che riportava i nomi di oltre trenta sovversivi operanti a Fort Monmouth era "una copia carbone di nulla" e, nonostante il direttore del Bureau Edgar Hoover avesse detto di aver scritto il rapporto, Welch alluse al documento come a un "perfetto falso". In un'altra occasione, accusò McCarthy di aver prodotto una foto falsificata come prova. Si trattava di una foto autentica di Shine, Stevens e del colonnello Jack Bradley che era stata ritagliata e ingrandita per renderla più chiara. I media accettarono la versione di Welch e ignorarono le spiegazioni di McCarthy.

Il 9 giugno 1954 McCarthy fece riferimento a un avvocato dello studio Welch, Fred Fisher, che era stato membro della National Lawyers Guild, un'organizzazione che la Procura Generale degli Stati Uniti aveva considerato una roccaforte del Partito Comunista. Fisher, oltre che comunista, era probabilmente sionista: morì anni dopo a Tel Aviv, dove si era recato per tenere una conferenza sponsorizzata dall'Ordine degli Avvocati israeliano. Il contrattacco di Welch fu un attacco che è stato ripetutamente riprodotto in libri e video:

> "Fino a questo momento, senatore, non credo di aver compreso appieno la sua crudeltà e la sua follia. Fred Fisher è un giovane che ha frequentato la Harward Law School, è venuto nel mio studio e sta iniziando una brillante carriera con noi.... Non avrei mai immaginato che lei potesse essere così irresponsabile e crudele da ferire questo ragazzo..... Temo che porterà per sempre la cicatrice con cui lo avete inutilmente marchiato. Se fossi in grado di perdonarla per la sua sconsiderata crudeltà, lo farei. Mi considero un gentiluomo, ma il vostro perdono dovrà venire da qualcun altro".

McCarthy cercò di approfondire i retroscena della National Lawyers Guild e di replicare con un più forte "tu quoque" per riferirsi alle accuse e ai danni che lo stesso Welch aveva cercato di infliggere alla reputazione dei suoi collaboratori. Welch si rifiutò di ascoltare e insistette con gli insulti a Fisher:

> "Non continuiamo a uccidere questo ragazzo, senatore. Non le è rimasto un po' di senso del pudore, dopo tutto? Non ha un po' di senso del pudore?".

Dopo aver definito il senatore indecente davanti alle telecamere che trasmettevano l'udienza, Welch è scoppiato in lacrime ed è stato applaudito dal pubblico del Senato. All'uscita dall'aula, Welch pianse di nuovo davanti alle telecamere dei fotografi della stampa. I giornali furono concordi nel sottolineare la grande umanità dimostrata da Joe Welch, un uomo sconvolto dalle nefandezze di McCarthy, che non si sarebbe mai aspettato di essere così meschino da rovinare la carriera di Fisher con le sue accuse. Il fatto che le accuse del senatore fossero vere non interessava ai media: radio, televisione e giornali, tradizionalmente nelle mani di proprietari ebrei obbedienti al potere reale, avevano cospirato per far fuori McCarthy e non si sarebbero fermati finché non ci fossero riusciti. Scott Speidel della Florida State University, in un articolo intitolato "Come i marxisti ebrei in America hanno distrutto Joe McCarthy" ritiene che la stampa "non ha riversato tanto odio su un personaggio pubblico dai tempi di Adolf Hitler".

Il passo successivo dei complottisti anti-McCarthy fu quello di ottenere una condanna al Senato per screditarlo definitivamente e rovinare per sempre la sua carriera politica e la sua reputazione. I Democratici non erano sufficienti a questo scopo, perché agli occhi dell'opinione pubblica era auspicabile coinvolgere senatori repubblicani che avrebbero votato contro di lui per evitare l'impressione che si trattasse di una lotta di parte. Le scelte principali furono Arthur Watkins, un senatore repubblicano dello Utah che avrebbe presieduto una commissione speciale del Senato per studiare le accuse contro McCarthy, e Ralph Flanders, un senatore del Vermont che, in un attacco selvaggio al collega in Senato, aveva accusato lui, Cohn e Shine di essere un trio di omosessuali. Flanders non si era tirato indietro nemmeno nel tracciare analogie tra McCarthy e Hitler, che erano diventate di uso comune. Giorni dopo che aveva tempestato il martire McCarthy con queste diatribe, Flanders elencò ben trentatré accuse specifiche contro di lui, che sarebbero state alla base della sua censura. Alcune delle accuse erano così bizzarre che alcuni repubblicani gli chiesero da dove venissero. Senza il minimo pudore, Flanders ammise che gli erano state fornite dal NCEC (National Committee for an Effective Congress), il cui alma mater era l'ebreo sionista Maurice Rosenblatt, nemico dichiarato del senatore del Wisconsin e uno dei principali agitatori contro di lui. Rosenblatt aveva estratto il materiale dell'NCEC e Flanders si era limitato a leggerlo al Senato. Iniziò così la strada verso il calvario di McCarthy, che si sarebbe conclusa con il voto che lo crocifisse il 2 dicembre 1954.

Così, le audizioni del Senato contro McCarthy furono condotte sotto il controllo repubblicano, anche se alcuni senatori del partito erano ancora con lui e non erano favorevoli alla censura. Negli anni in cui Joe McCarthy si era opposto a Truman, poteva almeno contare sull'appoggio della maggioranza dei senatori del suo partito; ma con un presidente repubblicano alla Casa Bianca che spingeva contro di lui, si era verificata la scissione. Il pilastro del NCEC nell'entourage di Eisenhower era ancora una volta Paul Hoffman, che fungeva da velata cinghia di trasmissione tra il comitato di Rosenblatt e la Casa Bianca, la cui influenza fu decisiva nel rifiuto.

La leadership del NCEC nella campagna per la censura di McCarthy fu così sfacciata che sostenne le spese finanziarie di Flanders e compagnia. Stanton Evans riproduce un bilancio dell'organizzazione per coprire le spese dal 25 giugno al 10 agosto 1954, che ammonta a 23.650 dollari, di cui 3.500 per inserzioni pubblicitarie su tre giornali di Washington. Lo stesso autore scrive quanto segue sul legame tra Rosenblatt e Hoffman: "Dietro le quinte, Hoffman aveva sostenuto lo sforzo di Rosenblatt con contributi finanziari. Nel bel mezzo della battaglia per la censura, tuttavia, mostrò pubblicamente il suo legame sottolineando il legame politico tra il NCEC e la Casa Bianca. Poco dopo che Flanders presentò la sua risoluzione contro McCarthy, il NCEC redasse e Hoffman firmò un telegramma ampiamente pubblicizzato che esortava a sostenere la mozione di censura".

Probabilmente, alla fine di settembre, molti dei rimanenti sostenitori di McCarthy gettarono la spugna vedendo la battaglia persa. Sebbene alcuni dei suoi amici più fedeli, i senatori William Jenner, Herman Welker e pochi altri, denunciassero quanto stava accadendo, a novembre i suoi colleghi del Senato lo espulsero dalla loro commissione. Infine, il 2 dicembre 1954, il Senato lo condannò per "condotta contraria alle tradizioni del Senato". Il risultato della votazione fu di 67-22. Il fatto che tra i voti di condanna ve ne fossero 22 espressi dai repubblicani permise di sostenere che entrambi i partiti avevano censurato il senatore del Wisconsin, che divenne una persona da evitare.

McCarthy rimase bloccato per quattro anni in una lotta mortale che non avrebbe mai potuto vincere. Tra i suoi nemici c'erano due presidenti degli Stati Uniti, l'impero universale dei media e, in ultima analisi, la tirannia occulta che aveva finanziato il comunismo fin dalla sua nascita, le cui lobby coprivano l'intero spettro politico ed economico. Joseph McCarthy morì a quarantotto anni il 2 maggio 1957, trenta mesi dopo essere stato censurato. Pare che abbia cercato il falso rifugio dell'alcol. Secondo alcuni, il vuoto e l'emarginazione a cui era sottoposto gli hanno tolto la voglia di vivere. Altri sostengono che abbia bevuto fino alla morte. Nei decenni successivi, i falsificatori della realtà, al servizio del Potere Occulto, si sono incaricati di gettare il suo nome nella pattumiera della storia, dove vengono collocati coloro che hanno osato denunciare le manipolazioni e i crimini che una cabala di cospiratori esercita sull'umanità.

PARTE 5
IL CONTROLLO DEL COMUNISMO
BERIA E L'ASSASSINIO DI STALIN

La figura di Stalin, Iosif Vissarionovich Dzhugashvili, è una delle più impressionanti della storia. Durante i suoi quasi trent'anni di spietato potere in Russia, si dimostrò un formidabile poliziotto di incommensurabile astuzia e cattiveria, che sapeva come sbarazzarsi di tutti coloro che cercavano di toglierlo di mezzo. La sua capacità di affrontare il trotskismo e ciò che rappresentava, la sua tenacia nell'eliminare sistematicamente i suoi nemici, la sua intelligenza nel manovrare e resistere come un dittatore assoluto sono sorprendenti se si considera che, tranne negli anni della guerra mondiale, si trovò di fronte a forze globali del Potere Occulto che cercavano di sostituirlo con uno dei loro agenti. Per quanto la storiografia ufficiale lo ignori, Stalin era consapevole che l'opposizione trotskista intendeva approfittare dell'ascesa al potere di Hitler per provocare una guerra con la Germania e riprendere il controllo dell'URSS. Trotsky non si fece scrupolo di dichiarare pubblicamente che in caso di guerra lui e l'opposizione avrebbero rimosso Stalin dal potere per poi organizzare la difesa che avrebbe permesso la vittoria finale [27].

Il fatto che tra tutti i grandi assassini del comunismo - Trotsky, Lenin, Yagoda, Kaganóvich, Beria, Mao Tse-tung e tanti altri - solo Stalin sia criticato agli occhi dell'opinione pubblica internazionale è estremamente rivelatore. Yagoda, Kaganóvich e Beria, tre ebrei che si collocano tra i più grandi criminali di tutti i tempi, non sono nemmeno conosciuti dal grande pubblico. Trotsky e Lenin, i cui crimini non sminuiscono in alcun modo quelli dei loro correligionari, rimangono figure emblematiche e rispettate nei circoli presumibilmente progressisti di tutto il mondo. Quanto ai terribili massacri di Mao Tse-tung in Cina, non vengono né ricordati né denunciati.

---

[27] Isaac Deutscher, scrittore e storico polacco di origine ebraica considerato un trotskista, ha scritto biografie di Stalin e Trotsky. In *Stalin* scrive: "Nella crisi suprema della guerra, i leader dell'opposizione, se fossero stati ancora vivi, avrebbero potuto agire con la convinzione, vera o falsa che fosse, che Stalin stesse conducendo la guerra in modo incompetente e fatale. Fin dall'inizio avrebbero potuto opporsi all'accordo con Hitler. Trotsky non aveva forse previsto una simile azione contro Stalin nella sua "tesi Clemenceau"? Immaginiamo per un momento che i leader dell'opposizione fossero sopravvissuti e avessero assistito alla sconfitta dell'Armata Rossa nel 1941 e nel 1942, con Hitler alle porte di Mosca e milioni di soldati imprigionati dai tedeschi, con il popolo in preda a una pericolosa crisi morale come quella che si verificò nell'autunno del 1941, in un momento in cui il futuro dei Soviet era in bilico e l'autorità di Stalin era al suo minimo storico. È possibile che allora avrebbero cercato di rovesciare Stalin". Questo era esattamente il piano che è stato esposto nei processi di Mosca. Questa era l'idea iniziale quando i banchieri ebrei di Wall Street finanziarono Hitler.

Solo i crimini di Stalin sono esposti con una certa regolarità dai media, la cui propaganda si è concentrata per settant'anni nell'esporre fino allo sfinimento la malvagità intrinseca del nazismo e le sofferenze ineguagliabili degli ebrei.

L'eliminazione di numerosi ebrei trotzkisti, che dalla morte di Lenin erano stati gradualmente allontanati dal potere, fu una straordinaria dimostrazione di forza da parte di Stalin, l'unico "cattivo" del comunismo internazionale. I processi di Mosca, descritti dalla stampa mondiale come "processi spettacolo", dimostrarono a chi voleva vedere la realtà che esistevano manovre di ogni tipo per sloggiare Stalin dal Cremlino. Dopo la Seconda guerra mondiale, la questione della sua sostituzione a capo dell'URSS riemerse gradualmente, soprattutto quando divenne chiaro che non aveva intenzione di cedere il suo potere onnipotente a nessuno. Quando Stalin si rese conto che, come prima della guerra, gli agenti ebrei stavano di nuovo tramando nell'ombra per sbarazzarsi di lui, rimase fedele ai suoi vecchi metodi e riprese la politica di arresto e assassinio dei suoi oppositori. Le accuse di antisemitismo affiorarono ovunque. Tuttavia, le parole di Heinz Galinsky, presidente della Comunità ebraica di Berlino, hanno posto il problema nei suoi giusti termini: "A differenza dell'antisemitismo nazista", ha dichiarato Galinsky, "l'azione comunista contro gli ebrei non è di carattere razziale, ma di carattere politico". In altre parole, Stalin non perseguitava gli ebrei perché erano ebrei, ma perché coloro che cercavano di distruggerlo erano ebrei che lavoravano per le forze occulte che avevano finanziato il comunismo fin dall'inizio.

Dopo la Seconda guerra mondiale, iniziarono subito gli intrighi per la successione di Stalin, guidati da alcuni dirigenti del Comitato Centrale e del Politburo. La figura di spicco della cospirazione era Lavrenti Beria, georgiano come Stalin. In qualità di Commissario del Popolo per gli Affari Interni, carica che ricoprì a partire dal 25 novembre 1938, aveva il controllo della polizia e del servizio segreto, l'NKVD, che gli forniva le leve necessarie per prendere il potere dopo l'agognata scomparsa dell'incombustibile padrone del Cremlino. Quasi tutti gli studiosi, come si vedrà, concordano sul fatto che fu il principale sospettato dell'assassinio di Stalin. Prima di passare a descrivere la lotta che si svolse, è d'obbligo un ripasso della figura di Beria, uno dei più brutali e spietati assassini di massa del comunismo.

Lavrenti Pavlovich Beria

Quando Stalin decise di combattere gli ebrei sionisti e/o trotzkisti che mettevano in discussione la sua leadership nei Paesi europei "liberati" dall'Armata Rossa, iniziò a diffidare anche degli ebrei che rimanevano in posizioni di rilievo nella stessa URSS. Adburahman Avtorkhanov, uno specialista del periodo staliniano, scrive in *Staline assassiné. Le complot de Béria* che Stalin era convinto che le spie sioniste si infiltrassero ovunque e le vedeva come potenziali cospiratori. Secondo questo autore, Stalin studiava gli alberi genealogici dei membri del Partito Comunista fino alla seconda e persino alla terza generazione, cercando di scoprire gli ebrei tra i loro antenati. Fu così che scoprì che la madre di Beria era indicata come ebrea georgiana. Poiché, come si è detto, tra gli ebrei è la madre a conferire l'etnia, Lavrenti Beria era quindi ebreo. Sua madre, Tekle, nata a Uria Sopeli, un villaggio abitato da ebrei, lo partorì il 29 marzo 1899 a Merkheuli, un villaggio dell'Abkhazia, una regione della Georgia abitata dai Mingreli, un'antica tribù caucasica.

All'età di sedici anni, Beria compie un viaggio in treno di ottocento chilometri dal Mar Nero al Mar Caspio, fino alla cosmopolita Baku, dove studia alla Scuola Superiore di Meccanica e Costruzione, nota come "Technicum". Qui entrò in contatto con studenti rivoluzionari marxisti che chiedevano il rovesciamento dello zar, come Vsevolod Merkulov, con cui fece amicizia e che divenne uno dei suoi uomini di fiducia, Mir Djaffar Bagirov ed Evgeny Dumbadze, che avrebbe assassinato anni dopo; ma allo stesso tempo divenne un confidente dell'Ojrana, la polizia segreta zarista. Thaddeus Wittlin afferma in *Commissar Beria* che quando nel febbraio 1917 si formò in Russia il Governo Provvisorio guidato dal principe Lvov, "Beria pensò che fosse più saggio essere in buoni rapporti con entrambe le parti e iniziò a giocare con due carte"; cioè, all'età di diciotto anni, quando ormai si comportava come un adulto, iniziò a lavorare sia per l'Ojrana che per i cospiratori bolscevichi, i cui leader consideravano Beria uno di loro.

Dopo la rivoluzione d'ottobre, in seguito alla dichiarazione di Lenin che garantiva il diritto all'autodeterminazione, Azerbaigian, Georgia e Armenia, i tre Paesi caucasici, si proclamarono indipendenti. Tuttavia, i sovietici reagirono subito in Azerbaigian, i cui pozzi petroliferi del Caspio venivano sfruttati da compagnie internazionali, e il 25 aprile 1918 istituirono a Baku il Consiglio dei commissari del popolo, chiamato Comune di Baku, che cercò di imporre la dittatura del proletariato in tutto il Paese. Stalin dichiarò che Baku sarebbe stata "la fortezza del potere sovietico in Transcaucasia". Poi arrivò la reazione dei nazionalisti mussavatisti, sostenuti dagli inglesi. I combattimenti nella capitale furono estremamente feroci e le battaglie furono combattute strada per strada. Alla fine del luglio 1918, il governo bolscevico di Baku cessò di esistere. Ben presto i reggimenti britannici al comando del generale Lionel Charles Dunsterville entrarono a Baku e occuparono la città, il cui porto era il centro dell'emporio del petrolio. I ventisei commissari della Comune di Baku furono imprigionati. Si formò un governo provvisorio, chiamato "Dittatura del Caspio Centrale", che, nelle mani dei mussavatisti azeri, durò fino all'aprile del 1920. In questi anni Beria entrò in contatto a Baku con i servizi segreti britannici, per i quali lavorò a partire dal 1919.

Nikita Kruscev confermò in diverse occasioni che Beria era un agente britannico. Sia il già citato A. Avtorkhanov che Anton Kolendic, autore di

Les derniers jours. De la mort de Staline à celle de Beria (marzo-dicembre 1953), fanno riferimento alle circostanze in cui Kruscev rivelò pubblicamente l'appartenenza di Beria allo spionaggio britannico. Kolendic riproduce le osservazioni di Kruscev alla cena di chiusura del 22° Congresso del CPSU, tenutosi nel 1961 a Mosca, durante il quale fu rieletto Segretario generale del partito. In quell'occasione, Kruscev diede la sua versione di come avvenne l'arresto di Beria durante la riunione del Politburo nella notte tra sabato 21 e domenica 22 giugno 1953: "Ho visto molte cose nella mia vita", disse il Segretario Generale, "ma non dimenticherò mai quella notte bianca ed estenuante...". Quanto segue è tratto dal libro di Kolendic, in cui Krusciov racconta, durante la cena dell'ottobre 1961, come nel 1953 avesse accusato Beria davanti ai suoi compagni del Politburo di aver lavorato per gli inglesi:

> "-... Pertanto, compagni, propongo di affrontare innanzitutto la discussione del caso del compagno Beria....
> Tutti approvarono, alcuni a voce alta, altri con applausi, altri ancora annuendo...
> Beria, da solo, era turbato, sorpreso, semplicemente colto di sorpresa. Era seduto accanto a me e mi afferrò amichevolmente il braccio, mormorando:
> - Ma cosa ti succede, Nikita, quale spirito maligno ti guida? Cosa significano questi scherzi?
> Gli spinsi via il braccio e a voce alta, in modo che tutti potessero sentire, gli risposi:
> - Prestate attenzione, capirete!
> Ho quindi dichiarato:
> - Quello che sta accadendo oggi a Berlino Est, il fatto che Lavrenti Beria abbia tradito e sverduto gli interessi dell'Unione Sovietica, non è un caso, né un semplice errore. No! È Beria! Vorrei innanzitutto ricordarvi il plenum del Comitato Centrale del 1937. Quel giorno, un membro del Comitato Centrale, il compagno Grisha Kaminski, aveva fornito le prove che Beria, allora candidato al Politburo, aveva lavorato per lo spionaggio britannico e aveva collaborato con i gruppi mussavatisti, e che quindi il suo caso non era di competenza del partito, ma del Procuratore generale della Repubblica Cosa è successo, compagni? Invece di aprire un'inchiesta, Beria fu eletto al Politburo e Grisha Kaminski scomparve dopo il plenum senza lasciare traccia. Di lui non si seppe più nulla".

La collaborazione simultanea di Beria con i sovietici e i nazionalisti mussavatisti era probabilmente un requisito del suo lavoro per l'intelligence britannica. In *Staline assassinato*, Avtorkhanov conferma il rapporto di Beria con i nazionalisti azeri e ricorda che già nel Rapporto segreto al XX Congresso del CPSU, che non faceva parte dei rapporti e delle risoluzioni ufficiali emesse dal Congresso perché consegnato a porte chiuse il 25 febbraio 1956, Kruscev riferiva della denuncia di Beria da parte del Commissario del popolo per la salute, Grisha Kaminsky. In quell'occasione Kruscev fu più preciso e rivelò che, appena terminato il plenum del Comitato Centrale, Kaminsky fu arrestato e fucilato.

Alla fine del 1919 gli inglesi abbandonarono la zona e lasciarono l'Azerbaigian nelle mani dei mussavatisti, riconosciuti come unico governo legale del Paese. I sovietici non volevano avere nulla a che fare con il diritto di Lenin all'autodeterminazione dei popoli e, non appena gli inglesi se ne andarono e i nazionalisti rimasero senza la loro protezione, iniziarono a preparare un colpo di Stato. All'alba del 20 aprile 1920, l'XI Armata sovietica comandata da Kirov e dal suo aiutante di campo, Komandarm Gekher, entrò a Baku e si impadronì della città. Lo stesso giorno, i membri del governo della Repubblica Nazionale dell'Azerbaigian furono arrestati e giustiziati nel cortile della prigione di Bailov. Ai soldati rossi fu data carta bianca per agire contro la borghesia.

Nel libro *Il commissario Beria*, Thaddeus Wittlin scrive: "Presto le finestre e le porte delle case dei ricchi furono abbattute, i conventi furono demoliti e saccheggiati. Le suore furono costrette a ballare nude prima di essere violentate e fucilate. Molte case della borghesia e delle classi agiate furono saccheggiate e anche le loro donne furono violentate". Nella notte tra il 20 e il 21 aprile le fiamme delle case bruciate illuminarono la capitale e all'alba i corpi dei suoi abitanti, uccisi a colpi di baionetta o di pugnale, giacevano carbonizzati tra le rovine. Beria, fedele al suo principio di stare dalla parte di chi è al potere, ebbe un ruolo centrale nella repressione scatenata dai suoi amici bolscevichi. Essendo stato in contatto con i nazionalisti come agente britannico, era in grado di fornire liste nere di persone che avevano collaborato con il governo azero.

Il terrore, durato sei giorni, è passato alla storia come la "Settimana di annientamento della borghesia". Tutti gli ufficiali dell'esercito nazionale azero furono arrestati e imprigionati. Gli ufficiali furono anche prelevati dalle loro case, caricati su camion e portati in prigione. La prigione di Bailov era così sovraffollata", scrive T. Wittlin, "che non c'era nemmeno spazio per sedersi sul pavimento. Uomini, donne e bambini, giovani e vecchi, sani e malati, dovevano stare in piedi, stretti gli uni agli altri,. Non solo le celle, ma anche i corridoi e le stanze, i bagni, la lavanderia, i magazzini e l'infermeria erano pieni. Tutti questi luoghi furono trasformati in celle di massa". Ben presto, però, la prigione fu evacuata. I detenuti furono portati in barca sull'isola di Nargen, dove iniziarono gli omicidi di massa, eseguiti da plotoni di mitragliatrici che, senza discriminazioni di età o di sesso, sparavano su gruppi di cento o duecento persone allineate accanto a fossati precedentemente aperti, in cui cadevano i corpi. Due piccoli piroscafi facevano due o tre viaggi al giorno dal porto all'isola. L'operazione, diretta da Serge Ordzhonikidze, fu condotta dal Komsomol (Gioventù Comunista) di Baku, i cui principali leader erano Dumbadze, Bagirov e Dekanozov, coadiuvati da Lavreni Beria, che T. Wittlin indica come uno dei responsabili dei massacri: "Le liste e gli altri documenti preparati da Lavrenti Beria - dice Wittlin - contenevano i nomi e gli indirizzi, nonché le presunte accuse contro persone che Beria considerava e descriveva come nemici del regime sovietico".

Beria non ha mai creduto in Dio o in Marx. Gli studiosi concordano nel descriverlo come un uomo freddo e calcolatore, privo di ideologia. In realtà, mentre nel Caucaso persisteva l'incertezza sull'esito finale, Beria si posizionò gradualmente vicino a coloro che detenevano il potere; ma a partire dal maggio 1920 divenne chiaro quale fosse il suo posto e divenne definitivamente un comunista. Nella già citata cena dell'ottobre 1961, Kruscev ebbe a dire di lui: "Beria non è mai stato un comunista, ma un arrivista calcolatore ed egoista che vedeva nel nostro partito il modo ideale per realizzare i suoi piani di megalomane, criminale e spia". Comunque sia, nel maggio 1920 Beria iniziò una carriera che, nell'arco di trentatré anni, lo avrebbe reso l'uomo più temuto e potente dell'URSS dopo Stalin. Fu Ordzhonikidze che, vedendo il talento di Beria durante i giorni dei massacri sull'isola di Nargen, gli offrì un posto di chekista con il grado di vice-capo della Sezione Operazioni Segrete, una posizione che comportava la direzione del carcere di Bailov, dove aveva stabilito il suo ufficio.

Lì ha acquisito esperienza come interrogatore e torturatore. Ci sono testimonianze di questo periodo su come procedeva con le ragazze durante gli interrogatori: oltre a schiaffeggiarle, le costringeva a sdraiarsi a faccia in giù sul pavimento, a togliersi le scarpe e a tirarsi su la gonna fino a scoprire la biancheria intima. Beria metteva un piede sul collo della vittima e usava un frustino per frustarle le natiche e le gambe. Il suo biografo, Taddeus Wittlin, che nel 1941-42 incontrò nel campo di detenzione di Vorkuta una donna torturata da Beria, scrive quanto segue:

> "Le frustate alle ragazze eccitavano Beria dal punto di vista sessuale, e non solo perché erano seminude davanti a lui. Non c'è dubbio che una ragazza seminuda sia eccitante per un giovane di ventuno anni, come Lavrenti Beria era all'epoca. Ma non era questo il motivo principale per cui Beria veniva colpito: dopo poche frustate il corpo della vittima diventava viola, iniziava a sanguinare in alcuni punti e infine, quando la ragazza non era più in grado di sopportare il dolore, si doveva obbedire al richiamo della natura. La vista degli escrementi non era piacevole e nemmeno l'odore. La vera ragione del piacere di Beria era la giovinezza della vittima. Più la ragazza era abbandonata, giovane e innocente, più diventava desiderabile ed eccitante e, di conseguenza, maggiore era il piacere provato da Beria. Nonostante fosse un uomo maturo, forte e dotato di una voluttà animale, Beria aveva vissuto una vita austera e spartana e fino ad allora le sue esperienze sessuali erano state limitate".

Nel giro di pochi mesi, come ricompensa per il suo lavoro nella prigione di Bailov, Anastas Mikoyan e Ordzhonikidze, i suoi amici più potenti, proposero la promozione di Beria a capo del Dipartimento delle Operazioni Segrete e vicepresidente della Cheka dell'Azerbaigian. La sua progressione continuò nel 1921 e a luglio, dopo la caduta della Georgia in mano ai sovietici, Stalin ordinò personalmente a Ordzhonikidze di nominare Beria, che aveva conosciuto a Tiflis, a capo della Cheka georgiana. Tuttavia, solo nel novembre 1922 si stabilì nella capitale georgiana, dove il quartier generale della Cheka si trovava nella prigione di Stato di via Olginskaya. Portò con sé i file e i documenti più importanti del suo archivio segreto. Ben presto si trovò di fronte all'ostilità di molti georgiani nei confronti del regime sovietico: reti mensceviche, lavoratori portuali di Batumi, migliaia di operai delle miniere di carbone e manganese di Chiatura, ufficiali dell'ex esercito nazionalista e gruppi pro-indipendenza erano al centro del movimento nazionalista e anti-bolscevico. Beria iniziò ad arrestare silenziosamente intellettuali e leader dell'opposizione. Inizialmente, aveva permesso le attività degli oppositori per sconfiggerli e prendersene il merito.

Nella primavera del 1923, a Sukhumi, capitale dell'Abkhazia, Beria uccise per la prima volta una persona con un colpo alla tempia. L'episodio è raccontato a lungo in *Commissar Beria*. La vittima era un droghiere di nome Ierkomoshvili, per il quale aveva lavorato la madre di Beria. Lui e sua moglie avevano aiutato Tekle finanziariamente affinché il loro figlio, che chiamavano "Lara", potesse studiare a Baku. Invece della gratitudine, Beria provò odio e risentimento nei loro confronti, così decise di accusare il commerciante di attività antisovietiche e lo imprigionò. Convinto che "il suo caro ragazzo" avrebbe liberato il marito, Maro Ierkomoshvili si fece avanti per intercedere. Beria interrogò il mercante in presenza della moglie Maro. Dopo aver schiaffeggiato la donna e averle dato due pugni in faccia davanti a lui, ordinò alla guardia di portare via di nuovo il prigioniero. Beria scese quindi in cantina. Secondo il racconto di T. Vittlin, "ordinò al poliziotto che lo accompagnava di rimanere fuori ed entrò nella cella. Tirò fuori la pistola dalla fondina, la armò, la puntò alla tempia del vecchio e premette il grilletto. Poi uscì. Questa prima esecuzione fu paradigmatica, in quanto Beria eseguiva sempre le sue vittime con la massima calma e senza la minima eccitazione o emozione, come se si trattasse di un atto senza importanza e senza rilievo.

Beria era a conoscenza dei preparativi per un'insurrezione organizzata da un Comitato nazionale clandestino guidato dal generale nazionalista Valiko Dzugheli. La data era fissata per il 25 agosto 1924, quindi due giorni prima ordinò l'arresto del generale Dzugheli. In vista di ciò, il 24 il colonnello Cholokashvili attaccò la caserma dell'Armata Rossa. Molti pescatori, contadini e studenti si unirono ai patrioti e i combattimenti scoppiarono nella capitale e in altre grandi città. A Tbilisi, le truppe sovietiche abbandonarono le caserme e lasciarono la città. Nel giro di dieci giorni, tuttavia, i ribelli cominciarono a cedere e coloro che non fuggirono in Turchia furono catturati. I campi di prigionia, molti dei quali feriti, si riempirono rapidamente e Beria, i cui interrogatori servivano a continuare ad accumulare dati e nomi per il suo famoso archivio, iniziò a ordinare esecuzioni che durarono diversi mesi. I camion carichi di condannati lasciavano la prigione di Stato di notte. Venivano condotti in una radura alla periferia di Tbilisi e fucilati in gruppi di cinquanta o anche cento persone vicino a fosse già preparate. *Il Libro nero del comunismo* riporta la cifra di 12.578 persone fucilate dal 29 agosto al 5 settembre 1924. Beria assisteva spesso a queste esecuzioni sommarie e assisteva alla sepoltura dei morti. Nella primavera del 1925 gli omicidi di massa terminarono. Beria, signore della vita e della morte, era diventato l'uomo più temuto della Georgia.

Le opere di Anton Kolendic e Thaddeus Wittlin sulla vita privata di Beria, un argomento tabù di cui non si è mai parlato, offrono alcuni scorci sul fatto che fosse un criminale in tutti i sensi. Quest'ultimo racconta nel *Commissario Beria* come scelse la moglie Nina. Quando Tekle morì nel villaggio di Merkheuli nell'estate del 1929, Beria si recò in Abkhazia con il suo treno speciale di lusso, composto da tre vagoni Pullman: uno fungeva da vagone letto, un altro aveva un bar e un ristorante, mentre il terzo era un salone completamente attrezzato. Al ritorno a Tbilisi, il treno fu parcheggiato su un binario di raccordo alla stazione di Sukhumi, dove Beria si fermò per qualche giorno per occuparsi degli affari. Poiché viveva sul treno, una bella ragazza di sedici anni lo avvicinò nell'edificio del terminal centrale, convinta che l'onnipotente capo della Cheka, suo connazionale, potesse intercedere per il fratello appena arrestato. Beria la invitò a salire nella lussuosa cabina letto del vagone letto e le chiese di spogliarsi. Dopo averla schiaffeggiata, la violentò. Poi la chiuse a chiave e andò nel vagone ristorante a per la cena e la vodka. Quando è tornato, ha passato tutta la notte con lei. All'alba, prima di andarsene, ha ordinato la colazione per due. Durante i giorni di permanenza in città, tenne la sua giovane prigioniera sul treno. Infine, decise di portarla con sé a Tiflis e di farla diventare sua moglie.

Anton Kolendic scrive che la vita privata della "spada della Rivoluzione", soprannome datogli dallo stesso Stalin, "era particolarmente ben protetta e tenuta segreta. Nessuno poteva penetrarvi e nessuno aveva il coraggio di farlo". Solo quando Beria fu arrestato, nel giugno del 1953, qualcuno osò denunciare i suoi sporchi trucchi. Kruscev racconta che giorni dopo l'arresto di Beria, Malenkov gli confessò che il capo della sua guardia gli rivolse queste parole: "Ho appena saputo che Beria è stato arrestato. Devo dirle che ha violentato la mia bellissima figlia, una ragazza di quindici anni. Un pomeriggio è uscito per una commissione. Il mio appartamento è accanto a quello di Beria. Un tizio l'ha avvicinata e l'ha costretta ad andarsene. Un tizio l'ha avvicinata e l'ha costretta ad andare a casa di Beria. La stava aspettando e l'ha convinta a mangiare qualcosa con lui. L'ha fatta bere e quando si è assopita l'ha violentata". Ben presto cominciarono ad arrivare dichiarazioni simili, che raccontavano di stupri di ragazze e donne che Beria, sempre allo stesso modo, nutriva, faceva ubriacare e violentava. È da escludere che Malenkov e Kruscev abbiano inventato una serie di calunnie contro il nemico caduto in disgrazia, poiché, come scrive Kolendic, "fu compilato un dossier con più di duecento rapporti individuali sulle depravazioni, le perversioni e le relazioni intime con ragazze, giovani donne e donne". In tutti i casi, le testimonianze riportavano affermazioni molto dure che di solito si concludevano con lo stesso argomento: "Fino ad ora non ho osato dire nulla a nessuno, tanto meno lamentarmi o accusare, perché...".

Poiché le prove dimostravano che Stalin si era affermato come successore di Lenin, Beria elaborò metodicamente la sua strategia per accattivarsi il suo favore. In onore del dittatore sovietico, chiamò il figlio avuto con Nina Joseph. Pur odiando Stalin, che considerava un tipo rozzo e volgare che puzzava di tabacco nero a buon mercato, non esitò a comportarsi in modo servile e trasandato per ottenere la sua fiducia. Nel novembre 1931, il Comitato centrale di Mosca lo nominò primo segretario del Partito comunista georgiano. Beria si recò nella capitale per ringraziare personalmente Stalin della sua fiducia. Poiché il questionario che doveva compilare richiedeva di indicare da quanto tempo era membro del partito, Stalin gli suggerì di inserire la data del 1917. Da quel momento in poi, Beria divenne un esecutore della politica del Cremlino nel Caucaso. Per compiacere Stalin, progettò un panegirico su Stalin: *Primi scritti e attività di Stalin: sulla storia delle organizzazioni bolsceviche in Transcaucasia*, un'opera che trasformò Stalin in un eroe della Rivoluzione e in un dio del comunismo, in cui la verità storica era la cosa meno importante.

Negli anni '30, quindi, Beria gettò le basi per la sua ascesa alla guida dell'NKVD, che nel 1934 divenne il successore della Cheka, della GPU e dell'OGPU. L'assassinio di Kirov, i processi di Mosca e l'epurazione del trotskismo e dell'Armata Rossa furono gli eventi che misero alla prova la sua fedeltà a Stalin. Beria decise quindi di effettuare una nuova epurazione in Transcaucasia per dimostrare al leader supremo che poteva contare su di lui per liquidare gli indesiderabili. Quando Yagoda cadde, egli aspirava a prendere il suo posto e la nomina di Yezhov fu per lui una delusione, ma fu paziente e attese la sua occasione. Yezhov non ignorava che, finché Beria avesse continuato ad aspettare, la sua posizione di Commissario degli Interni e di Direttore della Polizia Segreta non sarebbe stata sicura, così gli tese diverse trappole per liquidarlo, ma non ci riuscì. Il 28 luglio 1938 Stalin chiamò personalmente Beria e senza ulteriori spiegazioni gli ordinò di presentarsi a Mosca. Beria arrivò a sospettare che dietro l'affare ci fosse Yezhov e che potesse essere arrestato. Sapeva che Yezhov lo odiava e lo aveva inserito nella sua lista nera. Pensava che potesse aver preparato qualche denuncia contro di lui, da usare per convincere Stalin della necessità di sbarazzarsi di lui. La prova della sua sfiducia è l'ordine dato a Bogdan

Kobulov, uno dei suoi più stretti collaboratori, di distruggere i suoi file segreti se non fosse tornato.

Al suo arrivo a Mosca, il generale Alexander Poskrebyshev, segretario personale di Stalin e capo della Sezione Speciale del Dipartimento Segreto della Segreteria del Partito, lo attendeva alla stazione di Kazan. Poskrebyshev, che faceva parte del cosiddetto "gabinetto segreto", era un uomo di massima fiducia del dittatore e in alcune occasioni era stato da lui utilizzato per eliminare persone di spicco senza processo. Beria non si sentì del tutto rassicurato finché non capì che la sua destinazione era il Cremlino. Lì, Stalin gli annunciò che aveva deciso di trasferirlo a Mosca per collocarlo alla Lubyanka accanto al commissario Yezhov. Il suo posto sarebbe stato quello di vice commissario, il che lo rendeva il numero due del Commissariato. Il fatto che il capo lo avesse scelto come vice dell'uomo che aveva cercato di eliminarlo fu interpretato da Beria come un segno di approvazione. Stalin lo aveva indubbiamente fatto uscire da Tiflis per diventare il sostituto di Yezhov. Il 25 novembre 1938 Beria divenne il nuovo Commissario per gli Affari Interni e capo dell'NKVD. Yezhov fu nominato commissario per il trasporto su acqua, un passo indietro nella sua carriera che testimoniava la sua caduta in disgrazia.

La prima cosa che Beria fece come nuovo capo dell'NKVD fu una radicale epurazione dell'apparato della Cheka: tutti i collaboratori e molti funzionari che operavano sotto Yezhov, i cui giorni erano anch'essi contati, furono arrestati. Migliaia di vecchi cecisti furono fucilati o inviati nei campi di lavoro. La politica di distruggere i suoi oppositori e di collocare i suoi seguaci in posizioni chiave gli permise di portare l'intero Paese sotto il suo controllo in breve tempo. Con l'ascesa al potere, Beria dimostrò la sua capacità di organizzare e ottimizzare il lavoro e le prestazioni dei prigionieri che erano sotto il controllo dell'Amministrazione superiore dei campi di lavoro forzato GULAG ("Glavnoye Uprovlenye Lagerey"). L'obiettivo era che lo Stato comunista utilizzasse la schiavitù di milioni di suoi cittadini per produrre al minor costo possibile. Il programma fissava standard specifici per ogni brigata di lavoratori e arrivava a stabilire ben quattordici tipi di cibo. La cucina peggiore, la numero uno, era quella dei puniti, che ricevevano un pezzo di pane e una ciotola di zuppa acquosa. I "campioni" del lavoro si meritavano il pasto migliore, il numero quattordici. Certo, il sistema funzionava perfettamente. Con milioni di schiavi che lavoravano per poco cibo nelle miniere e nelle foreste, costruendo strade, canali, ferrovie e gallerie, la produttività non solo migliorò, ma aumentò notevolmente.

Il potere del commissario Beria crebbe progressivamente in tutti i settori. In qualità di comandante in capo delle Divisioni Speciali delle Forze NKVD, disponeva di un esercito molto forte e disciplinato, dotato delle armi più moderne, compresi aerei e carri armati. Era anche a capo della Sezione Missioni Speciali, che aveva una rete di spie dislocate in tutto il mondo. Era infine responsabile del cosiddetto Gruppo Mobile, utilizzato per assassinare e rapire disertori, trotzkisti e altri nemici dell'URSS all'estero[28]. All'interno del Paese perseguitava ed eliminava gli intellettuali che davano fastidio: oltre a essere il censore della stampa, era il dittatore di tutta la cultura offerta al popolo: teatro, letteratura, arti erano sotto il suo controllo e la sua supervisione.

Thaddeus Wittlin spiega che Beria non viveva solo per il suo lavoro, ma si concedeva anche qualsiasi piacere su cui potesse mettere le mani. I suoi agenti all'estero gli inviavano fotografie e film pornografici, che teneva sotto chiave nel suo ufficio di via Katchalov a Mosca. Con il suo assistente, il colonnello Sarkisov, a volte guidava la sua "Packard" nera fino a via Dostoevskij, dove c'era una scuola secondaria intitolata al grande scrittore. Fermandosi vicino al Teatro dell'Esercito, Beria osservava le giovani donne che uscivano dall'edificio da dietro le tendine dell'auto. Le sue preferite, scrive Wittlin, erano "ragazze di quattordici-quindici anni, un po' grassottelle, con visi rotondi, guance rosee, occhi innocenti, carnagione liscia e labbra carnose". Scelta la preda, il colonnello andava a prendere la ragazza, che veniva fatta accomodare sul sedile posteriore del veicolo. Una volta arrivata alla Lubyanka, l'auto si fermava nel cortile, accanto all'ingresso che portava agli uffici di Beria. Wittlin, che probabilmente utilizza come fonte il citato dossier con oltre 200 casi documentati, racconta diverse varianti delle azioni del commissario degenerato. Vediamo di seguito alcuni esempi:

> "Spiegò alla bambina che doveva spogliarsi e soddisfare i suoi desideri fisici nel modo che piaceva a lui e che le spiegò nei dettagli. Se non l'avesse fatto, i suoi genitori sarebbero stati arrestati la notte stessa e mandati nei campi di lavoro nelle regioni più lontane della Russia, e lo stesso sarebbe accaduto ai suoi fratelli e sorelle. Il destino dei suoi cari dipendeva da lei. Lasciò alla bambina qualche secondo per prendere una decisione. Quando la ragazza avrebbe ceduto e si sarebbe inginocchiata davanti a lui, nuda e cruda, l'avrebbe costretta a commettere un atto di

---

[28] Due assassinii poco noti che meritano di essere menzionati sono quelli di Georges Agabekov e di Evgeny Dumbadze. Quest'ultimo, dopo essere stato cekista a Tiflis, fuggì in Francia in preda alla disillusione e nel 1930 pubblicò a Parigi le sue memorie, "Na Sluzhee Cheka i Kominterna" (Al servizio della Cheka e del Komintern). Nel libro descrisse Beria come un criminale sanguinario e genocida. Dumbadze fu trovato morto nel suo modesto appartamento nella capitale francese. Secondo la versione ufficiale, si sarebbe suicidato inalando gas dalla sua cucina. Sempre nel 1930 Agabekov, che era stato a capo della sezione orientale dell'OGPU, pubblicò un libro in russo che fu tradotto in inglese, francese e tedesco con il titolo *OGPU. Il terrore segreto russo*. Abbiamo trovato due copie pubblicate nel 1931 dalla Brentano's Publishers di New York, entrambe al prezzo di circa 300 euro, motivo per cui non le abbiamo acquistate. Possiamo però dire che Agabekov descrive i metodi di spionaggio sovietici all'Est, in Francia, negli Stati Uniti e in Germania. Per quanto riguarda Beria, lo descrive come un poliziotto dalla mentalità ristretta che sapeva molto poco del Partito Comunista. Gli uomini di Beria rintracciarono il disertore a Bruxelles, dove viveva con un passaporto falso, e lo assassinarono.

sodomia. Beria osservava il volto rigato di lacrime della bambina e provava un particolare piacere nel costringere una bambina innocente a compiere tali atti di perversione sessuale. A volte non si accontentava e, estremamente eccitato, gettava la vittima a terra e le cadeva addosso per violentarla e distruggere la sua verginità.
Altre volte, invece di portare la ragazza nel suo ufficio alla Lubyanka, la portava a casa sua in via Katchalov. Lì la invitava a bere un bicchiere di vino. La faceva bere e quando la ragazza si assopiva per l'effetto dell'alcol. Beria la possedeva. La presenza della moglie in casa non fermò Beria nei suoi eccessi. La casa era spaziosa, aveva molte stanze e due ingressi, e la moglie aveva l'ordine preciso e categorico di non entrare nell'ufficio del marito per nessun motivo".

Beria era dipendente da vodka e cognac, per cui aveva una grande credenza piena di bottiglie. Secondo Wittlin, "più si sentiva potente, più provava piacere nel bere, soprattutto perché aveva la fortuna di rimanere sempre sobrio e di rendersi conto di ciò che diceva o faceva, indipendentemente da quanto beveva. Mai in stato di ubriachezza", aggiunge il biografo, "gli sfuggì una sola parola di cui dovesse pentirsi". In altre parole, invece di annebbiare la sua mente, la vodka la schiariva e gli permetteva di interrogare con maggiore acutezza e chiarezza di pensiero. Sulle sue tecniche di interrogatorio, Wittlin fornisce ampie informazioni. Oltre al pugno di ferro, Beria teneva nei suoi cassetti un'intera gamma di cazzi e manganelli di tutte le dimensioni. In una delle tasche della sua giacca portava spesso uno di questi strumenti con cui poteva uccidere un uomo con un solo colpo. Con la mano in una delle tasche della giacca", scrive questo autore, "Beria si posizionava dietro il detenuto a una distanza di due o tre passi. Con velocità fulminea, estraeva dalla tasca la mano armata di una specie di piccolo manganello speciale e, con la precisione del più esperto macellaio, colpiva il prigioniero dietro l'orecchio destro. L'uomo cadeva morto all'istante. Poiché le ordinanze specificavano che le esecuzioni segrete dovevano essere effettuate con un colpo alla nuca, quando Beria lasciava la cella ordinava a un soldato di entrare e di piantare un proiettile nella testa della vittima. Wittlin aggiunge che Beria teneva in casa un manichino o manichino con cui si esercitava a colpire con la massima precisione.
Dal marzo 1939 Beria fu membro del Politburo. Fu allora che decise di convincere Stalin della necessità di liberarsi di Yezhov, il "nano sanguinario". Costretto a dimettersi dalla carica di Commissario per i Trasporti Acquatici, Yezhov, dopo essere stato processato in segreto, fu fucilato nell'aprile del 1940. Nello stesso anno, Beria commise alcuni dei suoi crimini più noti, come il massacro dei polacchi nella foresta di Katyn e l'eliminazione di migliaia di nazionalisti nelle repubbliche baltiche. Meno pubblicizzato è l'omicidio dei soldati rossi in ritirata dai finlandesi. Poiché il capitolo dieci ha già raccontato il ruolo di Beria nel massacro degli ufficiali polacchi e anche il terrore scatenato in Estonia da agenti ebrei che agivano

sotto i suoi ordini, resta ora da dare un resoconto sintetico di come organizzò i "distaccamenti barriera" per impedire la ritirata dei soldati in fuga dal nemico.

Come membro dell'Alto Consiglio di Difesa, Beria chiese a Stalin di convincere i generali a consegnargli unità separate dell'Armata Rossa, , che sarebbero state integrate nelle sue Forze di Sicurezza. I militari accettarono con riluttanza la richiesta e Beria inventò uno slogan: "Il soldato sovietico non si ritira mai". Così decise di creare unità di infame memoria che avrebbero sparato a tradimento e senza preavviso ai soldati che si ritiravano o si arrendevano al nemico. Il metodo criminale di Beria fu applicato per la prima volta sul fronte finlandese dalle truppe speciali dell'NKVD che, per quanto incredibile possa sembrare, uccisero i loro stessi compatrioti che cercavano di mettersi in salvo dalle imboscate dei patrioti finlandesi.

Più tardi, durante la guerra contro la Germania, la pena di morte per impiccagione pubblica fu istituita sia nelle retrovie che al fronte. Di fronte all'alternativa di una corda al collo dalle mani dei cecoslovacchi o di una pallottola nel petto dalle linee tedesche, di solito si sceglieva la seconda. Nel Consiglio Supremo di Difesa , Stalin chiese di formulare i principi dell'atteggiamento da adottare nei confronti dei soldati russi catturati dai tedeschi. Beria affermò chiaramente che "solo i traditori, le spie e i nemici dell'Unione Sovietica potevano arrendersi ai fascisti". Ciò implicava che tutti coloro che si arrendevano al nemico meritavano la morte. Su suggerimento di Beria, Stalin firmò un ordine che fu letto in tutte le unità. In esso si proclamava che ogni soldato fatto prigioniero sarebbe stato considerato un disertore, la cui punizione sarebbe stata la corte marziale e l'esecuzione se fosse tornato nell'Armata Rossa.

I militari non perdonarono mai Beria per questi crimini contro i suoi stessi soldati. Anton Kolendic cita le parole indignate del generale Georgy Zhukov a Malenkov e Vorochilov durante la riunione del Politburo nell'autunno del 1953: "Sapete che su 1.700.000 dei nostri uomini, sui nostri soldati fatti prigionieri durante la guerra e che sono tornati vivi dalla prigionia, ne avete uccisi più di un milione? Per quanto riguarda le famiglie dei soldati, l'intera famiglia di chiunque passasse al nemico veniva minacciata di arresto e deportazione. Così, le unità di Beria arrestarono e deportarono centinaia di migliaia di parenti di ufficiali e soldati fatti prigionieri. Beria emanò anche una circolare alle unità di guardia delle centinaia di campi di lavoro forzato, ordinando che in caso di evacuazione dall'area tutti i detenuti dovevano essere giustiziati a colpi di mitragliatrice.

Capace di ogni tipo di doppio gioco, questo personaggio mefistofelico, perverso e spietato, ma allo stesso tempo estremamente astuto e intelligente, fu negli anni della Seconda guerra mondiale il referente principale dei cospiratori internazionali alleati del comunismo, che, come abbiamo visto in questo libro, operavano soprattutto negli Stati Uniti e in Gran Bretagna. Esistono documenti che provano che Beria era un agente degli inglesi, ma non si conosce l'entità della sua complicità con i servizi segreti stranieri durante i quindici anni in cui fu l'uomo forte dell'Unione Sovietica.

È nota la sua stretta collaborazione con Allen Dulles, che tra il 1941 e il 1945 fu a capo dei servizi segreti americani in Europa, quindi i suoi contatti erano ufficiali. Sia Allen Dulles (futuro direttore della CIA) che suo fratello John Foster Dulles (futuro Segretario di Stato) facevano parte del gruppo ristretto che nel 1919, all'Hotel Majestic di Parigi, aiutò il "colonnello" Edward Mandell House a creare le organizzazioni della Tavola Rotonda, la società segreta fondata da Cecil Rhodes e dai Rothschild. Di conseguenza, entrambi facevano parte del CFR (Council on Foreign Relations). Associati a Morgan e Rockefeller, due dei banchieri che avevano finanziato il comunismo, i fratelli Dulles facevano parte della cospirazione.

Come capo dei servizi segreti nel loro complesso, dello spionaggio e del controspionaggio, Beria supervisionava tutta la diplomazia dell'URSS, compresi gli ambasciatori, poiché i suoi agenti operavano nelle ambasciate, nelle camere di commercio e nei consolati. In qualità di capo della Propaganda, i partiti comunisti negli Stati Uniti, in Gran Bretagna e in Francia seguivano le sue istruzioni. Beria aveva accesso segreto alle persone più influenti, che sicuramente scommettevano su di lui come successore di Stalin, ed era il destinatario finale delle informazioni fornite da Harry Dexter White, Alger Hiss, Harry Hopkins e altri agenti doppiogiochisti infiltrati nelle alte sfere dell'amministrazione americana, che alla fine lavoravano per i cospiratori che avevano forzato la guerra mondiale.

In qualità di responsabile dello Sviluppo dell'Energia Atomica, Beria ricevette rapporti da R. Oppenheimer, da K. Fuchs, da N. Bohr, da Bruno Pontecorvo, un fisico italiano di origine ebraica che nel 1949 aiutò a fuggire in Russia attraverso la Francia e la Finlandia, nonché da altri fisici e spie ebrei che, come abbiamo visto, lavoravano per il comunismo internazionale. Anche il "Circolo di Cambridge" era in stretto contatto con Beria. Uno dei "Cinque di Cambridge", Kim Philby, un alto funzionario dei servizi segreti britannici, gli passò preziose informazioni dettagliate. Agente doppiogiochista al servizio di Londra e Mosca, Philby divenne poi capo del Counter Intelligence Service negli Stati Uniti e fu uno degli organizzatori della CIA. Altri due membri del gruppo, Guy Burgess e Donald McLean, fuggirono nel 1951 in URSS con l'aiuto di Beria. Senza dimenticare il "quinto uomo", Victor Rothschild. Nel libro *Il quinto uomo*, Roland Perry rivela il nome dell'agente che Beria utilizzò come collegamento per le cinque spie britanniche: Yuri Modin. Nel libro, Perry sostiene che nel 1947 Beria, sollecitato da Stalin a ottenere maggiori informazioni sulla bomba atomica, inviò persino lettere al fisico ebreo Niels Bohr, chiedendo rapporti sulle ultime ricerche. Bohr rispose che gli americani gli negavano l'accesso.

La lotta per il potere e il controllo dei partiti comunisti e dei paesi comunisti

L'8 febbraio 1945, durante la Conferenza di Yalta, Beria partecipò a una cena a Villa Koreiz durante la quale fu presentato a Roosevelt, Churchill e agli altri membri delle delegazioni statunitense e britannica invitati da Stalin. Non fu più visto nei giorni successivi. Mezzo anno dopo, a Potsdam, c'era eccitazione tra gli americani e gli inglesi che partecipavano alla Conferenza di pace. Si pensava che Beria avrebbe fatto parte della rappresentanza sovietica e non pochi volevano incontrare questo personaggio, che era stato indicato come il successore di Stalin. Beria, tuttavia, non si presentò, il che fu una sorpresa, poiché nessuno ignorava che fosse l'uomo più potente dell'URSS.

Dopo la fine della Seconda Guerra Mondiale, Beria fu promosso al grado di Maresciallo dell'Unione Sovietica. Nel marzo 1946 fu deciso che, secondo lo stile occidentale, i Commissariati del Popolo sarebbero stati rinominati Ministeri e Beria divenne Ministro degli Affari Interni, Ministro della Sicurezza di Stato e Vice Presidente del Consiglio dei Ministri dell'URSS. Fedele alla sua strategia di ritrarsi come un ammiratore fedele e sottomesso di Stalin, Beria aveva preparato un'edizione delle opere complete del dittatore e aveva raccolto discorsi, rapporti, lettere e persino telegrammi del grande leader per pubblicare *le Opere complete di Stalin* in diversi volumi. Il primo dei volumi apparve il 2 novembre 1946. In apparenza, quindi, tutto sembrava indicare che Beria accettasse la leadership indiscussa del grande Stalin; ma vedremo di seguito come egli stesse silenziosamente muovendo i suoi innumerevoli tasselli per diventare il nuovo leader dell'Unione Sovietica non appena se ne fosse presentata l'occasione.

I primi contrasti tra i leader del Politburo nacquero sulla Jugoslavia di Josip Broz Tito e Moshe Pijade, i due ebrei che erano stati sostenuti da Churchill e Roosevelt alla Conferenza di Yalta. Jules Moch, ebreo ed ex ministro socialista di Léon Blum, di cui era nipote, dopo aver trascorso un periodo in Jugoslavia su invito di Tito, che considerava un caro amico, pubblicò nel 1953 *Yougoslavie, terre d'expérience*, un'opera illuminante sugli eventi in Jugoslavia. Moch rivela che Stalin, nonostante le richieste, si rifiutò di inviare armi, denaro o aiuti a Tito durante la guerra. Secondo Moch, Stalin, che in seguito avrebbe accusato Tito di trotzkismo, era favorevole al ritorno del re Pietro, ma Churchill e Roosevelt abbandonarono gradualmente il generale Draza Mihailovic e i patrioti che combattevano i tedeschi. Al contrario, aiutarono Tito fin dall'inizio. A Yalta, Stalin chiese cosa ostacolasse la formazione di un governo unificato in Jugoslavia. Fu Molotov che, nella riunione dei ministri degli Esteri alla villa Vorontsov il 10 febbraio 1945, chiese, su istruzioni di Stalin, che venissero inviati telegrammi a Tito e a Subasic, primo ministro del governo monarchico in esilio, perché si affrettassero a mettere in atto l'accordo stilato a Yalta per la formazione di un governo unitario.

Georgy Malenkov fu il primo ad avvertire il Politburo che Tito, Pikhade e l'ebreo bulgaro Traycho Kostov erano "cavalli di Troia" che gli internazionalisti trotskisti intendevano introdurre nell'orbe comunista che Stalin aspirava a controllare da Mosca; Ma Andrei Zhdanov, suocero di Stalin, da quando suo figlio Yuri era sposato con sua figlia Svetlana Aliluyeva, mise in dubbio le accuse di Malenkov e non accettò la tesi che si trattasse di trotskisti e di agenti dell'imperialismo anglo-americano. Questi due uomini, Malenkov e Zhdanov, erano i principali contendenti alla successione di Stalin, quindi per Beria era chiaro che, se voleva arrivare al vertice, doveva sfruttare le differenze tra i due favoriti per sbarazzarsi di entrambi. Per tutta la durata della guerra, Malenkov aveva in pratica ricoperto il ruolo di Primo Segretario del CPSU in sintonia con Stalin. Al plenum del Comitato Centrale del marzo 1946, Malenkov sostituì Zhdanov, che aveva ricoperto quella carica ininterrottamente dal 1934, come segretario del Comitato e divenne membro del Politburo, il che sembrò rafforzare la sua posizione nei confronti di Stalin.

Il sovietologo A. Avtorkhanov sostiene in *Stalin assassinato* che Zhdanov, che secondo alcune fonti era ebreo e si chiamava in realtà Liphshitz, scrisse un rapporto sul maresciallo Zhukov, pupillo di Malenkov, che gli permise di riconquistare la fiducia di Stalin e di riottenere la carica di segretario del Comitato Centrale nel luglio 1946. Secondo questo autore, il rapporto su Zhukov, comandante in capo delle truppe di terra e massimo funzionario della difesa dopo Stalin, accusava il maresciallo di aspirare a diventare il Bonaparte russo. Questa calunnia turbò profondamente il dittatore, che aveva letto tesi simili sulla stampa occidentale ed era già sospettoso di questo militare, diventato un eroe per il popolo russo durante la guerra. Zhdanov non solo riuscì a convincere Stalin a inviare Malenkov in Turkestan, ma fece anche in modo che il generale Khosif Shikin, uno dei suoi più stretti collaboratori, diventasse capo della Sezione Militare del Comitato Centrale, a scapito di Zhukov. Anche altri due suoi protetti occuparono posti importanti. Il primo, Nikolai Voznesensky, fu nominato vice di Stalin nel governo. Il secondo, Aleksei Kuznetsov, divenne segretario del Comitato centrale per la sicurezza e l'esercito. Queste manovre e la perdita di influenza di Malenkov allarmarono Beria, che caldeggiò il ritorno a Mosca di Malenkov, che non era stato rimosso dal Politburo, e cercò di esercitare il suo potere contro Zhdanov e il suo gruppo.

In questa lotta per il potere, il piano di Stalin di assoggettare tutti i Paesi europei sotto l'influenza dell'URSS ai suoi dettami e all'influenza di Mosca giocò un ruolo decisivo. Ne *La rivoluzione permanente* Trotsky aveva scritto che "il nazionalsocialismo di Stalin ha degradato l'Internazionale comunista". Fu proprio questa questione a scatenare la rivolta contro Stalin e il suo piano di sovietizzazione dell'Europa orientale. All'inizio del 1947

Tito e Georgi Dimitrov, il comunista bulgaro che era stato segretario dell'Internazionale Comunista tra il 1934 e il 1943, tennero un incontro segreto nella città slovena di Bled. Firmarono un protocollo che prevedeva la federazione di Bulgaria e Jugoslavia, alla quale avrebbe potuto unirsi in seguito anche l'Albania. Il presidente della futura Unione delle Repubbliche Socialiste Slave del Sud sarebbe stato Dimitrov; Tito avrebbe presieduto il Consiglio dei Ministri e Kostov sarebbe stato il vice della presidenza. Non appena il piano divenne noto, Mosca si oppose al progetto. Poiché l'Armata Rossa occupò la Bulgaria, Dimitrov apparentemente accettò il rimprovero. Tito, da parte sua, non diede segni di vita. Le discussioni sulla questione all'interno del Politburo rivelarono ancora una volta le divergenze tra Zhdanov e Malenkov. Secondo Malenkov, il compagno Zhdanov non sembrava aver capito che erano state le stesse potenze occidentali a riconoscere a Yalta che questi Paesi europei rientravano nella sfera di influenza dell'URSS.

Dal 22 al 27 settembre 1947 si tenne a Szklarska Poreba (Polonia) una conferenza dei leader dei partiti comunisti europei. I rappresentanti sovietici erano Zhdanov e Malenkov, che portarono la proposta di creare il Cominform (Ufficio di Informazione dei Partiti Comunisti e Operai), l'organizzazione che avrebbe dovuto sostituire l'Internazionale Comunista (Comintern), sciolta da Stalin durante la Seconda Guerra Mondiale. Ufficialmente, il Cominform fu istituito il 5 ottobre 1947 e la sua sede fu fissata a Belgrado. Oltre ai partiti del blocco comunista, erano membri fondatori anche il Partito Comunista Francese e il Partito Comunista Italiano. Il compito affidato al Cominform era quello di coordinare l'attività dei partiti comunisti sulla base di accordi reciproci. Fu inoltre concordato che l'Ufficio informazioni avrebbe pubblicato un *Bollettino*. Già in ottobre, Pavel F. Iudin, un ebreo in perfetta sintonia con Beria, si recò a Belgrado per organizzare la pubblicazione del giornale in quattro edizioni: russa, inglese, francese e serbo-croata. Il titolo del bollettino era *Per una pace duratura, per una democrazia popolare.*

Ma non c'era solo comprensione. Mauricio Karl (Carlavilla), in *Malenkov*, opera pubblicata a Madrid nel 1954, offre un'informazione molto significativa che non compare in nessuna delle opere che abbiamo studiato. Secondo questo ormai dimenticato sovietologo spagnolo, Zhdanov aveva portato in Polonia come osservatore Josif Shikin, il generale che aveva sostituito Zhukov nella Sezione Militare del Comitato Centrale. Secondo Carlavilla, nel bel mezzo della conferenza Zhdanov ricevette l'ordine di inviare Shikin a Mosca con urgenza. Il generale viaggiò in aereo e tornò il giorno dopo con un piano militare che prevedeva l'integrazione degli eserciti dei Paesi satelliti nell'Armata Rossa, che equivaleva a privare le forze armate nazionali della loro indipendenza. Dopo la lettura del documento in plenaria, Zhdanov ne chiese l'approvazione, ma uno dei due rappresentanti jugoslavi, Edvard Kardelj, in realtà chiamato Kardayl, noto anche come "Sperans" e

"Kristof", un ebreo di origine ungherese che ricoprì la carica di ministro degli Esteri jugoslavo tra il 1948 e il 1953, sostenne che, in quanto delegati, non erano autorizzati a firmare alcun accordo militare e suggerì di aggiornare la sessione fino a quando non fossero state date istruzioni in un senso o nell'altro. Sempre secondo Carlavilla, il secondo jugoslavo, Milovan Djilas, volò a Belgrado con la bozza di proposta e tornò la sera stessa con la risposta di Tito e Pijade. "Mi dispiace informare", annunciò Kardelj, "che il Comitato Centrale del Partito Comunista Jugoslavo non approva il protocollo militare proposto e ci ordina di non firmarlo".

Sebbene il rifiuto della Jugoslavia di firmare il protocollo militare fosse una grave battuta d'arresto, Zhdanov, principale motore dell'idea del Cominform, nel novembre 1947 passò al terzo posto del Politburo, occupato dal gennaio 1946 da Beria, che scivolò indietro al quinto posto. Poiché il numero due era Molotov, un uomo della vecchia guardia che non contava come possibile successore di Stalin, si deve intendere che Zhdanov era il chiaro favorito. Malenkov, che nel gennaio 1946 era al quarto posto, era stato spinto al nono. La creazione del Cominform coincise praticamente con il lancio del Piano Marshall, che non escludeva l'URSS, né tanto meno le cosiddette democrazie popolari dell'Europa orientale. Stalin, tuttavia, rifiutò l'aiuto, perché capì che il vero obiettivo era il dominio politico ed economico dell'Europa. A suo avviso, l'obiettivo era quello di finanziare e rafforzare il comunismo nei Paesi dell'Europa orientale, ma a vantaggio degli interessi imperialisti americani e a scapito del potere che Mosca voleva esercitare su di essi. Naturalmente, Stalin vedeva il progetto di federazione balcanica promosso da Dimitrov e Tito come parte della strategia volta a minare la sua autorità sui partiti e sui Paesi comunisti.

Il 21 gennaio 1948, Dimitrov, nonostante fosse stato avvertito da Mosca, insistette in una conferenza stampa a Sofia che la federazione balcanica era auspicabile e necessaria. *La Pravda*, sotto il controllo di Zhdanov, riportò le parole del leader bulgaro con commenti che sembravano avallare l'idea. Malenkov non perse l'occasione per denunciare Zhdanov e avvertire Stalin che il progetto era stato concepito come contrappeso al potere dell'URSS e che la linea adottata da Zhdanov stava portando al rafforzamento delle tendenze ketrifughe nell'Europa orientale. Il 28 febbraio la *Pravda* pubblicò un editoriale, secondo Avtokhanov redatto da Stalin, in cui si chiariva che il fatto di aver pubblicato la conferenza stampa di Sofia non implicava che il giornale accettasse in alcun modo le opinioni del compagno Dimitrov: "È possibile", aveva detto Dimitrov a proposito del grande progetto, "che all'inizio la federazione integri la Jugoslavia, la Bulgaria e l'Albania, e che in seguito vi aderiscano la Romania, la Polonia, la Cecoslovacchia e forse l'Ungheria".

Oltre al Piano Marshall, l'altra grande questione che coincise con la creazione del Cominform fu il voto delle Nazioni Unite sulla spartizione della Palestina. Nonostante il sostegno dell'URSS alla risoluzione, Stalin fu presto accusato di antisemitismo. Alcuni fatti aiuteranno a contestualizzare questa accusa. Dal trionfo della Rivoluzione d'Ottobre, Lenin, Trotsky, Zinoviev, Kamenev e compagnia decisero di giustiziare gli antisemiti: il solo fatto di possedere una copia de *I Protocolli degli Anziani di Sion* poteva significare una condanna a morte. Durante la prolungata luna di miele con il governo sionista di Roosevelt, Stalin, consigliato da Beria, autorizzò la creazione di un Comitato ebraico antifascista, presieduto da Solomon Mikhoels, direttore del famoso teatro yiddish di Mosca, che fece diversi viaggi a Londra e a New York. Gli ebrei all'estero, soprattutto negli Stati Uniti e in Inghilterra, inviarono denaro e ogni tipo di aiuto. Beria nominò vicepresidenti del Comitato Viktor Alter e Henrik Ehrlich, due ebrei polacchi che prima della guerra erano a capo del "Bund" (Unione generale dei lavoratori ebrei in Polonia). A capo del Comitato antifascista ebraico c'erano anche Solomon Lozovsky, un sionista dichiarato che nel 1936 aveva organizzato gli operai di Barcellona, e Polina Zhemchúzhina, moglie ebrea di Molotov. Centinaia di intellettuali ebrei si impegnarono in un'intensa attività di propaganda all'interno del Comitato. Tra i più importanti vi erano Ilya Ehrenburg, i poeti Samuel Marshak e Peretz Markish, il pianista Emile Guilels, Vassili Grossman e il fisico Piotr Kapitza, uno dei padri della bomba atomica sovietica. Nel febbraio 1944, Mikhoels e altri firmarono una lettera che proponeva a Stalin la creazione di una repubblica ebraica autonoma in Crimea, nonostante gli ebrei avessero già uno "Stato nazionale" in Birobidzhan, nell'URSS. È innegabile che l'attivismo ebraico nei circoli giornalistici, letterari e artistici fosse predominante. All'inizio del 1945 fu vietata la pubblicazione del *Libro nero* sulle atrocità naziste contro gli ebrei, un'opera di Peretz Markish sponsorizzata dal Comitato ebraico antifascista, i cui redattori erano Ilya Ehrenburg e Vassili Grossman. Il motivo del divieto era la visione distorta dei fatti storici: l'argomento principale era che l'invasione tedesca dell'URSS non aveva avuto altro scopo che l'annientamento degli ebrei. Per tutto il 1946 e il 1947, le tendenze sioniste e nazionaliste del Comitato ebraico antifascista furono più che evidenti, come dimostrano le pressioni esercitate su Stalin affinché votasse a favore della creazione dello Stato di Israele.

Una volta creato lo Stato sionista in Palestina, le cose cambiarono improvvisamente: Stalin cominciò a rendersi conto che, sia in Russia che nei Paesi europei, c'erano numerosi ebrei che lavoravano contro di lui. Convinto dell'esistenza di un "complotto sionista", ben presto smise di fidarsi dei membri della vecchia guardia sposati con donne ebree, e non erano pochi. Il 19 dicembre 1947 vennero arrestati diversi membri del Comitato antifascista ebraico e iniziò un'indagine che si protrasse per quattro anni, fino all'agosto 1952. Tra gli arrestati c'era Mikhoels, che Stalin stimava molto e che nel 1946 aveva insignito dell'Ordine di Lenin. Il dittatore aveva accumulato prove che il Comitato antifascista ebraico presieduto da Mikhoels era un centro di spionaggio americano. Dopo l'arresto del famoso attore ebreo, si scatenò, come di consueto, una campagna di stampa internazionale per chiederne il rilascio. Poco dopo la sua scarcerazione, il 13 gennaio 1948, morì in un incidente d'auto: "Purtroppo", confessò Beria nel 1953 prima della sua esecuzione, ' al momento della sua scarcerazione, Mikhoels era così disturbato che iniziò a bere e trovò la morte in un incidente d'auto". Questa dichiarazione che nega l'assassinio conferma quasi certamente che Beria, obbedendo agli ordini di Stalin, fu costretto a organizzare l'incidente per dimostrare la sua lealtà. I documenti pubblicati in occasione del 22° Congresso del CPSU contengono dichiarazioni di funzionari della Sicurezza che rivelano i preparativi e l'esecuzione dell'"incidente d'auto". Stalin ordinò di celebrare i funerali nazionali, come si conviene a un artista insignito dell'Ordine di Lenin.

All'inizio del 1948, quindi, il cosiddetto "complotto sionista" e la dissidenza di alcuni partiti comunisti europei erano questioni di grande preoccupazione per il dittatore dell'URSS. Malenkov e Molotov concordarono sulla necessità di richiamare all'ordine Tito e Pikhade e concepirono il piano di invitarli a Mosca. L'invito fu esteso, ma i leader jugoslavi sospettarono il peggio e non lo accettarono. Tuttavia, martedì 10 febbraio 1948, due delegazioni di bulgari e jugoslavi si presentarono al Cremlino e furono ricevute da Stalin in persona. La fonte delle discussioni è *Conversazioni con Stalin*, di Milovan Djilas, che partecipò all'incontro. Da parte sovietica, oltre a Stalin, parteciparono Molotov, Zhdanov, Malenkov e Sushlov. I bulgari erano Dimitrov, Kolarov e Kostov. I rappresentanti jugoslavi erano Kardelj, Bakaric e lo stesso Djilas.

Il primo a parlare fu Molotov, che criticò aspramente la Bulgaria e la Jugoslavia per aver stretto alleanze e pianificato la federazione senza nemmeno consultarle. Stalin interruppe per avvertire Dimitrov che all'estero Mosca veniva interpretata come se approvasse ciò che diceva nelle sue conferenze stampa. Come esempio, riportò un'intervista con visitatori polacchi ai quali aveva posto la seguente domanda: "Cosa ne pensate della dichiarazione di Dimitrov?". La risposta fu che si trattava di una proposta ragionevole. "Pensavano", disse Stalin, "che Dimitrov avesse fatto la dichiarazione con il pieno accordo del governo sovietico". Il tono delle accuse si inasprì e Molotov aggiunse che erano a conoscenza di contatti tra Bulgaria e Romania per formare una federazione. Dimitrov si scusò, dicendo che avevano parlato solo in termini generali. Stalin interruppe di nuovo indignato: "È falso, perché sono stati raggiunti accordi per un'unione doganale e per un coordinamento dei piani industriali". Basandosi sull'accusa di Stalin, Molotov chiese: "E potrebbe spiegarci cosa significano un'unione doganale e un coordinamento dei piani economici, se non la creazione di un unico Stato?". Dimitrov cercò di giustificarsi ammettendo l'errore: "Forse ci siamo sbagliati, ma anche questi errori in politica estera sono istruttivi per noi". Secondo Djilas, con un tono violento e sarcastico di rifiuto Stalin gli intimò: 'Ah, tu sei istruttivo!".

Allo stesso tempo, Beria, che non perdeva mai l'occasione di approfittare delle situazioni, decise che i tempi erano maturi per una sua mossa. Neanche i leader cecoslovacchi, i massoni Benes e Masaryk, si trovavano a loro agio nel Cominform progettato da Stalin. Beria vide l'opportunità di dimostrare la sua efficacia al grande capo rimuovendoli definitivamente e mettendo al potere uomini di sua fiducia. Nello stesso mese di febbraio del 1948, organizzò in Cecoslovacchia una cospirazione passata alla storia come il "Putsch di Praga". A Yalta era stato deciso di consegnare la Cecoslovacchia all'Armata Rossa; tuttavia, il 6 maggio 1945 i carri armati americani apparvero nei sobborghi di Praga. Il generale Patton trasmise un messaggio dal suo quartier generale annunciando che le sue forze corazzate avrebbero conquistato la città il giorno successivo. Migliaia di donne si prepararono ad accogliere gli americani con i fiori. Infine, come sappiamo, il 9 maggio entrarono i soldati rossi e dietro di loro le forze della polizia segreta di Beria. Così, all'occupazione nazista seguì quella comunista. Più tardi, alla Conferenza di Potsdam, fu accettata l'espulsione di due milioni e mezzo di tedeschi. Lo strumento di Beria per la "soluzione finale" dei tedeschi dei Sudeti fu il leader dei comunisti cechi, l'ebreo Rudolf Slansky, il cui vero nome era Rudolf Salzman. Nel febbraio 1948, Beria si servì nuovamente di lui per effettuare il colpo di Stato. Era giunto il momento di sbarazzarsi dei due massoni, Benes (il presidente) e Masaryk (il ministro degli Esteri), che i comunisti avevano lasciato prosperare per quasi tre anni.

Slansky, Segretario Generale del Partito Comunista, si circondò di una cricca di ebrei i cui nomi e posizioni sono già stati citati nella terza parte di questo capitolo. La loro priorità immediata era quella di fornire armi ai sionisti che conducevano la loro guerra di conquista in Palestina. Il fatto che i porti della Jugoslavia di Tito e di Pijade fossero utilizzati per spedire importanti carichi dalla Cecoslovacchia dimostra ancora una volta che Stalin non aveva visioni quando denunciava il "complotto sionista", ma affermava fatti reali. Nel 1951 Stalin ordinò infine l'arresto di quattordici comunisti cechi, undici dei quali erano ebrei. Commenteremo di seguito alcune dichiarazioni di alcuni di questi ebrei, che furono condannati a morte al processo del 1952. Per quanto riguarda il destino di Benes e Masaryk, il primo aveva facilitato le cose a Slansky/Salzman e rimase in Cecoslovacchia, dove morì nel settembre dello stesso anno. Masaryk ebbe un destino peggiore. Il 9 marzo 1948 si recò da Benes per comunicargli la sua intenzione di fuggire a Londra il giorno successivo, cosa che non gli fu permessa. Beria venne a conoscenza del colloquio e quella stessa notte due dei suoi "gorilla" visitarono Masaryk nel suo ufficio a Palazzo Czernin, residenza del Ministro degli Esteri, e lo uccisero. Sembra che abbiano tentato di annegarlo nella vasca da bagno. Dopo aver perso conoscenza, fu gettato dalla finestra nel cortile. Ufficialmente, si è suicidato gettandosi dalla finestra, il problema di questa versione è che non si è dimenticato di chiuderla.

Nel tentativo di risolvere la situazione creata dai piani di federazione sponsorizzati dalla Jugoslavia, che coinvolgevano Bulgaria, Romania e forse Albania, si decise di convocare tutti i capi di governo per una nuova riunione del Cominform, la cui sede rimase però a Belgrado. Iniziarono i negoziati informali e Tito, che non voleva lasciare il suo Paese, avanzò un "rapporto sulla situazione internazionale" presentato alla prima Conferenza da Zhdanov, secondo il quale gli affari esteri erano di competenza dei ministri degli Esteri. Dopo il fallimento di questi contatti con gli jugoslavi, il primo atto di rottura venne dal Politburo dell'URSS, che il 20 marzo 1948 informò Tito che l'Unione Sovietica ritirava i suoi tecnici militari ed esperti civili dalla Jugoslavia a causa della "mancanza di ospitalità e fiducia" dimostrata dal governo jugoslavo. Seguì uno scambio di comunicati pieni di recriminazioni reciproche che servirono solo a sottolineare le differenze. In una lettera del 27 marzo, i sovietici accusarono gli jugoslavi di essere trotskisti e ricordarono loro che Trotsky era stato un rinnegato al servizio del capitalismo internazionale. Tito scrisse personalmente una lettera il 13 aprile deplorando il tono e il contenuto del testo inviato dalla CPSU.

Infine, nella seconda metà del giugno 1948, si tenne a Bucarest la seconda Conferenza del Cominform. Secondo Carlavilla, un piano di Malenkov per assassinare Tito, che potrebbe essere stato informato da un membro del Politburo, forse Zhdanov, fallì in quel momento. In Romania, su pressione sovietica, le delegazioni presenti accettarono di condannare il regime di Tito per essersi distaccato dall'ortodossia sovietica. Traycho Kostov, che qualche mese prima aveva ricevuto Tito a Sofia, aveva concordato con l'ambasciatore jugoslavo, il colonnello Obrad Cicmil, che la Bulgaria avrebbe sostenuto le tesi del Cominform per ragioni tattiche. Il colonnello Cicmil lo informò che la stampa jugoslava avrebbe lanciato una campagna stampa contro di lui per rendere più credibile la sua opposizione a Tito. La Jugoslavia fu espulsa e la sede dell'Ufficio informazioni fu trasferita a Bucarest. Il Politburo decretò durante la riunione del Cominform l'inizio del blocco di Berlino, che iniziò il 24 giugno 1948. Questi eventi furono la prova della sfiducia tra i vincitori della guerra e della fine della luna di miele tra l'URSS e i suoi alleati occidentali.

Da questo momento in poi, la lotta per il potere e per il controllo dei partiti comunisti si intensificò, culminando nell'assassinio di Stalin all'inizio del marzo 1953. La prima vittima fu Zhdanov, morto il 31 agosto 1948. Membro del partito dal 1913 e del Comitato Centrale dal 1930, la sua posizione dopo la destituzione di Malenkov sembrava insuperabile; ma Beria, che usava la tattica di parlare bene di lui davanti a Stalin, e Malenkov seppero sfruttare tutti i suoi errori nella vicenda jugoslava, che inquietarono a tal punto il dittatore da fargli prendere in considerazione persino l'intervento militare. Già il 29 giugno 1948, dopo l'espulsione della Jugoslavia dal Cominform, apparvero sulla *Pravda* i primi indizi della caduta in disgrazia di Zhdanov, i cui amici e colleghi del Kominform furono accusati di "titoismo". Lo stesso Zhdanov si sarebbe opposto all'espulsione dalla Jugoslavia. Ciò fece arrabbiare Stalin, che lo sostituì con Malenkov come secondo segretario del Comitato Centrale, cioè come vice di Stalin. Due mesi dopo, il cuore di Zhdanov, che non aveva mai accusato il minimo sintomo, subì un attacco improvviso. Non fu eseguita alcuna autopsia e quattro medici di altissimo prestigio: Yegorov, Vinogradov, Mayorov e Vasilenko firmarono il certificato di morte. Oggi ci sono pochi dubbi sul fatto che Beria fosse dietro la scomparsa di Zhdanov, morto per avvelenamento. Come di consueto, il 2 settembre gli assassini hanno sfilato al funerale, rendendo omaggio alla bara circondata di fiori.

Dopo l'eliminazione di Zhdanov, tutti i suoi seguaci e collaboratori caddero gradualmente, il che dimostra ulteriormente che la sua morte non fu una coincidenza. Nella sua biografia di Beria, Thaddeus Wittlin spiega perfettamente la questione: "Beria era troppo intelligente per iniziare un'azione così importante con il solo consenso di Stalin; c'erano altre persone ancora molto potenti e doveva chiedere loro di stare al suo fianco. Il più importante era Malenkov. Anche se Beria odiava Malenkov, che considerava suo rivale, gli chiese di unirsi a lui e di partecipare al complotto. Non fu difficile convincerlo. Malenkov, che era stato sconfitto da Zhdanov, era il suo nemico". L'epurazione degli uomini di Zhdanov fu organizzata da Viktor Abakomov, che su istruzioni di Beria preparò quello che è passato alla storia come il "Caso Leningrado". Tra le persone arrestate e mandate in prigione o nei campi di concentramento c'erano, tra i tanti, gli uomini che Zhdanov aveva collocato in posizioni importanti: Nikolai Voznesensky, membro del Politburo e capo della Commissione per la pianificazione dello Stato; suo fratello Alexei, rettore dell'Università di Leningrado; Aleksei Kuznetsov, segretario del Comitato centrale per la sicurezza e l'esercito; il tenente generale Josif Shikin....

All'inizio di settembre del 1948 Golda Meyersohn arrivò a Mosca. Questa famosa sionista sarebbe stata l'ambasciatrice di Israele in URSS. Fu accolta da una folla di ebrei festanti. Circa diecimila persone celebrarono una funzione nella Sinagoga corale di Mosca, attorno alla quale si affollarono migliaia di ebrei sovietici, gridando "il popolo di Israele vive". L'8 novembre, Polina, membro di spicco del Comitato ebraico antifascista e moglie di Molotov, gli riservò un caloroso ricevimento diplomatico. Robert Conquest scrive nella sua biografia di Stalin che queste manifestazioni pubbliche e private di sionismo e di sentimento ebraico furono l'ultima goccia per il dittatore. Il 20 novembre 1948, il Politburo ordinò lo scioglimento del Comitato antifascista ebraico. Le sue pubblicazioni, la principale delle quali era il giornale yiddish *Einikait*, furono vietate e molti dei suoi membri arrestati. Iniziò una campagna di stampa che accusava gli ebrei di essere "cosmopoliti senza radici" dediti alla distruzione dei valori del Paese. Per svelare l'identità di questo gruppo di cosiddetti cospiratori internazionali, accusati di non comprendere la cultura russa, i nomi originali degli ebrei cominciarono ad apparire tra parentesi accanto ai falsi nomi russi che avevano adottato.

Alla fine del 1948, Stalin richiese a Beria l'arresto di Polina Molotov, che fu arrestata il 21 gennaio 1949 con l'accusa di aver "perso documenti contenenti segreti di Stato". Che Polina Zhemchúzhina fosse una fervente sionista è fuor di dubbio. Prima della Seconda Guerra Mondiale, si era recata negli Stati Uniti in qualità di direttrice del Soviet Union Cosmetic Trust. La moglie di Roosevelt, sionista come lei, l'aveva ricevuta alla Casa Bianca, dove avevano trascorso un intero pomeriggio insieme. Polina aveva un fratello in America, Samuel Carp, che aveva lasciato la Russia nel 1911 ed era diventato multimilionario grazie soprattutto ai profitti del commercio con l'Unione Sovietica. Stalin era profondamente sospettoso di Polina e delle sue attività: la considerava una borghese sionista e una nemica del popolo. Dopo l'arresto della moglie, Molotov, che si recò da Stalin e acconsentì all'arresto di Polina, ebbe vita breve come ministro degli Esteri, venendo sostituito da Andrei Vyschinsky. Molotov, tuttavia, non fu completamente emarginato e fu nominato vicepresidente del Consiglio dei ministri.

Se voleva continuare a godere della fiducia del capo mentre lavorava nell'ombra per sostituirlo, Beria, strumento indispensabile del dittatore in tutte le questioni di repressione e sicurezza, non poteva fare altro che mostrarsi sottomesso e obbedire alle direttive del grande Stalin, che egli considerava il leader indiscusso dell'URSS. Stalin era convinto che la rivolta dei partiti comunisti europei fosse legata al complotto sionista, in modo che le due questioni fossero interconnesse e si alimentassero a vicenda. Nel corso del 1949 ciò divenne sempre più evidente, come si vedrà, poiché i leader che guidavano il dissenso in tutti i Paesi erano ebrei. In *Les derniers jours. De la mort de Lenin a celle de Beria*, Anton Kolendic dedica il capitolo 12, intitolato "Alcuni archivi di Beria", al caso della Bulgaria. Dopo l'arresto di Beria nel giugno del 1953, i suoi archivi furono sequestrati e furono ritrovati documenti scritti da Stalin, alcuni dei quali relativi al caso di Georgi Dimitrov e Traycho Kostov. Questi testi mostrano come si svolse la crisi bulgara, dall'uscita di Jugoslavia dal Cominform nel giugno 1948 al processo di Traycho Kostov nel giugno 1949.

La crisi bulgara

Prima della conferenza del Cominform a Bucarest, Malenkov annunciò a Kostov, vicepresidente del Consiglio dei ministri e segretario generale del Comitato centrale del Partito comunista bulgaro, che avrebbe rappresentato il suo Paese alla riunione del Cominform che avrebbe dovuto mettere fine alle ambizioni di Tito e della Jugoslavia. Compiuto questo passo, Traycho Kostov si sentì rafforzato e sabato 26 giugno 1948, durante la sessione straordinaria del Politburo bulgaro, lanciò un attacco spietato a Dimitrov, al quale imputava tutti gli errori del partito dalla sua fondazione nel 1919. Lo accusò di "perseguire personalmente, nonostante gli avvertimenti formali del compagno Stalin, la politica obsoleta e compromettente, anzi apertamente antisovietica, di stringere una collaborazione con Tito e i suoi agenti imperialisti, come dimostra il telegramma apertamente amichevole inviato il giorno prima a Tito". L'atteggiamento abietto dell'ebreo Kostov è evidente, perché era un'evidente indegnità appellarsi a un telegramma strettamente personale per accusare il suo compatriota di essere un "titoista"[29]. Kostov aveva la reputazione di politico brillante e ambizioso; tuttavia, le sue azioni rivelarono la sua doppiezza e dimostrarono che era capace di tradire i suoi compagni più vicini per un tornaconto personale. Lo stupore dei compagni bulgari fu totale, perché era la prima volta che Dimitrov, grande figura della defunta Internazionale (Comintern) e leader della classe operaia bulgara, veniva apertamente attaccato. Traycho Kostov, consapevole dell'esistenza di agenti sovietici all'interno del Politburo bulgaro, cercava di nascondersi dietro Dimitrov per dimostrare la sua fedeltà a Mosca. Pochi giorni dopo, all'inizio di luglio, si tenne una sessione plenaria del Comitato centrale del Partito comunista bulgaro, durante la quale la risoluzione del Cominform contro la Jugoslavia fu accettata all'unanimità.

La salute di Dimitrov non era affatto buona, ed è forse per questo che gli attacchi di Kostov durante la sessione del Politburo e le critiche mosse contro di lui durante la riunione del Comitato Centrale lo sopraffecero a tal punto da farlo ammalare. Non appena Stalin venne a conoscenza della sua malattia, ordinò che "Dimitrov fosse trasportato d'urgenza in un sanatorio per assicurarne la cura. Evitare ogni preoccupazione e attività. Lasciate che si prenda cura di sé e si riposi". Dimitrov fu trasferito a Mosca e Traycho Kostov iniziò a preparare la convocazione del congresso del partito su per assumere il pieno controllo del partito. Tuttavia, Dimitrov ricevette un lungo rapporto ufficiale firmato da Kostov, che fu portato personalmente a Mosca da Georgi Tchankov, un membro del Politburo bulgaro. Con il permesso dei suoi medici curanti, Dimitrov decise di volare a Sofia, dove nella prima metà del dicembre 1948 lavorò instancabilmente ai documenti per il congresso e, soprattutto, alla relazione generale che avrebbe dovuto definire l'orientamento della Bulgaria.

Prima del ritorno di Dimitrov in Bulgaria, Kostov aveva inviato a Stalin un telegramma firmato a nome del governo bulgaro da lui stesso in qualità di presidente in carica. In esso chiedeva un aiuto eccezionale sotto forma di crediti senza interessi, un prestito a lungo termine e la consegna urgente di materie prime e beni di consumo al di là di ogni aspettativa per stabilizzare la situazione in Bulgaria. A margine di questo telegramma Stalin

---

[29] Kolendic spiega in una nota a piè di pagina che il 16 giugno 1948 il presidente Tito aveva inviato un telegramma a Dimitrov, che compiva sessantasei anni, per congratularsi del suo compleanno. Il 25 giugno Dimitrov aveva risposto: "La ringrazio vivamente per i suoi auguri".

scrisse: "Perché la soluzione scelta è stata respinta? Questa è un'opportunità per applicarla senza problemi". La risposta ufficiale giunse al governo bulgaro attraverso l'ambasciata sovietica a Sofia: "In risposta alla vostra richiesta di assistenza espressa nel primo telegramma, il governo dell'URSS è pronto a darvi soddisfazione e si aspetta che il governo della Repubblica Popolare di Bulgaria invii al più presto una delegazione plenipotenziaria". Traycho Kostov era esultante, ma dovette presto smorzare la sua euforia, poiché i rapporti di Dmitri Ganev, capo della delegazione bulgara a Mosca nel novembre 1948, indicavano che i russi stavano facendo marcia indietro. Secondo Ganev, mancava Anastas Mikoyan, vicepresidente del Consiglio dei ministri a capo della squadra negoziale russa. Ganev scrisse in un rapporto: "Al Ministero si dice che non ci sarà alcun trattato, perché il nostro governo, come quello della Jugoslavia, tradirà l'Unione Sovietica e passerà al campo degli imperialisti". Prima dell'inizio del congresso, il 12 dicembre 1948, Kostov inviò un'accorata nota in cui insisteva sulla necessità di affrettare la firma del trattato economico e commerciale entro il 1949.

Il congresso è iniziato con un discorso di sei ore di Dimitrov, che ha letto la sua relazione ai delegati. È seguito l'intervento di Traycho Kostov, rieletto segretario del partito. Tra applausi e applausi ha presentato la sua relazione sul nuovo programma del Partito Comunista Bulgaro. Pavel Iudin partecipò al congresso in compagnia di Mikhail Sushlov, il delegato ufficiale dell'Unione Sovietica. I due redigono un rapporto in cui notano "... manifestazioni dirette contro l'Unione Sovietica sotto forma di frenetici applausi a favore di Traycho Kostov, particolarmente motivati dalle sue dichiarazioni antisovietiche abilmente mascherate". Queste denunce decisero definitivamente Mosca a rompere con la leadership bulgara. Il 13 gennaio 1949, tramite Mikhail Bodrov, il nuovo ambasciatore sovietico a Sofia, Stalin inviò a Dimitrov una lettera personale in cui gli chiedeva di "... ristabilire l'ordine a Sofia, sostituire i responsabili del deterioramento delle relazioni... e in primo luogo lo spudorato trotzkista di lunga data Troycho Kostov...".

Dimitrov convocò immediatamente il Politburo, che si riunì nella sua residenza. Dopo aver letto la lettera di Stalin, il primo a parlare fu Vulko Tchervenkov, uno stalinista sposato con la sorella di Dimitrov, Elena, che non solo era ministro della Cultura ma anche un agente di Mosca infiltrato nel governo. Dimitrov lo interruppe bruscamente, dicendo che c'erano persone più anziane e più intelligenti, e diede la parola a Vasil Kolarov, il ministro degli Esteri che era stato suo collaboratore negli anni in cui presiedeva il Comintern. Kolarov, turbato, esitò, ma concluse dicendo che tutti erano d'accordo con il compagno Stalin, anche se forse la questione andava studiata e spiegata ai compagni sovietici. Il Ministro dell'Economia, Petko Kunin, chiese una riunione del Consiglio dei Ministri, proposta che fu accettata, e difese la posizione di Kostov sul trattato economico. Tuttavia, l'avvertimento di Stalin non fu ignorato e si decise di sospendere il compagno Kostov come segretario del Partito Comunista Bulgaro. Su proposta di Kolarov, Tchervenkov assunse provvisoriamente l'incarico in attesa della decisione finale che sarebbe stata presa dal plenum del Comitato centrale.

Il giorno successivo, 14 gennaio, Dimitrov convocò una riunione straordinaria del Consiglio dei ministri, incentrata sulle relazioni con l'URSS e sul problema del rifiuto di Mosca di firmare il trattato economico e commerciale per il 1949. Poiché Beria aveva in Tchervenkov una fonte di informazioni all'interno del Consiglio, Stalin gli chiese un rapporto sui discorsi dei ministri. In questo modo venne a conoscenza delle dichiarazioni antisovietiche di Kunin, ministro dell'Economia, e di Ivan Stefanov, ministro delle Finanze. Il Consiglio chiese a Dimitrov di intercedere con urgenza presso il compagno Stalin per evitare il crollo di tutti i suoi piani. Dimitrov inviò quindi un telegramma al dittatore pregandolo di intervenire personalmente per far firmare il trattato. Anton Kolendic, nel già citato capitolo del suo lavoro sugli archivi di Beria, si rammarica che non vi sia traccia delle discussioni del Politburo su questo telegramma del governo bulgaro. Sorprendentemente, Ganev telefonò a Dimitrov per annunciargli che i russi avevano ceduto. Il 18 gennaio 1949, a Mosca, Mikoyan e Ganev firmarono solennemente il "Trattato sul commercio e la cooperazione economica e commerciale per l'anno 1949".

Nonostante il successo della firma dell'accordo, la situazione di Traycho Kostov, accusato direttamente da Stalin di essere un trotskista, non era cambiata. Tchervenkov, sostenuto da Kolarov, Vladimir Poptomov e Georgi Damianov, formò una commissione per esaminare il lavoro e le attività di Kostov, che si pronunciò contro di lui e propose di rimuoverlo da tutte le sue funzioni nel partito e nel governo. Il rapporto di questa commissione fu letto davanti al Politburo, davanti al quale Kostov fece un'autocritica, che fu accettata dalla maggioranza.. Si decise allora di affidare il giudizio sul futuro di Traycho Kostov al plenum del Comitato centrale, una decisione che significò una sconfitta per Tchervenkov e i filorussi. L'11 febbraio 1949 Dimitrov presiedette il Plenum del Comitato Centrale con il caso Kostov come tema centrale. Petko Kunin dichiarò in seguito che Dimitrov aveva avuto un attacco di fegato al mattino e che poco prima del plenum i medici gli avevano somministrato una grande quantità di oppio per alleviare il dolore, cosicché partecipò alla sessione drogato.

Naturalmente, tutta l'attenzione si è concentrata sul discorso di Kostov, che è stato ampiamente applaudito, come al solito. Poi sono arrivati i suoi principali detrattori, Vulko Tchervenkov e un altro membro del Comitato Centrale, Tsola Dragoitcheva, che, come Tchervenkov, era un agente di Mosca. Entrambi sono elencati nei documenti segreti di Beria con i nomi in codice "Spartacus" e "Sonia". La Dragoitcheva lanciò un attacco senza mezzi termini a Kostov, che accusò a gran voce di essere "un traditore, un nemico, un elemento antisociale". Ci furono forti proteste e si organizzò un notevole tumulto, tanto che tra i fischi dei manifestanti Dimitrov ritirò la parola alla compagna Dragoitcheva. Infine, il plenum del Comitato ha deciso a larga maggioranza di annullare la decisione provvisoria del Politburo di sanzionare Kostov e lo ha confermato nelle sue funzioni nel partito e nel governo.

Dopo il movimentato incontro, Georgi Dimitrov era gravemente contuso e la sera soffriva di vertigini e nausea; i medici russi che si occupavano di lui conclusero che doveva essere riportato in URSS per le cure iniziate prima di tornare in Bulgaria. Il 12 febbraio partì con un aereo sovietico per Mosca, da dove non fece più ritorno, morendo il 2 luglio 1949. Il 3 luglio *la Pravda* annunciò che era morto "vicino a Mosca, nel centro di terapia intensiva di Barvikha, a seguito di una lunga e dolorosa malattia (fegato, diabete)". Naturalmente, la stampa occidentale ha incoraggiato ogni sorta di speculazione e, sebbene non vi siano prove, si è dato per scontato che Dimitrov non sia morto di morte naturale. In questo caso, però, la malattia esisteva, quindi non sarebbe del tutto irragionevole accettare la versione ufficiale.[30]

Dopo la partenza di Dimitrov, Kostov riprese le sue funzioni di presidente del Consiglio dei ministri. Tuttavia, nella Segreteria del partito e nel Politburo si manifestarono aperte resistenze alle sue decisioni, la maggior parte delle quali furono boicottate. Vulko Tchervenkov gli gridò in faccia durante una riunione del Politburo che non avrebbe lavorato o collaborato con lui, poiché era "un nemico e un agente dello straniero". Il 10 marzo 1949 Stalin e Molotov firmarono una lunga lettera a nome del governo sovietico, indirizzata al presidente del Consiglio dei ministri in carica della Bulgaria, Kostov. La lettera, piena di accuse, avvertimenti e minacce, fu consegnata a Vasil Kolarov dall'ambasciatore sovietico Bodrov. Nella lettera Stalin criticava severamente i bulgari per il loro antisovietismo, deplorava che fossero permesse manifestazioni antisovietiche e che all'interno del governo e del partito risiedessero "elementi nemici, antisovietici e spie imperialiste come Kostov, Kunin, Stefanov e altri". Di fronte alla posizione sempre più indignata e intransigente di Mosca, si decise di convocare un nuovo plenum

---

[30] Non era la prima volta che Stalin tratteneva Dimitrov a Mosca. Quando le truppe sovietiche entrarono in Bulgaria l'8 settembre 1944, nonostante le richieste del Comitato Centrale e le richieste dello stesso Dimitrov, Stalin, sostenendo che la situazione in Bulgaria non era ancora consolidata e che temeva per la vita del compagno Dimitrov, non permise il ritorno del famoso comunista bulgaro. Le ragioni del suo rifiuto erano, ovviamente, ben altre: poiché già allora non si fidava pienamente di Dimitrov, Stalin lo trattenne per alcuni mesi al fine di creare una rete di agenti russi e bulgari dell'NKVD in Bulgaria. Finalmente, il 6 dicembre 1945, quindici mesi dopo la formazione del governo, Dimitrov arrivò a Sofia. Con lui arrivò il suo insostituibile segretario dal 1938, l'ebreo Jakob Mirov-Abramov. Secondo Ivan Karaivanov, un alto funzionario dell'Internazionale Comunista, prima di diventare segretario di Dimitrov, Mirov-Abramov era stato prima segretario di Trotsky e poi di Zinoviev e Kamenev. Si dice che questo bizzarro personaggio abbia fatto da tramite tra Yagoda e Trotsky.

straordinario del Comitato Centrale per il 26 marzo, al fine di costringere alle dimissioni le persone denunciate dal compagno Stalin.

Il plenum del Comitato era presieduto da Kolarov e Tchervenkov, che tenevano in mano la lettera di Stalin con le accuse nominali. In questa occasione si decise infine di escludere Kostov dal Politburo e di licenziarlo da vice ministro, presidente del Consiglio dei ministri e presidente del Comitato economico e finanziario. Una volta uscito dal partito e dalle agenzie governative, Kostov fu nominato direttore della Biblioteca Nazionale. Infine, il 20 giugno 1949, fu arrestato insieme a Kunin e Stefanov. Su istruzioni di Stalin, che pretendeva una dichiarazione scritta dallo stesso Kostov, Beria ordinò ai suoi scagnozzi di torturarlo a dovere. Dopo aver scritto e firmato una lunga confessione, iniziarono i preparativi per il processo che, per espresso desiderio di Stalin, secondo una nota di Beria e Abakuomov, doveva essere pubblico e "se possibile, alla presenza di giornalisti stranieri e occidentali".

Viktor Abakuomov era un vecchio ed esperto funzionario della GPU che aveva lavorato con Yagoda e Yezhov prima di diventare il braccio destro di Beria. Arrivò a Sofia all'inizio del novembre 1949 con il compito di organizzare il processo. Studiò i documenti e ascoltò testimoni e imputati. Il processo si tenne a dicembre nella grande sala del Circolo dell'Esercito. I tre principali capi d'accusa contro Kostov erano: capitolazione ai fascisti bulgari nel 1942, spionaggio per conto dei servizi segreti britannici e organizzazione di un complotto con la leadership jugoslava per formare una federazione antisovietica. Davanti alla stampa internazionale, Kostov è apparso un eroe mentre negava le accuse e smentiva la maggior parte delle dichiarazioni da lui stesso redatte e firmate, contenute nell'atto di accusa, letto integralmente in tribunale. Dopo aver ammesso che il documento di circa trentamila parole contenente la sua biografia politica era stato scritto di suo pugno, ha negato alla corte i fatti contenuti nell'atto di accusa.

Nel 1934 Kostov, capo dei quadri del Segretariato dei Balcani, incontrò per la prima volta a Mosca Tito, allora noto come "Walter ". In un frammento della sua dichiarazione di firma, scrisse quanto segue sul suo rapporto con il futuro Maresciallo Tito di Jugoslavia:

> "La posizione del Partito comunista jugoslavo era ancora difficile. La sua leadership era messa in discussione da forti lotte tra fazioni. Si trattava di dare sostegno a una nuova leadership del partito all'interno del Paese. La scelta di Bela Kun e Valetsky, che non erano ancora stati smascherati come trotskisti, cadde su Tito. All'epoca era conosciuto con lo pseudonimo di "Walter ". La scelta di Bela Kun e Valetsky non fu casuale, perché, per quanto potei constatare personalmente dai materiali a mia disposizione e dai dossier di partito su "Walter" Tito, egli aveva adottato posizioni trotzkiste. Nel 1934, Tito mi parlò delle sue idee trotzkiste e mi spiegò le sue preoccupazioni..... Mi ha riconosciuto il suo odio per la direzione di Stalin del CPSU. Solo grazie al sostegno di Bela

Kun e Valetsky e ai rapporti favorevoli da me forniti, Tito poté recarsi nel 1934 in Jugoslavia e assumervi una posizione di leadership".

In un altro frammento della dichiarazione scritta, Kostov fa riferimento a una visita di Kardelj, l'ebreo di origine ungherese che era uno dei confidenti di Tito. Nel novembre 1944, Kardelj spiegò a Kostov la grande strategia di Tito per l'Europa orientale. Queste sono le parole scritte da Kostov nell'atto di accusa:

> "Kardelj mi informò in via strettamente confidenziale che durante la guerra gli inglesi e gli americani avevano fornito armi e munizioni ai partigiani jugoslavi alla stretta condizione che alla fine della guerra Tito avrebbe tenuto la Jugoslavia fuori dall'Urss e non avrebbe permesso all'Unione Sovietica di stabilire la sua influenza né in Jugoslavia né nel resto dei Balcani. Su questa base, durante la guerra, fu concluso un accordo formale tra gli inglesi e gli americani e Tito".

La fonte di queste citazioni è una rivista digitale, *Revolutionary Democracy* (revolutionarydemocracy.org), che viene pubblicata ogni due anni ad aprile e settembre a Nuova Delhi. Fondata nell'aprile 1995, i materiali di questa pubblicazione occupavano XXI volumi ad aprile 2015. I testi citati da sono tratti da un documento intitolato "Traycho Kostov and Tito's Plans for Eastern Europe". Il documento rivela che nel 1946 Kostov si recò a Belgrado e incontrò Tito, che non vedeva dal 1934. Nella sua dichiarazione firmata scrisse quanto segue a proposito di questo incontro:

> "Non vedevo Tito da dodici anni e rimasi molto colpito dal notevole cambiamento che aveva subito. Era pomposo nella sua uniforme militare e le sue dita erano arricciate. Durante il nostro incontro Tito si metteva continuamente in mostra e con il suo aspetto esteriore e il suo modo di parlare si dava l'aria di essere un grande personaggio. Tito mi salutò come un vecchio amico, ma tuttavia si comportò in modo arrogante, facendomi capire che non era lo stesso Tito di dodici anni fa.... Mi ringraziò per il servizio che gli avevo reso a Mosca e ammise che altrimenti non avrebbe potuto raggiungere la posizione che aveva raggiunto in Jugoslavia

Il piano, secondo la confessione scritta di Kostov, prevedeva che la Bulgaria entrasse a far parte della federazione dei popoli slavi come settima repubblica, diventando così la più grande e popolosa della federazione. Gli inglesi e gli americani avevano promesso a Tito che avrebbero usato la stampa, come al solito, per giustificare il mancato rispetto dell'accordo di Yalta. Ci si aspettava che l'URSS alla fine si sarebbe rassegnata al fatto compiuto della Federazione. Nonostante il rifiuto di Kostov di riconoscere i fatti riportati nell'atto d'accusa, i testimoni che comparvero confermarono uno ad uno ciò che aveva scritto. Il secondo imputato, Ivan Stefanov, ministro delle Finanze, si rivolse indignato a Kostov con queste parole: "Sono profondamente stupito che il principale organizzatore di questa cospirazione, il responsabile della mia presenza oggi davanti a questa corte, non abbia il coraggio di ammettere la sua colpa per i crimini che ha commesso". Alzandosi in piedi, Stefanov si è tolto gli occhiali e guardando Kostov in faccia ha aggiunto: "Sembra che Traycho Kostov voglia rimanere un traditore e voglia dimostrare la sua codardia fino in fondo". Anche gli altri imputati erano furiosi con Kostov e gli rimproveravano di averli coinvolti nella cospirazione e poi di averli traditi. Tutti lo accusarono e fornirono resoconti dettagliati e inculcanti delle sue attività. Dopo la condanna, Kostov, rendendosi conto di essere stato l'unico condannato a morte, inviò una lettera al Politburo in cui ammetteva che la sua lunga dichiarazione scritta era corretta e chiedeva clemenza. Ecco alcune delle sue parole:

> "Mi dichiaro colpevole dell'accusa formulata dal tribunale e confermo pienamente le disposizioni scritte di mio pugno durante l'indagine. Rendendomi perfettamente conto all'ultimo momento della scorrettezza della mia condotta davanti al tribunale del popolo... sinceramente pentito del mio atteggiamento, dovuto a un'estrema eccitazione dei miei nervi e all'egocentrismo morboso di un intellettuale... vi prego di revocare la mia condanna a morte, se lo ritenete possibile, e di commutarla in un severo confino a vita...".

Secondo un comunicato del governo bulgaro, Kostov fu giustiziato il 16 dicembre 1949, due giorni dopo la fine del processo. Degli altri dieci imputati processati, quattro furono condannati all'ergastolo.

Poiché i documenti sequestrati dopo la caduta di Beria contengono i rapporti che l'NKVD aveva su Kostov, vale la pena dedicare qualche minuto in più prima di lasciare il caso bulgaro. Nelle direttive scritte a Lev E. Vlodzimirski, capo della Sezione Investigativa sui Casi Particolarmente Importanti del Ministero degli Affari Interni, Beria fa più volte riferimento a dichiarazioni, informazioni e accuse contro Kostov trasmesse da "Sonia" e "Spartacus". Lo pseudonimo "Spartacus" era stato usato da Vulko Tchervenkov fin dal suo lavoro clandestino per la GPU negli anni '30 e lo mantenne durante la sua lunga collaborazione come membro dell'apparato di propaganda del Comintern e per tutta la durata della guerra. I rapporti di "Spartacus" su Traycho Kostov risalgono quindi agli anni precedenti la Seconda guerra mondiale. "Sonia" fu il secondo agente sovietico che da prima della guerra inviò a Vlodzimirski, allora direttore speciale degli affari segreti, rapporti devastanti su Kostov. Anton Kolendic afferma nel suo libro di aver appreso che "Sonia" era Tsola Dragoitcheva dall'edizione del 1978 delle memorie anti-jugoslave di T. Dragoitcheva, in cui è chiaro che "Sonia" era il suo pseudonimo clandestino. Nel 1983, queste memorie sono state pubblicate in francese a Montreal con il titolo *De la défaite à la victoire (Mémoire d'une révolutionnaire bulgare)*. Kolendic afferma che tra il 1945 e il 1947 ebbe modo di parlare con Kostov di Tsola Dragoitcheva, che egli chiamava "il portafoglio". Membro del Comitato centrale del partito, Tsola era l'amante di un autista che lavorava presso l'ambasciata sovietica a Sofia. Il Comitato centrale del Partito comunista bulgaro, guidato da Kostov, la usava come tramite. Quando nel 1945-46 si formò il secondo governo del Fronte Patriottico, Tsola Dragoitcheva ne faceva parte.

Sulla base dei resoconti di "Sonia" e "Spartacus", Vlodzimirsky richiamò l'attenzione di Beria in una lettera sul passato trotzkista di Traycho Kostov e sul suo coinvolgimento nella politica antisovietica, nello spionaggio e nel "complotto titoista". Per quanto riguarda il passato trotskista, dobbiamo risalire al 1934-1935, quando Kostov e Tchervenkov lavoravano nell'apparato del Comintern diretto da Dimitrov e Kolarov. Dimitrov aveva affidato a Kostov un incarico di responsabilità nella Sezione balcanica dell'Internazionale, che richiedeva l'approvazione della GPU, con la quale Kostov doveva necessariamente collaborare. La GPU gli chiese di "completare" l'accusa contro due membri del Comitato centrale del Partito comunista bulgaro, Vasil Tanev e Blagoi Popov, i due comunisti bulgari che erano stati arrestati con Dimitrov per l'incendio del Reichstag e processati al processo di Lipsia nel 1933-34. Dopo lunghe trattative con i nazisti, Kostov si trovò in una posizione di responsabilità nella Sezione balcanica dell'Internazionale. Dopo lunghe trattative con i nazisti, il governo sovietico aveva ottenuto il loro rilascio e, dopo averli ricevuti a Mosca con tutti gli onori, aveva concesso loro e a Dimitrov la cittadinanza sovietica. Nel 1935, la GPU scoprì che erano trotzkisti e convocò Traycho Kostov per "completare" le prove che i due stavano preparando l'assassinio di Dimitrov; ma Kostov non completò alcuna accusa né fabbricò alcuna prova contro i due comunisti bulgari. Ciò non li salvò, poiché "Spartacus" (Vulko Tchervenko) e Vladimir Poptomov presentarono prove contro di loro e testimoniarono che Tanev e Popov "... avevano creato una fazione trotskista, avevano accusato pubblicamente Dimitrov e avevano minacciato di ucciderlo". Condannati a quindici anni di reclusione, entrambi scomparvero senza lasciare traccia nel campo siberiano di Krasny. La GPU iniziò quindi a compilare un dossier su Kostov: il suo comportamento aveva fatto sì che si diffidasse di lui, e nel dossier veniva segnalato come trotzkista. Quando Dimitrov ne venne a conoscenza, lo allontanò da Mosca e, con il pretesto di una "missione urgente", lo inviò nella Bulgaria zarista per lavorarvi clandestinamente. In breve, negli archivi della GPU esisteva una documentazione contenente numerose accuse di trotskismo contro Kostov, che fu utilizzata nel processo che lo condannò a morte.

Golpe fallito in Ungheria

Abbiamo parlato a lungo della crisi bulgara, ma non possiamo tralasciare il fallito colpo di Stato in Ungheria, i cui preparativi coincisero con gli eventi in Bulgaria. Il protagonista principale fu, ancora una volta, un ebreo sionista di nome Laszlo Rajk (in realtà Reich). John Gunzberg, scrivendo in *Behind Europe's Curtain*, ha scritto che gli ungheresi scherzavano sul fatto che Rajk fosse entrato nel governo perché c'era bisogno di qualcuno che potesse firmare i documenti di sabato, sottintendendo così che fosse l'unico non ebreo. Gunther cita Rakosi, Gerö, Farkas, Vas, Vajda, Revai e altri ebrei che definisce "moscoviti". Tuttavia, l'ebraicità di Laszlo Rajk è confermata dall'autore ebreo Howard M. Sachar in *Israel and Europe: an appraisal in history* (1999). Lo stesso autore conferma che anche Traycho Kostov era ebreo. La nostra fonte di informazioni per le righe seguenti è "The Incredible Story of Laszlo Rajk", un'opera di *Revolutionary Democracy*, la pubblicazione online citata sopra. In ogni caso, per il lettore interessato a saperne di più, il documento completo del processo Rajk è disponibile su Internet in formato pdf, intitolato *László Rajk e i suoi complici davanti al Tribunale popolare.*

Poche settimane dopo l'espulsione della Jugoslavia dal Cominform, la notte del 10 luglio 1948, il corpo di Milos Moich, un giovane ungherese di origine jugoslava, fu trovato da un'amica nel suo appartamento di Budapest. Moich giaceva agonizzante in una pozza di sangue, ma prima di morire ebbe il tempo di rivelare alla donna il nome del suo assassino, Zivko Boarov, addetto stampa dell'ambasciata jugoslava. Quando la polizia arrestò Boarov, iniziò una lunga indagine che svelò una cospirazione di vasta portata. Gli indizi portarono a Laszlo Rajk, ministro degli Esteri ungherese; al comandante in capo dell'esercito, il generale George Palffy; al capo del Partito Comunista Ungherese, Tibor Szony, anch'egli ebreo; e a Lazar Brankov, diplomatico presso la legazione jugoslava. Attraverso di loro arrivò il Ministro degli Interni di Tito, Aleksandar Rankovic, un ebreo di origine austriaca il cui vero nome era Rankau.

Non tutto era uniforme nella Jugoslavia di Tito, che non si fece scrupolo di eliminare chi si opponeva alla rottura con Mosca. Centinaia di dissidenti furono liquidati, tra cui Arso Jovanovic, un importante generale partigiano assassinato mentre cercava di attraversare la Romania. Coloro che all'interno della Jugoslavia erano d'accordo con il pronunciamento del Cominform furono chiamati "informbirovtsi" ("Cominformiani") e furono internati in massa nei campi di concentramento. Il campo principale era Goli Otov (Isola Nuda). Secondo l'analista indipendente Vladimir Dedijer, solo in questo campo furono internate circa 32.000 persone. Il numero di morti in tutti i campi a causa di esecuzioni, sfinimento, fame, epidemie o suicidi non è stato stabilito.

Uno di coloro che approvarono la risoluzione del Cominform fu Milos Moich, che dalla fine della guerra lavorava come agente in Ungheria per la polizia segreta di Rankovic (UDBA). Moich commise l'errore di confidarsi con Andras Szalai, agente segreto e membro della sezione propaganda del Partito Comunista, che voleva rivelare i piani di Tito per l'Ungheria. Szalai avvertì immediatamente l'ambasciatore jugoslavo, Karl Mrazovich. Come si svolsero gli eventi da questo momento in poi è noto dalla dichiarazione del boia di Moich, Zivko Boarov, che testimoniò al processo di Rajk. Boarov ha spiegato che quando si seppe che Moich aveva intenzione di denunciare Tito e le attività dell'UDBA, il diplomatico Lazar Brankov informò Belgrado. Il Ministro degli Interni Rankovic ordinò che Moich fosse costretto ad attraversare il confine e, se ciò non fosse stato possibile, sarebbe stato liquidato. Di seguito è riportato un estratto della sua testimonianza al processo:

> Brankov", racconta Boarov, "mi ordinò di farlo e mi disse che, essendo serbo e vicino a Moich, avevo le migliori possibilità di successo. All'inizio rifiutai. Allora Brankov e Blasich (primo segretario della legazione jugoslava) mi portarono dall'ambasciatore Mrazovich e gli dissero che mi rifiutavo di fare il lavoro. Mrazovich ripeté l'ordine e mi ordinò di eseguirlo. Non osai disobbedire. Mrazovich mi consegnò il suo revolver.
> La sera del 10 luglio sono andato a casa di Moich, dopo essermi assicurato che fosse solo. Abbiamo avuto una lunga conversazione. Ho cercato di convincerlo a desistere dalle sue intenzioni e di fargli accettare un colloquio con Brankov all'Ambasciata. Se avesse accettato, sapevo che avremmo potuto fargli attraversare il confine. Non volevo usare la mia pistola su di lui, ma Moich rifiutò tutte le mie proposte. Allora iniziai a minacciarlo e gli dissi che stavo giocando con la sua vita, così scoppiò una rissa e a un certo punto della lotta persi la testa e gli sparai con il revolver di Mrazovich. Tornai all'Ambasciata e informai Brankov, poiché il ministro Mrazovich era già partito per la Jugoslavia".

Tra gli eventi descritti da Boarov e gli arresti di Laszlo Rajk, Tibor Szonyi e del generale Palffy passò un anno. Rajk fu arrestato a casa sua il 30 maggio 1949 e Palffy il 18 luglio. Prima di procedere contro queste importanti figure, la polizia concluse che stavano preparando un colpo di Stato che sarebbe stato messo in atto con l'arresto e l'assassinio di due leader stalinisti ebrei, Matyas Rakosi, segretario generale del Partito Comunista, ed Ernö Gerö, "Pedro " in Spagna durante la guerra civile, dove si era distinto per l'eliminazione dei trotskisti. Secondo i piani dei cospiratori, se la cospirazione fosse riuscita, Rajk e Palffy sarebbero diventati i nuovi uomini forti dell'Ungheria.

Il vero cognome del generale Palffy era Österreicher e cambiò nome nel 1934. Come riportato da Ithiel de Sola Fool in *Satellite Generals. A Study of Military Elites in the Soviet Sphere*, Palffy era sposato con una donna ebrea, Katalin Sármány. Sebbene fosse aborrito negli ambienti militari, alla fine della guerra organizzò il Dipartimento politico del Ministero della Difesa e iniziò la sua carriera ai vertici. Nel 1945 fu promosso da maggiore a colonnello e nel 1946 da colonnello a generale. Nel 1947 era una personalità dell'élite militare, proveniente dall'Accademia militare Ludovika. Tra il 1947 e il 1948, i militari che non avevano potuto fare carriera nel regime precedente a causa delle loro origini ebraiche salirono di grado. Nel febbraio 1948 Palffy fu promosso tenente generale e divenne Ispettore generale dell'esercito e Ministro della Difesa. Palffy si circondò allora di una cerchia di amici ebrei o sposati con donne ebree, tra cui il tenente generale Kalman Revai, che succedette a Palffy come Ispettore Generale dell'Esercito per un breve periodo; il tenente generale Laszlo Solym, Capo di Stato Maggiore dal 1948 al 1950; il generale Gustav Illy, omosessuale, che fu Ispettore dell'Addestramento tra il 1947 e il 1949; il generale Istvan Beleznay, sposato con una donna ebrea. In realtà, erano tutti uomini relativamente giovani, opportunisti che si erano messi al servizio dei comunisti per fare una carriera da capogiro.

Laszlo Rajk era, come Lavrenti Beria o Otto Katz, un tipico ebreo che aspirava soprattutto al potere e si muoveva indipendentemente dalle ideologie. Freddo come l'acciaio, era un avventuriero politico capace di interpretare molteplici ruoli. Come Katz, senza ideali né fedeltà, si sentiva legato solo al sionismo, l'ideologia dei nazionalisti ebrei di tutto il mondo. Nel 1931, dopo essere stato arrestato per aver distribuito propaganda comunista, accettò di diventare una spia della polizia all'Università di Budapest. Da quel momento iniziò la sua carriera, in cui fu in grado di ricoprire vari ruoli come agente doppio o triplo, a seconda delle necessità. Il capo della polizia ungherese, Sombor-Schweinitzer, lo inviò in Spagna nel 1937, presumibilmente per riferire sui comunisti ungheresi che combattevano nel Battaglione Rakosi. Arrivò a Parigi con documenti falsi che lo rendevano un comunista ceco e dalla Francia entrò in Spagna, dove riuscì a diventare commissario politico del Battaglione Rakosi. La cosa curiosa è che Rajk fu accusato di essere un trotskista ed espulso dal Partito Comunista. Nel 1939, dopo aver disertato il Battaglione, fuggì in Francia, ma fu arrestato. I francesi lo consegnarono ai tedeschi, che lo internarono prima nel campo di concentramento di St. Cyprien e poi nei campi di Gurs e Vernet. Davanti al tribunale che lo processò e condannò, Rajk ammise che durante l'internamento aveva avuto stretti contatti con trotskisti ungheresi e jugoslavi e menzionò in particolare Vukmanovich, detto "Tempo", che era diventato primo ministro della Macedonia, e Mrazovich, l'ambasciatore jugoslavo a Budapest che aveva dato la pistola a Boarov.

Mentre era internato in Francia, Rajk ricevette la visita di un agente comunista infiltrato al fianco di Allen Dulles nell'OSS (Office of Strategic Services), il famoso Noel H. Field, una figura oscura, un doppio o triplo agente che probabilmente era un trotskista. Field gli disse di avere istruzioni dai suoi superiori per aiutarlo a tornare a casa. Nell'agosto 1941, Laszlo Rajk era di nuovo in Ungheria, dove riferì a Peter Hain, capo della polizia politica, della sua missione in Spagna e del suo soggiorno in Francia. Per evitare che i comunisti sospettino di lui, si decise di imprigionarlo per un certo periodo.

Così Rajk, la cui straordinaria abilità recitativa gli permise di ingannare entrambe le parti, fu considerato uno dei migliori membri del Partito Comunista e nel maggio 1945 divenne segretario organizzativo del Partito Comunista nel distretto della Grande Budapest.

In contatto con il tenente colonnello Kovach della delegazione militare americana, collaborò contemporaneamente con l'intelligence statunitense. Rajk fu quindi incaricato di organizzare una fazione all'interno del Partito Comunista che servisse a dividere il partito e a strappare la maggioranza a Rakosi. Il 20 marzo 1946, Laszlo Rajk divenne Ministro degli Interni, una posizione cruciale che gli permise di inserire nel Ministero agenti britannici e americani, reclutati in Svizzera da Allen Dulles e Noel Field. Rajk mise quindi l'ebreo Tibor Szonyi a capo del dipartimento dei quadri, una posizione chiave che gli permise di piazzare i suoi uomini nell'ufficio del Primo Ministro, nel Ministero degli Esteri, nei dipartimenti della Stampa e della Radio e, naturalmente, nello stesso Ministero degli Interni.

Tramite Lazar Brankov, che sotto la copertura del suo incarico all'Ambasciata era il capo dell'intelligence jugoslava in Ungheria, Rajk forniva a Tito informazioni sensibili attraverso la sua posizione di Ministro degli Interni. Secondo la sua testimonianza al processo, fu nell'estate del 1947 che ebbe il primo incontro con il Ministro degli Interni jugoslavo Rankovic. Rajk era in vacanza ad Abbazia, una cittadina croata sulla costa adriatica. Una bionda trentenne di lingua ungherese contattò Rajk per annunciargli che il suo omologo jugoslavo voleva parlargli e che sarebbe andato a trovarlo ad Abbazia. Qualche giorno dopo arrivò Rankovic e la donna fece da interprete tra i due. Il ministro jugoslavo disse che era venuto a trovarlo su ordine diretto di Tito. Durante il colloquio fu forgiata la futura collaborazione tra i due ministri degli Interni. Laszlo Rajk, con la collaborazione di Szonyi, iniziò a collocare nell'esercito e nella polizia persone "adatte" a sostenere un eventuale colpo di Stato.

Alla fine del 1947, Tito e Rankovic si recarono in Ungheria per firmare un patto di amicizia e si presentò quindi l'opportunità di approfondire lo sviluppo della cospirazione. Rajk organizzò una battuta di caccia e pianificò un incontro privato con Rankovic sul treno con cui si stavano recando alla riserva di caccia. L'interprete in questa occasione era Brankov. Rankovic ha sottolineato che, rivelandogli il piano, stava seguendo le istruzioni di Tito. Durante il processo, il giudice chiese a Rajk di raccontare i dettagli del piano. In breve, il piano prevedeva l'organizzazione di diverse federazioni tra la Jugoslavia e altri Paesi per spezzare la dipendenza delle democrazie popolari da Mosca e sostituire l'influenza di Stalin con quella di Tito. Secondo Rajk, Rankovic specificò che una grande federazione sarebbe stata costruita sotto la guida di Tito. Quando il giudice chiese come si sarebbe svolta la presa di potere in Ungheria, ebbe luogo il seguente scambio:

"Rajk: Il compito in Ungheria era quello di rovesciare il regime democratico del popolo. Arrestando, ovviamente, i membri del governo e all'interno di questo...
Giudice: Chi erano i nemici principali?
Rajk:... e all'interno di questo i più pericolosi, disse Rankovic, dovevano essere eliminati se non c'era altra scelta.
Giudice: Indica i nomi di chi erano.
Rajk: Per quanto riguarda i nomi, pensava che i primi fossero Rakosi, Gerö e Farkas.
Giudice: Li ha citati in modo specifico?
Rajk: Me ne parlò e mi disse che sarei stato responsabile dell'attuazione dell'intero programma in Ungheria e, a tal proposito, mi spiegò come Tito valutava la situazione e le forze su cui si poteva contare.
Giudice: Ha promesso assistenza alla Jugoslavia?
Rajk: Sì, sottolineava che poteva contare sul sostegno di un adeguato raggruppamento di forze; ma riteneva assolutamente importante che nelle azioni politiche, nell'organizzazione delle forze, dovessi dipendere dal mio sostegno interno.

Nella primavera del 1948, Rajk incontrò Selden Chapin, il diplomatico americano che era stato ministro plenipotenziario in Ungheria dal 1947 al 1949. Gli chiese se poteva confermare che, come gli aveva detto Rankovic, Washington approvava il piano di Tito. A proposito di questo colloquio, Rajk ha testimoniato al processo: "Chapin ha esitato un po' prima di farmi una dichiarazione, alla fine l'ha fatta e ha detto che era a conoscenza di questo piano e che gli Stati Uniti non avrebbero avuto alcuna obiezione all'attuazione della politica jugoslava". Così, con l'aiuto del generale Palffy, che lavorava nell'esercito esattamente come lui nella polizia, Rajk elaborò il piano. Già allora, tuttavia, era sospettato, come dimostra il fatto che, dopo un viaggio a Mosca nell'agosto del 1948, Rajk cessò improvvisamente di essere Ministro degli Interni e divenne Ministro degli Affari Esteri, una posizione che lo distaccava dalla polizia segreta e dalla politica interna dell'Ungheria.

I ministri degli Esteri dei Paesi satelliti erano condizionati e dovevano sottostare alla politica del Cremlino. Forse per questo motivo, nell'agosto 1948 Brankov disse a Rajk che Rankovic voleva vederlo con urgenza. Poiché Rajk non poteva recarsi a Belgrado, fu Rankovic a dover tornare in Ungheria. L'incontro segreto ebbe luogo nella tenuta di un proprietario terriero di nome Antal Klein. L'ambasciatore jugoslavo a Budapest, Mrazovich, fece da interprete. Fu l'amante di Mrazovich, Georgina, amica di Klein e figlia di un alto funzionario della città di nome Gero Tarsznyas, a organizzare quella che doveva essere una caccia, come raccontato in tribunale da Antal Klein, che testimoniò con grande indignazione e fastidio per l'uso a cui era stato sottoposto.

L'incontro segreto avvenne all'inizio di ottobre del 1948, l'ambasciatore Mrazovic aveva invitato Georgina, che era presente alla tenuta e ha fornito anche una preziosa testimonianza, in quanto lei e Antal Klein hanno identificato Rajk alla corte. Il proprietario terriero Klein ha dichiarato che Mrazovich è arrivato alla sua tenuta accompagnato da Laszlo Rajk, che indossava un cappotto di feltro verde e occhiali scuri. Ecco il momento dell'identificazione in tribunale:

> "Giudice: che ruolo ha avuto Laszlo Rajk in questa cosiddetta caccia?
> Klein: Non conosco Laszlo Rajk. Non lo conosco, non l'ho mai visto prima. Ora che sono stato portato davanti a lui dalle autorità, riconosco in lui l'uomo che era presente allora con Mrazovich con il cappotto di feltro verde e gli occhiali.
> Giudice: Lo riconosce ora?

L'anziano proprietario terriero si voltò, guardò con rabbia l'intera corte, poi guardò in faccia ciascuno degli imputati. Il volto di Rajk si trasformò in un ampio sorriso. "È lui", gridò Antal Klein, puntandogli contro un dito tremante. Mentre lasciava l'aula, ancora apparentemente indignato per non essere stato presentato e per aver condotto un gruppo di cospiratori nella sua carrozza fino alla sua riserva di caccia, il suo disagio era molto evidente.

Il generale Palffy, che comandava le guardie di frontiera, facilitò il passaggio dell'auto del ministro degli Interni jugoslavo Aleksandar Rankovic, che entrò nel Paese senza controlli e aspettava Rajk e Mrazovich presso la casa della guardia, già nella zona di caccia della proprietà. Georgina, che era con Mrazovich e Rajk, che non le è stato presentato e Klein. Ha raccontato al giudice dell'incontro tra i cospiratori:

> "Quando arrivammo al rifugio del ranger, vidi un uomo in tenuta da cacciatore che ci aspettava con un fucile. Era un uomo di media statura e di circa quarant'anni. Mrazovich mi chiese di rimanere in casa per preparare il pranzo. Mi sorprese che non mi presentasse nessuno dei due uomini. Poi hanno parlato, camminando su e giù nei pressi della casa della guardia e a volte allontanandosi. Ho sentito uno degli uomini parlare una lingua slava. Più volte si sono avvicinati e ho potuto sentire. Sono sicuro che non era russo, forse serbo. L'uomo con il cappotto verde parlava in ungherese e Mrazovich traduceva tra i due. Riuscivo a capire alcune parole della conversazione quando erano vicini a me, per esempio Mrazovich parlava della Jugoslavia e diceva che bisognava agire.... Poi hanno parlato di un certo Palffy, che sarebbe stato nominato ministro della Difesa. Ho anche sentito nominare più volte i ministri Rakosi e Farkas. Quando hanno finito di parlare sono andati nella capanna e hanno fatto uno spuntino".

Giudice: Venga qui, riconosce la persona in questa fotografia come quella che stava aspettando a casa del custode? Guardatela.
Georgina: Sì, la riconosco.
Sei sicuro?
Georgina: Sì.
Giudice: ho verificato che questa foto in cui il testimone riconosce la persona in questione è una fotografia di Rankovich, che ora è inclusa nella documentazione".

Va notato che l'incontro nella tenuta di Antal Klein ebbe luogo poco dopo le dimissioni di Laszlo Rajk da Ministro degli Interni e mesi dopo l'espulsione della Jugoslavia dal Cominform. Questi due fatti giustificano il motivo per cui Tito ritenne necessario eseguire il colpo di Stato il prima possibile. Rankovich annunciò quindi a Rajk che Tito era pronto a fornire assistenza più diretta. Una volta a Budapest, Rajk incontrò il generale Palffy e gli comunicò la necessità di avere tutto pronto per l'occupazione dei luoghi vitali. Secondo quanto riferito alla corte, alla fine del 1948 tutto era pronto, e dalla Jugoslavia erano addirittura arrivati due assassini esperti che iniziarono a studiare le abitudini e i movimenti di Rakosi, Gerö e Farkas, il cui arresto doveva essere il segnale per scatenare il colpo di stato. Il generale Palffy menzionò alla corte il colonnello Korondy, al quale fu affidata la formazione di tre piccoli gruppi di una dozzina di uomini che dovevano arrestare i tre leader e che dovevano ucciderli se avessero opposto resistenza. Era necessario che tutti e tre si trovassero a Budapest, quindi si pensò a un giorno in cui c'era una riunione del Politburo o del Consiglio dei ministri: i tre potevano essere arrestati quando tornavano a casa dopo le sedute. Ecco un estratto della testimonianza di Palffy:

"Palffy: Ho spiegato oralmente a Rajk lo schema del mio piano. La sostanza era che il colpo di Stato doveva essere avviato da dieci battaglioni dell'esercito e da unità di polizia. A Budapest, alcuni luoghi chiave, prima di tutto la sede del Partito Comunista, il Ministero della Difesa e il Ministero degli Interni, la stazione radio e gli uffici del *Szabad Nep* (giornale di partito), le stazioni ferroviarie, le opere pubbliche e alcuni quartieri dove poteva sorgere una resistenza, dovevano essere occupati da queste forze. Contemporaneamente, subito dopo l'occupazione, i piccoli gruppi dovevano arrestare i tre politici sopra menzionati. Io avrei comandato l'intera forza armata e il colonnello Korondy avrebbe comandato le unità di polizia. Questo era il mio piano generale. Rajk lo approvò. Mi fu poi dato l'incarico di illustrarlo nei dettagli.
Giudice. Di chi?
Palffy: da Rajk...".

Il fatto che l'ebraicità di Laszlo Rajk, che era anche massone, sia rivelata solo da Howard M. Sachar nell'opera citata, ci invita a raccontare, per concludere con le citazioni del processo, il momento in cui il giudice chiese il suo nome, fatto che indignò Rajk, il quale interpretò che il magistrato stesse cercando di insinuare che fosse un ebreo:

> "Giudice: Come scriveva suo nonno il suo nome?
> Rajk: Mio nonno, essendo di origine sassone, scriveva il suo nome Reich.
> Giudice: Allora, suo nonno si chiamava Reich. Come è diventato Rajk? Legalmente?
> Rajk: Sì, legalmente Non posso indicare la data esatta in cui è stato legalizzato. Sul mio certificato di battesimo è già scritto con la "a", cioè Reich è diventato Rajk. Non vedo come questo possa essere di minimo interesse per la corte. A questo proposito, desidero aggiungere che sono veramente ariano. La legge ariana dell'Ungheria...".

Il giudice non gli permise di continuare e lo interruppe bruscamente, dicendo che non gli interessava sapere se fosse ariano o meno, ma voleva solo sapere come avesse cambiato il suo nome e se lo avesse fatto legalmente. Rajk, che sapeva che il cognome Reich era uno di quelli spesso adottati dagli ebrei che desideravano nascondere la propria razza, capì che il giudice stava alludendo alla sua origine.

In breve, Laszlo Rajk fu rimosso dal Ministero degli Interni perché Rakosi, già prima dell'espulsione della Jugoslavia dal Cominform, aveva capito che Stalin era scontento di lui per la sua inazione e temeva di finire lui stesso sotto il sospetto di slealtà. Secondo alcune fonti, alla fine del 1947 Stalin avrebbe detto pubblicamente a Rakosi che era cieco, perché non vedeva quello che gli succedeva sotto il naso. Di fronte alla scelta tra Tito e Stalin, Rakosi (in realtà Rosenkranz) pensò di salvarsi e decise di rimanere fedele a Mosca. Tuttavia, nel febbraio 1949 Rajk divenne segretario generale del Fronte Popolare per l'Indipendenza. Alla celebrazione del Primo Maggio si trovava sul rostro accanto a Rakosi, per cui nulla lasciava presagire che il suo arresto e quello dei suoi colleghi, avvenuto il 30 maggio 1949, fosse imminente. Da quando aveva cessato di essere Ministro degli Interni, Rajk era sotto sorveglianza e, nonostante la sua crescente popolarità, Rakosi, stretto tra l'incudine e il martello, procedette a scatenare l'epurazione contro Rajk e i suoi complici, accusati di spionaggio per conto delle potenze occidentali al fine di separare l'Ungheria dalla sfera socialista.

Il 15 giugno 1949 fu annunciato che Laszlo Rajk era stato destituito da Ministro degli Esteri ed espulso dal Politburo e dal Partito Comunista perché "titoista", "trotzkista" e "nazionalista". Il 10 settembre 1949, le accuse furono pubblicate dalla stampa mondiale e il 16 settembre 1949, accusati di aver organizzato un complotto per portare l'Ungheria sotto il controllo americano e di aver ricevuto aiuti militari dalla Jugoslavia, Laszlo Rajk, il generale George Palffy, Tibor Szonyi e i loro complici comparvero in tribunale. Il 22 settembre 1949, Laszlo Rajk, Tibor Szonyi e Andras Szalai furono condannati a morte da tribunali civili. Lo jugoslavo Lazar Brankov fu condannato all'ergastolo. Inoltre, un tribunale militare condannò Palffy, Korondy e altri due ufficiali alla massima pena. La sentenza fu eseguita a metà ottobre. Dopo il processo a Rajk, furono arrestate altre novantaquattro persone e quindici furono condannate a morte.

Anche in Paesi come la Romania e l'Albania si svolsero nel 1949 processi contro le cosiddette "frazioni trotzkiste filo-jugoslave"; ma non è compito di questo lavoro dedicarvi attenzione. Nel novembre 1949, dopo che gli agenti titoisti o trotzkisti in Bulgaria e Ungheria erano stati sottomessi, Stalin convocò una nuova riunione del Cominform a Budapest, presieduta da Súslov. Il titolo del rapporto principale era: "Il Partito Comunista Jugoslavo, nelle mani di assassini e spie". Il rapporto accusava Tito di agire contro il comunismo a vantaggio degli Stati Uniti d'America. In un articolo pubblicato il 21 agosto 1949, lo stesso Stalin aveva denunciato i crimini del regime di Tito contro i cittadini dell'URSS e aveva minacciato con queste parole: "Il governo sovietico ritiene necessario dichiarare che non ha alcuna intenzione di accettare una tale situazione e che sarà costretto a ricorrere ad altri mezzi più efficaci... per difendere i diritti e gli interessi dei cittadini sovietici in Jugoslavia e per richiamare all'ordine gli scagnozzi fascisti che credono che tutto sia loro permesso".

Senza dubbio il sostegno degli americani, più che evidente a Stalin, fu decisivo nel trattenere un intervento militare contro Tito e Pijade. Lo stesso Tito, nell'agosto del 1949, si rivolse ai militari e ai membri del partito a Skopje e ribadì la sua volontà di resistere a un'invasione dell'Armata Rossa. "A prima vista potrebbe sembrare che siamo soli", disse, "ma non è vero". Il 4 settembre 1949, *Borba*, il giornale del partito, dedicò un'intera pagina ai commenti di Dean Acheson, Segretario di Stato americano, e di Hector McNeil, diplomatico del Ministero degli Esteri, che confermavano il sostegno dell'Occidente agli sforzi del Maresciallo Tito per mantenere e difendere l'indipendenza jugoslava.

Nel 1951 apparve il libro *Tito and Goliath*, scritto dall'editore e diplomatico americano Hamilton Fish Armstrong e pubblicato a Londra da Victor Gollancz. Il libro analizza il conflitto tra Tito e Stalin da una prospettiva favorevole alla posizione jugoslava. Hamilton F. Armstrong, amico personale di Tito che visse a Belgrado nel 1949 e nel 1950 i momenti più alti del confronto con Mosca, condivide in quest'opera le tesi del traduttore di Marx in serbo-croato, Moshe Pijade, che considera "il capo intellettuale del Partito comunista jugoslavo e il primo estatega nella sua lotta contro i bolscevichi". Dal 1928 al 1972, Armstrong è stato redattore di *Foreign Affairs*, la rivista del Council on Foreign Relations (CFR), il che lo colloca nell'ambito della Tavola rotonda. Già il titolo della sua opera, di cui possediamo la prima edizione, è abbastanza significativo: è chiaro che il cripto-ebraico Tito è visto come un nuovo Davide che sfida il gigante filisteo

Golia (Stalin). Pijade denunciò all'inizio di settembre 1949 che l'atteggiamento di Stalin verso la Jugoslavia era paragonabile all'"atteggiamento razzista" di Hitler verso le piccole nazioni.

Secondo Hamilton Fish Armstrong, Zhdanov rappresentava i sostenitori di "una comunità comunista internazionale guidata dall'URSS, certo; ma non nella paura e nella sottomissione ai disegni di Stalin, bensì animata dal fervore rivoluzionario". Il problema, quindi, rimaneva lo stesso di sempre. Non si trattava di condannare il comunismo, ma di denunciare il nazionalcomunismo di Stalin, poiché esso pretendeva che il controllo e la purezza dell'ortodossia fossero esercitati da Mosca e non dagli uffici dei banchieri internazionali che lo avevano originariamente finanziato. Pertanto, poiché l'obiettivo era quello di riprendere il controllo del comunismo internazionale, Roosevelt disse a Martin Dies, presidente del Comitato per le attività americane, di smettere di indagare sui comunisti e di concentrarsi sui nazisti. Così, come abbiamo visto, quando il senatore McCarthy prese il posto di Dies e cercò di svelare quanto profondi fossero i tentacoli del comunismo nell'Amministrazione, fu fatto a pezzi dalla stampa.

Come era accaduto negli anni Trenta, quando si svolsero i processi di Mosca, la stampa internazionale iniziò a sviluppare la tesi che i processi contro gli ebrei Laszlo Rajk e Traycho Kostov fossero "processi spettacolo", processi spettacolo in cui venivano condannati i dissidenti comunisti che lottavano contro la dittatura stalinista. Per tutta la durata della Seconda Guerra Mondiale, Stalin godette di un'immunità assoluta: non ci fu alcun problema se attaccò la Polonia, la Finlandia e altri Paesi, spazzando via i polacchi a Katyn.... Non ci furono problemi nemmeno a Yalta o a Potsdam, dove fu permessa la pulizia etnica di milioni di tedeschi, come è stato spiegato. Nel 1949, tuttavia, i piani erano andati a monte e, come negli anni Trenta, quando Hitler fu finanziato per trasferire Trotsky a Mosca dopo una guerra che si sarebbe conclusa con un pareggio, il problema era di nuovo Stalin.

Dopo che la vergognosa farsa di Norimberga è stata acclamata a livello internazionale come modello di giustizia, i processi Rajk e Kostov sono serviti a rivendicare un altro comunismo, quello di Tito e Pijade, in opposizione all'"imperialismo prepotente" di Stalin. L'espressione, citata da Armstrong in *Tito e Golia*, è di Moshe Pijade, che si dichiara ideologo della vera ortodossia comunista e distingue tra gli obiettivi del comunismo internazionale e quelli nazionali della Russia. In altre parole, invece di rafforzare il potere nazionale dell'Unione Sovietica, la missione dei Paesi satelliti era quella di servire la causa della rivoluzione comunista internazionale, e quindi dovevano costituire la base della propaganda ideologica per la marcia verso ovest del comunismo. Hamilton Fish Armstrong afferma: "Tutto questo ricorda le grandi controversie che divisero i bolscevichi nei primi anni. C'era, come allora, un disaccordo tra coloro che erano rivoluzionari internazionali e coloro che erano determinati a costruire il socialismo in un solo Paese".

Nel primo anniversario dell'espulsione della Jugoslavia dal Cominform, *Borba*, l'organo del Partito Comunista Jugoslavo, insistette sul fatto che la Jugoslavia di Tito era sulla vera strada del marxismo: "La verità sulla lotta tra il Cominform e la Jugoslavia", *disse Borba*, "e sui principi per i quali il nostro partito sta combattendo, sta crescendo ogni giorno nel movimento operaio internazionale e non c'è ragione di credere che non trionferà". Poco dopo, nell'agosto dello stesso 1949, Tito insisteva a Skopje che "la maggioranza dei popoli progressisti di tutto il mondo" era con loro. Queste sono le affermazioni e le argomentazioni che sembrano convincere la maggior parte degli autori, poiché in quasi tutte le opere che abbiamo consultato i riferimenti ai processi dei "titoisti" sono caratterizzati dalla simpatia per gli imputati e dalla condanna senza riserve di Stalin. Il primo a prendere questa posizione è proprio Armstrong, poiché *Tito e Golia* è stata forse la prima opera a offrire un'analisi dettagliata di ciò che si stava preparando in quegli anni decisivi.

Riprendendo le argomentazioni di Moshe Pijade, Armstrong critica il processo Kostov sulla base di un testo pubblicato da Pijade il 27 gennaio 1950 su un quindicinale, *Yugoslav Fortnightly*, secondo il quale Mosca sarebbe stata coinvolta nei negoziati per l'unione di Bulgaria e Jugoslavia. Armstrong, in linea con l'articolo di Pijade, accusa il processo di non aver menzionato che alla fine del 1944 ci fu un incontro tra sovietici, bulgari e jugoslavi a Mosca, in cui fu presentato un progetto di trattato elaborato da Kostov su un'ipotetica unione dei due Paesi. L'uomo di Belgrado all'incontro era Moshe Pijade in persona. Il rappresentante sovietico, Vyshinsky, propose che il primo passo fosse un trattato di cooperazione politica, economica e militare. Annunciò che l'URSS avrebbe redatto una bozza e chiese a Pijade di presentare la propria bozza alla riunione successiva, che ebbe luogo il 27 gennaio 1945. Secondo Pijade, le tre delegazioni si accordarono poi su un testo finale, al quale la Gran Bretagna si oppose. In ogni caso, sempre secondo Pijade, prima che i delegati lasciassero Mosca, fu concordato che a febbraio si sarebbero incontrati nuovamente a Belgrado per firmare i documenti. L'incontro, tuttavia, non ebbe luogo perché la Gran Bretagna pose il veto alla federazione. Armstrong scrive che, nonostante il veto britannico, "la porta non era chiusa all'idea di una federazione ancora più ampia, che avrebbe potuto integrare l'Albania". Lo stesso Armstrong, tuttavia, riconosce prontamente che i sovietici decisero allora di rimandare anche qualsiasi trattato di amicizia bulgaro-jugoslavo. Per Hamilton Fish Armstrong, questi contatti durante la guerra sono prove "sconvolgenti" che invalidano il processo e le accuse contro Kostov. Naturalmente non possiamo condividere questa opinione, perché, come abbiamo visto, la posizione della Jugoslavia di Tito e Pijade nel 1949 costituiva una sfida indiscutibile alla presunta autorità dell'URSS.

Per concludere queste pagine sulla lotta per il controllo dei partiti e dei Paesi comunisti, che ci hanno portato via più tempo del previsto, ci soffermiamo su un'intervista del 1950 tra Tito e l'autore di *Tito e Golia*, che rafforza la tesi secondo cui i cospiratori che avevano finanziato la Rivoluzione d'Ottobre del 1917 cercavano di riprendere il controllo. Armstrong osserva che i comunisti jugoslavi avevano pensato alla Cina di Mao Tse-tung, il leader comunista imposto dall'"Institut of Pacific Relations" (IPR) nella loro ricerca di potenziali alleati:

> "Quasi tutte le conversazioni che ho avuto con i leader jugoslavi", scrive Armstrong, "sia a Belgrado che all'estero, hanno prima o poi portato alla Cina, e la speranza è sempre quella che Stalin prima o poi violerà gli interessi nazionali della Cina in modo così flagrante che i comunisti cinesi non saranno in grado di tollerarlo, approfitteranno del fatto che sono fisicamente in grado di respingerlo, e quindi collaboreranno tacitamente o forse apertamente con il Partito comunista jugoslavo. I loro argomenti per aspettarsi questo non sono irragionevoli".

In altre parole, nel 1950 esisteva in Jugoslavia la speranza di formare un asse contro il Cominform con un punto d'appoggio a Belgrado. Più avanti, il testo continua come segue:

> "Molti esperti in Cina negano che ci siano differenze politiche o pratiche tra il comunismo cinese e quello russo. Tito ritiene che queste opinioni non tengano conto del fatto che lo stalinismo non è ciò che lui chiama comunismo e non crede che molti cinesi lo chiamerebbero comunismo se lo sperimentassero. Tito sostiene che i comunisti cinesi sono sicuri di essere diversi dai comunisti stalinisti semplicemente perché sono nella posizione di poterlo fare. Il suo caso dimostra, sottolinea, che esistono forti differenze ideologiche e pratiche nel mondo comunista e che ciò che le fa emergere è il rifiuto staliniano di riconoscere il diritto all'autonomia dei partiti e degli Stati comunisti".

Durante i loro colloqui, Tito ha ricordato ad Armstrong che negli anni Trenta Mao Tse-tung aveva pessimi rapporti con i sovietici e che per un certo periodo ci furono due Comitati centrali nel Partito Comunista Cinese, uno con sede a Mosca e l'altro guidato da Mao in Cina. Tito ha sottolineato il fatto che Mao non solo riuscì a evitare i tentativi di Mosca di metterlo ai margini, ma fu in grado di organizzare le sue armate comuniste senza l'aiuto di Stalin. Ciò che né Tito né Armstrong dicono, ovviamente, è che questo è stato possibile solo perché Roosevelt e Truman, spinti dai cospiratori dell'IPR di , hanno ritirato gli aiuti a Chiang Kai-shek e hanno sostenuto i comunisti di Mao Tse-tung.

L'"antisemitismo paranoico" di Stalin.

Nonostante le tensioni e le divergenze di opinione del 1949, il dittatore dell'URSS sembrava aver consolidato la sua presa sul potere dopo aver dato un taglio netto. Oltre a imporre il dominio di Mosca sui Paesi satelliti, quell'anno l'Unione Sovietica divenne la seconda potenza nucleare del mondo. Il 21 dicembre 1949, giorno del settantesimo compleanno di Stalin, Beria, che aveva presieduto la Commissione per l'energia atomica dal 1946, era riuscito a regalare al suo capo il traguardo tanto desiderato. Per celebrare il compleanno del generale, il giorno fu dichiarato festivo e la sera si tenne uno spettacolo di gala al Teatro Bolshoi, al quale Stalin partecipò accompagnato dalla figlia Svetlana. Nei palchi d'onore erano presenti i membri del Politburo e l'intero Corpo diplomatico. Durante la cena di gala che seguì al Cremlino, furono letti telegrammi di congratulazioni da tutto il mondo. Il maresciallo Beria si alzò e fece un discorso pieno di entusiasmo per il lavoro del suo amato capo. "L'intera vita del compagno Stalin", affermò Beria, "è inseparabilmente legata alla grande lotta per la creazione e il rafforzamento del Partito Comunista e alla vittoria della rivoluzione proletaria per il benessere del popolo lavoratore e la vittoria del comunismo". All'esterno, la folla radunata vicino alle mura del Cremlino guardò stupita l'immagine del grande leader apparire nel cielo. Beria aveva preparato questo nuovo regalo per il "Padre del popolo": una diapositiva di Stalin in uniforme militare, con il berretto e le insegne del grado di generalissimo, fu proiettata da un potente faro antiaereo su una nuvola nera che copriva la Piazza Rossa. Era come un'apparizione del presunto Dio del comunismo internazionale.

A quanto pare, quindi, Beria, per mantenere la fiducia di Stalin, rimase il cane fedele che eseguiva i suoi disegni. Una delle questioni che misero ripetutamente alla prova le sue capacità fu il cosiddetto "complotto sionista", che dall'assassinio di Solomon Mikhoels nel gennaio 1948 non aveva fatto che crescere. Dopo lo scioglimento del Comitato antifascista ebraico nel novembre 1948 e l'arresto di Polina Molotov nel gennaio 1949, la spirale di arresti di ebrei, soprattutto a Leningrado e Mosca, era proseguita per tutto il 1949. Uno dei membri più importanti del Comitato ebraico, Solomon Lozovsky, fu arrestato cinque giorni dopo la moglie di Molotov, il 26 gennaio 1949. Si è già detto nel capitolo nove che Lozovsky, leader del Sindacato Rosso Internazionale insieme ad Andreu Nin, fu uno dei tre ebrei che si recarono in Spagna nel 1936 per organizzare le cellule comuniste e preparare la creazione di un comitato rivoluzionario. In seguito, insieme ad altri sionisti americani, incoraggiò Roosevelt a entrare in guerra. L'arresto di Lozovsky, presidente del Sovinformburo (agenzia di stampa sovietica) tra il 1945 e il 1948, ebbe un grande impatto internazionale.

Un altro evento significativo si verificò il 7 luglio 1949, quando tre giudici ebrei del tribunale di Leningrado, Achille Grogorievich Leniton, Ilia

Zeilkovich Serman e Rulf Alexandrovna Zevina, furono arrestati e accusati di aver assunto posizioni controrivoluzionarie e antisovietiche. Condannati a dieci anni di campo di concentramento, fecero appello senza successo, poiché la Corte Suprema aumentò la pena a venticinque anni, ritenendo che il tribunale di Leningrado non avesse tenuto conto del fatto che i condannati "avevano affermato la superiorità di una nazione sulle altre nazioni dell'Unione Sovietica". Si trattava di una chiara allusione al suprematismo ebraico.

Le indagini sul caso contro gli imputati del Comitato antifascista ebraico durarono più di due anni, durante i quali ci fu una lotta sotterranea in cui Stalin, come si vedrà in seguito, cercò di strappare il controllo dei servizi di sicurezza all'onnipotente Beria. Ciò ritardò inevitabilmente l'apertura del processo, un processo a porte chiuse che sarebbe iniziato solo nel maggio 1952. Dei quindici imputati, tredici furono condannati a morte. Solo Lina Solomonovna Stern fu risparmiata. Questa ebrea di origine lettone era stata introdotta nell'entourage di Stalin da Anna Alliluyeva, sorella della seconda moglie di Stalin, che era stata sposata con Stanislaw Redens, un capo della Cheka che Beria odiava. Polina Molotov, il cui arresto era servito a Beria per indebolire la posizione di Molotov coltivò un gruppo di confidenti e amici ebrei che comprendeva, oltre a Lina Stern, Zinaida Bukharin, moglie di Nikolai Bukharin, epurato da Stalin nel 1938, e Miriam Svanidze, che era stata sposata con il cognato di Stalin giustiziato nel 1941, Alexander Svanidze, fratello della prima moglie di Stalin, Ekaterina "Kato" Svanidze. Stanco delle macchinazioni di questo gruppo di donne ebree, Stalin ne ordinò l'arresto e Beria non si fece problemi ad accusare Lina Stern di "cosmopolitismo", mentre si vendicava di Anna Alliluyeva e Stanislaw Redens, che considerava nemici.[31]

Una campagna internazionale contro Stalin è stata organizzata con l'abilità di sempre e lui è stato sommerso di accuse di antisemitismo. In generale, ha preso piede l'idea che Stalin si comportasse come un "paranoico", poiché la storiografia ufficiale considera assurda la sua diffidenza nei confronti degli ebrei. Thaddeus Wittlin sostiene che li odiava, eppure il dittatore "antisemita" aveva un'amante ebrea, Rosa Kaganóvich.

---

[31] Su Stanislaw Redens, che secondo alcune fonti era anche un ebreo, T. Wittlin fornisce informazioni interessanti in *Commissar Beria*. Wittlin lo descrive come "uno dei capi più crudeli e brutali dell'NKVD'. Yezhov lo mise accanto a Beria a Tbilisi come secondo in comando per spiarlo. Come si è detto, Yezhov desiderava eliminare Beria, perché vedeva in lui il suo peggior nemico. Poiché, essendo sposato con Anna Alliluyeva, Redens era un parente del dittatore, Beria agì in modo molto diplomatico nei suoi rapporti con la coppia. Mise a loro disposizione una lussuosa villa nella località termale di Sochi e una confortevole casa con giardino nella capitale. Quando scoprì che a Stanislaw Redens piacevano la vodka e le ragazze", scrive Thaddeus Wittlin, "lo presentò ad alcuni suoi amici single che condividevano gli stessi gusti. Inutile dire che questi ragazzi erano agenti di Beria". In questo modo, Beria cercava di screditare Redens affinché fosse richiamato a Mosca il prima possibile.

Un figlio di Lavrenti Beria, Sergo, sostiene che Stalin ebbe con lei una prole di nome Yura. La moglie di Alexander Poskrebyshev, suo segretario personale per tutta la vita, era un'ebrea di nome Bronislava Solomonovna Metallikova, che, accusata di trotskismo, fu giustiziata nel 1941. Se guardiamo al Politburo, vediamo che oltre a Beria e Kaganovich, che erano ebrei, Molotov, Vorochilov e Andreyev erano sposati con donne ebree, quindi i loro figli erano ebrei. In *Plot Against the Church*, Maurice Pinay, pseudonimo utilizzato da un gruppo di sacerdoti cattolici contrari al Concilio Vaticano II, sostiene che anche Malenkov fosse ebreo. Secondo questa fonte, egli era figlio di Maximilian Malenk, un cognome considerato ebraico. Inoltre, e qui altri autori concordano, Malenkov era sposato con una sorella di Nikita Krusciov di nome Pearl-Mutter, che era conosciuta come "Compagna Schemschuschne". Alcune fonti notano che anche Krusciov era ebreo e il suo nome completo era Nikita Salomon Krusciov. In *Staline Assassiné*, A. Avtorkhanov scrive che Stalin "scoprì che Kruscev aveva una figlia la cui madre era ebrea". Avtorkhanov aggiunge che "la stessa figlia di Malenkov aveva sposato un ebreo". Certo, se Stalin avesse dovuto sospettare degli ebrei che si muovevano intorno a lui non avrebbe mai finito, visto che ne era circondato. In realtà Stalin si rendeva conto che, inesorabilmente, dietro ogni manovra contro la sua politica o la sua leadership c'erano uno o più ebrei, ed è forse per questo che Avtorkhanov conclude che l'antisemitismo di Stalin era "pragmatico".

È stato dimostrato nel corso di questo lavoro che, fin dall'ascesa al potere, i principali nemici di Stalin furono gli ebrei trotzkisti e internazionalisti, che egli cercò di eliminare, spesso con l'aiuto di altri ebrei che, anche solo per interesse personale o per ragioni strategiche, lo sostenevano. Stalin non ignorava che gli ebrei avevano avuto un ruolo di primo piano nella Rivoluzione bolscevica. Si è già visto che quasi tutti i membri del primo governo comunista del 1918 erano ebrei. Inoltre, tutti i Commissariati furono fin dall'inizio occupati da ebrei provenienti dall'estero. Nel Commissariato degli Interni e nel Commissariato degli Affari Esteri, essi occupavano tutti i posti più importanti. Lo stesso vale per i Commissariati per l'Economia, la Giustizia, l'Istruzione pubblica, l'Esercito, la Sanità, il Commercio estero, ecc...

Sebbene gli storici ufficiali continuino a non prestare attenzione a questa realtà, che eludono o evitano come se fosse un aneddoto, ci sono studiosi che osano dire la verità. Alexander Solzhenitsyn, uno di loro, ha denunciato quanto accaduto in Russia con queste parole preveggenti: "Bisogna capire che i leader bolscevichi che hanno preso il potere in Russia non erano russi. Odiavano i russi. Odiavano i cristiani. Guidati dall'odio etnico, hanno torturato e massacrato milioni di russi senza il minimo rimorso. Non è un'esagerazione. Il bolscevismo ha commesso il più grande massacro di esseri umani di tutti i tempi. Il fatto che la maggior parte del mondo sia indifferente o ignara di questo enorme crimine è la prova che i media globali sono nelle mani dei responsabili".

A questi media denunciati da Solzhenitsyn, dobbiamo aggiungere una pletora di autori e propagandisti che, tra gli innumerevoli criminali comunisti, hanno individuato solo l'"antisemita" Stalin. Sono questi media e storici che hanno presentato Tito, Rajk, Slansky e altri assassini comunisti come vittime innocenti del dittatore del Cremlino. La maggior parte delle fonti considera un fatto aneddotico e irrilevante che siano stati gli ebrei ad essere in prima linea nei movimenti anti-Stalin in tutti i Paesi dell'Europa orientale; tuttavia, i fatti dimostrano più volte che questa era la regola generale e non una coincidenza. In Jugoslavia, accanto agli ebrei Tito, Pijade, Rankovic e Kardelj, c'era Josef Wilfan, un altro ebreo di Sarajevo, che fungeva da consigliere economico del Maresciallo. Il rappresentante jugoslavo presso le Nazioni Unite era Alexander Bebler, un altro ebreo di origine austriaca. Ne *I conquistatori del mondo*, l'autore ungherese Louis Marschalko, che sbaglia a considerare Laszlo Rajk come un gentile sacrificato dagli ebrei fedeli a Stalin, spiega dettagliatamente come il potere in Ungheria sia caduto nelle mani di criminali ebrei, siano essi sionisti, internazionalisti o stalinisti, che hanno portato avanti la persecuzione e l'eliminazione degli ungheresi considerati ingiustamente per un motivo o per l'altro.

In Polonia, come negli altri Paesi dell'Europa orientale, gli uomini dell'NKVD di Beria presero il controllo e iniziò il massacro. Come spiegato all'inizio di questo capitolo, Beria mise la repressione nelle mani di "vendicatori" ebrei, che gestivano i campi di concentramento e predavano i tedeschi che dovevano essere trasferiti in Occidente. Al momento della creazione del Cominform, il potere in Polonia era nelle mani di tre uomini: due ebrei, Jakub Berman e Boleslaw Bierut, e Wladyslaw Gomulka, sposato con un'ebrea. Berman era membro del Politburo e capo degli organi di sicurezza polacchi; Bierut presiedeva il Comitato Centrale del Partito Comunista. Entrambi, secondo Gomulka, erano "boccioli" dell'NKVD, cioè di Beria. Per quanto riguarda Gomulka, primo ministro del governo polacco all'epoca della riunione del Cominform del giugno 1948 in Romania, sembra che avesse espresso solidarietà ai delegati di Tito nella prima riunione dell'ottobre 1947 e che a Bucarest si fosse opposto all'espulsione degli jugoslavi. Fu quindi additato come titoista o trotzkista dai giornali *Glos Ludu*, *Nowe Drogi* e *Pravda*, , che denunciarono "la banda trotzkista del compagno Gomulka". Questo fu l'inizio di una lotta che portò all'incarcerazione di Gomulka nel 1951. Il fatto che Bierut e Berman fossero entrambi agenti di Beria conferisce al processo di Varsavia un ulteriore interesse.

Lo stesso Gomulka fornisce una versione degli eventi in un libro di memorie intitolato *Mes quatorze années*. Da questi testi si sa che Stalin diffidava di Beria, come diffidava dei suoi due scagnozzi a Varsavia. Il sovietologo Avtorkhanov parafrasa in *Stalinne assassiné* alcuni frammenti della versione fornita da Gomulka nelle sue memorie. Stalin concepì un piano per arrestare Berman e Gomulka al fine di costringerli a testimoniare contro Beria e Bierut. Stalin voleva sapere fino a che punto Beria stesse cospirando contro di lui con l'aiuto dei suoi protetti ebrei in Polonia. In un testo riprodotto da Avtorkhanov Gomulka lo spiega così:

> "Bierut aveva molta paura di Berman, perché temeva che nel corso di un processo, o durante le indagini, Berman sarebbe stato in grado di dire le cose più compromettenti. Per esempio, che Beria avesse fomentato in un certo periodo un complotto contro Stalin e che Bierut fosse coinvolto in questo presunto complotto. Devo dire che non sono assolutamente certo che sia andata esattamente così, ma è così che mi è stata raccontata la storia. Comunque sia, Bierut era costantemente in guardia e teneva d'occhio Berman, e lo stesso feci io all'epoca, visto che fui il primo a comparire in tribunale. Lo scenario era il seguente... Bierut ha determinato le cose finché ha potuto, ricorrendo anche all'invio di false informazioni a Mosca, per esempio che ero malato di morte.... Bierut riuscì così a stringere il cappio il più possibile e, alla fine, fu la morte di Stalin a risparmiarci tutti da questo brutto passo".

Si potrebbe pensare, a rigor di logica, che il veterano Gomulka sapesse molto di più di quello che lascia intendere. Con questa citazione, che afferma inequivocabilmente che la morte di Stalin fu provvidenziale, è il momento di addentrarsi nella narrazione dell'assassinio del dittatore. La capacità di intrigo di Beria, la sua ambizione smisurata, la sua estrema ipocrisia, la sua insensibilità ai sentimenti altrui, lo ponevano alla pari di Stalin stesso, addirittura superandolo. Sua figlia Svetlana Aliluyeva scrisse in *20 Lettere a un amico*: "Ritengo che Beria fosse più astuto, più ingannevole, più cauto, più sfrontato, più determinato e più fermo nelle sue azioni, e di conseguenza più forte di mio padre". Tale era la manovrabilità di Beria, scrive Avtorkhanov, che "tutte le macchinazioni e gli interrogatori finivano nelle sue mani, perché le sue creature venivano interrogate, che venivano interrogate da altre sue creature".

La lotta aperta tra Stalin e Beria

Scrivere della lotta clandestina di Stalin contro Beria negli ultimi tre anni della sua vita è forse il compito più difficile che abbiamo affrontato nel corso del nostro lavoro. Ciò è dovuto alle contraddizioni, alle omissioni intenzionali e all'evidente parzialità di alcune delle fonti disponibili. Anton Kolendic propone testi scritti da Beria dopo l'arresto e prima dell'esecuzione, che meritano poco credito, ma che a volte sono utili. Né si possono accettare senza riserve i testi di Nikita Kruscev, l'uomo che prese il potere in URSS dopo la scomparsa di Stalin e Beria. Per quanto riguarda alcuni autori, la maggior parte di loro non vuole correre il rischio di essere accusata di antisemitismo e alcuni arrivano a negare l'ovvio. Nella sua biografia di Stalin, ad esempio, Robert Conquest sostiene assurdamente che gli undici ebrei sionisti giustiziati nel 1952 dopo il processo di Praga, tutti agenti di Beria, erano veterani stalinisti e ferventi antisionisti ("inutile dire", scrive in inglese, "che erano veterani stalinisti e ferventi antisionisti"). Riteniamo che la posizione più corretta sia quella di Nicolas Werth, che nel capitolo del *Libro nero del comunismo* intitolato 'L'ultima cospirazione" ammette che la complessità dei fatti è tale che lo stato attuale delle conoscenze sull'accaduto non consente di svelare la verità, per cui occorre attendere l'accesso "agli archivi presidenziali, dove sono stati conservati i dossier più segreti e più sensibili".

Cercheremo, quindi, di presentare fatti credibili. Uno di questi, per cominciare, è la paura reciproca che Stalin e Beria cominciarono a nutrire l'uno nei confronti dell'altro, tanto che il loro litigio aveva, tra le altre cose, lo scopo di salvarsi la vita a vicenda. Sia Krusciov che la figlia di Stalin concordano sul fatto che Stalin temeva che Beria potesse tentare un complotto per assassinarlo. Secondo T. Wittlin, Beria aveva introdotto le sue spie negli ambienti più vicini al "grande capo". Egli cita tra queste una donna georgiana di nome Alexandra Nakashidze, che era stata la sua amante a Tbilisi. Questa donna, agente delle Forze di Sicurezza con il grado di Comandante, fu collocata come governante nell'appartamento privato di Stalin al Cremlino, dove teneva d'occhio ciò che accadeva nella cerchia personale del dittatore. Usando il suo fascino, finì per sedurre Vasilij "Vasia" Stalin, il figlio del dittatore Il biografo di Beria sostiene che negli ultimi anni Stalin sospettava di alcuni dei suoi più stretti collaboratori. Per paura di essere assassinato", scrive Wittlin, "mangiava solo nella sua casa di Kuntsevo, nel sobborgo moscovita di Blizhny. Ma sebbene il cibo fosse preparato per lui dalla sua vecchia cuoca Matriona Petrovna e servito dalla sua cameriera e governante Valentina Istomina, "Valechka", ed entrambe gli fossero fedeli e lo amassero, Stalin pretendeva che ogni piatto, e persino ogni pezzo di pane che gli veniva servito, fosse preventivamente esaminato da un medico".

Per quanto riguarda Beria, quando Stalin volle epurare il Partito Comunista Georgiano, che controllava attraverso la sua etnia Mingreli, non ebbe dubbi che si trattasse di una mossa contro di lui, poiché Stalin intendeva farlo senza di lui e senza Viktor Abakuomcv, che dal 7 maggio 1946 era il capo della Sicurezza di Stato (MGB) e il braccio destro di Beria. I sospetti su Abakumov e Beria erano aumentati in seguito all'arresto del medico ebreo Jacob Etinger nel novembre 1950. Un investigatore della Sicurezza di Stato, Mikhail Ryumin, informò Beria dei legami di Etinger con il Comitato antifascista ebraico. Ryumin aveva scoperto che il dottor Etinger aveva curato Zhdanov e il generale Scherbakov (commissario politico dell'esercito, morto nel maggio 1945) per negligenza, con l'intenzione di liquidarli. Abakuomov, che aveva organizzato la scomparsa di Zhdanov insieme a Beria, informò il suo capo, che gli ordinò di interrompere le indagini. Ryumin lo denunciò a Stalin, che nell'estate del 1951 decise di agire e di dare il via agli eventi che sarebbero culminati nel 1952.

Il 12 luglio 1951 Stalin ordinò l'arresto di Viktor Abakomov, Nikolai Selivanovsky, Mikhail Likhachev, Mikhail Belkin e Georgiy Uthekin. Questi arresti erano chiaramente diretti contro l'inattaccabile Beria. Il 9 agosto 1951 Stalin nominò Semyon Ignatiev nuovo Ministro della Sicurezza di Stato. Con questa nomina il Ministero della Sicurezza di Stato divenne indipendente dal Ministro degli Affari Interni, cioè da Beria. Abakuomov fu arrestato per aver obbedito a Beria e ignorato gli ordini di Stalin. Secondo Nicholas Werth, fu prima accusato "di aver deliberatamente fatto sparire Jacob Etinger", che morì in prigione. Inoltre, aggiunge Werth, Abakumov fu accusato di "aver impedito lo smascheramento di un gruppo criminale di nazionalisti ebrei infiltrati nelle alte sfere del Ministero della Sicurezza di Stato". Nell'ottobre 1951 Stalin ordinò a Beria di arrestare il tenente generale Nahum Isaakovich Eitingon, l'organizzatore dell'assassinio di Trotsky che in Spagna aveva reclutato Caridad Mercader, Africa de las Heras e Carmen Brufau, i famosi agenti ispanici dell'NKVD. Anche la sorella di Eitingon, Sofia, che era medico, e altri ebrei che come lui erano funzionari della Sicurezza di Stato, furono arrestati e accusati di far parte di un complotto sionista per prendere il potere in URSS. Abakumov fu collegato a un vasto "complotto ebraico-sionista" che collegava il Comitato antifascista ebraico al cosiddetto "affare del camice bianco", ufficialmente i "medici assassini", di cui si parlerà più dettagliatamente in seguito. Il processo ad Abakumov, legato ai crimini precedentemente imputati a Lauvrenti Beria, iniziò a Leningrado il 12 dicembre 1954, ben dopo la morte di Stalin e Beria. Il 19 dicembre 1954 fu giustiziato.

In Georgia, contemporaneamente a tutti questi arresti nel 1951, l'"affare Mingrelian" comportò un'epurazione senza precedenti di tutti gli amici personali di Beria e di tutti i militanti della sua regione natale. Centinaia di segretari di partito nelle città e nei distretti furono epurati. Con l'accusa di "nazionalismo borghese", Ignatiev, su ordine diretto di Stalin, procedette all'arresto dei leader del Comitato centrale e del governo georgiano. Candide Charkviani, il primo segretario del Partito Comunista messo in carica da Beria nel 1939, controllava la Polizia Segreta nel Caucaso da quando il suo capo era andato a Mosca a dirigere il Commissariato degli Affari Interni. Charkviani fu rapito di notte mentre tornava a casa. L'epurazione a Tiflis continuò per diversi mesi e Ignatiev fece arrestare il Ministro della Giustizia della Repubblica, B. I. Shoniya, il Procuratore Generale, A. M. Rapaya, e il secondo segretario del Comitato Centrale, Mikhail Ivanovich Baramiya, uno dei membri più fedeli della cosiddetta "banda Beria". Questi fatti furono un grave avvertimento e misero definitivamente in allarme Beria, che cominciò a pensare che Stalin gli stesse riservando la stessa sorte che era toccata a Menzhinsky, Yagoda e Yezhov, i suoi tre predecessori in carica. In effetti, egli stesso aveva fatto fuori Yezhov dopo aver preso il suo posto al Commissariato degli Affari Interni.

Un'altra mossa contro le posizioni di Beria fu l'epurazione dei suoi uomini in Cecoslovacchia, un Paese che egli aveva considerato il suo feudo personale fin dal "putsch di Praga". Poco dopo che Ignatiev assunse la direzione del Ministero della Sicurezza di Stato, iniziò un'ondata di arresti, tra cui i capi della polizia segreta ceca, che fino a quel momento avevano fatto capo direttamente a Beria. Per quanto Stalin possa essere definito un "antisemita paranoico", i fatti dimostrano ancora una volta che la maggior parte degli alti ufficiali arrestati non erano solo ebrei ma anche sionisti, come dimostra il prezioso aiuto che diedero nell'estate del 1948 ai loro colleghi che stavano conquistando la Palestina. Stalin e Ignatiev agirono con tale rapidità che gli arrestati si sentirono abbandonati e traditi dal loro protettore, che ritenevano responsabile della loro caduta in disgrazia. Avendo a disposizione *Le nove vite di Otto Katz*, il libro di Jonathan Miles citato in precedenza, possiamo offrire alcuni dettagli su come si svolsero gli eventi.

Grazie a quest'opera, sappiamo che André Simone (Otto Katz), un comunista-sionista tra i più versatili agenti del suo tempo, aveva trascorso diverse settimane a Belgrado con Tito e Pijade e si era recato anche nella Bulgaria di Traycho Kostov. Nel marzo 1947 André Marty, che durante la guerra civile spagnola aveva smascherato numerosi trotzkisti che operavano nelle Brigate Internazionali, scrisse una lettera in cui denunciava che Otto Katz, un uomo senza radici se non etniche che era stato il principale propagandista del governo Slansky, aveva lavorato per i servizi segreti britannici. Marty lo collegò ai circoli trotzkisti. I consiglieri sovietici si recarono in Cecoslovacchia e Katz era sotto sorveglianza. Jonathan Miles scrive che "cominciò a essere isolato dal partito, cessò di essere invitato alle conferenze come consigliere e perse il suo posto di redattore estero di *Rudé Pravó*". I servizi segreti militari sovietici informarono i colleghi cecoslovacchi dell'StB (Sicurezza di Stato) che volevano un rapporto di Katz per sostenere il caso di un altro sospettato, Karel Sváb. Il 27 gennaio 1950, durante la sua deposizione, Katz ammise di aver commesso molti errori, ma affermò di essere sempre stato fedele al Partito e alla Russia. Nel maggio 1950, il suo caso fu sospeso e, sebbene avesse espresso il desiderio di recarsi in Germania, fu assegnato al lavoro alla radio.

All'inizio del 1951, prima della nomina di Ignatiev, l'atmosfera politica a Praga era diventata sempre più tesa. Forse ciò si spiega con il fatto che era stata l'intelligence militare sovietica ad avviare le indagini. Alcuni dirigenti dell'StB furono epurati e a febbraio furono effettuati i primi arresti di due funzionari ebrei di alto livello: Vladimir Clementis, ministro degli Esteri, e Artur London, suo viceministro. Un altro viceministro ebreo, Evzen Löbl, che era stato arrestato in precedenza, fornì durante gli interrogatori le prove necessarie a Ignatiev per ordinare l'arresto di Rudolf Slansky (Salzmann), segretario generale del Partito Comunista e leader del governo ceco, che fu arrestato il 24 novembre 1951. Come si ricorderà, questo ebreo fu uno dei principali protagonisti della pulizia etnica di milioni di tedeschi dei Sudeti e le sue azioni criminali nel 1945 furono innumerevoli. I primi giorni del 1952 videro l'arresto di altri due ebrei, Rudolph Margolius, viceministro del Commercio estero, e Ludwig Frejka (Freund), che consigliava il Presidente della Repubblica, Klement Gottwald, sulle questioni economiche. In tutto, come già sappiamo, furono arrestati quattordici funzionari di alto livello, undici dei quali erano ebrei. L'ultimo ad essere arrestato, il 9 giugno 1952, fu André Simone (Otto Katz), informato che sia Artur London che Evzen Löbl avevano testimoniato contro di lui.

Il presidente Gottwald, che dalla presidenza della Repubblica si era reso conto di non avere altra scelta se non quella di collaborare con Stalin, si recò a Mosca per discutere i dettagli del processo di Praga, che iniziò il 20 novembre 1952 e fu trasmesso alla radio per gli otto giorni della sua durata. Mercenari" e "sporca banda di vipere" erano tra gli aggettivi rivolti al pubblico. I quattordici prigionieri furono accusati di essere "trotzkisti, titoisti, sionisti e traditori borghesi-nazionalisti che, sotto la direzione delle agenzie di spionaggio occidentali, agivano al servizio degli imperialisti statunitensi". Freda Margolius scrisse una lettera a Gottwald chiedendo il massimo della pena per il marito, fatto che, secondo Jonathan Miles, pietrificò la stampa estera, con la sola eccezione del comunista *L'Humanité*, che definì il suo atteggiamento "ammirevole". Come al solito, il processo di Praga fu squalificato allora ed è squalificato ancora oggi come "processo spettacolo". Nessuno dei tanti processi con cui Stalin smascherò i suoi nemici ha mai meritato la minima credibilità. Sono sempre stati, quindi, truccati, parodie, invenzioni, ecc. ecc.

Tuttavia, Slansky (Salzmann) ha ammesso in tribunale che nel 1928 si era unito a una fazione trotskista, che nel 1930 era stato reclutato dai servizi segreti statunitensi e che durante la guerra aveva lavorato anche per i servizi segreti britannici. Ha anche rivelato che attraverso Moshe Pijade e l'agente britannico Konni Zilliacus ha contattato e collaborato con i titoisti. Slansky collegò le logge massoniche alle organizzazioni sioniste e confermò che il Presidente Beneš era stato un Gran Maestro della Massoneria e un agente imperialista. Ha ammesso di aver personalmente collocato gli altri tredici imputati nelle posizioni che occupavano al momento dell'arresto. Quando il giudice gli ha chiesto di dettagliare l'infiltrazione dei sionisti in posizioni importanti, ha detto che, una volta in posizioni di potere, "i sionisti hanno a loro volta piazzato altri sionisti in settori della vita politica ed economica.... I sionisti che operavano in Cecoslovacchia facevano parte di una cospirazione internazionale guidata dai sionisti americani". Ecco un passaggio in cui Slansky esprime le sue opinioni sul potere del sionismo negli Stati Uniti:

"Il movimento sionista in tutto il mondo è, di fatto, guidato e governato dagli imperialisti, in particolare dagli imperialisti statunitensi attraverso i sionisti americani. Infatti i sionisti americani, che, come in altri Paesi, sono i sionisti più potenti finanziariamente e più influenti politicamente, fanno parte dei circoli di potere imperialisti in America".

Proporremo ora alcuni stralci della testimonianza di Otto Katz e il lettore si farà un'idea di dove si è mosso questo agente multiplo nel corso della sua fantastica carriera. Accusato come André Simone, Otto Katz è stato presentato come un "astuto giramondo, una spia senza legami". Dopo essersi dichiarato colpevole delle accuse a suo carico, il giudice gli chiese di spiegare i suoi errori. Katz ammise di aver lavorato per i servizi segreti francesi, britannici e americani e di aver spiato contro la Cecoslovacchia. Miles riproduce nel suo libro questa domanda, che dà luogo a una risposta molto interessante:

"Pubblico ministero: Quando e come è stato collegato al servizio di spionaggio francese?
Katz: Nel settembre del 1939 ero impegnato con il ministro francese Mandel a Parigi.... Mandel manteneva un proprio servizio di spionaggio con l'appoggio di alcuni magnati ebrei e capitalisti francesi".

Abbiamo già visto che Mandel, che Paul Reynaud nominò per un breve periodo Ministro degli Interni nel 1940, si chiamava in realtà Jeroboam Rothschild (pur non appartenendo alla famiglia di banchieri) e cambiò il suo nome da a Louis George Rothschild. Fu uno dei principali guerrafondai d'Europa. La sua posizione a favore della guerra era così evidente che alcuni politici francesi lo accusarono di anteporre la sua ebraicità agli interessi della Francia. È molto interessante apprendere che, sostenuto da capitalisti ebrei, era arrivato a creare un proprio servizio di intelligence, per il quale nel 1939 reclutò Otto Katz, che aveva già messo fine alle sue incursioni e missioni in Spagna. Il pubblico ministero chiese quindi: "Quando ha firmato il suo impegno a collaborare con i servizi segreti britannici?". Katz entrò allora nei dettagli e fornì i nomi delle due persone che gli proposero il lavoro a Parigi: Paul Willert e Noël Coward, che gli chiesero di firmare un documento in triplice copia, poiché Willert gli disse che era consuetudine che ogni agente si impegnasse per iscritto. Entrambi confermarono all'autore di *Le nove vite di Otto Katz* che tutto ciò che Katz aveva dichiarato in tribunale era assolutamente vero.

In un altro momento dell'interrogatorio Katz ha spiegato come sia stato "ricattato" dal suo correligionario David Schönbrunn a New York per lavorare per lo spionaggio americano. Il passaggio merita di essere citato per intero:

"Katz: "... Schönbrunn, minacciando di dire al Partito Comunista Cecoslovacco del mio legame con Mandel, mi costrinse a lavorare per i servizi di spionaggio americani....
Il giudice che presiede: Chi era Schönbrunn?
Katz: figlio di un capitalista ebreo emigrato negli Stati Uniti prima della Prima guerra mondiale. Nel 1946-47, Schönbrunn era al servizio dell'Overseas News Agency, organo dei capitalisti ebrei americani, finanziato tra gli altri dal noto guerrafondaio Bernard Baruch. Questa agenzia è uno dei più importanti collegamenti tra i sionisti americani e i nazionalisti ebrei negli Stati Uniti e collabora strettamente con il Dipartimento di Stato".

L'Overseas News Agency (ONA) fu lanciata il 14 luglio 1940 come emanazione della Jewish Telegraph Agency (JTA), fondata in Europa da Jacob Landau. Nel 1921 la JTA trasferì la sua sede da Londra a New York. Jonathan Miles spiega che l'OSS (Office of Strategic Services, il predecessore della CIA) reclutò Katz attraverso l'ONA e rivela che Jacob Landau aveva fatto visita a Otto Katz in Messico per lavorare per il movimento sionista scrivendo rapporti sulla Germania.

Katz informò la corte che nella primavera del 1947 aveva parlato con Slansky nel suo ufficio e gli aveva spiegato i suoi rapporti con le agenzie sopra citate. Poi coinvolse Clementis e affermò che il Ministro degli Esteri gli aveva fornito documenti e lo aveva pagato per il suo rischioso lavoro. Lo stesso Clementis ha confermato di aver fatto trapelare a Katz rapporti segreti di politica estera e documenti riservati sugli accordi tra l'URSS e i suoi satelliti. Clementis ha dichiarato di aver dato a Katz 60.000 corone dai fondi del Ministero e che in un'altra occasione la cifra era stata di 50.000 corone. Il pubblico ministero colse l'occasione per notare che Clementis aveva finanziato le sue attività di spionaggio con fondi pubblici. Sì", ha detto Katz, "Clementis ha finanziato le mie attività di spionaggio.

Alla fine, durante il "processo-farsa", gli ebrei sionisti rivelarono uno per uno i loro legami. Bedrich Geminder, il principale collaboratore di Slansky, ammise di essersi mosso regolarmente negli ambienti sionisti tedeschi. Otto Fischl, il vice ministro delle Finanze, ha confessato di essere stato un agente della Gestapo e che durante la guerra aveva collaborato con i nazisti in Cecoslovacchia. Per quanto riguarda i suoi legami con il sionismo, Fischl ha testimoniato che come agente dei servizi segreti israeliani aveva reclutato numerosi sionisti per Slansky. Ha anche ammesso che dal Ministero delle Finanze aveva mediato accordi commerciali con Israele che favorivano chiaramente lo Stato sionista. Fischl, che in Israele era soprannominato "l'Himmler ebreo" per fuorviare e nascondere le sue vere azioni, confessò di aver facilitato l'erogazione di 6 miliardi di corone per aiutare gli emigranti ebrei. Bedrich Reicin, che era stato viceministro della Difesa, ammise che come agente della Gestapo aveva tradito i leader comunisti e che i nazisti gli permisero di fuggire a Mosca come ricompensa, dove contattò il gruppo di Slansky. Ludwik Frejka (Freund), che era stato capo del dipartimento economico del presidente Gottwald, affermò di essere stato un agente segreto degli Stati Uniti e rivelò di aver usato la sua posizione per sabotare le relazioni economiche tra l'Unione Sovietica e la Cecoslovacchia. Evzen Löbl e Rudolf Margolius hanno testimoniato che dal Ministero del Commercio hanno cercato di collegare l'economia cecoslovacca all'Occidente. Entrambi hanno ammesso di aver lavorato per lo spionaggio americano, anche se il primo ha spiegato di aver lavorato anche per i servizi segreti britannici, austriaci e israeliani e di aver collaborato con politici dello Stato ebraico per minare le relazioni tra Praga e Mosca.

Il 27 novembre 1952, il presidente del tribunale, Jaroslav Novák, si alzò per leggere il verdetto. Dei quattordici imputati, Artur London, Vavro Hajdu ed Evzen Löbl furono condannati all'ergastolo; gli altri undici furono condannati a morte. Nel motivare il verdetto, il giudice Novák ha sostenuto che la pena massima era dovuta "alla profondità del loro tradimento della fiducia del popolo, all'ampiezza della loro malvagità e infamia, e all'eccezionale danno arrecato alla nostra società dai loro atti criminali.... Gli imputati sono a tal punto nemici del popolo lavoratore che è necessario renderli innocui estirpandoli dalla società umana". A nulla valsero gli atti di solidarietà di artisti e intellettuali ebrei in alcuni Paesi europei, Slansky e compagnia furono impiccati il 3 dicembre. Il Parlamento israeliano (Knesset), oltre al suo "profondo orrore", espresse la sua preoccupazione per la sorte di tre milioni e mezzo di ebrei che vivevano dietro la cortina di ferro. Il Primo Ministro Ben Gurion parlò della "più nera delle tragedie nere". La polizia di Tel Aviv è stata costretta a proteggere la delegazione ceca, che è stata attaccata da manifestanti inferociti.

L'indignazione contro Stalin e la campagna internazionale contro il suo "antisemitismo paranoico" continuarono a crescere, soprattutto dopo che altri venticinque ebrei erano stati condannati a morte in URSS pochi mesi prima del processo di Praga. Il processo ai membri del Comitato antifascista ebraico si era svolto a porte chiuse a Mosca tra l'11 e il 18 luglio 1952. Si trattò di un processo segreto che concluse il procedimento iniziato all'inizio del 1949. Il 12 agosto, condannati per spionaggio e tradimento, furono giustiziati tredici membri del Comitato, tra cui, oltre al già citato Solomon Lozovsky, una dozzina di cosiddetti intellettuali, per lo più scrittori e scienziati. Insieme a loro furono giustiziati anche altri dieci ebrei, i cosiddetti "ingegneri sabotatori" dello stabilimento automobilistico di Stalin. *Il Libro nero del comunismo* afferma che il sommario del Comitato antifascista ebraico portò a 125 condanne, di cui 25 condanne a morte e circa 100 condanne alla detenzione nei campi di concentramento.

In relazione al complotto ebraico-sionista, l'affare dei camici bianchi, anch'esso esploso nell'autunno del 1952, sarebbe stato decisivo. Stalin intendeva probabilmente usarlo contro Beria, ma fu quest'ultimo ad approfittarne per assassinare definitivamente Stalin. Abakumov era già stato arrestato e sostituito da Ignatiev per aver ignorato gli ordini del dittatore di arrestare i medici del Cremlino. In *Les deniers jours* Anton Kolendic fa riferimento alla relazione di Nikita Krusciov al XX Congresso, in cui dedica alcune parole all'arresto dei medici. Secondo Kruscev, al Politburo, Stalin consegnò gli attestati con le confessioni di colpevolezza dei medici e disse ai suoi colleghi: "Siete ciechi come gattini. Cosa succederebbe senza di me. Il Paese naufragherebbe perché non sapete riconoscere i vostri nemici".

Nel suo libro Kolendic contrappone i testi che Beria scrisse durante la detenzione alle versioni offerte da Kruscev. Combinando questi testi con altre fonti, cercheremo ora di riassumere brevemente come avvenne l'arresto dei medici del Cremlino, che, ancora una volta, erano quasi tutti ebrei. Nel 1952, duecentotrentasei persone erano beneficiarie dei servizi medici del Cremlino, che, oltre ai professori capo dei servizi, impiegavano circa quattrocento persone, tra medici, infermieri, farmacisti, personale tecnico e di manutenzione. Tra loro c'era una giovane radiologa, la dottoressa Lydia Timachuk, ex ufficiale della Sicurezza di Stato. Secondo Beria, era una "seksot" (Sekretny Sotroudnik), cioè una collaboratrice segreta di Ryumin, il vice di Ignatiev, che era a capo della sezione investigativa speciale per i casi contro la sicurezza dello Stato. Evidentemente risentito, Beria scrisse che la dottoressa Timachuck era "terribilmente ambiziosa e una vera puttana che, durante la sua notte di servizio, poteva far sfilare fino a tre amanti". Lydia Timachuk aveva scritto a Stalin dopo la morte di Zhdanov per lamentarsi di essere stato curato in modo inadeguato dai dottori Yegorov, Vasilenko e Mayorov. In seguito è emerso che questi stessi medici avevano curato il leader bulgaro Georgi Dimitrov. Il dittatore avrebbe conservato la lettera nei suoi archivi per un uso futuro.

A proposito di Ryumin, con cui il dottor Timachuck lavorò a stretto contatto, va detto che Stalin lo stimava molto e lo considerava "un uomo d'onore e un comunista". Ryumin considerava gli ebrei una nazione di spie, per cui aveva interrotto ogni contatto con loro all'interno della Sicurezza di Stato (MGB). Dopo l'arresto di Abakumov, Stalin aveva ordinato un'indagine sulla corruzione e sulla cattiva gestione dell'MGB, che aveva portato all'espulsione di molti dei suoi leader. Stalin ordinò l'arresto di tutti i colonnelli e generali ebrei dell'MGB. Secondo A. Kolendic, il dottor M.G. Kogan rifiutò la richiesta di Ryumin, capo della sicurezza del Cremlino, di far diventare Lydia Timachuk "capo medico". Quando diede la notizia alla dottoressa, le disse che si trattava di "cucina ebraica" e aggiunse che la "marmaglia ebraica si era stabilita comodamente al Cremlino e faceva legge". Diamo ora la parola a Kolendic, il cui testo recita così:

> "Lydia confidò poi di aver sentito di recente i fratelli Kogan, entrambi professori e capi servizio dell'ospedale, bisbigliare sulla diagnosi del maresciallo Kóniev, il malato di cui si prendevano cura. Sosteneva di aver sentito chiaramente B.B. Kogan dire al fratello minore....vai a fare la

diagnosi e lo manderemo a incontrare Zhdanov". Da buon professionista del controspionaggio, Ryumin ordinò immediatamente a Lydia di scrivere un rapporto con tutti i dettagli e di continuare a scavare nella vicenda. Pochi giorni dopo, Lydia aveva scritto un lungo rapporto che consegnò a Ryumin'.

Beria dichiarò di aver letto il rapporto e lo descrisse come "un mucchio di idiozie che un cane non avrebbe ingoiato nemmeno se fosse stato imburrato". Di conseguenza, Ryumin ordinò che il "medico isterico" fosse espulso dal Cremlino e mandato a praticare la medicina in un campo femminile. Lydia Timachuk scrisse una lettera dal campo a Iosif Vissarionovich Stalin in persona. Il secondo comandante del campo aveva una sorella che lavorava alla dacia di Stalin e fu attraverso questo canale che la lettera raggiunse il dittatore. Nel testo, il medico denunciava "l'onnipotenza dei criminali e degli assassini che stavano preparando nuovi attacchi al leader stesso del popolo, l'amato Stalin". In questa lettera, il dottor Timachuk ripeteva tutte le accuse contenute nel primo rapporto a Ryumin. Sembra che questa lettera sia stata ricevuta da Stalin all'insaputa di Beria. Oltre a questa, aveva ricevuto anche un'altra lettera di accusa scritta dal maresciallo Ivan Stepanovich Koneyev, un eroe di guerra che era stato recentemente nominato viceministro della Difesa dell'URSS. Stalin ritenne di avere in mano "prove terribili" e sottopose al Politburo il testo di Koneviev, in cui il maresciallo sosteneva che un gruppo di medici ebrei dell'ospedale del Cremlino stava cercando di avvelenarlo e affermava di sapere che "questo gruppo di spie americane e inglesi aveva già assassinato numerosi leader, Zhdanov e altri, e che si stava preparando a uccidere il leader supremo stesso, Stalin".

Nella citazione che precede il paragrafo precedente, si può notare che il dottor Timachuk aveva riferito a Ryumin che i fratelli Kogan stavano cercando di sbarazzarsi del Maresciallo, che era in ospedale. Naturalmente, Beria collegò le lettere di Koniev e Timachuk e cercò di screditarli entrambi. Avendo definito la dottoressa una "grande puttana", continuò sulla stessa strada e sostenne che Timachuck si sbaciucchiava con Koniev e che era stata lei a destare i sospetti del maresciallo. Secondo altre fonti, la stessa Lydia Timachuk avrebbe assicurato a Stalin che i "medici assassini" volevano uccidere il maresciallo Kóniev e gli avrebbe detto personalmente "che era suo dovere, come ufficiale e membro del partito, aiutare a smascherare le bande di spie straniere". Kruscev conferma anche nei suoi scritti che Koneyev inviò una lunga lettera a Stalin in cui sosteneva "di essere stato avvelenato con le stesse droghe usate per uccidere Zhdanov" e rivela che, dopo l'arresto di Beria nel giugno 1953, il maresciallo Ivan Stepanovich Koneyev fu incaricato di indagare sul caso dell'assassino di Stalin.

Infine, il 7 novembre 1952, il medico ebreo Miron Vovsi, ex capo terapeuta dell'Armata Rossa, fu arrestato per il suo coinvolgimento nel trattamento improprio del leader bulgaro Dimitrov. Il dottor Mirov era cugino di Solomon Mikhoels, il leader scomparso del Comitato antifascista ebraico. Durante l'interrogatorio, Mirov fece una serie di rivelazioni che avrebbero dato il via agli arresti che Stalin desiderava da tempo. Mirov confessò che Mikhoels aveva agito sotto la direzione di agenti anglo-americani. A questo punto, lo scontro tra Stalin e Beria era al culmine, quindi non è facile comprendere tutti gli eventi che si stavano svolgendo.

Uno di questi, ad esempio, fu il licenziamento di Ryumin dalla sua posizione nell'MGB. Il 13 novembre 1952, il Comitato Centrale lo rimosse a sorpresa con la motivazione che era "inadatto al posto". Non si sa se Stalin ne fosse a conoscenza o se avesse dato l'ordine, ma tutto fa pensare che si trattasse di una manovra disperata di Beria, la cui situazione stava diventando sempre più compromessa. Il 14 novembre Ignatiev fu colpito da un attacco di cuore e non poté tornare al lavoro fino al gennaio 1953. Dopo l'arresto di Mirov, erano in corso arresti e interrogatori dei medici ebrei del Cremlino, tra cui i fratelli Kogan, Rapoport, Feldman, Grinstein e altri, ma Beria riuscì a mettere a capo delle indagini uno dei suoi più stretti collaboratori, Sergo (Sergei) Goglidze. Questo cekista aveva l'insolita particolarità di essere stato un capo dei servizi di sicurezza con tre commissari interni. Era diventato l'uomo più fidato di Beria nel 1938, quando, come capo dell'NKVD in Georgia, tradì Yezhov e avvertì Beria che aveva l'ordine di arrestarlo. Beria convinse allora Stalin a revocare l'ordine. Goglidze sarebbe stato giustiziato insieme al suo capo nel dicembre 1953.

Durante gli interrogatori, che prevedevano anche pestaggi su ordine di Stalin, i medici confessarono uno dopo l'altro le loro colpe e i loro contatti con il "Joint" (American Joint Distribution Committee), un'organizzazione internazionale di nazionalisti ebrei che finanziava il sabotaggio e lo spionaggio in Unione Sovietica[32]. Il 13 gennaio 1953 un articolo dell'agenzia di stampa *Tass* riportava lo smantellamento, da parte degli organi della Sicurezza di Stato, di "un gruppo terroristico di medici il cui scopo era quello di accorciare la vita di alcuni dipendenti pubblici dell'Unione Sovietica attraverso trattamenti medici dannosi". Tutti i medici, ad eccezione dei professori V. N. Vinogradov e P. I. Yegorov, erano ebrei. Le informazioni indicavano che i medici lavoravano per due reti informative straniere. Tutti i medici ebrei al servizio degli americani erano stati reclutati

---

[32] Come è stato accertato dagli archivi occidentali che Stalin aveva ragione quando accusò Trotsky di essere un agente straniero, così si può stabilire che l'accusa di "antisemitismo paranoico" faceva parte di una campagna per nascondere la verità. Il "Joint Distribution Committee" era un'organizzazione sionista internazionale creata nel 1914. Operava su scala internazionale con attività economiche e di propaganda a favore degli ebrei. La sede centrale dell'organizzazione si trovava a New York, ma aveva rappresentanti in quasi tutti i Paesi. Tra i suoi leader più importanti, Jüri Lina cita Paul Warburg. Dal 1938 la "Joint" iniziò le sue manovre in URSS. Jüri Lina, citando l'*Encyclopaedia Judaica*, afferma che l'illuminato Felix Warburg era presidente del Joint Distribution Committee americano.

dall'"organizzazione internazionale ebraica borghese-nazionalista Joint". La notizia fu pubblicata contemporaneamente su *Pravda* e *Izvestia*, i due principali quotidiani sovietici. "Un gruppo di spie e sporchi assassini, nascosti dietro la maschera di professori di medicina", si leggeva *sulla Pravda*, "è stato scoperto qualche tempo fa dagli organi di sicurezza dello Stato". Il sovietologo Avtorkhanov ritiene che l'articolo della *Pravda* sia stato scritto da Stalin, poiché contiene tutte le caratteristiche stilistiche della prosa del dittatore. Il testo terminava così:

> "Il popolo sovietico stigmatizza con l'ira dell'indignazione questa banda criminale di assassini e i loro padroni stranieri. Schiaccerà come schifosi rettili questi miserabili mercenari che si sono venduti ai dollari e alle sterline. Per quanto riguarda gli ispiratori di questi mercenari assassini, potete stare certi in anticipo che non saranno dimenticati o sfuggiranno alla punizione, e si troverà il modo di scoprirli e di renderli partecipi della severa sentenza".

La campagna continuò nei giorni successivi. Senza dubbio per incoraggiare la popolazione, il 21 gennaio 1953 fu pubblicato un decreto del Presidium del Soviet Supremo dell'URSS, in cui la dottoressa Timachuk veniva insignita della più alta onorificenza: "In considerazione dell'assistenza che ha reso al vostro governo nella lotta contro i medici criminali", si leggeva nel testo, "è stato deciso di conferire alla dottoressa Timachuk Lydia Fedosseievna l'Ordine di Lenin". Il 31 gennaio l'editoriale della *Pravda* insisteva sulla necessità di "educare i lavoratori allo spirito di alta vigilanza politica" e alludeva ai "procedimenti penali degli ultimi anni contro bande di spie ed elementi sovversivi in Bulgaria, Ungheria, Cecoslovacchia, Polonia e altri Paesi di democrazia popolare". Il giornale ribadisce che è necessario "smantellare in URSS una banda di vili spie e di abietti assassini". Il 6 febbraio il giornale riferisce che la Sicurezza di Stato ha arrestato gruppi di spie in diverse regioni del Paese. L'11 febbraio Lydia Timachuk inviò una lettera alla redazione della *Pravda* per ringraziare collettivamente i lettori per il "gran numero di telegrammi e congratulazioni" che aveva ricevuto per la sua denuncia dei "nemici del popolo sovietico". Il 18 febbraio la *Pravda* invitò la popolazione di tutte le regioni del Paese a "smascherare i nemici del popolo".

La maggior parte degli autori concorda sul fatto che l'"Affare del cappotto bianco", come il processo di Praga, faceva parte della lotta tra la vita e la morte di Stalin e Beria, la cui negligenza nel sorvegliare il complotto era stata smascherata. Entrambi erano maestri ineguagliabili nell'arte della cospirazione e dell'assassinio. Erano veri e propri virtuosi nell'abilità di conquistare la fiducia della vittima prescelta prima di sferrare, nel momento più inaspettato, il colpo finale. Entrambi si rendevano indubbiamente conto che stavano affrontando il nemico più temibile di tutti quelli che avevano affrontato nel corso della loro carriera criminale. Avtorkhanov osserva che durante la campagna lanciata dalla *Pravda* entrambi uccisero due nemici che ufficialmente erano stati uccisi naturalmente. Secondo questo autore, Beria avrebbe ucciso il generale Sergei Kossynkine, comandante in capo del Cremlino e responsabile della sicurezza di Stalin. Il 17 febbraio *l'Izvestia* riportava la notizia della morte "prematura" di questo generale che Stalin aveva scelto tra la sua guardia personale per ricoprire la posizione di massima fiducia. Kossynkine, un giovane in ottima salute, era fanaticamente devoto a Stalin e non dipendeva affatto da Beria, che disprezzava profondamente. Secondo Avtorkhanov, il giovane generale "aveva visibilmente sottovalutato le capacità di Beria, il che spiega la sua morte prematura".

La morte attribuita a Stalin richiede poche righe, perché riguarda uno dei suoi collaboratori, l'ebreo Lev Zakharovich Mekhlis, un tenente generale che era stato segretario del dittatore, vice ministro della Difesa e commissario politico dell'Armata Rossa. Negli anni Venti e Trenta, Mekhlis, uno dei tanti ebrei che circondavano e sostenevano Stalin, divenne uno dei suoi carnefici preferiti, tanto che negli ambienti più intimi era soprannominato "lo squalo" e anche "il diavolo arcigno". Nel 1930 Stalin lo scelse per sostituire Bukharin come direttore della *Pravda*, da dove giustificò i processi di Mosca e il Grande Terrore scatenato dal suo capo. Nel dicembre 1937, dal suo incarico di commissario politico, fu determinante per l'epurazione dell'Armata Rossa. In un ampio articolo pubblicato nel 2005 dal CODOH (Committee for Open Debate on the Holocaust), Daniel W. Michaels rivela che nel 1938 Mekhlis fu comunque costretto a giustificarsi quando arrivò negli uffici dell'NKVD una lettera, timbrata a New York e firmata da "tuo fratello Solomon", che informava di amici e parenti in affari di Mekhlis a New York. Lo "squalo" si recò immediatamente da Stalin e sostenne che la lettera era stata inviata da provocatori che cercavano di screditarlo. A quanto pare deve aver convinto il dittatore, perché non se ne seppe più nulla. Durante la guerra, Mekhlis diresse il giornale delle Forze Armate *Krasnaya zvezda* e fu responsabile di altre pubblicazioni militari da cui venivano orchestrati la propaganda e l'odio, come gli incitamenti di Ilya Ehrenburg all'omicidio di massa e allo stupro delle donne tedesche. Durante la guerra fu in stretta sintonia e collaborò con Beria dalla sua posizione di capo dell'Amministrazione politica dell'esercito. Ci sono testimonianze che dimostrano che le truppe lo temevano e lo odiavano a causa delle severe punizioni ed esecuzioni che ordinava: "Era freddo e spietato dal profondo del cuore", dice lo scrittore Konstantin Simonov. Alla fine della guerra, egli stesso annunciò ai quattro venti alla *Pravda* che il Generalissimo lo aveva nominato Ministro del Controllo dello Stato, una posizione di grande fiducia che mantenne fino al dicembre 1949, ispezionando la corruzione e le irregolarità nell'economia sovietica.

Secondo Avtorkhanov, Stalin sospettava che Mekhlis fosse un sionista e lo collegava al complotto dei medici ebrei. In attesa del verdetto del tribunale sui "medici criminali", inviò Mekhlis a Saratov per "una missione importante". L'autore scrive che "era più facile arrestarlo in silenzio e senza che nessuno lo sapesse". Portato all'ospedale della prigione Lefortovo di Mosca", Avtorkhanov afferma che "fece tutte le rivelazioni di cui Stalin aveva bisogno e morì il 13 febbraio 1953". Fu sepolto con tutti gli onori sulla Piazza Rossa alla presenza di numerosi membri del Politburo, marescialli e ministri; ma Stalin non partecipò al funerale. Un'altra delle fonti citate, Thaddeus Wittlin, concorda sul fatto che Lev Mekhlis fu liquidato da Stalin, ma lo attribuisce semplicemente all'antisemitismo: "Se Mekhlis era stato vittima del Grande Capo', scrive Wittlin, "ciò significava che l'antisemitismo di Stalin era cresciuto con l'avanzare dell'età a tal punto da non poter sopportare la presenza di alcun ebreo". L'autore aggiunge che Beria "capì che l'esecuzione di Mekhlis era un altro avvertimento personale per lui, perché il generale Mekhlis, capo dell'Amministrazione politica dell'esercito, era stato un suo stretto collaboratore".

Stalin, assassinato. Il colpo di Stato di Beria

Contro coloro che hanno alimentato la tesi della paranoia di Stalin, Avtorkhanov insiste sul fatto che "Stalin non ha ucciso nessuno per istinto o per passione omicida. Non era un sadico e non era un paranoico". Questo autore ritiene che questi errori di valutazione siano dovuti a una "premessa errata di tipo antropologico". Vediamo un estratto di *Stalinne assassiné* in cui questo sovietologo respinge l'idea di una malattia mentale di Stalin:

> "In realtà, tutte le azioni di Stalin, tutte le sue iniziative, tutti i suoi crimini sono logici, legati a obiettivi precisi e scrupolosamente fedeli a un certo numero di principi. Non si trovano nel suo mondo interiore gli zigzag di un malato di mente, il cui spirito si oscura e poi riacquista lucidità, che passa dall'entusiasmo alla malinconia, che è capace di commettere un crimine oggi e di pentirsene domani, come nel caso dello zar Ivan il Terribile, che era veramente malato. Stalin era un uomo politico che spesso usava metodi criminali per raggiungere i suoi obiettivi. Si può addirittura dire che rappresentava un ibrido unico nel suo genere e nella storia, in cui la scienza politica era organicamente unita all'arte del crimine, in cui superava tutti gli altri uomini politici. Stalin non ha mai variato di una virgola le sue azioni, e i suoi crimini erano governati dai principi più rigorosi".

Il biografo di Beria concorda sul fatto che, nonostante i suoi settantatré anni, Stalin "era in uno stato di lucidità mentale davvero eccezionale". Pochi giorni prima della sua morte, il 17 febbraio 1953, ricevette al Cremlino Krishna Menon, ambasciatore indiano in URSS. Secondo Menon, nonostante l'età, Stalin sembrava in ottima salute.

L'ambasciatore pubblicò nel 1963 *La troika volante*, un'opera contenente estratti del suo diario, in cui annotò che durante il colloquio Stalin si divertì a disegnare un branco di lupi sul suo taccuino ed espresse un'idea a commento dei suoi disegni che non aveva nulla a che fare con il colloquio diplomatico. Stalin disse ad alta voce che i contadini avevano proceduto saggiamente nello sterminio dei lupi rabbiosi. Nel 1963 Krishna Menon aveva capito che Stalin stava indubbiamente pensando ai "lupi rabbiosi" del Politburo. In una chiara allusione a questi disegni di Stalin, Stuart Kahan, nipote di Lazar Kaganóvich, pubblicò all'inizio degli anni '80 un'opera sciolta intitolata *The Wolf of the Kremlin*, una biografia di Kaganóvich tradotta in inglese che ci risulta poco credibile. In essa Kahan sostiene che suo zio fece parte del complotto per avvelenare Stalin, organizzato da alcuni membri del Politburo tra cui Voroshilov, Molotov e Bulganin.

La lotta all'interno del Politburo era venuta alla ribalta al 19° Congresso del CPSU nell'ottobre 1952, poco prima dell'inizio del processo di Praga contro i sionisti di Beria e dell'arresto della maggior parte dei medici ebrei del Cremlino. Questo Congresso si svolse dopo un lungo periodo in cui, in violazione delle disposizioni statutarie, il CPSU non si era riunito. Erano passati tredici anni dal 18° Congresso del marzo 1939. Al "Rapporto del Comitato Centrale", redatto da Malenkov e approvato dalla maggioranza del Politburo, Stalin contrappose la pubblicazione, il 2 ottobre, di milioni di copie della sua opera *Problemi economici del socialismo in URSS*. La tesi era che gli Stati Uniti avessero cercato di mettere fuori gioco Germania e Giappone per impadronirsi dei mercati esteri, delle fonti di materie prime e del dominio mondiale. Nella sua opera *Malenkov*, Carlavilla presenta un riassunto del pamphlet di Stalin, nonché la relazione completa di Malenkov al Comitato Centrale e i discorsi del maresciallo Bulganin, del compagno Beria, di Vorochilov e il discorso completo di Stalin. Sebbene lo studio di questi testi offra dati interessanti, non ci soffermeremo su di essi, poiché è necessario occuparsi ora di come avvenne l'assassinio di Stalin.

A proposito del Congresso, quindi, diremo solo che durante l'interrogatorio dei membri del Comitato antifascista ebraico erano stati denunciati i nomi di Molotov, Vorochilov e Mikoyan, tanto che Stalin aveva perso completamente la fiducia in loro: li considerava membri del complotto sionista contro di lui e li sospettava di essere spie anglo-americane. Due dei figli di Anastas Mikoyan, entrambi generali, erano in prigione. Ciononostante, Molotov tenne il discorso di apertura del Congresso e Vorochilov quello di chiusura. Sebbene gli elogi al Generalissimo fossero presenti in tutti i discorsi, la debolezza e la solitudine di Stalin non passarono inosservate durante le sessioni. Beria, che si era abilmente alleato con Malenkov, riuscì a riabilitarsi di fronte ai delegati e dimostrò nel suo discorso di avere un progetto politico. Oltre al consueto panegirico al dittatore, ha chiarito che il Partito e le sue priorità erano al di sopra di Stalin.

Dal Congresso emerse un nuovo Comitato Centrale, che come di consueto si dedicò ai problemi organizzativi, come l'elezione del Segretario Generale e dei membri del Politburo. Fu all'interno di questo organismo che Stalin combatté la battaglia per mantenere il controllo del partito. Stalin offrì al nuovo Comitato le sue dimissioni da Segretario Generale, sostenendo di essere troppo vecchio e troppo stanco per combinare la carica con quella di Presidente del Consiglio dei Ministri. Le fonti in nostro possesso non concordano sul fatto che queste dimissioni siano state accettate o meno: Robert Conquest sostiene che furono respinte, poiché i membri del Comitato Centrale sapevano che non erano sincere. Abdurahman Avtorkhanov, invece, sostiene che furono accettate. Secondo lui, Stalin credeva che la sua proposta non sarebbe stata approvata e l'aveva fatta per scoprire chi erano i suoi amici. L'accettazione fu, scrive Avtorkhanov, "una sconfitta storica per Stalin".

Il Comitato Centrale, eletto al Congresso a scrutinio segreto dai delegati, decise la sostituzione del Politburo con un nuovo organo, il "Presidium", composto da venticinque membri. Il nuovo organismo comprendeva i dieci membri del vecchio Politburo, compresi i nomi che Stalin aveva contestato, più quindici nuovi membri, ai quali si aggiunsero undici supplenti. Stalin reagì con uno stratagemma dell'ultimo minuto e si recò al Presidium del Comitato Centrale per proporre l'elezione al suo interno di un organo più ristretto che consentisse di risolvere più rapidamente gli affari correnti. Venne così istituito l'"Ufficio del Presidium" del Comitato Centrale del CPSU, composto da nove membri. In questo modo Stalin cercò di eliminare Molotov, Vorochilov, Kaganóvich e Mikoyan. Inizialmente riuscì a tenere Molotov e Mikoyan fuori dal nuovo "Ufficio di presidenza", che, oltre a Stalin, comprendeva Malenkov, Beria, Krusciov, Bulganin, Vorochilov, Kaganóvich e due nuovi membri: Mikhail Pervukhin e Maksim Saburov. Krusciov spiegò in seguito che in pratica il gruppo si ridusse a cinque persone: Stalin, Malenkov, Beria, Bulganin e lui stesso, cosicché anche Vorochilov e Kaganóvich furono esclusi dal nucleo. L'apparato politico-poliziesco, tuttavia, rimase nelle mani di Malenkov, che controllava il partito, e di Beria, ministro degli Interni. Per questo motivo il secondo manovrava continuamente per assicurarsi la collaborazione del primo. Stalin aveva controllato il partito attraverso la polizia, ma Beria capì che per succedere a Stalin avrebbe avuto bisogno dell'approvazione del partito. Il fatto che Stalin stesse cercando di epurare l'apparato politico-poliziesco facilitò la cospirazione di Beria, che influenzò sempre più Malenkov.

Alla fine del 1952, con la vicenda dei "medici criminali" in pieno svolgimento, le priorità di Beria si concentrarono sullo scioglimento del cosiddetto "gabinetto segreto" di Stalin. Tutto lascia pensare che l'arresto di Vinogradov, il medico personale del dittatore, facesse parte della strategia di Beria per isolarlo. Mentre i medici ebrei erano stati arrestati nei mesi di ottobre e novembre, il 4 dicembre, il giorno dopo l'impiccagione dei condannati al processo di Praga, il professor Vinogradov apparve in un discorso pubblico, dimostrando di essere ancora in libertà. Il suo arresto avvenne quindi nel mese di dicembre e fu Beria a scegliere di includerlo nel complotto dei medici del Cremlino. La figura di spicco del gabinetto segreto era il generale Poskrebyshev. Per eliminarlo, Beria, scrive Avtorkhanov, "organizzò la sparizione dall'ufficio di Poskrebyshev di documenti personali segreti appartenenti a Stalin". La fonte di Avtorkhanov sono le *Memorie* di Kruscev. Questo sovietologo ritiene, tuttavia, che sia possibile che Beria sia riuscito a rubare carte più importanti dei manoscritti economici a cui fa riferimento Kruscev, che nelle sue *Memorie* cita queste parole di Stalin: "Ho le prove che Poskrebyshev aveva smarrito materiali segreti. Nessuno tranne lui avrebbe potuto farlo. La perdita di questi documenti segreti è avvenuta tramite lui. È quindi lui che ha consegnato i segreti che gli erano stati affidati". Poskrebyshev, che si era rivolto ai delegati del 19° Congresso ed era stato eletto membro del Comitato Centrale, fu confinato nel suo villaggio natale e gli fu proibito di lasciarlo.

Un altro degli uomini che proteggevano Stalin era il generale Vlasik, che comandava la guardia personale del dittatore. Vlasik era un cekista che Beria aveva tenuto a lungo vicino a Stalin e la cui lealtà era già incrollabile; tuttavia, Beria riuscì a convincere Stalin a ordinarne l'arresto. Grazie alla figlia di Stalin, Svetlana, si sa che sia Vlasik che Poskrebyshev furono arrestati alla fine del dicembre 1952:

> "Si può dire che nel corso di quest'ultimo periodo anche coloro che per decenni avevano goduto dell'intimità di mio padre si sono improvvisamente allontanati. L'inamovibile Vlasik fu imprigionato nell'inverno del 1952 e nello stesso periodo fu licenziato il suo segretario personale, Poskrebyshev, che lo aveva servito per quasi vent'anni".

Un terzo ostacolo era rappresentato dal generale Kossynkine, uno stalinista che comandava la guardia del Cremlino. Si è già detto che Kossynkine, essendo relativamente giovane, morì inaspettatamente, non essendo noto che avesse problemi di salute. Sull'arresto del professor Vinogradov, Avtorkhanov scrive seguente paragrafo in *Staline assassiné*:

> "C'è ogni ragione di supporre che sia stato anche nel contesto del piano ideato da Beria che Vinogradov, il medico personale di Stalin, e Yegorov, capo della direzione medica e ospedaliera del Cremlino, furono arrestati. È senza dubbio nell'ambito di questo piano che Yefim Smirnov, ministro della Sanità dell'URSS, autorizzato a entrare nella casa di Stalin, fu sollevato dalle sue funzioni. Al suo posto fu immediatamente nominato un medico che nessuno conosceva, un certo Tretyakov, che entrò in carica il 27 gennaio 1953. Il nuovo ministro della Sanità aveva rapporti personali con Beria".

Sia le esecuzioni dei sionisti cechi che gli arresti dei medici attirarono la massima attenzione in Israele, dove il Partito Operaio Unito (Mapam), filo-sovietico, e il Partito Comunista persero la simpatia della popolazione e del governo. Moshe Sharett, il ministro degli Esteri che presto sarebbe diventato primo ministro, pronunciò parole dure davanti alla Knesset (Parlamento) contro Stalin, che paragonò a Hitler. Nel dicembre 1952 Arieh Kubovy, ambasciatore israeliano a Praga, fu accusato di spionaggio e dichiarato persona non grata. Kubovy rappresentava il suo Paese anche in Polonia, che ne chiese il ritiro. All'inizio del 1953, Budapest ha mosso accuse di spionaggio contro Yosef Walter, addetto culturale israeliano, e lo ha espulso dall'Ungheria.

Sempre nel gennaio 1953, prima dell'insediamento del neoeletto Eisenhower, si verificò un evento significativo: Churchill si recò a New York e soggiornò a casa di Bernard Baruch, dove entrambi si incontrarono con il futuro presidente statunitense. Nella foto che registra l'incontro di questa suprema troika di sionisti, l'incombustibile Baruch appare seduto al centro, in cima al triangolo, in una posizione più elevata rispetto ai suoi ospiti. Naturalmente non trapelò nulla di quanto discusso; ma il 14 gennaio, quattro giorni dopo il ritorno di Churchill a Londra, la delegazione israeliana all'ONU annunciò l'intenzione di sollevare il caso dei medici e dell'"antisemitismo" in URSS alla prossima Assemblea Generale.

Il 6 febbraio 1953 la stampa riportò la notizia dell'arresto di 160 ebrei influenti in Ungheria. Tra gli arrestati vi erano Imre Biro, padre della prima moglie del presidente Matyas Rakosi; il presidente della comunità ebraica Stöcker; il generale Gabor Peter, capo della polizia segreta ungherese, e il suo capo dei servizi segreti, il colonnello Caspo; il direttore di Radio Budapest, Imre Szirmay; il giudice Garay; i professori Benedek e Klimko, tra gli altri. Il 9 febbraio, Gyula Deesi, ministro della Giustizia ungherese, un altro ebreo che aveva il grado di colonnello della polizia ungherese, è stato licenziato per i suoi meriti nelle indagini sul caso contro il cardinale Mindszenty. Secondo i media di Vienna, il licenziamento del Ministro della Giustizia ha significato l'inizio di un'epurazione antiebraica nelle file del Partito Comunista.

Lo stesso giorno, il 9 febbraio 1953, un piccolo ordigno esplose presso la legazione sovietica di Ramat Gan in Israele. La moglie dell'ambasciatore e altri due funzionari rimasero feriti. I terroristi non furono individuati e tre giorni dopo, il 12 febbraio, Mosca respinse le scuse di Ben Gurion, definendole un camuffamento per nascondere la propria responsabilità nell'attentato. Inoltre, fu annunciata la chiusura dell'ambasciata dell'URSS in Israele e fu chiesto ai sionisti di chiudere anche la loro in Unione Sovietica. Il 19 febbraio fu arrestato Ivan Maisky, un'altra importante figura ebraica, che era stato l'uomo più fidato di Molotov ed era il vice ministro degli Esteri. Come si ricorderà, Maisky, in qualità di ambasciatore a Londra, era diventato un amico intimo dello spagnolo Juan Negrin e di sua moglie ebrea, esiliati nella capitale britannica dopo la fuga dalla Spagna. Durante l'interrogatorio, Maisky confessò di essere stato reclutato come spia britannica da Winston Churchill. Ogni giorno in URSS venivano eseguiti nuovi arresti, che contribuivano ad ampliare la portata del complotto e consentivano di compiere progressi sostanziali nelle indagini sulla cospirazione.

Di conseguenza, non sorprende che in queste circostanze Stalin, contro ogni previsione, fosse determinato a processare i medici ebrei e i loro complici il prima possibile, per sbarazzarsi di loro una volta per tutte. Per tutto il febbraio 1953 *la Pravda* portò avanti una campagna continua che incendiò l'atmosfera politica del Paese. Articoli, rapporti e commenti dedicati ad "assassini", "spie", "criminali", "agenti sovversivi", "rinnegati" e "vigilanza necessaria" apparvero giorno dopo giorno. Le ultime consegne avvennero il 20, 22, 23, 26, 27 e 28 febbraio. Il processo sarebbe iniziato a metà marzo 1953. Alcune fonti suggeriscono che Stalin avesse pianificato deportazioni di massa di ebrei sovietici nel Birobidzhan, ma ciò non è stato provato da alcun documento.

Nel pomeriggio/sera di domenica 1° marzo 1953, undici giorni dopo che l'ambasciatore Krishna Menon aveva incontrato Stalin e lo aveva giudicato "un uomo di ottima salute", l'anziana Matriona Petrovna, una delle poche persone di cui il dittatore si fidava ancora, scoprì il corpo del suo amato capo disteso vicino a un tavolo sul tappeto in una delle stanze private della sua dacia di Kuntsevo. Petrovna chiamò i soccorsi allarmata e Stalin fu adagiato su un divano. In un primo momento si pensò che avesse perso conoscenza a causa dell'ubriachezza, ma l'anziana domestica fu rapida nel concludere che Stalin non era ubriaco e che si trattava senza dubbio di qualcosa di più grave. Si trattava di un'emorragia cerebrale che aveva paralizzato il lato destro del corpo e lo aveva privato della parola. In realtà, Stalin aveva subito un attentato alla sua vita organizzato, se non addirittura eseguito, da Beria. Anton Kolendic, Thaddeus Wittlin, Adburahman Avtorkhanov, Peter Myers e Stuart Kahan, nipote di Kaganovich, tra gli altri, sostengono che Stalin fu assassinato e che dietro la sua morte ci fu Beria. Rimane la grande incognita di come Stalin sia stato ucciso, in quali circostanze sia avvenuto l'assassinio, come sia stato organizzato il colpo di Stato.

Si sa che Beria, Malenkov, Krusciov e Bulganin sono stati gli ultimi a trovarsi con Stalin. È provato che sabato 28 febbraio questo quartetto cenò con lui nella sua dacia vicino a Mosca. Poiché il dittatore era un uomo che di norma andava a letto verso le quattro o le cinque del mattino e si alzava poco prima di mezzogiorno, è ragionevole supporre che l'incontro si sia protratto fino alle prime ore del mattino. Sembra che Malenkov avesse richiesto l'incontro con il pretesto di conoscere le raccomandazioni di Stalin su alcune questioni da discutere nella riunione del Consiglio dei Ministri di lunedì 2 marzo. Tra queste, la questione del processo ai medici ebrei: una settimana prima Stalin aveva comunicato ai membri dell'Ufficio del

Presidium che si sarebbe svolto a metà marzo e aveva consegnato loro copie dell'atto d'accusa finale redatto da Safonov, il procuratore generale, che era una creatura di Beria. Tra i materiali dell'imminente processo vi erano documenti che dimostravano come gli americani fossero riusciti, durante la guerra, a creare centri di spionaggio non solo all'interno del personale ospedaliero del Cremlino, ma anche all'interno del Comitato Centrale (Lozovskij) e della Sicurezza di Stato (Abakuomov). Secondo varie fonti, quando Malenkov, Krusciov e Bulganin se ne andarono, Beria, ritenendo di dover chiarire alcune questioni personali con Stalin, fu lasciato solo con il dittatore. Di conseguenza, fu l'ultima persona a trovarsi con Stalin prima di essere trovato domenica 1° marzo sul pavimento da Matriona Petrovna. Alcuni studiosi hanno sottolineato il fatto che la morte di Stalin coincise con la festa di Purim.

Più di mezza dozzina di versioni sulla morte di Stalin sono state offerte da importanti personalità internazionali. Rifiutiamo quelle di Ehrenburg, Ponomarenko e dell'ambasciatore americano Harriman, in quanto indubbiamente parziali. Non offriremo nemmeno la versione data da Krusciov nelle sue *Memorie*, secondo cui la cena si sarebbe protratta fino alle 5 del mattino di domenica 1° marzo. Vogliamo invece segnalare l'ipotesi più ardita, quella offerta da Thaddeus Wittlin nella sua biografia di Beria. L'autore polacco afferma che Stalin e il quartetto avevano assistito a uno spettacolo cinematografico al Cremlino prima di andare a cena alla dacia di Kuntsevo. La sua narrazione cerca di immaginare come gli eventi possano essere accaduti, ricrea l'atmosfera e descrive dettagli o sfumature con una certa pretesa letteraria. Ecco il paragrafo finale del capitolo 46 del *Commissario Beria*, intitolato "Ultima conversazione":

> "Era l'inizio di marzo e la neve in giardino, sotto le finestre, era ancora piuttosto alta; c'era neve anche sui rami spogli degli alberi, che ondeggiavano al vento. Nella stanza i ceppi crepitavano nel camino e le loro fiamme emettevano bagliori blu e rossastri. L'atmosfera era calda e accogliente. Il Gran Compagno camminava su e giù per l'ampia stanza con i suoi passi lenti e pesanti, ma sicuri,. Lavrenti stava in piedi, con il dovuto rispetto, vicino alla finestra. La vista del giardino buio dall'altra parte sembrava un quadro dipinto su uno sfondo blu. Per un attimo Stalin si girò e fissò il vivido dipinto. Voltando le spalle al suo subordinato, il dittatore gli mostrò il suo ampio collo e, appena sopra, il punto mortalmente debole appena sotto l'orecchio destro e l'osso dietro di esso. Un colpo rapido e preciso con lo sfollagente che Beria portava sempre in tasca avrebbe potuto avere lo stesso effetto che tante volte aveva ottenuto con le sue vittime nelle cantine della Lubyanka.
> Arrivò il momento tanto atteso e preciso, un momento che forse non si ripeterà mai più. Beria sfruttò l'occasione? Nessuno lo sa con certezza.

L'ipotesi più diffusa tra il popolo russo è la cosiddetta versione "vecchio bolscevica", offerta da Avtorkhanov in *Staline Assassiné*. Questo è il resoconto dell'autore su quanto accadde secondo questa versione:

"... La sera Malenkov, Krusciov e Bulganin discussero con Stalin alcuni punti all'ordine del giorno; bevvero come al solito parecchio alcol e se ne andarono relativamente presto. Ma non andarono alle loro rispettive case e si misero in viaggio verso il Cremlino. Beria, da parte sua, scelse di rimanere con Stalin come in altre occasioni per discutere con lui di questioni personali. A questo punto entra in scena un personaggio che non conosciamo ancora. Secondo una versione, si trattava di un uomo, l'aiutante di campo di Beria. Secondo l'altra, si trattava di una donna che lavorava al suo servizio. Beria fece sapere a Stalin di essere in possesso di rapporti su Krusciov di terribile gravità in relazione alla vicenda dei medici criminali, e chiamò il suo aiutante con un dossier. Ma prima che Beria potesse presentarlo a Stalin, la donna aveva spruzzato sul viso di Stalin una sostanza leggera, probabilmente etere. Stalin perse immediatamente conoscenza e lei stessa fece diverse punture e introdusse nelle sue vene un veleno ad azione lenta. Nei giorni successivi Stalin continuò a essere 'curato' da questa stessa donna, che svolgeva il ruolo di medico e ripeteva le iniezioni in dosi tali da permettere a Stalin di rimanere in vita per qualche tempo e di sembrare morire di una lenta morte naturale".

Il primo ad essere informato fu Malenkov, che a sua volta contattò Beria, Krusciov e Bulganin. I quattro fecero rapporto alla dacia e già la mattina del 2 marzo chiamarono Svetlana e suo fratello Vassili, che al loro arrivo trovarono il padre già privo di sensi e in fin di vita. Fu detto loro che la sera prima Stalin era stato trovato nella sua biblioteca, accasciato vicino al divano, e che era stato portato nella sua camera da letto. Ecco come Svetlana Aliluyeva descrive la scena nelle sue lettere a un'amica:

"... Medici sconosciuti, chiamati per la prima volta al capezzale del paziente, si agitavano febbrilmente, gli applicavano sanguisughe sul collo e sulla nuca, facevano cardiogrammi e radiografie ai polmoni, mentre un'infermiera continuava a pungerlo e uno dei medici prendeva appunti descrivendo l'evoluzione della malattia.... Discutevano tutti, andavano avanti e indietro, si sforzavano, escogitavano nuovi tentativi per salvare una vita che nessuno poteva salvare... All'improvviso mi resi conto di conoscere la giovane dottoressa, di averla vista da qualche parte. Purtroppo era impossibile sapere dove. Ci salutammo con un cenno del capo in silenzio, ma senza parlarci".

Gli assistenti del dittatore erano quindi medici inesperti, estranei alla famiglia, che non sapevano nemmeno come far funzionare l'apparato di respirazione artificiale, necessario e urgente. Un anestesista dell'équipe di rianimazione spiegò in seguito che l'apparecchio non poteva essere messo in funzione perché 'si trattava di un'apparecchiatura americana moderna che funzionava con un voltaggio diverso". Questo testimone, citato da *Les derniers jours*, aggiunge: "Di fronte all'impossibilità di utilizzare l'apparecchio di respirazione artificiale, abbiamo avvertito il professor Lukomski, che ha ordinato dei massaggi manuali". Per quanto riguarda le sanguisughe sul collo di Stalin, si trattava di un metodo primitivo tradizionalmente utilizzato nei villaggi russi. D'altra parte, la menzione del giovane medico o infermiere, che potrebbe ovviamente essere la stessa persona citata nella versione dei vecchi bolscevichi, è certamente rilevante. Un altro aspetto interessante del testo di Svetlana è la constatazione che sul collo e sulla nuca di Stalin dovevano esserci tracce evidenti di un livido o di un'ecchimosi su cui erano state applicate le sanguisughe. Questo ci porta a pensare che forse la verità sull'accaduto potrebbe essere una sintesi dei due racconti che abbiamo offerto. In altre parole, Beria avrebbe potuto colpire il dittatore con un colpo non mortale e subito dopo la misteriosa donna sarebbe intervenuta per iniettargli una qualche sostanza che ne avrebbe assicurato la morte di lì a poco, in modo che amici e familiari potessero accettare che fosse morto di morte naturale per un ictus. Diversi testimoni confermano che Stalin ha ripreso improvvisamente conoscenza per un istante. Krusciov, puerile, nel resoconto delle sue memorie di questo momento, sostiene che "cominciò a stringere la mano a ciascuno di noi". Solo dal punto di vista della stupidità si può dare credibilità a questa versione assurda. Al contrario, Svetlana offre la seguente valutazione:

> "La sua agonia fu terribile... Lo consumava sotto gli sguardi di tutti i presenti.... A un certo punto aprì bruscamente gli occhi e avvolse lo sguardo delle persone che lo circondavano. Era uno sguardo terrificante, non si capiva se portava il segno della follia o della rabbia. Questo sguardo penetrò in tutti noi per una frazione di minuto. Poi, all'improvviso, si verificò un evento incompensabile e terribile, che non sono ancora riuscito a spiegare , ma che non posso dimenticare. Improvvisamente alzò il braccio valido, il sinistro, non era chiaro se volesse indicare qualcosa o se ci stesse minacciando. Il suo gesto non era molto chiaro, ma sembrava minaccioso e nessuno capiva a cosa alludesse o a chi si rivolgesse".

Svetlana Aliluyeva conosceva bene Lavrenti Beria, che aveva cercato di conquistare le sue simpatie quando era ancora una bambina. Una sua citazione finale, che descrive l'atteggiamento di Beria durante gli ultimi momenti della veglia, servirà a descrivere le misure che egli prese per controllare la situazione nei primi momenti del colpo di Stato, durante i quali riuscì ad affermarsi senza troppe difficoltà:

"Solo un uomo si comportò in modo al limite dell'indecenza, e fu Beria..... Guardandolo, si vedeva che era interiormente sconvolto..... Il suo volto non cessava di deformarsi sotto gli effetti dei raptus che lo agitavano. Ora, queste passioni si potevano vedere a colpo d'occhio: ambizione, crudeltà, astuzia, desiderio smodato di potere.... Lo si vedeva sforzarsi, in quel momento decisivo, di non apparire troppo perfido, e anche di non lasciarsi conquistare da qualcuno più abile di lui.... Si avvicinò al letto e guardò profondamente il volto del malato. Mio padre a volte apriva gli occhi, ma era uno sguardo privo di coscienza..... Beria allora lo guardava con insistenza: si sarebbe detto che assorbiva la luminosità che emanava dagli occhi torbidi.... Quando tutto fu finito, fu il primo a precipitarsi nel corridoio e lo si sentì gridare dalla sala, senza riuscire a nascondere il suo trionfo: "Khrustalyov, la mia macchina!

Khrustalyov era la guardia del corpo del dittatore, a cui Beria iniziò a dare ordini come se fosse già al suo servizio. Fu la prima dimostrazione che, non appena Stalin fosse morto, il potere sarebbe passato nelle sue mani. Ordinò anche che Svetlana fosse portata fuori dalla camera da letto. Lasciò immediatamente la dacia Blizhny e si precipitò nel suo ufficio per prendere il controllo della situazione prima che potessero esserci reazioni da parte dei suoi potenziali oppositori. Telefonò a Tretyakov, il nuovo Ministro della Sanità, e all'Accademia di Medicina e ordinò di trasferire il corpo, di sottoporlo ad autopsia e di redigere una dichiarazione medica firmata da professori e specialisti. Dopo questa fase, il corpo doveva essere portato al Cremlino, in modo che l'opinione pubblica potesse essere informata che il Grande Compagno aveva subito l'attacco mentre lavorava da solo nel suo ufficio. Beria contattò anche i comandanti di diversi reggimenti e ordinò alle divisioni corazzate di tenersi pronte a rinforzare la guarnigione di Mosca e a sostenere i suoi battaglioni della Polizia Segreta, che erano di stanza nella capitale e nelle città vicine. Per quanto riguarda la politica di informazione, cessò immediatamente tutti i testi che denunciavano il complotto dei medici ebrei e vietò qualsiasi manifestazione di lutto. I cinema e i teatri di rimasero aperti e la musica funebre fu bandita dalla radio fino all'annuncio ufficiale della morte.

Il 4 marzo 1953 Radio Mosca trasmise un comunicato congiunto del Governo e del Comitato Centrale del CPSU, annunciando che due giorni prima il compagno Stalin aveva subito un'emorragia cerebrale mentre lavorava al Cremlino. Il padre della patria era incosciente e il lato destro del corpo era paralizzato. Oltre a perdere la parola, respirava male. Il bollettino era firmato da nove medici, i cui nomi venivano letti dall'annunciatore. Il 5, quando era già morto da tre giorni, Beria autorizzò la pubblicazione della morte del dittatore. Il 6 marzo, il giorno dopo la morte ufficiale, il Presidium del Comitato Centrale, proposto da Stalin, fu sciolto e il vecchio Politburo, liquidato nell'ottobre 1952, fu reintegrato. Beria, con l'assenso di Malenkov, Krusciov e Bulganin, cioè il quartetto che aveva cenato con il dittatore l'ultima sera, manovrò per estromettere dalla Segreteria del Comitato Centrale gli uomini scelti da Stalin per eliminare il vecchio Politburo.

Poiché c'era il rischio di una rivolta dell'esercito per difendere la memoria del Comandante Supremo, i principali ufficiali militari su cui Stalin faceva affidamento furono licenziati. Tra questi, il maresciallo Aleksandr Vasilevskij, ministro della Difesa; il generale Artemiev, comandante della Regione militare di Mosca; il tenente generale Sinilov, comandante della piazza di Mosca. Tutti i quadri del Ministero della Sicurezza furono licenziati e arrestati, compreso, naturalmente, il viceministro Ryumin, che era stato incaricato delle indagini sulla vicenda "camici bianchi-medici criminali". Il maresciallo Beria riunì i ministeri della Sicurezza e degli Interni in uno solo e ne assunse il comando. Ignatiev fu così rimosso dall'incarico, ma stranamente non fu epurato e riuscì a rimanere grazie, forse, alla protezione di Malenkov. Gli uomini di fiducia di Stalin nei principali centri urbani del Paese furono epurati, se non eliminati. Andrianov, primo segretario del Comitato regionale del Partito di Leningrado e membro del Presidium del Comitato centrale, scomparve. Anche altri due membri del Presidium, Melnikov e Patolitchev, segretari dei Comitati di Kiev e Minsk, furono licenziati.

Beria cercò di mantenere la collaborazione di Malenkov, al quale cedette la carica di presidente del Consiglio dei Ministri dell'URSS, passando al secondo posto come primo vicepresidente e mantenendo anche il Ministero degli Interni. Bulganin fu collocato al Ministero della Difesa, che d'ora in poi avrebbe riunito i precedenti Ministeri della Guerra e della Marina. Quanto a Krusciov, assunse le funzioni di primo segretario del Comitato centrale del CPSU sotto la guida di Malenkov, che era il segretario generale del partito. In questo modo i quattro detenevano tutte le leve del potere: Beria divenne il grande stratega e Malenkov poteva mobilitare il partito e lo Stato. Bulganin doveva tenere d'occhio l'esercito. In seguito, attraverso dichiarazioni successive di Malenkov e dello stesso Beria, emerse che Krusciov non era d'accordo con la nuova distribuzione delle funzioni e propose che il maresciallo Georgiev Zhukov, che godeva di grande stima da parte di tutti, entrasse nel governo come ministro della Difesa nazionale, poiché godeva di un'immensa popolarità e poteva rafforzare l'unità tra il popolo e l'esercito. Beria si oppose, sostenendo che il suo compito era quello di continuare il lavoro di Stalin e non di distruggerlo sollevando "Napoleoni immaginari". Anche Molotov, Kaganovich, Voroshilov e Mikoyan entrarono nel Consiglio dei ministri come membri del comando collettivo. Il colpo di Stato era ancora in corso.

Già il 6 marzo, il giorno dopo la morte ufficiale del dittatore, Beria si presentò alla dacia di Kuntsevo e ordinò al personale di impacchettare gli effetti personali di Stalin. Lo stesso giorno arrivarono agenti dell'NKVD e della Polizia Segreta per caricare ogni tipo di proprietà del compagno Stalin su camion, che furono portati in magazzini vicino a Mosca. Beria annunciò quindi ai domestici della dacia che i loro servizi non erano più necessari. Ad eccezione degli uomini che Beria aveva portato in casa in missione di spionaggio, i militari e le guardie del corpo di Stalin furono arrestati. Secondo T. Wittlin, alla fine la villa fu "completamente svuotata, persino spogliata dei quadri e delle tende, delle lampadine e dei cavi elettrici. Porte e finestre furono sigillate. Poiché disponiamo del resoconto dettagliato di questo episodio fornito da Anton Kolendic in *Les derniers jours*, non possiamo fare a meno di citarlo. Secondo questo autore, sulla base delle dichiarazioni di Malenkov, il corpo del dittatore lasciò la dacia in una bara temporanea di legno leggero.

> "Quando la guardia chiuse di nuovo il grande cancello di ferro dietro il camion, un nuovo colonnello dell'NKVD, appena arrivato con Beria, si avvicinò al personale raggruppato nel cortile e ordinò a tutti di radunarsi davanti al garage, che due domestici stavano ancora pulendo. Tutti rimasero stupiti, ma abituati all'obbedienza cieca e all'esecuzione degli ordini senza una parola, si recarono uno dopo l'altro al garage. Qualcuno aveva portato anche la vecchia cameriera di Stalin, Matriona Petrovna, che, stremata dal dolore, era rannicchiata in un angolo tra due enormi cuochi. Un uomo dai capelli grigi con l'uniforme di un generale delle forze dell'NKVD, che era entrato nel garage accompagnato da alcuni ufficiali, si rivolse al personale con voce brusca e autoritaria. Il generale sconosciuto disse severamente e brevemente:
> 'Primo: avete firmato degli impegni. Pertanto, il primo che rivelerà il minimo segreto sulla vita e la morte del nostro capo, il compagno Stalin, sarà severamente punito. Secondo: fate i bagagli! Siate pronti a partire tra cinque minuti!".
> Nel frattempo erano arrivati una dozzina di camion. Tutti i domestici furono stipati con le loro cose a bordo dei camion e scortati da soldati armati verso la Siberia. Anche i soldati e gli ufficiali della guardia personale di Stalin furono portati in Siberia. La notte stessa, o meglio nelle prime ore del mattino, un plotone dell'NKVD caricò sui camion tutti i mobili, gli effetti personali, ogni libro e ogni fotografia, il più piccolo pezzo di carta.... Tutto, tutto deve essere raccolto e portato al deposito" fu l'ordine di Beria. Quando tutti gli ordini di Beria furono eseguiti, la villa di Stalin fu chiusa e sigillata.
> Quando tutti gli effetti personali furono portati al deposito dell'NKVD, un gruppo di prigionieri accuratamente selezionati li esaminò sistematicamente sotto il controllo degli ufficiali. Hanno raccolto ogni documento, il più piccolo pezzo di carta, lettere, fotografie, appunti, verbali... Tutto è stato catalogato e classificato e poi trasmesso a Beria.
> Dopo la liquidazione di Beria, durante una seduta del Politburo, Malenkov espose il problema del recupero di tutti i beni di Stalin, non solo i documenti, le opere e le lettere, ma anche i mobili, la biblioteca e gli effetti personali, al fine di aprire un grande museo dedicato a Stalin, come già esisteva per Lenin. Fu in quell'occasione che Malenkov

raccontò tutti questi dettagli e rivelò che la maggior parte degli effetti personali di Stalin, ad eccezione dei documenti e delle carte, erano conservati nel deposito del Ministero degli Interni".

La sera dello stesso giorno, il 6 maggio, la bara con il corpo imbalsamato di Stalin fu collocata nella Sala delle Colonne dell'edificio della Casa dell'Unione, dove rimase esposta al pubblico per tre giorni e tre notti. La coda dei moscoviti che volevano rendere l'ultimo omaggio al Grande Compagno si estendeva fino a quattro chilometri. La notte del 7 marzo, la milizia e le truppe dell'NKVD dovettero disperdere le manifestazioni. L'intero centro di Mosca, entrambe le sponde del fiume Moskova, con la Piazza Rossa e il Cremlino al centro, erano state bloccate. Nel corso degli interventi ci sono stati morti e feriti. Secondo le fonti ufficiali, gli scontri e i disordini si sono verificati perché la folla voleva impadronirsi della Piazza Rossa. Nel comunicato ufficiale si legge che "elementi controrivoluzionari e spie imperialiste sono entrati in scena, fomentando le masse con slogan diretti contro il governo sovietico e il compagno Stalin, ai quali il popolo ha risposto in modo dignitoso". Per evitare linciaggi e spargimenti di sangue, gli organi dell'NKVD dovettero intervenire....". Secondo le dichiarazioni dei corrispondenti stranieri, la stessa notte, in vari luoghi di Mosca, ci furono manifestazioni di massa, veri e propri pogrom e disordini, tutti diretti contro gli ebrei. Le grida della gente indicavano che la furia era motivata dalla campagna di Stalin contro i medici ebrei. Lo storico sovietico Roy Medvedev, secondo il quale due milioni di persone si recarono a Mosca per rendere omaggio al dittatore, sostiene che ci furono numerosi e gravi scontri che provocarono centinaia, se non migliaia di morti.

Infine, lunedì 9 marzo, si svolsero i funerali di massa. La bara fu portata fuori dalla Sala delle Colonne sulle spalle dei membri del nuovo governo. Beria e Malenkov erano in primo piano. Per prevenire, presumibilmente, qualsiasi possibilità di disordine, Beria mobilitò le sue forze speciali: carri armati, autoblindo e truppe di fanteria con mitragliatrici e lanciafiamme coprirono le strade affollate attraverso le quali doveva passare il corteo funebre. Una dimostrazione di forza che dimostrò inequivocabilmente il loro potere a coloro che erano associati al colpo di Stato. Sulla Piazza Rossa, vicino al mausoleo di Lenin, si tennero i discorsi ufficiali di Malenkov, Beria e Molotov. Diversi autori confermano che Vasilij Stalin, "Vassia', figlio del dittatore e generale dell'aviazione, ruppe più volte il silenzio della cerimonia. Sotto l'effetto della vodka, non volendo nascondere la sua indignazione, Vasilij accusò pubblicamente Beria di essere l'assassino di suo padre e lo insultò da lontano. Si sentirono chiaramente parole oltraggiose come "svolotch", "blad" e "suken-sin", cioè "mascalzone", "figlio di puttana" e "frocio". Giorni dopo, Beria convocò il suo collega Bulganin, nuovo Ministro della Difesa, al quale espresse il parere che era intollerabile che un alcolizzato come Vasilij Stalin rimanesse Generale dell'Aeronautica. Bulganin, che temeva Beria, fu d'accordo. Convocò Vasilij al Ministero, dove gli chiese di consegnare il tesserino militare e altri documenti militari. Così il figlio del dittatore fu licenziato con disonore dall'esercito e dall'aeronautica.

Sebbene il rapporto dell'autopsia fosse stato redatto in modo tale da accontentare tutti, Beria, temendo che i medici potessero essere testimoni pericolosi in futuro, decise di "fare a meno" di loro. Al *Commissario Beria* viene rivelato che il professor Arseni Rusakov, uno dei medici che hanno firmato l'autopsia, "è morto improvvisamente e inaspettatamente". Secondo Wittlin, il ministro della Sanità Tretyakov fu portato nell'ufficio di Beria alla Lubyanka. Ecco il suo resoconto:

> "Lì apprese che gli era stato affidato un nuovo incarico: direttore di un nuovo enorme ospedale, con duemila posti letto, appena inaugurato a Vorkuta, uno dei più grandi campi di lavoro forzato dell'estremo nord. Quella stessa notte, il ministro della Sanità fu portato su un treno-prigione, dove in un vagone bestiame, insieme ad altri sessanta detenuti, incontrò il professor Kuperin e due degli otto colleghi che avevano firmato con lui il certificato di morte di Stalin. Gli altri quattro medici erano meno importanti e Beria poteva aspettare, per il momento, prima di occuparsi di loro".

Dodici giorni dopo la morte di Stalin, Beria ordinò l'arresto di Ryumin, l'uomo che, su ordine di Stalin, aveva personalmente torturato i medici ebrei fino a farli confessare. Incarcerato nella prigione di Lefortovo, fu interrogato da Beria in diverse occasioni. In una delle sessioni, scrive T. Wittlin, "Ryumin fu brutalmente picchiato da Beria, che con entrambi i pugni ruppe i denti all'ex segretario di Stalin". Interessata a Ryumin era Lydia Timachuk, la donna che aveva scritto la lettera a Stalin denunciando il piano criminale dei medici del Cremlino. La notte del 3 aprile fu portata nella sede della Lubyanka, dove Beria le chiese di togliersi l'Ordine di Lenin che Stalin le aveva conferito. Successivamente fu confinata in una cella solitaria nel seminterrato della prigione, in attesa di essere trasferita in un campo di lavoro forzato. Il 4 aprile *la Pravda* pubblicò la notizia che Lydia Timachuk era stata privata dell'Ordine di Lenin.

Lo stesso giorno, il 4 aprile, apparve sulla *Pravda* un comunicato ufficiale del Ministero degli Affari Interni. In esso Beria riabilitava tutti i medici ebrei che, secondo il comunicato, erano stati accusati in modo infondato. Nella nota, Beria ricordava che all'epoca il Ministero della Sicurezza di Stato non era sotto il suo controllo e aveva usato nelle sue indagini e nei suoi interrogatori metodi non consentiti e vietati dalle leggi dell'Unione Sovietica. In altre parole, il principale torturatore dell'URSS, l'uomo che per trent'anni aveva fatto della tortura e dell'omicidio il suo modus operandi abituale, ora sosteneva che i medici erano stati torturati illegalmente. Nei giorni successivi, la *Pravda* continuò a denunciare i nemici di Beria nelle sue notizie e nei suoi editoriali. Di Ignatiev si diceva che era un uomo totalmente "ignorante di questioni politiche" che era stato dominato da Ryumin, il suo vice, "un tipo criminale e perverso".

Tra i fratelli di sangue rilasciati da Beria c'era anche Polina Semyonovna Zhemchúzhina (nata Perl Karpovskaya), la figlia di un sarto ebreo che era diventata la moglie di Molotov. Si trattava di un modo conveniente per guadagnarsi la fedeltà dell'ex ministro degli Esteri che, pur avendo votato per l'arresto del Comitato antifascista ebraico, non poteva che rammaricarsi del fatto che il coinvolgimento della moglie fosse stato scoperto. Lo stesso Beria scrisse a questo proposito prima di essere giustiziato: "Ordinai che Polina Semyonovna non fosse più interrogata e che fosse inviata segretamente al campo speciale femminile. Sapevo che il compagno Stalin a volte amava prolungare la vita dei condannati a morte". Pochi giorni dopo la morte di Stalin, Beria visitò personalmente Molotov a casa sua e gli consegnò la moglie sana e salva. Molotov", scrive Beria, "pianse di gioia come un bambino. Gli ci volle un bel momento per convincersi della realtà del ritorno di Polina Semyonovna.

Altri due importanti ebrei liberati da Beria furono Ivan Maisky e Nahum Eitingon. La scomparsa di Stalin salvò senza dubbio la vita di entrambi. Maisky, che come già detto era stato arrestato pochi giorni prima con l'accusa di spionaggio, era l'uomo che Beria aveva in mente come ministro degli Esteri non appena consumò il colpo di Stato e prese definitivamente il potere. Maisky, descritto dal figlio di Beria come "l'agile, piccolo ebreo che sembra un topo", era un collaboratore chiave di Chaim Weizmann e David Ben Gurion e aveva svolto un ruolo fondamentale nel far accettare a Stalin la spartizione della Palestina. Quando Beria fu arrestato, Maisky tornò in prigione, ma fu infine graziato nel 1955.

Quanto a Nahum Isaakovich Eitingon, tenente generale della Sicurezza di Stato, agente di Beria che partecipò all'assassinio di Andreu Nin e organizzò l'assassinio di Trotsky, era stato arrestato nell'ottobre 1951 insieme ad altri agenti ebrei di alto rango, con l'accusa di far parte del "complotto sionista per la presa del potere". *I Venona Secrets* riportano che il 26 febbraio 1941 l'FBI apprese da un'intercettazione telefonica che si stava organizzando un incontro tra Robert Oppenheimer, Isaac Folkoff, un altro agente ebreo che era stato uno dei fondatori del Partito Comunista della California, e un individuo conosciuto solo come "Tom", nome in codice Nahum Eitingon. Secondo i documenti di Venona, due agenti di Eitingon agirono tra il 1942 e il 1945 come corrieri per la rete che otteneva segreti atomici statunitensi per Beria. Oltre a Eitingon, nel 1951 fu arrestata e condannata a dieci anni di carcere anche sua sorella Sophia, medico, accusata di aver fatto da tramite tra i medici ebrei del Cremlino e i cospiratori. Tutti loro furono rilasciati dopo la rimozione di Stalin. Come nel caso di Maisky, Eitingon tornò in prigione dopo l'esecuzione di Beria. Prima del suo processo, nel novembre 1957, trascorse quattro anni nella prigione di Butyrka. Accusato di cospirazione contro il regime, il tribunale lo condannò a dodici anni. Infine, dopo la caduta di Krusciov nel 1964, fu rilasciato.

La Germania e la fine di Beria

Poiché la scomparsa di Beria è legata agli eventi del giugno 1953 nella DDR, abbiamo lasciato per ultimo un commento sugli eventi nelle due Germanie in relazione a Israele e alla lotta per il controllo dei partiti comunisti e del Cominform. Molto era cambiato dagli ultimi anni della guerra, quando Henry Morgenthau, Harry Dexter White e altri agenti del comunismo internazionale si infiltrarono nell'amministrazione Roosevelt e progettarono di trasformare la Germania in un Paese di contadini per facilitare l'instaurazione di un regime comunista. A causa dell'atteggiamento inconciliabile di Stalin, il piano del sionista Morgenthau, che a quel punto era già consulente finanziario di Israele, stava perdendo sostenitori e le relazioni con l'URSS andavano di male in peggio.

Stalin aveva dimostrato più volte, durante i suoi anni alla guida dell'Unione Sovietica, di essere contrario al governo mondiale. Non va dimenticato che Hitler fu inizialmente finanziato per scatenare una guerra che avrebbe permesso agli internazionalisti di Trotsky, epurati nei processi di Mosca, di essere reintegrati al Cremlino. La prima grave divergenza del dopoguerra fu il rifiuto di Stalin di accettare la creazione di un governo mondiale basato sul monopolio della violenza nucleare, la cui proposta, pubblicata nel 1946 sul *Bulletin of Atomic Scientists*, era stata elaborata da David Lilienthal e Bernard Baruch, agenti dei finanziatori ebrei internazionali. Stalin la rifiutò perché implicava una sottomissione a Washington e la stampa sovietica denunciò gli Stati Uniti di voler "dominare il mondo con l'atomica". Iniziò così la Guerra Fredda.

Questo è stato il contesto che ha favorito la sfiducia e ha scatenato la lotta che abbiamo spiegato per il controllo dei Paesi comunisti in Europa. In questo contesto, nel novembre 1949 fu creata la Repubblica Federale Tedesca con capitale a Bonn, riconosciuta dagli Alleati occidentali grazie agli accordi di Petersberg. Un mese prima era nata la Repubblica Democratica Tedesca (DDR). Konrad Adenauer dovette superare grandi divergenze di opinione e l'opposizione della maggioranza della popolazione. Un piccolo partito neonazista in Sassonia fu bandito, così come il partito comunista. Il Cancelliere Adenauer avviò in seguito dei negoziati con i sionisti, che ora riassumeremo, poiché sono interessanti per il loro legame con gli eventi che stiamo studiando.

Ci riferiamo alla questione dei risarcimenti, che è riportata in modo esauriente da Howard M. Sachar in *Israel an Europe. An Appraisal in History*. Già nel 1941 Nahum Goldmann aveva lanciato l'idea dei risarcimenti agli ebrei e durante la guerra un comitato guidato da Siegfried

Moses aveva sottolineato che il primo beneficiario sarebbe stato Israele, uno Stato che non esisteva nemmeno. Nel 1949 David Ben Gurion chiese che la "Bundesrepuplik" non potesse nascere fino a quando non fosse stata risolta la questione dei risarcimenti e chiese agli Alleati di agire come mediatori, ma questi non vollero mediare. Infine, nell'aprile 1951, due emissari israeliani, David Horowitz e Maurice Fischer, raggiunsero un accordo segreto con il Cancelliere Adenauer all'Hotel Crillon di Parigi[33] e iniziarono i negoziati diretti. I sionisti istituirono persino un "Dipartimento per le riparazioni" presso il Ministero degli Esteri. Nahum Goldmann, da parte sua, organizzò la "Conferenza sulle rivendicazioni materiali degli ebrei nei confronti della Germania".

Nel dicembre 1951 Ben Gurion decise di portare la questione dei negoziati diretti con la Repubblica Federale di Germania davanti alla Knesset. Il 7 gennaio 1952 si tenne il dibattito e il 9 gennaio fu ottenuta l'approvazione parlamentare per concludere un accordo con Bonn. Sia il governo sionista che la Claims Conference concordarono inizialmente di chiedere un risarcimento anticipato di 1,5 miliardi di dollari per la comunità ebraica in generale, di cui 1 miliardo di dollari doveva essere pagato in riparazioni a Israele e il resto alla Claims Conference come risarcimento alle organizzazioni sociali ebraiche. Il luogo "neutrale" scelto per l'inizio dei negoziati formali fu Vassenaar, un sobborgo dell'Aia dove l'"Oudkasteel", un ex castello ducale trasformato in hotel, servì da sede della conferenza.

In questo contesto, il 10 marzo 1952 i leader di Stati Uniti, Gran Bretagna e Francia ricevettero dall'Unione Sovietica una proposta passata alla storia come la Nota di Stalin, nota anche come Nota di marzo. In essa il dittatore dell'URSS proponeva la riunificazione della Germania con un approccio che gran parte della classe politica, compresa la CDU, considerava positivamente, in quanto la proposta era ritenuta sincera. Le idee di base erano le seguenti: i confini sarebbero stati quelli fissati a Potsdam; un unico governo tedesco avrebbe partecipato ai negoziati di pace; le forze di occupazione avrebbero dovuto ritirarsi; i partiti e le organizzazioni politiche sarebbero stati liberi di operare; la Germania sarebbe stata neutrale e non avrebbe potuto far parte di alcuna alleanza militare; la Germania avrebbe avuto il proprio esercito nazionale e l'accesso ai mercati mondiali; i membri delle forze armate e del NSDAP non condannati per crimini di guerra avrebbero potuto partecipare alla creazione di una Germania pacifica e democratica. Ne seguì un dialogo incrociato, noto come "Battaglia delle note", e l'offerta fu rifiutata dagli Alleati, cosa che indignò molti tedeschi su

---

[33] Dopo l'ascesa al potere dei nazisti, secondo Howard M. Sachar, Adenauer fu rimosso dalla carica di sindaco di Colonia. Per far fronte alla sua situazione, fu sostenuto da due amici ebrei negli Stati Uniti, Daniel Heinemann e Otto Kraus, che gli inviavano regolarmente vaglia in dollari da New York. Questi obblighi privati", scrive questo autore ebreo, "senza dubbio pesavano molto sulla coscienza del cancelliere".

entrambi i lati del confine. La teoria di una nuova "pugnalata alle spalle" riemerse in certi ambienti e tra alcuni settori della popolazione. Per comprendere il rifiuto, occorre ricordare che già nel 1951 gli esperti militari tedeschi e i rappresentanti occidentali avevano avviato a Petersberg colloqui sul contributo della Repubblica Federale di Germania alla Comunità Europea di Difesa e sulla sua futura adesione alla NATO, che sarebbe avvenuta finalmente nel 1955.

Fatta questa necessaria digressione, possiamo tornare all'Aia, dove il 21 marzo 1952 sionisti e tedeschi si incontrarono alla Conferenza di Wassenaar. La delegazione israeliana comprendeva Felix Shinnar, un avvocato di origine tedesca a capo del Dipartimento per le riparazioni del Ministero degli Esteri, e Giora Josephthal, tesoriere dell'Agenzia ebraica. Moses Leavitt e Alex Easterman, entrambi dirigenti del Jewish Joint Distribution Committee, agirono per conto della Claims Conference. Da parte tedesca c'erano il professor Franz Böhn, decano dell'Università Johann Wolfgang Goethe di Francoforte, e il dottor Otto Küster, che era stato collega e amico di Shinnar a Stoccarda. In linea di principio, i tedeschi accettarono l'obbligo di riparazioni finanziarie agli ebrei, ma cercarono di vincolare gli importi e i termini di pagamento alla Conferenza sul debito tedesco-alleato, che 23 delegazioni alleate stavano negoziando con la "Bundesrepublik" a Londra nello stesso periodo. Hermann Abs, presidente della Banca Centrale della Germania Ovest, e il cancelliere Adenauer cercarono di rimandare qualsiasi impegno con Israele e gli ebrei fino a quando non fosse stata risolta la questione del debito con i Paesi alleati. Tuttavia, i socialdemocratici tedeschi, il cui leader era Kurt Schumacher, si schierarono a favore di Israele nel Bundestag (Parlamento) e fecero appello all'"obbligo morale" nei confronti di Israele. Il Comitato per gli Affari Esteri, riunito in sessione d'urgenza, diede priorità alle rivendicazioni dei sionisti nel maggio 1952. Non sorprende che l'intera stampa sia stata incrollabile nel sostenere la risoluzione per mettere la Conferenza sul debito di Londra al secondo posto.

Alla fine di maggio 1952, Küster e Böhn, i due negoziatori tedeschi a Wassenaar, rassegnarono le loro dimissioni al Cancelliere Adenauer, che dovette imporre la sua autorità ai membri della delegazione tedesca per convincerli ad accettare di tornare nei Paesi Bassi e riprendere i colloqui con una nuova proposta economica che fu presentata in anticipo al Primo Ministro israeliano David Ben Gurion. Il 9 giugno 1952, i sionisti decisero di tornare nei Paesi Bassi e il 28 giugno i negoziati ripresero e continuarono fino al 22 agosto. Il governo della Bundesrepublik approvò infine il progetto di accordo il 3 settembre, mentre il governo israeliano lo approvò due giorni dopo. Franz-Josef Strauss, presidente della CSU (Unione Cristiano-Sociale), il ramo bavarese dell'Unione Cristiano-Democratica di Adenauer, presentò una lettera firmata dai leader di diversi partiti in cui si pregava Adeanuer di riconsiderare l'entità delle riparazioni promesse a Israele; ma non si tornò indietro.

Ancora una volta, tra gli applausi unanimi della stampa tedesca e internazionale, la Germania e i rappresentanti di Israele e dell'ebraismo mondiale firmarono l'accordo il 10 settembre a Lussemburgo. Adenauer era arrivato a Parigi, dove si stava recando per firmare il trattato che permetteva alla Repubblica Federale Tedesca di entrare a far parte della Comunità Europea del Carbone e dell'Acciaio. Nel mondo arabo la reazione fu di sdegno. In ottobre, il governo dell'Arabia Saudita ha annullato un contratto per le apparecchiature di telecomunicazione con la Siemens. Il governo siriano ha minacciato di interrompere le trattative con tre società tedesche per l'espansione delle strutture nei porti di Latakia e Tarso se non fosse stato annullato il Trattato di Lussemburgo.

Adenauer aveva firmato il Trattato di Lussemburgo in un momento in cui un terzo della popolazione tedesca viveva in modo deplorevole in alloggi squallidi. Va ricordato che un quinto era costituito da rifugiati che avevano perso tutto dopo essere stati sfrattati dalle loro case e trasferiti brutalmente in Occidente. Non sorprende quindi che il Bundestag abbia discusso per sei mesi le conseguenze economiche e diplomatiche dell'accordo firmato da Adenauer. Il 4 marzo 1953, in coincidenza con la morte di Stalin, si svolse la lettura finale del trattato al Bundestag. Il Cancelliere lanciò parole dure contro l'URSS, accusandola di usare "l'odio razziale e le persecuzioni razziali come armi politiche del regime comunista". Adenauer ha persino alluso al recente processo di Praga, accusando il governo di Praga di antisemitismo. Conclude esprimendo la speranza che l'accettazione del Trattato di Lussemburgo sia "un contributo tedesco al rafforzamento dello spirito delle relazioni umane e della tolleranza nel mondo". Il 18 marzo, appena una settimana prima della fine del mandato del governo Adenauer, si è svolta la seconda lettura e il Trattato è stato adottato con 239 voti a favore, 35 contrari e 86 astensioni. Il 20 marzo il testo fu inviato al Senato (Bundersrat), che lo ratificò. Lo stesso giorno fu firmato dal Presidente della Repubblica Theodor Heuss.

Mentre gli eventi sopra descritti si svolgevano nella Repubblica Federale, Stalin, come abbiamo visto, conduceva una guerra senza quartiere contro gli ebrei dell'Europa orientale e dell'Unione Sovietica che cospiravano a favore del sionismo, che per lui era sinonimo di imperialismo capitalista. Naturalmente, nella DDR c'erano molti comunisti ebrei che davano la priorità a Israele sopra ogni altra considerazione e lavoravano come agenti sotto copertura per lo Stato ebraico e la causa sionista. Nella DDR il primo comunista ebreo a essere indagato fu Paul Merker, che nell'estate del 1948 aveva pubblicato *Der Krieg in Pälästina* (*La guerra in Palestina*), esprimendo solidarietà con gli ebrei e lo Stato sionista. Nell'agosto 1950, denunciato per spionaggio, fu espulso dal Comitato centrale e posto agli arresti domiciliari. Merker, che, contrariamente alla linea ufficiale di Mosca, aveva le stesse posizioni dei leader sionisti di Israele, fu accusato di voler "vendere" la DDR, di "rafforzare Israele sionista e capitalista", di cercare di "trasferire le sorti del popolo tedesco". Le dichiarazioni di Artur London, uno dei condannati nel processo di Praga, servirono a confermare le accuse contro Paul Merker, che alla fine di novembre 1952 fu finalmente imprigionato e fu annunciato il suo processo. Insieme a lui furono incriminati altri membri del Partito Comunista, tutti ebrei. Tra gli altri, Alexander Abusch, Erika Glasser-Wallach, Leo Bauer, Bruno Goldhammer e Fritz Sperling.

Il 20 dicembre 1952 il leader comunista stalinista Hermann Matern pubblicò il rapporto intitolato *Lehren aus dem Prozeß gegen das Verschwörerzentrum Slansky* (*Lezioni dal processo contro il centro cospirativo Slansky*), che assestò un colpo decisivo contro Merker. Il documento di Hermann Matern denunciava le "attività criminali delle organizzazioni sioniste". Vi si leggeva: "L'imperialismo americano ha organizzato e messo in atto diverse attività di spionaggio nelle democrazie popolari con lo Stato di Israele e con l'aiuto delle organizzazioni sioniste". Il rapporto rilevava che Paul Merker faceva parte del ramo tedesco di questa cospirazione internazionale, in cui il sionismo "non aveva nulla in comune con gli obiettivi dell'umanità", poiché era uno strumento dell'imperialismo statunitense e "serviva esclusivamente i suoi interessi e gli interessi dei capitalisti ebrei". Nel rapporto di Matern, gli ebrei non erano più "vittime del fascismo", ma erano considerati responsabili di una potente cospirazione internazionale antitedesca.

Da questo momento in poi, la paura cominciò a diffondersi tra molti sionisti membri del Partito Comunista della DDR o attivi in organizzazioni e istituzioni sociali. Nei primi due mesi del 1953, centinaia di ebrei, presumibilmente comunisti, disertarono la Bundesrepuplik. Tra i disertori più importanti vi sono i seguenti: Leo Zuckermann, un sionista alleato di Merker a Berlino Est in tutte le questioni relative ai risarcimenti, che fuggì con la famiglia a Berlino Ovest nel gennaio 1953. Tra il 1949 e il 1950 Zuckermann era stato capo dell'ufficio di Wilhelm Pieck, capo di Stato della DDR. Julius Meyer, presidente della comunità ebraica della Berlino comunista. Leo Löwenkopf, presidente della comunità ebraica di Dresda. Albert Hirsh, responsabile degli affari ebraici presso l'Ufficio di collegamento delle Chiese. Era stato un delegato dell'"American Joint Distribution Committee", l'agenzia ebraica a cui appartenevano i medici del Cremlino. Telmuth Lohser, presidente della comunità ebraica di Lipsia. Gunter Singer, presidente della comunità ebraica di Erfurt. Si stima che tra gennaio e febbraio circa mezzo migliaio di ebrei lasciarono la DDR per la Repubblica Federale, temendo l'arresto e l'accusa di spionaggio.

Gerhardt Eisler, un altro agente ebreo la cui posizione era in pericolo, merita una menzione speciale. Questa famosa spia, il cui nome compare ripetutamente nei documenti di Venona, era, secondo Richard Nixon, il capo della propaganda della DDR quando fu rimosso dall'incarico all'inizio del 1953. Eisler, descritto dalla sua stessa sorella Ruth Fischer come "il tipo perfetto di terrorista", era uno degli uomini di punta di Beria negli Stati Uniti, dove finì sotto processo nel 1947 dopo aver goduto della protezione di Eleanor Roosevelt, una sionista recalcitrante come sappiamo. Il governo chiese una cauzione di un milione di dollari, ma il giudice la fissò a 23.500 dollari, pagati dal Partito Comunista. Nel maggio 1949 fuggì sulla *Batory*, una nave polacca sulla quale si era imbarcato. Gli Stati Uniti ne chiesero l'estradizione in Gran Bretagna ed egli fu arrestato su Southampton, ma alla fine fu rilasciato e giunse sano e salvo in Germania, dove fu assunto dall'Università di Lipsia fino a diventare capo del Dipartimento dell'Informazione del governo della DDR.

Questo era lo stato delle cose in entrambe le Germanie quando Beria si liberò finalmente di Stalin. Un mese dopo l'assassinio, iniziarono le complicazioni in Unione Sovietica, quando il Politburo subì le pressioni dell'esercito, il cui odio per Beria era profondo. Il maresciallo Zhukov, che incarnava l'agitazione generale e guidava le rivendicazioni, divenne un pericoloso nemico per Beria, che in una successiva confessione dopo l'arresto scrisse di aver detto ai suoi colleghi del Politburo che Zhukov, l'eroe russo della Seconda Guerra Mondiale, "rappresentava la minaccia di un bonapartismo che voleva mettere a tacere il partito". Nonostante tutto, Beria continuò a contare sulla fondamentale collaborazione di Malenkov; ma in una riunione del Presidium (Politburo) del 9 aprile 1953, il gruppo composto da Krusciov, Bulganin e Zhukov provocò il primo serio scontro. Dopo una presentazione di Beria sulla situazione politica interna, le sue proposte vennero respinte e ne scaturì una grande spaccatura. Persino Malenkov, come affermò in seguito Krusciov riferendosi a questa storica sessione, si schierò con i contrari a Beria, che interpretarono l'accaduto come una dichiarazione di guerra.

Grazie alle dichiarazioni di Adenauer, si sa che nei mesi di aprile e maggio 1953 i rappresentanti accreditati dal cancelliere tedesco e Beria, il nuovo uomo forte dell'URSS, tennero ripetuti incontri segreti per studiare le possibilità di un riavvicinamento e di una più stretta collaborazione tra le due Germanie. In *Les derniers jours*, Anton Kolendic fornisce preziose informazioni su questi incontri e sulle decisioni e azioni di Beria che ne hanno determinato la caduta. Secondo l'autore, "per formare una Germania unita, Adenauer avrebbe venduto l'anima al diavolo. Per questo motivo autorizzò e incoraggiò i contatti tra il suo più stretto collaboratore, Hans Gobke, Segretario di Stato e coordinatore dei servizi segreti, e il rappresentante di Beria". Durante la guerra mondiale, Hans Gobke e Allen Dulles, direttore generale della CIA, erano stati canali regolari per Beria. Mentre i rapporti con Dulles erano logici, in quanto alleati, i contatti con Gobke, in teoria un ufficiale nazista, sono paradossali e meno comprensibili. Dopo la guerra, Gobke aveva collaborato con i servizi segreti americani e aveva anche fornito alcuni servizi a Beria.

Durante questi colloqui segreti, la Repubblica Federale di Germania propose vari modi per avvicinare le due Germanie e insistette sulla necessità di allentare il regime poliziesco e militare nella DDR. Chiese inoltre il rilascio di molti prigionieri. I sovietici, da parte loro, chiesero la cancellazione dei piani per la futura integrazione della RFT nella NATO. In queste circostanze, nel maggio 1953, Beria ritirò da Berlino Est e dall'intera DDR un gran numero di ufficiali e quadri dell'NKVD che avevano dimostrato il massimo impegno nella politica di Stalin, senza alcun contraccambio da parte dell'altra parte. Allo stesso tempo, diede maggiori poteri alle autorità locali e alla polizia militare tedesca. A questo allentamento della disciplina di occupazione si aggiunse la liberazione di molti prigionieri politici dalla prigione di Bautzen. Sulla portata e lo scopo di queste misure sono sorte immediatamente speculazioni e interpretazioni di ogni tipo.

Tra il 16, 17 e 18 giugno si verificarono a Berlino Est e in diverse città una serie di disordini e manifestazioni, la cui interpretazione varia molto a seconda della fonte che li commenta. A Mosca si comprese che le misure unilaterali adottate da Beria in maggio erano state il segnale per i gruppi di opposizione di prepararsi all'insurrezione e alla manifestazione pubblica del loro antisovietismo. Un testo dello stesso Cancelliere Adenauer ritiene che la causa più diretta della rivolta sia stata la decisione del Consiglio dei Ministri della DDR del 28 maggio 1953 di aumentare la giornata lavorativa giornaliera del dieci per cento, il che significava l'imposizione di quote di produzione più rigide senza aumenti salariali. Se l'insoddisfazione per questa misura è stata la causa scatenante, è ragionevole supporre che l'organizzazione abbia impiegato molto tempo per preparare la rivolta, che iniziò quando gli operai di viale Stalin a Berlino interruppero il lavoro la mattina del 16 giugno e inviarono una delegazione alla Presidenza per consegnare un memorandum. Ben presto un migliaio di persone si radunarono davanti all'edificio e impedirono al vicepresidente Heinrich Rau e al ministro dell'Edilizia Fritz Selbmann di rivolgersi a loro. La folla li accolse con urla rabbiose e una pioggia di pietre, costringendo i ministri a ritirarsi dal balcone.

Walter Ulbricht, che nel 1946 era stato l'artefice dell'unificazione tra i partiti socialdemocratico e comunista nella Germania orientale, unione che diede vita alla SED (Sozialistische Einheitspartei Deutchlands), nel 1953 ricoprì la carica di segretario generale del partito e chiese l'intervento del comando delle truppe sovietiche. Invece di autorizzarlo, Beria lo vietò e ordinò al ministro della Sicurezza di Stato, il generale Wilhelm Zeiser, un uomo molto leale conosciuto in Spagna come generale Gómez, di emettere un comunicato radio che annunciava che l'aumento dell'orario di lavoro era stato annullato. Le unità sovietiche rimasero quindi nelle loro caserme. All'alba del 17, colonne di manifestanti apparvero nelle strade della capitale e si radunarono intorno al quartiere governativo, dove confluirono circa

40.000 persone. I soldati sovietici, tuttavia, non reagirono nonostante le provocazioni dirette: quando apparvero, furono accolti da una pioggia di mattoni e pietre, le finestre dell'Ufficio della Propaganda in Potsdamer Platz furono infrante con pietre e l'edificio fu incendiato. Berlino Est fu presto immersa nel caos della rivolta. Nel primo pomeriggio la situazione prese una piega allarmante quando centinaia di migliaia di manifestanti a Magdeburgo, Brandeburgo, Lipsia, Dresda, Chemnitz e in altre città della DDR si unirono alla protesta contro l'occupazione sovietica. Non è possibile che tutto questo sia stato organizzato senza che l'onnipotente Beria, il Ministro della Sicurezza di Stato, ne sapesse nulla. Sembra chiaro che la ribellione fosse stata pianificata su larga scala e che Beria sapesse in anticipo cosa si stava progettando.

Non si sa cosa sia successo a Mosca la notte del 16, ma tutto indica che furono i comandanti dell'Armata Rossa a decidere di agire contro gli ordini di Beria. Dopo che i valichi di frontiera tra i due settori della capitale tedesca erano stati chiusi ermeticamente, i carri armati e le truppe sovietiche si mossero contro la folla. La repressione, che durò fino al 18 giugno, provocò un bilancio di vittime che, ancora una volta, variava a seconda delle fonti. Tra le carte dell'archivio segreto di Beria è stato trovato un documento sugli eventi del 17 giugno a Berlino Est. Si trattava di una relazione che il Cancelliere Adenauer presentò a una riunione del governo della Repubblica Federale. Il documento fa riferimento a fonti considerate attendibili e fornisce queste cifre: più di 500 persone sono morte negli scontri. Secondo il rapporto, novantadue manifestanti furono uccisi "per dare un esempio". Più di cinquemila persone sono state arrestate. Altre fonti abbassano notevolmente il bilancio delle vittime, che rimane incerto.

Quando Beria, che negli ambienti dell'esercito era chiamato la "lontra sanguinaria", venne a sapere che le truppe di occupazione avevano lasciato le caserme e marciato sui dimostranti di Berlino nonostante i suoi ordini, si recò senza indugio da Malenkov, nel cui ufficio entrò senza preavviso. Lì telefonò al generale in capo sovietico, che lo informò che le sue unità "erano state costrette a usare le armi". Beria protestò indignato e chiese a Malenkov di intervenire immediatamente e di convocare gli ufficiali militari responsabili per dare spiegazioni. Malenkov si arrabbiò e spiegò che il maresciallo Zhukov, in qualità di Capo di Stato Maggiore dell'Esercito, con l'approvazione del Ministro delle Forze Armate dell'URSS, Bulganin, aveva annunciato che avrebbe dovuto dare l'ordine di intervenire per prevenire "le provocazioni imperialiste e l'insurrezione antisovietica in Germania Est". Malenkov disse che doveva appoggiare tale posizione, poiché gli argomenti erano convincenti. Secondo Malenkov, Zhukov "dichiarò apertamente che senza un intervento rapido e vigoroso non avrebbe garantito il futuro sviluppo degli eventi per il destino della Germania Est e di altre democrazie popolari". Per Beria era allora chiaro che Zhukov e Bulganin, che controllava l'esercito, erano decisi ad affrontarlo. Poiché Krusciov li appoggiava, solo Malenkov poteva reindirizzare la situazione che si era creata.

Tra i documenti sequestrati durante la perquisizione dell'appartamento di Beria ci sono trecento rapporti di intercettazione. Essi dimostrano che fin dalla seduta del Presidium del 9 aprile, quando perse la votazione, Beria sapeva che una fazione era in guerra contro di lui. A. Kolendic riproduce in *Les derniers jours* alcuni di questi testi, in cui il capo del servizio, S. J. Tikholiubov, precisa di aver "soppresso il superfluo". Dall'opera citata, segue un frammento di una conversazione tenutasi il 6 giugno 1953 tra Kliment Vorochilov, all'epoca presidente del Presidium del Soviet Supremo, e quindi capo di Stato secondo la Costituzione, e Nikita Krusciov:

> "Kruscev: Consideriamo ora un problema molto importante. Il comportamento e le iniziative di Lavrenti Pavlovich ci disturbano seriamente. Avete visto come si è comportato ieri alla riunione... e questo nonostante la decisione del Presidium....
> Vorochilov: Basta. Posso solo parlare bene del lavoro e della personalità di Lavrenti Pavlovich. Tutte le sue azioni sono state fruttuose e utili per il Paese e per il partito.
> Kruscev: Bene, bene, Kliment Yefremovich, ma allora non vede quali sono gli obiettivi di Beria?
> Vorochilov: Nikita Sergeyevich, senza dubbio oggi ti sei svegliato con il piede sbagliato per essere così furioso contro il mondo intero...".
> Kruscev: Non intendiamo più tollerare il suo potere arbitrario. Ci sono ampie prove contro di lui. Anche sui suoi rapporti con gli imperialisti e sullo spionaggio internazionale.
> Vorochilov: Davvero, Nikita Sergeyevich, sei un imbecille ('durak') a dire cose così stupide. Capisci bene dove viviamo e dove siamo...?".

Anton Kolendic commenta che è chiaro che Vorochilov, che era stato a lungo ai vertici del potere, sapeva benissimo che le conversazioni venivano ascoltate, motivo per cui fu così cauto nei giudizi su Beria, alla cui destituzione, pochi giorni dopo, partecipò molto attivamente.

Thaddeus Wittlin, basandosi su commenti e dichiarazioni di funzionari del Ministero della Sicurezza di Stato, sostiene che Beria stava pianificando di prendere il potere e completare il colpo di Stato nel giugno 1953. Spiega che due miliziani delle guardie del Cremlino spararono contro l'auto del primo ministro mentre usciva dalla Porta Spassky, l'ingresso principale del Cremlino. Malenkov rimase illeso, ma l'autista fu colpito dai proiettili. Le sentinelle hanno affermato che l'autista dell'auto non ha risposto quando hanno chiesto lo slogan e non si è fermato per mostrare i documenti. Secondo le loro istruzioni, le guardie erano obbligate a sparare in questi casi. Nonostante l'arresto immediato degli autori della sparatoria, che appartenevano alla polizia di sicurezza di Beria, cominciò a circolare il sospetto che l'accaduto fosse un tentativo di eliminare Malenkov, che avrebbe permesso a Beria di assumere immediatamente la carica di Primo Ministro. Wittlin osserva che i nemici di Beria nel Presidium stavano di notte nelle loro case a osservare qualsiasi rumore in strada, perché sapevano che se a quell'ora una macchina si fosse fermata davanti alla loro porta avrebbe potuto significare la fine.

Sulle modalità dell'arresto di Beria sono state diffuse diverse versioni. T. Wittlin ne propone tre in un capitolo del *Commissario Beria* intitolato "L'uomo che morì tre volte". La prima suggerisce che Beria fu arrestato mentre si recava al Teatro Bolshoi per assistere a una rappresentazione de *I Decembristi* e fu giustiziato la sera del 27 giugno 1953. Ecco un estratto di questa versione: "L'auto nera di Beria stava ancora passando tra due carri armati che la proteggevano come se fossero due potenti corazzate che scortavano una nave leggera. Tuttavia, l'auto non fu guidata in direzione del Bolshoi, ma verso la periferia di Mosca, dove si trovava la prigione di Lefortovo, la più sorvegliata dell'URSS. Quella stessa notte Beria fu giustiziato in una cella.

La seconda versione è quella fornita dall'agenzia Associated Press, pubblicata dai giornali di Berlino, Londra e New York il 18 febbraio 1954. Secondo questa notizia, i principali leader sovietici e i diplomatici di diverse Repubbliche Popolari parteciparono a un ricevimento organizzato dall'ambasciatore polacco per onorare l'amicizia tra Polonia e URSS. Era tarda sera quando Bulganin e Vorochilov, che si trovavano nell'auto ufficiale di Beria, si avvicinarono a quest'ultimo per proporgli di lasciare la festa. Li seguirono altri leader, tra cui i principali generali. Il corteo, guidato dalla limousine di Beria, che aveva detto all'autista che avrebbe accompagnato prima Bulganin e poi Vorochilov, non seguì il percorso previsto e l'autista fermò l'auto al centro del cortile interno della Lubyanka. Quando Beria vide che altre auto li avevano seguiti, chiese all'autista a che gioco fosse. L'uomo che si voltò e si tirò giù il colletto del cappotto di pelle nera non era il suo solito autista, che era anche la sua guardia del corpo, ma un capo di alto rango che conosceva superficialmente. Vorochilov prese il braccio di Beria e uscirono. I generali erano già scesi dalle loro auto e li stavano aspettando. Sulla soglia del cancello si trovavano il direttore della prigione e due funzionari, che condussero il gruppo nell'aula dove un collegio di tre giudici di solito pronunciava sentenze sommarie. In questa occasione, il maresciallo Ivan S. Koniev presiedeva la corte, accompagnato da altri sette membri. Le accuse specifiche erano: tentativo di prendere il potere totale; essere una spia al servizio degli stranieri; cercare di instaurare il capitalismo in Russia. Secondo questa versione, dopo la lettura della sentenza fu chiamato il plotone d'esecuzione. Un capitano, un sergente e due numeri della guardia portarono Beria in una cella del seminterrato e lì fu giustiziato, nello stesso luogo in cui centinaia di prigionieri erano stati annientati per suo ordine.

La terza versione è quella su cui c'è maggior consenso e a cui dedicheremo le ultime pagine di questo capitolo. Il terzo scenario dell'arresto di Beria è la sala conferenze principale del Cremlino, dove il pomeriggio/sera del 21 giugno si riunì il Presidium del CPSU. In precedenza, alla fine di maggio 1953, si era tenuta una riunione del Presidium durante la quale la leadership del partito ucraino, impegnata con Krusciov, era stata sostituita da una fedele a Beria. Dopo la riunione, Krusciov, secondo il suo stesso racconto, si recò da Malenkov e i due viaggiarono nella stessa auto fino alle loro dacie, che erano vicine. Il suo racconto prosegue:

> "Gli espressi il desiderio di avere una conversazione seria con lui, ma non osai iniziare perché avevo paura dei microfoni di Beria. Passammo per il suo giardino e gli dissi:
> - Ascolti, compagno Malenkov, non capisce dove ci sta portando tutto questo? Stiamo andando verso il disastro. Beria affila i suoi coltelli.
> Malenkov ha risposto:
> - Sì, anch'io sono preoccupato da tempo, ma cosa possiamo fare?
> - Dobbiamo resistere, impedire i suoi trucchi antipartitici. Dobbiamo difenderci...
> - Ti aspetti che mi opponga a lui da solo?
> - Non siete soli. Io sono lì, anche Bulganin è d'accordo. Sono sicuro che gli altri si uniranno a noi.
> - Ok, ma cosa pensi che dovremmo fare?
> - Prima di tutto, deve cambiare il modo in cui presiede le sedute del Presidium. Quando Beria dice o propone qualcosa, lei accetta immediatamente, senza discutere, senza chiedere il parere degli altri membri. Dichiara immediatamente accettata la proposta e passa al punto successivo. Non siate così remissivi e non siate precipitosi. D'ora in poi, quando Beria parla, state zitti e lasciate che gli altri si esprimano. Vedrete che non avrà la maggioranza. Questa maggioranza è contro di lui, ma al momento è impotente perché lei, come segretario del partito e capo del governo, lo sostiene.....".

Certamente, mantenere la collaborazione con Malenkov era da tempo vitale per Beria, perché in questo modo si assicurava l'approvazione del partito. Pertanto, una volta che Malenkov era a bordo, fu più facile convincere gli altri, cioè Vorochilov, Kaganovich, Saburov e gli altri. Kruscev scrive nelle sue memorie che quando incontrò Molotov per spiegargli la necessità di andare contro Beria, quest'ultimo gli disse: "Sì, sono pienamente d'accordo con te. Ma voglio ancora chiederle una cosa: qual è la posizione di Malenkov?". La risposta fu: "Le parlo a nome di Malenkov e di Bulganin. Ci siamo già scambiati le nostre opinioni su questo argomento".

Il tallone d'Achille di Beria, tuttavia, erano i militari. Il suo rapporto con loro era stato segnato durante la guerra. Nel 1968, una rivista illustrata di Praga pubblicò un resoconto dell'odio che l'esercito aveva accumulato contro il ministro degli Interni. L'autore, un diplomatico cecoslovacco, citò Bulganin come fonte. Secondo queste informazioni nel febbraio 1953, poco prima dell'assassinio di Stalin, un gruppo di marescialli e generali guidati da Zhukov e Moskalenko si era recato da Bulganin, il loro ministro della Difesa, per chiedergli di organizzare un colloquio con Stalin. Volevano rivelargli la verità su numerose azioni criminali intraprese dal Ministero degli Interni e dall'NKVD contro l'esercito sovietico. Davanti a Bulganin, i Marescialli attaccarono apertamente Beria, Abakomov e persino Malenkov. Sostennero che durante la guerra e dopo la liberazione questa troika aveva ucciso o mandato in prigione e a morte numerosi ufficiali e soldati onesti che si erano distinti durante i combattimenti. Dopo la morte del dittatore, come spiegato nella versione apparsa sulla Prague Review, Krusciov e Bulganin convinsero i militari che sarebbe stato un suicidio mettersi contro Malenkov, capo del governo e del partito, e Beria allo stesso tempo. Quando fu loro annunciato che Malenkov era stato convinto a partecipare all'azione, fu deciso che Moskalenko avrebbe redatto un piano dettagliato di operazioni.

In breve poiché Beria controllava la polizia e la guardia del Presidio obbediva ai suoi ordini, il suo arresto non sarebbe stato possibile senza l'intervento dell'esercito. Leggiamo cosa scrisse Krusciov in proposito:

"... Decidemmo quindi di assicurare la partecipazione dell'esercito. In un primo momento, affidammo l'incarcerazione e la sorveglianza di Beria al compagno Moskalenko, comandante in capo della difesa aerea, e ad altri cinque generali. Infine, alla vigilia della sessione, Malenkov allargò la cerchia al maresciallo Zhukov e a pochi altri. In tutto, undici marescialli e generali. All'epoca era richiesto che tutti i militari che entravano al Cremlino si sottoponessero al controllo delle armi, quindi il compagno Bulganin dovette essere incaricato di controllare che i militari con le loro armi potessero passare. Abbiamo fatto in modo che durante la riunione del Presidium il gruppo di Moskalenko attendesse la nostra chiamata in una stanza vicina. Quando Malenkov dava il segnale, i suoi uomini dovevano entrare nella sala riunioni, arrestare Beria e portarlo in prigione".

Il resoconto di Anton Kolendic sul licenziamento e l'arresto di Beria in *Les derniers jours* spiega a grandi linee i preparativi per l'arresto. Tra le sue fonti, cita le dichiarazioni dello stesso Moskalenko, in cui rivela che l'ultima riunione prima dell'azione ebbe luogo nella notte tra il 20 e il 21 giugno 1953. Vi parteciparono il Ministro Bulganin, il Maresciallo Zhukov e lo stesso Moskalenko. Furono elaborati tutti i dettagli ed esaminate tutte le eventualità. Moskalenko spiega che erano d'accordo su tutto, tranne che su un punto: "Cosa si doveva fare con Beria? Krusciov e Moskalenko erano favorevoli a liquidarlo immediatamente, ma Bulganin e Zhukov erano assolutamente contrari. Il maresciallo Zhukov insisteva sulla necessità di portarlo davanti a un tribunale popolare, arrivando a sostenere che "era necessario tenerlo in vita perché potesse testimoniare i crimini di Malenkov e degli altri".

Per giustificare la presenza di undici marescialli e generali al Cremlino senza che Beria sospettasse e allertasse la guardia, la mattina del 21 giugno Malenkov annunciò per telefono, tramite la sua Segreteria, che oltre alla regolare sessione del Politburo sarebbe stata presente anche una squadra speciale del Comitato di Difesa Nazionale per esaminare la situazione nella Germania Est e le sue implicazioni internazionali. Zhukov, il salvatore di Mosca, Ivan Koniev, ispettore capo dell'esercito, il maresciallo Malinovskij, eroe di Stalingrado, il generale Moskalensko, viceministro della Difesa, erano tra i militari condotti nella Sala 3, dove attendevano di essere accompagnati nella sala in cui erano riuniti i membri del Politburo. Prima di iniziare, Beria si affrettò a dire a Malenkov: "Georgy Maksimilianovich, dobbiamo prendere misure urgenti contro ciò che sta accadendo a Berlino". Al che Malenkov, senza distogliere lo sguardo dai documenti, rispose: "Lavrenti Pavlovich, la sessione sta per iniziare... è all'ordine del giorno... potete quindi...". Secondo Krusciov, l'autore della citazione, Beria non disse nulla, ma si notò che era piuttosto sorpreso dall'insolita reazione di Malenkov, che gli aveva sempre mostrato un atteggiamento servile.

L'attacco a Beria fu avviato da Kruscev che, come già raccontato, lo accusò di essere un agente dello spionaggio britannico e di aver tradito e svenduto gli interessi dell'URSS con le sue azioni negli eventi della DDR. Beria non è mai stato un comunista", ha concluso Kruscev, "ma un arrivista calcolatore ed egoista che vedeva nel nostro partito il modo ideale per realizzare i suoi piani di megalomane, criminale e spia". Beria si alzò e chiese la parola; ma Bulganin saltò in piedi, gridando che aveva chiesto la parola prima, e gli lanciò una serie di gravi accuse. Seguirono Molotov, Kaganovich, Vorochilov e altri. Quando Beria si alzò di nuovo per cercare di difendersi, Malenkov premette il cicalino riservato e le porte laterali si spalancarono. In quel momento, con Zhukov in testa, i marescialli e i generali irruppero nella sala con le armi in pugno. Moskalenko puntò il suo mitra alla schiena di Beria e Malenkov pronunciò queste parole: "In qualità di presidente del Consiglio dei ministri dell'Unione Sovietica, vi ordino di arrestare Lavrenti Beria e di portarlo davanti alle autorità giudiziarie competenti". Così i comandanti militari portarono via Beria. Circa giorni dopo il suo arresto, il 25 giugno, Beria scrisse una lettera a Malenkov, con il permesso delle sue guardie, in cui si lamentava del suo trattamento: "Due uomini mi hanno tirato per un braccio, mentre altri mi hanno spinto da dietro con le loro mitragliatrici e pistole. Mi hanno gettato come un sacco in un angolo della segreteria. Quando mi sono caduti gli occhiali, non mi è stato permesso di raccoglierli, anche se ho spiegato che non vedevo nulla. Mi hanno trattato come una bestia feroce...".

Il lavoro di Kolendic, che abbiamo utilizzato come fonte principale, offre una ricostruzione di ciò che accadde dopo l'arresto di Beria, basata su vari scritti, dichiarazioni e informazioni. Secondo la maggior parte dei membri del Politburo, i comandanti militari si assicurarono il controllo dei punti strategici di Mosca e delle principali città. Allo stesso tempo, furono arrestati i capi degli organi del Ministero degli Affari Interni. Si può dire che i più stretti collaboratori e accoliti di Beria furono immediatamente liquidati o disattivati. L'atteggiamento collaborativo di Vsevolod Merkulov, che aiutò Malenkov a organizzare l'epurazione dopo i primi momenti della destituzione di Beria, fu fondamentale. Tutti i ministri degli Interni e i loro vice in tutte le repubbliche e province autonome dell'Unione Sovietica furono arrestati. Le forze armate del Ministero degli Interni e dell'NKVD, che costituivano un secondo esercito, furono così messe sotto controllo e dominate. Lo stesso Merkulov dichiarò che furono eliminati circa tremila ufficiali della Sicurezza.

Il maggior numero di arresti e licenziamenti riguardò il servizio di controspionaggio di Beria all'interno dell'esercito. Qui l'epurazione è stata condotta da una commissione speciale guidata dal ministro Bulganin. Intimo di Beria fin dagli anni di Baku e Tbilisi, Merkulov era stato uno degli organizzatori della rete di spionaggio all'interno del Progetto Manhattan e Beria lo aveva nominato Ministro della Sicurezza di Stato in sostituzione di Ignatiev. Improvvisamente, pochi giorni dopo, fu arrestato. Secondo un articolo della Pravda del 23 dicembre 1953, Merkulov fu infine fucilato insieme al suo capo. Le sue confessioni e quelle degli altri imputati sono raccolte in un centinaio di pagine.

Il 10 luglio 1953 venne finalmente dato il primo annuncio ufficiale dell'estromissione di Beria. Un "comunicato del Plenum del Comitato Centrale del CPSU" fu pubblicato sulla prima pagina della *Pravda*, informando che era stata presa la decisione di escludere Beria e che era stata accettata la risoluzione del Presidium del Soviet Supremo di sottoporre alla Corte Suprema dell'URSS l'esame delle sue attività nemiche. Si affermava che il compagno Malenkov aveva presentato un rapporto "sulle attività criminali contro il Partito e lo Stato, sul sabotaggio contro la sicurezza dell'Unione Sovietica condotto nell'interesse del capitale straniero". Si sosteneva inoltre che Beria avesse cercato di "porre il Ministero degli Affari Interni al di sopra del Governo e del Partito Comunista dell'Unione Sovietica". Quando Radio Mosca trasmise il comunicato di *Pravda*, ci fu uno stupore generale, sia in Unione Sovietica che all'estero, perché nessuno ignorava che Beria era l'uomo più potente dell'URSS.

Ma se esistono versioni diverse su come si arrivò all'arresto di Beria, anche la data della sua morte è stata oggetto di controversie. Il 16 dicembre 1953, tutte le stazioni radio sovietiche emisero un comunicato ufficiale, pubblicato il giorno successivo anche dalla *Pravda* e da *Izvestia*. Il comunicato riportava che il processo al traditore Beria, agente dell'imperialismo internazionale, e ai suoi complici era stato completato e che presto sarebbero stati processati. Sembra tuttavia che il processo orale di L. P. Beria, V. N. Merkulov, V. G. Dekanozov, B. J. Kobulov, S. A. Goglidze, P. Y. Mechik e L. E. Vlodzimirsky fosse già stato celebrato al momento dell'emissione del comunicato, poiché si dice che sia iniziato il 14 dicembre e si sia concluso il giorno successivo, quando sono stati condannati e giustiziati. I cecisti condannati a morte insieme a Beria si spacciarono per armeni, georgiani, ecc. ma diverse fonti suggeriscono che erano quasi tutti cripto-giudei come lo stesso Beria. Merkulov, ad esempio, uno dei membri più cospicui della cosiddetta "mafia di Beria", sostiene di essere azero, essendo nato in Azerbaigian; ma in *Complotto contro la Chiesa* Maurice Pinay, pseudonimo usato dai vescovi contrari alle riforme del Concilio Vaticano II, afferma di essere ebreo.

Esiste invece una dichiarazione ufficiale pubblicata il 24 dicembre 1953 su *Pravda* e *Izvestia*, i giornali governativi, secondo la quale Beria fu processato per tradimento, condannato a morte e giustiziato il 23 dicembre. Tuttavia, diverse testimonianze affermano che Beria fu liquidato molto prima. Nel 1962, ad esempio, la *Grande Enciclopedia Universale Polacca*, pubblicata dal governo comunista polacco, riportava come data di morte il luglio 1953. Se queste informazioni fossero vere, si dovrebbe pensare che l'uomo comparso davanti al tribunale presieduto dal maresciallo Koniev fosse un sosia che ha risposto adeguatamente alle domande che gli sono state poste. Nel procedimento orale, ad esempio, c'è una domanda di Koniev, il militare che, insieme al dottor Timachuk, aveva denunciato in una lettera a Stalin le attività criminali dei medici ebrei del Cremlino. Riguardo alle azioni di Beria dopo la morte di Stalin, il maresciallo Koniev chiese: "Chi gli ha dato l'autorizzazione a proclamare, senza consultare il Ministro della Difesa e senza l'accordo del Consiglio di Difesa, lo stato di allerta nell'Esercito e a subordinare il comando dello Stato Maggiore al comitato speciale composto dai suoi uomini e posto sotto la sua direzione?". La risposta è stata: "Ha obbedito alla ragion di Stato. Se non avessi proclamato immediatamente lo stato di allerta e di allarme di primo grado, chissà cosa sarebbe successo? Il Politburo ha avuto la testa tagliata, il Governo si è riunito solo il giorno dopo, mentre il Comitato Centrale si è riunito con difficoltà tre giorni dopo..... Per evitare l'anarchia era necessario agire rapidamente....".

In ogni caso, poiché esistono anche confessioni e altri testi scritti a mano da Beria, è almeno ragionevole supporre che non sia stato effettivamente giustiziato sul posto, come suggeriscono altre fonti, ma che sia rimasto in vita per qualche tempo e abbia potuto essere interrogato. Inoltre, ci sono testimonianze e prove documentali che indicano che a dicembre si tenne un processo in cui Beria fu condannato a morte. Sembra quindi ragionevole ritenere che la persona comparsa in tribunale al processo chiuso possa essere il vero Beria.

In conclusione, non resta che delineare, necessariamente in modo molto sintetico, l'approccio di Beria a Mao su richiesta dei suoi "amici internazionali" per porre fine alla guerra di Corea. Dal maggio 1953, Beria era in contatto segreto con gli americani, che volevano convincere cinesi e nordcoreani a cessare le ostilità. L'uomo chiave di Beria in Cina, il suo rappresentante speciale, era Pavel Iudin, l'ebreo che già nel 1947 era stato inviato in Jugoslavia per curare e supervisionare il giornale *Per una pace duratura, per una democrazia popolare*, il bollettino del Cominform. Questo collaboratore di lunga data, utilizzato da Beria in missioni molto importanti, era stato nominato membro permanente dell'Accademia delle Scienze ed era considerato il filosofo ufficiale del partito. A Pechino, oltre ai suoi compiti di informatore, fu incaricato di curare l'edizione delle opere complete di Mao e alla fine fu nominato ambasciatore. Nel maggio 1953 lavorò a stretto contatto con Kao Kang, l'agente di Beria denunciato da Stalin che, sorprendentemente, non era stato liquidato. Secondo A. Kolendic, "su insistenza di Beria, Iudin chiese e ottenne un colloquio quotidiano con Kao Kang". Kolendic aggiunge che Iudin ricevette i rapporti di Kang e a sua volta gli trasmise "le istruzioni di Beria sulla necessità di accettare tutte le condizioni degli americani e di porre fine alla guerra di Corea". Tra i documenti ottenuti dopo l'arresto di Beria vi erano numerosi testi sulle "relazioni con il Comitato Centrale del Partito Comunista Cinese". Si trattava di rapporti scritti dallo stesso Beria o inviati da Kao Kang, che era un membro del Politburo. Quando il 27 luglio 1953 fu firmato solennemente il Trattato di Panmunjon, che segnò il cessate il fuoco e la fine delle ostilità, Beria era già in arresto, se non addirittura giustiziato.

In breve, come era accaduto a Stolypin, ad Alessandro II, a Nicola II e alla sua famiglia, tutti assassinati da commissari dei cospiratori ebrei che aspiravano al controllo e all'usurpazione delle ricchezze della Russia, anche Stalin fu inviato da un agente del Potere Occulto. Sembra ragionevole concludere che Lavrenti Pavlovich Beria, l'assassino di Stalin, fosse il cripto-ebreo preferito da coloro che avevano finanziato il comunismo fin dalle sue origini. Salì alla ribalta durante la Seconda guerra mondiale. Le informazioni segrete fornitegli da agenti ebrei infiltrati nel Progetto Manhattan e quelle ricevute nel dopoguerra consolidarono il suo potere. Appena finita la guerra, Beria mise i suoi uomini a capo dei servizi di sicurezza in Polonia, Cecoslovacchia, Ungheria, Bulgaria, Romania, Jugoslavia... Stalin divenne sospettoso nei suoi confronti quando si rese conto che molti di questi ebrei delegati da Beria si opponevano surrettiziamente alla sua politica di controllo del Cominform. Una volta rimosso il dittatore, Beria cercò di consolidare il colpo di Stato per prendere il potere in URSS.

Una volta che Adenauer aveva ceduto completamente e aveva accettato di consegnare un risarcimento multimilionario ai sionisti, era auspicabile una Germania unita che potesse far fronte agli obblighi sproporzionati e quasi impossibili assunti dal cancelliere tedesco contro il parere del suo stesso partito. Solo così si può comprendere il comportamento irregolare di Beria durante gli eventi del giugno 1953, volti a cedere la DDR e a facilitare la riunificazione, nonostante un anno prima le potenze occidentali e lo stesso Adenauer avessero respinto la proposta contenuta nella Nota di Stalin.

ALTRI LIBRI

"Non nega, ma cerca di affermare in modo più preciso. I revisionisti non sono "negazionisti"; si sforzano di cercare e trovare dove, a quanto pare, non c'era più nulla da cercare o trovare".

OMNIA VERITAS LTD PRESENTA:

ROBERT FAURISSON
SCRITTI REVISIONISTI
I
1974-1983

Il revisionismo è una questione di metodo, non di ideologia

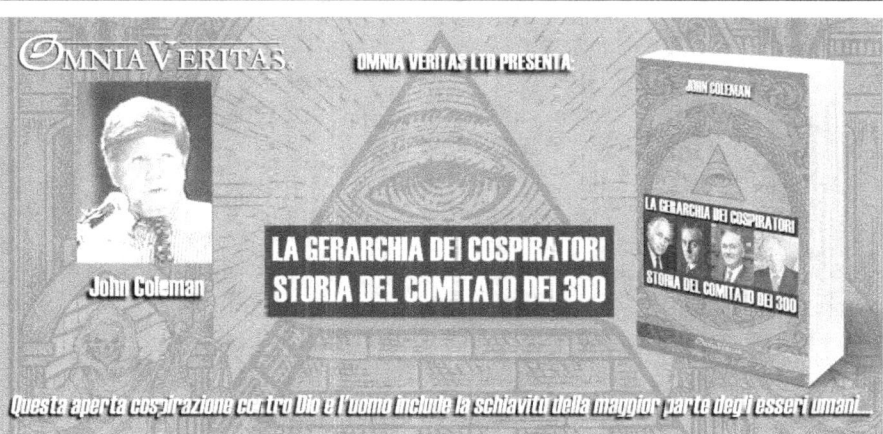

www.ingramcontent.com/pod-product-compliance
Lightning Source LLC
Chambersburg PA
CBHW071933220426
43662CB00009B/901